永州市金洞管理区志

《永州市金洞管理区志》编纂委员会 编

方志出版社
Publishing House of Local Records

图书在版编目（CIP）数据

永州市金洞管理区志 / 《永州市金洞管理区志》编纂委员会编.--北京：方志出版社，2016.4
ISBN 978-7-5144-1934-4

Ⅰ. ①永… Ⅱ. ①永… Ⅲ. ①区（城市）-地方志-永州市 Ⅳ. ①K296.43

中国版本图书馆CIP数据核字（2016）第027118号

永州市金洞管理区志

编　　者：《永州市金洞管理区志》编纂委员会
责任编辑：王笃银

出 版 人：冀祥德
出 版 者：方志出版社
地址 北京市朝阳区潘家园东里 9 号（国家方志馆4层）
邮编 100021
网址 http://www.fzph.org
发　　行：方志出版社发行中心
电话 （010）67110500
经　　销：各地新华书店
印　　刷：长沙东兴印务有限责任公司

开　　本：889 × 1194　　1/16
印　　张：40.25
字　　数：869千
版　　次：2016年4月第1版　2016年4月第1次印刷
印　　数：0001 ~ 800册

ISBN 978-7-5144-1934-4　　定价：350.00元

《永州市金洞管理区志》编纂委员会

《永州市金洞管理区志》总编室

《永州市金洞管理区志》编纂办公室

永州市党史与地方志征集编纂办公室审稿人员

高　波　王劲梅

湖南省地方志编纂委员会审稿人员

易介南　邓建平　杨盛让　杨　帆　李章进

《永州市金洞管理区志》资料提供人员

（按姓氏笔划为序）

王安华	王理功	王裕峰	尹竺云	易善刚	刘友元
刘全福	刘　伟	刘建国	刘福华	刘建文	邓先展
邓红平	邓　伟	邓安民	邓承华	邓承富	邓小军
邓建文	邓爱林	冯海春	孙国生	孙　敏	陈金日
吴国山	张金萍	张福华	李学书	李　信	李统成
李旭峰	李　玮	罗中伟	罗起来	周件生	周国书
周鎏军	杨学成	奉新发	奉继林	奉刚亚	奉金春
奉向隽	奉　智	奉　姣	柏梅生	赵光明	唐吉伟
唐续平	高艳云	蒋亚月	蒋鹏飞	刘冬生	喻利君

序

值金洞林场建场60周年、金洞管理区成立9周年之际，金洞管理区第一部志书——《金洞管理区志》终于出版问世,无疑这是献给建场、建区的珍贵礼物,更是全区人民的一件大事、好事,值得庆贺!

盛世修志,古今皆然。为真实系统地记载和反映金洞发展历史和特点,2012年,管理区党委、管委组织几位德高望重、富有学养的老同志,开启了《金洞管理区志》的编纂工作。由于历史悠久,加之隶属宁远、祁阳管辖的变更,后系场、乡组合以及档案资料缺失,查无边际等情况,给修志工作带来很大的困难。但他们不畏艰辛,迎难而上,在各级各部门的大力支持、紧密配合下,广征博采,反复修改,几易其稿,终纂成书,揭开了金洞被蒙上的面纱。在此,谨代表金洞管理区党委、管委向全体修志人员表示衷心的感谢!

《金洞管理区志》的修编,科学地运用历史唯物主义和辩证唯物主义的观点方法,实事求是,记述准确,既突出了地方特色,又反映了时代精神,给人以启迪教育,催人深思奋进。翻阅此部志书,顺着篇章的引领,我们仿佛在风雨沧桑的金洞历史中快速穿越,金洞历史长河的千变万化,无不引人遐思!这部志书,笔力所及一百多年,比较系统地记载了金洞的社会发展状况,客观反映了金洞的经济文化资源优势,透露出一种市场经济思维理念,既有宣传之效,又有美的共鸣,给金洞历史增添了亮丽的光彩。一卷在手,观今鉴古,必将起到承上启下,继往开来,服务当前,惠及后世的作用。

盛世洗沧桑,改革换新颜。当前,我们已进入全面建设小康社会,加快推进社会主义现代化建设的发展时期。面对新的形势和新的任务,我们需要有新的认识、新的理念、新的措施。我们要在中国共产党的正确领导下,全面贯彻落实中共十八大会议精神,进一步深化改革,认真吸取历史教训,实事求是,积极探索,勇于创新,充分依靠广大群众的智慧和力量,鼓实干之劲,聚和谐之力,扬发展之帆,为谋求全区人民的幸福生活,开创金洞更加美好的明天,实现中华民族伟大复兴之梦而努力奋斗!

中共金洞管理区委员会书记：王小波

金洞管理区管理委员会主任：邓振中

二〇一六年四月

凡　例

一、本志编纂坚持以马克思列宁主义、毛泽东思想,邓小平理论、“三个代表”重要思想和科学发展观为指导,实事求是地记述金洞的自然、经济、文化、社会等各方面的历史和发展变化情况。

二、本志上限未限,一般起于民国元年(1911年),少数上溯到1796年事迹的发端。下限止于2011年年底,个别特殊事项适当下延。

三、本志体裁,述、记、志、传、图、表、录并用,按篇、章、节、目的形式编排。除概述、大事记、附录外,共设有20篇65章222节。

四、《大事记》以时系事,以编年体为主,辅以纪事本末体。

五、专志横排竖写,纵横结合,全志详今略古,详近略远。

六、本志在记述上,场乡联营前,以金洞林场、金洞区分述;场乡联营后,以金洞林场为范围,但林业方面,按国有、集体分述;金洞管理区成立后,全称“金洞管理区”,简称“区”或“管理区”“金洞”。名称过繁者,第一次出现时用全称,再次出现时用简称。

七、本志数据以历年年报和祁阳县《统计年鉴》为准。如与各单位提供的数据不一致的,由(编志办)会同有关单位核实后采用。

八、本志《人物篇》设传略、专记和人物表。入传略、传记的不拘地位级别,唯求业绩突出或社会影响较大者。人物表收录时,限区内、县内获省、部级以上受表彰人物、金洞籍在外工作的副处级和正高级职称以上人物。

九、本志资料主要来源金洞管理区综合档案室、《祁阳县志》《宁远县志》《祁阳卫生志》《祁阳农业志》《零陵地区林业志》《祁阳县组织志》《祁阳县教育志》《祁阳县交通志》《祁阳县城建志》《祁阳县统计年鉴》族谱、口碑及已出版的相关书籍报刊。

十、本志照片收集截至2014年年底。

永州市金洞管理区行政区域图

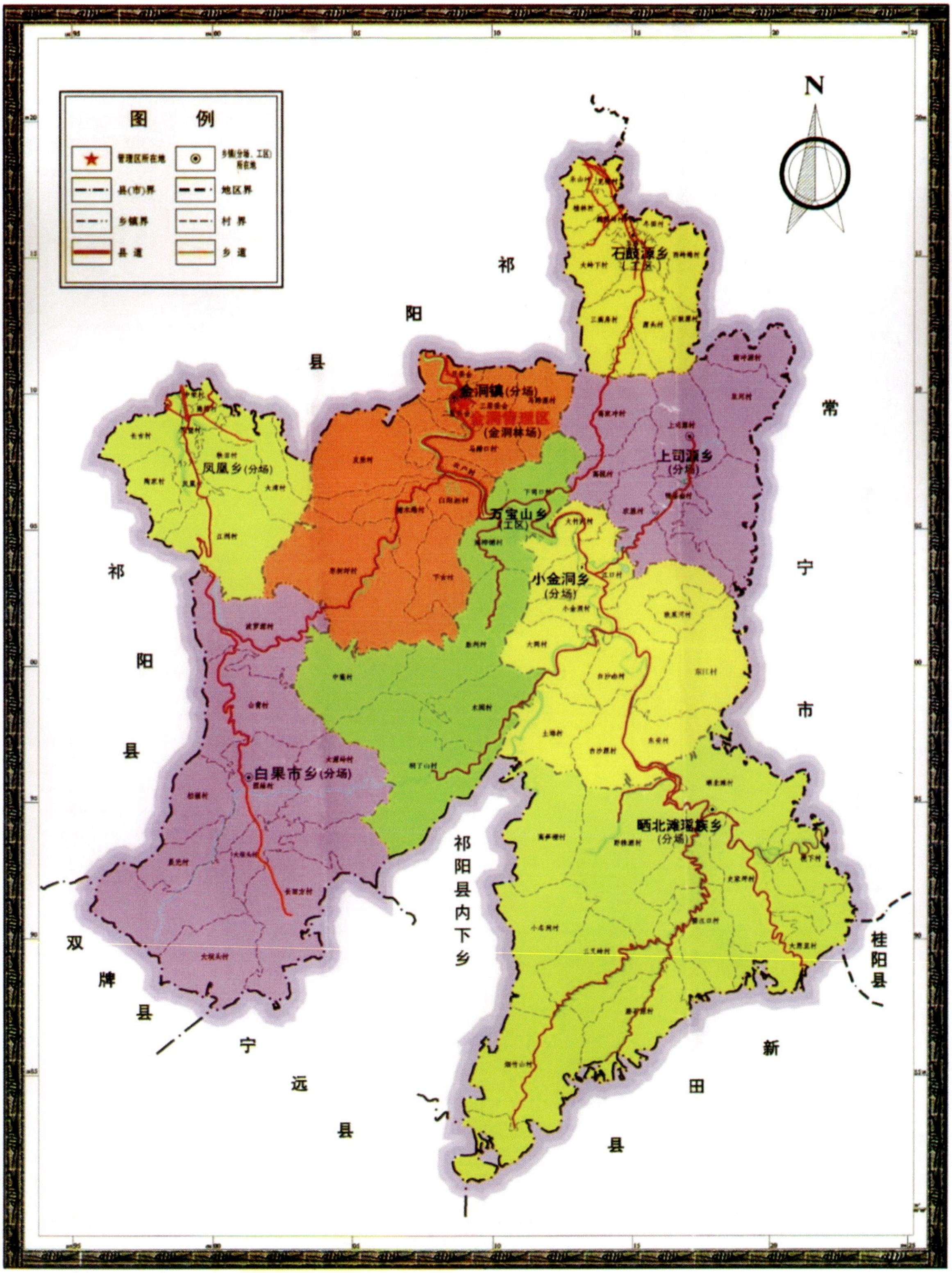

永州市金洞管理区国土资源局编制

二〇一三年九月

永州市金洞管理区生态公益林分布图

2009.10 编制

湖南省林业调查规划设计院

永州市金洞管理区森林分布图

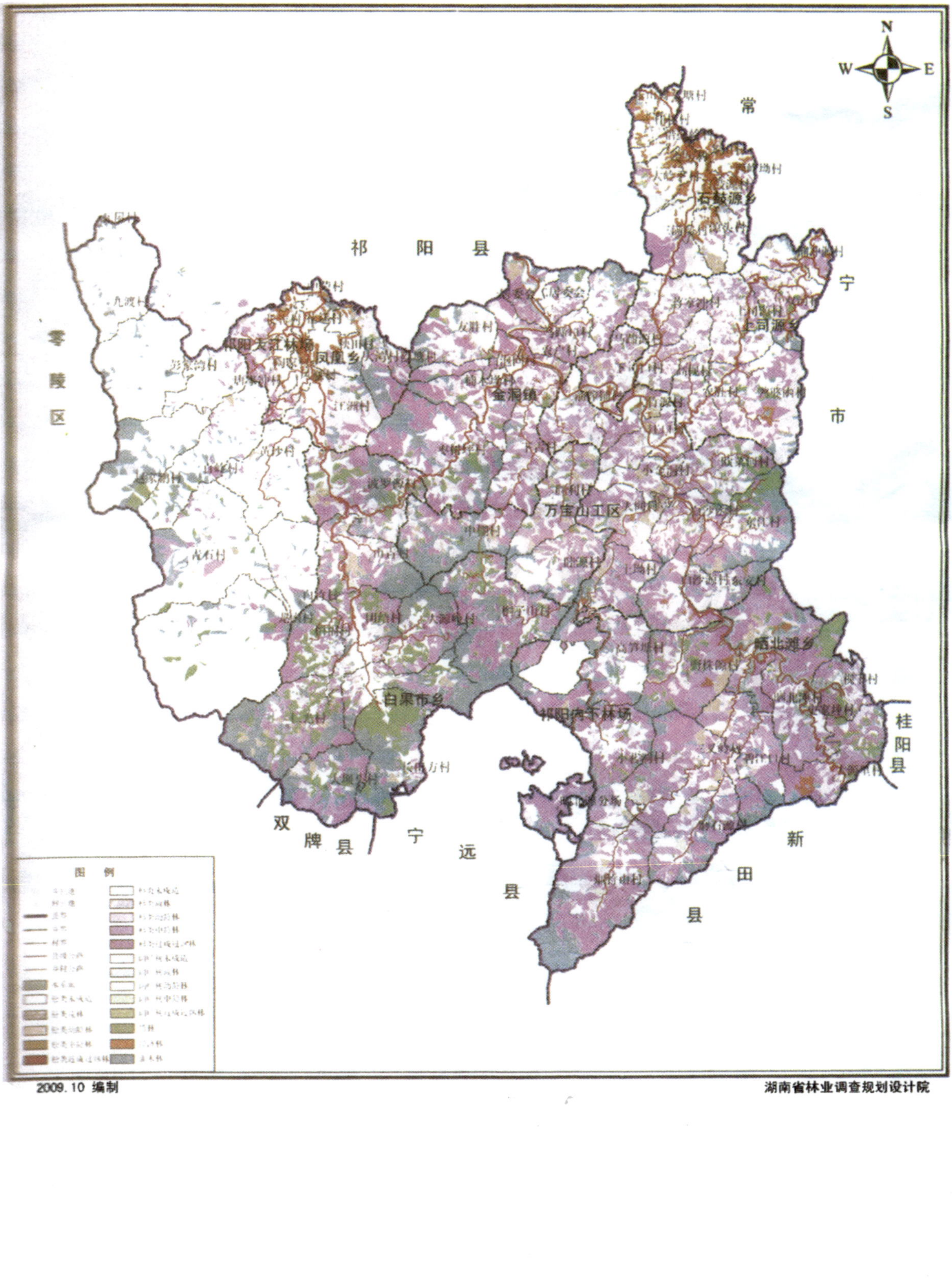

2009.10 编制

湖南省林业调查规划设计院

永州市金洞管理区水系示意图

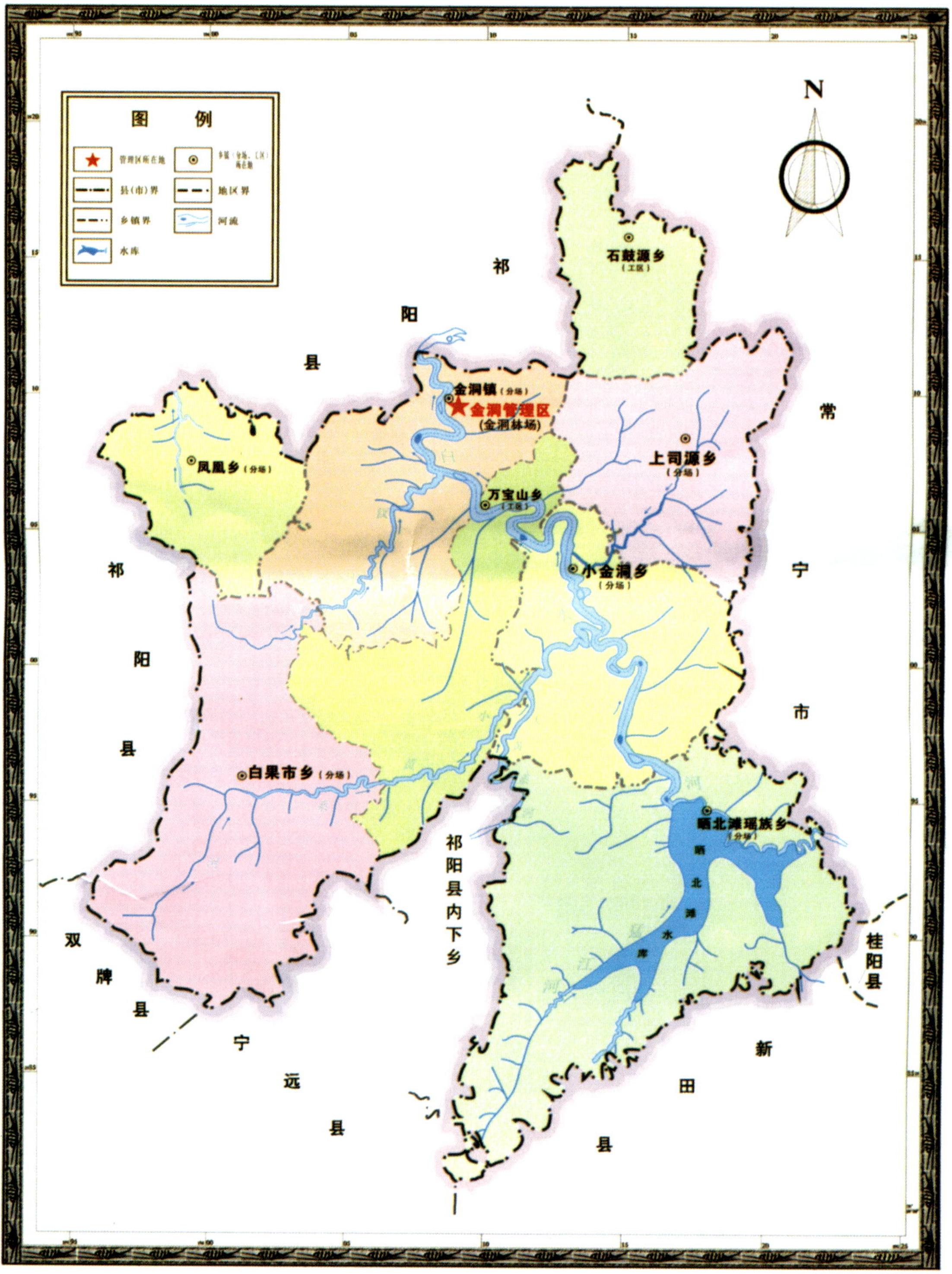

二〇一三年十月

领导关怀

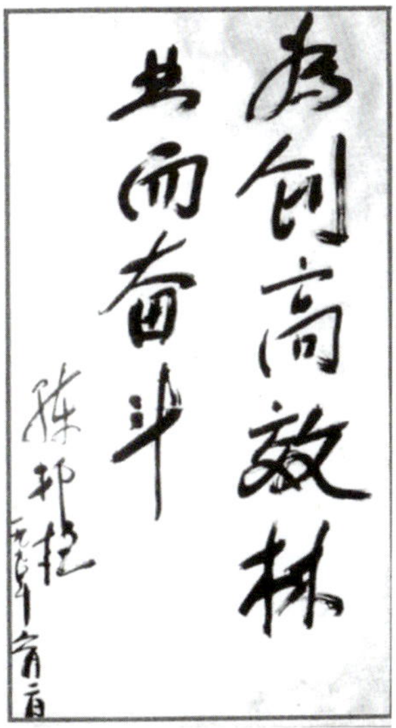

▲1990 年湖南省省长题字

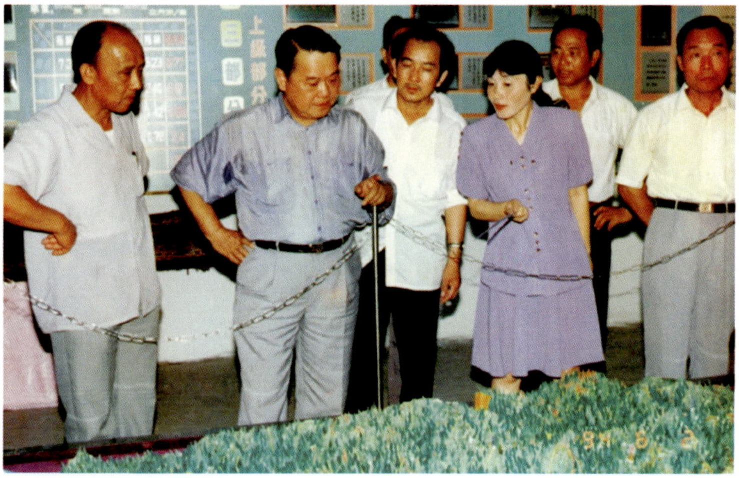

▲1990 年 10 月，湖南省省长陈邦柱(左二)在金洞林场视察。

◀1996 年 11 月 10 日，湖南省委副书记胡彪(左二)、副省长庞道沐(右二)、省林业厅厅长刘永寿(左一)在金洞指导工作

▶1988 年，林业部部长雍文涛(左二)视察林场

◀1996 年，省委副书记谢康生（左五）、副省长庞道沐（左四）到金洞视察工作

►2004 年，金洞林场建场 50 周年，林业部原副部长、中国林场协会会长沈茂成（右三），省林业厅厅长葛汉栋（右一），永州市委副书记邓三龙参加庆祝大会

◀2006 年 12 月，中共永州市委书记曾庆炎（右一）到金洞视察工作

▲2009 年 9 月，中共永州市委书记黄天锡（右二）在金洞指导工作

▲2011 年 6 月，中共永州市委书记张硕辅（右三）视察金洞工作。

▲2011 年 6 月，原全国政协常委、中央文献研究室主任滕文生（右五）在金洞视察工作

◀2013 年 4 月 7 日，中共永州市委书记陈文浩（右三）到金洞指导工作。

►2008 年 5 月，国务院参事(右排)在金洞调研工作。

◀2012 年 3 月，国家木材战略储备生产基地示范项目造林现场观摩会在金洞召开

▲2014 年 12 月，国家林场协会会长姚昌恬(左三)在金洞指导工作

▲2015 年 6 月，湖南省副省长戴道晋(右三)在金洞视察工作

◀2014 年 12 月 23 日，省林业厅厅长邓三龙(中)、市委书记陈文浩(右二)在金洞视察工作

► 2014 年 12 月，金洞林场建场 60 周年报告会现场

金洞城区风貌

▲金洞城区全貌

▲金洞牌楼

▲金洞管理区机关标志

森林资源

▲杉木速生丰产林

▲楠竹基地

▲杉木大径材基地

▲古樟

▲古银杏

▲楠木王

▲红豆杉王

生态旅游

▲金洞牛头山旅游接待点

▲金沙滩景区

◀金洞漂流

▶金洞旅游文化节

▲金洞睿击俱乐部

▲金洞五指山

▲白果市红军烈士墓

▲白果市苏维埃政权旧址

名优特产

▲金洞茶叶基地

▲浯峰贡茶

▲山果和山野菜

▲金洞挂毯生产车间

▲野生动物

◀油榨铺电站大坝

▶晒北滩电站大坝

◀金洞宾馆

▶金洞竹木加工

▲上司源希望小学

▲青少年普法宣传

▲金洞林场中学

▲科技下乡

▲金洞公安

▲瑶族文化

▲白果市惜字塔

▲金洞林区医院

▲《金洞管理区志》稿评议会评审人员合影

▲《金洞管理区志》编纂办公室全体人员合影

荣誉称号

实现全面绿化林场
湖南省绿化委员会

湖南省林业工作
先进集体
湖南省人民政府
二〇〇四年三月

全国国营林场
先进单位
中华人民共和国林业部

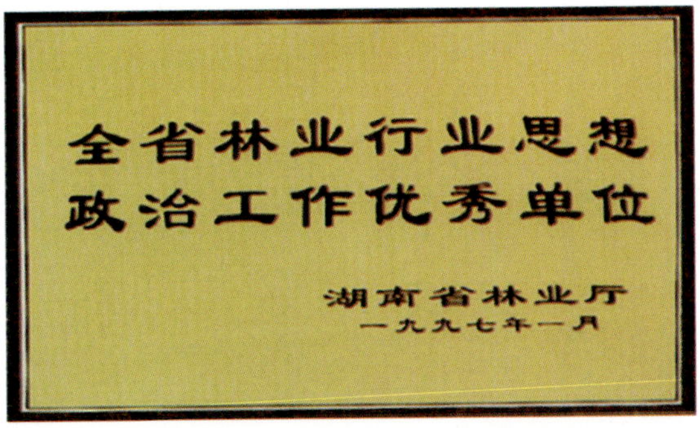
全省林业行业思想
政治工作优秀单位
湖南省林业厅
一九九七年一月

全国造林绿化先进单位
全国绿化委员会
林业部 一九九一年
人事部

全国国营林场
100佳单位
中华人民共和国林业部
一九九三年十二月

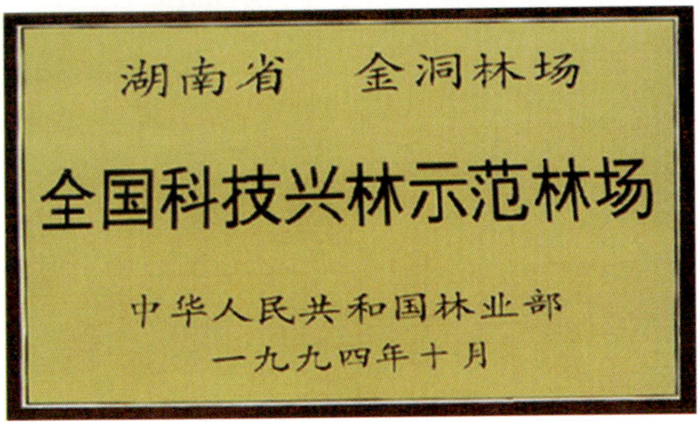
湖南省 金洞林场
全国科技兴林示范林场
中华人民共和国林业部
一九九四年十月

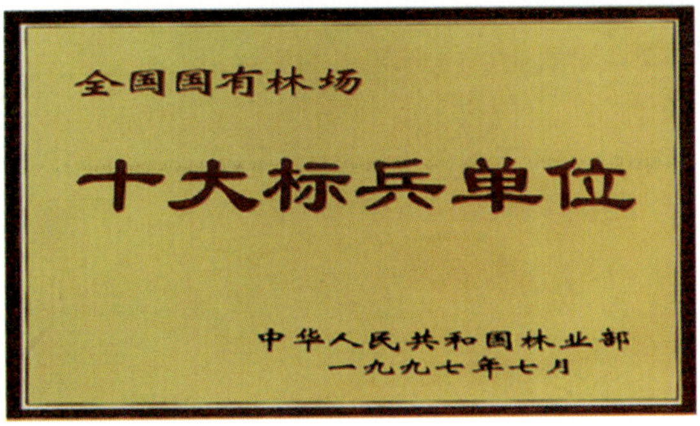
全国国有林场
十大标兵单位
中华人民共和国林业部
一九九七年七月

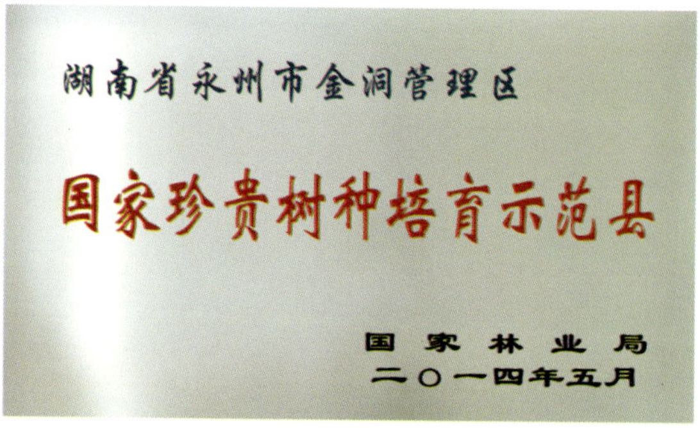
湖南省永州市金洞管理区
国家珍贵树种培育示范县
国家林业局
二〇一四年五月

中国林场协会常务理事单位
中国林场协会
二〇一一年五月

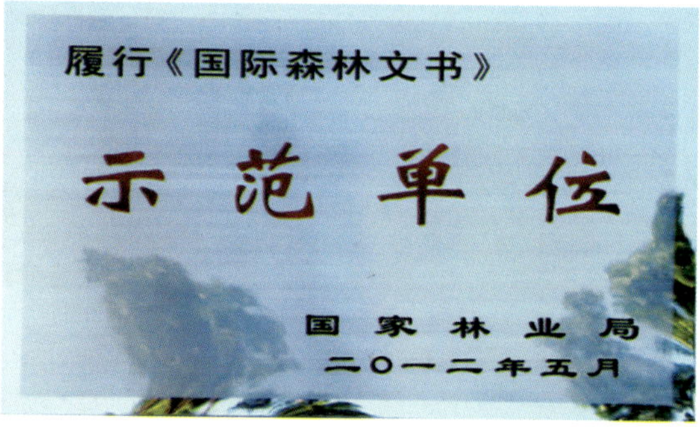
履行《国际森林文书》
示范单位
国家林业局
二〇一二年五月

湖南省永州市金洞国有林场:
国家木材储备战略联盟
理事单位
国家林业局速丰办 北京林业大学
二零一三年十二月

国家储备林示范林场
国家林业局
二零一三年十二月

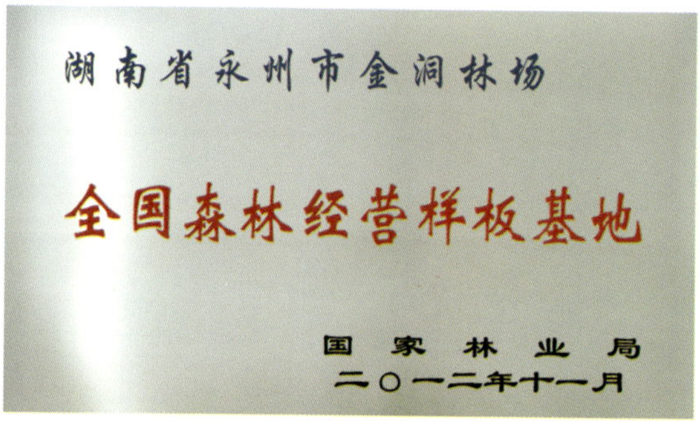
湖南省永州市金洞林场
全国森林经营样板基地
国家林业局
二〇一二年十一月

目 录

第三篇 党政群团

第四篇 人大 政府 政协

第五篇 法 治

第六篇　经济综述

第七篇　农　业

第八篇 林 业

第九篇 工 业

第十篇 水利 水电

第十一篇 旅 游

第十二篇 交通 邮政 通信

第十三篇 城乡建设 环境保护

第十四篇 财政 税务 金融 保险 商贸

第十五篇 劳动 人事 社会保障

第十六篇 民 政

第十七篇　教育　科技

第十八篇　文化　体育

第十九篇　卫　生

第二十篇　社会　生活

第二十一篇　人　物

概　述

（一）

永州市金洞管理区位于祁阳县境之南部，南岭北麓。东靠常宁市，东南与桂阳县毗邻，南与新田、宁远接壤，西与双牌、零陵交界，北与祁阳县肖家村镇、八宝镇、进宝塘镇相连，与佛教圣地阳明山紧邻。区址距祁阳火车站60公里、衡枣高速公路入口处24公里、320省道12公里。南北纵长54公里，东西横宽12公里，土地总面积635平方公里。2011年年底，共有15977户，58361人，其中农业人口52709人。全区汉族人口占94.45%，余为瑶、壮、苗、土家族等19个少数民族共3234人。其中，世居瑶族2915人。

金洞地形西、南、东均高，中、北部低，山脉走向由南向东北延伸。境内最高峰——金峰坳海拔高度为1437米。山地相对高差300～800米。坡度一般在30度以上的占总面积60%，可分为丘陵区、过渡区和深山区三个地貌区。土地结构是“九山半水半分田”，山多田少，耕地不足。

境内河流属湘江下游南岸的一级支流——白水河，发源于阳明山麓桂阳县的白水乡清淡村坨子形毛洞，经晒北滩流入金洞境内，大致成南北流向，沿河连接1公里以上的小河11条，贯穿境内，蜿蜒117公里，至黄家渡、白水注入湘江。

金洞地处中亚热带东南季风湿润气候区，气候温和，春季多变，寒潮频繁，初夏多雨，炎夏夜凉。最高气温出现在7～8月，秋季少雨，冬季少严寒，多有冰冻、冰雪期短。雨量充沛，年平均降雨量1554.2毫米，年蒸发量为446.2～521.8毫米之间。年平均温度16.3～18.4℃，无霜期为260～280天，最大的特点是冬暖夏凉。

清嘉庆（1796年）至光绪（1908年）年间，金洞先后隶属于宁远县的东乡、人和乡、北钥镇、龙潜乡管辖。1927年，湖南省新建阳明县，金洞随龙潜乡划归阳明县，县治先置石鼓源，后迁白果市。至1931年5月，阳明县被撤销，又归回宁远县。1949年11月，宁远县建立人民政权，全县划为4个行政区，金洞隶属第4区。1950年8月土地改革时，宁远县4个行政区改为8个行政区，将排序第八的行政区命名为金洞区，此为有史以来，区乡建置以“金洞”命名之始。1954年6月，金洞区划归祁阳县管辖。之后，随国家体制的变革，又经几次乡、社变换、更名，区、社建置稳定了较长时间。1984年5月，金洞区被撤销，原区所辖7个乡交由金洞林场代管，实行“以场带乡、场乡联营”的管理体制达22年之久。2006年5月，经湖南省政府批准，设立永州市金洞管理区，辖7乡1镇。

金洞管理区自然条件优越，具有丰富的森林资源、水能资源、矿产资源和旅游资源。

森林资源 境内属中亚热带常绿针、阔叶林区。林地总面积74.9万亩，其中人工杉木林28.3万亩，阔叶林14.5万亩，油茶、果木林27.1万亩，竹林5万亩。有维管束植物91科，1068种，其中有上千年的古老银杏，稀有而珍贵的楠木和南方红豆杉。除木材外，还有纤维植物，芳香植物、药用植物、淀粉和油料植物亦比较丰富。

水能资源 境内河流属湘江中下游的一级支流水系，支流纵横，河网密布，有大小河流31条，峡谷窄，而且落差较大，雨量充沛，可开发的水能114600万千瓦，到2011年，有小水电装机容量103242千瓦，占可开发水能的90.1%。祁阳县内下电站、晒北滩电站都在金洞林区内。

矿产资源 境内已探明的矿有烟煤、铁矿、铅锌矿、钨锡矿、水晶矿、高岭土矿、石英矿、铀矿、辉铋矿、伴生毒砂、辉铜矿以及大理石等14种。其中铁矿石矿体断续延长3000余米，平均厚度达1米，含铁量20%以上。大理石、花岗岩石材资源储量达5000万立方米以上，尤以"银晶灰麻"居多。烟煤蕴藏丰富，年采量可达15000吨，还有待开发的矿泉水等。

旅游资源 境内青山绿水，风光旖旎，幽谷鸣泉，空气清新。2002年，金洞管理区依托林区生态旅游资源，成功开发了以"金洞漂流"为重点的生态旅游项目。"金洞漂流"以其险、奇、幽、秀等特点吸引游客流连忘返，誉满省内外，堪称"湘南第一漂"。面积2500公顷的金洞国家森林公园，篁茂林密，气候宜人，年平均负离子1.8万个/立方厘米，被誉为中国"岭北天然氧吧"，堪称人间仙境。内下水库、晒北滩水库，库水浩淼，奇趣横生，高80多米的麻拐皂瀑布以及哈巴口、猴子岩等瀑布，乱石攒聚，水急湍奔，轻凫所不敢浴，捷鳞所未曾游，浪屿撞击，轰声动谷；此外还有占地面积150余亩的AAA景区，园内有柯尔沁滑草场，惊险刺激的欧亚溜索、森林野战俱乐部、沙滩排球场、浴场。还有集吃、住、玩、乐于一体的各种附属设施。

野生动物资源 境内峻岭崇山，地形复杂，气候适宜，水域辽阔，飞禽共林，走兽同乐，为野生动物生态繁殖提供了优良环境，历史上曾是野生动物的乐园。20世纪70年代中期，仍有虎豹出没。迄今尚有一定数量的獐、麂、兔、鹿、野羊、野猪等食草动物以及山龟、鹰嘴龟、五步蛇、青竹蛇、腹蛇等龟、蛇类动物。

（二）

四面青山环碧洞，一溪绿水映黄金。金洞，因四面群山环抱，中间为一开阔地段，远望若洞，故名金洞。

早在氏族公社时期，金洞就有原始人类活动。南宋时，一部分瑶族从江西迁徙到金洞，分别在晒北滩、白果市、万宝山、内下林场的新屋场村、瓦窑村、大江林场龙凼、白竹村等地依山而居，焚山而耕。此为有文字记载的金洞瑶族人活动之始，距今已有880余年。

近、现代以来，由于帝国主义的侵略，人民遭受更加沉重的压迫和剥削。在为民族解放、祖国独立富强和人民民主的斗争中，金洞人民同他们的祖辈一样，表现得英勇顽强。

清咸丰九年二月，太平天国翼王石达开亲率10万大军经宁远县的石家洞、荒塘，进入白果市、凤凰，于3月13日到达白水。一路上得到林区广大民众的大力支持。

民国7年(1918年)，以刘洪、张楚卿为首的数百名农民武装，手持梭标鸟铳攻打小金洞、黄家渡团防局，缴得部分枪支、弹药。同年6月，周文于旭日洞(白果市)揭竿而起，组成农民武装，坚持武装斗争。民国16年(1927年)“马日事变”后，金洞籍中共党员奉文珪、王文耀、廖自强等人与聚集在阳明山的党员李用之等人于1928年8月成立了“中共阳明山执行委员会”。他们在阳明山农军周文部做政治思想工作，宣传党的主张，帮助训练部队，整顿军纪。阳明山农军周文部接受“执委会”的建议，以阳明山为根据地，打出“中共湘南区永属农民自卫军”旗号，队伍扩至3000余人，接纳中共党员、并开办兵工厂，坚持与国民党反动军队斗争达14年之久。在白果市建立农民政权——苏维埃政府。1931年3月，周文部遭国民党两个团的正规军及34个民团约两万余人的围剿，终因寡不敌众，弹尽粮绝，除周文逃遁外，其余全部被围歼，在历史上留下了光辉悲壮的一页。1934年8月，红六军团约9700人，在任弼时、肖克、王震的带领下到白果市，意欲在此开辟新的革命根据地，但因地理人文条件不够充分，在击毙国民党区长奉明托后而转移，留下11名红军伤病员，被部分村民冒险收留，后被国民党乡丁发现，红军伤病员遭枪杀。

民国14～16年(1925～1927年)受农民运动的影响，少数热血进步青年，走出家门投身到革命的大潮中，石鼓源乡奉篪于1925年入黄埔军校，为第3期学员，结业后辗转升任常德警备师参谋长。1926年，白果市青年邓甲运、李大清分别入黄埔军校为第4、5期学员，后升任为国民党军中将、少将。1928年凤凰乡邓权为第8期黄埔军校生，为中国国民革命军团长，新中国成立后回衡阳某中学任教。1934年凤凰乡青年邓瑛入黄埔军校为第17期学员，后升任上校，炮兵独立连连长。小金洞乡青年奉鹏翥，曾为国民党中将署长。2005年被授予“反法西斯抗日战争胜利60周年纪念勋章”。石鼓源乡青年王林十几岁时成为地下交通员，参加过长征，屡立战功，成为一名出色的红军战士。白果市刘忠文、万宝山邓茂葵1941年参加远征军，赴缅甸抗日。

在文化方面，历史上金洞曾产生过廪生、贡生。学位最高的是石鼓源三满房邓永波，他生于乾隆22年(1757年)，29岁(1786年)中举人，任宝庆府新化县令。后考取进士，道光26年(1848年)，皇上封为六品冠带。

(三)

无数春秋，战地斗天，喜林海云霞永驻；几多杰俊，前赴后继，令山区景色常新。中华人民共和国成立以后，金洞人民在中国共产党的领导下，进行社会主义革命和建设。1950年8月土地改革时，国家将金洞林区过去被地主霸占的所有山林予以没收，并征收了在林区的“四会山”(过去民众自发组织的团体，如清明会、桥会、路会、龙灯狮子会等)以及部分一时无法找到山主的外乡外社的山林，计 63 万余亩。为了管理经营好这些山林，1954 年 8 月 1 日，经湖南省政府批准，在金洞设立湖南省祁阳森林经营管理局。（此为金洞林场之前身）直属湖南省林业厅领导。1956 年 8 月管理局改称湖南省祁阳县森林经营所、隶属所在县管辖；1958 年 1 月经营所改称湖南省国营祁阳林场，由省、县双重领导；1960 年 2 月，根据省委大力发展农业，大办粮食的十大政策精神，改祁阳林场为湖南省国营祁阳农林垦殖场，隶属省农垦局领导；1962 年 10 月将农林垦殖场改为湖南省国营祁阳金洞林场，归省林业厅领导；1974 年 1 月，改称湖南省国营衡阳地区金洞林场，隶属衡阳地区管理；1983 年划归零陵地区管理。1984 年 5 月，根据零陵地委、行署的决定，撤销金洞区，将金洞林区内 7 个乡交由林场代管，实行“以场带乡，场乡联营”的管理体制；直至 2006 年 5 月，经湖南省政府批准，设立永州市金洞管理区，保留金洞林场的牌子。自此，金洞林场与金洞管理区一个机构，两块牌子。

金洞林场自 1954 年 8 月建场至 2011 年年底，60 年，其发展大体经历以下几个阶段：

保护稳定阶段 这一阶段主要是对解放后没收、征收过来的山林，进行分片、分类造册、逐块登记。1957 年经省人委会湘字第 109 号文批复，正式批准在祁阳林区进行林权处理工作。通过一段时间的林权处理工作，形成了四种册据，即国有山林册，集体山林册，国家集体山林调换册，外乡，外社山林册。同时，从国有山林中划出约 18 万亩山林给无山、少山的社队。并将册据发放到山权所有人，稳定了人心。林权处理后，核定全林区山林总面积为 829681 亩，总蓄积量为 2822840 立方米。其中国有山林面积 390521 亩，蓄积量为 1840576 立方米，集体山林面积 439160 亩，蓄积量为 982264 立方米，在生产经营上，坚持“普遍护林，重点造林”的方针，自 1955 年至 1957 年，三年共造林 44864 亩。

严重损毁阶段（1958～1976 年） 这一阶段历时近 20 年。1958 年大跃进时代，全国掀起大炼钢铁之风。是年 10 月，衡阳地区在金洞设立烧木炭指挥部，从衡阳、衡南、祁东、祁阳四县调集 16000 多人，驻扎在这古老的林区，日夜轮番伐木烧炭，沿河两岸及交通比较方便的地域内，其风景林、防护林、名木古树均遭到不同程度的滥伐。据统计，因烧木炭而被砍伐的木材达 100 万立方米，（其中杉木占 50%）。

1960 年，国家实行以粮为纲的方针，提出向荒山要粮的口号。是年，祁阳县调集 1281 人进驻金洞，毁林开荒 2 万余亩。不仅林木受毁，而且致使植被破坏，水土流失严重，生态失去平衡。

1962 年，全省开展“三权四固定”工作，为了便于经营管理，强调林班集中连片，国家与集体进行了一次相互调换山林的工作，由于个别基层干部家底不清，使国有山林面积减少 10 万余亩。1966～1976 年“文化大革命”时期多数地方处于无政府状态。因此，偷砍盗伐、乱砍滥伐的现象极为严重，森林资源又一次遭到了大的破坏。森林蓄积总量由 1957 年的 2822840 立方米减少到 1975 年的 1141172 立方米，减少了 59.5%。

恢复崛起阶段（1977～1998 年） 中共十一届三中全会以后，根据国家《森林法》的规定，金洞林场明确经营方针为“以营林为基础，造管并举，造多于伐，采育结合”。按照这一方针，在保护管理好现有森林的基础上，更新造林，绿化荒山。仅 1979 年国营造林 20165.2 亩。

1981年被全国绿化委员会、林业部、人事部评为“全国造林绿化先进单位”。到1982年，金洞林场造林30万亩，为国家提供木材1263395立方米，楠竹25万根，总收入6360万元，上缴国家各项税费905万元，林场房屋建筑面积46291平方米，拥有固定资产631万元。1983年，林业部决定在金洞林区投资合建10万亩杉木速生丰产林基地，并在此基础上培育5.5万亩大径材基地，全林区森林资源与日俱增。1986年1月，被林业部定为“全国示范林场”。1995年，被林业部定为“全国科技兴林示范林场”。1997年，被评为“全国国有林场十大标兵单位”。

快速发展阶段（1999～2011年） 2000年，金洞林场新的领导班子在解放和发展社会生产力的基础上，采取快速有效的措施：一是提出减员增效。在全场内进行一次大的机构和人事制度的改革，机关科室由1999年的25个减少到16个，科室工作人员由155人减少到100人。全场职工减员分流51%，充实生产第一线，内部实行岗位工资制调动职工积极性。二是整顿经济秩序，改组企业，盘活资产。转让金中水泥厂，清算并撤销林业开发、农业开发、山区经济开发、金林实业开发、林产品、粮油贸易、金盾等多家公司；成立清收欠款办公室，组织专门收欠队伍，从1998年12月至2005年12月，共收回各类借款、货款以及承包合同兑现款10048520元，占欠款总额的68%，缓解了资金压力。三是以资源招商为重点，引进资金搞开发。“十五”期间引进资金1.6亿元，年均3200万元，仅2004年，实际到位资金达4324万元，固定资产不断增加，特别是在开发项目上，保证开发一项、成功一项。四是建立国有林木、林地流转机制，共流转8.5万亩。这不仅充分利用了资源，同时减少了国家对林业的投入。五是强化内部管理机制，实现内部经营机制的改革。在“十五”“十一五”期间，金洞林场出台《财务管理暂行办法》《林业生产管理办法》《木材销售管理制度》《会计集中核算试行办法》等一系列文件、规定，强化了内部管理机制，有效地堵塞了经营上的漏洞，不断提高适应市场经济的能力。与此同时争取加入全市养老保险统筹，解决职工后顾之忧。六是管理体制得以根本的变革。经过多年的艰辛探索和争取，2006年，经省、市批准设立金洞管理区，束缚林区发展多年的体制问题得以彻底改变。经过上述一系列的举措，金洞林场迅速走上健康发展的轨道。

林业 林业是林区的主要产业。林业生产历经由20世纪60年代的“一锄法”造林到20世纪70年代的整地打穴“一般化”造林，到20世纪80年代初进行大面积杉木速生丰产林工程式造林。全场在营造好杉木速生丰产林的同时，实施优材更替工程大力培育杉木无节材，规划建设生态公益林，全区公益林面积29.1万亩，其中国家级19.5万亩，省级9.6万亩，每年投入资金500万元。林区森林覆盖率达到74%，森林蓄积量达到259万立方米。建场58年以来，共为国家提供木材241.37万立方米。

农业 金洞林区山多田少，全区农业人口人均稻田面积0.4亩，自解放初期起至90年代粮食市场开放，国家每年根据人口数量拨给一定的统销粮食指标。1982年为803吨，以补贴粮食困难的农民。农村实行家庭联产承包责任制后，农民生产积极性空前高涨。1984年，全区粮食总产比1978年增加29%。1994年，进行农村二轮土地延包，承包期延长30年不变，建立土地经营权流转机制。“十一五”期间，全区粮食产量每年保持在2.3万吨以上，是1982

年的10.1倍。

工业 受环境因素的影响，林区内开办大的工业，尚存有一定的难度。2003～2011年，管理区依据本身特点，坚持适度发展工业，鼓励发展民营企业，走生态工业的发展路子。2011年全区实现工业总产值1.43亿元。“十一五”期间，全区累计实际工业总产值5.66亿元，比“十五”期间累计增长58.3%。小水电站建设加快，全区建成使用的大小电站78座，年发电量3.67亿度，年创产值1.1亿元。金洞优质矿泉水已经获得市场认可，产品已打入市、县市场，林区内长期定点用户达1200户；竹木加工行业2011年实现销售额2454万元；金洞林区石材资源丰富，不仅储量大，而且品质好，全场石材蕴藏量5000万立方米，“十一五”期间年均产量2000立方米，实现产值2000余万元。

生态旅游业 2002年成功开发以金洞河漂流为重点的生态旅游项目，旅游产业从无到有，从小到大，逐步发展。金沙滩景区成为全省首批AAA景区。“十一五”期间，金洞生态旅游接待游客20多万人次，门票累计收入近3000万元，带动二、三产业增收1.8亿元。2005年，经国家林业局批复，金洞为国家森林公园。

交通建设扎实推进。“十一五“期间，管理区每年投入公路建设资金5000多万元，共完成公路改造383公里；完成桥梁建设9座690米。2011年碧江口桥、油榨铺桥、江口桥等农村公路渡改桥工程竣工并通车，基本实现了乡乡通水泥路，村村通公路和80%的村组通水泥路的目标。

水利建设成效显著。以解决人畜饮水和病险水库加固工程为重点，2006～2011年共完成小农水项目投资7950万元，其中农村安全饮水工程投资1200万元以上，完成工程建设19处，解决了1.4万人的安全饮水问题。投资近1000万元建设金洞城区自来水厂和金洞城区赤水源自流安全饮水工程，为全面提高金洞城区人民的饮水质量奠定了基础，解决了城区居民长期以来饮水安全和饮水困难的问题。

通信建设明显加快。民国29年（1940年），宁远县电报局架通至凤凰约120公里的电话线，此为金洞电讯之始。1950年3月，金洞区设立一台30门的电话交换机，全区摇把式电话26台。金洞林场于1962年换成50门电话交换机，装摇把电话50台。直到1995年10月开通程控电话。2000年，投入185万元建成一个移动基站。至2011年止，全区共建移动电话基站28个，联通基站10个，林区信号网络覆盖率达99%，基本消除了通信盲区。宽带互联网络普及全区各个乡镇。

城镇化建设推进有力。金洞城镇建设起步较晚，1959年修通金洞至祁阳的公路，公路从金洞林场及金洞区门前沿河经过，起于孙家洲汽车站，止于细桥冲原金洞供销社，全长1200米，形成金洞沿河街。直到20世纪80年代打通人岭街，90年代打通燕窝街、金林路。进入21世纪后，金洞加快了城镇建设步伐，相继打通了和平路、凤凰大道、民康路、神怡路、新屋街、金龙路。修建了自来水厂，投资1000万元的金洞综合市场建成并使用。

在经济建设取得成就的同时，文化、教育、科技、卫生、体育等项事业，也得到相应发展。

教育事业 中华人民共和国成立前，主要以私塾教育为主。新中国成立后，各乡办起了公立小学。1969年，随当时形势的要求，各公社办起了中学。根据新形势的发展和要求，学校布局进行调整。到2011年下期，全区有中学2所，中心小学8所，村小教学点34所，幼儿学前班共31个。有教职员工454人，中学生1777人，小学生3948人。1997年，全区共投入441万元，新建校舍10300平方米。“十一五”期间，全区共投入资金5356万元，消除和改造危房1.3万平方米，新建校舍2.8万平方米，化解基础教育债务450.7万元。自2000年以来，金洞的教育质量一直稳居祁阳县前列。至2011年，金洞林场中学共有3036人升入高中，2000年前初中考入中专的共428人，上司源乡邓佑满、石鼓源乡邓旭东、万宝山乡邓先杰三人先后考入清华大学。1995年林场中学语文教研组“作文引路激趣六步教学法”在湖南省第四届基础教育教改教研成果评奖活动中获二等奖。2010年，该教研组课题“农村初中语文自主探究和合作学习研究”获教育部教师发展基金会全国一等奖。

医疗卫生事业取得新进步。1984年7月，金洞林场职工医院与金洞农村地区医院合并，成立林区人民医院，林区医疗卫生事业翻开新的一页。管理区现有人民医院1所，乡镇卫生院7所。2006年，投资285万元，新建区人民医院一栋四层诊疗大楼，面积5600平方米。2013年国家又投资1000万元，新建一栋2000平方米的综合大楼。全区所有乡镇卫生院共改造、新建、扩建面积5790平方米，现有卫生机构8个，卫技人员180人，病床150张，平均每千人拥有卫技人员3.1人、病床2.5张。新型农村合作医疗的覆盖率和参合率均达到100%。计划生育工作成效明显，人口自然增长率控制在7.2‰以内，计划生育率保持在98%以上。

广播电视、文化体育事业得到较快发展。20世纪80年代中期，林区电视机用户不到20%，90年代改换卫星电视接收器，2000年改换有线电视，2008年换成数字电视。自1986～2006年，金洞组织的代表队曾参加省、市县级的篮球、门球、地掷球、桥牌等项目比赛133次，获得名次71次。2001年以来，金洞收画诗联协会参加全国诗词、楹联比赛13次，1人获全国“联坛百俊”荣誉称号；一人获全国第九届、第十届“天籁杯”诗词大赛金奖。管理区设有篮球协会、老年体育协会、书画诗联协会等群体组织，活动开展正常。

（四）

喜万山，叠翠藏青描锦绣；欣百业，日新月异铸辉煌。综上所述，金洞自然条件优越，历史悠久。千百年来，在这片土地上繁衍生息的劳动人民，在长期艰苦卓绝的斗争中，建立了自己的家园，取得巨大的成绩。特别是改革开放以来，金洞管理区建置以后，与时俱进发展迅速，林区发生了翻天覆地的变化，人们由吃穿型消费向住行型消费转变。尤为重要的是，全区人民求发展，盼崛起的热情空前高涨。但在新的形势下，面对新形势、新要求还存在一些困难和问题：主要是经济总量不足，产业结构相对单一；农业结构调整不快，效果不大明显；环境条件制约，工业发展难度大；城镇化水平低，全面协调发展不够；体制管理权限受到一定制约，本级财力可支配空间不大，对外依赖性强，发展后劲不足；科技教育相对滞后于经济发展，高素质人才资源不足等，这些问题都给全区发展带来严峻考验。

面对社会主义现代化建设的新形势，以及省委、省政府加快推进“四化两型”建设的总体要求，管理区党委、管委决心高举中国特色社会主义伟大旗帜，深入贯彻落实科学发展观，抓住历史性机遇，以科学发展，富民强区为主题，以“转方式、调结构”为主线，以改革开放和科技创新为动力，坚定不移地实施以林业为基础，以旅游业为龙头的“生态立区、产业兴区、开放活区、科教强区”的四大战略，继续走“打绿色牌、做山水文章，创生态效益”具有金洞特色的发展路子，加大创新力度，加快发展速度，增强发展后劲，争取综合经济实力进入全市小县区方阵。努力建设绿色金洞、活力金洞、智慧金洞、幸福金洞，全面实现小康金洞。

大事记

清康熙五十四年(1713年)

许瑶民子弟入学。

清咸丰七年(1857年)

秋,飞蝗敝天,竹叶被吃食殆尽,经捕捉挖卵,虫灾得控制。

清咸丰九年(1859年)

正月,太平天国翼王石达开联合湘、粤、赣天地会起义军,攻占湖南边境。二月十二日,石达开率部进入宁远县境内,遭到当地团防的阻抗。石达开决定避实就虚,兵分三路。其中北路主力军由石达开亲自率领,经石家洞、荒塘、白果市、凤凰,长驱直入,于三月十三日到达白水一带,经石坝、廖家桥、观音滩,围祁阳城与清军激战达月余,城不下。于四月十七日晚率兵从祁阳西北方向往宝庆转移。

清咸丰十年(1860年)

是年,金洞、黄家渡一带大疫。黄家渡荐罗汉醮驱瘟。

清同治十三年(1874年)

春夏大旱,斗米700文。

清光绪十八年(1892年)

冬,大雪,冰冻月余,冻死鸟兔无数。

清光绪三十二年(1907年)

四月,天雨不止,山洪暴发,河水泛滥成灾。

民国元年(1912年)

上半年,宁远县调整行政区划,建立旭日乡(现为白果市)。

1月，山斗岭设“英萃”高等小学，有学生41人（当时属宁远县合群乡）

2月，旭日洞设“集英”高等小学，有学生26人（当时属宁远县合群乡）

民国3年（1914年）

2月，内下设“出类”高等小学，有学生25人（当时属宁远县仁和乡）。

4月，石鼓源设“泉塘”高等小学，有学生30人（当时属宁远县仁和乡）。

夏，大雨数日，山洪暴发。

民国7年（1918年）

2月，刘洪甫、张楚卿率数百农民武装攻打小金洞、黄家渡等地团防局。

6月，肖裕乾、徐子林、陈飞鹏、潘石宝、周文等五支农民军，乘北洋军与湘军交战之际，分别于波罗源、肥源、旭日洞、白水洞、钗江等地起义。

民国10年（1921年）

5月，农民武装肖裕乾部在阳明山遭永属区团长成浴泉部围攻，600余农民军被杀。湖南省长赵恒惕又令营长奉文昭率军围攻农民军。陈飞鹏、刘宏甫、李如甫、李如凤等先后被杀。

春季无雨，早稻不能下种。

民国11年（1922年）

是年，湖南省国民政府委陈平山设行政委员会于旭日乡（现为白果市）

民国14年（1925年）

夏连旱70天，米贵如金。

民国15年（1926年）

秋，周文部队被国民革命军第16军收编为独立旅，周文任旅长，驻阳明山。

民国16年（1927年）

1月，龙潜乡农民协会成立。

4月，凤凰乡农民协会成立。

10月，陶铸到晒北滩开展巩固农会工作。

10月，唐淼所部（宁远志称其为伪军司令）与刘玺、王咸等合为六团，焚劫大竹源、石鼓源村落以数百计，毙居民三十余人。北钥镇团总邓甲人御之，于大坳岭殉焉，团丁死难者十六人。

是年，宁远划全县为一镇二十七乡404保。金洞始建龙潜乡、凤凰乡。

民国17年(1928年)

春,周文以阳明山为根据地,自称中共湘南永属区农民自卫军总司令,队伍扩至3000人,接纳中共党员、办兵工厂,并在黄江源、白果市建立苏维埃政权。

6月,金洞石鼓源籍中共党员奉文珪、王文耀等人从长沙潜回家乡,后投奔阳明山农军周文部。同年8月,聚集在阳明山的中共党员成立了"中国共产党阳明山执行委员会"。

8月,江西红军朱德、毛泽东部与湘南宁远农军首领周文、陈光保等部联络,意图夺取衡阳。

秋,国民党"清剿土匪"纵火烧山,金洞大片森林遭毁。

民国18年(1929年)

1月,建立阳明县旭日洞苏维埃政府。

是年,春旱。春作愆期。

冬,大冰雪,冻死人畜。

民国20年(1931年)

3月,阳明县县长欧冠亲率两个团的国民党正规军外加34队民团约2万余人围剿阳明山周文部,周文率部不时击溃官兵进攻,坚持战斗长达3个月,终因弹尽粮绝,除周文逃遁外,阳明山农民武装大部分被俘,其余殉难。(1934年4月周文在广西恭城被捕,押回宁远杀害)。

5月,因财政困难,撤销阳明县,改为阳明特别区,成立警备营,何宗汉为警备营长。两年后,警备营被撤销。

7月中旬,大雨数日,阳明山、旭日洞等处山洪暴发。

民国21年(1932年)

是年,创办宁远县第十一区秧田乡、秧田国民小学。校址设秧田邓氏宗祠。1950年转为公办。

民国23年(1934年)

8月26日凌晨,红六军团9700余人在中央代表任弼时、军团长肖克、政治委员王震的带领下,经零陵的歇马庵进入白果市,直捣国民党阳明山特别区公所和旭日乡公所,活捉刚上任三天的阳明山特区区长奉明托,并将其处以死刑。由于阳明山活动区域不大,人口稀少,不足以为红军提供所需粮食、物资,难以创建根据地。因此于26日下午近黄昏时,留下11名伤病员后,急转南下,经大坝头、罐子洞、野鸡尾出荒塘,往宁远方向进发。

8月27日晚红军撤离后,旭日乡(现白果市)乡长罗化仁纠集几十个爪牙,在牛栏岭将10名伤残掉队的红军战士抓住。其中9人被梭标戳死在长田边的荒坪上,一人被枪杀在打园岭对门山上。

8月29日，另一名战士张义保因病被贫农邓其明救治，后被敌人发现活捉，惨杀在桐梓皂。

民国24年(1935年)

春，石鼓源乐山在陆公祠开办蒙馆。1952年转为公办。

是年，石鼓源礼堂创办蒙馆，后办保学。1950年转为公办学校，命名为三满房小学。

民国25年(1936年)

是年，内下武圣庙创办邓氏家庭私塾学校。

是年，大水，漂没房舍、田亩不可胜计，为灾之钜，数十年来所仅见。

民国26年(1937年)

是年，石鼓源西岭坳创办蒙馆。1950年转为公办。

是年，阳明特别区在龙潜凼开设区立高级小学，至民国28年(1939年)改称龙潜高级小学，有男生111人，女生17人。有田70亩，屋二栋。校内有一礼堂、五教室、四寝室以及办公室、成绩室、储藏室、会客室、食堂、厕所。

民国29年(1940年)

是年，开办内下瓦窑小学。

是年，宁远县电报局之电线架至凤凰。

民国32年(1943年)

是年，改福音庵私塾为马蹄源小学。

民国34年(1945年)

春夏之际，大旱，52天不雨，饿死者无数。

民国35年(1946年)

5月，万宝山睦源村有父子俩在玉米地除草时，同时被老虎咬死。蒋家冲2组邓光和之子，在屋后玉米地被老虎咬死。

是年，上司源乡因疟疾病，全乡死50余人。万宝山5户死12人，金洞白泡回至枣树坪双河口沿钗江河两岸发生疟疾死亡近350人，其中楠木坳包家院16人死14人。

民国36年(1947年)

是年，一架飞机因雾碰山坠落在桐子山胡芦岐铁门坎处，飞行员当场死亡。

民国37年(1948年)

自春及夏，阴雨连月，山洪暴发。

1950 年

3 月，改龙潜、凤凰二乡为宁远县第八区，命名为“金洞区”，建立区委。区委书记赵文波，区主席张景相。

3 月，废除保甲制度，成立乡镇人民政府和乡农协会。

10 月，全区人民投入抗美援朝保家卫国运动。

1952 年

10 月，改金洞区为第 11 区，辖 21 个乡。区委书记为窄永宽，区长空缺。

1953 年

是年，万宝山位于万缘庵开办一个业余（中午时间）妇女识字班。1959 年更名为万宝山小学。

是年，全国第一次人口普查，金洞区普查总人口为 27748 人。

是年，干旱 52 天。

1954 年

6 月 19 日，根据湖南省政府民字第 1411 号文件批复：宁远县 11 区（金洞）划归祁阳县管理，编为祁阳第 12 区。刘凤麟任区委书记，刘恩河任区长。

8 月 1 日，始建湖南省祁阳林区森林经营管理局。业务直属省林业厅领导，接管山林 63 万亩，赵芳任局长。此为金洞林场建场之始。

1955 年

6 月 26~27 日，山洪暴发。晒北滩至小姑石河床被冲坏堵塞。10 月疏河炸礁。

7 月，祁阳县第 12 区，更名为金洞区，刘凤麟任区委书记。

是年，金洞林区发动 1182 个互助组，7 个林业社，为国家营造林 1.34 万亩，受到省林业厅通报表扬。

1956 年

6 月，祁阳县卫生科调 3 人到晒北滩，调 4 人到白果市，分别组成乡联合诊所。

7 月，全县撤区并乡。金洞原 21 个乡撤并为 8 个乡。

是年，撤销“金洞森林经营管理局”改为“祁阳森林经营所”。

是年，在鱼窝湾建金洞合作商店。有员工 29 人。并在石鼓源的乐山、小金洞的牛栏湾、晒北滩的小茗洞、凤凰的花筵、白果市的光明等 8 处设立合作商店经销点。1995 年初，资产处理后，自行解散。

1957 年

4 月 21 日、24 日，大风冰雹。大岭下乡麦苗、秧苗及民房大面积受损。县委书记李子生率员深入灾区慰问。

10 月，衡阳森工局捐资 10 万元，修筑白水至金洞公路。公路于 1959 年竣工。

11 月 20 日，黄司河至土坳木材单漂流送，全程 70 余华里，450 余人沿途站滩，推河扒凼，至 1958 年元月结束。共单漂流送木材 8929 立方米。

是年，石鼓源乡大岭下、乐山大队分别创办学前班招收 5~6 岁幼儿。幼师报酬为工分制。1960 年，停办学前班。

1958 年

1 月，改“祁阳森林经营所”为“祁阳金洞林场”，受省林业厅、祁阳县双重领导，王海山任金洞林场党委书记，史金水任场长。

4 月，金洞林场接纳部队转业的两名医务人员，并建立“医务室”，此为西医进入林区之始。

6 月，为解决金洞木材运输问题，衡阳地区投资 10 万元。祁阳组织 4000 余劳力突击修建白水至黄市公路，全长 18 公里。同年 9 月通车。

7 月，始建金洞水文站。1966 年建晒北滩、白果市两处雨量站。

8 月，金洞林场与祁阳县农村工作办公室合办“金洞林业专科学校”。1959 年下期与县农业专科学校合并于河埠塘。

9 月，石鼓源公社始建农业技术学校。1959 年 6 月停办。

10 月，衡阳地区安排祁阳、衡南、祁东三县共 16000 余人，进入金洞林区伐薪烧炭。12 月 3 日撤队，共烧炭 10 余万担。金洞林木遭到毁灭性破坏。

10 月 1 日，正式宣布实现人民公社化。祁阳县编成 25 个公社，其中：金洞设金洞、林海（小金洞）、卫星（凤凰）、火箭（晒北滩）、乐园（白果市）、跃进（石鼓源）6 个公社。12 月并为 18 个公社。

11 月，省林业厅将金洞林场下放给衡阳行署管理。

是年，经省政府批准，祁阳县人民委员会在金洞林区组建林权处理委员会，专门处理没收、征收山林之后的遗留问题。

是年，祁阳县森工局在金洞林区建 5 个森工采伐场。

是年，人民公社将社员自留山、自留树、房屋前后零星树木，全部收归集体经营。

1959 年

4 月，由林业部门投资 120 万元，金洞至晒北滩公路开工，全程 32 公里。1965 年 5 月全线竣工通车。

6 月，金洞林场接管万宝山、下司口两个农户工区，共 318 户，计 1295 人。

是年，金洞至黄市公路通车。

是年，夏旱 40 天，秋旱 45 天。

1960 年

2 月，金洞林场改为“农林垦殖场”，隶属省农垦局领导。经营方针改营林为主为以粮为纲。祁阳县组织 1281 人进入金洞林区毁林开荒。金洞林木又一次遭到大面积破坏。

4 月，祁阳县森工局在黄司河上游赶羊流送杉原木，途中遇山洪暴发，因无拦河设施，损失木材 3.42 万立方米。

4 月，金洞林场医务室，扩建为金洞林场职工医院，设病床 20 张，医院有职工 14 人。

1961 年

8 月，改“金洞农林垦殖场”为“金洞林场”，隶属省林业厅。

10 月，恢复成立金洞区委，周承藩任区委书记，毛富常任区长。

是年，金洞林场工人邓茂源被湖南省政府授予“农业职工劳动模范”称号。

1962 年

8 月，原隶属祁阳森工局管理的，设立在金洞林区内的五个伐木场，约 1800 人，被划归金洞林场管理。

9 月，山洪暴发，金洞河段洪水流量达 1804 立方米 / 秒，金洞街上水深丈余。

9 月下旬一天，凤凰老街发生火灾，60 余间房屋被毁。

9 月，万宝山睦源村因山洪暴发，将上院冲到下院，同时引起火灾，两院全部烧光，烧死 1 人。

是年，金洞林场建电影院。1981 年被火烧毁。1982 年金洞林场投资 27 万余元重建电影院，建成后建筑面积 1000 平方米，有座位 907 个。

1963 年

3 月 1 日，大江工区第七组因烧垦引起火灾，烧 87 小时，烧毁山林面积 5000 余亩，森林面积 500 余亩。

7~8 月，遭受百年罕见的大旱灾。

是年，金洞林场分两批调出 280 人。第一批调 80 人到江华采育场工作，第二批调 200 人到洪江修洪绥铁路。

1964 年

1 月，在金洞林场内同时设“金洞伐木场”，一个机构、两块牌子。

是年，金洞林场调 100 人到省四建公司。

是年，开展第二次人口普查，金洞林场总人口 2382 人，金洞区 32187 人。

1965年

5月，经统计，自1954年建场累计新造幼林保存面积125270亩，林木蓄积量98万立方米。

10月，撤销"金洞伐木场"。

是年，金洞区社员分配年人平54.3元，粮食分配年人平219.5斤。

1966年

3月，白果市、大江、鸭婆凼三个工区改为三个分场。

3月，金洞林场始建"林业专科学校"，校址设油榨铺，1967年6月停办。

8月6日上午10时，场部家属区木皮房起火，烧毁房屋117间、稻谷4025斤，牲猪28头以及家具、衣被等物。共有28户，131人受灾，直接损失6万余元。

11月29日成立金洞林场党校，第一批学员86人，受训一个月。

1967年

11月，解放军6943部队一个武装排进驻金洞，制止哄抢国家木材现象。

1968年

6月27日9时，凤凰月月塘水库堤坝决口，几万立方米的储水倾泻而下，秧田高级小学校舍三分之二被冲毁。花筵街大水奔腾。临溪9座民房全被冲毁。

7月8日，暴发百年未有的特大山洪。河水暴涨，水文站实测洪水流量2540立方米/秒，是历史上最大的洪水。全场被洪水冲走木材3000余立方米，仅上司源山体滑坡，倒塌房屋40余间，死1人，冲毁稻田150余亩。

是年，建立农村合作医疗制度(1982年停办)。

1969年

1月26日，召开祁阳金洞林场革命委员会成立大会。

3月，金洞7个公社设立初中，并在金洞附中增办高中。

9月，金洞始建广播站。

1970年

1月，省林业厅下放50名干部到金洞林场，后陆续调离，3人留林场工作。

4月，成立金洞区革命领导小组。朱敦祥任党的核心领导小组组长。

5月，邓吉昌改任金洞林场革委会副主任(主持全盘工作)。

1971年

8月21日，小金洞光明大队第三生产队烧萝卜土引起火灾，烧毁已砍伐的木材320立方米。待伐林1397株，中幼林2000多株，损失2万余元。

12月,恢复成立中共金洞区委员会。朱敦祥任区委书记。

是年,秋旱58天,晚稻严重受损。

是年,由工人、贫下中农从农村、工矿、学校推荐工农学员进入高等学校学习。至1975年,金洞共推荐36名工农学员进入高等学校学习。

1972年

4月,为落实中共中央“知识青年上山下乡”的号召,衡阳地区下放345名知识青年到金洞林场各个分场从事林业生产。直至1978年,(除2人外)陆续返城。

1973年

7月19日,龙潜凼至场部机关一带遭受龙卷风袭击,20多间房屋倒塌。

10月,始建金洞区机电排灌中心站。1974年7月,改名为农业机械管理站。

冬,普及农村广播网点。

是年,建凤凰木材站,站址设凤凰公社街上,建房900平方米,职工12人。同年,建江口木材站。

1974年

元月,原湖南省国营祁阳金洞林场改称湖南省国营衡阳地区金洞林场。

是年,建金洞木材站,站址设金洞区公所,建房1200平方米,职工16人,负责金洞、石鼓源两个公社的木竹收购。

是年,金洞林场建立自来水厂,在场部机关的小山丘上(现名大寨山)建立蓄水池,在金洞河开挖直径为3米,深12米的大型水井取水。

是年,银子源电站破土动工,至1975年竣工,装机容量为500千瓦。

1975年

9月,晒北滩始建民族中学。

是年,肖家贾家岭至白果市全程40公里公路通车。

1976年

7月7~11日,降水268毫米,暴雨引起山洪暴发。

9月,油榨铺至瑶山尾公路通车,全程10.7公里。此公路为民办公助,林业部门投资5万元。

9月9日,毛泽东主席逝世,全区人民佩戴黑纱,沉痛哀悼。18号举行追悼会。

是年,湖南省衡阳地区批准确定晒北滩、白果市、凤凰、金洞、小金洞、上司源、石鼓源为用材林基地。

是年,油榨铺至万宝山光明组全程15公里公路通车。

是年，开办林场职工学校（当时称"五·七"大学），1983年又改称"职工学校"。每年为林场在职职工培训两期，以文化教育为主。

1977年

3月，由衡阳地区所属8个县、市担任修建任务的内下电站（原名金洞电站）破土动工。1980~1983年，改由省、地、县三级联合建办。1984年划归祁阳县办。截至1988年年底止，建成投产的有二、三级电站。

是年，江口至上司源全程8公里公路建成通车。

是年，凤凰至白果市通车。全程18.1公里。林业部门投资70万元。

1978年

10月，召开湖南省科学大会，金洞林场蒋祖亮同志因林木育苗受到奖励。

1979年

9月，始建金洞区肉食水产站。

10月16日，由衡阳地区卫生防疫站、祁阳县卫生防疫站、县爱卫办等单位组成的"碘缺乏病"调查组，进驻白果市公社团结、光明、大众3个大队。6天共免费检查2008人，查出碘缺乏病患者563例，患病率高达28.04%，甲状腺肿大673人，肿大率33.56%。1980年，检查组派员对患者进行治疗。

是年，金洞林场建立刘家滩苗圃。管理面积400亩，可育苗面积56亩。

是年，增设宣传、保卫、多种经营三科。场部另设工会、妇联、派出所、团委。下设金洞、小金洞、晒北滩、石古源、大江、白果市6个分场及万宝山、下司口两个工区。

1980年

5月，衡阳地区检察院向金洞林场派驻检察组。1992年1月成立检察科。

8月2日，凤凰公社办公院内，因泥石流引起火灾，烧死2人。

9月，撤销公社（镇）革命委员会，成立公社（镇）管理委员会。

12月29日成立金洞林区工作委员会。金洞林场、金洞区的主要领导为工作委员会的领导成员。

是年，小金洞公社江口大队一农民用鸟枪打死一只豹子。

是年，白果市小学邓联好被林业部授予林业系统教育先进个人称号。

是年，撤销金洞区高中。

1981年

3月8日，中共中央、国务院发布《关于保护森林，发展林业若干问题的决议》。同年，湖南省委、省政府部署在全省开展稳定山林权、划定自留地、确定林业生产责任制的"三定"工作，简称为林业“三定”。

5月8日，祁阳县委与金洞林区工作委员会在金洞林场召开紧急护林工作会议，林区区、社书记、大队党支部书记、县有关部门负责人、林业战线所属单位负责人共263人参会。祁阳县委副书记郑纯发、场党委书记刘云楼参加会议。

5月，开始实行农业生产责任制，到1983年全面实行联产承包责任制。

5月10日凌晨，场部大礼堂（电影院）被小偷纵火烧毁，损失财产10万余元。

11月15日，金洞林场召开第一次定权发证动员大会。用两年时间在金洞林区进行踏山划界、调处纠纷、登记造册，填发山林权属证书。

是年，晒北滩公社河上江大队一农民套猎一只华南虎。

是年，凤凰公社的百岭、黄沙、龙凼、青石4个大队划归祁阳县大江林场管辖。

是年，金洞林场被全国绿化委员会、林业部、人事部评为“全国造林绿化先进单位”。

1982年

1月28日至2月13日，大冰冻，金洞4个公社通讯中断。

6月，山洪暴发，龙潜凼集材场木排被冲走，损失木材200余立方米。

是年，按全国统一部署金洞进行第三次人口普查。

1983年

4月，省地、县通过了对林业“三定”工作的检查验收，5月10日，在金洞林场召开了隆重的总结表彰大会。

5月16日晚，黄市天心大队一社员因偷运木材，在金洞河溺水而死。19日，其尸体被其亲戚抬到林场陈尸，数百人乘机寻衅闹事，砸烂20余间办公室门窗玻璃，用锄头挖死养猪场牲猪一头。

6月20~22日，白果市、晒北滩山洪暴发。

7月1日，金洞林场由衡阳地区划归零陵地区。

12月5~25日，由湖南省林业厅副厅长李正柯、零陵地区纪委副书记黄听思、农村工作部部长孔宪仿等组成省地联合调查专案组，到金洞林场查处毁林案件88起，逮捕20人，判刑12人，拘留19人，党政处分14人。

12月，中纪委常委王照到金洞调研查处滥砍乱伐木材事件。

秋，凤凰乡中荣、隐塘、花筵三个村虫螺旋钩体病流行，病61例，死3例。

是年，林业部在祁阳金洞林区投资810万元，建设10万亩速生丰产林基地。1990年冬完成并签订《联合营造10万亩杉木丰产林合同书》其中国营金洞林场6万亩，集体林区4万亩。

1984年

2月，湖南省省长熊清泉到金洞考察林业生产情况。

2月，金洞林场接管原零陵地区潇水局白水集材场。

3月应林业部邀请，日中林业交流协会的日本专家城阪光弥和冈信义，到金洞林场传授林木育苗技术。

5月，零陵地区行署〔1984〕2号文件决定撤销祁阳县金洞区，其所辖7乡由金洞林场代管。

6月，接收祁阳木材公司驻金洞木材收购站、木材检查站及祁阳县林业局驻金洞区林业站。

7月，金洞区医院、区卫生所及所属7乡卫生院由金洞林场代管，成立金洞林区人民医院。

7月7日，省政办字〔84〕283号文件批复，晒北滩人民公社改为晒北滩瑶族乡。

10月12～16日，由各县(市)委书记、农委主任、林场党委书记参加的山区经济开发工作会议在金洞林场召开。

是年，金洞林场工人李朝国被省政府授予"劳动模范"称号。

1985年

1月，金洞乡改镇，撤销中共金洞乡委员会，建立中共金洞镇委员会。

2月，取消木材楠竹统购，实行议购、议销。

春，上司源乡双河、南冲源两村流行流脑，病23例，死1例。

4月，英国林业专家梦先生受联合国委派，到林场考察。

8月26日深夜，洪水暴涨，冲走龙潜凼木排，损失木材700余立方米。

10月，金洞林场与黎家坪白茅滩乡联办的黎家坪轧钢厂点火开炉。

1986年

1月29日，林业部林造〔1986〕39号文件决定将金洞林场列为全国四个示范林场之一。

3月1日，中共中央总书记胡耀邦在林业部政策研究室李昌鉴的《一条富民兴林新路子——对国营金洞林场与当地农民联营发展林业的调查》一文中作重要批示。

3月22日，湖南省省长熊清泉看过胡耀邦的重要批示后，又作重要指示。

3月10日，金洞林场成立落实政策办公室。安排专职工作人员10人。

1987年

4月24日，祁阳大江林场唐家岭工区境内的长冲发生重大森林火灾，烧毁森林面积1937亩，其中烧毁金洞林场山林面积786.2亩。

8月，创办中央农业广播电视学校，金洞林场设分校。2003年停办。

12月，金洞林场与白茅滩乡解除联办轧钢厂协议，退出黎家坪轧钢厂。

1988年

4月，经零陵地区劳动服务公司批准，成立零陵地区金洞林场劳动服务公司。1998年3

月撤销。

4月1日,金洞农机木器厂正式移交给祁阳县二轻工业局。

12月27日,零陵地区绿化工作会议,金洞林场机关被评为“园林式单位”,上司源乡团委被评为“义务植树先锋”。

1989年

7月,全场开展“三清一挖”工作,即清到期欠款、清到期贷款、清合同兑现款、挖资金潜力。

10月3日,内下水库大坝奠基,1994年8月建成。

1990年

11月,全国第四次人口普查结束,金洞常住登记总人口50608人,男性27044人,女性23564人。

是年,中国茶叶研究所与祁阳县农业局技术人员来上司源指导当地农民种茶,同年东冲村开垦50亩茶园。2004年,建“浯峰茶叶有限公司”,投资50万元新开茶园400亩。

1991年

3月,全国绿化委员会、林业部、人事部授予金洞林场“全国造林绿化先进单位”称号。

4月20日,林业部财务司总会计师王宗、计财处长马宗如和沈谨兰等一行到金洞林场检查指导工作。

6月30日,省委常委纪委书记杨敏之、省政协常委唐盛世、祁阳县委书记郑纯发等一行到金洞林场视察工作。

7月6日,零陵地委书记秦光荣、行署专员颜永盛等一行到金洞林场指导工作。

8月8日,湖南省农业广播电视学校金洞林场分校评估合格。

10月13日,地区林业局组织验收,12月通过省级验收,金洞林场为消灭荒山达标单位。

12月1日,副省长王克英在零陵地委书记秦光荣的陪同下到金洞林场视察工作。

是年,金洞林场被评为湖南省宣传工作先进单位。

是年,祁阳县因建立内下林场从晒北滩乡划出河上江、内下两个村归祁阳县内下林场管辖。

1992年

5月,金洞林场成为零陵地区“消灭荒山第一场”,并立碑以记。

6月16日,湖南省顾问委员会原主任万达、省人大常委会副主任曹文举一行到林场视察山区林业经济开发工作。

7月5日,晒北滩内下支流河域山洪暴发,引起洪灾,造成直接经济损失151万元。祁阳县纪委纪检员内下电站建设副指挥长刘冬元(凤凰乡人)在内下电站为抢救国家财产以身殉职。同年9月被省政府批准为革命烈士。

8 月 27 日，一辆从白果市开往祁阳的客车，行至白果市乡山青村公路段时翻入 50 多米的深沟，死 4 人，车毁。

是年，省人民政府授予晒北滩瑶族乡“民族团结进步先进集体”称号。

1993 年

5 月 4 日，端阳节金洞镇在金洞河组织龙舟竞赛，10 个队参加竞赛，是为金洞龙舟竞渡之始。

5 月 15 日，金洞镇财政所被省委、省政府命名为湖南省文明建设先进单位。

夏，石鼓源乡大岭下村，伤寒食物型暴发，病 37 例，死 1 例。

8 月 10 日，零陵地委书记秦光荣、地委委员秘书长刘桂阳等一行到林场指导工作。

秋，金洞镇始建敬老院。

11 月 27 日，林业部在金洞林场召开部、省联营 10 万亩速生丰产林基地验收总结会。林业部国营林场开发公司总经理高庆友、省林业厅副厅长葛汉栋等出席会议。

1994 年

3 月20 日，新建金中水泥厂，1998 年 9 月拍卖。

5 月 31 日，湖南省国营林场发展高效产业，流动会议在金洞林场召开。参加这次会议的有全省各地州市林业局长、国营林场站站长和国营林场场长。林业厅领导刘永寿、葛汉栋和零陵地委、行署领导郑邦淳、孔宪访等出席会议。

6 月 2 日，陈邦柱省长在零陵地委书记邹金鷟，行署专员卞翠屏的陪同下，到金洞林场视察高效林业工作并题词——“为创高效林业而奋斗”。

6 月 13 日 12 时 40 分，个体司机林芳青驾驶一辆中巴车，在行到小金洞乡土坳村横担岐地段时，因道路被雨冲毁，从 31 米高的山坡上翻滚下去，车上 32 名乘客，死 12 人，6 人重伤。

6 月 13 ~ 15 日，特大暴雨。山洪暴发，河水猛涨，造成洪灾，直接经济损失 320 多万元。

10 月，区组建 8 个工作队选派 589 名干部进驻各村进行稳定完善农村土地责任制工作，即农户承包的责任田在原定 15 年不变的基础上再延长 30 年，并实行“增人不增地，减人不减地”的政策，至 1995 年年底结束。

10 月 30 日，林业部授予金洞林场“全国科技兴林示范场”称号。

1995 年

5 月，祁阳撤区并乡建镇。撤销 11 个区公所和 59 个乡镇，调整为 20 个乡镇，加上金洞 6 乡 1 镇（金洞、小金洞、晒北滩、上司源、白果市、凤凰、石鼓源）全县共 27 个乡镇。

5 月，金洞林场工人冯国宝被湖南省政府授予“劳动模范”称号。

8 月 12 日上午 20 时至下午 1 时，晒北滩叮当源森工点采伐迹地发生火灾，过火面积 60 亩，烧坏木材 150 余立方米。

9 月，金洞林场中学教师谢冬阳被林业部授予林业系统“优秀教师”称号。

9月28日开通程控电话。

1996年

3月29日，场发〔1996〕30号文件，撤销凤凰工区和大江分场，设立金洞林场凤凰分场（正科级）。

5月，晒北滩至山湾脚15.37公里的公路开工。1999年年底完成。

5月3日，永州市委书记邹金鶱一行到金洞林场检查指导工作。

下半年，金洞开通HQX-8000型数字程控电话。

11月10日，省委常委胡彪、副省长庞道沐一行到金洞林场指导工作。

12月24日，晒北滩瑶族乡野株源村发生一起特大民用火灾。烧毁房屋216间，42户，135人受灾，直接经济损失70多万元。

1997年

3～4月，金洞林场新增林产品公司、水电公司、药材公司、木材销售办公室。

7月7日，林业部授予金洞林场“全国国有林场十大标兵单位”称号。

9月3日，因林业部授予金洞林场“全国国有林场十大标兵单位”称号，永州市政府受林业部之托，在湖南省林业厅举行授牌仪式，省委副书记胡彪受林业部之托为金洞林场授牌。

是年，小金洞乡土坳村党支部被评为“全国先进基层党组织”。

1998年

9月，始建金洞环卫所。日清垃圾10吨，保洁面积15000平方米。

10月13日，在全场开展清收欠款工作。50人组成收欠办公室。1年后设三名专职人员至2005年结束，共收回各类欠款1004.8万元，占欠款总额的68%。

11月，金洞林场与委托单位国家林业局科技司、保证单位湖南省林业厅签订“马尾松短周期工业用材林定向培育技术”项目合同（此项目属国家级星火计划）。

1999年

6月，上司源乡陈国强被林业部授予全国优秀乡村护林员。

11月，金洞林场统计站被评为全省先进统计站。

2000年

5月8日，金洞林场召开金洞林区公路砂路改油路动员大会暨奠基仪式在金洞镇孙家洲举行。金洞林场“531”工程（即用5年时间改造好林区内主要干道、用3年时间改造好农村电网、用1年时间建成金洞城区第一座无线移动电话基站）开始启动。

6月27日下午3时18分，在大寨山举行金洞林场移动电话基站奠基仪式。11月，正式开通移动电话。

7月25～27日,国家林业局长防林检查组在省、市林业局领导陪同下到金洞林场检查验收长防林建设工程。

7月28～29日,市长刘爱才等一行到金洞林场视察工作。

8月15日,第五次人口普查办公室挂牌成立并办公。第五次人口普查从2000年1月份开始,到2001年2月结束。于2000年11月1日零时全场各调查小区全面入户进行普查登记。这次人口普查,全场共划分73个普查区,159个调查小区。登记总户数13478户,其中家庭户13108户,集体户370户,总人数49901人,其中男26963人,女22938人,出生人口496人,死亡人口346人。

2001年

4月17日,市委书记曾庆炎在市委常委、市委秘书长龚武生的陪同下到林场调研。

5月17日～23日,10月18～24日,法国林业专家简·保罗和简·雷特先后到金洞林场就红豆杉的栽培和板栗的贮藏保鲜以及当前世界的林业发展动态进行专题讲座。

7月,金洞农贸市场(面积约2000平方米)竣工开业。

8月,全场森林分类区划界定工作顺利完成,全场共落实生态公益林保护面积17.88万亩,其中国有生态保护林10.98万亩,集体生态公益保护林6.9万亩。

9月15日,金洞林场党委书记李培生当选为中共湖南省第八次党代会代表,这是金洞林场建场以来第一位当选为省党代会代表的场党委书记。

10月凤凰乡、石古源乡移动电话基站建成竣工并顺利开通,新增移动电话用户366户,至此,林区有三个乡镇开通移动电话。

10月21日,白果市仁光村一组发生火灾,烧毁民房30余间,损失30余万元。

11月,金洞林场10万亩工业原料林基地被列为永州市十三大特色基地建设。

12月,金洞林场组织拍摄了旨在反映林场改革发展取得显著成效和充分利用林区资源,发展林区经济的场情教育片《展翅翱翔的金洞林场》。

2002年

5月1日,金洞林场投资开发的金洞漂流(晒北滩—牛头山)正式开漂。

6～8月,金洞林区先后发生七次大的洪涝灾害。七次洪涝灾害共损毁稻田3100亩,其中绝收稻田2100亩,损毁退耕还林面积1800亩,山体滑坡250处,洪水冲毁乡村公路280公里,其中全毁公路111公里,冲毁各类桥梁93座,其中水泥混凝土桥梁2座,冲毁照明线路31公里,冲毁通讯25公里,损失木材150立方米,倒塌房屋43间,442间房屋受到不同程度损毁,受灾人口达2.2万人,造成直接经济损失2300万元。其中最大的一次是8月7日第二次洪灾,金洞河最高洪峰达54.71米,超警戒水位2.9米,最大流量达1470立方米/秒。

12月25～26日,经中共永州市委同意,安排并组织召开金洞林场第一次党代会。党代会共有正式代表139人,列席代表49人,与会代表肩负着全场1881名共产党员和5万多人民的重托,选举产生了由李培生、盘贵元、李长文、冯祥文、桂发生、夏铁桥、肖铁山、邓观生、李映苏9人组成的新一届金洞林场党委。

是年，金洞财政站周国平被财政部、人事部授予全国财政系统“先进个人”称号。

是年，晒北滩瑶族乡磨石源村被列为“永州市民族团结进步示范村”。

是年，陈元生在《言我心志》全国大征联中，荣获全国“联坛百俊”荣誉称号。

2003年

2月10日，设立金洞林场计划发展科。

3月，成立金洞林场木材结算中心和会计集中核算中心。

8月1日，金洞供电所移交祁阳电力公司管理。

8月22日，设立金洞林场旅游科。

11月5~6日，林业部原副部长、中国林场协会会长沈茂成在省林业厅厅长葛汉栋和永州市市委副书记邓三龙的陪同下到林场进行林业工作调研。

是年，6月28日至11月30日，祁阳出现罕见的秋高温干旱，155天间隙降水211.9毫米。金洞自6月29日至8月10日，整整40天未雨。

2004年

3月，湖南省人民政府授予金洞林场为“林业工作先进集体”荣誉称号。

5月29日，晒北滩电站在牛头山举行开工典礼。该电站是祁阳县招商引资的永州市的重点工程项目之一，总装机容量为3万千瓦，水库库容9900万立方米，合同总投资2.96亿元。该电站由(浙江)阳光水电开发有限公司独资开发。

8月，场党委书记李培生获得“全国十大国有林场管理奖”。

12月26日，金洞林场举行建场50周年大型庆典活动，共有各方嘉宾和社会各界人士200余人参加。现中国林场协会会长沈茂成，省林业厅厅长葛汉栋、永州市委副书记邓三龙等出席庆典活动，并作重要讲话，

12月28日，晒北滩瑶族乡举行瑶乡成立20周年庆典活动，市民委，祁阳县委、县政府、人大、政协，林场党委、行政，周边瑶族乡领导及其社会各界人士共168位嘉宾出席庆典活动。

是年，开通金洞镇城区内的金洞林场场部机关计算机宽带网。

是年，金洞林场修建金洞至小金洞水泥路10公里，油路4公里，配套金洞河漂流工程。

2005年

1月11~12日，金洞林场六届二次职工代表大会召开。大会表决通过《金洞林场关于深化三项制度改革的决定》《金洞林场关于职工实行医疗保险的决定》和《金洞林场关于对问题职工的处理决定》三个决定。

3月10日，白果市团结一级电站建成投产发电，设计总装机1260千瓦、年发电量463万千瓦，工程总投资578万元。

3月25日,市政府助理巡视员唐际绍陪同省民族委员会、省计划委员会、省交通厅等部门领导察看晒(北滩)门(楼下)公路。

4月12日,金洞林场交通科成立。

4月22日,金洞林场牛头山小区成立,为正科级单位。

4月26日,职工医保中心成立。

8月30日,第二批农网改造全面完成,本批共改造73个村,其中金洞林区53个村,林区外20个村,工程总投资2280万元。

10月5~6日,国家林业局就建立金洞国家级森林公园到林场进行实地考察。

至10月31日,上司源、白果市、万宝山、土坳、晒北滩等移动基站相继建成使用。这是继金洞镇、凤凰、石鼓源、牛头山4个移动基站和金洞、凤凰、小金洞3个联通基站建成之后总投资1100多万元兴建的又一批移动基站。它标志着金洞林区6乡1镇1工区全部开通移动电话。

12月23日,国家林业局出台《关于准予设立金洞国家级森林公园的行政许可决定》(林场许准〔2005〕951号),就设立金洞国家级森林公园作出决定:准予设立金洞国家级森林公园,定名为"湖南金洞国家森林公园";经营面积为2500000平方米;设立期限为长期。

2006年

2月14日,省林业厅副厅长(总工程师)柏方敏、省国有林场和森林公园管理局副局长张新华在市林业局副局长周明祥陪同下就国有林场改革与发展问题到林场调研。

5月18日,国家林业局林业工作管理总站领导米海生在省林业厅政策法制处副处长蒲少华的陪同下到林场调研。

5月30日,湖南省机构编制委员会办公室下发《关于永州市金洞管理区机构编制有关问题的批复》(湘编办〔2006〕15号)。文件规定:设立金洞管理区,行政级别为正县级,保留金洞林场牌子,管理区全面负责管理区域内经济社会事务。李培生任管理区党委书记,盘贵元任管委会主任。

7月15~16日,金洞林区受"碧利斯"台风影响,遭遇大的洪涝灾害。全场1611亩稻田完全失收;冲毁水渠121处,总长度10860米;冲毁各类堰坝103座;冲垮公路73.8公里,公路垮方110处,冲毁桥梁24座,倒塌房屋79间;冲走木材700余立方米,直接经济损失达1400万元。

8月12日,省国有林场和森林公园管理局副局长张新华,省国有林场森林公园管理局生产科长唐明武、市林业局副局长周明祥、市林业局国有林场管理站站长赵明雄等到金洞林场就"国有林场改革"进行调研

9月1日,金洞镇中心小学600余名师生员工搬进新的校舍。新校舍系与原金洞林区医院换址后改建而成,建筑面积4150平方米。

9月8日,小黄司河漂流工程项目建设全面启动。

11月8日,全场林业经营制度改革动员大会召开。2006年,林场职工、社会能人与林场

共签订98处共9731亩国有林地流转经营合同。标志着金洞林场营林生产坚持国有、集体、社会、个人投入相统一的机制的逐步确立。

11月26日，浯峰茶业有限公司被评为省级农产品加工龙头企业。此前，3月浯峰贡茶获得广西茶文化节金奖，6月获得中国绿色食品博览会（长沙）金奖。

至12月底，钗江河、东江、金星、锡口源、小茗洞、团结一级等7座电站年内先后建成发电，新增装机容量4250千瓦。

至12月底，年内全场完成通乡公路改造24.5公里，通畅工程47.5公里，通达工程21.8公里。

2007年

2月11日，永州市委书记曾庆炎在市政协副主席、市劳动局局长何明玲及市委办、市民政局、市总工会、市国资委等部门负责同志的陪同下，到金洞林场进行春节走访慰问。

5月23日，省计生委常务副主任张芙蓉率省计生委计财处、省财政厅科教文卫处到金洞林场就计划生育工作单列具体事宜进行调研。

6月8~9日，国家林业局场圃站站长郝燕湘、省林业厅李定一副厅长等到林场进行国有林场改革调研。

6月20日，永州市委市政府以两办行文批复批准，金洞管理区正式挂牌运行。

8月8日上午，省委组织部副部长、省人事厅厅长苏仁华一行，就金洞管理区体制运作情况到管理区进行调研。

9月18日，金洞林区人民医院搬迁新址。

9月19日，永州市委书记曾庆炎在市旅游局、市林业局主要负责人和永州市军分区政治部主任的陪同下，深入金洞管理区指导旅游工作。

2008年

1月11日至2月上旬，金洞林场遭受百年不遇的特大冰冻灾害。气温最低达到-7℃，最厚冰冻为20厘米。全区受灾面积78万亩，受灾5万多人，全区直接经济损失达5.84亿元，其中林业方面的经济损失达4.8亿元，。

2月16日，永州市委书记曾庆炎在市委秘书长唐定的陪同下，率市民政局、交通局、林业局、广电局、电力公司、通信公司等部门负责人到管理区视察灾情，慰问灾民，进行调研。

5月13日，永州市委书记黄天锡在市委副秘书长、政研室主任蒋三秋的陪同下，到金洞管理区视察工作。

5月18日，开展向四川汶川抗震救灾捐款活动，全区共捐款326786.85万元，特殊党费30000元。

5月23日，国务院参事调研组到金洞林场调研。

6月1日，省组织部、市组织部领导到管理区调研。

7月2日，在祁阳县政府电视电话会议室，祁阳县与金洞管理区就成立金洞管理区后，其举行接交协议签订仪式。参会人员：永州市常务副市长唐松成，市政府副秘书长蔡自新，市编办、市人事局、市财政局、市安监局、市发改委、市劳动社会保障局等市直部门负责人，祁阳县县长张常明，副书记黄春华，常务副县长李爱玲，人大常委会主任陈运祥，县委常委、县委办主任桂励锋，以及县编办、组织部、人事局、劳动社会保障局、教育局、卫生局等县属部门有关人员，金洞管理区盘贵元、桂发生、李长文、邓观生、李映苏等区领导，区办公室、财政局、人事局、计财科负责人参加仪式。

2009 年

2 月 17 日，设立金洞管理区市政工程公司。

4 月 15 日下午，白果市乡柏福村六组发生一起严重的民房起火事故，该组 10 户 30 间连片的房屋全部化为灰烬。直接受灾 30 人，直接经济损失数十万元。

10 月 2 日，凤凰至祁阳县大江林场黄沙村公路段发生一起特大交通事故，一辆民营客车严重超载翻车，死亡 17 人，受伤 20 人。

10 月 27 日晚，省京剧团文化下乡到管理区慰问演出。

11 月 18 ~ 19 日，金洞管理区第一届暨林场第七届职工（工会）代表大会召开。

11 月，成立金洞管理区政法委。

2010 年

2 月 2 日晚 11 时许，晒北滩瑶族乡碧江口村 2 组发生一起民用火灾，造成 9 户 33 间群众房屋被烧毁，共 27 人受灾。

3 月 26 日，国家林业局场圃总站尹刚强副站长一行到管理区调研林业工作。

4 月 21 日上午，金洞开始连降暴雨，降雨量达 121.6 毫米，境内各条径流均超过警戒水位。加之此前连续降雨，致使暴雨成灾，全区受灾人口达 2 万人，洪灾造成直接经济损失 6000 万元，间接经济损失近亿元。

6 月 23 日，关于授予金洞管理区行政执法体制听证会在管理区宾馆大会议室召开，市法制办、市林业局负责人及祁阳县、金洞管理区相关领导及部门负责人参加会议。会议对授予管理区行政执法权达成共识，对集体林改发证工作进行初步确认。

9 月 2 日，省编办、省公安厅下发湘编办〔2010〕88 号文件《设立永州市公安局金洞分局的通知》，原永州市森林公安局金洞分局并入永州市公安局金洞分局，保留其牌子。

10 月 22 ~ 26 日，永州市各县区党委办系统第四届（“开口笑”杯）篮球赛在管理区举行，市委常委、秘书长、市委办主任唐定等市委办领导、各县区党委办领导及金洞管理区部分领导出席开幕式，金洞管理区党政办代表队获得本届篮球赛冠军。

2011 年

1 月 6 日，市民政局根据省民政厅《关于从祁阳县金洞镇析置万宝山乡的批复》（湘民行发〔2010〕23 号）文件下发《关于设立祁阳县万宝山乡的通知》（永民发〔2011〕1 号）。

1月13日，永州市委书记黄天锡到管理区指导工作，并对管理区“创先争优”活动进行点评。

1月8日，国家、省、市移民部门到管理区调研库区移民工作。

10月27日，金洞管理区第一届暨金洞林场第七届职工代表大会第二次会议召开。桂发生作金洞管理区（林场）工作报告。大会审议并通过《关于管理区（林场）工作报告的决议》、《关于将金洞林场部分林木所有权和林地使用权划给永州市城市投资开发公司的决议》和《关于金洞林场危旧房改造新建房屋分配方案的决议》。

11月29日，财政部、国家发改委、国家林业局领导一行到金洞管理区调研。

2012年

2月17日，金洞地方税务局（祁阳县地方税务局第五分局）挂牌成立。

2月27日，永州市公安局金洞分局举行挂牌仪式。

8月9日，全区“爱心助学募捐大会”在区电影院举行。会上共收到捐款30余万元。

3月3日，湖南省国家木材战略储备基地建设示范项目在管理区启动。省林业厅总工程师文振军、厅纪检组组长王鹰柏、国家林业局速生丰产林基地建设工程管理办公室石敏、崔海鸥以及湖南省国家木材战略储备基地建设示范项目试点单位：永州市、怀化市、邵阳市、岳阳市林业局，会同、洞口、武岗、岳阳县、金洞管理区林业局局长共60余人参加会议。

5月12日，永州市委副书记、市长魏旋君到管理区视察产业、旅游、大径材基地、珍贵树种基地。

10月29日，《金洞管理区志》编纂工作动员大会在宾馆会议室召开。《金洞管理区志》编纂工作正式启动。

2013年

1月2日至6日，区境内连续降雪及冰冻，最低温度零下4℃，冰冻造成林区直接经济损失300余万元。

2月2日上午10时许，常宁市兰江乡载13人的一辆面的车，在车行至小金洞乡大竹源路段时驶入河中，造成7人死亡，2人失踪，4人获救。

4月11日，永州市委书记陈文浩到金洞调研指导工作。

6月3日，金洞管理区新建殡仪馆交付使用。

6月20日，永州市副市长易佳良到管理区调研。

7月14日至16日，金洞管理区举办首届永州金洞漂流旅游文化节。大会由区党委副书记陈石山主持。永州市委常委、宣传部长石艳萍出席活动并讲话。广东电视台、南方日报、湖南都市频道、永州日报等媒体单位作全程报导。“国际旅游小姐”走进金洞。

10月24日，白水四海驾校一教练车从内下开往金洞，车行于大竹源路段时翻入河中，死4人，其中1人系管理区职工。

12月19日，永州市公安局交通警察支队金洞大队挂牌成立。

2014年

1月23日傍晚，白果市乡柏福村、万宝山乡睦源村两地因炼山分别发生山林火灾，过火面积800余亩，直接经济损失500余万元，大火于翌日7时许被扑灭。

4月5日，金洞管理区组织区团委、妇联、教育局及白果市乡等相关单位部分职工、群众、中小学生在白果市红军墓烈士陵园进行扫墓活动，缅怀革命先烈。

12月23日，金洞林场建场60周年报告会在区电影院召开。国家林业总局、国有林场协会、湖南省林业厅、永州市委、市政府、市人大、市政协等有关领导出席了报告会。

是年，整冬无雪。

第一篇　建置政区·自然环境

第一章　建置区划

第一节　区域位置

永州市金洞管理区位于祁阳县境之南部，南岭北麓。东靠常宁市，东南与桂阳县毗邻，南与新田、宁远接壤，西与双牌、零陵交界，北与祁阳县肖家村镇、八宝镇相连，与佛教圣地阳明山紧邻。区址距祁阳火车站65公里、衡枣高速公路入口处24公里、320省道12公里。地跨北纬26°2′10″~26°21′37″，东经110°53′43″~112°13′37″之间。金洞境域经过历史上的归并，分割之后，迄今是东靠常宁市、东南与桂阳县毗邻，西与双牌县、零陵区交界，南与新田县、宁远县接壤，北与祁阳县八宝镇相连，横宽12公里，纵长54.4公里，林区总面积635平方公里。金洞管理区区址设立金洞镇，距京珠高速公路入口处（祁阳白水）24公里，南距新田县边界32公里，东距常宁市50公里，西距永州市60公里。

第二节　建置沿革

金洞，作为地名和建置名称，源起何时考证不一。据《湖南省祁阳县地名录》载："金洞"地处阳明山山脉北缘，四面峰峦环抱，中间为一开阔地段，像一个深邃的大洞。白水河上游流经此地，据说曾有人在这段河中淘过金沙。加之一年四季沿河两岸堆积被砍伐花皮的杉条。民间传言"斧头一响，黄金万两"，故有金洞之名。又据《永州地名志》称："金洞，地处阳明山山脉，是祁阳通往宁远、新田、桂林的要隘，峰峦环抱，一狭长开阔田垄，远望若洞，白水河穿流而下，曾有人在此淘金，两岸常堆积浅黄色待运杉木，形似金条"。故名。

零陵地区和祁阳文物普查队于1985年在金洞附近的肖家村、黄泥塘等地考古，挖掘了古墓、古窑址，出土了打制或磨制相间的石器，如石刀、石斧、石凿等，考证是旧石器时代晚期和新石器时代的文物。证明在两万年前的母系氏族公社时期,金洞就有原始人类在此活动,繁衍生息。

又据《千家峒古本书》记载:“早在南宋年间(1127~1279)部分瑶族从江西迁徙来到金洞的晒北滩、白果市、万宝山、内下等地依山而居。”此为有文字记载的金洞瑶族人活动之始,距今已有 880 余年。民国以前,金洞隶属永州府宁远县龙潜乡。1950 年 3 月,宁远县改龙潜、凤凰二乡为第 8 区,区址设在金洞。

1954 年 6 月经湖南省政府批准,划归祁阳县管辖,编为祁阳县第 12 区。1954 年 8 月,湖南省林业厅在金洞始建“湖南省祁阳林区森林经营管理局”,局址与金洞区址相隔约 400 米。此后,局、区几经变更,原“经营管理局”改称“金洞林场”,原祁阳 12 区改称“金洞区”。1984 年 4 月,经零陵地委批准,撤销祁阳县金洞区,其所辖 7 个乡由金洞林场代管,保持 22 年“以场带乡、场乡联营”的管理体制。2006 年 5 月,经省政府批准,正式成立“永州市金洞管理区”,辖 7 乡 1 镇,保留金洞林场的牌子,管理区管理委员会为永州市人民政府的派出机构,行政级别为正县级。

第三节　行政区划

县(区)以下的行政区划,在中华人民共和国成立前称乡、里。清嘉庆(1796 年)至光绪(1908 年)年间,宁远县分中和、太阳、永乐、西乡、东乡、太平、仙政、广济、仁泽、丹桂 10 乡,金洞隶属于东乡。民国元年(1912 年)改乡为镇,宁远县除设 5 个镇外,另在县北之山区设 5 个不属镇直属县的乡,其中:石鼓源区域为康济乡,金洞至晒北滩区域为人和乡,凤凰(不含花筵、长吉山)为合群乡,白果市为旭日乡,东里源至高拱桥区域为东里乡。民国 9 年(1920 年)宁远县升康济乡(石鼓源)为镇,将合群(凤凰)、人和(金洞)东里三乡并为北钥镇。镇以下设团防分局,团防局为维持治安的地方武装,为地方豪强直接掌握。民国 13 年,将康济镇(石鼓源)、人和乡(金洞)合并为龙潜乡,乡政府设龙潜凼,将合群(凤凰)、旭日(白果市)、东里三乡合并为凤凰乡,乡政府设凤凰市街上。

民国 16 年(1927 年),为适应围剿阳明山农民武装的需要,由湖南总司令部兼零、桂、祁、宁、常、新 6 县游击营营长奉文昭草拟置阳明县的申请,经湖南省国民政府批准,分宁远县龙潜、凤凰、石溪、桐梓 4 乡,祁阳县的九牛坝、花筵江、长吉山、零陵县的新罗洞、甘溪源、蔗塘、新田县的凌家源、乌江源、桂阳县的白水山峒、常宁县的洋山、五峒等地组建成阳明县,由奉文昭任第一任县长,阳明县署设石鼓源。民国 18 年(1929),宁远县废镇为区,将原康济乡(石鼓源)从龙潜乡划归宁远县第九区。因此,阳明县署从石鼓源迁至旭日乡(白果市)革家院子。

民国 20 年(1931 年)5 月,因阳明县自建置后,境域堪界未定,户口粮册难于转移,田赋无从征收,完全依靠省府拨经费难以维持,于是经湖南省国民政府批准,撤销阳明县,改设阳明特区警备营。原阳明县所辖乡村除九牛坝、花筵江、长吉山归并到凤凰乡外,其余乡村归还原建置。这样龙潜、凤凰二乡又归回宁远县管辖。

民国27年(1938年),宁远县设1镇27乡,金洞境域的龙潜、凤凰二乡不变。其中:龙潜乡辖121村、14保、196甲,计3872户,18910人。其村名如下:龙潜凼、石鼓源大冲、石鼓源泉塘、石鼓源牛冲口、石鼓源分水坳、石鼓源接龙坳、石鼓源瓦里槽、石鼓源邓三房、石鼓源分水岭、西岭坳柏家、大乾冲、小乾冲、南冲源、上南冲源、下南冲源、三房院子、满房院子、朝阳市、源头、东田、下东田、蒋家冲、上蒋家冲、双河口、棉花坳、高枧、波罗源、牛绹源、下司口、大岭下、秀才源、鹧鸪岭、横冲、石桥头、梅子塘、乐山市、牛形地、桂林寺、雷家井、李子冲、张家冲、牌楼冲、五房奉家、牛冲、水东、长塘湾、隆兴庙、毛栗山、高岭下、新开滩、大金洞、小金洞、孙家洲、马蹄口、马蹄源、大沙洲、牛栏柱、白泡回、上古河、下古河、房家湾、枣树坪、烂泥田、桑河口、乱石源、大竹源、泥塘、油榨铺、白沙源、白沙凼、黄丝河、披罗河、揪排凼、大茅坪、江口、大米头、鸭婆凼、上司源、五峰山、杨扎源、石头源、湾里、长坑源、周家湾、牛栏湾、下东江、锡河里、茶源、烟家棚、野猪源、黎树下、带头冲、小茗洞、大坪、城步口、河上江、鲁塘、晒北滩、史家坪、鲁草塘、枧下、三江河、茶陵河、三叉岭、烟竹山、星子塘、大源口、沙坪、曾家源、鹅公井、土坳、黄瓜源、浦竹源、江滩河、苦株源、西塘、杨家源、雷家源、白头坳、统籬岭、内下。

凤凰乡辖123村,10保,106甲,计1613户,7088人。其村名如下:凤凰市、祖山口、野鸡尾、罐子洞、贺家源、半边铺、欧菜冲、塘公田、大坝头、李家大院子、挑水垒、月光村、新屋雷家、横屋冲、龚家村、黄家村、新屋江、蟆蝈皂、老屋场、钓鱼岐、靛黄坪、白果市、陈家村、大源里、铲子岭、邓家槽、陈家岭、冷水源、大木源、李中塘、桐子山、皮河铺、中棚里、羊角山、长茅槽、小满源、美子槽、石洞源、黄家台、牛皮头、大江背、小坪源、黄株田、歇马庵、祖爷岩、魁士源、土岗岭、冲合岐、烂泥田、张家岭、擎天岭、白果槽、唐家岭、铁门坎、白竹江、隔江村、新屋场、石灰窑、打鸟岭、冷板凳、梅子坳、老棚里、纱帽脑、双河口、波罗源、黄泥源、斗源里、锡坑源、枣树坪、中间洞、吕公洞、观音岩、山斗里、乌龟山、江洲里、卦塘、观凤岭、茅岭上、桔子树、秧田里、江边塘、大湾洞、塘岭上、东里源、藻芹里、大江边、中庙塘、邝家台、小木岩、大木岩、彭家湾、狭口源、张家大院中、五福街、新姑院、刘家亭、田洞庙、喇叭亭、公馆亭、李五坝、陈鼓手、开了江、九渡水、马脊坳、长吉山、黄沙滩、瓦屋里、排头上、高叟坡、高拱桥、三宝冲、花筵江、九牛坝、狮形塘、茶兜源、上凤岭、拓塘、火烧屯、甘溪源、紫蓬里、普天寺、天子岭、半边铺。

民国35年(1946年),宁远县改1镇27乡为1镇9乡,于是原龙潜、凤凰二乡合并为龙凤乡,辖11保。

1949年11月,宁远县解放,建立人民民主政权。全县划为4个行政区,龙凤乡隶属第4区。1950年8月土地改革时,全县由4个行政区划分为8个行政区,90个乡,为便于管理,将九牛坝、塘岭上、东里源、藻芹里、大江边、中庙塘、邝家台、小木岩、大木岩、彭家湾、九渡水、李五坝、瓦屋里、排头山、狭口源、张家大院中、五福街、新姑院、公馆亭等约30个自然村划归祁阳县管辖,宁远县排序第8行政区被命名为金洞区,辖金洞、乐山、石鼓源、江口、小金洞、小茗洞、凤凰、白果市8个乡。

1952年7月,宁远全县划为11个区,228个乡,金洞区改称十一区,区址设金洞。辖金洞、石鼓源、乐山、凤凰、大坝头、白果市、蒋家冲、白泡回、枣树坪、鸭婆凼、大岭下、南冲源、小金洞、秧田、三叉岭、白沙源、江口、枧下、小茗洞、大茅坪、水东共 21 个乡。

1953 年以来，宁远县曾多次以金洞离县城较远，交通不便，受山水阻隔，不便于管理，以金洞离祁阳近，且田土相连，语言相通，生活习俗相同为由，向湖南省及湘南行署呈送书面报告，要求将 11 区（金洞区）划归祁阳管辖。1954 年 6 月 17 日，按照省政府（民字）第 1141 号批复，及湘南行署（置民行字）17410915 号文件精神，宁远县派出以县委组织部副部长吴玉章为代表的移交小组，祁阳县以副县长张涛为代表的接交小组，双方依照《湖南省各县、市调整疆界交接暂行办法》及《中央财政部关于划界移交中财务处理的几项规定》，经过充分协商，接交双方代表及湘南行署派来的监交代表朱上相、张兰明一起于 6 月 24 日在金洞正式签署交接书。这样，金洞被正式划归祁阳管辖，被编为祁阳县第 12 区。

金洞 1954 年人口、田土基本情况

1-1-1　　　　单位：个、人、平方米

类别 / 项目 / 乡名	人口情况				田土情况			
	总户数	总人口	其中		稻田面积	旱土面积	总产值	备注
			农业人口	非农业人口				
大坝头	284	1223	1223		1429.40			
白果市	326	1382	1382		1624.68			
凤凰	417	1478	1442	36	1849.44			
秧田	278	1082	1082		1655.10			
水东	382	1332	1332		1674.82			
金洞	301	1138	1063	75	945.71			
白泡回	346	989	989		426.26			
枣树坪	197	728	721	7	473.54			
江口	415	1790	1745	45	742.35			
小金洞	286	1094	1050	44	417.35			
鸭婆凼	316	1131	1126	5	567.30			
大茅坪	195	847	800	47	143.90			
白沙源	292	1220	1206	14	493.46			
小茗洞	366	1592	1587	5	1160.30			
三叉岭	255	1056	1055	1	334.02			
枧 下	209	940	921	19	238.73			
蒋家冲	210	1140	1135	5	740.57			
石鼓源	815	3090	3057	33	3822.18			
南冲源	243	912	897	15	710.62			
鹧鸪岭	661	2342	2322	20	3230.28			
乐 山	383	1422	1361	61	1911.20			
合 计	7177	27928	27496	432	24591.21	9039		

1956 年,根据国务院指示,撤区并乡,祁阳县将原有的 239 个乡镇合并为 50 个乡,3 个镇,撤销区的建置,设办事处,作为县府的派出机构,分辖部分乡镇。

原第 12 区撤区并乡后的名称为:金洞、小金洞、白果市、大岭下、鸭婆凼、凤凰、大江、晒北滩共 8 个乡。

1958 年 5 月,为人民公社搭架子,祁阳将全县 50 个乡和 3 个镇并为 24 个乡镇。

1958 年 9 月,实行人民公社化,祁阳将全县 24 个乡镇 959 个高级农业社,并为政社合一的 25 个人民公社,金洞境域的原 8 个乡并为 6 个人民公社,即金洞公社、卫星公社(原凤凰、大江)、林海公社(原小金洞)、乐园公社(原白果市)、火箭公社(原晒北滩)、跃进公社(原大岭下、鸭婆凼)。

1959 年 5 月 22 日对人民公社体制进行调整,金洞境域原 6 个人民公社更名为:金洞、小金洞、大江、晒北滩、白果市、石鼓源。

1961 年,国民经济发生严重困难。为便于领导生产,恢复区镇建置。5 月,恢复金洞区建置辖金洞、凤凰、小金洞、白果市、晒北滩、上司源 6 个公社。(石鼓源公社划归黄泥塘区,直至 1964 年 7 月回归金洞区)。此后,区社建置稳定较长时间。1984 年 5 月,为制止乱砍盗伐,有效保护森林资源,更好地发展山区经济,零陵地委、行署以零地发〔1984〕13 号文件批复将祁阳县金洞区撤销,原金洞区所辖 7 个乡划归金洞林场代管。7 月 7 日,晒北滩乡改为晒北滩瑶族乡。1985 年 1 月,金洞乡改为镇的建置。

2006 年 5 月 31 日,由湖南省机构编制委员会办公室以湘编办〔2006〕15 号文件批复,设立永州市金洞管理区,比照县级政府,赋予职能职权,全面负责管理区域内的经济社会事务。2010 年 11 月,经省政府同意,省民政厅湘政发〔2010〕23 号文件批复,原万宝山工区改为乡建置,将小金洞乡的油榨铺村、白果市乡的桐子山村划归万宝山乡。自此,金洞管理区辖 7 乡 1 镇,73 个村(居委会),520 个村民小组,15977 户,58361 人,总面积 635 平方公里。

金洞林场 1986 年乡镇(工区)村

1-1-2

乡镇(工区)	村(居委会)
金洞镇	马蹄口、马蹄源、白泡回、楠木坳、友胜、枣树坪、下古、农户、一居委会、二居委会、三居委会
晒北滩瑶族乡	晒北滩、史家坪、大源里、碧江口、磨石源、枧下、三叉岭、烟竹山、野猪源、高笋塘、小茗洞、内下、河上江
凤凰乡	中荣、隐塘、花筵、长吉、陶家、江洲、凤凰、秧田、大湾
石鼓源乡	源头、三满房、石鼓源、五房、冬田、西岭坳、大岭下、借古岭、桂林、芳塘、乐山
小金洞乡	油榨铺、大竹源、小金洞、欧菜河、江口、大同、白沙凼、白沙源、土坳、东江、东安
白果市乡	波罗源、大坝头、山青、团结、长田方、柏福、大源岭、桐子山、仁光
上司源乡	楠冲源、双河、上司源、鸭婆凼、农胜、高枧、蒋家冲
万宝山工区	下司口、胜利、睦源、中棚

金洞管理区2006年乡(镇)村一览表

1-1-3

乡镇(工区	村(居委会)
金洞镇	马蹄口、马蹄源、白泡回、楠木坳、友胜、枣树坪、下古、农户、一居委会、二居委会、三居委会
晒北滩瑶族乡	马蹄口、马蹄源、白泡回、楠木坳、友胜、枣树坪、下古、农户、一居委会、二居委会、三居委会
凤凰乡	中荣、隐塘、花筵、长吉、陶家、江洲、凤凰、秧田、大湾
石鼓源乡	源头、三满房、石鼓源、五房、冬田、西岭坳、大岭下、借古岭、桂林、芳塘、乐山
小金洞乡	大竹源、小金洞、欧菜河、江口、大同、白沙凼、白沙源、土坳、东江、东安
白果市乡	波罗源、大坝头、山青、团结、长田方、柏福、大源岭、仁光
上司源乡	楠冲源、双河、上司源、鸭婆凼、农胜、高枧、蒋家冲
万宝山工区	下司口、胜利、睦源、中棚、桐子山、油榨铺

宁远县1954年第十一区乡、村一览表

1-1-4

乡 名	村 名	备注
金洞乡	马蹄口、马蹄源、公新、和平	
白泡回乡	顶锅源、下古、楠木坳、白泡回	
枣树坪乡	枣树坪、黄泥源、双合口	
石鼓源乡	源头、三满房、西岭坳、石鼓源	
鹧鸪岭乡	大岭下、鹧鸪岭、五房(含现冬田)	
乐山乡	桂林、芳塘、乐山	
大坝头乡	长田方、大源岭、桐子山、大坝头	
白果市乡	百步岭、大江背、老棚岭、白果市	
凤凰乡	波罗源、凤凰、江洲、吕公洞	
秧田乡	秧田(含现在的大湾)	
江口乡	大竹源、油榨铺	
小金洞乡	白沙凼、欧菜河、小金洞	
大茅坪乡	土坳、沙坪	
白沙源乡	东江、东安	
小茗洞乡	高笋塘、小茗洞、内下、河上江	
三叉岭乡	烟竹山、磨石源、碧江口、三叉岭	
枧下乡	史家坪、晒北滩、枧下	
蒋家冲乡	高枧、下司口、蒋家冲	
鸭婆凼乡	上司源、农胜、鸭婆凼	
南冲源乡	双河、南冲源	
水东乡	略(现黄市的大源村一带)	

附:《宁远县志》"置阳明县"文

民国十六年,分宁远、祁阳、零陵、新田、桂阳、常宁六县地置阳明县。

阳明山在县北境,北连祁阳、常宁,东接新田、桂阳,西界零陵。溪壑阻深,岗岭重复,奸

宄是藏。中华民国八年省政务厅委周道设行政区，十一年省政府委陈平山设行政委员会于旭日洞，皆未有成。频年以来，诸股匪先后结寨负固，附近诸县境多罹其害。一时团队如祁阳杨士毅，道州唐熙所部，夙称劲旅，皆以寫远阻绝，迄不能制服之。至是始议设县，奉文昭草定规模上之大府，遂分县属龙潜、凤凰二乡及石溪、桐梓二乡境，祁阳县属之九疑坝、长吉山、花筵江，零陵县属之新罗洞、甘溪源、蔗塘，新田县属之凌家源、乌江源，桂阳县属之白水、山峒，常宁县属之洋山、五峒置阳明县、十月檄文昭署县长，设行署于石鼓源。越一年又六月，奉壁继之，壁任一年余欧冠继之。

附:《祁阳县志》阳明县建置始末

阳明县是为了适应"围剿"阳明山农民武装而设置的。该县辖阳明山区及其周围地区，东接新田、桂阳，南毗宁远，西界零陵，北接常宁、祁阳。周围数百里，溪沟深阻，峰峦重叠，山高路险，林密篁深，是历史上的"多事"之区。明代曾设峒官48员，分区管理。清代专设永桂理瑶军民府于流峒。民国肇造，分解为邻近各县版图。民国8年，湖南省政务厅委周道设立行政区。同年，唐森进入阳明山，聚众结寨，据险负固，势力坐大，周文、陈兴保均其部属。民国11年，湖南省政府委陈平山设行政委员会于旭日峒。因唐森声势蒸炽，周道、陈平山二人一事无成。民国16年湖南省政府决定:划祁阳的九牛坝、长吉山、花筵江，零陵县的罗峒、甘溪源、蔗塘、宁远县的龙潜、凤凰、石溪、桐梓，新田县的凌家源、乌江源，桂阳县的白水、山峒，常宁县的洋泉五峒等地为辖区，设置阳明县。其县政府设石鼓源，后移白果市，力图加强统治和镇压。民国17年，祁阳县共产党员李用之和部分工农运动骨干转移至阳明山，进入周文部;周接受他们的建议，正式打出"中国共产党湘南区永属农民自卫军"旗号，建立苏维埃政府。国民党湘南地方政府曾多次组织邻近各县的团防队联合进剿，均遭失败。而农民自卫军的势力更为发展，民国17年4月21日和6月25日两次攻克宁远县城，一度攻占白果市(阳明县政府驻地)，声势震撼湘南各县、湖南省政府视为心腹大患。同年8月，湖南省请乡会办何键派陆军19师张其雄所部万余人，进攻陈光宝所部农民自卫军，何键亲至衡阳督战。8月26日，宁远柏家坪一仗，陈光宝所部被包围，陈部多数壮烈牺牲，陈突围得免。10月，何键又集中两个师和一个团的正规军，以及道县、宁远、永明、江华4县"剿匪"总队唐熙所部，兵力达30000人，进攻周文的农民自卫军。因敌我力量悬殊，寡不敌众，周文率部撤出阳明县，转移到新田县西北部山区隐蔽。民国18年，周文率部重返阳明山，声势重振，兵力发展到3000多人枪。19年，欧冠接任阳明县长，兼任阳明、祁阳、零陵、宁远、新田5县联防指挥官。经过严密策划和周密部署之后，于民国20年元月，欧亲率两个团的正规军，外加34队民团(约两万余人，内有壮丁梭标队数千)，层层封锁，环山合围，轮番突袭，战斗十分惨烈，除周文在当地群众掩护下，乘间撤出封锁线外，其余一部分农民军遇难，大部分被俘，少数分散隐藏，但不久被搜捕殉难。

阳明县自建制后，境域一直未定，户口粮册，难于转移，田赋无从征收。徒赖省拨经费，难于维持。欧冠于同年12月上报湖南省政府批准，撤销阳明县改设阳明特区警备营，任何宗汉为营长，处置俘虏，搜捕逃亡。越二年，警备营撤销，所辖地区归还原建置。

第四节 金洞林场、乡镇(分场、工区)

一、金洞林场

根据1954年4月26日湖南省人民政府关于“在江华、宁远、安化、会同、沅陵、洞口等六个主要林区县设立森林经营管理局”的指示精神,1954年6月初,湖南省林业厅将华南农学院2名毕业生和长沙林校的15名毕业生一起分配到湘南行署。湘南行署随即派员率领这17人到金洞(当时,金洞属宁远县第11区管辖的一个乡)。1954年6月19日,金洞从宁远划归祁阳县管辖,同年8月1日,“湖南省祁阳森林经营管理局”在金洞成立,赵芳任局长,局机关设经理科、行政科、经营科,有工作人员25人。祁阳森林经营管理局的山林,是根据《中华人民共和国土地改革法》及《中南区土地改革中山林处理暂行办法》的指示精神没收、征收而来的,当时除经营管理征收、没收而来的63万余亩山林外,还代管常宁县第7、8、9三区14个乡5万余亩山林,此为金洞林场建场之始。局址设金洞仙人岭,隶属省林业厅领导。经营方针是普遍护林、积极育林,合理采伐利用。

1956年8月,根据省第七次林业工作会议决定,改“祁阳森林经营管理局”为“祁阳森林经营所”,雷远胜、蒋友桂二人任副所长(所长缺),有工作人员65人,其中工人32人,隶属所在县管辖。经营所为便于生产管理下设大江、白果市、晒北滩、小金洞、鸭婆凼、白泡廻6个营林工区,各工区配有党支部书记、工区主任、技术指导员、财务会计、林业员。

1958年1月,根据林业部的指示,改“祁阳森林经营所”为“湖南省国营祁阳林场”,史金水任场长,隶属省林业厅、祁阳县双重领导。由省林业厅负责计划、财务和技术指导,祁阳县负责人事管理和生活物资供应。同年11月,按照省委指示,省林业厅将金洞林场下放给衡阳行署管理。场部机关设办公室、组织科、生产科、供应科,有固定职工153人,年工资总额5.28万元。

1959年6月,为便于场、社经营管理,经场长史金水与祁阳县县长赵芳二人协商议定,再经金洞区呈报,祁阳县批准分别将小金洞公社的胜利、睦源两个大队,白果市公社的中棚大队,原蒋家冲公社的下司口大队共318户,计1295人划归金洞林场管辖,建立万宝山、下司口两个工区,直属林场管理。

1960年2月,湖南省委指示,要大办农业、大办粮食,并提出全省10余万大军向荒山进军,向荒地要粮,同时将“国营祁阳林场”改为“国营祁阳农林垦殖场”,隶属湖南省农垦局管理。为了开荒种粮的需要,祁阳农林垦殖场接收由祁阳县从下马渡、羊角塘、肖家等10个公社组织而来的大批开荒队伍,史称“上山劳力”,分配上山人员任务为1250人,实际上山1300人,使全场职工总数由1959年底的111人,增至1411人。

1960 年祁阳农林垦殖场人员分布情况

1-1-5

单位名称	人数	其中		农户队人员情况		
		男	女	单位	户数	人数
金洞工区	165	155	10	万宝山	184	677
小金洞工区	161	122	39	下司口	112	390
晒北滩工区	98	69	29	鱼窝湾	17	70
白果市工区	307	258	49	小计	313	1137
鸭婆凼工区	145	121	24			
大江工区	321	290	31			
养猪场	22	12	10			
加工厂	54	52	2			
直属队	138	92	46			
小计	1411	1171	240			

1961 年，国民经济发生严重的困难，为发展生产，贯彻执行中央提出的“调整、巩固、充实、提高”的八字方针，国家对农业、林业的管理体制进行调整。8 月，根据省政府的指示精神，改“国营祁阳农林垦殖场”为“国营祁阳林场”，收归湖南省林业厅管理，直至 1969 年年底下放给衡阳地区管理。同年，中共中央、国务院颁布“亦工亦农精简压缩职工，支援农业生产第一线”的政策，通过精简下放，年末全场固定职工为 423 人，其中干部 48 人，年工资总额 11.6 万元。

1962 年 7 月，省林业厅、省森工局按照省委关于“将国营林场范围内的国营采伐场划归林场统一领导”的指示，原祁阳县森工局设在金洞林区内的 5 个伐木场约 1500 名职工归并到金洞林场，从此，使林区的采伐与营造能有计划地统一进行。由于成建置的接收 5 个伐木场，使林场职工由 423 人突增至近 2000 人，工资总额由 11.6 万元猛增至 123 万元，给林场带来很大的经济压力，一时职工工资的发放和生产开支成了很现实的问题。在借用营林经费而不允的情况下，林场在 1964 年元月报请省林业厅、省木材公司批准，在金洞林场内同时设立金洞采伐场。设立采伐场后，能及时得到国家定期贷款，缓解了林场的经济压力(金洞采伐场于 1965 年 11 月撤销)。

金洞林场的职工人数，波动最大，以 20 世纪 60 年代为甚。其中 1963 年分两批调出 280 人，第一批调 80 人去江华，第二批调 200 人去洪江。1964 年调 100 人去省四建公司。加之 1961 年至 1965 年 6 月的政策性精简下放(约 1100 人)，截至 1965 年年末，全场职工总数为 606 人，其中干部 102 人，年工资总额 38.5 万元。

1966 年 5 月，全国开展“文化大革命”运动。“湖南省国营祁阳金洞林场革命委员会”于 1969 年 1 月 26 日正式成立。接着各分场、工区相继成立革命委员会，金洞林场由省厅管理改为衡阳地区管理。年内撤销组织科，增设政治工作组、人民保卫组、生产指挥组。其他机构无大的变动，从此日起至 1979 年 9 月，林场行政称“革命委员会”。

1971 年 3 月，金洞林场接收安置衡阳市第八、第十两所中学上山下乡知识青年 380 余名，场部专设知青办公室(截至1976年知青全部回城)。

1974年1月,“国营祁阳金洞林场”改称“国营衡阳地区金洞林场”。撤销政治工作组,改设政治处。

1979年,刘云楼任金洞林场党委书记,陈安庄任场长。场部机关设办公室、营林科、森工科、组织科、宣传科、劳资科、财务科、保卫科、基建办、工会、团委、妇联、派出所。下设金洞、小金洞、晒北滩、石鼓源、大江、白果市6个分场及万宝山、下司口两个农户工区,牛头山机修厂、车木厂、竹木制品厂、汽车队、种子园、苗圃、木材转运站以及职工医院、子弟学校、招待所、电影院(队)等经济实体和生活服务单位,一时林场呈现出一派生机盎然的景观。年末职工总数906人,工资总额77万元。

为了加强林区建设,实行统一领导,1980年12月20日,衡阳地委批发〔1980〕111号文件,成立金洞林区工作委员会,金洞林场主要领导和金洞区主要领导为工作委员会领导成员。林场所属6个分场,金洞区所辖7个公社相应成立7个领导小组,分场与公社有对称机构。工作委员会的成立与运作,为以场带乡、场乡联营奠定基础。

1983年7月1日起,金洞林场由衡阳地区划归零陵地区管辖,改称“国营零陵地区金洞林场”。

1984年,金洞林场机构发生变化较大。2月,接收“潇水木材水运局”下辖的“白水集材场”,人、财、物全部交接,计职工113人。3月,为便于林区统一经营管理,原祁阳县木材公司设在金洞林区内的3个木材收购站(即小金洞、金洞、凤凰)计65人。全部移交金洞林场管理,同时接收县林业局驻金洞林业站4人。为了制止乱砍滥伐,有效地保护森林资源,是年5月,根据零陵地委零地〔1984〕13号文件精神,撤销祁阳县金洞区,原区所辖7个乡交由金洞林场代管。由此,金洞林场实行“以场带乡、场乡联营”的特殊管理体制。代管后,原区、乡工作人员以及教育、卫生等各战线人员的组织人事关系,由金洞林场统一管理、调配、使用。其工资来源,由原供渠道不变,由县财政局统一划拨到林场,再由林场比较同工种人员统一发放。

是年,场部机关设办公室、纪委、组干科、宣教科、卫计办、农贸办、营林科、科技科、森工科、基建物资科、财务科、劳资科、工会、团委、妇联、武装部、公安分局、法庭、司法办、落实政策办、林工商公司、综合服务公司等22个行政职能科室,原厂、校、队等经济实体及服务单位不变。各分场(大江分场除外)与所在乡镇合署办公,实行一个机构、两块牌子。年末职工总数1718人,其中干部313人(场部机关科室工作人员194人),医务人员34人,教职员工238人,工人1133人,所辖农业人口47481人。

1992年,金洞林场机关进行一次较大的机构改革,场部机关设2部(政治工作部、经济工作部)1办(党政办公室)1所(科技研究所)1校(职工学校),公安分局、检察科、法庭、司法办,新增林业开发公司、农业开发公司、山区经济开发公司。机关科室工作人员155人。

2000年,场部机关又进行一次机构改革,提出减员增效,大幅度压缩非生产人员,设办公室、纪委监察室、组织宣传部、人事劳资科、计财科、营林资源科、森工科、经营发展科、教育科、国土城建科、检察科、公安分局、法庭、工会、农村工作委员会。机关科室工作人员100

人。后因工作需要,增设旅游科、公路建设指挥部、清理整顿经济秩序办公室(又称收欠办)会计核算中心(隶属计财科管理),木材销售结算中心(隶属销售办管理)。

"以场带乡、场乡联营"的管理体制,在金洞林区运作22年。虽然有效地稳定了林区社会秩序,最大限度地缓解了林区社会的内部矛盾和冲突。但是,随着社会主义市场经济体制的逐步建立和社会主义民主法制的不断完善,"以场带乡、场乡联营"的管理体制的弊端日益呈现。于是,从1993年起,金洞林场领导就不断向上级提出进一步完善林场管理体制的思路,组建工作班子开展体制改革工作。经过多年的艰辛努力和积极争取,2006年5月31日经省政府批准,由湖南省机构编制委员会办公室以湘办〔2006〕15号文件批复设立永州市金洞管理区,保留金洞林场的牌子。管理区行政级别为正县级,为永州市人民政府派出机构。自此,金洞林场与金洞管理区一个机构、两块牌子。

2007年,管理区开始挂牌运作,参照永编办发〔2007〕30号文件精神,结合管理区的实际情况,区机关设纪委(监察)、办公室(含统计局、法制办、信访局)、党委工作部(含武装部、党校、团委、妇联、民族统战)、发展和改革委员会(含环保局、物价局)、人事劳动和社会保障局、财政局(含农业开发办、乡财局、非税局)、宣传部(含广播电视局)、工会、交通局、水利局、国土资源局、农村工作局(含畜牧水产局、农业局、乡镇企业局、农机局、移民办)、城建规划房产局、社会事业发展局(含文化体育局、科协)、社会保障与救助服务中心、经济贸易局(含安全监察局、旅游局、商务局)、林业局、民政局、政法委员会、计划生育委员会、卫生局、教育局、公安分局、检察科、法庭、计财科、林业生产科、经营管理科、森林保护与开发利用服务中心等50个科局级单位,机关工作人员490余人。

金洞林场1954~2008年部分年份行政机构变更情况

1-1-6

年月	场名称	下设行政机构名称
1954.8	湖南省祁阳森林经营管理局	经理科、行政科、经营科
1956.8	湖南祁阳森林经营所	同上
1958.1	湖南省国营祁阳林场	办公室、组织科、生产科、供应科
1960.2	湖南省国营祁阳农林垦殖场	科室同上。1959年6月成立万宝山、下司口两个工区
1962.10	湖南国营祁阳金洞林场	原科室、工区不变。1962年8月设:金洞、小金洞、石鼓源、大江、晒北滩、白果市6个分场
1963.1	国营祁阳金洞林场	设办公室、组织科、营林科、森工科、基建科、财务科、劳计科。分场、工区不变
1969.1	祁阳金洞林场革命委员会	增设政治工作组、人民保卫组、生产指挥组。各分场、工区相继成立革命委员会。撤销组织科,10月恢复林场派出所
1974.1	湖南省国营衡阳地区金洞林场	撤销政治工作组,设立政治处。余同
1979	国营衡阳地区金洞林场	撤销人民保卫组、生产指挥组,设立保卫科,1980年8月成立工、青、妇等群团组织
1981	国营衡阳地区金洞林场	撤销政治处,设立组织科、宣传科。将劳计科分改为劳资科、计财科,新增多种经营科,工商办公室,成立石古源工区

续表 1-1-6

年月	场名称	下设行政机构名称
1984.5	国营零陵地区金洞林场(撤销金洞区、原7个乡由林场代管)	场部机关设:办公室、纪委、组干科、宣教科、营林科、森工科、科技科、财务科、基建科、劳资科、卫计办、农贸办、工会、落实政策办、团委、法庭、武装部、公安分局、司法办、林工商公司、综合服务公司。1986年增设行政科。机关工作人员194人。
1992	国营零陵地区金洞林场	机构改革后,场部机关设:二部(政治工作部、经济工作部)、一办(党政办公室)、一校(职工学校)、一所(科技研究所)、公安分局、检察科、法庭。新成立林业开发、农业开发、山区经济开发三个公司。科室工作人员155人。
2000	永州市国营金洞林场	场部机关设:党政办公室(内设司法办)、纪委监察室、组织宣传部(内设组织部、宣传部、共青团、妇联、武装部、人大联络处、民族统战办公室、广播电视电影站)、工会(内设老龄办)、人事劳资科(内设安全办、劳动服务公司、社保站)、计划财务科(内设财政站)、营林资源科(内设科技科、开发办)、森工科、经营发展科(内设企业科)、农村工作委员会(内设农水科、计育办、乡镇企业办、卫生办、经营站、农技站、水电站、农机站、畜牧水产站、龙潜小区管委会)、教育科(内设职校)、国土城建科、公安分局、检察科、法庭。机关工作人员100人)。
2008	永州市金洞管理区 永州市金洞林场(一个机构、两块牌子)	纪检监察局、党政办公室(统计局、法制办)、党委工作部(含党校、武装部、团委、妇联、民族统战)、发展和改革委员会(含环保局、物价局)、财政局、农村工作局(含畜牧水产局、农业局、乡镇企业局、农机局、移民办)、经济贸易局(含安全监察局、旅游局、商务局)、社会事业发展局(含文化体育局、科协)城建规划房产局、人事劳动和社会保障局、宣传部(含广播电视局)、工会、交通局、水利局、国土资源局、社会保障与救助服务中心、林业局、民政局、政法委、计划生育委员会、卫生局、教育局、公安分局、检察科、法庭、计财科、林业生产科、经营管理科、森林保护与开发利用服务中心。林区人民医院、林场中学、市政公司、木材总公司、油榨铺电站、金洞镇(分场)、小金洞乡(分场)、上司源乡(分场)、晒北滩乡(分场)、石鼓源乡(分场)、白果市乡(分场)、万宝山乡(工区)、凤凰乡(分场)。机关工作人员490余人。

二、金洞镇(分场)

金洞镇(分场)东与上司源乡(分场)毗邻,南与万宝山乡(工区)接壤,西与凤凰乡(分场)相连,北邻祁阳县八宝镇。距三南路13公里,距衡枣高速公路26公里,湘桂铁路50公里,镇(分场)政府驻地座落在沿河街。该镇1912年属宁远县人和乡,1924年属于宁远县龙潜乡,解放初期分为金洞、白泡迴、枣树坪三个乡,1954年6月划归祁阳县管辖,1956年三乡合并为金洞乡,1958年建立金洞人民公社,1984年改为金洞乡,同年3月实行“以场带乡、场乡联营”后,金洞乡由金洞林场代管,1985年由乡改为镇。2006年5月金洞镇划归金洞管理区管辖。金洞分场1957年建立,分场场部设金洞渔窝湾,1984年“场乡联营”后,一个机构、两块牌子,金洞镇与金洞分场合署办公。金洞镇(分场)是金洞管理区机关所在地,是管理区政治、经济、文化、商贸中心。该镇(分场)总面积66平方公里,其中山林面积78060亩,耕地面积1380亩,辖3个居委会及8个村,58个村民小组,2664户,6106人。国民生产总值15860万元,农民人平纯收入4450元。

该镇(分场)森林资源丰富,盛产木材、楠竹、茶叶、山苍子、棕片等,森林蓄积达41万

m^3,森林覆盖率 85.4%,年产木材 13000 立方米,楠竹 56000 根。商贸经济发达,现有各类私营企业 85 家,其中大型竹木加工厂 11 家。2000 年建成的金洞农贸市场拥有各类摊位 200 个,是林区最大集贸市场。

该镇(分场)小城镇建设发展很快,城区面积不断扩大,1988 年不到 0.5 平方公里,2004 年达到 1.2 平方公里,2011 年达到 2.8 平方公里,形成以沿河街、人岭街、金林路、燕窝街、金龙路、和平路、民康路、神怡街、新屋街、凤凰大道"三纵五横"城镇路网格局,水电路讯等各种基础设施日臻完善,美化亮化工程初具规模,街道整洁靓丽,被誉为"山区明珠"。分别被省授予"安全生产示范乡镇",镇财政所被省授予"标准化财政所",镇司法所被省授予"标准化司法所"称号。

该镇(分场)1995 年开通程控电话,1998 年开通移动通讯。2011 年镇内有初级中学 1 所,学生 1438 人,老师 109 人;中心小学 1 所,学生 650,教师 36 人;村小 5 所,学生 150 人,教师 15 人;中心幼儿园 1 所,幼儿 214 人,教师 7 人。有医院卫生院各 1 所,医技人员 52 人。

三、小金洞乡(分场)

小金洞乡(分场)东与上司源乡(分场)毗邻,南与晒北滩瑶族乡(分场)交界,西与白果市乡(分场)相连,北邻万宝山乡(工区),是金洞管理区的腹部地区,乡(场)政府驻地距管理区机关 15 公里。该乡 1912 年属宁远县人和乡,1924 年属宁远县龙潜乡。1954 年,境内设小金洞、江口、大茅坪、白沙源 4 个乡,属宁远县十一区。1954 年 6 月划归祁阳县管辖,4 个乡合并为小金洞乡,1958 年改称林海人民公社,1961 年改为小金洞公社,1984 年改为小金洞乡。小金洞分场的前身是 1957 年成立的小金洞工区。1984 年 3 月小金洞乡与小金洞分场合署办公,乡(分场)政府机关驻江口。2006 年 5 月小金洞乡划归金洞管理区管辖。2010 年 11 月经省政府批准设立万宝山乡后,为了加强集中连片管理,将原小金洞乡油榨铺村划归万宝山管辖。

小金洞乡(分场)总面积 67.8 平方公里,山林面积 91935 亩(国营 53760 亩,集体 36765 亩,乡(场)外面积 1400 亩),水田 1201 亩,旱地 175 亩,辖 10 个村,62 个村民小组,总人口 6204 人,有干部职工 146 人。该乡(分场)以林业为主,林业主导产业以杉木为主,林木蓄积 26.2 万 m^3,年平均采伐木材 9000 立方米。2011 年,全乡工农业产值 7810 万元,分场总收入 392.6 万元,林农平均收入 5327 元。

小金洞乡(分场)林多地少,林农除大部分时间从事造林抚育、森工采伐、陆运工作外,还以本地竹木资源为原料的竹木加工业、种植业、养殖业、乡镇企业贸易加工业发展较快。还有培育木耳、香菇、草菇的习惯,加工的水豆腐、保鲜方竹笋、保鲜蕨菜以其嫩甜鲜美而在省内外享有盛名。

境内山势由东南向西北递降,山脉走向混乱,山峦窄岭,沟壑纵横,地形复杂,东有老寨岭为境内最高峰(920.7 米)。矿产资源丰富,锡砂矿蕴藏量达 26000 吨,矿产品位含量达 67 度,1992 年东江锡钨矿重新开采以来,年产锡钨矿砂达 100 余吨,后因整顿非煤矿业,处理无序开采,于 1999 年停业。石材以芝麻灰石、花岗岩居多,蕴藏量达 20000 万立方米,2003

年招商引资开采灰麻石，其产品大部分销往广东、浙江一带，部分出口国外。

境内水能资源丰富，河流小溪纵横，落差高流量大，主干河流白水河贯穿南北蜿蜒 25 公里，年平均流量为 251 立方米 / 秒。20 世纪 80 年代以前，木材产品的运输方式主要通过小河小溪筑坝蓄水流送，小河里电站、东江电站、金星电站相继建成发电，沿河两岸植被叠翠，怪石林立，致以 10 余座大小电站景色更加壮美。2001 年，以境内牛头山为中心，投资开发金洞漂流，于 2002 年 5 月 1 日正式对外营业。2004 年又建成金沙滩滑草场、溜索、蒙古包等项目的休闲乐园，并相继对外营业。漂流、休闲年产值达 1000 万元。境内小黄狮河旅游项目于 2006 年投资开发，并投入使用。境内旅游项目又带动了服务、餐饮、运输等第三产业的发展，为当地老百姓带来了实实在在的红利与实惠。

2003 年 12 月，江口自来水厂建成，解决了乡（分场）机关、学校及江口附近居民饮用水问题。2005 年 7 月底，乡（分场）机关欧式结构的综合办公楼竣工交付使用。2011 年江口老街扩建拓宽工程已基本完工，街面四车道并行并全面平整硬化。全乡村级公路全部通上了水泥路，交通便捷，移动通讯和电视网络实现了全覆盖。

四、晒北滩瑶族乡（分场）

晒北滩瑶族乡（分场）东与常宁市蒲竹瑶族乡、桂阳县白水乡接壤，南与新田县门楼下瑶族乡、祁阳县内下林场交界，北邻小金洞乡，有一脚达三县的俗称。该乡（分场）是白水河上游三江汇合处，四面高山，北面河滩受日照时间长，故名。该乡 1912 年属宁远县人和乡，1924 年属宁远县龙潜乡。1954 年划归祁阳县，1958 年称火箭公社，1961 年改名为晒北滩公社，1984 年恢复晒北滩乡。1984 年 3 月实行“以场带乡，场乡联营”后，该乡由金洞林场代管，晒北滩乡与晒北滩分场合署办公，一个机构、两块牌子。1984 年 7 月改晒北滩乡为晒北滩瑶族乡。1991 年划出所属的内下、河上江二个村归祁阳县内下林场管辖。2006 年 5 月晒北滩瑶族乡划归金洞管理区管辖。

该乡（分场）属南岭山脉，处于阳明山东段，东北低西南高，黄絲河、猛江河、白水河贯穿该乡东西部。2002 年经湖南省计委、水利厅批准立项建设晒北滩电站，2003 年 8 月祁阳县政府与祁阳县阳光水电开发公司签订合同，由该公司独资开发，同年 12 月破土动工，该电站水库坝高 94 米，总库容 9900 万立方米，装机容量 3.5 万千瓦（两台机组），年发电量 1.24 亿千瓦时。总投资 2.13 亿元。水库正常水位淹没该乡（分场）5 个村的 18 个村民小组，迁移人口 1270 人。2009 年该电站第一台机组发电。晒北滩电站建设即为该乡经济建设提供了难得的发展机遇，也给该乡移民工作和基础设施建设带来了严重压力和挑战。2007 年至 2010 年，经过全乡人民的艰苦努力，乡政府新址综合办公大楼及配套设施相继竣工，并进行了整体搬迁，到 2011 年年底，集镇建设移民点、自然村、中心院落等各项建设形成规模，水电路讯等基础设施日趋完善，一个崭新、典雅、秀美的晒北滩瑶族乡屹立在青山绿水之中。

2011 年，全乡总面积 155 平方公里，其中山林面积 20 万亩，水田面积 1351 亩，旱土 1650 亩，森林资源蓄积 69 万立方米，森林覆盖率 90%。辖 11 个村 55 个村民小组，1759 户，6802 人，其中瑶族 1878 人。

该乡(分场)经济以林为主,活立木蓄积量69万立方米,楠竹约30万根。其中杉、香杉每年产材20000立方米,2011年国营采伐9900立方米,集体10670立方米,楠竹20000根。盛产铁杉、香杉、红豆杉、水杉、樟、梓、楠以及黄柏、杜仲等。1990年以来,开发杉木速生丰产大径材基地16545亩,楠竹低改1万亩,黄柏、杜仲、白果、板栗、油桐等经济林16005亩,桤木造林1995亩,2011年,全乡实现国民生产总值6513万元,人均纯收入4147元。

2011年,乡镇企业生产总值达3000万元,竹木制品加工发展很快,以本乡木材资源为原料的金龙木器厂,生产家具和建设用产品畅销省内外。

该乡(分场)矿产资源也很丰富,高笋塘、小茗洞、野株源、碧江口村储藏大量的银晶灰麻岩,2005年引进外资到高笋塘中棚组进行石材开采,已投资200万元购买机械设备,年产荒料7000立方米,产值达1000万元。

五、上司源乡(分场)

上司源乡(分场)位于金洞管理区南部,乡政府驻地距管理区22公里,东与常宁市洋泉镇相连,西南部紧邻小金洞乡,北与石鼓源乡接壤。相传此地曾设过巡检司,又是白水河一条支流的源头,故名。上司源乡1912年属宁远县人和乡,1924年属宁远县龙潜乡。1954年境内分为南冲源、鸭婆凼、蒋家冲3个乡,1954年6月划归祁阳县管辖,名鸭婆凼乡,1958年与大岭下乡合并称跃进人民公社,1961年从石鼓源乡析出，成立上司源公社,1984年3月改为上司源乡,1984年3月由金洞林场代管,2006年5月,归金洞管理区管辖。

上司源分场前身属鸭婆凼工区,工区驻上司源村半边街。1962年,成立蒋家冲森工队。1964年,成立石鼓源分场,分场驻上司源村庵子岭,鸭婆凼工区改为石鼓源分场,下辖上司源乡境内的原森工队,营林队及石鼓源境内的黄家山、大名山营林队、森工队。有干部职工50人。1982年,林场机构改革,石鼓源分场分设为石鼓源工区和上司源分场。黄家山、大名山两个营林队划归石鼓源工区管理,上司源乡境内的国有山林和人员机构划为上司源分场管理,1984年“场乡联营”,上司源乡与上司源分场合署办公。

该乡(分场)总面积51平方公里,其中山林面积43995亩,稻田1630亩,旱土336亩,辖7个村,63个村民小组,1430户,5785人。工农业总产值6300万元，农民人均纯收入3500元。

该乡(分场)是一个山多田少的林业乡,盛产杉木、楠竹,森林蓄积量达22万立方米,年产木材6000m^3。野生动植物资源丰富,野生动物有野猪、鹿、刺猬、穿山甲、竹根鼠等。野生植物以药材为主,有黄柏、杜仲、金银花、钩藤、鸡血藤、淮山、南蛇风、山苍子等。特产有茶叶、生姜、粟米、干笋冬笋、蜂蜜、苦栎豆腐。其中茶叶、生姜是拳头产品,“浯峰贡茶”颇有名气。

该乡(分场)2002年开通程控电话和移动通信,2010年乡、村公路全面硬化,电视网络实现了村村通。2011年新建乡(分场)机关综合办公楼和有关配套设施,并相继竣工交付使用。该乡高标准高规模中心小学筹资了700万元,正在加紧建设中,全乡有小学生305人,教职工24人,卫生院1所,医技人员5名。

六、石鼓源乡(工区)

石鼓源乡(工区)距衡昆高速公路26公里,距S320省道(三南路)6公里,东与常宁市官岭镇交界,北与祁阳县进宝塘镇毗邻,西与祁阳八宝镇接壤,南与上司源乡(分场)相连。据说此地曾有一巨石,形似鼓状,击之有声,又是一条溪水的发源地,故得名。1927年为"阳明县",县署所在地。1912年为宁远县康济乡,1924年属宁远县龙潜乡。1954年6月划归祁阳县,1956年改为大岭下乡,1958年与鸭婆凼乡合并称跃进人民公社,1961年划归黄泥塘区,1964年7月回归金洞区,仍为石鼓源乡。1984年3月实行"以场带乡,场乡联营"后,石鼓源乡由金洞林场代管。石鼓源工区是原石鼓源分场两个营林队组建而成的。1962年石鼓源分场驻地在上司源乡境内,当时分场下设4个业务片,其中石鼓源境内有1个片,即大明山营林队和黄家山营林队。1984年3月"场乡联营"后,石鼓源乡境内的二个营林队正式挂牌成立为石鼓源联营工区,原石鼓源分场改为上司源分场,石鼓源工区与石鼓源乡合署办公,实行"一个机构、两块牌子"。2006年5月,石鼓源乡划归金洞管理区管辖。

该乡(工区)面积26.5平方公里,辖11个村,118个村民小组,2966户,10667人。土地面积32422亩(其中稻田6889亩,旱土1191亩,林地24342亩),国民生产总值12500万元,农民人均收入5460元。

该乡(工区)三面环山,经济以农林并举为主业,农业以种植水稻为主,林业以杉木产出为龙头。农业方面,传统种植单季常规水稻,大豆、小麦、玉米、红薯都有种植。80年代初,推广新型杂交稻,粮食产量大幅度提高,平均亩产达800公斤,大豆、玉米、杂粮作物开始良种推广,产量都有不同程度提高。20世纪90年以后,大力发展特色农业,油茶、药材、柑橘等种植业有了规模化集约化的生产效应。养殖业也有了相应发展,"土杂猪"全面改良,"良种瘦肉型猪"基本自繁自育,山羊、家禽、渔业、野味养殖也上了新的台阶。

林业方面,1982年以前,营林作业方式是"一锄造林",管护分散。1982年以后采用"大穴造林",管护队伍专业化。2001年全面实行工程化造林,造林质量大幅度提高。森工生产原来都是原始的刀修斧砍,山陆运输依靠人力肩背。20世纪80年代以后,使用油锯作业,山陆运输实行索道,劳动效率进一步提高。2002年,林业产业结构发生了较大变化,退耕还林项目顺利实施,营造松树等经济林、生态林、工业原料林步伐加快,林种树种结构更趋合理。

2011年,该乡(工区)4层办公大楼建成竣工交付使用,石鼓源乡农贸市场建成开始营业,水电路讯等基础设施全面通畅,电视网络实现了全覆盖。石鼓源乡党委被评为2011年度湖南省基层先进党组织。

七、凤凰乡(分场)

凤凰乡(分场)地处永州市金洞管理区西北部,东邻金洞镇,南连白果市乡(分场),西与祁阳县属大江林场接壤,北与祁阳县肖家村镇毗邻。乡内交通便利,凤白公路(县道)贯穿全乡,距衡昆高速公路26公里,离三南路20公里。

相传境内一山形似凤凰,常有很多凤凰栖身于此,故名。1912年属宁远县合群乡,1924

年与旭日、东里三乡合并为凤凰乡。1931 年 4 月前，长吉、花筵属祁阳县管辖，1934 年 5 月撤销阳明县时，划归凤凰乡管辖。1950 年设凤凰，秧田、花筵 3 个乡，其中凤凰、秧田 2 乡隶属宁远县，花筵乡隶属祁阳县，1954 年 6 月由宁远县划为祁阳县。1958 年与大江合并建立卫星人民公社，1961 年改称凤凰公社，归金洞区管辖。1981 年将黄沙、百岭、青石、龙凼 4 个大队划归县属大江林场管辖。1984 年改为凤凰乡。1984 年 3 月由金洞林场代管，凤凰乡与凤凰分场合署办公，一个机构、两块牌子。2006 年 5 月，凤凰乡划归金洞管理区管辖。

凤凰分场前身为大江分场，1984 年 3 月 “场乡联营” 后，将大江分场在凤凰乡境内的 10914 亩国有山林另设凤凰联营工区对其管辖。1996 年 4 月，凤凰联营工区与大江分场合并为凤凰分场，管辖凤凰境内的 38815 亩国有山林。

全乡（分场）总面积 45 平方公里，辖 9 个村，79 个村民小组，2527 户，9613 人。在职干部职工 59 人。全乡（分场）有林地面积 77645 亩，水田面积 6335 亩，旱土 850.5 亩，立木蓄积 197755 立方米。年生产木材 4500 立方米。

该乡地处高山与平原结合部，经济以农业和林业为主，特产有柑橘、板栗、花卉、苗木。乡（分场）民营经济发达，每年外销木材 1 万立方米，产值达 600 万元，苗木专业户达 60 余户，户平均收入超万元。2011 年全乡粮食总产量 6223 吨，乡镇企业、种养、加工业年产值 5000 万元，全乡国民生产总值 10727.6 万元，农民人均纯收入 5020 元。

林业生产也上了一个新的台阶。1993 年消灭荒山达标。“八五”期末，全面绿化达标。2011 年国家对重点防护林及特种用途林补偿制度，乡（分场）在大江水系规划 17000 多亩山林作为生态公益林进行保护。2003 年完成退耕还林 1500 亩，有效地防止了水土流失。2004 年以后，采取“适地适宜，因地制宜”的原则，发展营造 2023 亩桤木工业原料林，改变了过去偏重于单一营造杉木林的局面。

乡内设中心小学 1 所，学生 650 人。教职员工 34 人，有中心卫生院 1 所，村卫生室 7 个，医护人员 9 人，乡（分场）政府驻地街道建设形成规模，集贸市场不断扩大，商铺达 100 户，每圩交易额达 10 万元。乡村公路全面硬化，移动通讯、电视网络全覆盖。

八、白果市乡（分场）

白果市乡（分场）位于金洞管理区西南端，因境内有大量珍贵白果树而得名。毗邻宁远荒塘瑶族乡、祁阳县内下林场、双牌县阳明山林场，与凤凰乡、金洞镇、小金洞乡等乡镇接壤。白果市乡（分场）为山区地形，属南岭山系，是金洞管理区境内海拔最高的乡镇。老君岩海拔 1435 米，为域内的最高峰。1912 年属宁远县旭日乡，1924 年与凤凰乡、东里三乡合并为凤凰乡。1929 年 1 月，在中共阳明山执行委员会的指导下，率先成立旭日洞苏维埃政府。同年，阳明县署从石鼓源迁入该乡革家院子。1954 年 6 月划归祁阳县管辖时，境内设白果市、大坝头二个乡。1958 年合并建立乐园人民公社，1961 年改为白果市人民公社。1984 年改为白果市乡。乡政府驻地白果市团结村境内。1984 年 3 月实行“以场带乡，场乡合营”后，由金洞林场代管。白果市分场，由原白果市工区和白果市采伐场合并后于 1964 年成立，地点设现乡（分场）机关，场乡联营后，乡、分场合署办公。2006 年 5 月，白果市乡划归金洞管理区管辖。

该乡总面积103平方公里，山林面积106000.5亩，活立木蓄积198577立方米，森林覆盖率88%，稻田面积2600亩，旱土292亩，辖8个村，58个村民小组，5067人，其中少数民族789人，国民生产总值7250万元，农民人均收入4420元。

该乡经济以林业为主，盛产杉木和楠竹。20世纪70、80年代，因交通不便，楠竹开发利用不够，大多被群众当作柴火而砍伐，面积蓄积逐渐减少。90年代，将国有和集体楠竹山承包给农户经营。2001年退耕还林，楠竹资源迅速回升。2011年，楠竹面积18000亩，年产大径竹5万根，小径竹材20万根，楠竹加工业（竹垫、竹筷加工厂）迅速发展。

该乡（分场）粮食生产、旱地作物也有了较快的发展。广大农民利用国家改革开放的新机遇，大力加强了农业基础设施建设，兴修水利，改造耕地土质，改变耕作方法，更新品种，科学管理，大力推广杂交水稻种植，水稻单产每亩达到500公斤，白果市乡属高山气候，稻田只能种一季，由于稻田透气性好，日夜温差大，水稻生长周期长，所产稻米米质好，香爽可口。红薯、玉米、荞麦、黄豆产量也上了一个新的台阶。种养加工等特色农业和乡镇企业年产值达1000万元。

该乡（分场）拥有丰富的动植物种群，珍稀植物以银杏为主，现有300年以上的银杏树100余株，100年以上的300多株，年产银杏干果40余吨。境内仁光村有一株银杏树，据传植于宋代，约有千年，为金洞最古老的银杏树。境内拥有数十种国家级、省级保护动物，如穿山甲、猴面鹰、石蛙、五步蛇、锦鸡等。主要植物有名目繁多的药材和各类野菜等。

1976年，该乡（分场）修通了凤（凰）白（果市）公路，解决了交通运输瓶颈，2010年全面硬化。1999～2002年先后开通程控电话和移动通讯，电视网络覆盖全乡，村级公路除百福、晨光二个村外，也已通上了水泥路，农网改造全面完成，山区面貌发生了根本性改变。

九、万宝山乡（工区）

万宝山乡（工区）是金洞管理区的腹部地区。1959年6月，为便于经营管理，金洞林场与祁阳县协商后，祁阳县批准将小金洞公社的胜利、睦源、白果市公社的中棚以及原蒋家冲公社的下司口四个大队归金洞林场管辖，成立万宝山、下司口2个工区，属场直属工区，1987年，下司口工区并入万宝山工区，下辖4个村，实行的是工区管村，履行乡镇职能的特殊管理体制。2010年11月经省人民政府批准成立万宝山乡人民政府，保留万宝山工区的牌子，实行“一个机构、两块牌子”合署办公。同年，金洞管理区为了加强集中连片管理，将小金洞乡的油榨铺村、白果市乡的桐子山村划归万宝山乡管辖。万宝山乡（工区）由原来的4个村增加到6个村，乡（工区）政府机关驻油榨铺村境内。2006年5月，万宝山工区划归金洞管理区管辖。

该乡总面积62平方公里，辖6个村41个村民小组，862户，4086人，其中瑶族人口405人，中棚村为该乡纯瑶族村。该乡（工区）有山林面积92000亩，耕地面积950亩（其中水田365亩，旱土585亩），活立木蓄积312300立方米，年生产木材5000立方米。

境内属南岭山系，山峦重叠，西南高耸，略向东北倾斜，最高的羊角山海拔1327.2米，最低海拔132米，河流溪涧纵横，上古河、下古河从中穿过，小黄司河环绕其间，白水河贯穿油榨铺、下司口村全境。

该乡（工区）经济以林业为主，主产杉木、楠竹，盛产茶叶、竹笋、棕片、油桐、山苍子等，林木蓄积量大。野生动植物资源多，有红豆杉、银杏、楠木等珍贵植物。有獐、麂、野山羊、穿山甲、锦鸡、五步蛇等国家级省级野生保护动物。矿藏主要有锡砂、石材等，分布在桐子山、睦源2个村。

该乡（工区）水能资源丰富，建成大小电站5处，装机容量8000千瓦，金洞林场油榨铺电站就坐落该乡境内。2006年金洞管理区在小黄司河开发新的漂流项目和野外生存探险旅游。起漂点设在桐子山村的冷水源，漂流全程8.8公里，起止落差120米，沿途沟壑纵横，潭水幽幽，两岸峰岭峥嵘，林深木秀，游客流连忘返。

2011年万宝山乡（工区）工农业总产值8172万元，农民人平纯收入4558元。境内交通方便，林区主干公路金晒公路贯穿油榨铺、下司口村境内，其余各村公路全面硬化，电视实现村村通，程控电话移动通讯网络实现全覆盖。乡政府新址综合办公楼正在加紧建设中。全乡有中心小学1所，学生119人，教职工10人，卫生室2个，医技人员4名。

第二章　自然环境

第一节　地　质

一、地层

金洞管理区的地质变化复杂，成土母岩以砂岩、页岩、花岗岩、变质岩板为主。据考查，金洞境内广泛分布的志留系地层，经历多次地质构造运动及区域性浅变质，岩层产状变化大，常表为小折曲，层面扭曲及倒转，岩层严重挤压碎，构造较为复杂，受印支期花岗岩侵入体影响，接触变质明显，围岩、圭化角岩化及绿石化强烈。其次还有泥盆系（主要由灰岩、白云岩、页岩、砂岩及砾岩组成），奥陶系（为浅变质砂质板岩、炭质板岩及黑色板岩组成），以及印支期白云母花岗岩，后期石英等组成。

二、构造

《中国地震强度区划图》及湖南历史地震资料记载，金洞管理区地震基本强度划为小于六级至六级。另广州地震大队1977年9月2日给金洞管理区内下电站工程的来函中指出，“该工程位于湖南省祁阳县境内，构造上处于衡阳——梧州大断裂附近；该断裂远期活动性不显著,历史上沿断裂曾发生过两次地震。如1782年零陵六级地震,1953年江华六级地震。预计今后本断裂仍有可能发生六级地震,依据我们的研究,本工程南面的新田、宁远一带有可能发生六级地震,而且可能影响到本工程区。因此,本工程地震基本强度以六级为宜"。

岩层变化复杂,土壤明显成垂直分布,一般红壤分布在海拔300米以下的低山及为山地红黄壤和黄壤,占总面积89%;海拔800~1200米为山地黄棕壤,占总面积5%;海拔1200米以上多为山地草甸土带,占总面积4%。一般土层厚度在100厘米以上,PH值4.5~6.0之间,呈酸性反映。土壤较疏松,通气良好,质地轻,石砾含量一般在20%~30%,土壤有机质含量平均在20%以上,最高达11%。土壤微生物小,循环非常明显,有利于形成树木生长所需的养分。

第二节 地 貌

金洞管理区位于湘江流域的中、上游,南岭余脉阳明山脉的东北部,境内山峦起伏,层峰叠嶂,坡度陡峭,沟壑纵横。最高海拔1435米,位于白果市乡与大江林场交界处的金峰坳老君岩主峰;最低海拔108米,处在金洞镇附近的新家滩。山脉走向由南向东北延伸,西南高、东北低,平均坡度34度,坡度级Ⅳ级以上(26度以上)占95.2%。境内河流和小溪众多,其支流贯穿全林区。溪河蜿蜒曲折、易涨易落,水量充足,对林区的灌溉、小水电开发十分有利。

一、平原

区内平原面积约49.5平方公里,占全区总面积635平方公里的7.6%,主要是河流冲积作用形成的,发育于白水河,区内有溪谷平原分布,如小金洞乡和白果市乡等部分地段,石鼓源、凤凰乡等区域。

二、岗地、丘陵

区境内岗地和丘陵面积共59.1平方公里,占全区面积的9.1%。

岗地 分布于平原和丘陵之间的过渡地带,或平原中微微隆起的丘包。地面坡度5度至15度,海拔110~150米,比高60米以下,间有宽展的沟谷。面积共有6.5平方公里,占全区面积的1%。

丘陵 分布于山地与岗地的中间地带。地面坡度15~25度,海拔不超过300米,比高为60~200米,呈波状起伏,丘峰成弧立状。面积52.8平方公里,占全区总面积的8%。

三、山地

区境山地主要分布于全区管辖的七乡一镇及大江片、内下片两个分场。面积共有423平方公里,占全区总面积的64.8.%。

低山 地面海拔300~500米,坡度20~25度,比高200~400米,一般是中低山和中山的延展余脉。面积165平方公里,占山地面积的39%。

中低山　地面海拔500~800米,坡度少于30度,比高200~400米,面积197.3平方公里,占山地面积的46.6%。

中山　地面海拔800米以上,比高600米以上,坡度超过30度的面积60.8平方公里,占山地面积的14.4%。

余为村庄、道路、水面积103.4平方公里。

区境最高峰—金峰坳(海拔高1437米),其次花山岭(1176米),大元头(1056米)。

四、溶洞

观音岩溶洞　观音岩溶洞位于凤凰境内南部的吕公洞坳半山腰下部。两个洞口朝东,形似一双巨睛。伫立洞口前,右边是主洞,高4.8米,宽2.3米,凹凸无秩。人到洞口则感觉凉风习习、冷气袭人,见石燕飞舞,闻潺潺水声。距洞口3米远的前方,在3米高的右壁上方有岩石呈球状平缓内凹,上小下大,上浅下深,高约1.2米,凹陷处非常光滑,周围凹线十分柔美,下面是一个与椭圆餐桌相仿的平台,洞内有石像呈"观音坐莲花"之状,故名观音岩。进入洞口1.5米,高3米的地方左有麒麟,右有狮子,是根据岩石形状再用桐油瓦灰加工成的,用油漆彩绘后,栩栩如生。自洞口进入6米处是一个能容纳50人的天然石洞,然后再分左右两个洞口,右洞狭小,仅小孩子能侧身通过,再往前几米就无法进入。左洞可容两人进去并行,当深入2米后石洞就徐徐下跌,坡度越来越陡,但空间越来越大。下去十多米后,石洞就缩小,能见到暗河的流水,越往前洞口越小,最后被巨大的石钟乳挡住,再无法深入。在这条十多米的主洞两旁,小石洞不计其数,石壁上的石笋、石钟乳大小各异,长短不一,形状各种各样。石壁上贴挂着不计其数的石燕,一见光就在洞内上下翻飞,常常撞到人身上,令人难以前行。暗河里有黄褐色的鱼,大小长短形似泥鳅,涨水到一定高度时,这些鱼就成群结队地从另外的小溶洞中游出。所以,在观音岩洞向北一公里处的一个小岩石洞里,就能捕捉到大量这样的小鱼,多的一次七、八十斤,少的一次十多斤。

传说在民国时期有人为弄清暗河水的流向,将一箩筐谷糠倒在水里,结果,谷糠从大江的唐家冲院子边的岩石内流出,始知此洞之水通往大江水库。1978年,凤凰公社曾组织人员考察,意欲将暗河里的水引入凤凰境内,但因开发难度太大而未果。

左边的洞为配洞,虽然洞口略小于主洞,但里面一无宽石洞,二无行人通过的狭长地带。此洞分上下两层,下层直通主洞,单人可弯腰行走;上层通往岩山内,弯腰前行几米就要爬行前进。洞中有很多小洞与主洞相通,只起到配角的作用。

明清时期,观音岩溶洞里烧香祭拜的人很多,几乎每天都香烟缭绕,纸钱纷飞。洞口前是一条南北贯通的行人大道,这里地势比较平缓,东面低洼处用块石护砌,成了宽阔的平地。明末清初就有人在此建造凉亭,还设立了专门的"路会"。民国初年,凉亭得以重修,为六柱二十七爪的木质建筑。大柱安放在青石柱鼓之上,鼓石墩上刻有各式花边和图案。柱子上部木料厚实,榫眼拉连,造型质朴,瓦面四角高翘,亭脊叠瓦堆砌,犹显古筑风貌。靠柱边的石墩上安放着又宽又厚的木板方料供行人歇息,后因年久失修,凉亭于20世纪70年代初坍塌。如今，观音岩溶洞正待有识之士去开发利用。

广子岩石洞 广子岩石洞位于凤凰乡西南方，江洲村五桂山西南1公里处，黄沙坳的山脚下。这里的山全是石灰岩，岩缝中荆棘丛生，无树木。洞口对着东面，高6米，宽7米，自洞口顶部开始斜行于与地面相交，形如“张口”状。自洞口到相交处6米，石洞底部被小溪的泥沙、卵石、砖块填满，溪水流入洞里就不见了。放牛、打柴的人们一遇下雨就连牛带柴与人一同入洞中避雨，可容纳70余人，在这个石洞山后不远处有一竖洞，人称“天洞”，深不见底，口阔1.5米见圆。伸头往下看，依稀可见洞中壁上有很多小洞通往山内各处，但从来没有人下去探过秘。虽洞深口阔，但经不起晴雨风霜的摧残，年深日久，岩石不断风化，总会将它填满，“天洞”将会销声匿迹。

第三节 土 壤

一、土壤

区境土壤总面积74.3万亩，其中红壤土类全区共有面积24.3万亩，占土壤的总面积的32.8%，分布较广，部位都在海拔800米以下的低山、丘陵和岗地；黄壤土类全区共有面积45.2万亩，占土壤总面积的60.9%，分布很广，部位都在海拔800～1000米的中山区；山地棕黄壤土类全区共有面积4.7万亩，占土壤总面积的6.9%；山地草甸土类全区共有面积0.1万亩，占土地总面积的0.1%。

二、植被

金洞管理区内植物群落错落有致，针叶林、阔叶林、灌木林相互映衬，区境内植被总面积为54万亩，植被以杉树、竹、马尾松、灌木、阔叶树为主。天然植被都被次生林植被和人工植被所代替，植物种类丰富，据统计，维管束植物有91科，1068余种。区内植被分布规律是：海拔900米以下以杉木人工林为主，约占总量的70%，另有部分毛竹和少量经济林；海拔900米以上是天然阔叶次生林及灌木林。

植被组成成分的主要特点 一是古老、稀有和珍贵的树种较多，如数百年的银杏、楠木、南方红豆杉时有所见；二是主要树种以杉科、壳斗科、樟科、山茶科、金缕梅科、蔷薇科为主，它们的分布有明显的垂直地带性；三是可利用的资源丰富，除木材外，纤维植物、芳香植物、药用植物、淀粉植物和油料植物等比较丰富，有待规划开发利用。林区主要的乔木、灌木树种有杉木、马尾松、国外松、楠木、香椿、苦楝、青冈栎、石栎、光叶白兰、冬青、木荷、泡桐、香樟、柃木、杜鹃、山柳等。

植被群落大体为6个类型。

人工杉木林群落 杉木林是区内最具代表性、观赏性的针叶林群落。全区共有人工杉木林面积28.3万亩，占全区林地总面积74.9万亩的37.8%，全区的7乡1镇及大江、内下2个林场均有分布，林中混有楠竹、檫树、枫香、油桐等乔木树种，是全区主要的用材林。

竹林群落 全区共有竹林面积5万亩，占林地总面积的6%。主要分布在白果市乡、凤凰乡、晒北滩乡等地，毛竹多生长于800米以下的山皂、山坡。丘陵平地的农村，屋前垣后，零星地栽有吊竹、青皮竹和楠竹。

阔叶林群落 区内共有阔叶林14.5万亩，占林地总面积的19%，分布于林区海拔较高的山坡、山脊和丘陵区的禁山及四旁。主要树种有樟、楠、稠、梓、木荷、桤木、泡桐等各类，很多稀有珍贵树种分布在这一群落中。如有活化石之称的银杏；有木材红色、木纹美丽的南方红豆杉；有速生树之王的桤木；被历代誉为名木的樟、楠、梓、稠，其中小金洞乡小金洞村桐车湾的楠木王有近三百多年的历史。胸径近1.5米，树高近30米，树形刚劲挺拔，雄伟壮观，被誉为金洞管理区标志性名木。金洞森林公园的甜槠林是区内常绿阔叶林的一大家庭，分布于海拔600~1200米山坡和岭脊，面积较大，极具旅游观赏价值，甜槠林浓绿葱蓉，树冠浑圆，神秘奇幻。阔叶林中越南安息香、红皮树林，是湖南省境内少见的落叶阔叶林，分布于海拔100~800米的山坡，成片生长于区内的红皮木姜子、红果钓樟灌木林更是湖南省内罕见。

马尾松群落 区内共有马尾松面积2.4万亩，占总林地面积的3%。分布于金洞林区、大江片的高山地带和中山、低山以及丘陵的部分地段。这一群落有解决群众燃料、保持水土和涵养水源的多种效益。

果木林群落 区内有果木林面积4212亩，占经济林总面积的30.1%，树种主要以柑桔、桃、梨、板栗为主，主要分布在凤凰乡、石鼓源乡两个以农业为主的乡镇，分布地块主要在丘陵区和低山区，零星插花者多，集中连片者少，区域专业化程度低。

油茶林群落 区内现有油茶地1.6万亩，大部分20世纪50、60年代造的林，树龄老化，部分油茶林已成为低质低效林，保存较好的油茶为8000余亩。主要分布在石鼓源乡和凤凰乡两个以农业为主的乡镇。

第四节　气　候

一、温度

(一)气温

气温分布的趋势北高南低。金洞属亚热带季风湿润气候，暖湿多雨，多年平均气温在16~18.4℃。随着海拔的升高，年平均温度相应降低，位于海拔700米的白果市，年平均温度只有14.8℃.

气温的变化 一年中气温的差异，以7月最热，一般月平均在26~30℃之间。1月最冷，月平均气温一般为2~6℃之间，年较差为24℃。气温的日较差平均为7.7℃。1962~1963年，最大的日较差为8.6℃；1975年的最小日较差为6.8℃。月平均的日较差在8℃以上的有

7、8、9、10 四个月；小于 7℃的，有 12 月、1 月两个月；其余 6 个月在 7～8℃之间。冬春两季昼夜温差小，低温寡照，对春收作物增产不利；秋夏两季日较差较大，光热中等，对秋收农作物壮籽较有利。

极端最高气温为 39.5℃（2011 年 7 月）。在 1986～2011 年的 26 年中年极端最高气温大于 38℃的，有 10 年，机率为 38.46%。极端最低气温为 -9.4℃(1977 年 1 月 30 日)。暖冬年份极端最低气温在 -2.2～2.0℃之间。最低气温的出现，主要是寒潮引起的，一般在寒潮入侵后开始转晴，夜晚天空无云或少云，地面辐射冷却强烈，气温猛降，致使次日凌晨出现最低值。或因寒潮的强大和持久，发生严重冰冻现象，同时出现最低值。

1-2-7 金洞 1986～2011 年最高和最低月平均气温

单位：℃

月份		1	2	3	4	5	6	7	8	9	10	11	12	全年
月平均气温		5.3	6.3	10.1	17	22.4	25.8	28.7	28	23.7	18.2	12.9	7.9	17.2
最高年	平均温	7.1	9.5	13.4	19.8	23.8	26.3	29.9	28.7	25.1	19.4	16.6	8.5	18.9
	年份	1998	2011	1998	2005	1995	2011	2000 2011	1990	1996	1989	2011	1995	
最低年	平均温	4.6	4.9	8.9	15.4	20.9	24.5	27.3	28.9	21.1	16.5	10.4	7.3	15.7
	年份	1989	1988	1988	1990	1989	1998	1998	2005	1998	1995	2000	2011	

霜期 初霜最早出现于 11 月 3 日(2009 年)，最迟出现为下年 1 月 11 日，平均初霜出现日期为 12 月 6 日，终霜最早为 2 月 17 日，连续最长霜期 10 天(2006 年 12 月 17～26 日)，年平均无霜期为 289 天；1965 年无霜期最长 344 天，1988 年最短 247 天。无霜期天数 80% 的保证率为 271 天。金洞林区霜日不多，平均每年不超过 10 天，实有霜冻天气更少。

雪期 常年 12 月 25 日初见。最早的降雪日期是 11 月 16 日，出现于 1976～1977 年。最迟的降雪日期在 1 月 21 日，出现于 1974～1975 年，终雪平均日期在 2 月 25 日，终雪最迟的是 1982～1983 年的 3 月 23 日，历年平均降雪日是 9 天，最多的年份是 20 天，出现于 2008 年。1986 年冬旱，整冬无雪。

(二)地温

地面温度 金洞的地面温度平均为 19.6℃，7 月最高，1 月最低。地面极端最高温度 67.5℃，出现于 1959 年 7 月 30 日，地面极端最低温度为 -13℃，出现于 1962 年 1 月 27 日。

地中温度 地下 5 厘米、10 厘米、15 厘米、20 厘米深处的温度也是夏高冬低。愈到深层，愈趋稳定。年平均温度 19.4℃。

二、降水

金洞境域年降水量在 1300～1700 毫米之间。历年平均降水量为 1554.2 毫米；保证率

75%的年份在1150毫米以上。多雨中心位于白果市一带，年降水量在1600～1900毫米之间；少雨地区位于金洞镇，年降水量为1300～1400毫米之间。

区境降水时间分布有明显的季节性。多年平均4～9月降水893.2毫米，约占全年的66%。其中4～6月降水最多，占全年降水量的54%，这3个月平均每月为203.6毫米，7月迅速降到98.5毫米，8～9月如不受台风影响将减到92.3毫米。4～9月降水集中，能保证早稻和其他农作物生长需要，但也因此往往暴雨成灾。8～9月正值农作物生长旺盛时期，耗水量很大，由于降水不足，不能满足农作物大量用水的需要，往往造成旱灾。

金洞境域降水主要集中在春夏两季，一般在4月下旬进入雨季，结束于7月中旬，每年春末夏初时，东西对流层峰区的平均位置在北纬28～30度，形成全区的多雨。一般年份自6月以后常受副热带高压控制，天气晴热，降雨稀少，易出现干旱。

金洞属山区，雨季多暴雨，形成山区梅雨期暴雨天气系统主要有低槽、切变线、西南低涡和冷锋、静止锋。盛夏时受台风期暴雨天气系统的影响，进入高温少雨季节后也有降雨量较大的暴雨过程出现，中南部山区高强度降雨往往发生在这一时期（如晒北滩、白果市）。受天气系统和局部地形影响，全区小范围的暴雨经常出现，暴雨形成的局部山洪灾害时有发生。

金洞1958～2010年月平均降水量

1-2-8 单位：mm

月份	1	2	3	4	5	6	7	8	9	10	11	12	平均值
平均降水量	68.5	76.4	64.4	157.8	218.7	234.3	98.5	98.5	96.4	88.2	77.2	76.5	129.7

金洞1986～2011年部分年份降水情况

1-2-9 单位：mm

年份	年降水总量（毫米）	全年降水天数	全年最大日降雨量	日期	全年最大月降雨量	月份
1986	1223.3	174	52.8	6月16日	210.6	6
1988	1406.7	177	58.8	7月11日	270.5	5
1989	1470.7	181	81.7	7月26日	331.2	5
1990	1827.6	144	79.7	7月1日	158.3	5
1995	2417.9	214	102.5	7月17日	368.6	5
1996	1587.1	178	89.1	10月3日	201.6	10
1998	2014.4	216	67.2	9月1日	251.8	5
2000	1665.6	201	61.9	5月26日	293.5	4
2005	1815.9	155	80.7	8月29日	332.5	5
2011	1325.6	154	77.0	9月3日	221.0	9

金洞全年降水天数，自1986～2011年26年中，平均为179.4日；1998年最多，为216日；1990年最少为144日。4～6月降水多，占全年降水日45%。

三、日照与蒸发

(一)日照

金洞太阳辐射中等偏少。全年日照时数介于1200~1820小时之间。年平均日照为1500小时。但月际间变化不均衡,一年中7~8月日照最多,1~2月最小,3~4月次之。1~2月的日照不及7~8月的一半,不能满足春季农作物光能的需要。日照的空间分布,受到地形制约。白果市、晒北滩、万宝山等地年照时间平均比凤凰、石鼓源减少10%。金洞山区年总日照时间比丘平地区要减少300小时左右;如果再将云雾和雨日的时间考虑进去,其日照比丘平地区少得更多。

(二)蒸发

陆面蒸发系指流域或区域内水面蒸发、土壤蒸发、植物散发和水雪蒸发的总和。一般根据流域水量平衡法求近似值。金洞草木争绿,水绕峰叠,天然植被和人工植被好,因此,年蒸发量为446.2~521.8毫米之间(约为祁阳县的三分之一)。7月最大,为82.2毫米,1月最少,为12.5毫米。全年蒸发量小于降水量,故水能资源充沛。

金洞1992~2012年月平均蒸发量

1-2-10　　单位:毫米

月份	1	2	3	4	5	6	7	8	9	10	11	12	平均值
总量	12.5	15.3	29.4	32.5	41.7	42.7	82.2	63.1	58.5	47.8	24.2	23.1	37.0
最大	1.0	1.3	2.0	2.5	3.3	4.0	4.4	3.6	3.8	3.4	2.2	1.5	
最小	0.0	0.1	0.1	0.1	0.1	0.3	1.1	0.3	0.3	0.3	0.2	0.3	

四、风

金洞属亚热带季风区,风向具有明显的季节性变化。冬季受强大的蒙古冷高压控制,金洞处于冷高压的东南方,气流自北倾注,以偏北风居多。夏季气压场的形势与冬季相反,金洞常受副热带海洋高气压或大陆低气压的控制,盛行风向以偏南为主。春秋是冬夏和夏冬的交替过渡季节,风向不似冬夏两季的稳定,仍以偏北风的频率最多,但偏南风仍有一定的势力。特别是6、7、8月的西南季风,风速大,风力强。

金洞1958~1988年月风向频率(%)

1-2-11

项目＼月份	1	2	3	4	5	6	7	8	9	10	11	12
风向	N	N	N	N	N	SW	SSW	NSW	NNW	N	N	N
频率	20	18	15	13	13	9	16	16	16	18	22	18

说明:N是北,S是南,W是西。

风速的大小,决定于气压梯度力的大小,同时受地形的影响很大。冬季,金洞被蒙古冷高压统治,夏季受到副热带高压控制,气压梯度不大,同时,金洞四面环山,有高山作为屏障阻挡,年平均风速1.5米/秒。最大风速18米/秒,出现于2001年5月9日风向是北北西。

金洞1958～1988年各月平均风速

1-2-12　　单位:米/秒

月份	1	2	3	4	5	6	7	8	9	10	11	12	年平均
平均风速	1.4	1.4	1.5	1.6	1.5	1.4	2.0	1.6	1.6	1.6	1.3	1.3	1.5

从上表可以看出全年中速度变化在2米/秒～1.3米/秒之间,变化幅度很少。7月份的南南西风速最大,风力较强,频率为16%。

附一:灾害性天气

一、低温

金洞林区(白果市乡以及晒北滩部分村除外)每年3月下旬是早稻播种育秧时期。这段时期气温愈高,则发芽生长愈快;若连续3天阴雨连绵,日平均气温低于11℃,或连续5天平均气温低于12℃,且阴雨无日照,就会造成早稻烂秧。曾在"大跃进"及"命令风"盛行的时代,育秧时遇上这种天气,"蹲点"干部则要求农民用铁桶装满炭火置秧田边,或要农民在秧田边生火,以提高气温,然无济于事。3月下旬气温稍高,4月上旬气温明显偏低俗称"倒春寒"。1958～2011年的53年中,较差和很差的育秧天气有13年,机率为24.5%,1962年、1963、1965年和1972年受这种气温的影响,烂秧率在60%以上。金洞的春季低温阴雨天气,主要出现在3月19～23日、25～27日、4月11～15日,如果3月25日到27日的低温阴雨持续到4月上旬,就构成农业的气象灾害。自70年代中期使用农膜育秧后,这种气象灾害对育秧的影响已不复存在。5月份虽是初夏,但山区经常阴雨连绵,低温寡照,形成"5月寒",使油菜、小麦发芽起霉,棉花烂种死苗,早稻出现黑根,坐蔸死苗现象。自1958～2011年53年中,白果市出现"5月寒"低温天气有17年,机率为32.1%。1975年,原金洞区委书记欧阳天和在和平1队蹲点时,当年春插秧苗受5月低温的影响被全部冻死,导致重播。秋分后,受北方冷高压的影响,林区气温骤降,形成阴雨低温天气,俗称"寒露风",如遇这种天气对晚稻扬花抽穗危害性大,导致多秕谷减产。自1958～2011年53年中,低于20℃的寒露风,出现于9月20日以前的共有28年,机率为52.8%。1982年的寒露风出现过早,从9月1～15日止,平均温连续4天低于20℃。

二、春夏暴雨洪涝

春末夏初,林区常有暴雨出现。1958～2011年的53年中,暴雨年平均值为5.5～6.1天,以5月为最多,7月、9月亦有出现。其间,暴雨307次,大暴雨17次共424次,最多的一年出现8次，最少的一年也有3次。暴雨最大的强度是1968年7月8日，最高洪水水位112.83米，超警戒水位6.2米，水文实测洪水流量2540立方米/秒。暴雨一般有规律性发生在每年的立夏、小满、芒种、夏至这几个节气之间，每年过了夏至，雨量就会减少。

三、夏秋干旱

对农业生产有严重危害的是7～9月的夏秋连旱。1958～2011年的53年中，干旱有12年，机率为22.6%，大旱6年，机率11.3%，特大干旱4年，机率0.76%；降水调匀或集中过多的28年，机率52.8%。干旱出现的时段，往往从6月底开始；延续到7月，或于此时下一些小雨，到8月中旬继续干旱，直到9月下旬，秋旱多于夏旱，而且重于夏旱。大旱之年，多是夏秋连旱，甚至延至10月下旬。1966年的干旱从7月中旬开始，直到10月中旬结束，连旱时间达90天。1992年秋旱从8月下旬开始，直到12月上旬才结束，干旱达100余天，给农业生产带来严重的危害。

干旱强度的分布，白果市、晒北滩少而轻，凤凰、石鼓源、金洞多而重。

四、大风、冰雹

金洞层峦叠嶂，山高林密，由于受高山密林的阻隔，因此产生大风灾害的现象很少。出现于境内的7级以上大风，主要是雷雨大风，影响范围小，持续时间不超过1小时，最大风力在7～8级之间。1954年8月，金洞遭暴风袭击，中心风力达9级以上。1973年8月11日，龙潜凼至场部机关一带遭受龙卷风袭击，倒塌房屋20多间。

冰雹，常见于春雹多，每年平均1～2天。一般是夹雨夹冰粒，常见略小于绿豆粒大小。1957年4月21日、24日原大岭下乡连遭两次冰雹袭击，雹粒鸡蛋大小，秧苗及其蔬菜严重受损，部分屋面被打烂。祁阳县委书记武子高率员深入灾区进行慰问，发放救济。1984年3月11日，白果市乡团结村，落下的冰雹有花生粒大小，范围约100余平方米，由东北向西南方向成直线推进，只有8分钟时间，冰雹经过的地方，有些小的树枝被折断，平地蔬菜被打烂，植物杂草一遍狼藉，所幸未从村庄经过。1998年4月，凤凰乡发生冰雹，打坏部分秧苗，约10分钟后停止，损失不大。

五、冰冻

金洞地势，海拔较高，发生冰冻较为常见。白果市、晒北滩自古至今，几乎每年冬天均有冰冻发生，机率98%以上，其他乡镇发生冰冻的机率81.5%以上。冰冻天气最早在12月上旬出现，最迟在2月末结束。1974年11月上旬，立冬前就下雪，但未冰冻。白果市高山地带，持续时间短者3天，最长者达60余天，山地多于平地，迎风面多于背风面，7天以上的强冰冻，曾分别出现于1963～1965年，1968～1970年，1976年～1978年，2005～2008年，大致3年一遇。2008年1月发生了50年未遇的强冰冻，冰层最厚处达20厘米，高压电线冻得粗似25毫米水管，持续时间达65天。对越冬农作物、树木、楠竹、柑桔造成严重的损害，仅白果市乡压倒房屋47间，压断损毁线路7200米，倒电杆36根，折断活立木32710株，直接经济损失

275 万元，以致全区通讯中断，交通受阻，照明电中断，祁阳、金洞等地蜡烛缺货。

附二：金洞历年自然灾害

南宋淳熙七年（1180 年）四月至九月不雨，大旱，饥。

嘉定八年（1215 年）五月，大旱，百泉竭，湘水一杯数十钱。

嘉定十六年（1223 年）旱，大饥。

元大德十一年（1307 年）三月，暴雨山裂。

至大二年（1309 年），霖雨。

元统二年（1334 年）二月至八月不雨，大旱。

明洪武十年（1377 年）五月水灾。

宣德九年（1434 年）永州府属 1 州 6 县春夏久旱，陂塘干枯，农田禾苗皆焦枯，秋成无望。

正统六年（1441 年）春夏并旱，饥。

天顺三年（1459 年），自五月至七月不雨，民之饥殍者不可胜记。

成化二十三年（1487 年）大旱，饥，谷米昂贵，道殣枕籍。次年（弘治元年）一月至九月不雨，两年连旱，百物食尽。

正德八年（1513 年）夏，大水。

正德十二年，大旱，疫。

正德十五年（1520 年）大水至冬不消。

嘉靖二年（1523 年）大旱，赤地千里，殍殣载道，十二月大风雪暴，民冻死枕籍。

万历十七年（1589 年）大旱，死亡载道，食树皮草根，殍死无数。

万历二十二年、万历三十年，均大旱。

清顺治六年（1649 年）五月，大水。九年六月，大旱，入冬，严雪冱寒，裂肤折趾，僵死涧壑者无数。十年入冬后，大雪 40 多天，民多冻死。。

康熙元年（1662 年），春夏大水，十二月又大水。

康熙四年，大旱，竹实如麦，民争食之。

康熙二十年春夏，大旱。

康熙二十九年冬，大雪，深数尺，江水冻合。

乾隆二十五年（1760 年）五月望后，大雨，至七月，禾皆槁死。

乾隆三十三年，大水。次年九月大雨雪，鱼鸟多冻死。

乾隆四十三年夏秋，大旱，草木皆赤，民多采野草，掘茯根为食。

乾隆五十九年四月，大水，民居漂荡，田禾皆没。

嘉庆九年（1804 年）五月，大水。

嘉庆十三年，大水，米贵，斗米 700 文。

道光元年（1821 年）冬，大雪，平地深 5 尺，寒甚。

道光五年春，大雪，深 6 尺；夏大水，民多疫。

道光八年正月，雷，大雪。九年，十年冬，均大雪。冰坚可渡，树折。

同治三年(1864年),大水,淹没稻田,沿河民房被毁。

同治十三年,春夏大旱,斗米700文。

光绪三十二年(1907年)四月,天雨不止,河水泛滥成灾,居民财产、生命付之一洗,此次奇灾,二百余年未见。

民国3年春夏,大雨。

民国4年(1915年)大水,淹没田亩,溺死人口无数。

民国10年入春后,长期不雨,早稻不能下种。

民国13年4月,大雨,河水泛滥成灾。

民国14年农历五月至七月上旬连旱近70天,米贵如金。

民国18年,自上年冬起至本年夏未雨,春作愆期,秋粮未种,民不聊生。次年2月,大雪冰冻,为40年罕见。

民国22年春,山洪暴发,沿河田土、房屋遭毁。

民国25年8月,大水。

民国34年春夏之际,大旱,50天未雨,饿死者众。

民国37年和38年自春及夏,淫雨连月,山洪暴发,人民损失巨大。

1953年,干旱52天。1954年8月,暴风袭击。

1955年元月,大雪近30天,压倒民房,烧柴困难。

1957年4月21日、24日,大岭下乡遭冰雹袭击。

1959年,夏旱40天,秋旱45天。

1961年,大水。

1962年6月,凤凰发生蝗灾,少数稻田颗粒无收。

1962年6月至7月2日,金洞降水280毫米,山洪暴发,沿河冲毁稻田580亩,冲毁房屋200余间,冲走木材3万立方米,3人失踪。

1963年元月,大雪近30天,倒无数牛栏、猪舍。

1963年7月至8月,旱期54天。

1966年7~10月,连旱达90天。

1968年7月8日,洪水泛滥成灾。

1971年秋旱,旱期58天,晚稻严重受损。

1973年7月19日,遭受龙卷风袭击,倒塌房屋20多间。

1980年,早稻病虫害严重,全区2336亩受灾,126亩失收。下半年秋旱,受灾面积4770亩,枯萎面积1002亩。全区粮食减产80余万公斤。

1983年4月,大风冰雹,秋苗严重受损。

1984年3月11日,白果市乡落下花生粒大小的冰雹,范围约100余平方米,所幸未从村庄经过。

1985年8月26日,洪水泛滥,龙潜凼集材场冲走木材700余立方米。

1988年,夏秋连旱,晚稻受损严重。

1991 年 8 月 10 日，万宝山工区境内连续 3 个小时的暴雨，致使山洪暴发，造成直接经济损失 5 万元。

1991 年 8 月 15 日，金洞林场境内连降 4 个小时暴雨，山洪暴发，河水猛涨，造成直接经济损失 2055 万元。

1992 年 7 月 5 日，晒北滩、内下二支流河域山洪暴发，引起洪灾，造成直接经济损失 151 万元。秋旱，连旱时间达 100 余天。

1994 年 6 月 13～17 日，金白河流域连降暴雨，山洪暴发，造成洪灾，直接经济损失 320 余万元。

1997 年 8 月 16 日、9 月 21 日、12 月 19 日，暴雨，局部地区洪灾。

1998 年 5 月 22～24 日，特大暴雨，洪灾。6 月 28 日至下年 3 月 25 日，祁阳全县持续干旱 270 天，45 万亩晚稻受旱，5 万亩失收。

2002 年 6～8 月，金洞发生 7 次大的洪灾：共损毁稻田 3100 亩，其中绝收稻田 2100 亩，损毁退耕还林面积 1800 亩等，造成直接经济损失 2300 万元。

2003 年 6 月 28 日至 11 月 30 日，出现罕见的秋高温干旱。

2006 年 7 月 15 日至 16 日，受“碧利斯”台风影响，暴雨洪灾，直接经济损失 1400 万元。

2007 年 6 月 7 日，暴雨，洪灾。

2008 年元月 11 日至 2 月 10 日，遭遇特大冰冻灾害，全区经济损失达 5.84 亿元。

2010 年 4 月 21 日，暴雨、洪灾，直接经济损失 6000 万元。

第五节　水　文

金洞境内河流属湘江下游南岸的一级支流水系。白水河直贯全区中央。支流纵横，河网密布，全区有大小河流 31 条。河流沟壑呈树枝状展布，汇合于猛江河、大黄司河、小黄司河、钗江河等河流注入湘江。

一、河流

（一）白水河（金洞河）

金洞河发源于阳明山麓桂阳县的大土岭白水乡清溪冲坨子形毛洞，由晒北滩入金洞境内，大致南北流向，形成了以水为纽带，由水、土壤、大气、生物等自然要素和人口经济社会等人文因素相互联系，相互作用，共同构成的水文生态和人文系统。

金洞河沿枧下、史家坪、晒北滩、白沙源、白沙凼、牛头山、江口、大竹源、下司口、白泡回、金洞、龙潜凼、黄家渡至白水镇注入湘江。沿河接纳 7 条重要支流。流域面积 1827 平方公里，总计流程 131 公里，多年平均流量 66.8 立方米 / 秒，多年平均径流量 21 亿立方米，平均坡降 2.9 米‰。其中在境内河长 78 公里，流域面积 1071.6 平方公里，自然落差 240.3 米。白水河在金洞下游峡谷出口以上为上游，河道两岸山高林密，河道狭窄，水流湍急，属金洞林区。出口处以下至大江口，河道逐渐开阔，河宽一般在100米以上，下游最宽处达257米，两岸平坦系农业区。白水流域内，峰峦起伏，植被良好，降水充沛，水量丰富，每平方公里年产水量115.2万立方米，其河床落差大，水能丰富，据1986～2011年统计，最高水位112.83米，出现于1968年7月8日，最低水位45.93米，出现于1995年1月8日（警戒水位106.64米，黄海基面），有着丰富的水力开发资源。

（二）猛江河

猛江河左岸支流 源于烟竹山，经毛竹坪、新星源、苦竹源，黄土源、丑竹源、其田、老屋场、新屋场、梨子源、下里源口、茶源、楚家源、挂丝滩、大沙洲、三叉岭、南风凼、梨子坪、下马里源、大右宫、碧江口、黄莲窝、杉木坪、毛坪江等地，至晒北滩入白水。猛江河主要支流有：

梨子坪水 源于枣子坪，经苋菜源、磨石源、江滩、水竹下等地，至梨子坪入猛江河。

茶陵河 右岸支流，源于大源里枫树脚，经三湾脚、退里坪、冷水口、牛背岐、梨子滩、鲁草塘等地，至电黄坪入白水。

西江 右岸支流，源于和尚岭，经向家洞、板角洞等地，至西江入白水。

三叉岭 右岸支流，源于常宁大江苑，至晒北滩入白水。

（三）大黄司河

大黄司河 左岸支流，源于宁远县大中堂，于瓦窑村入境，经新屋场、河上江、内下、高笋塘、土坳、大同等地，至牛头山入白水，其主要支流如下：

小黄司河 源于金峰坳南端，经大江背、晨光、团结、大源里、桐子山、木源等地，至沙坪入大黄司河。

欧莱河右岸支流 源于欧莱河，入白水。

（四）江口河

江口河 源于罗家冲，经上司源、梨树源、野窝坳、周家湾、鸭婆凼、唐家湾、长江源、曾家源、石源等地，至江口入白水，其主要支流如下。

上司源水 源于老湾，经大湾等地，至上司源入江口河。

野窝坳水 源于狗婆岭，江洋石源等地，至野窝坳入江口河。

土冲源水 源于土冲源入江口河。

五峰山水 源于东冲老叶棚，经五峰山、鸭婆凼入江口河。

（五）其他河

下司口水 左岸支流，源于分水凹，经蒋家冲、高枧等地，至下司口入白水。

上古河左岸支流 源于上古瑶山，经唐家湾、万宝山、对皂源、小竹山、中庙、陈家湾等地，至油榨铺入白水。

下古河右岸支流 源于下古瑶山，经进皂、杨家湾、小水源、快乐庵、禾田湾、杨家门口等地，至胡竹山入白水。

钗江河 左岸支流，源于老君庙，经安塘坪、小马源、胡家凹、唐家屋、双河口、塘家坪、黄泥源、陡源里、丝茅坪、陈家湾、半边街、张家山、小山里、枣树坪、高家岭、李家岭、枫木岐、绿叶亭、楠木坳、雨中源、下洞口等地，至白泡回入白水。其主要支流如下。

唐家坪水　源于玉峰山，经菠萝源、虎形坪等地，至唐家坪入钗江河。

黄泥源水　源于羊角山，至黄泥源入钗江河。

牛栏柱水　右岸支流（鼎锅源河），源于将军歧，经李家源、马迹坳等地，至牛栏柱入白水。

马蹄源水　右岸支流，源于马蹄源，经双河口、将军坪等地，至马蹄口入白水。

东安水　右岸支流，源于上中棚，经瑶棚里等地，至东安入白水。

附一：金洞水文监测网站

金洞水文监测网站于1958年11月10日，由原衡阳专署水文分站设立，命名为“金洞流量站”，站址设原金洞公社公新三队。1959年1月1日正式观测。1968年金洞遇特大洪水，致使断面控制不良，于是将站址改迁到原金洞公社马蹄口大队4队，站名改为金洞（二）站。1974年10月，由于断面下游100米处修建银子源电站，断面水流受回水影响严重，于是在1974年底又将站址回至金洞公社公新大队三队，站名改为金洞（三）站。

金洞水文站，现地处金洞管理区辖内，地理位置东经112° 05′，北纬26°16′，为湘江一级支流白水控制站。为湘江南山区二类精度代表站，流域集水面积795平方公里。测验项目有水位、流量、降水、水质监测、蒸发等。下辖白果市、白沙源、白水3个委托雨量站。

附二：《宁远县志》1942年版（卷二）山水篇

白　水

白水出桂阳坦家坳届白竹背入县境。

白水出桂阳坦家坳，经上白水洞花山岭，中白水洞梅子岭、下白水洞龙骨岭，故受名矣。西北流经石榴花、西江口、蒲竹源诸地，届白竹背入县境，西折至龙谭两岸。巨石嵯峨列峙，川身陡束，湍疾飞矢，凭高下泻，响若奔雷，悬瀑十丈屑琲倾项。下有深潭，波文鳞积，坐石俯窥，游鱼隐见。届史家坪，得茶陵河水屈东北，届晒北滩猛江、浆滩二水，自南来注之，三枧水自东北来注入。猛江左有发龙山，秋冬雾迷，蹊径莫辩，春夏晴霁，峰岫争奇。陟巅纵目，岗峦四走。低昂起伏，若由此出，故有发龙之号。上立古刹，即山取称乡人游瞩，以为胜地。自白竹背至晒北滩二十五里，届西流三十里至小金洞黄丝河波萝河水从南来注之。

白水自晒北滩经白沙源，乱石攒聚，滩急湍奔，轻凫所不敢浴，捷鳞所未曾游，浪屿撞击，轰声动谷。白沙源下有巨石屹立川中，高数十丈，顶建伽蓝以奉大士，曰观音寺。崖岩并叠，绕寺如垣，其下有岩通梁于岸，入岩拾级而登，出达寺门岩即因寺而托名矣。对岸为白沙凼，上下十里沙积如银，锐石晶莹，状同玛脑，取供几球，可无愧于浏阳菊花石矣。

白水出小金洞，地始夷旷，波平浪驰，清映见底。届烂泥田得卢茅源水，经大竹源，西南有照山庵。清初，且拙上人与其徒目州，卓锡于此。且拙著经十余卷后示寂于常宁大义山。目州名德润，始严氏种蕉临池，事同怀素，庵中题句多，其手笔诗集不传，今仅存自刻山居诗三十首。届下司口得蒋家冲、溪水稍西，届油榨铺得上古河水，复东北流，届撤米滩得下古河水，届黄丝源得钗江河水，又东北流十里，过大金洞，届黄家渡出县境，入祁阳至白水市注于湘。

白水届龙潜荡，荡，俗作凼字书所无。左岸有巨石横立，石上牛蹄宛然，云祁属牛岭，有仙牛值白露滃屯出。临荡口则坝水骤增，以为雨候，谓之仙牛饮水。石下一穴，湫深水黝，渔师布罟，恒有多获。横行四里又得三岩，石梁互通，碧渊莫测，水出夏塘，塘广半里，红幢绿盖，遍植芙渠，漾漪冲融，皱波鳞浮藻，山区得此良怡悦矣。又一里许得狗脊岩，石门数重沉浸阻道水减，探寻可及三门，壁插古剑，坚不可拔，云有灵巫祈雨所为也，其东南有乐山，又名狮子山，长百三十里，竹、桐、茶，弥望无际，药材百种，悉是野生。黄精、勾藤、茯苓、五加皮尤为上品。其间有知止涧，近涧构亭，因以为号。登亭远望，白水婣嫋，宛如一线霜晨月夜，渔子鸣榔，林肃川寒，响应空谷，龟鳖之利，亦足资生非，惟游观所乐而已。

第六节　矿　藏

境内地下岩层变化复杂，矿藏资源已探明的不很多，据祁阳县地质矿产普查，主要有如下种类。

铁矿石　金洞镇三居委会一带铁矿石，矿体断续延长 3000 米，平均厚达 1 米，呈透镜状，含铁 20%，主要矿物为豆状赤铁矿石，还有贺家源也发现赤铁矿石。

铅锌矿石　白果市阳明山一带铅锌矿石，以黄铁矿石、方铝矿石为主，少量闪锌矿石。大茅坪一带铅矿石，主要矿物成分为铅矿石、石英、并伴生黄铁矿石，闪锌矿石等。

钨锡矿石　白果市阳明山钨锡矿石，有黑钨锡石。小金洞乡土坳至白果市乡一带，主要锡矿石，伴生黑钨矿石。冷水源李忠堂一带属肖家岭锡矿石区，主要蕴藏锡石、石英、伴生毒砂、黄铁矿石等。小架木源及豹虎龙一带的钨锡矿石，主要矿物为锡石，铅锌矿，黑钨矿石，伴生毒砂，闪锌矿石、黄铁矿石、自然铋、辉铋矿石、辉铜矿石、斑铜矿石、黄铜矿石等。小金洞乡、土坳一带的锡砂石，大茅坪至揪排凼小路上，含锡石英细脉带有 70 余米宽，主要含锡砂、毒砂、黄铁矿石、电气石等矿物。

铝铁矿石　小金洞乡、鄢家蓬钨铁矿石　包括大平皂、牛栏湾至山竹上一带，主要矿物为黑钨矿石、锡石、闪锌矿石、黄铜矿石、黄铁矿石、毒砂等。

高岭土矿　白果市至小金洞乡一带的高岭土矿品质好，储量大，属于工业和化学领域必备品，现已引资开采，加工合一的外资企业在生产，但还有潜力可挖。

水晶矿石　白果市芝麻田至摆龙坳一带水晶矿石，当地农民断续开采，深度约 6 米，经化验，亦有开采价值。

土坳—锡喉石英矿石　土坳、穿风坳、横挡岐、青山源、锡喉等地的石英大脉带，脉宽 70 厘米左右，石英为黑色、白色、乳白色或黑白相间带状，油质光泽，质地纯净。

石鼓源烟煤矿、蕴藏丰富，年采量可达 15000 吨左右。

白果市佑水源一带铀矿，属国家禁采矿种，已报批中央，探明储量。

第二篇　人口与计划生育

第一章　人口状况

第一节　人口增长

民国27年（1938年），宁远县在金洞境域设龙潜、凤凰两个乡，共244个自然村，计5485户，25998人。其中包括：水东、隆兴庙、东里源、高碳桥、九渡水等约30个现在不属于金洞管辖的自然村在内，除去这部分人口，金洞约2.26万人。1950年2.56万人，年平均增加不足250人。

中华人民共和国成立后，金洞人口增长异常迅速。1950～1959年，出现第一次人口出生率高峰。1950年25693万人，至1959年增长到30597人，10年内增4904人，年平均增长490人，自然增长率为18.54‰。

1960年、1961年国家经济发生困难，人口出生率下降，死亡率上升，仅1960年减少人口1220余人。1962～1974年，国民经济得到恢复和发展，加上计划生育工作重点没有放在农村以及“文化大革命”运动的冲击，生育呈无政府状态，出现第二次人口出生高峰。1963年一年净增1089人，自然增长率高达36‰，比第一次生育高峰高出1倍多。

1982～1991年，10年期间净增人口7324人，年平均增加732人，自然增长率为15.45‰，1991年人口有51016人，2011年人口为58361人，20年净增人口7345人，年平均增长367人，自然增长率控制在7‰以内。

第二节 人口分布

1954年，金洞人口密度为每平方公里33.2人。1982年人口密度为每平方公里66.9人。1991年人口密度为每平方公里80.3人，其分布特点：东部石鼓源人口稠密，西南部人口稀少。石鼓源293.4人/平方公里，白果市44.9人/平方公里，相差5.5倍。2011年人口密度为每平方公里115人,其中农业区每平方公里193人,林业区每平方公里104人。

1954年总人口27928人，其中农村人口84.5%，城镇人口15.5%；到1991年，农村人口93.3%，城镇人口为6.7%；到2011年农村人口90.3%，城镇人口9.7%。

第三节 人口构成

一、民族构成

1981年前，金洞只有汉、瑶两个民族，以汉族为主，改革开放以后，林区外出经商、务工人口逐年增长，因此，与外地人员通婚的人数也随之增加。2010年，第六次人口普查显示，除原有汉、瑶两个民族外，另新增回、壮、土家、藏、苗、彝、布依、傈僳、景颇、侗、布朗、佤、白、哈尼、傣、拉祜、仡佬、黎族，现有20个民族，其中少数民族3234人，占全区总人口5.54%。

金洞1982～2011年部分年份少数民族人口数

2-1-13　　单位：人

数量 年份 民族	1982	1990	2011	2011年少数民族中	
				男	女
瑶族	2185	2969	2915	1455	1460
回族	1	2	6	3	3
壮族	--	4	103	22	81
土家族	--	2	48	14	34
藏族	--	--	1	1	--
苗族	--	--	43	13	30
彝族	--	--	12	4	8
布依族	--	--	13	5	8
佤族	--	--	19	5	14
傈族	--	--	2	2	--
景颇族	--	--	1	1	1
布朗族	--	--	5	2	3
侗族	--	--	19	3	16
白族	--	--	2		2
哈尼族	--	--	9	6	3
傣族	--	--	20	7	13
拉祜族	--	--	5	1	4
仡佬族	--	--	5	2	3
黎族	--	--	6	3	3
合计	2186	2977	3234	1548	1686

二、年龄构成

金洞几次人口普查，其年龄构成情况表 2-1-14

金洞 1954～2011 年部分年份人口年龄构成

2-1-14

年份	总人口数（人）	其中						90 岁以上		
		0-14 周岁（人）	占总人口（%）	15-50 周岁（人）	占总人口（%）	60 岁以上（人）	占总人口（%）	合计（人）	男（人）	女（人）
1954	27928	9994	35.9	16667	59.5	1267	4.5	9	3	6
1965	34569	14276	41.3	19116	55.3	1174	3.4	4	1	3
1982	43692	15334	35.1	27089	62.0	1266	2.9	3		3
1990	50608	13610	26.8	32925	65.0	4068	8.0	5		5
2000	53020	15428	29.1	32762	61.7	4824	9.1	6	2	4
2011	58361	16105	27.6	36824	63.1	5427	9.3	5	2	3

三、性别构成

金洞人口性别比，历年来男性高于女性，大多数年份总人口性别比（女性为 100），男性平均为 114.5 左右。详见表 2-1-15：

金洞 1938～2011 年部分年份人口性别构成

2-1-15

年份	人口总数（人）	其中		占人口总数（%）		性别比
		男（人）	女（人）	男（人）	女（人）	女 100
1938	22998	12717	10281	55.30	44.7	112.50
1954	27928	14717	13211	52.60	47.4	113.30
1965	34569	18326	16243	53.00	47.0	112.80
1982	43692	23014	20678	52.67	47.33	111.30
1986	49582	26532	23050	53.50	46.50	115.10
1988	50581	27031	23550	53.40	46.60	114.70
1989	50653	26950	23703	53.20	46.80	113.60
1990	50608	27044	23564	53.44	46.56	114.60
1991	51016	27344	23672	53.60	46.40	115.50
1995	52766	28527	24239	54.00	46.00	117.60
2000	53020	28543	24477	53.80	46.20	116.60
2005	55806	29931	25875	53.60	46.40	115.60
2011	58361	30581	27780	52.40	47.60	110.10

四、文化构成

中华人民共和国成立前，广大贫苦农民，特别是金洞山区的林农，其子弟入学者甚少，绝大多数是文盲、半文盲。

中华人民共和国成立以后，2000年第五次人口普查显示，金洞人口文化程度是文盲、半文盲占11%，小学文化占37.6%，初中文化占31.3%，高中文化占7%，大专以上文化占0.8%，其余为学龄前儿童。

金洞1954～2011年部分年份文化程度人数

2-1-16　　单位：人

年份	大专	高中(含中专、中技)	初中	小学	文盲半文盲
1954	2	16	918	3506	19155
1965	16	286	1382	4355	17213
1982	58	1661	5503	15457	16356
1990	159	2703	9992	20523	11888
2000	463	3727	16639	19936	5869
2011	674	4831	18908	22760	5639

金洞1954～2011年部分年份每千人中拥有文化程度情况

2-1-17　　单位：人

年份	大专以上	高中(含中专)	初中	小学	文盲半文盲
1954	0.07	0.57	33	126.1	689
1965	0.46	8.29	40	125.5	496
1982	1.33	38	125.9	353.7	347
1990	3.14	53.4	197.4	405.5	234.5
2000	8.74	70.3	313.9	376.1	110.7
2011	11.56	82.9	324.3	390.3	96.5

五、职业构成

民国时期，金洞林区内仅有酒坊、造纸槽坊、铁匠铺等手工业。商业以伙铺(住宿)、饮食店较多，其他有布店、杂货店，粮食行、木匠、篾匠等。从事上述行业的不到5%，95%以上的人员从事农林业生产。

中华人民共和国成立后，金洞的产业构成还是以林业、农业为经济主体。在工业结构中，除70年代开始逐步发展一些电力工业和木材加工业外，因受自然环境的影响，其他现代工业的发展速度缓慢，容纳劳动力不多，尚有剩余。

金洞1982～2011年部分年代职业构成情况

2-1-18

年份	在业	在业人口		占总人口%	从事第一产业人口	占在业比%	从事第二产业人口	占在业比%	从事第三产业人口	占在业比%	不在业人口	占总人口比%	总人口	性别比
		男	女											
1982年	23294	12542	10752	66.33	21221	91.10	932	4.00	1141	4.90	11826	33.67	35120	106.88
2000年	32202	16864	15338	74.74	19128	59.40	5313	16.50	7761	24.10	10886	25.26	43088	109.95
2011年	39210	20588	18522	75.82	19691	50.22	5019	12.80	14500	36.98	12505	24.18	51715	111.69

第四节　人口变动

一、自然变动

人口自然变动主要体现在人口出生水平和人口自然死亡状况。中华人民共和国成立前，金洞人口增减，完全处于自然状态，虽然出生的多，但由于缺医少药，死亡的也比较多。1946年，金洞林区有几个乡发生伤寒病，仅白泡回至枣树坪双河口沿钗家河两岸死亡350余人，其中楠木坳村石皂里包家院子16人，半年时间内死亡14人。因此，人口自然增长率并不高。中华人民共和国成立后，各乡建立卫生医疗机构，缓解了缺医少药的局面。1950～1959年，10年中净增人口4904人，年均增长490人，自然增长率18.54‰。1960年，国民经济发生困难，人口出生少，死亡多，人口出现负增长。1960年，人口负增长25.04‰。1962年以后，国民经济逐渐好转，人们生活逐年提高，又出现了第二次人口出生率高峰。1962～1982年，20年中净增人口14581人，年均增长729人，自然增长率20.02‰。1982～1991年，金洞人口基数增大，但通过控制人口生育，人口出生水平有所下降。1982～1991年，年均增长732人，自然增长率15.45‰。1991年后，加大了控制人口生育力度，人口出生、水平较为稳定，1991～2000年，人口出生率为16.64‰，自然增长率11.36‰；2001～2011年，人口出生率14.51‰，自然增长率6.95‰。

金洞1950～1959年人口自然变化

2-1-19

年份	总人口(人)	出生人口(人)	人口出生率(‰)	死亡人口(人)	死亡率(‰)	自然增长率(‰)
1950	25675	948	36.9	480	18.7	18.2
1951	26155	924	35.3	444	17.0	18.4
1952	26683	978	36.6	450	16.8	19.8
1953	27301	1053	38.5	437	16.0	22.5
1954	27928	1068	38.2	441	15.8	22.4

续表 2–1–19

年份	总人口(人)	出生人口(人)	人口出生率(‰)	死亡人口(人)	死亡率(‰)	自然增长率(‰)
1955	28517	1036	36.3	447	15.7	20.6
1956	29081	1004	34.5	440	15.1	19.4
1957	29551	947	32.1	414	14.1	18.0
1958	30051	948	31.5	448	14.9	16.6
1959	30579	956	31.2	431	14.1	17.2
合计	281521	9862	35.1	4432	15.8	19.3

金洞 1991～2011 年人口增长

2–1–20

年份	出生		死亡		自然增长	
	人数(人)	出生率(‰)	人数(人)	死亡率(‰)	人数(人)	增长率(‰)
1991	714	13.81	318	8.32	396	10.36
1992	805	15.76	311	8.02	494	12.73
1993	853	16.99	343	8.72	510	12.96
1994	872	17.67	354	8.89	518	13.00
1995	925	19.06	312	7.73	613	15.18
1996	837	17.60	369	9.02	468	11.44
1997	822	17.60	347	8.38	475	11.47
1998	773	16.85	342	8.15	431	10.27
1999	689	15.27	364	8.55	325	7.64
2000	706	15.89	337	7.82	369	8.56
2001	631	14.43	323	7.39	308	7.04
2002	535	12.42	275	6.19	260	5.85
2003	570	13.40	320	7.09	250	5.54
2004	566	13.48	187	4.08	379	8.26
2005	509	12.29	251	5.37	258	5.52
2006	539	13.18	261	5.49	278	5.85
2007	538	13.33	215	4.44	323	6.66
2008	475	11.93	250	5.07	225	4.56
2009	556	14.13	222	4.42	334	6.65
2010	585	15.08	303	5.94	282	5.53
2011	843	22.06	351	6.79	492	9.51

二、机械变动

人口机械变动，主要是有大、中专院校招生、分配、经商、办厂、婚嫁、招工、招干、青年应征入伍、军人转业复员、退伍和干部职工调动以及职工家属农转非迁入等途径。改革开放后，人口流动量大，迁出迁入的多。1980～1985年，共迁入1120人，迁出1193人，机械少73人；1990年迁入414人，迁出608人，机械少194人；2004年迁入234人，迁出410人，机械减少176人；2011年迁入146人，迁出261人，机械减少115人。人口机械变动，总体呈减少的趋势。

第二章 计划生育

人口控制主要通过计划生育来实现。1984～2011年，金洞管理区党委、管委把人口控制摆上突出位置，加大计划生育宣传教育力度，落实节育措施，使群众对计划生育由不理解、抵触转变为理解、支持，人口再生产由高出生、低死亡、高增长转变为低出生、低死亡、低增长，有效遏制人口过快增长势头。27年来，符合政策生育率控制在83%以上，人口自然增长率控制在6.5‰以内，村民自治合格率提升在63%以上；全区累计少生1万人，促进了人口与经济、社会、资源的协调发展和可持续发展。

第一节 机构队伍

一、组织机构

金洞管理区人口和计划生育领导小组

1984年，成立金洞林场人口与计划生育领导小组，由计财科、卫生办、教育科等单位组成，林场党委副书记任领导小组组长，下设办公室与林场计生办合署办公。2001年，领导小组调整由金洞林场场长担任，场党委副书记和1名场党委委员任副组长。2006年，设立金洞管理区以后，领导小组由管理区管委会主任担任，管理区1名副主任任副组长。2008年，领导小组副组长由1名区党委委员和1名区管委副主任担任，成员扩大到区直10个部门主要负责人。各乡镇、区直有关部门以及企事业单位也相应建立健全计划生育领导小组，由5～7人组成，党政主要负责人任正、副组长，并明确一名副职分管。

金洞管理区人口和计划生育委员会

是负责全区计划生育工作的职能部门。1984年，成立永州市国营金洞林场人口与计划生育领导小组时就明确设立金洞林场人口与计划生育办公室（简称场计生办），配1个主任和1个工作人员；1985年，成立金洞林场计划生育技术指导站，配2名专职医师；1996年，将计划生育与卫生合并设立金洞林场卫计办，配1个科长和5个工作人员；2003年，计划生育与卫生分开单独办公，均统一归口于金洞林场农村工作委员会。2006年，设立金洞管理区后，2007年被永州市编委明确将“金洞林场人口与计划生育办公室”更名为“金洞管理区人口与计划生育委员会”，设1正2副，编制10人，归口于管理区社会事业发展局。2008年，计生委从社会事业发展局析出，单列。内设办公室、统计股、科技股、政法股、宣教股和财务室等6个股室；2009年原林场计生指导站更名为“金洞管理区计划生育技术服务站”，为副科级全额拨款事业单位，定编4人，为区人口计生委二级机构；2010年设立区人口计生委党支部，设专职党支部书记1名；2011年，设立金洞管理区计划生育社会抚养费征收管理行政执法局，副科级全额拨款事业单位，定编4人，为区人口计生委二级机构。

乡镇计划生育办公室

1984年，相继成立各乡镇计划生育办公室，为乡镇人民政府组成部门，由计生专干、技术药具员和统计员组成；同时成立各乡镇计划生育技术服务所，由技术药具员兼任所长。

计划生育协会

2008年以前，金洞的计生协会工作由当时的计生办管理实施，2008年正式下文明确设立“金洞管理区计划生育协会”，副科级全额拨款事业单位，定编4人，挂靠区人口计生委合署办公。乡镇与此同时也设立计划生育协会办公室，明确由乡镇人大主席担任会长，由各乡镇计生办主任兼任协会秘书长。73个行政村也相继设立村级计划生育协会，全区共建立计生协会组织82个，会员达4000余人，初步形成区、乡、村协会工作网络，在政府与群众之间起到了很好的桥梁作用。

二、人员队伍和基础设施

（一）人员工作队伍

1978年，金洞林场的人口计生工作归属祁阳县管理，各乡镇都雇请了1名临时工，专做计划生育工作。1979年根据上级文件精神，部分转为国家干部，从部队转业回来退伍军人中安排一部分，定为计划生育专干。1990年，全省招聘万名合同制工作专门从事计划生育工作，金洞安排15人，当时全场计划生育专职人员增至22人，其中男7人，女15人；73个村委会都配备计生专干，全场形成计生工作队伍网络。此外，每个乡镇（工区）还组织10人以上的计生工作队，常年开展计划生育工作。管理区设立后，按照省计生目标管理考核方案的要求，先后增加10名干部和2名工人充实乡镇计生工作队伍。2003年，金洞林场将区卫计科分开，场计生办单独办公时只有1人，2004～2010年期间共增加9人，区人口计生委现共有10名专职工作人员。

1985年，原场计生服务站只有2人负责全区的计划生育各项手术的落实，管理区设立后，增加到现在的5人，其中站长1人、医生3人、护师1人。全区7个乡镇1个工区计生服务所也明确1名技术人员专职负责本乡镇节育手术。

（二）基层基础建设

修建办公和服务楼 2006年管理区设立以来，区财政共投入200余万元用于新建或改造乡镇计生办公场所;2009 年，金洞镇和上司源乡中心计生服务所的新建项目还被纳入中央预算内投资计划,建筑面积各 500 平方米,总投资各 40 万元。其他乡镇计生办公室和计生服务所也不同程度上重新装修和改善。2011 年,还将区计生服务站的新建项目申报中央预算内投资计划。

购置设施设备 2002 年,原金洞林场计划生育技术指导站荣获全国"万例手术无事故"荣誉称号。但尽管当时技术力量有所保证,但开展计划生育技术服务的条件很不宽松,B 超等器械设备都是老式的。随着管理区的设立,区财政每年都预算了部分专项经费用于配置 B 超机、手术床等计划生育器械设备,还向省市人口计生委争取免费配套显微镜、心电仪、乳腺扫描仪、红外线治疗仪等高档专用设备。

建立信息网络 2002 年以前,全区计划生育工作都是纸质化操作。2002 年开始,各乡镇计生办都配备电脑并开展计算机实际操作培训,同时开通宽带上网,对全区育龄妇女实行微机化管理。

第二节 人口教育

一、宣教形式及内容

1980 年《中共中央致共产党员、共青团员的公开信》发表后,全场开展大规模宣传教育活动,号召全场党团员带头实行计划生育。宣传教育的形式采取了宣传车、新闻媒体、固定宣传牌窗、宣传资料、文艺宣传等多种形式开展人口教育。1984 ~ 1997 年,重点宣传计划生育是基本国策,宣传中央、国务院有关计划生育工作的政策、法规,宣传《湖南省人口与计划生育条例》，同时宣传地市和当时祁阳县制定的计划生育工作的文件和规定。结合金洞实际,通过算账对比方法,教育群众正确认识人口与经济、人口与土地、人口与粮食、人口与生活、人口与社会、人口与环境的关系,批判"不孝有三,无后为大"旧的思想观念,提出"人平只有四分地,千万不能再超生""生男生女都一样,女儿也是传代人"等口号,促使广大群众形成共识,增强自觉行动。全场计划生育工作逐步好转,部分群众由开始不理解甚至对立,逐渐转变为理解、支持和配合,涌现出一大批计生积极分子,为林区的计生工作起到了促进作用。

从 1998 年起,全场在继续抓好计划生育宣传教育的同时,把优生优育工作摆到突出位置,普及优生优育、避孕节育知识,开展计划生育优质服务。2002 年《中华人民共和国人口与计划生育法》颁布后,金洞林场把宣传教育活动与依法计划生育紧密结合,更新育龄群众的生育观念,规范群众的婚育行为,促使计划生育工作走上法制化轨道。2006 年制定《婚姻育新风进万家活动方案》,宣传少生快富奔小康的典型事迹,树立少生优生、少生快富的婚育新风。

二、专项培训

干部培训 1984年以后，金洞各乡镇(分场、工区)的计生专干每年都参加祁阳县计生委组织为期半个月的集中培训，地点是县委党校，内容是政策法规、宣传教育、计划统计、避孕药具、技术服务等。设立金洞管理区后，2007年，区人口计生委组织各乡镇计生办主任、统计专干、药具专干以及各村计生专干进行了集中培训，培训内容有人口理论、计生文件、协会知识、避孕知识和工作经验交流等。2011年，再次组织一次培训。其间，还组织区计生服务站的技术骨干以及各乡镇计生技术服务所技术员到祁阳县计划生育技术指导站深造学习。此外，管理区党校每年举办一个月的科干班集中学习都开设人口理论课，邀请当时分管人口计生工作的区领导亲自授课。

人口学校教育 1991年开始，全场各乡镇、村都建立人口学校，至2004年共办班50余期，受训达5000余人，占全区育龄妇女的50%。此外，人口学校开办14～18岁青少年的青春学习班，19～21岁未婚青年的婚前学习班，新婚夫妇参加的孕产期学习班、已生一孩夫妇的育儿学习班、45～49岁妇女参加的更年期学习班等。培训内容主要是计生政策、优生优育、孕产保健、生殖保健和人口理论等。

中小学生教育 自2006年管理区设立开始，在全区各中小学校开设国情国策课，进行青春期和性知识教育，每期4～8个课时。区电视台还将人口计生政策法规结合区人口计生委日常开展工作情况录制成科教片以及各类计划生育宣教片，在各中小学校进行播放。

第三节 优生优育与计生服务

一、政策措施

(一)奖励

20世纪60年代末期，育龄夫妇落实结育措施，职工给予休假，村民给予工分补贴的优待。20世纪70年代初，凡育龄夫妇在自愿的原则下落实好结育措施。

干部、职工符合晚婚年龄标准结婚者多给婚假12天，符合晚育年龄标准生育者，多给产假50天，假期工资照发。村民由所在村、组和居民委员会自定奖励办法。一地夫妇只生一个孩子，并已采取有效措施保证不再生育者，可领取独生子女证书，享受下述优待：干部、职工从领证之日起，第一年发给一次性资金30～40元，保育费40元，此后每年照发保育费40元至孩子14岁止村民可分两份责任田、土、山，每年发给保育费40元，居民同样可享受保育费待遇。独生子女每年免费体检1次，有条件的单位还发医疗费10元～20元。少数产后上班有困难的职工，可请假1年，工资发60%，其他补助照发，不影响调资、晋级。独生子女的父母年老退休增发退休费5%(享受100%退休金者不增发)，由退休单位发放。在同等条件下，优先安排入托、入学、招工、招干、优先安排住房；在农村的，优先安排住宅基地。

(二)目标管理责任制

自1986年起,金洞的计划生育工作被纳入祁阳县年度岗位责任制,半年一小考,年底奖励。2006年设立管理区以后,全区单独进行考核,在每年年初各乡镇长分别向管理区管委递交计划生育目标管理责任书,责任书的主要指标是符合政策生育率、避孕节育措施落实率、社会抚养费征收到位率、村民自治合格率、统计准确率、流动人口管理到位率和打击“两非”综合治理出生人口性别比等;区直计划生育综合治理部门也向区管委递交了年度计划生育综合治理工作目标管理责任书,责任书的主要指标是本部门计划生育综合治理职责落实情况、省市考核方案规定性工作落实情况、对独生子女及两女户家庭制定优惠政策的兼容情况等。与此同时,管理区年初也制定了计划生育及综合治理目标管理考核办法和考核细则,年底对各乡镇及计生综治部门责任制落实情况逐项进行考核,考核评估实行百分制,分类进行排名。2010年以前,根据综合得分列出先进、一类、二类和三类(重点管理)单位,对先进、一类单位进行表彰。

2004年,金洞6乡1镇代表祁阳县的样本点纳入省市考核。2004年开始,金洞的计划生育工作不再归属祁阳,被纳入永州市单列进行考核,2008年管理区设立后能基本行使各职能,自此开始金洞计划生育工作被纳入全省单列进行考核,与其他县区一样进行评估和排类。2008~2010年,金洞的计划生育工作连续三年被全省列为一类县区。2011年全省人口和计划生育工作目标管理考核实行“大洗牌”,对全省128个县区(管理区)进行重新评估排类,金洞的计划生育工作在全省列为合格县区。

(三)控制生育措施

生育证制度 1981年,金洞开始实行生育证制度,仅限于城镇机关单位人员。1991年根据上级部署,生育证制度向农村推广。对符合条件的城乡所有育龄对象,均实行持证生育。有生育证生育即为计划内生育,允许出生;无生育证怀孕为计划外怀孕。由于坚持生育证制度,全区计划生育率由1991年的60%提高到2011年的83%,最高的2006年为96%。

提倡晚婚晚育 为控制人口过快增长,金洞林场党委曾对国家晚婚晚育政策进行了大量宣传。20世纪80年代,国家公职人员晚婚晚育年龄为男25周岁,女23周岁;农村平均生育年龄为21~27周岁。90年代,农村平均生育年龄超过24周岁,晚育率达40~50%。晚婚和晚育对象可以多享受半个月的产假等政策。

实行奖罚兑现 (1)推行利益导向。1979~2004年,在国家公职人员中推行独生子女政策并给予一定的奖励,独生子女户在城镇越来越多。20世纪80年代,鼓励农民一对夫妇生一个小孩。1990年,独生子女奖励政策在农村普遍推行。奖励政策规定,领取独生子女父母光荣证的家庭,农村给独生子女实行1.5~2倍责任田的优待;公职人员独生子女户每人每月可领取5元保健费,2003年提高到20元每人每月。2009年,金洞管理区制定《关于人口和计划生育奖励和优惠政策若干规定》,明确独生子女保健费全部实行打卡发放,并进一步明确发放标准为20元/月/人;独生子女在初中升高中时可享受加分优惠,在农村征地补偿或其他集体经济收入分配中可享受双份份额,考取重点本科的可享受区财政2000元的奖励,参加农村新合作医疗每级住院补助标准提高10%,凭独生子女证或两女户结扎证享受免费预防接种,在享受民政社会救助和教育贫困生活补助中享受优先或提高救助标准的权利等系列政策。至2011年全区共有独生子女500余户,其中职工340余户,农村170余户。(2)落实节育措施奖励。这项奖励措施主要是管理区设立后成立一级财政,设立的奖励办法。(3)责任制兑现。每年年初各乡镇及区(场)直计划生育综合治理单位都会向区管委(原林场)递交年度计划生育工作目标管理责任书。年底,管理区将对各乡镇计划生育目标管理责任书的落实情况进行检查验收,依据考核办法评选出先进乡镇、合格乡镇、先进综治单位、先进计生协会和村民自治先进村等,并进行奖励,奖金在500~4000元不等。(4)违法社会社会抚养费征收。对违法生育对象征收社会抚养费是最后的处罚方式,通过经济处罚来达到震慑欲违法生育人群,根据违法生育对象夫妻上年度纯收入总和来计算。管理区设立前,根据《湖南省人口与计划生育条例》要求,参照祁阳县的征收标准来征收社会抚养费;管理区设立后,根据2007年新修改的《条例》要求,管理区制定《关于征收社会抚养费标准和程序的有关规定》,按照征收程序和夫妻双方上年度纯收入总和的2~6倍的标准对违法生育对象征收社会抚养费。管理区设立成立一级财政后,使用财政统一的票据"一般缴款书",收取的社会抚养费即时上缴至区财政指定的银行账户,根据需要,管理区再进行调控,一般返回各乡镇85%用于利益导向开支,节余15%用于全区计划生育事业费。2000年以来,全区共征收社会抚养费500万元,有效地控制了违法生育行为。

二、优质服务

1999年开始,湖南省开展计划生育优质服务试点工作,当时金洞林场列入祁阳县被省确定为试点县。祁阳县计生领导小组下发《关于开展计划生育优质服务工作的意见》,金洞林场按照该意见的具体条款全面开展优质服务活动。

生殖保健服务 各乡镇（工区）计生部门每年对育龄妇女至少免费开展一次妇科病普查,并提供治疗。2006年设立管理区开始,金洞自行组织开展此项活动,并邀请省市县各级医院或计生服务站的知名医师亲临各村组进行查环、查孕、查病。据统计2006~2011年,全区共普查35000余人,其中发现患有妇科病29000余人,情况较严重的达8000余人;累计共治疗2600余人,治愈3000余人。

出生缺陷干预工程和遗传检测服务 1999~2008年,全区血清检测200余人,发现有异常的10人;细胞遗传检测8人,发现有异常的1人。2009~2011年,缺陷干预检测工作纳入"为民办实事"重要内容,全区共有45对夫妇免费参加出生缺陷干预检测,只有1对夫妇存在遗传缺陷问题。

不孕不育症调查、咨询、治疗服务 对结婚3年以上、夫妻生活在一起未采取避孕措施而未怀孕生育的,每年进行一次调查,造册登记,开展指导咨询,介绍到祁阳县计生服务站和湖南省计划生育研究所治疗。2006年以来,全区诊断发现不孕不育对象50余人,介绍治疗20余人,治愈12人。

接生待产服务 免费为计划内孕妇进行妊娠分娩检查服务280人,产后随访270人。

推行避孕药具节育措施知情选择 通过多种形式,全区普及知情选择8000余人,使用避孕药具2000余人。

三、节育方式

节育方式主要有避孕方式 宫内节育器(上环)、皮下埋植剂、口服及注射药、避孕套、外用药等。避孕药具由区计生委统一免费发放,国家无偿提供避孕药具,实行按需供应,计划管理。由乡镇计生办药具管理员通过填写需求报表到区计生委领取,再通过各村(居委会)计生专干免费发放到使用对象,并形成购调存报表。每年发放药具价值10万元左右。此外,城乡药店以及各大商场酒店设有服务柜台。

第三章　人口管理

第一节　常住人口管理

常住人口管理包括户口整顿、人口落户和户口簿册管理,20世纪90年代新增身份证发放、新生儿落户、城乡户口按居住地进行管理等。1978年以后,金洞常住人口管理继续执行以镇、乡(社)林场区域为基本单位的常住人口管理规定。凡人口机械变动对象跨镇、跨乡、跨县的都要办理常住人口迁移手续。对常住人口的户口整顿、户口簿登记发放、身份证的申请、登记、发放,直接由金洞公安分局管理。1990年对全区常住人口进行大清理,建立乡镇级户口册和家庭户口簿。从1998年8月起,根据国务院〔1998〕24号文件和省政府〔1999〕7号文件精神,放宽户口进城条件,实行城乡户口落户自愿的常住人口管理政策。其对象、范围和办理程序有:一是新生儿随父随母两便,可在父亲也可在母亲的常住户口所有地申报落户;二是农民在城镇有合法固定住所,稳定职业者,准许在城镇落户;三是放宽“三投靠”政策,凡在城市有常住户口的居民,其配偶、未成年子女和其父母(男满60周岁,女满55周岁)可以迁入城镇;四是凡投资、经商、有合法固定住所的,可办理本人及随及共同居住的直系亲属子女户口迁入;五是凡有合法自建房或购买商品房的,可办理本人及直系亲属户口迁入。按照上述政策,2002年办理“农转非”142人。

场乡联营以来,金洞林业分局负责管理金洞林场4300余人的非农业人口和万宝山工区2000余人的农业户口外,其他农业户口四项变动等均由各乡镇管理。各乡镇秘书管理农业户口。1991年,按祁阳县的统一规定,每乡选配一名户政员,由于金洞场乡联营的特殊情况,各乡镇没有选配户政员,而是由金洞的7个派出所内勤民警兼管七个乡镇的农业户口。

1999 年根据省厅统一安排农业户口与非农业户口统一归口到行政派出所管理。金洞林业分局有专职户籍民警录入全林区 5 万余人数据,2000 年完善人口信息计算管理。2011 年 7 月 1 日,金洞成立了永州市公安局金洞分局人口与出入境管理大队,正式开通县级用户名,除出入境管理未开通外,户口其他业务全部开通。

1987 年 3 月,祁阳县开始办理具有证明公民身份效力的法律证件——《居民身份证》。凡年满 16 周岁以上的常住人口都要办理居民身份证。祁阳县派出摄像师到金洞,分别到各乡镇进行照相,集中在祁阳县公安部门办理。2002 年 10 月起,着手第二代居民身份证颁发准备工作,人像扫描率达 80%,2011 年 7 月,金洞分局人口大队正式开通二代身份证受理点,方便了林区人民办证。2011 年办理二代身份证 4827 人。

第二节 流动人口管理

对流动人口的管理。在 20 世纪 80 年代前是比较松散的,外出务工者如到沿海边境去才到祁阳县公安局办理边防证,到其他地方务工,无需办理任何证件。对于外地流入境内的从业人员,只与有关的业务部门联系就可以了,其他部门不过问。进入 20 世纪 90 年代《湖南省计划生育条例》颁发后,金洞林场加强对流动人口的管理,要求外出计生对象到所在乡镇办理“流动人口计划生育证”,规定“流动人口无流动人口计划生育证者,公安部门不办理暂住证,工商部门不办理营业证,卫生部门不办理卫生许可证,劳动部门不办理劳务证,民政部门不办理婚姻状况证”,对违反计划生育政策,未落实节育措施的不发流动人口计划生育证。2003 年,开始对流入金洞的已婚育龄妇女,每年作妇检两次查孕查环,查处违法生育案件。至 2011 年年底,全区累计发《流动人口计划生育证》2000 人次,孕检 250 人次。2011 年年底成立金洞管理区流动人口服务与管理工作领导小组,下设办公室(简称流口办),负责日常工作,有关成员单位分别明确一名联络员。各乡镇相应成立流动人口服务管理(中心)站。

第三节 人口普查

1982～2010 年,金洞按照全国统一部署,开展四次人口普查工作。1982 年,开展第三次全区人口普查。其具体做法是:年初按照县政府的统一安排,金洞区政府成立人口普查领导小组,由副区长任组长、区政府办公室、农办负责人任副组长,其他有关部门负责人为成员。领导小组下设办公室,区政府办公室主任兼任普查办公室主任。金洞区政府从相关部门抽调 5 名工作人员做普查准备工作。从 3 月起,全区以乡为基本单位,划定人口普查区 73 个。普查区的行政单位均成立相应的人口普查领导小组,确定 4～6 名专职工作人员,在区人口普查办的指导下，绘制普查区域地图，编写地址码，选定普查指导员。金洞区共确定普查指导员80人，普查员220人，落实乡人口普查人均1元经费。各级各部门召开会议，贯彻上级人口普查文件精神，利用广播、电视、标语等形式进行宣传，组织普查员和普查指导员开展户口整顿工作，搞好人口摸底。7月1日，按照全国标准时间，普查员和普查指导员入户普查登记10天，其间，区乡两级人口普查专职人员全部进村指导，巡回解决疑难问题。7月11日起，普查员、普查指导员入户复查补漏10天，做到村不漏户，户不漏人，人不漏项，随后校核，汇总普查数码约半年。整个第三次人口普查工作延至1983年4月完成。

1990年7月，同步全国开展第四次人口普查。2000年11月，同步全国开展第五次人口普查。其组织方法、步骤和时间安排，大至与第三次人口普查相同。不同之处有：(1)第五次人口普查的核准时间7月1日零时改为11月1日零时；(2)第五次人口普查增加制定《金洞第五次人口普查工作规划》《实施办法》《普查工作规划》等规章制度；(3)第五次人口普查的普查对象改户籍地为常住半年以上，对于有户籍但外出半年以上的不予登记。

2010年10月同步全国开展第六次人口普查，大致与第五次人口普查相同。不同之处一是对于有户籍但外出半年以上的要填；二是户籍不在的但在本村居住半年以上的要填。

第三篇　党政群团

第一章　中共地方党组织

中华人民共和国成立前，1925 年金洞石鼓源进步青年廖自强，1926 年王文耀、奉文珪、邓光国、奉文瑞等在外求学期间，相继秘密加入中国共产党，成为金洞域内第一批共产党员。1928 年王文耀、奉文珪从长沙潜回赴阳明山周文部农民自卫军，筹划到国民党阳明县政府机关做策反工作，由于白色恐怖的加剧，未果。同年 8 月祁阳县委组织委员李用之赴阳明山周文部与先期到达的共产党员王文耀、奉文珪等成立中国共产党阳明山执行委员会，李用之任书记。成为金洞域内第一个县级党组织(1927 年 10 月至 1931 年 5 月成立阳明县)，至 1931 年 5 月执行委员会自行消失。之后，金洞域内党的活动一直在中共宁远县委的组织领导下开展活动。中华人民共和国成立后，1950 年中共宁远县委将金洞建制为中共宁远县第八区委。自此，金洞域内的党组织正式建立。1952 年 10 月，更名为中共宁远县第十一区委。1954 年 6 月，划归祁阳县管辖，定名为中共祁阳县第十二区委。1955 年 7 月，中共祁阳县第十二区委正式更名为中共金洞区委员会，区委办公地点设金洞，自此以金洞冠名的党组织产生。1956 年 7 月撤销。1961 年 10 月，恢复成立中共金洞区委，办公地点设小金洞，1963 年 5 月迁金洞。1968 年 10 月，金洞区革命领导小组成立。1970 年 4 月，成立祁阳金洞区革命领导小组党的核心小组。1971 年 12 月撤销，恢复成立中共金洞区委员会，下辖金洞、小金洞、晒北滩、白果市、凤凰、上司源、石鼓源 7 个公社党委。

1954 年，建立金洞森林经营管理局，直属湖南省林业厅领导，并建立机关党支部，其党组织关系隶属于省林业厅党委，张子强兼任党支部书记。1956 年，金洞森林经营管理局改为祁阳森林经营所，下放给祁阳县领导，机关党员参加金洞区机关党支部活动，没有另建党支部。1958 年 1 月收归湖南省管后，改为国营湖南省祁阳金洞林场，由省县双重领导，属县级单位，成立中共金洞林场委员会，党委书记由省厅党组委任，参加祁阳县委常委。1958 年 11 月，金洞林场下放衡阳专区管辖。1960 年 2 月，金洞林场改为金洞农林垦殖场，属省农垦局领导。1961 年 8 月，又将金洞农林垦殖场改为金洞林场，归省林业厅领导。1969 年年底，省林业厅将金洞林场下放衡阳地区领导。1975 年 12 月至 1979 年 9 月，林场党委书记亦为祁阳县委常委。1983年,金洞林场划归零陵地区管辖,组织机构班子未动。1984年4月,零陵地区、行署研究决定:将中共金洞区委撤销,其所辖的七个乡划归金洞林场代管。撤区后,各乡镇与林场管辖的分场合并,另在凤凰、石鼓源乡设立工区,原下司口工区与万宝山工区合并,组成金洞林场万宝山工区,并建立万宝山工区党总支。1984年7月,中共祁阳晒北滩乡党委改为中共晒北滩瑶族乡党委。1995年,中共金洞林场委员会下辖7个基层党委,125个党支部(总支),有中共党员1624人。1991~1998年,林场党委书记兼任祁阳县委常委、副书记。2006年,经湖南省委、省政府批准:成立中共金洞管理区委员会,同时保留中共金洞林场委员会,实行一个机构两块牌子。李培生任首任书记,同时兼任金洞林场党委书记。到2011年年底,全区辖8个乡镇党委,140个党支部,有中共党员2328名。

第一节　组织机构

一、中共金洞区委员会

1955年由祁阳县第十二区委更名为金洞区委,驻金洞镇,1956年7月撤销。1961年10月恢复成立金洞区委,驻小金洞江口。1963年5月,迁金洞,辖金洞、小金洞、晒北滩、白果市、凤凰、上司源、石鼓源7个公社党委。1968年10月,成立金洞区革命领导小组,辖金洞、小金洞、晒北滩、白果市、凤凰、上司源、石鼓源7个公社革委会。1970年4月成立祁阳金洞区革命领导小组党的核心小组,1971年12月撤销,恢复成立金洞区委员会,下辖7个公社党委不变。1984年4月,根据零陵地区〔84〕2号文件,撤销金洞区建制。

中共金洞管理区委员会于2007年,成立党政机构与金洞林场合署办公,下设7个乡镇党委和2个党总支(万宝山工区党总支和金洞木材总公司党总支)。

中共金洞林场委员会　中共金洞林场委员会于1958年1月成立,王海山任首任党委书记。1954~1979年,金洞林场场部机关只设一个党支部。1979年,全场有党员208名,场部机关由原来一个党支部增加到5个支部,即政治处党支部、劳计科党支部、保卫科党支部、营林科党支部、森工科党支部。1984年"以场带乡"后,全场有党员1389人。1985年场部机关(包括大江分场、刘家滩苗圃、牛头山机修厂在内)建立22个党支部,即组干科、纪委和武装部、宣计、办公室、计财科、劳资科、工青妇统、森工科、营林科技科、林工商、基建科、农贸公司、保卫科、公检法司、中学、白水集材场、综合服务公司、农机木器厂、汽酒厂、刘家滩苗圃、综合加工厂、大江分场党支部。1962年前,分场工区由于党员较少,一般没有成立党支部,只任命支书一名,主持党务工作。同年采伐场与工区合并后,1963年建立7个支部,即金洞分场、小金洞分场、晒北滩分场、石鼓源分场、白果市分场、大江分场、万宝山(下司口工区)党支部。1984年,实行"以场带乡"后,林场7个分场(工区)党支部合并到祁阳县7个乡镇党委,即中共金洞镇委员会、中共小金洞乡委员会、中共晒北滩瑶族乡委员会、中共上司源乡委员会、中共石鼓源乡委员会、中共凤凰乡委员会、中共白果市乡委员会,另有万宝山工区党总支1个。各乡、镇、工区共建立党支部110个。2006年,金洞林场党委与金洞管理区党委合署办公。

二、中共金洞管理区委员会的工作机构

根据2007年永州市编办机构设计批复,中共金洞管理区委员会下设的工作机构为党政办、党委工作部(含党委组织部,其中党委宣传部2009年从党委工作部中单列)、纪律检查委员会,2009年增设政法委员会和党校。

第二节 党员代表大会

1972年,中共金洞林场党员代表大会选举产生中共金洞林场党委会,经中共衡阳地委同意,由刘才凡、邓吉昌、边国达、郑寅初、李良雄、苏化中、谢发家、吴玉林、喻清桂、邓化春、陈伏生、周昌业、滕泽暑、李兴元、赵昌雄等16人组成。由刘才凡、邓吉昌、边国达、郑寅初、李良雄5人组成常委会。刘才凡任党委书记,邓吉昌任党委副书记。

2002年12月25~26日,金洞林场召开代表大会,11个代表团,139名代表。其中,各级领导干部83名,占60%;各类专业技术人员27名,占19%;各条战线的先进模范人物29名,占21%。代表中妇女19名,占14%;少数民族7名,占5%;45岁以下的70名,占50%。选举产生邓观生、冯祥文、李长文、李映苏、李培生、肖铁山、桂发生、夏铁桥、盘贵元9人为中共金洞林场新一届委员会委员。李培生任党委书记,盘贵元、李长文任党委副书记。

中共原金洞区、金洞林场、金洞管理区党委历届领导人名录

一、原金洞区党委历届领导人名录

中共宁远县第八区委员会

1950年3月至1952年9月

书记　　赵文波

中共宁远县第十一区委员会

1952年10月至1954年6月

书记　　窄永宽

副书记　　孙树功

中共祁阳县第十二区委员会

1954年6月至1955年8月

书记　　刘凤麟

副书记　　孙树功(于1954年11月被免)

　　陈其元

中共金洞区委员会

1955 年 8 月至1956 年 1 月

书记　　　　缺

副书记　　　陈其元

1956 年 1 月至 1956 年 7 月

书记　　　　蒋世相

副书记　　　陈其元

1956 年 11 月,建立祁阳县办事处工委第四办事处,驻金洞。1958 年 5 月撤销。

工委书记　　于定玱(1956 年 11 月至 1957 年 8 月)

副书记　　　邓长发(1956 年 11 月至 1957 年 8 月)

副书记　　　刘震球(1957 年 8 月至 1958 年 5 月)

1957 年 8 月至 1961 年 10 月

书记　　　　缺

1961 年 10 月

书记　　　　周承藩(1961 年 10 月至 1966 年 5 月)

副书记　　　朱敦祥

　　　　　　欧阳水才

　　　　　　毛富常(1964 年 7 月至 1966 年 3 月)

祁阳金洞区革命领导小组党的核心小组

1970 年 4 月(成立)至 1971 年 12 月(撤销)

组长　　　　朱敦祥

副组长　　　李良义

1971 年 12 月至 1972 年 10 月

书记　　　　朱敦祥

副书记　　　欧阳天和

　　　　　　赵彩云

1972 年 10 月至 1973 年 12 月

书记　　　　黄履武

副书记　　　欧阳天和

　　　　　　赵彩云

1973 年 12 月至 1976 年 10 月

书记　　　　欧阳天和

副书记　　　赵彩云(1975 年免)

　　　　　　王远伍(1974 年 12 月至 1976 年 4 月)

　　　　　　刘金生(1975 年 4 月任)

　　　　　　孙永恩(1976 年 7 月任)

1976年10月至1982年2月

书记　　欧阳天和(1981年6月免)

副书记　　刘金生

孙永恩

欧阳水才(1977年8月任)

赵开成(1978年8月任,1981年6月主持工作)

柏世春

1982年2月至1984年4月

书记　　赵开成

副书记　　孙永恩(1982年4月免)

欧阳水才

柏世春

二、金洞林场党委领导人名录

1958年1月至1960年9月

书记　　王海山(祁阳县委常委)

1960年9月至1962年3月

书记　　史金水(祁阳县委常委)

1962年3月至1962年11月

书记　　高裕民

1962年11月至1969年12月

书记　　王海山

1969年12月至1971年2月

负责人　　姚家友

1971年2月至1972年7月

党的核心小组组长　　邓吉昌

党的核心小组第一组长　　刘才凡(1971年9月任)

1972年7月至1975年12月

书记　　刘才凡

副书记　　邓吉昌

苏化中(1973年8月至1974年11月)

刘云楼(1975年10任)

1975年12月至1979年9月

书记　　文征(祁阳县委常委)

副书记　　刘云楼

1979年9月至1984年1月

书记　　刘云楼

副书记　　陈安庄(1979 年 9 月任)

1984 年 1 月至 1986 年 1 月

书记　　郑纯发

副书记　　蔡阳生(1984 年 2 月任)

陈景球(1984 年 2 月任)

陈安庄(1984 年 2 月免)

纪委书记　　李光明(1984 年 2 月任)

1986 年 1 月至 1991 年 3 月

书记　　李　云

副书记　　蔡阳生(1986 年 8 月免)

刘敦云(1986 年 9 月任)

唐冬元(1986 年 7 月任)

陈景球(1986 年 7 月免)

纪委书记　　李光明

1991 年 3 月至 1998 年 3 月

书记　　刘敦云(1995 年 2 月任祁阳县常委、副书记)

副书记　　邱祁生(1991 年 3 月至 1995 年 12 月)

聂中阳(1995 年 12 月至 1997 年 5 月)

李秧田(1997 年 5 月任)

唐冬元(1994 年 12 月免)

陈友森(1995 年 6 月至 1998 年 6 月)

纪委书记　　李光明(1993 年 1 月免)

李文珍(1993 年 1 月任)

1998 年 3 月至 2007 年 6 月

书记　　莫宏建(1998 年 3 月至 1999 年 8 月)

李培生(1999 年 8 月任)

副书记　　李秧田(2002 年 11 月免)

盘贵元(1999 年 8 月任)

李长文(2002 年 11 月任)

纪委书记　　李文珍(1999 年 2 月免)

盘贵元(1999 年 2 月至 2002 年 11 月)

李长文(2002年 11 月至 2007 年 6 月)

三、金洞管理区(林场)党委领导人名录

2007 年 6 月至 2008 年 10 月

书记　　李培生(2007 年 10 月免)

副书记　　盘贵元

李长文

纪委书记　　　　郑增启(2007 年 6 月任)

2008 年 10 月 -

书记　　　　盘贵元

副书记　　　　桂发生(2009 年 6 月任)

李长文(2009 年 8 月免)

郑增启(2009 年 8 月任)

陈石山(2011 年 6 月任)

纪委书记　　　　郑增启(2009 年 8 月免)

陈四春(2009 年 10 月任)

2014 年 9 月 -

书记　　　　王少波

副书记　　　　邓扬中

金洞管理区(林场)2007～2014 年党委委员、副(助理)调研员名录

3－1－1

党委委员	任期	副(助理)调研员	任期
肖铁山	2007.06	邓观生	2003.12-
夏铁桥	2007.06	李映苏	2003.12-
邓彪	2007.06-	李春祥	2007.06-
黄守成	2007.06-	肖申华	2009.08-
何锋	2009.08-	周旺生	2011.02-
廖劲松	2012.09-2014.09		

金洞管理区 2002～2011 年副处级干部名录

3－1－2

姓名	任期	姓名	任期
邓腊生	2003.06-	孙国庆	2009.08
李冬虎	2009.12-	汪桂林	2009.10-

金洞各乡(镇、公社)1957～2011 年历届党委主要领导名录

3－1－3

单位	任职时间	姓名	职务
金洞乡	1957.02-1958.05	曾宪植	总支书
	1958.05-1958.10	曾宪植	书记
金洞公社	1959.01-1961.01	文佐满	书记
	1961.01-1961.10	王国栋	书记
	1961.10-1966.03	柏道隆	书记
	1970.02-1971.12	王时杰	核心小组组长

续表 3-1-3

单位	任职时间	姓名	职务
金洞公社	1971.12–1973.09	谢荣周	书记
	1973.09–1976.07	唐向民	书记
	1976.07–1981.02	刘佰通	书记
	1981.02–1984.02	黄振国	书记
金洞镇	1984.03–1987.03	谢荣周	书记
	1987.03–1992.10	赵正财	书记
	1992.10–1996.01	桂发生	书记
	1996.01–2001.08	张凌云	书记
	2001.09–2007.10	黄守成	书记
	2007.10–2009.11	周光卓	书记
	2010.01–	段建华	书记
小金洞乡	1957.02–1958.05	陈彰权	总支书
	1958.05–1958.10	陈彰权	书记
林海人民公社	1958.10–1959.01	缺	
小金洞公社	1959.02–1961.01	何景兴	书记
	1961.07–1964.01	周承藩	书记
	1964.02–1970.01	易福培	书记
	1970.02–1971.12	谢永瑛	核心小组组长
	1971.12–1973.01	谢永瑛	书记
	1973.01–1974.01	刘起祝	书记
	1974.02–1975.09	刘祯瑞	书记
	1975.09–1977.03	曾庆福	书记
	1977.03–1978.10	曾祥喜	书记
	1978.10–1984.01	谢荣周	书记
小金洞乡	1984.02–1984.12	周昌益	书记
	1984.12–1987.12	奉阳春	书记
	1988.01–1998.09	邓先通	书记
	1998.10–2003.06	李冬虎	书记
	2003.06–2007.10	肖申华	书记
	2007.11–	汪桂林	书记
晒北滩乡	1957.02–1958.05	欧阳水才	总支书
晒北滩公社	1958.05–1958.10	欧阳水才	书记
	1959.01–1959.04	蒋金志	书记
	1959.04–1960.01	缺	书记
	1960.01–1961.05	朱敦祥	书记
	1961.07–1961.10	朱敦祥	书记
	1961.10–1963.02	邓芳隆	书记
	1963.02–1964.07	文元善	书记
	1964.07–1971.08	缺	书记

续表 3-1-3

单位	任职时间	姓名	职务
晒北滩公社	1971.08–1974.12	伍芝华	
	1974.12–1977.08	欧阳水才	书记
	1978.10–1981.11	邓国授	书记
	1981.11–1984.02	孙永和	书记
晒北滩乡及晒北滩瑶族乡	1984.02–1984.12	奉阳春	书记
	1984.12–1986.08	陈运祥	书记
	1986.09–1987.12	李奇生	书记
	1988.01–1991.04	陈有森	书记
	1991.04–1992.11	谢华生	书记
	1992.11–1998.02	李墨平	书记
	1998.02–2010.06	李学书	书记
	2001.06–2005.12	江桂生	书记
	2006.01–2010.02	段建华	书记
	2010.02–	邓文辉	书记
鸭婆凼乡	1957.02–1958.05	刘安和	总支书
	1958.05–1958.10	王清泉	总支书
	1961.05–1961.10	邹纯贵	书记
	1961.10–1971.11	柏兴美	书记
	1971.12–1974.12	刘敦宏	书记
	1974.12–1978.10	杨富太	书记
	1979.07–1982.02	奉科文	书记
	1982.02–1984.03	柏学书	书记
上司源乡	1984.05–1986.08	奉昌先	书记
	1986.08–1987.12	黄生贵	书记
	1988.01–1991.12	李文珍	书记
	1992.01–1992.08	金田春	书记
	1992.09–1994.12	周敦族	书记
	1995.02–2001.09	邓腊生	书记
	2001.09–2006.02	陈四春	书记
	2006.02–2010.02	邓开国	书记
	2010.02–	刘保国	书记
大岺下乡	1957.02–1958.05	刘茂金	总支书
	1958.05–1958.10	周承刚	总支书
石鼓源公社	1959.01–1960.11	周承刚	书记
	1960.11–1961.09	唐少泉	书记
	1961.09–1962.05	李长绣	书记
	1962.05–1963.01	李名浩	书记
	1963.01–1966	陈贻谋	书记
	1967–1968.12	冯万章	书记

续表 3–1–3

单位	任职时间	姓名	职务
石鼓源公社	1969.01–1969.12	李德耀	书记
	1970.01–1971.07	李昭才	核心小组组长
	1971.07–1972.03	李昭才	书记
	1972.03–1972.10	易福培	书记
	1972.10–1973.08	李德耀	书记
	1973.09–1978.10	谢荣周	书记
	1978.10–1984.03	杨富太	书记
石鼓源乡	1984.03–1986.03	李奇生	书记
	1986.08–1992.09	周敦族	书记
	1992.09–1998.07	夏铁桥	书记
	1998.07–2001.07	奉晶凤	书记
	2001.07–2003.05	邓腊生	书记
	2003.06–	孙国庆	书记
凤凰乡	1957.02–1958.04	李明恩	总支书
	1958.05–1958.10	李明恩	书记
凤凰公社	1961.05–1961.09	蒋允才	书记
	1961.09–1965.09	冯万章	书记
	1965.09–1973.09	邹荣	书记
	1973.09–1975.12	欧守祥	书记
	1975.12–1981.12	黄承章	书记
	1981.12–1984.03	蒋先财	书记
凤凰乡	1984.04–1984.12	柏学书	书记
	1984.12–1986.08	周敦族	书记
	1986.08–1987.12	彭普世	书记
	1988.01–1992.02	杨富太	书记
	1992.03–1995.02	李长文	书记
	1995.03–1998.02	李学书	书记
	1998.03–2000.02	江桂生	书记
	2002.02–2003.09	许松柏	书记
	2003.10–2006.08	李良孝	书记
	2006.09–2009.12	陈四春	书记 （2007 年 6 月任副处级干部）
	2009.12–	张治国	书记
白果市乡	1957.02–1958.05	钱信忠	总支书
	1958.05–1958.10	钱信忠	书记
白果市公社	1959.01–1960.05	钱信忠	书记
	1960.05–1961.10	欧阳水才	书记
	1961.10–1962.05	曾庆福	书记
	1962.05–1971.02	欧阳水才	书记

续表 3-1-3

单位	任职时间	姓名	职务
白果市公社	1971.12-1975.04	桂兹善	书记
	1975.04-1976.03	伍敏生	书记
	1976.04-1978.08	唐发生	书记
	1978.08-1981.11	唐世舜	书记
	1981.11-1984.03	石瑞禄	书记
白果市乡	1984.04-1987.12	石瑞禄	书记
	1988.01-1992.12	刘德忠	书记
	1993.01-1995.12	邓承荣	书记
	1996.01-1998.12	李有映	书记
	1998.12-2001.12	黄守成	书记
	2002.01-2005.12	李良孝	书记
	2006.01-2008.12	冯校艳	书记
	2009.01-2011.03	周旺生	书记
	2011.05-	徐天柱	书记
万宝山工区	1959.10-1960.04	邓茂树	支书
	1960.04-1961.03	吴玉林	支书
	1961.03-1965.02	李才伟	支书
	1965.02-1968.03	李明金	支书
	1968.07-1975.10	何先普	支书
	1975.10-1979.04	张承銮	支书
	1979.04-1983.03	黄仁爱	支书
	1983.03-1984.01	赵正财	支书
	1984.01-1986.03	聂名龙	支书
	1986.03-1987.03	赵正财	支书
	1987.03-1991.02	奉祥明	支书
	1991.02-1996.02	邓腊生	总支书
	1996.02-2001.02	奉继程	总支书
万宝山工区	2001.02-2007.02	邹广贤	总支书
	2007.02-2009.02	奉青林	总支书
	2009.02-2011.03	杨茜	总支书
万宝山乡	2011.03-	杨茜	书记

1958～1985 年分场（工区）历届党组织主要领导名单

3-1-4

单位	起止时间	党支部书记
金洞工区	1958.01-1959.02	吕振文
	1959.12-1961.05	吴纯
	1961.05-1961.12	王立朝
	1961.10-1963.10	李明金

续表 3-1-4

单位	起止时间	党支部书记
金洞分场	1963.10-1966.04	欧阳晶
	1966.04-1968.	周祖种
	1968-1972	缺
	1972-1974	陈书吉
	1974-1975.05	柏芬
	1975.05-1976.11	席文孝
	1976.11-1982.06	蔡阳生
	1982.06-1984.04	黄仁爱
小金洞工区	1958.01-1958.12	吴玉林
	1959.01-1959.07	缺
	1959.07-1960.12	邓华光
	1960.12-1962.01	迟全友
	1962.01-1963	尹东城
小金洞分场	1963-1964	陈善友
	1964-1972	陈书吉
	1972 -1973.05	黄仁爱
	1973.05-1979.10	周祖种
	1979.10-1984.04	周昌益
晒北滩工区	1958-1960.01	迟全友
	1960.01-1960.07	周昌业
	1960.07-1960.12	赵守太
	1960.12-1961.12	邓华光
	1961.12-1962.08	唐顺弟
晒北滩分场	1963.02-1969	柏芬
	1969-1972.04	席文孝(代)
	1972.-1978	缺
	1978-1984.04	邓化春
鸭婆凼工区	1958.01-1959.12	吴纯
	1959.12-1962.06	邓运隆
	1962.06-1963	迟全友
石鼓源分场（驻上司源）	1963-1965.06	迟全友
	1965.06-1972.04	吴玉林
	1972.04-1979.07	陈伏生
	1979.07-1982.09	周绍春
	1982.09-1984.04	刘起林
白果市工区	1958.09-1959.08	张洪恩
	1959.08-1960.04	周昌业
	1960.04-1960.10	郑正银

续表 3-1-4

单位	起止时间	党支部书记
白果市工区	1960.10–1961.05	张洪恩
	1961.05–1963.	喻清桂
白果市分场	1963.–1971.	缺
	1971.–1973.05	柏芬
	1973.05–1977.09	黄仁爱
	1977.10–1982.05	赵正财
	1982.05–1984.04	邱祁生
大江工区	1955.–	张其瑞
	1961.03–1962.11	唐顺弟
		李才伟
		陈宏舜
大江分场	1964.–1966.02	何先普
	1966.02–1967.	付水清(副)
	1967.05–1968.11	邹艳文
	1968.12–1972.05	缺
	1972.05–1972.11	柏芬
	1972.11–1975.06	刘崇华
	1975.06–1981.01	陈善友
	1981.01–1983.10	付达英
	1983.10–1985.12	张宜桂
	1985.12–	杨富泰

第三节 组织建设

一、中共党员

党员发展 历年来，中共金洞各级党组织重视培养和发展相对较高文化程度和在一线岗位上的优秀青年入党。加大对农村党员的发展力度，对3年以上没有发展党员的村支部进行通报，要求每个农村党支部必须要培养1名入党积极分子。2007～2011年，每年平均发展党员73.2个，其中发展党员数最多的年份为2011年，发展党员83个。2011年，共有党员2272名，其中女性党员303名，少数民族党员73名。

党员争优活动 金洞各级党组织一直重视党员的先进性教育，以“学先进、赶先进、争先进”为主题，每年或重大纪念日开展表彰活动。特别是从2010年起积极推动开展“创先争优”活动。全区共有150人(次)被评为优秀共产党员和优秀党务工作者;有5人(次)获省、市优秀共产党员、党务工作者称号。

二、党的基层组织

2007~2011年,金洞管理区机关新增加党支部6个,2011年,万宝山工区党总支更名为万宝山乡党委。至2011年年底,全区有乡镇党委8个,区机关党支部22个,农村党支部73个,企事业单位党支部12个。1997年,小金洞乡土坳村党支部被评为“全国先进基层党组织”。2011年,石鼓源乡党委被评为“全省先进基层党组织”。

三、党员教育整顿

(一)教育

电化教育 1986年,开始实行党员电化教育,各级党组织组织党员观看电教片,为乡镇、村配备电视机、DVD机和电教片等多种电教设备。2009年5月开始,全区全面实施“农村干部现代远程教育”项目,为全区73个村党支部各配备价值5000元的电脑设备,40个村支部开通了宽带,其中5个村被授牌为市级“农村干部现代远程教育示范点”,石鼓源乡西岭坳村党支部书记奉国平被评为省级学用典型。

“三讲”教育 根据《中共中央关于在县级以上党政领导班子、领导干部中开展“讲学习、讲政治、讲正气”为主要内容的党性、党风教育的意见》(中发〔1998〕17号)精神,按照省、市统一部署,金洞林场于2000年5月中旬至8月中旬开展“三讲”教育,分四个阶段进行。第一阶段主要是召开专题会议、制定实施方案、动员大会、组织对象集中学习、听取群众意见,共收集群众意见1025条次。第二阶段主要进行反馈意见、撰写剖析材料、民主评议和民主测评等6个环节。发出测评表75份,班子剖析材料满意的51份,基本满意的23份,满意率和基本满意率达到98.7%。第三阶段主要为“交流思想,开展批评”阶段,通报林场领导班子民主生活会情况,并进行民主测评,发出测评表74份,满意率和基本满意率达97.3%。第四阶段主要是整改和总结。具体在政治理论学习、抓经济建设、基层组织建设、健全规章制度、解决群众关心的热点难点问题等7个方面进行整改。

“三个代表”重要思想教育 根据《中共中央办公厅关于在农村开展“三个代表”重要思想学习教育活动的意见》和省委、市委文件精神,金洞林场从2001年2月开始至2002年11月结束,历时两年左右的时间,在全场8个乡镇(工区)、25个县场属部门、73个村级领导班子和基层干部中,分三批开展“三个代表”重要思想教育活动。第一批重点是乡镇;第二批集中在场直部门;第三批集中在村一级班子中开展,学教对象共650多人。全场共建设示范联系点34个,对所有学教对象分级集中开展了7~10天的学习培训。分四次组织200名干部下基层,通过走访、谈话、问卷和发放征求意见表的形式查找问题,对照检查。各级共派出81个学教指导组,督查各单位严格把关。整个学教活动共帮助改造柏油路40公里,新修村级公路36公里,架通三座移动电话基站,程控电话扩容1000多门,移民扶贫搬迁19户交通不便的农户,帮助2个村解决自来水,对全场73个行政村进行财务清理。共组织开办农村实用技术讲座40场次，培训农民2000多人次，发放技术资料5000多份，联系信贷资金170多万元，建立农业产业结构示范基地5个，扶持示范户80多户。

（二）整顿

整党 根据中共整党指导委员会文件和省、地委关于整党工作的安排部署，金洞林场自1987年起，在全场各级党组织中开展整党活动，加强党风建设。全体党员填写《中国共产党党员登记表》，在广泛征求和听取群众意见的基础上，以党支部为单位进行党员民主评定，合格者定为中共正式党员；不合格者分别作出限期改正、劝退、除名和其他党纪处分；登记表及劝退、除名等资料均装入个人档案，作永久保存。全场各整党单位被组织处理的党员达70人。

全场整党重点在村级整党工作上，参加整党的支部71个，应参加整党的党员为864人，95%的党员参加了整党，4%的党员进行了补课。整党工作以乡镇为单位集中7～8天的时间学习《整党决定》《农村整党部署》等文件。村级整党四个月时间，共义务维修人行道612华里，架木桥和水泥预制板桥159座，修补小学校舍49所，为贫困户帮工3581个，调处民事纠纷140起。乡、村抽调400余人对村级财务自查自清，共查出党员经济问题313人，金额77487元，对贪污、挪用金额较大的18名党员立案查处。共调整村级领导班子成员中党支书13人、支委38人。

建整扶贫 根据中共中央关于全面建设和重点整顿农村基层党组织的决定，按照省委和市委提出集中3年时间，对农村党支部进行"全面建设和重点整顿"和"增加扶贫"的指示精神，金洞林场党委自1994年10月至2003年12月，从林场机关及其他单位每年抽调队员组成工作队，进驻需重点集中整顿的村指导，同期又与各乡镇党委配合，对全场多个村进行建设整顿。

2002年，派驻4个工作队，重点抓好大源里村、中棚村、仁光村和百福村四个村，每个村安排林场领导2名、国家干部3名、后盾单位4～5家驻村指导。每个乡镇也确定1～2个建整扶贫村，并派驻人员驻村指导。金洞林区晒北滩瑶族乡史家坪村、磨石源村、枧下村、大源里村、白果市乡的百福村和万宝山工区的中棚村被列入市直单位建整扶贫联系点。

2010年起，金洞管理区党委为继续实施好建整扶贫整体推进工作，争取将大源里村、中棚村、仁光村和百福村4个村列为省级"十二五"建整扶贫村；将下古村、东安村、双河村、磨石源村四个村列为市级建整扶贫村，进行重点扶持。

科学发展观活动 根据《中共中央关于在全党开展深入学习实践科学发展观活动的意见》和省委、市委文件精神，金洞管理区决定从2009年3月下旬开始到2010年2月，用一年左右的时间在全区分两批三阶段开展学习实践科学发展观活动。第一批参加单位主要是区党政机关、政法机关、人民团体机关、区直事业单位和国有企业等30个单位，涉及党组织30个，党员490名。第二批参加单位是乡镇机关及所辖范围的各站、办、所、村、社区；乡镇中小学校等单位。在这批科学发展观教育实践活动中，金洞镇楠木坳村按照科学发展观的要求，率先在全区建立第一个助学基金会，筹措资金9.6万元，其中在外务工村民李新华、李新和两兄弟一次性捐款3.2万元。现在该村尊师重教兴学已蔚然成风，全村"四个文明"建设欣欣向荣。学习实践活动分学习调研、分析检查、整改落实三个阶段进行。各参学单位共形成调研报告97篇，收到各单位及干部职工群众意见375条，明确整改任务28项。其中2009年重点整改任务为17项、中长期整改任务为11项。

创先争优活动 根据中办发〔2010〕12号《关于在全国基层党组织和党员中深入开展创先争优活动的实施意见》和省市文件精神，从2010年5月起，在全区144个基层党组织、2274名党员中积极开展创先争优活动。各级党组织和党员围绕重点工程、重点工作和当前建设任务，以“五个好”(领导班子好，党员队伍好，工作机制好，工作业绩好，群众反映好)、“五带头”(带头学习提高，带头争创佳绩，带头服务群众，带头遵纪守法，带头弘扬正气)为标准，以实现“三激”(激励广大基层党组织和党员为共产主义事业、为中国特色社会主义事业而奋斗；激发广大基层党组织和党员的积极性、主动性、创造性；激活整个党的活力，使中国共产党永葆先进性，永远充满生机和活力)为目标，召开142次群众意见会，结合各自职责任务和岗位实际，实行公开承诺，并接受群众监督，全面开展领导点评、党员自评以及群众评议工作。区创先办共刊发简报100余期。

四、干部教育和管理

(一)培养教育

自1984年2月起，开办各级职业和文化教育补习班，对干部进行学历培训，提高干部学历层次。鼓励在职干部到各级党校函大、电大、业大去学习。同时举办政治素质教学班、专业管理知识培训和科学技术培训班。

(二)任用和管理

任用 金洞主要的干部来源是从工农业生产一线中德才兼备的职工、村组干部、复退军人中进行转干和提干，另是接收大中专院校计划分配的毕业生与军转干部。自1984年起，每年都考察确定各级领导干部后备队，对优者提拔任用。2010年，全区进行公开选拔科级领导干部，从11名参选干部中择录3名。注重培养、任用女干部，区直机关和乡镇的“一把手”女干部都占20%。2011年，区直和各乡镇共有干部436名，有47名女干部任科级干部和享受科级干部待遇。

管理 1984年起推行岗位责任制，每年对党政领导班子与领导干部的政绩、实绩进行全面考核。从1990年起，对科局主要领导干部离任时作经济责任审计，资料存档作工作实绩依据。1998年，全部科级以上领导干部建立实绩档案。

第四节　宣　传

中华人民共和国成立后，1950年3月中共金洞区委（开始名为中共宁远县第八区委员会，1952年10月改为中共宁远县第十一区委员会，1954年6月移交祁阳为中共祁阳县第十二区委员会)成立，明确一名副职领导负责党的宣传思想工作。由此党的宣传思想工作在域内正常开展起来。1961年按照上级党组织的安排,中共金洞区委及各公社党委都设置一名专职宣传委员,主抓宣传思想工作,1984年实行"以场带乡、场乡联营"新的管理体制后,中共金洞林场党委又单独设置宣教科,1997年又分建宣传部,党的宣传思想工作从队伍和领导都得到加强。各级宣传部门把宣传中国共产党的时事政治,宣传马列主义、毛泽东思想、邓小平理论、"三个代表"重要思想、科学发展观列为学习任务,根据各个时期党的中心工作任务进行宣传,为中国共产党的宣传思想工作开展开创了一个新的局面。

1950~1953年土地改革运动时期,宣传《土地改革法》及其重大意义。1954~1956年合作化运动开展,宣传中国共产党的政策和农业合作化运动的优越性,促进全区农业社会主义改造。1957~1960年开展对李四喜"三十亩地一头牛,老婆孩子热炕头"的小农经济思想大讨论,激发党员干部勤劳奋发精神和开展对党的总路线的宣传。1961年贯彻"调整、巩固、充实、提高"的八字方针,宣传《农村人民公社工作条例》;1963年开展学雷锋活动,1964年开展大学毛泽东著作运动,重点学习《为人民服务》《纪念白求恩》《愚公移山》三篇作著。1966年5月"文化大革命"开始,党的宣传工作一度被林彪、江青反革命集团歪曲利用。1979年以后,宣传工作以中共十一届三中全会精神为指针,向人民群众进行否定"文化大革命",清除"左"的影响,坚持四项基本原则,以及改革开放的教育。坚持实践是检验真理的唯一标准。由于"左"的影响,20世纪50年代末,曾对大跃进高指标、人民公社的优越性进行过不切实际的宣传,长期过"左"的宣传阶级斗争,特别是"文化大革命"中以阶级斗争为纲和在无产阶级专政下继续革命的理论,"批林批孔",反击"右倾翻案风"等,所有这些都不同程度地造成了人民思想的混乱。

20世纪80年代主要开展"一个中心、两个基本点"和党的基本路线,社会主义初级阶段理论以及消除苏联解体和东欧巨变的影响,坚持建设中国特色社会主义不动摇。在林区还重点开展《森林法》的宣传活动。20世纪90年代,主要开展《中共中央关于建立社会主义市场经济体制若干问题的决定》。"三讲"和"三个代表"重要思想的宣传。20世纪末,重点开展宣传科学发展观,以人为本,坚持四个文明建设一齐抓,进一步坚定沿着中国特色社会主义道路前进。

一、理论学习

金洞于1984年成立党委中心学习组,区内各级各部门,根据形势发展和需要,按照上级布置和实际情况,有针对性地组织政治理论学习,并学以致用。

1978~1983年,以中共中央十一届三中全会公报和中央对当前农村经济政策的若干问题为主要内容,开展"真理标准问题"大讨论,拨乱反正,推动联产承包责任制为核心的农业体制改革。

1984~1988年,开展"一个中心、两个基本点"的教育,学习中央《关于经济体制改革的决定》《社会主义精神文明建设指导方针的决议》。1986年,中共金洞林场党委正式成立党委中心学习组,举办多次以改革开放和建设两个文明为主要内容的报告会,并编印相关宣传辅导资料发放到基层。

1989～1992 年，主要抓党的基本路线，社会主义初级阶段理论、生产力标准、商品经济理论的学习和讨论；开展党的宗旨教育、理想前途教育、形势教育、社会主义思想教育，消除苏联解体和东欧巨变的影响，坚持建设有中国特色社会主义不动摇，集中精力抓经济建设。

1993～1999 年，组织干部群众学习邓小平南方讲话、《邓小平文选》第三卷、《中共中央关于建立社会主义市场经济体制若干问题的决定》、中共十五大精神，开展理论研究和实践。1995 年，金洞林场获全国林业系统思想政治工作研讨会唯一的一等奖。在这期间，组织“四进四入”进行理论普及，即(进厂矿车间、进学校课堂、进村组入农户、进街道入居民)，同时，开展“迎香港回归”教育活动，起到良好效果。

2000～2004 年，开展“三讲”“三个代表”和科学发展观、执政能力教育。组织全体党员学习中央文件，结合思想和工作实际，听取意见，进行整改。

2005～2009 年，利用(三贴近)原则，广泛开展“送理论下基层”活动，组织干群学习了《十一五发展规划》、中央关于《建立健全教育、制度、监督并重的惩治和预防腐败体系实施纲要》、党的十六届五中全会公报、《构建社会主义和谐社会(学习读本)》等，全区竭尽全力抓稳定保发展。

2009～2011 年，每年均组织 4～6 次的党委中心组集体学习活动，按需购买相关理论书籍，采取上辅导课与自学相结合，专家学者讲课与部门上课相结合的方式，认真学习了中共十七届四中全会决定、科学发展观、十七届五中全会和“十二五”规划纲要精神，时任中共中央总书记胡锦涛在中国共产党建党 90 周年的重要讲话精神。同时，全区从宣传部、党校抽调理论骨干在 8 个乡镇和企事业单位进行了理论学习巡回宣讲。

二、文明单位创建

1982 年，开展了“五讲、四美、三热爱”活动。1986 年，认真执行贯彻中央《关于社会主义精神文明建设指导方针的决议》，全面深入地开展精神文明建设。小金洞乡土坳村于 1996 年被评为省级文明村，1997 年被评为全国先进党支部。1996 年，金洞邮电局被评为市级文明单位。2002 年，金洞林场中学被评为市级文明单位，同年被市委宣传部评为思想政治工作先进单位。2003 年，金洞财政站被评为市级文明单位。2004 年，金洞水文站被评为市级文明单位。金洞供电所被评为市级文明单位。2009 年，石鼓源乡被评为市级文明村镇。

三、新闻报导

1984 年，金洞林场成立宣教科，分管宣传、教育、卫生、计生工作。1988 年，卫生、计生分开，宣传科为单独的宣传和教育。1993 年为宣教科。1997 年，宣教科通过改革为宣传部。1999 年，宣传部与组织部进行合并，称为组宣部。2009 年 12 月，宣传部与组织部分开，独立为宣传部，负责区内宣传思想文化工作。

宣教科(宣传部)设新闻干事 1 人。2002 年后新闻宣传力度得到加强，新闻干事每年在省市媒体上稿 40～100 篇。2004 年，出台《金洞林场新闻上稿奖励办法》，鼓励通讯员写稿，最高奖励标准为《人民日报》头版头条 2000 元。

2006、2007年，宣传部与永州广播电视报合作开办《走进金洞》半月专版；2010、2011年与《永州新报》合作开办《魅力金洞》月刊，与永州电视台开办《绿色金洞》栏目，与永州广播电视台开办《魅力金洞》栏目，更好地宣传推介金洞的风土人情，发展成就。

2006年组织场部和各乡镇的50余名新闻写作爱好者参加新闻写作培训班，邀请《湖南日报》《永州日报》记者、编辑讲课。

四、报刊发行

每年均按上级指派的任务，发行工作由党委负责，2006年后，上级分配流转额为20余万元。宣传部门会同邮政部门一起召开报刊发行会议，宣传部门主抓，采取多种措施督促落实。按期完成《人民日报》《湖南日报》《永州日报》《求是》《新湘评论》等党报党刊发行。

五、新闻宣传

2001年3月14日在《湖南日报》综合新闻头版上文字新闻1篇，全年在《永州日报》头版、二版共计上稿17篇，在祁阳日报共计上稿43篇。

2002年7月14日在《湖南日报》头版上图片新闻1篇，于8月10日在《旅游周刊》B5版上图文新闻1篇，于5月28日在《环境保护报》上稿1篇，全年在永州日报头版、二版共计上稿21篇，全年在《祁阳日报》上稿46篇。

2003年在《永州日报》上稿20篇，在祁阳日报上稿39篇。

2004年12月13日，在《湖南日报》B1头条上稿1篇，12月16日在《湖南经济报》四版上稿2篇，在《永州日报》上稿34篇。

2005年，在《永州日报》上稿22篇。2005年1月在《中国国土资源报》三版上稿一篇，2005年10月15日在《人民长江报》三版上稿1篇。

2006年1月9日在《湖南日报》B1版上图片新闻1篇，2月6日在《湖南日报》B1版上稿1篇，7月21日在湖南日报B2版上稿一篇，9月14日在湖南日报B2版上稿1篇，在《决策天地》杂志第65期上稿1篇，在《永州日报》一版、二版、三版上稿50篇。

2007年，全年在《永州日报》发稿39篇。全年在与《永州广播电视报》合作开办《走进金洞》专版24期。

2008年10月22日，在湖南日报B1头条上稿一篇，11月27日在《湖南日报》A2版作半版报导，全年在《永州日报》发稿29篇。

2009年5月15日在湖南日报2版上稿一篇，12月24日在《决策天地》杂志上稿一篇，全年在《永州日报》发稿37篇。

2010年12月27日在《湖南日报》A6版作半版新闻报导，在《湖南林业科技杂志》第2期32卷专题讨论版上稿1篇，6月在《国土绿化》杂志上稿1篇，7月在《湖南林业杂志》发稿一篇，全年在《永州日报》头版、二版上稿50篇，全年在《永州新报》上稿23篇。

2011年1月3日，在《中国剪报》头版发稿一篇，11月20日。在《湖南日报》11版作大篇幅报导，3 月在《科学之友》杂志发表论文一篇，6 月在《语文教学通讯》发表论文一篇。全年在《永州日报》发稿 53 篇，于 6 月 30 日发表头版头条，9 月 25 日在 C4 版作全版报导，全年在《永州新报》发稿 11 篇。于 4 月起与《永州新报》合作开办的《魅力金洞》专版 9 期，更好地宣传推介金洞的风土人情，发展成就。

第五节　纪检监察

1984 年以前，祁阳县金洞区公所未设立纪律检查委员会，只设有纪检小组，由一名区委委员分工负责，金洞区所辖的 7 个乡没有配备纪检工作人员；金洞林场也未设立纪检机构，由一名分管政工的林场领导兼管纪检工作。

1984 年，祁阳县的金洞区与国营金洞林场实行以场带乡、场乡联营的管理体制，祁阳县管辖的 7 个乡交由金洞林场代管。1984 年 3 月成立金洞林场纪律检查委员会，受同级党委和上级纪委的双重领导。当时的林场纪委设纪委书记 1 名，副书记 1 名，纪检委员 2 名，纪检干事 3 名。

1990 年，金洞林场代管祁阳县的 6 乡 1 镇都建立纪律检查委员会，增配纪检干部 25 名，乡镇纪委设专职书记 1 名，兼职委员 2 ~ 4 名，要求农村党支部确定 1 名纪检委员，并向 3 个经济实体单位派驻专职纪检员。

2001 年 9 月，金洞林场党委对林场纪委班子成员进行调整，调整后的纪委班子成员为 7 人，书记 1 人，副书记 1 人，委员 5 人，其中兼职委员 2 人；2002 年 12 月 25 ~ 26 日，召开金洞林场第一次党代会，选举产生金洞林场纪律检查委员会新成员，其中书记 1 名，副书记 1 名，纪委委员 3 名。

2007 年金洞管理区正式挂牌成立，中共金洞管理区纪律检查委员会同时挂牌成立，设书记 1 名，副书记 2 人，纪委委员 3 人。2010 年，管理区党委对管理区纪委班子成员进行调整，纪委班子成员增至 9 人，设书记 1 名，副书记 2 名，其中一名副书记兼任监察局局长，委员 6 名，其中兼职委员 3 人。2007 年，乡镇纪委书记开始由乡镇人大主席担任。2011 年万宝山乡成立，同时成立中共万宝山乡纪律检查委员会，是年，7 乡 1 镇都配备专职纪委副书记。1988 年 3 月，成立金洞林场劳动人事监察组。1989 年 3 月，成立金洞林场监察室，定编 4 人，设主任 1 名，工作人员 3 名，1993 年，根据中央精神，金洞林场纪律检查委员会与金洞林场监察室合署办公，一个机构、两块牌子，监察室主任由纪委副书记兼任。2007 年，金洞管理区监察局成立，与管理区纪律检查委员会合署办公，设局长 1 名（由区纪委副书记兼任），副局长 2 名。2011 年以前，金洞林场纪委监察室和金洞管理区纪委监察局都没有内设机构。

一、党风廉政教育与建设

（一）党风廉政教育

1985年，全场开展整党工作，狠抓党性党风党纪教育，在场部机关进行4次党性和理想纪律教育，对机关党员集中上了8堂党课。1990年对广大党员干部进行系统的党规党法基本知识教育，林场纪委把党规党法的基本知识编印成教材，下发到全场7个基层党委，2个党总支，54个机关党支部，以支部为单位组织集中学习，参学人数达1409人，参学率为93%。1992年在党员干部中开展"讲理想、讲团结、讲纪律、讲奉献"的四大演讲竞赛活动，同年，结合组织部门对乡镇领导班子考察，对全场7个乡镇副科级以上领导干部进行了一次全面的党风党纪考评。1996年，场纪委组织全场副科以上干部，全体党员干部、国家教师、医生、乡镇直属站所负责人、以工代干的乡场会计、出纳系统学习党纪政纪条规知识，并于10月中旬开展知识竞赛活动，参赛人数927人，参赛率为99%。从2001年起林场领导班子成员对党风廉政建设责任制实行分工负责，一岗双责。年初林场党政"一把手"与全场各乡镇及场属各科级单位一把手签订党风廉政建设责任书，年终由场纪委牵头对责任书的执行情况进行考核，考核结果在全场进行通报，对考核不合格单位进行责任追究。2002年，在全场中国共产党员干部中开展以"改进作风，拒腐防变"为主题的思想教育活动。2003年，建立场纪委负责人同乡镇工区党政主要负责人谈话制度，场纪委采取"查廉""访廉""评廉"和"督廉"的方式对全场各单位的领导干部执行廉洁自律各项规定情况进行监督检查，春节前，场纪委向全场副科以上领导干部赠送廉洁明信片。2004年，在全场党员干部中狠抓中纪委提出"四项纪律"和"八项要求"的贯彻落实，同时在全场领导干部中开展"艰苦奋斗，勤廉为民"优秀领导干部的评选活动，共评选出6名优秀领导干部，并召开专题大会进行表彰。2006年组织开展"清廉之风进机关主题实践活动"。2007年，实施推进廉政文化"进厂矿、进车间、进学校、进社区、进社保、进农户"活动，在广大家庭、机关、学校、社区、农村、企业中积极推进廉政文化建设。

1992～2001年，场纪委组织观看《警钟》《没有硝烟的战斗》《生死抉择》《铁窗下的忏悔》《被钱和色推向深渊的市长》《胡长清警示录》等电视教育片120余部，观看人员达20000余人次。从2002年起，场、区纪委将电教片发放到各基层党组织，各基层纪委共播放电教片260余部，播放350余场次，观众达50000余人次。2010年协助区党委抓好"两百干部下基层，服务和谐促发展"主题活动，狠抓干部作风建设。1984～2011年，场、区纪委先后有选择地剖析案例26起，通报案例43起。每年征订《中国纪检监察报》《中国监察》《三湘风纪》《党风与党纪》的任务圆满完成。全区（场）各级纪检监察人员向市及市以上报刊杂志和内部刊物投稿、投信息160余篇，被采用20余篇。

（二）党风廉政建设

1985年查处新的不正之风15起，其中滥发奖金补助11起，资金20083元，滥发物品4起，73件，折价765元，全部收缴财政。1990年，对全场干部职工营建私房进行全面清理，共清出65户干部职工营建私房，全部按政策处理到位。1991年，对全场工作人员乱着装问题进行全面清理，共清出乱着装人员104人，收缴着装费8586元。1992年，对干部职工拖欠公款进行清理，全场 144 名干部职工拖欠的公款 373945 元，当年收回 96785 元，其余部分制定还款计划。1997 年，对全场公费配置通迅工具情况进行全面清理，共清理出移动电话 8 台，其中处级干部 2 名，住宅电话 19 台，其中处级干部 10 台，全部折价处理归个人。2004 年开展党政领导干部在企业兼职、坐吃财政“空响”、党政干部拖欠、借用公款、干部职工逃废银信贷款的“四项清理”活动，通过调查摸底核实，借用公款的人数为 36 人，金额 67828 元，当年已全部归还，在银信部门贷款逾期未还的，责令限期偿还。清理中没有发现党政领导干部在企业兼职和吃“空饷”现象。

1998～2011 年，全区（场）共清退各种红包礼金 74.69 万元，其中拒收红包礼金 41.94 万元，上缴 32.75 万元。1996～2011 年共处理违规购买的小汽车 3 辆。

二、查办案件 惩治腐败

查办案件工作，始终本着从严治党，治病救人的方针，坚持以事实为依据，以党纪法规为准绳，认真查办案件。1999 年至 2011 年，区（场）纪委监察局（室）共立案查处各类违法违纪案件 105 件，结案 105 件，给予党政纪处分 146 人，其中党纪处分 75 人，政纪处分 71 人。在党纪处分中给予开除党籍处分的 11 人，留党察看的 20 人，撤销党内职务的 2 人；在政纪处分中给予开除公职处分的 19 人，开除留用的 25 人，行政撤职 1 人。在被处分的人员中，正科（乡）级干部 7 人，副科（乡）级干部 10 人。在查结的案件中，影响较大的案件有：2000 年查处的以原金中水泥厂厂长桂某为首的贪污受贿窝案；2001 年查处的金洞镇原个别领导干部及工作人员贪污案；2003 年查处的金洞林场原基建物资公司负责人合伙贪污案；2004 年查处的晒北滩瑶族乡（分场）个别领导侵占国有木材案；2010 年查处的部分乡镇农技员贪污公款串案。区（场）纪委、监察局（室）指导全区（场）乡镇办案 62 件。

三、执法监察 纠正不正之风

（一）纠正医药购销不正之风

2000～2011 年，区（场）纪检监察部门与卫生、药监、工商部门配合，共查处无证非法医疗机构 10 家，游医药贩 9 起，封存没收中西药品 75 种，价值 83000 元，销毁过期和伪劣药品价值 42000 余元。

（二）监督减负

2000～2011 年，区（场）纪检监察与减负办紧密配合，加强对农民负担的监督检查，发现问题及时处理。2001 年，场纪检、监察与减负办分别于 6 月和 9 月组织两次全面检查，共查处涉农案件 6 件，收缴予以返还涉农资金 8 万多元；2003 年，场纪检监察与减负办抽查了 8 个乡镇工区 21 个行政村，发现涉农违纪收费 8 起，全部予以纠正。此外区（场）纪检、监察与减负办经常深入村组、农户走访调查，及时纠正加重农民负担的现象。同时对种粮补贴资金的发放情况进行监督检查，确保党的惠农政策的贯彻落实。

（三）治理中小学乱收费

2000～2011 年区（场）纪检监察与减负办及教育行政主管部门对全区（场）中小学校每

个学期的收费情况都进行全面检查或抽查，发现问题及时处理。2001 年，检查发现有 6 起乱收费现象，及时作出处理纠正，退返中小学生违规收取的费用 4.2 万元，并在全场教育系统进行通报批评。通过经常性督查和从严治理，金洞林区中小学收费日趋规范。

（四）财政监督

2000～2011 年，区（场）纪检监察通过财务检查，深化财政管理体制改革，不断完善财务管理制度实施对财政的监督，区（场）纪检监察配合财政、计财部门对各乡镇（分场、工区）及经济实体单位进行财务检查。2001 年在检查中发现石鼓源乡奉某贪污、挪用国土资金 6.7 万元，场部机关某科设立账外账 30 余万元，都给予纠正和处理。明确规定乡镇党政一把手不得直接分管财务。

第六节　统一战线

一、安排中国共产党党外人士

中共中央十一届三中全会以后，金洞林场党委、金洞管理区党委重视非中国共产党人士在各级领导班子中的教育培养和安排使用。2011 年，全区在岗的党外副科级以上干部 15 人，每年重点培养提拔 3～8 名中国共产党党外后备干部。

二、贯彻少数民族政策

据 2010 年人口普查和 2011 年祁阳县统计年鉴资料显示，金洞管理区有少数民族 19 个，少数民族人口共计 3532 人（其中瑶族 2915 人），占全区人口的 5.54%，主要居住在晒北滩瑶族乡、万宝山乡和白果市乡。1984 年实现场乡合一以后，金洞林场配备一名干部做民族宗教工作，设立民族宗教事务办公室与组干科、党委工作部合署办公。1984～2011 年，共选拨培养少数民族干部 15 人。其中处级以上干部 2 人、科级干部 11 人；少数民族担任县人大代表 6 人次；县政协委员 6 人次；省人大代表 9 人次；市人大代表 3 人次。

1984 年以来，金洞林场、金洞管理区不断加大对少数民族居住区的资金投入，少数民族居住的乡、村、组，生产生活条件得到极大改善。晒北滩瑶族乡、白果市乡、万宝山乡共建民族村、乡公路 180 余公里。2008 年起，全区对民族乡村进行电网改造，至 2011 年年底，全区民族乡村农网改造全面完成。全区民族乡村基本实现能通电话、能看电视、能上网。白果市乡大坝头村佑水源和麻拐皂两个瑶族村民小组全部实行整体搬迁，33 户 151 名瑶族同胞都住进统一设计规划、统一建造、舒适宽敞（每户 250 平方米）的瑶族新村。

第七节　武装和国防教育

一、武装部

金洞人民自古就有勤劳勇敢、爱国爱民族的优良传统，在反帝反封建和反抗民族压迫的斗争中，瑶汉两族人民团结战斗，曾涌现出许多可以传诵的战斗故事。民国至解放战争时期，金洞不少热血男儿自觉积极参加抗击外寇侵略的武装斗争和解放战争。据初步考证，早在1932年就有参加中国工农红军的战士多人，其中有一人参加过两万五千里长征（石鼓源乡老红军王林，1993年病逝），有5名黄埔军校学生（其中白果市乡两名；凤凰乡两名；石鼓源乡一名系中共地下党员；并担任过常德警备师参谋长），他们都参加过抗日战争和解放战争。还有不少无名战士在战斗中牺牲。境内还有一名国民党中将系小金洞乡奉鹏翥，2005年获中央军委颁发的"纪念反法西斯和抗日战争胜利60周年"爱国勋章一枚，2007年病逝。中华人民共和国成立后，很多青年参加过抗美援朝的战争，并有两名烈士在抗美援朝战争中牺牲。

金洞区武装部于1955年正式建立，属区委的一个内设机构，当时只设武装部长一名。区辖7个乡也各设武装部长兼特派员一名，他们都配有枪械。金洞武装部的成立标志着金洞的武装和民兵工作走向正规化。1970年以后为加强武装民兵工作的领导，区武装部增设一名武装干事。各公社（乡）设专职武装部长一名。从1955年《中华人民共和国兵役法》颁布以来，武装部认真组织动员人民响应党和政府的号召，保家卫国，加强国防建设，踊跃送子参军，保质保量完成上级分配的征兵工作任务。据初步统计，1955年至2011年，全林区人民群众为部队输送新兵1500余人，很多人去部队立功受奖甚至牺牲，为军队和国防建设做出贡献，其中有7人（石鼓源3人，万宝山1人，白果市乡1人，小金洞乡1人，凤凰乡1人）晋升为师级干部，晋升为团级干部的就更多。

金洞林场人武部建立于1960年。人武部在上级军事部门的指导下，主要完成上级交给的征兵、民兵训练、民兵整组及战备执勤等任务。1960～1983年以来，为部队输送新兵69人，其中在部队提干的有6人。义务兵转为志愿兵的有3人。训练基干民兵1800人次，普通民兵2800人次。1984年林场人武部同金洞区人武部合并，下编8个民兵连。8个基干民兵连改编成7个基干民兵连，1个基干民兵独立排，建7个基干民兵连，38个基干民兵排，114个班，有普通民兵4500人。

2006年，金洞林场人武部更名为金洞管理区人民武装部，接受祁阳县武装部和金洞管理区双重领导，主要职责是做好国防动员、国防教育、民兵预备役和征兵工作。至2011年，共设乡镇武装部8个：金洞镇、小金洞乡、晒北滩瑶族乡、上司源乡、石鼓源乡、凤凰乡、白果市乡、万宝山乡人民武装部。

二、国防教育

国防教育 主要是结合年度征兵、民兵整顿、民兵集中训练和重大节假日，特别是“八一”建军节等时机，开展国防教育。以基层乡镇武装部的“青年民兵之家”为阵地，组织民兵读书、读报、办国防教育专栏。每年抓民兵报刊订阅，全区订阅报刊每年达110份。

拥政爱民 区武装部把完成本职工作与支持地方经济建设紧密结合起来。2010年建立抗洪救灾分队1个(30人)、森林扑火分队40人、基层民兵机动分队8人。2011年建立迫击炮连1个(57人)、抢险救灾专业队伍1个(88人)。历年来，参与修建乡村公路、整修渠道、造林抚育，配合公安部门实行警民巡防等。2010～2011年，每年出动民兵1000人次，组织民兵200余人，扑灭4次大山火，组织民兵100余人，参加晒北滩电站抗洪抢险2次，配合综治信访部门参加维稳劝访100余人次。

三、兵役

兵役登记 根据《中华人民共和国兵役登记法》开展兵役登记工作。2010年对预备役士兵进行登记全区有11人、2011年有13人。其中预备役军官2010年有1人、2011年1人。

征兵 自征兵工作开展以来，武装部每年100%完成报名应征。征兵工作按照宣传发动、目测初审、体格检查、政治审查、审批定兵、安全运输、交接新兵、搞好总结等步骤进行。2010年冬季征兵18人、2011年冬季征兵23人。

四、民兵

组织建设 根据上级要求，实行民兵与预备役相结合的制度，把符合条件的18～45岁的男性公民和18～35岁的女性公民纳入民兵组织，其中18～28岁的男性公民编入基干民兵、其他编入普通民兵。

金洞的民兵工作曾在社会主义建设和四个现代化征程的实践中做出过很多有益的工作，获得了很好的经济效益和社会效益。如1966年8月6日，金洞林场不慎失火，金洞区40多个民兵迅速赶赴现场，奋力抢救，使场部100多人生命财产免受损失。

1981年，晒北滩公社河上江、内下两个大队民兵26人，在洪水中为国家和集体打捞杉木筒子8000多根，价值78000元。白果市公社团结大队基干民兵邓昌林两次冒着生命危险从洪水中救出老人小孩。

1981年，石鼓源公社民兵护林队在民兵营长江某、副营长邓带领下拦截被盗杉木86立方米，价值10000多元。

1986年，金洞林场民兵组织创办的“文化中心建设”，在南县由广州军区召开的“文明村建设经验交流座谈会”上作介绍。

军事训练 2010～2011年，集中市军分区民兵训练基地训练区、乡专职武装干部3次，12人；在祁阳县武装部训练基地训练专职武装干部、基层民兵和民兵应急分队1次、40人，优秀率90%，合格率100%。

第二章 群团组织

第一节 工 会

金洞林场工会组织自1955年建立。50多年来,工会组织在场党委和市总工会的领导下,团结全场广大干部职工,在建立和巩固人民政权、发展金洞经济等事业中,取得一定成绩。

一、组织建设

金洞林场于1955年建立工会组织。当时有会员22人,选举工会主席1人,工会委员3人。1962年产生第二届工会委员会,郑寅初任工会主席,选举副主席1人,工会委员7人,工会会员250人。1966年,工会委员增加到15人,会员增加到367人。因"文化大革命",工会组织基本瘫痪。

1978年,林场党委决定,任命一名场级领导抓工会工作,经过两年的时间,于1980年恢复了工会组织,选举产生新一届工会领导班子,郑寅初任工会主席,副主席增加到2人,工会委员13人,工会会员发展到608人。1981年又选举产生女职工委员会,主任1名,副主任2名,委员17名。

1984年12月,选举产生第三届工会委员会,工会主席李世祝,副主席3人,工会委员21人,并设基层工会23个,工会小组122个,工会会员1574人,其中女会员353人。女职工委员会同时进行改选,主任1人,副主任2人,女工委员17人。

1988年12月,第四届职工代表大会召开,参加大会的共202人,选举产生第四届工会委员会。工会主席李世祝,并设基层工会及工会小组23个,工会会员1875人,其中女会员382人。并改选女职工委员会,女工委员20人。

1995年12月,选举产生第五届工会委员会。工会主席邓化春,工会委员17人,并设基层工会及工会小组29个,工会会员2040人,其中女会员460人。改选女职工委员会,女工委员5人。选举经费审查委员会,经审委员5人。

2003年11月26日,第六届职工代表大会召开,参会代表120人,其中女代表25人,选举产生第六届工会委员会。工会主席冯祥文,工会委员7人,并设基层工会20个,工会小组4个,工会会员2080人,其中女会员502人。改选女职工委员会,主任空缺,女工委员5人。改选经费审查委员会,经审委员5人。

2010年11月19日,金洞管理区第一届暨金洞林场第七届职工代表大会召开,选举产生金洞管理区第一届暨金洞林场第七届工会委员会，参会代表 141 人，其中女代表 26 人。工会主席陈四春，工会委员 5 人，并设基层工会 20 个，工会会员 2693 人，其中女会员 704 人。改选了女职工委员会，主任空缺，女工委员 5 人。改选了经费审查委员会，经审委员 5 人。

二、职工教育

工会组织围绕党和国家在各个时期的中心任务，立足自我教育，突出工会特色，采取多种方式，针对职工在生产劳动、日常生活中反映出来的现实思想和认识问题，进行广泛的宣传教育。

（一）开办职工学校

1982 年，林场开办职工学校，校址始设林场种子园。1983 年迁至林场职工子弟学校（现农业银行金洞营业所旁边）。1984 年金洞实行场乡联营的体制后，林场职工子弟学校开办以来，一直由林场工会主管，配备专职行政管理人员和语文、数字、理化专职文化课教师。

1982～1986 年，根据林场自然增长和顶职补员招收的新工人文化素质较低的情况，连续举办 7 期文化补习班。每期招收学员 30 多人。由各分场、工区推荐青工入学，脱产学习 5 个月左右。采用地区职教办统编的教材，开设政治常识、语文、数学、理化等课，每期都举行结业考试，成绩合格者由地区职教办签发结业证，共结业 226 人。

1987～1990 年，连续举办两期中级林业技术培训班和一期高级森工技术培训班。每期招收学员 30 人左右，由各分场、工区推荐入学，其中很多是 1982～1986 年文化补习班结业后的青工，每期脱产学习一年。文化课开设法律知识和高中语文、数学、理化课，由职校专职老师担任教学。技术课，采用广西林业学校所编的教材，聘请机关科室工程技术人员讲授，每门课程除讲授理论知识外，还组织学员到生产现场实践操作。每科都要结业考试，全部课程考试成绩及格的，由地（市）职教办颁发中等技术结业证。三期培训班，共结业 108 人，均回原单位工作，有的学员成为林场的中层管理人员。

1992 年上半年，职校先后举办 4 期新工人上岗前培训班，共培训 164 人，主要进行职业道德、劳动纪律和基本的生产技能教育，使之能适应新的工作岗位。1992 年下半年，承办了永州市林业系统职工子弟就业前培训，学制一年，受培训的学员 43 人，除本场职工子弟 28 人外，还为祁阳、东安、宁远、江永、江华、新田等县培训职工子弟 15 人。教材和课程安排，与中级技术培训班相同，全部课程考试成绩合格后，由市职教办颁发结业证。培训结束后，凭结业成绩，由劳动部门办理招工手续，为林业系统输送后备力量。1993 年下半年，金洞林场职工学校停办。

（二）加强职工思想政治教育

1958～2012 年，工会号召广大职工深入学习党的历届代表大会文献，学习《劳动法》《工会法》《工会章程》《女职工劳动保护条例》以及全总、省总、市总等上级工会若干有关思想建设的决议和文件，学习毛泽东、邓小平、江泽民、胡锦涛的重要著作和讲话。

2010 年以来，工会每年都会集中 10 余天的时间对各乡镇、企事业单位的基层一线职工进行走访。通过走访，一是具体了解职工一年来的生产生活工作情况及存在的困难和问题，掌握职工的思想动态，收集职工对管理区（林场）经济社会发展的意见和建议；二是了解困难职工的工作、生活、家庭致困原因等详细情况；三是对职工提出的问题作了解释或说明，消除职工的疑点和误会，增强了凝聚力。

（三）开展劳动竞赛

工会组织建立50多年来，全区（场）各级工会组织围绕着国民经济不同发展阶段的要求和中国共产党在各个时期的中心任务，发动职工群众开展各种形式的社会主义劳动竞赛。在竞赛中，贯彻学先进，赶先进，互相学习，互相帮助，取长补短，共同提高的原则，激发广大职工的劳动热情和生产积极性。

1979～1984年，开展同行业竞赛，小指标百分赛等社会主义劳动竞赛和为“四化”立功活动，并逐步形成热潮。1985年，贯彻《中共中央关于经济体制改革的决定》，全区（场）广大职工积极参加改革，推行经济承包责任制，开展以提高经济效益为中心的增产节约劳动竞赛和技术协作、技术攻关、技术扶贫活动。1987年，开展增产节约、增收节支劳动竞赛。1990年开展合理化建议和发明创造活动，开展“双增双节经济效益杯”等多种形式的劳动竞赛，充分发挥工人阶级的主力军作用。2011～2013年，连续三年组织职工参加永州市举办的职工职业技能竞赛。1984～2012年，全区（场）职工共提合理化建议320条，实现320条，完成各个五年计划所提出的奋斗目标。

为了鼓励广大职工社会主义现代化建设的积极性，开展群众性的评选劳动模范、先进生产(工作)者活动。1954～2012年，全区（场）共产生省劳动模范2人，部级劳动模范2人，市劳动模范4人。

（四）维护职工权益

工会是会员和职工利益的代表，维护职工的合法权益是工会的基本职责。工会充分发挥其职能作用，依法行使权利和履行义务，支持政府和企业行政工作，服务基层，维权于广大职工。1958年到2012年间，工会通过参政议政途径，在研究和制定涉及职工切身利益政策、规定和实施改革措施时，充分代表和表达职工意愿和要求，充分发挥其职能作用；通过平等协商的原则协调劳动关系，维护好职工切身利益，并通过职代会、厂务公开等其它形式，组织职工参与本单位的民主决策、民主管理和民主监督，充分发挥职工主人翁作用。

从20世纪80年代开始，工会年年都开展困难职工调查，摸清困难职工基本情况，了解他们的生产生活状况，建立困难职工档案，掌握困难职工底数。每年元旦、春节期间，工会对全区（场）企事业单位、机关干部职工及困难劳模进行走访慰问，向特困职工发放困难补助金，让困难职工过上一个安定、祥和、愉快的春节。2011年，争取落实特困职工春节慰问资金（含慰问物资）17万余元。2012年，特困职工春节慰问资金（含慰问物资）19.5万余元，在农历春节前全部发放到困难职工手中。

2007年开始，工会“送温暖”工程做到经常化、制度化和社会化，职工随时出现困难，工会随时进行慰问。2011年，走访探望患病职工116人次，发放慰问金共32480元；悼念逝世职工38人。2012年，全年走访探望患病职工126人次，发放慰问金共35280元；悼念逝世职工27人。每年开展“六一”儿童节慰问，从2003年起还开展“金秋助学”活动，仅2012年的

“金秋助学”活动，工会补助下岗职工、困难职工（含农民工）子女考上大中专学生10人，补助金额19500元。

2009年开始，组织职工参加大病互助保险。2011年，共参保1817份，参保率达到99.2%，全年共赔付6人，计92000余元。2012年，共参保1823份，参保率达到99.5%，全年共赔付5人，赔付金额75000元。每年为困难职工送大病保险50份，2012年为102名困难女职工赠送女性防癌保险。使这些患病及受伤的职工得到补助，缓解他们的家庭经济困难。

（五）工会经费收缴

工会经费服务于工会工作，服务于职工群众，促进工运事业的发展和职工素质的提高。

1979年5月，工会经费恢复由企业、事业单位行政拨缴，凡建立工会组织的企业、事业单位、机关按每月全部职工工资总额的0.8%拨缴到林场工会。1990年，全场工会经费收入为8.73万元；1995年为7.41万元；2000年为9.89万元。2002年，全区（场）由财政拨款的行政事业单位的工会经费开始由场计财科和区财政局进行代提、代拨到工会，2002年工会经费收入12万元。工会经费在使用中抓好“收、管、用”三环节。工会经费来之于民，用之于民，本着“量入为出、紧缩开支”的原则，做到“收缴打紧、储存管紧、支出卡紧”，严格遵守财务制度，避免少收、漏缴和截留挪用，严禁挥霍浪费，每年直接用于职工和会员群众的费用占总支出的60%以上。50余年来，工会财务工作曾多次获上级工会和管理区（林场）奖励。

区（场）工会经费审查委员会从1995年第五届职工代表大会上选举产生开始设置。经审会的成员一般为兼职。20世纪90年代初，在工会总结或财务工作总结中有时也把经审工作纳入其中。1996年经审委员会工作进一步得到重视，区（场）工会结合实际，制定《工会财务管理办法》，建立基层单位的经费收缴明细账、明细对账表，每个单位的经费收缴情况一目了然。对未缴、欠缴的能及时发现，查明原因，落实催缴。在实行财务自查、互查、重点抽查中，充分发挥经审会的作用，对欠拨、漏拨进行清查。

（六）企业女工劳动保护

从1993年起，工会每年都单独或联合卫生、妇联等单位组织一次女职工身体健康检查。2011年8月底，邀请祁阳县妇幼保健院对全区（场）的女职工进行两癌筛查。2012年，组织全体女职工在管理区人民医院进行全身健康检查。“三八”妇女节期间，邀请祁阳县妇幼保健院的专家对区机关近300名女职工进行女性健康知识讲座。

2009年起，每年都为全区女职工购买特殊疾病保险。2011年，为358名女职工办理女职工防癌保险；2012年，为412名女职工办理女职工防癌保险，充分体现党领导下的工会组织对女职工的关怀。

2002年，在五届四次职代会上通过，将女职工卫生费从20世纪90年代的5元/月提高到10元/月。2008年，为进一步关心女职工切身利益，根据有关文件精神以及考虑到物价上涨等因素，工会经请示管理区同意将女职工卫生费从10元/月提高到15元/月。

第二节　共　青　团

一、组织机构

共青团组织 1957年中国共产主义青年团金洞区委员会成立，金洞区及各乡各设1名团委书记。1960年成立共青团金洞林场委员会。金洞林区的共青团工作在党的领导下由此正常开展。“文化大革命”期间，共青团组织被群工组织取代，名存实亡。1973年恢复组织活动，至1984年撤销共青团金洞区委合并到共青团金洞林场委员会。2006年，共青团金洞林场委员会更名为共青团金洞管理区委员会，并入管理区党委工作部。负责全区（林场）共青团工作。2011年，全区共有11个基层团（工）委，99个团（总）支部，8651名团员。

少先队组织 1953年开始组建少年先锋队，1966~1976年“文化大革命”期间，少先队由红小兵取代。1978年，恢复建立少先队组织。2011年，全区共有少先队员5095名，9个大队，138个中队，207个小队。100%的适龄儿童入队。

二、主要活动

青少年思想教育 金洞共青团将每年的三月作为“学雷锋文明礼貌月”，至2011年年底，共有1000余名青少年参与慰问孤寡老人、8000余名青少年参加义务扫街活动。2009年，发起“重建白果市红军墓”倡议，共募集资金4万余元，每年清明期间定期开展一次“清明祭扫红军墓活动”，参与青少年达500人次。“五四”“十一”期间开展新团员入团宣誓仪式，将其作为培养共青团员接班人意识的重要活动。

青年志愿者行动 青年志愿者行动重点围绕植树造林等活动积极开展。仅20世纪70、80年代，金洞青年共营造青年林4060亩，义务林1200亩。另积极开展“保护母亲河行动”，宣传环保意识，倡导绿色文化，参与青少年达1000人次。

希望工程 通过每年开展“小小慈善行”“慈善一元捐”“芙蓉学子”等慈善活动，共募集资金约10万余元，资助贫困学子100余名。2011年10月，向中国青基会和湖南省青基会争取希望小学建设资金40万元，援建上司源乡摩托罗拉希望小学。

青年文体活动 金洞青年文体活动开展有声有色。男子、女子青年篮球队参加祁阳篮球赛均名列前茅。20世纪70年代的女子篮球队连续三届获祁阳县女篮冠军。2009年，举办金洞管理区第一届青少年歌手大赛，青少年参与热情高涨。2011年下学期，林场中学田径乒乓球代表参加祁阳县在肖家村中学举行的第九届田径乒乓球运动会，85班奉凌云荣获全县中学生乒乓球男子单打第一名，男女混后双打第二名，同期参加永州市乒乓球运动会比赛获男女混合双打第四名。2011年，举办第二届“电力杯”青少年歌手大赛，5家金洞本地电力企业参与协办。由于此项赛事成为金洞青少年文化生活的一道大餐，以后每两年举办一次。

创先争优活动 全区(林场)各级团组织、共青团员积极学先进、争先进、赶先进。1983年,林场团委同金洞分场团支部开展的杉木速生丰产林对比试验样板林荣获湖南青年学科学、用科学标兵奖及湖南省青年百业夺标竞赛三等奖。1988年12月27日,零陵地区绿化工作委员会授予共青团上司源乡委员会“义务植树先锋”荣誉称号。2006~2011年,全区荣获“省、市优秀共青团员(团干部)”荣誉称号的团员、团干部有15人,金洞林场中学团委、区教育局团工委、区直机关团支部等团组织先后获“永州市五四红旗团组织”荣誉称号。共青团金洞管理区委员会先后获永州市“五四红旗团组织”“建设绿色永州先进单位”等荣誉称号。

雏鹰行动 少先队组织成立后,积极开展“手拉手”活动,帮助少先队员增强独立意识和能力。积极开展“四好少年”评选活动,10余名少先队员获永州市“四好少年”荣誉称号。

第三节 妇联组织

一、组织机构

1957年10月,金洞区及各乡普设妇女专干,村设妇女主任。由此,金洞的妇女工作在有组织有领导的环境中有序开展。“文化大革命”期间,妇女工作同其他工作一样遭到冲击,1966年6月至1973年6月基本停止活动。1973年7月恢复组织活动。区、乡妇联组织积极组织动员妇女参加社会主义建设的伟大实践,参与各项生产、政治、文化等中心工作,充分发挥妇女在建设社会主义现代化建设中的“半边天”作用,为祖国的繁荣富强作出自己应有的贡献。其间涌现出一批又一批先进模范人物。如白果市公社赵顺秀获1983年全国妇联授予的“三八红旗手”荣誉称号,一个个优秀妇女走向各级领导岗位,不少先进妇女获得省、市、县(场)的表彰和奖励。

1984年建立林场妇联,领导全场妇女工作,工会女工委员配合妇联负责职工中的妇女工作。6乡1镇1工区设立妇女联合委员会,配备8名妇联主席或干事,全场共选举妇联委员61名。全场建立村(居委会)妇代会73个,组建率100%。1992年和1998年,按照“精干、务实、高效、节支”的原则,林场先后两次对场部机关及乡镇进行了改革,林场妇联与组织部合署办公,定编1名,设妇联副主席1名,设立乡镇(工区)妇联,定编8名。2006年6月,管理区妇联按有关章程设置,与区党委工作部合署办公,设副主席1名。7乡1镇设立妇联主席8名(2名专职,6名兼职)。现全区共有乡(镇)妇联8个,村(居委会)妇代会73个,村“妇女之家”活动阵地22个。

二、主要活动

工会女工委员会建立后,特别是妇联建立以来,以“四自”教育为中心,对妇女进行“自尊、自信、自立、自强”教育,提高了妇女的思想素质。妇联紧紧围绕党的中心工作,以“三八”“六一”节日庆祝活动为载体,开展各类座谈会、表彰会、健身娱乐活动、普法知识抢答赛、创建“三八”纪念林、走访慰问等活动。2010年通过开展典型选树活动，涌现出许多五好家庭，科技致富带头人，妇女工作先进个人。2011年，全区共有“五好文明家庭”7户、“清廉家庭”6户，“巾帼科技致富带头人”8名，“妇女工作先进个人”6名，“先进女职工”20名，妇女工作先进单位8个。2012年，成功推荐黄永红为永州市“三八红旗手”，金洞镇白泡迴村“妇女之家”为永州市示范妇女之家。

双学双比、巾帼建功 1985年，林场妇联在农村妇女中广泛开展学文化、学科学、长才智、作贡献的“两学”活动。1989年在“两学”的基础上，开展学文化、学技术、比成绩、比贡献的“双学双比”活动，激发了广大妇女当“金花”的积极性。1991年以来，在全场开展“作四有四自女性，为八五计划建功”（简称“巾帼建功”）活动，妇联动员鼓励失业妇女大力实施“再就业工程”，引导她们转变就业观念，妇联积极组织协调有关部门先后举办各种技能培训班，受益农村妇女达1500余人。到2012年，全区妇女就业人数有14922人，就业率达96%，通过小额贴息贷款政策，妇联搭建“一站式”服务平台，帮扶女性自主创业人员243人，占全部自主创业人员58.3%，至2012年12月全区共发放妇女小额担保贷款985万元，发放贷款人数142人，占全区创业贷款总额74%，受益妇女142人，带动妇女就业人数420人。

维护妇女儿童合法权益 妇联坚决贯彻“热心、耐心、关心、爱心、尽心”等五心原则，认真接待每一位来访者，妥善处理每一项纠纷，直到来访者满意为止。在具体的纠纷调处中，充分运用新《婚姻法》《妇女儿童权益保护法》等法律法规为广大妇女、儿童伸张正义，打击邪气，消除偏见。2011年，全区22个村级活动阵地都设立妇女之家，配备各类书籍供妇女同志们学习，加强自身的素质教育建设，让妇女同胞们有自己的维权空间和诉说场所，建立妇女来信来访记录本。据不完全统计，1984年以来，没有发生一起因接待而出现重复上访，没有一起恶劣案件发生，受到社会各界的好评。

关心妇女儿童 全场由1984年的一所机关幼儿园，发展到1986年51所农村学前班，入园儿童1160人。1984年以来，以“六一”为契机，妇联协调配合有关部门开展以农村留守儿童、贫困儿童、孤残儿童代表为主要对象的慰问活动达20余次，受助儿童300余人。2011年全区共推荐5名贫困女中学生免费到长沙环球职业中专修学习三年，统一组织报名、资格审核、体检，入学，确保贫困女初高中学生受益。关心妇女健康，各级妇女组织主动加强与卫生医疗机构、计划生育服务站的联系和配合，推进农村妇女“两癌”检查、免费婚检、免费健康检查、咨询等项目活动的实施，为广大农村妇女健康保驾护航。2009年至2012年，全区各级妇联扎实开展团体女性安康保险活动，共组织779人参保，共投保经费15580元，为妇女安康保驾护航。

第四节 科学技术协会

一、组织设立

金洞管理区科学技术协会于2009年7月29日依金办发〔2009〕42号文件设立，机构和人员编制为正科级事业单位，人员定编5人（设主席1人，副主席1人，内设普及部和学会部）。其职责是：开展学术交流，活跃学术思想，促进学科发展，推动自主创新。弘扬科学精神，普及科学知识，传播科学思想和科学方法。捍卫科学尊严，推广先进技术，开展青少年科学技术教育活动，提高全民科学素质。反映科学技术工作者的建议、意见和诉求，维护科学技术工作者的合法权益。在区科协的帮助下先后成立林学会、农技协会、计生协会、卫生学会、教育学会、财会学会等学会。

二、活动纪略

科普活动 区科协依据《科学技术普及法》和科协章程赋予的职责，围绕"科教兴区"战略和区党委、管委会的中心工作，经常开展以科普宣传、科技培训、示范、咨询服务为内容的系列科普活动。精心组织每年的科技活动周和全国科普日。2010年积极配合市科协在凤凰乡开展"五下乡活动"。2012年凤凰乡创建为市级科普示范乡镇。

学术交流 区科协和各学会围绕经济建设、科技发展，组织和动员科技人员撰写学术论文，2009~2012年全区共撰写论文22篇，刊发论文12篇。为开拓视野，加强与发达地区的科技交流，积极参加市科协组织的赴台、到南宁等地区的考察交流。

科普示范 加强科技示范户的培养，推进科普示范基地建设，依据本区实际情况，大力发展特种养殖、珍稀花卉苗木的培训、绿色蔬菜、瓜果的种植，共培养的市级科技示范户11户（陈志明，奉国平、段铁山、刘联春、邓远芳、邓远龙、邹建远、李发生、李件秀、邓海英、邓爱明）省级示范户3户（邓秋莲、邓联春、邓远龙）。2009年，管理区石鼓源乡中药材种植示范基地创建为省级科技示范基地。2012年，金洞管理区浯峰茶业协会荣获全市先进农村专业技术协会称号，金洞管理区被评为屹兴特种野猪养殖示范基地。2009年，凤凰乡开展市级科普示范乡镇创建工作，并于2012年顺利通过验收。

第五节 残疾人联合会

金洞管理区残联成立于2011年3月，属金洞管理区民政局的内设机构，安排一名专职工作人员负责残联工作，主要职责是维护残疾人合法权益，团结教育残疾人，为残疾人服务、管理和发展残疾人事业。

金洞管理区辖有残疾人3360人，占全区总人口的0.6%，其中办证的符合国家标准的七类残疾人有850人，占全区总人口的0.152%。到2011年，办理残疾证320本。区残联成立以来召开残疾人座谈会一次，走访慰问特困残疾人20余人，捐赠轮椅车5台，免费残疾人培训共投入资金9万余元，参加职业技能培训6人，实用技术培训105人，支持残疾人开办个体经营店10家，有摩托车修理店、理发店、南杂店、电视机维修店等。帮助安排一批残疾人去祁阳鞋厂、石鼓源乡制衣厂和药材基地、上司源乡的吾峰茶叶基地就业30余人。围绕残疾人康复工作这一主题，共完成康复任务8例，为一名听力残疾人免费佩戴助听器，为8名精神残疾患者发放精神住院补贴2.4万元，为农村贫困残疾人“危旧房改造项目”20户发放资金9万元，“阳光家园工程20户”，发放资金1.2万元。积极开展项目维权，为15户残疾人家庭进行无障碍改造，为残疾人生活提供方便，共投入资金5.25万元，为70多户残疾人家庭落实了低保。

第三章　其他党务及重大决策

第一节　其他党务工作

一、党校教育

金洞管理区建立后，2007年12月成立金洞管理区党校，与区党委工作部合署办公，党校干部培训以短期轮训为主。到2011年年底，共办短期培训班3期，培训人员112人。

二、老干部管理

1984年，实现场乡合一后，金洞林场、金洞管理区组建老龄办与工会合署办公，退休干部由组织部和老龄办共同管理。管理区新建一栋二层250平方米老年活动中心，2007年9月建成1个门球场，每年组织门球竞赛5余次。

三、关心下一代

1987年10月成立金洞林场关心下一代协会。1999年10月更名为金洞林场关心下一代工作委员会。2007年12月更名为金洞管理区关心下一代工作委员会，开展爱国主义、集体主义教育。以关协基金为依托，扶助贫困学生。

第二节　重大决策

一、建立完善农村联产承包责任制

1982年11月，金洞区委按照祁阳县委制定下发的关于包产到户生产责任制《实施办法》等3个文件要求，于1983年全区统一实行了联产承包责任制。1984年初执行中央1号文件，将联产的土地承包期延长15年以上。5月下旬，按照祁阳县的统一部署，在全区内农村全面开展以稳定完善家庭联产承包责任制和统分结合的双层经营体制为主要内容的深化农村改革工作，至1985年结束。1994年，按照省地的统一部署，全区农村进行以延长耕地承包期，建立土地流转机制为主要内容的改革，坚持“大稳定，小调整”和“增人不增地，减人不减地”的原则，将农村延包的田、土延长30年不变。全区525个村民小组全部签订承包合同，发放土地经营书12310本。

二、落实政策

中华人民共和国成立以来，我国经历多次政治运动，导致一些冤假错案。为正本清源，维护社会稳定，根据中央和省地有关文件精神，金洞林场于1986年3月成立落实政策办公室，通过内查外调，对123名处分清退人员澄清事实，分门别类作出处理。其中收回重新安置工作12人，直接办理退休手续19人，一次性困难补助21人，按40%解决社会救济金36人，对不符合落实政策的35人做好宣传教育解释工作。此外，还为44人支付社会救济费2475元。1989年5月30日，金洞林场撤销落实政策办公室。

第四篇 人大 政府 政协

第一章 人民代表大会

第一节 人大机构

金洞从1987年起，设立人大工作联络处，接受祁阳县人大常委会和金洞管理区（林场）党委双重领导，指派专职人员联系乡镇人大工作，主要做好各乡镇人大主席团与祁阳县人大常委会的联络工作、处理各乡镇人大主席团相关事务。2011年年底，全区有7个人大主席团，分别为金洞镇、小金洞乡、晒北滩瑶族乡、上司源乡、石鼓源乡、凤凰乡、白果市乡人大主席团。

第二节 代表选举

金洞基层普选工作始于1954年，至1963年先后进行5次普选，即由选民直接等额选举产生乡镇人民代表大会代表，然后召开乡镇人民代表大会，选举参加祁阳县人民代表大会代表。“文化大革命”时期，基层未进行选举。直接选举始于1980年，即把直接选举人大代表的范围扩大到县一级，实行县、乡（镇）直接选举人大代表；均按照差额选举的规定和无记名投票方法选举产生。

金洞参加祁阳县一至五届人民代表大会的代表都是普选产生的。历届祁阳县人大代表基本情况如下：第一、二届参加祁阳县人大代表名单因资料缺失，情况不详。第三届县人大代表为51名，其中凤凰乡5名；金洞乡9名；小金洞乡10名；大岭下乡10名；鸭婆凼乡5名；晒北滩乡5名；白果市乡7名。第四届金洞区县人大代表为32名。第五届金洞区县人大代表22名，其中男18名，女4名。第六届人民代表大会因处于“文化大革命”时期，没有选举代表。第七届人民代表大会代表是通过协商选举产生的。金洞代表团有县人大代表56名，其中男46名，女10名。第八届至第十五届县人大代表都是直接选举产生的。第八届有县人大代表24名，其中男20名，女4名。第九届有县人大代表23名，其中男18名，女5

名。第十届有县人大代表21名,其中男17名,女4名。第十一届有县人大代表21名,其中男17名,女4名。第十二届有县人大代表20名,其中男15名,女5名。第十三届有县人大代表15名,其中男10名,女5名。第十四届有县人大代表16名,其中男11名,女5名。第十五届有县人大代表17名,其中男12名,女5名。

第三节 代表活动

金洞代表在会议期间充分行使各项代表职权,参与审议、表决、选举等议程,并依照法律规定的程序,提出议案。在历届县人民代表大会上,均提出质量较高的议案1至2件,对各方面工作的建议、批评和意见达15件次。金洞人大工作联络处重视代表的学习培训,加强与代表的联系,认真组织代表在闭会期间的活动,组织代表向选民述职、接受监督,开展创先争优活动。从1986年起,组织各届代表学习《中华人民共和国宪法》《中华人民共和国全国人民代表大会和地方各级人民代表大会代表法》《中华人民共和国全国人民代表大会和地方各级人民代表大会选举法》《中华人民共和国地方各级人民代表大会和地方各级人民政府组织法》等40多人次,讨论如何做好新形势下的人大工作,更好地行使代表职责。1994年,金洞镇人大主席团围绕农村改革发展稳定的主旋律,组织县、镇两级人大代表开展以联系一个科技示范户、一个劳动致富户、一个扶贫户、一个遵纪守法户为主要内容的"人民选我当代表、我当代表为人民"的竞赛活动,产生了很好的社会效益和经济效益。活动开展以来,代表和"四联户"新办加工厂12个,扩大养殖场130多个,新垦种植场286个。人大主席奉明端联系一居委会科技示范户邓俭生在家里办起粉丝厂,添置农用运输车,还播种7亩苗木,1994年收入达10万元以上。这种以代表为龙头、以"四联户"为主体的专业户在金洞林区广泛推广,其先进事迹曾在《祁阳报》《永州日报》刊载。历届、历年来多个乡镇人大主席团获"县人大工作先进单位"荣誉称号,获"优秀代表"荣誉称号20余人。

金洞1978~2007年出席省、市人民代表大会名单

4-1-1

级别	届次	任期	姓名	性别	民族	当选时职务
省级	第五届	1978年至1982年	赵先荣	男	瑶族	晒北滩公社小茗洞大队党支书
			盘伍英	女	瑶族	晒北滩公社大源里大队社员
省级	第六、七、八届	1982年至1998年	赵开成	男	瑶族	金洞区区长、金洞林场副场长
省级	第九、十届	1998年至2008年	赵文英	女	瑶族	金洞林场人民医院护士
省级	第十一届	2008年起	赵小艳	女	瑶族	凤凰乡中心小学教师
市级	第一届	1996年至2001年	聂中阳	男	汉族	金洞林场场长
		2001年	赵翠英	女	瑶族	晒北滩分场工人
市级	第二届	2001年至2007年	李秧田	男	汉族	金洞林场场长
			文楚南	男	汉族	金洞林场林业技干

续表 4-1-1

级别	届次	任期	姓名	性别	民族	当选时职务
市级	第三届	2007 年至	盘贵元	男	瑶族	金洞管理区党委副书记、管委会主任
			蒋　琳	女	汉族	金洞管理区卫生局局长

第四节　乡镇人民代表大会

乡镇人民代表由选区选民直接选举产生，乡镇人民代表大会间接选出县人大代表。1980 年进一步扩大民主，县人大代表改为由选区选民直接选举。1987 年以前，乡镇代表大会没有常设的权力机关，仅以会议的形式行使法律赋予的权力。乡镇代表由选民直接选举产生。1987 年 3 月各乡（镇）召开人民代表大会时，依法选举 5~7 人组成的主席团，并设一名专职常务主席，负责处理乡（镇）人民代表大会闭会期间的日常事务。乡（镇）人大主席一般是同级党委委员。每届任期 3 年，到 2001 年改为每届任期 5 年。

1998 年 1 月，金洞林场设人大工作联络员，编于组干科。1993 年改设人大联络处，设主任 1 人，直接由县人大常委会指导，并具体指导各乡镇人大工作。

金洞 1987 ~ 2011 年各乡镇人大主席团主席名录

4-1-2

乡 镇	届 次	担任时间	姓 名	职 务
金洞镇	七	1987.03–1989.02	黄仁爱	主席
	八	1989.10–1992.10	奉明华	主席
	九	1992.10–1995.10	奉明端	主席
	十	1995.10–1998.10	奉明端	主席
	十一	1998.10–2001.11	奉明端	主席
	十二	2001.12–2007.08	刘祥武	主席
	十三	2007.08–	蒋国运	主席
小金洞乡	七	1987.03–1989.12	周昌益	主席
	八	1990.01–1993.10	周昌益	主席
	九	1993.11–1996.09	金田春	主席
	十	1996.10–1999.09	金田春	主席
	十一	1999.10–2002.10	金田春	主席
	十二	2002.11–2007.08	郑纯志	主席
	十三	2007.10–2010.04	肖祥明	主席
		2010.05–	滕志雄	主席

续表 4-1-2

乡镇	届次	担任时间	姓名	职务
上司源乡	七	1987.03–1989.02	李有映	主席
	八	1989.03–1992.08	李名将	主席
	九	1992.09–1998.12	盘明良	主席
	十	1999.01–2001.01	刘祥武	主席
	十一	2001.09–2005.12	吕朝生	主席
	十二	2006.01–2011.03	桂 潇	主席
	十三	2011.04–	罗厚莲	主席
石鼓源乡	七	1987.03–1989.09	柏学书	主席
	八	1989.10–1992.10	柏学书	主席
	九	1992.10–1995.10	周昌益	主席
	十	1995.10–1998.10	周昌益	主席
	十一	1998.10–2001.06	邓金福	主席
	十二	2001.10–2006.02	张治国	主席
	十三	2006.03–2009.12	奉新国	主席
		2010.05–	苏刘振	主席
凤凰乡	七	1987.03–1989.12	奉明端	主席
	八	1990.01–1992.09	奉明端	主席
	九	1992.10–1995.09	石瑞禄	主席
	十	1995.10–1998.10	石瑞禄	主席
	十一	1998.11–2001.11	管毓泰	主席
	十二	2001.12–2003.02	邓阳春	主席
		2003.03–2007.09	邓 菲	主席
	十三	2007.10–	袁 波	主席
白果市	七	1987.03–1989.02	石瑞禄	主席
	八	1989.02–1992.10	石瑞禄	主席
	九	1992.10–1995.10	邓甲德	主席
	十	1995.10–2001.05	郑纯志	主席
	十一	2001.06–2003.06	杨克林	主席
	十二	2003.06–2007.08	邓阳春	主席
	十三	2007.08–2011.07	彭艳飞	主席
		2011.08–	刘富春	主席
晒北滩乡	七	1987.3–1990.1	金田春	主席
	八	1990.1–1992.12	奉明凤	主席
	九	1992.12–1995.10	邓康凤	主席
	十	1995.10–1998.11	邓康凤	主席
	十一	1998.11–2001.12	盘金美	主席
	十二	2001.12–2007.10	邓凤鸣	主席
	十三	20007.10–2010.2	李宁信	主席
		2010.2–2012.3	刘家顺	主席

第二章 行政机构

第一节 管理区委员会

2006年成立金洞管理区，保留金洞林场牌子。管理区委员会设立主任一名，副主任若干名。实行一个机构、两块牌子。原所属乡镇不变，增加2011年新成立的万宝山乡，至此金洞管理区所辖7乡1镇，所属内设机构按市2006年编办精神分设以下机构。

管理区管委办公室（加挂人事局、统计局、信访局）

发展和改革委员会（加挂交通局、环境保护局、国土资源局、城建规划房产局、物价局）

农村工作局（加挂林业局、农业局、水利局、畜牧水产局、农机管理局、移民开发办）

财政局（加挂民政局、劳动和社会保障局、农业开发办）

经济贸易局（加挂旅游外事侨务局、商务局〔招商合作局〕、安全生产监督管理局）

社会事业发展局（加挂人口与计划生育委员会、教育局、文化体育局、卫生局、科技局、广播电视局）

公安局

第二节 管理区（场）行政、乡镇政府

一、区（金洞区）场（金洞林场）行政机构

1950年3月，宁远县将金洞建制为宁远县第八区人民政府，自此，金洞境内新政权建立。1952年10月更名为宁远县第十一区公所，1954年6月划归祁阳县管辖，定名为祁阳县第十二区公所。1955年7月定名为金洞区公所，由此以金洞冠名的新政权产生。1956年7月祁阳县撤销金洞区公所，1961年5月祁阳县又恢复金洞区公所，之后一直沿袭到1984年5月，零陵行署决定撤销金洞区，所属6乡1镇由金洞林场代管。金洞区公所的历史告一段落。金洞区域内以场带乡、场乡联营的新管理体制应运而生。

1954年，为加强国有林地的管理，建立湖南祁阳林区经营管理局（驻金洞），1956年撤销建立金洞森林管理所。1958年1月，改金洞森林管理所为祁阳县金洞林场，由省县双重领导。1960年2月，又将祁阳县金洞林场改为金洞农林垦殖场，归省林业厅领导。1961年8

月，为进一步调整管理体制，又将金洞农林垦殖场改为金洞林场，归衡阳地区领导，至1983年金洞林场划为零陵地区管辖。1984年，根据零陵地区行署〔84〕2号文件精神撤销金洞区，金洞区所辖6乡1镇由金洞林场代管，实行以场带乡、场乡联营的新的管理体制。至2006年，成立金洞管理区。金洞林场(管理区)自建场(区)以来，场(区)长、副场(区)长全部由上级组织任命，无届次。自1998年开始，市委根据金洞林场、管理区干部职数比例任命一些同志为调研员、助理调研员。

二、区(原金洞区)场(金洞林场)行政直属机构

(一)原金洞区行政直属机构

1950年3月，建立宁远县第八区人民政府(驻金洞)所辖21个乡政府(大坝头乡、白果市乡、凤凰乡、秧田乡、水东乡、金洞乡、白泡回乡、枣树坪乡、江口乡、小金洞乡、鸭婆凼乡、大茅坪乡、白沙源乡、小茗洞乡、三叉岭乡、枧下乡、蒋家冲乡、石鼓源乡、南冲源乡、借古岭乡、乐山乡)。1952年10月更名为宁远县第十一区，1954年划为祁阳县定名为祁阳县第十二区，以上所属乡政府未变。1956年，根据国务院指标精神撤区并乡。金洞区所辖21个乡合并为8个乡(即金洞乡、小金洞乡、白果市乡、晒北滩乡、大岭下乡、鸭婆凼乡、凤凰乡、大江乡)。1958年9月，金洞所属8个乡政府又改名为6个政社合一的人民公社，即金洞人民公社、卫星人民公社(驻地凤凰)、林海人民公社(驻地江口)、乐园人民公社(驻地白果市)、火箭人民公社(驻地晒北滩)、跃进人民公社(驻地石鼓源)。1959年5月，对人民公社体制进行调整，金洞所辖6个公社，即金洞人民公社、小金洞人民公社、晒北滩人民公社、白果市人民公社、石鼓源人民公社、大江人民公社。1961年，恢复区公所。金洞区公所下属行政机构有金洞公社、小金洞公社、晒北滩公社、白果市公社、凤凰公社、上司源公社。1964年7月，石鼓源公社又从祁阳县黄泥塘区划回归金洞区管辖。1984年零陵行署决定撤销金洞区，所辖6乡1镇归金洞林场代管。2007年，成立金洞管理区。6乡1镇由金洞管理区管理，到2011年万宝山工区改为万宝山乡，其余不变，所属行政工作由金洞管理区领导。

(二)金洞林场内设机构

金洞林场的前身最早是祁阳森林经营管理局，当时行政机构设置有经理科、经营科、行政科。

1956年更名为金洞森林经营管理所，由祁阳县管辖，设置6个营林区，29个营林段。

至1963年正式定名为金洞林场，属衡阳地区管辖，内设办公室、营林科、森工科、财务科、劳计科。

后经几次调整，1979年林场设置营林科、森工科、劳计科、财务科、保卫科、多种经营科、办公室。

1984年金洞体制改革，实行场、乡联营新的管理体制，乡镇与分场(工区)合署办公，保留万宝山工区，牛头山综合厂、大江分场，场机关设置有办公室、农贸办、宣教科、营林科、科技科、森工科、基建物资科、劳资科、公安分局，另加林工商公司、综合服务公司，1986年增设行政科。

1993年林场进行机构改革，内设两部(政治工作部、经济工作部)，一室(办公室)、一所

(科技研究所)、一校(职工学校)、公安分局,年底新成立林业开发公司,山区经济开发公司。

2000年,再次进行改革。场机关设办公室、劳动人事科、计划财务科、营林资源科、森工科、经营发展科、教育科、国土城建科、公安分局、基建物资科、农村工作委员会,之后又增设旅游科、公路建设指导部、清理整顿经济秩序办公室、会计核算中心、木材销售结算中心。

2007年,场机关仍内设财务科、林业生产科、经营管理科、森林资源保护与开发利用中心。

第三节　综合政务

一、信访工作

金洞林场信访办公室前名叫金洞林场落实政策办公室,于1984年成立。当时的工作重点是接待、复查历次政治运动和其他事件中造成的各种冤假错案。到1990年,先后受理和复查各类案件1789件,平反纠正冤假错案1611件。1990年2月,落实政策办撤销,其业务全部交由新成立的金洞林场信访办公室,信访办公室归口金洞林场党政办管理。信访办公室工作重点是接待和协助处理群众来信来访,重点是协助处理下岗职工的生活、农民负担、退休职工领取养老金、山林权属纠纷、水利田土纠纷等问题。

2007年,成立金洞管理区信访局,归口金洞管理区党政办公室管理。在全区实行“一把手”负责制、公开承诺制、首问责任制、律师援助信访制度、领导包案、责任追究、领导接待日7项制度。2011年,全年共受理来信来访187件次,立案66起,结案66起,结案率100%。

二、依法行政

金洞林场法制工作从2006年5月正式开展,当时由林场党政办公室、营林科共同派员组成。主要工作是与祁阳县人民政府就晒北滩林权纠纷问题进行行政复议,由永州市人民政府法制办受理。2008年9月,金洞管理区法制办设立,归口管理区党政办管理。法制办公室主要负责对管理区和以管理区办公室名义颁布的规范性文件审核把关,确保内容与法律、法规相一致。同时,还承担着管理区行政复议、应诉和行政执法监督工作。2010年12月,永州市人民政府以永政发〔2010〕7号文件,全面授予管理区行政执法权和行政执法监督权。2011年,管理区对各行政执法机关的行政执法人员实行上岗培训,举办行政执法培训班2期。对考试合格者发给省政府统一印制的行政执法证,执法人员执证上岗,亮证执法。2011年起,在全区各行政执法单位和各乡镇及办事处,全面推行责任追究制、目标管理责任制。法制办代表管理区对全区各行政执法机关进行主体资格、执法权限、执法内容、执法程序、执法依据等进行全方位监督,发现错误及时纠正,协调执法过程中的矛盾和问题。

三、政务公开

金洞管理区政务公开工作始于2008年,在1个乡镇、1个村、2个区直单位、1个企业先行试点。2010年全面推进政务、村务、厂务、校务公开。全区29个部门单位和8个乡镇、73个行政村全部实行政务公开，分为政务和财务两个部分，重点对群众反映强烈的财务问题予以查处。2012年，管理区开始探索"一站式审批""一条龙服务"，政务服务中心建设正式拉开帷幕。

第四节 金洞历届行政及领导名单

1954年6月以前，金洞林区属于宁远县管辖，下辖21个小乡。1950年3月，宁远县在金洞地区建立为第八区，设立区人民政府，1952年10月更名为宁远县第十一区。1954年6月，省政府民字141号文件批复，将宁远县第十一区划归祁阳县管辖。

1950～1955年金洞区公所行政领导名单

4–2–1

时间	区长	任期	副区长	备注
1950.3	张景相(主席)	1950.03–1952.09		宁远县第八区人民政府
1952.10	缺	1952.10–1954.06	雷远胜、蒋友桂	宁远县第十一区区公所
1954.6	刘恩河	1954.12–1955.11	雷远胜、赵开艮	祁阳县第十二区区公所
1955.11	缺	1955.11–1956.06	雷远胜	祁阳县第十二区区公所

1956年7月后，祁阳县撤销区公所，设立50个大乡，金洞林区下辖金洞乡、小金洞乡、晒北滩乡、白果市乡、凤凰乡、大岭下乡、鸭婆凼乡7个大乡。

1958年10月，祁阳县进入初期的人民公社时期。人民公社时期，祁阳将全县50个乡3个镇撤销，建立人民公社。金洞乡建立金洞公社，小金洞乡建立林海公社，晒北滩乡建立火箭公社，白果市乡建立乐园公社，凤凰乡与大江乡合并建立卫星公社，大岭下乡、鸭婆凼乡合并建立跃进公社。1959年1月，祁阳县将25个人民公社划分为18个人民公社，金洞林区6个公社以公社驻地名称命名。1961年5月，祁阳撤销全县18个公社，同年8月，恢复建立12个区公所，金洞林区建立金洞区区公所，辖金洞、小金洞、晒北滩、白果市、凤凰、上司源、石鼓源(1964年4月并入)7个人民公社。

1961~1964年金洞区公所行政领导名单

4–2–2

时间	区长	籍贯	任期	副区长	备注
1961.8	毛富常	祁阳	1962.4–1964.7	邹荣(1963.2任)	
1964.7	文元善	祁阳	1964.7–	邹荣(1965.9免)柏道隆(1966.3任)	

“文化大革命”初期，金洞区公所、公社的政权机构被冲击瘫痪。1968 年 10 月，成立金洞区革命领导小组，辖金洞、小金洞、晒北滩、白果市、凤凰、上司源、石鼓源 7 个公社革委会。

1968~1976 年金洞区革命领导小组行政领导名单

4-2-3

时间	组长	籍贯	任期	副组长	备注
1968.10	朱敦祥	祁阳	1968.10–1972.11	李良义、欧阳天和、王菊香、张宏开、赵承志、柏道隆、赵彩云	
1972.11	黄履武	祁阳	1972.11–1973.12	欧阳天和、王菊香、张宏开、赵承志、赵彩云、邓其海	
1973.12	欧阳天和	宁远	1973.12–1976.10	王菊香、赵承志、赵彩云、邓其海、王远伍、刘金生、孙永恩	
1976.10	欧阳天和	宁远	1976.10–1978.8	刘金生、孙永恩、欧阳水才	

1978 年 8 月，撤销金洞区革命领导小组，设立区公所。

时间	区长	籍贯	任期	副区长	备注
1978.8	赵开成	祁阳	1978.8–1982.2	孙永恩、蔡坤	
1982.3	缺		1982.2–1984.3	孙永恩、蔡坤	

1984 年 4 月，根据零陵地区〔84〕2 号文件精神，撤销金洞区建制，金洞区的 7 个乡划归金洞林场代管。

1954~2014 年金洞林场（金洞管理区）行政领导名单

4-2-4

时间	区（场）长、管委会主任	籍贯	任期	副区（局、所、场）长、管委会副主任、副调研员	备注
1954.8.1	赵芳	河北省玉田县	1955.4–1956.5	张志强	祁阳森林经营管理局
1956	--	--	--	雷远胜、蒋友桂	森林经营所
1958	史金水	山西省	1958.2–1962.6	--	国营祁阳金洞林场
1958.11	史金水	山西省	1958.2–1962.6	雷远胜、刘振球、唐明高	农林垦殖场
1962	苏化中	山西省	1962.3–1971.11	原东山、冯振球、郑寅初	国营祁阳金洞林场
1962.9.8	苏化中	山西省		原东山、郑寅初	国营祁阳金洞林场
1969	--	--	--	姚家友、冯广顺、周昌业、赵知秀	文化大革命期间
1971	刘才凡	衡阳县	1971.10–1972	郑寅初、苏化中、边国达、周昌业、赵知秀	文化大革命期间
1972	邓吉昌	宜章县	1971.10–1972	周辆轮、苏化中、边国达、郑寅初、周昌业	文化大革命期间
1975	刘云楼	祁东县	1975.10–1979.9	郑寅初、周辆轮、陈安庄、陈景球、邹祖谦、李光明	国营祁阳金洞林场
1979.3	陈安庄	祁东县	1979.9–1984.1	陈景球、李光明、唐恒、唐顺英、郑寅初、邹祖谦、蔡阳生、李世祝	

续表 4-2-4

时间	区(场)长、管委会主任	籍贯	任期	副区(局、所、场)长、管委会副主任、副调研员	备注
1984	蔡阳生	桃江县	1984.1-1986.9	陈景球、李光明、李世祝、邱祁生(1984.9 任)、唐恒、赵开成(1984.7 任)、、徐政文(1985.11 任)、胡吉祥(1984.9 任,1985.11 调离)、唐顺英	
1986.9	刘敦云	祁阳县	1986.9-1991.3	李光明、邱祁生、李世祝、唐恒、赵开诚、徐政文、唐冬元	
1991.3	邱祁生	江华县	1991.3-1995.12	唐恒(1995.7 退)、赵开成、陈友森(1995.6 改任副书记)、邓化春(1991.2 任)、李长文(1995.6 任)、冯祥文(1995.6 任)	
1995.12	聂中阳	祁阳县	1995.12-1997.5	赵开成、李长文、冯祥文、桂发生	
1997.5	李秧田	祁阳县	1997.5-2002.11	赵开成(1999 年退)、李长文、冯祥文、桂发生、李书明(省派挂职 1997-1998)	
2002.11	盘贵元	双牌县	2002.11-2009.6	冯祥文(2007.6 改任工会主席)、肖铁山、桂发生、夏铁桥、邓彪(2007.6 任)邓观生、李映苏(2003.12 任)	2007.6 成立金洞管理区
2009.6	盘贵元	双牌县	2009.6-2010.6	桂发生、肖铁山、夏铁桥、邓彪、黄守成(2009.8 任)邓观生、李映苏、李春祥(2007.6 任)	主持全盘工作
2010.6	桂发生	祁阳县	2010.6-2014. 9	肖铁山、夏铁桥、邓彪、黄守成、邓观生、李映苏、李春祥、肖申华(2009.8 任)、周旺生(2011.2 任)	2012.9-2014.9 主持全盘工作
2014.9	邓扬中	冷水滩	2014.9-		

1956～2011 年金洞各乡(公社、镇)历届政府主要领导名录

4-2-5

单位	任职时间	姓名	职务	备注
金洞乡	1956.7-1958.9	奉明凤	乡长	
金洞公社	1958.10-1961.4	曾宪植	社长	
	1962.5-1963.2	易雅民	社长	
	1963.2-1966.2	谢永瑛	社长	
	1963-	文建宇	社长	
	1968.3-1971.2	王时杰	革委会主任	
	1971.3-1973.9	谢荣周	革委会主任	
	1973.9-1976.7	唐向民	革委会主任	
	1976.7-1979.5	刘佰通	革委会主任	
	1979.5-1980.10	奉汉民	革委会主任	

续表 4–2–5

单位	任职时间	姓名	职务	备注
金洞公社	1980.10–1981.8	陈常新	管委会主任	
	1982.2–1985.8	奉明凤	管委会主任	
金洞乡	1984.9–1985.8			
金洞镇	1985.8–1986.3	唐基乡	镇长	
	1986.5–1995.8	陆德邵	镇长	
	1995.9–1998.7	张治国	镇长	
	1998.8–2001.8	奉智	镇长	
	2001.9–2006.2	周旺生	镇长	
	2006.2–2007.11	周光卓	镇长	
金洞镇	2007.11–2010.4	邓文辉	镇长	
	2010.2–	奉荣华	镇长	
小金洞乡	1956.7–1958.9	奉文循	乡长	
林海人民公社	1959.10–1959.1			
小金洞公社	1959.2–1961.4			
	1961.6–	刘佰通	社长	
	1968.9–1969.8	邓国授	革委会主任	
	1969.8–1970.8	欧守祥	革委会主任	
	1970.8–1973.1	谢永瑛	革委会主任	
	1973.1–1974.1	刘起祝	革委会主任	
	1974.1–1975.9	刘祯瑞	革委会主任	
	1975.9–1977.10	曾庆福	革委会主任	
	1977.10–1978.8	曾祥喜	革委会主任	
	1978.8–1979.5	谢荣周	革委会主任	
	1979.5–1980.1	李先堂	革委会主任	
	1980.31–1982.2	陈常新	管委会主任	
	1982.2–1984.8	奉明端	管委会主任	
小金洞乡	1984.8–1985.8	奉明端	乡长	
	1985.8–1987.12	李春祥	乡长	
	1988.1–1992.1	邓先通	乡长	
	1992.1–1998.3	邓先华	乡长	
	1998.4–2001.6	许松柏	乡长	
	2001.6–2006.6	肖申华	乡长	
	2006.6–2009.10	汪桂林	乡长	
	2009.10–	周君荣	乡长	
大岭下乡	1956.7–1958.9	邓梅生	乡长	
跃进人民公社	1958.10–1959.1			
石鼓源公社	1959.2–1968.5			
	1962.5–1962.11	邹琪	社长	
	1962.12–1968.8	段观初	社长	

续表 4-2-5

单位	任职时间	姓名	职务	备注
石鼓源公社	1968.12-1969.3	冯万章	革委会主任	
	1969.3-1971.12	李昭才	革委会主任	
	1971.12-1972.11	易福培	革委会主任	
	1972.11-1973.8	李德耀	革委会主任	
	1973.9-1978.10	谢荣周	革委会主任	
	1978.10-1979.5	杨富太	革委会主任	
	1979.5-1982.2	柏学书	革委会主任	
	1982.2-1984.8	李奇生	管委会主任	
石鼓源乡	1984.8-1992.5	谢华生	乡长	
	1992.6-1994.12	李有映	乡长	
	1995.1-1998.8	邓承荣	乡长	
	1998.9-2001.8	黄林生	乡长	
	2001.8-2003.5	邓金福	乡长	
	2003.6-2006.2	周光卓	乡长	
	2006.3-2009.12	张治国	乡长	
	2010.1-	李宁信	乡长	
鸭婆凼乡	1956.7-1957.10	邓仲隆	乡长	
	1958.5-1958.9	张昌平	乡长	
上司源公社	1961.6-1962.5	奉明惠	社长	
	1962.5-1968.9	邓仲隆	社长	
	1968.9-1972.1	邓仲隆	革委会主任	
	1972.2-1974.12	刘敦宏	革委会主任	
	1974.12-1978.10	杨富太	革委会主任	
	1978.10-1979.5	奉科文	革委会主任	
	1979.5-1982.2	奉明端	革委会主任	
	1982.2-1984.2	奉新发	管委会主任	
上司源乡	1984.2-1986.12	黄生贵	乡长	
	1987.1-1989.10	奉继程	乡长	
	1989.10-1991.12	金田春	乡长	
	1992.1-1993.12	樊铁桥	乡长	
	1994.1-1997.12	李冬虎	乡长	
	1998.1-2001.9	陈四春	乡长	
	2001.10-2006.2	邓开国	乡长	
	2006.2-2010.2	刘保国	乡长	
	2010.2-2011.12	邓子发	乡长	
凤凰乡	1956.7-1958.9	邓联吾	乡长	
卫星人民公社	1958.10-1959.1			
凤凰公社	1961.6-1961.10	石瑞禄	社长	
	1962.5-1964.12	刘庆华	社长	

续表 4-2-5

单位	任职时间	姓名	职务	备注
凤凰公社	1964.12-	江上文	革委会主任	
	1968.9-1973.9	邹荣	革委会主任	
	1973.9-1975.12	欧守祥	革委会主任	
	1975.12-1979.6	黄成章	革委会主任	
	1979.8-1980.11	蒋先才	革委会主任	
	1980.11-1984.3	金田春	管委会主任	
凤凰乡	1984.4-1985.11	金田春	乡长	
	1986.1-1987.8	奉新发	乡长	
	1987.8-1987.12	肖铁山	乡长	
	1988.1-1988.12	邓先涨	乡长	
	1988.12-1990.2	黄太山	乡长	
	1990.3-1995.9	李学书	乡长	
	1995.10-1998.2	江桂生	乡长	
	1998.3-2001.11	邓阳春	乡长	
	2001.12-2003.9	孙国庆	乡长	
	2003.9-2009.12	黄国龙	乡长	
	2009.12-	刘能华	乡长	
白果市乡	1956.7-1958.5	刘多双	乡长	
乐园人民公社	1958.5-1959.1			
白果市公社	1959.1-1961.4			
	1962.5-1966.3	邓联坤	社长	
	1966.3-1968.9	刘仁	社长	
	1968.9-1969.4	刘仁	革委会主任	
	1971.3-1975.4	桂兹善	革委会主任	
	1975.4-1976.3	伍敏生	革委会主任	
	1976.3-1978.8	唐发生	革委会主任	
	1978.8-1980.11	唐世舜	革委会主任	
	1980.11-1984.4	石瑞禄	管委会主任	
白果市乡	1984.5-1986.5	曾祥喜	乡长	
	1986.5-1987.8	刘德忠	乡长	
	1987.9-1989.12	聂名珑	乡长	
	1989.12-1991.12	夏铁桥	乡长	
	1992.1-1995.6	吕朝生	乡长	
	1995.6-1996.12	邓凤鸣	乡长	
	1997.2-1998.12	黄守成	乡长	

续表 4-2-5

单位	任职时间	姓名	职务	备注
白果市乡	1998.6-2002.12	李良孝	乡长	
	2003.1-2005.12	冯校艳	乡长	
	2006.1-2011.5	徐天柱	乡长	
	2011.6-	刘金红	乡长	
晒北滩乡	1956.7-1958.9	缺		
火箭人民公社	1958.10-1961.4	缺		
晒北滩公社	1961.6-1962.5	赵开艮	社长	
	1962.5-1968.9	吴月清	社长	
	1968.9-1970.9	赵清林	革委会主任	
	1970.9-1974.12	伍芝华	革委会主任	
	1974.12-1978.10	欧阳水才	革委会主任	
	1978.10-1979.6	邓国授	革委会主任	
	1979.6-1980.10	孙永和	革委会主任	
	1980.11-1984.12	陈运祥	管委会主任	
晒北滩瑶族乡	1984.12-1987.3	赵勇	乡长	
	1987.3-1992.12	盘明良	乡长	
	1992.12-1995.10	冯祥文	乡长	
	1995.10-2001.11	李英贵	乡长	
	2001.11-2004.12	赵兴国	乡长	
	2005.1-2007.9	赵立新	乡长	
	2007.10-	赵开军	乡长	

分场(工区)历届行政主要领导名单

4-2-6

单位	起止时间	主任(场长)	备注
万宝山工区	1959.10-1960.4	黄光新	
	1960.4-1961.3	李才伟	
	1961.3-1962.8	邓茂树	
	1962.8-1979.4	赵正财	
	1979.4-1984.3	邓先仲	
	1984.3-1987.3	奉祥明	
	1987.3-1998.2	赵勇	
	1998.2-2002.2	邓承荣	
	2002.2-2007.2	奉青林	
	2007.2-2009.2	杨茜	
	2009.2-2011.3	谭龙峰	
	2011.3-2012.9	谭龙峰	代理乡长
金洞工区	1961.上-1961.下	俞清桂	

续表 4-2-6

单位	起止时间	主任(场长)	备注
金洞分场	1968-1972	周先施	
	1982.6-1984.4	王向初	
小金洞工区	1959.01-1959.7	王光新	
	1959.7-1968.12	周昌业	
小金洞分场	1963-1964	张保生	
	1979.10-1984.4	奉昌先	
晒北滩工区	1958-1960	代方江	
	1960.12-1961.12	邓太安	
	1962.8-1963.2	潘唤民	
晒北滩分场	1963.2-1969	邓杰	
	1978-1984.4	张承銮	
		刘大林	
		王达仁	
大江分场	1964-1966.2	欧德瑜	
	1972.03-1972.09	徐琨吾	
	1981.1-1983.10	张宜桂	
	1983.10-1985.12	杨富太	
	1985.12-	刘大林	
鸭婆凼工区	1958.01-1959.12	刘昌继	

第三章 人民政协

第一节 政协机构

金洞林场政协联络组成立于 1982 年，受金洞林场党委领导和祁阳县政协指导。2006 年，更名为金洞管理区政协联络组。委员参与祁阳县政协活动和会议，主要围绕经济社会发展大计，通过各种会议，组织委员撰写提案、视察考察、专题调研等形式，发挥政治协商、民主监督、参政议政、反映社情民意等作用。

第二节 委员产生

金洞历届政协委员严格按照《政协章程》和祁阳县政协关于委员的要求，分 18 个界别，由各单位、社会各界提名推荐，经政协党组、组织部、统战部联合考察，经政协主席会议和党委常委会议原则同意，提交上届政协常委会议协商确定。1982~2011 年，共产生祁阳县政协委员 53 名，其中中共党员 35 名，非党人士 18 名；产生市政协委员 5 名。

第三节 参政议政

金洞政协委员参加祁阳县政协会议，每年一次全会。听取和审议政协工作报告，列席祁阳县人大会，听取和讨论“一府两院”及计划、财政工作报告。就大政方针、重要人士安排等问题进行协商，提出建议。

第四节 调查研究及提案

1982~2011 年，金洞政协联络组共向祁阳县政协提交考察报告 22 份。委员共向祁阳县政协提交提案 120 余件，审查立案 120 余件，其中解决或基本解决的 56 件，占立案总数的 47%。1992 年，金洞政协联络组在经过深入调研后，写出了解决晒北滩民族中学办学难问题的专题报告，引起省民委的高度重视，正式批准该校为全省百所重点民族中学之一，并拨专款 6 万元，用于学校维修。赵先荣、邓光华、冯祯钰等委员多次提出的《关于解决少数民族生活困难、子弟上学难、看电视难等问题》的提案，促使祁阳县教委同意拨款为少数民族子弟中的特困生减免全部学杂费，确保入学率 100%，对升高中的降低 20~40 分录取。政协委员赵兴国提出的《关于做好做强祁阳旅游的建议》获 2008 年度优秀提案、建议案。2011 年，金洞政协联络组获祁阳县政协“创四好、展风采”活动先进单位。

第五节 政务

油榨铺电站建设 1992 年，林场决定举全场之力在金洞河泥凼组河段建设油榨铺电站，属金洞林场唯一的骨干企业，由金洞林场自主建设。电站装机容量 3×1250 千瓦。电站引水建筑物由引水坝、明渠、无压引水隧洞前池、压力管道组成，引水建筑物设计引水流量

32.1立方米/秒，引水线路1010米，坝高19.8米，长125米，引水坝控制集雨面积685000平方米，通过610米隧洞引水至上古河。工程总价值4181.1万元，其中贷款1787万元，林场投资2119万元，职工集体275.1万元。经过五年的艰苦奋斗，于1997年两台机组运营，1998年三台机组运营。2010~2011年，投资300多万元技术增容改造两台机组，装机2×1600+1×1250千瓦，总装机4450千瓦。

"531"工程建设　金洞林场党委、行政于2000年1月的三级干部会议上作出实施金洞林区"531"工程建设的决定，即用五年的时间改造好林区内主要干道(金洞至晒北滩瑶族乡、凤凰乡至白果市乡、三南路至石鼓源乡、小金洞乡至上司源乡)，全部建成柏油路；用三年的时间改造好农村电网，逐步形成林区电网一体化，解决城乡用电价格不统一、电力供应不足的矛盾，实现城乡用电同网同价；用一年的时间建设好金洞城区第一座无线移动电话基站。具体时段分为2000~2004年完成全区主干道改造，2000~2002年完成农网改造，2000年完成金洞城区移动基站建设。全区上下建言献策，群策群力，在资金筹措上，一是向上级争取财政支持；二是通过各种渠道筹措资金；通过银行贷款、引导民间资金投入，发动全场各单位和干部职工自愿捐款、农民投工投劳等形式参与建设。到2004年年底，"531"工程建设基本完成，总投入资金3760万元。其中：投入资金3000万元完成全区主干道改造68.694公里，投入资金650万元，完成65个行政村的农网改造(内下电站直供的小金洞乡土坳村、大桐村、油榨铺村、晒北滩瑶族乡的高笋塘村、小茗洞村、万宝山乡的胜利村、睦源村、白果市乡的桐子山村8个行政村当时未列入国家农网改造工程)，投入资金110万元。完成金洞城区大寨山金洞林区第一座无线移动电话基站建设并投入使用。到此，金洞林区的基础设施建设得到极大的改变，人民群众的生产生活条件得到极大的改善，有力的推动林区经济社会的快速发展。

区(场)办公中心建设　2006年经省人民政府批准成立永州市祁阳金洞管理区后，区机关的工作机构和职能部门按规定相继设立，原有的办公场所已不能适应工作需要，对此，管理区党委、管委决定兴建一座功能较齐全的办公中心，选址于机关院内，从规划设计到竣工用两年的时间建成一座功能比较齐全的且标准较高的中心办公大楼，占地面积900平方米，建筑面积3667平方米，总投资340万元。

金中水泥厂拍卖　1995年2月，金洞林场总投资3900万元，在黎家坪镇322国道旁的群力村地段创建金中水泥厂。经过一年多时间的建设，于1996年3月开始投产，年生产硅酸盐425#、525#水泥10万吨，法人代表为桂太生，有干部职工500余人。由于资金紧缺、管理不善、水泥市场疲软等原因，致使连年亏损，在营运的三年多时间中亏损1100多万元。在这种情况下，林场领导决定，并与祁阳县人民政府协定，于1998年9月12日与祁阳县水泥厂签订协议，将金中水泥厂兼并到祁阳县水泥厂。500余人的干部职工中，除祁阳县水泥厂接收200人外，其余部分属林场职工的回到林场进行安置，属社会招收的职工实行一次性买断自行就业。

企业职工养老保险转型　2010年11月，金洞林场第七届职工代表大会表决通过，经永州市人民政府批准，同意金洞林场参加市直机关养老保险人员1372人(包括原林场参加市直养老保险的职工,原祁阳县移交过来财政差额拨款自收自支的单位职工、林场招聘职工、集体职工)整体转入企业职工养老保险。这一重大决策关系到林场是否可持续发展,是落实科学发展观的具体体现。金洞林场市直机关养老保险转入企业养老保险有二大好处。第一,实现了退休老同志的退休养老金由地方财政负担转为国家财政负担,解决了退休人员的后顾之忧。第二,从经济利益看,参加企业养老保险后,退休人员单位部分养老金23%不用上交,可减轻林场财政200万元左右的负担;转入企业保险后上缴基数减少,返回养老金增多460万元左右;争取政策性补贴以上三项为管理区(林场)财政增收1000万元左右。

金洞林场木材销售结算中心建设 2000年金洞林场对各分场、工区实行生产经营"五权"(即下放生产自主权、木材经营销售权、财务收支权、工资分配权、劳动用工权)下放,进一步完善经营机制,建立新型的会计核算管理办法,金洞林场党委、行政于2003年2月28日制定《永州市金洞林场木材销售结算中心试行办法》,并从2003年3月28日起开始执行,同时成立金洞林场木材销售结算中心,规定了木材销售结算的范围,机构设置及人员配置,结算中心的操作流程、主要职责及责任追究等事项。通过一年的实施管理,充分地调动各分场、工区的生产工作积极性,林场资金管理的宏观调控能力增强。

活立木销售 为加强林政资源管理,堵塞经营上的漏洞,保护林区林木资源,提高木材经营效益。管理区党委、行政决定从2009年开始对管理区国有木材全部实行活立木销售,实行公开招投标的办法,由经营管理科具体负责实施。活立木销售严格按规程依法依纪循序进行,具体分四步实施,即成立招投标班子(下设4个工作组:标务组、收费验资组、计标监标组、维稳组);确定招投标方式,步骤、时间和招投票结果后主要配套管理措施。实践证明,活立木销售是实践科学发展观,践行市场经济规律的一项重大举措,是深得民心的英明决策,是改革创新的成果。从2009年实行活立木销售到2011年三年间,全区销售国有木材109313立方米,实现销售收入72500759元,销售金额在标底价款的基础上增收741.86万元,平均每立方米增收67.86元,

教育"两基"达标 金洞从1994年开展"基本普及九年义务教育、基本扫除青壮年文盲"(两基)达标工作。一是加强硬件建设,1994~1997年投资150万元,改扩建校舍2320平方米。到1997年年底,全区中学校园面积共7.4万平方米,平均41平方米;校舍面积1.5万平方米,平均9平方米。小学校园面积15万平方米,平均35平方米;校舍面积5万平方米,平均11平方米。二是提高学校教育普及程度。全区适龄儿童入学率达到100%,1997年在校学生小学辍学率为0.061‰,初中0.89‰。14周岁和16周岁人口中,受完初级中等教育完成率分别达到99.13%、94.16%。三是突击扫盲。1997年金洞举办各类夜校74所,乡镇农校7所。15周岁总人口740人,其中文盲、半文盲1人,文盲率为0.13%。

"两基"主要工作及指标共七大项36小项。第一大项是领导管理。主要是对政府而言,要求完善"以县为主"的管理体制,落实教育优先发展战略地位。第二大项是普及程度和扫盲工作,共分10小项。"普及程度"是"两基"验收的一个重要内容,属一票否决项目。其中适龄儿童、少年入学率要求达到100%、98%以上;残病儿童、少年入学率80%以上;在校学生辍学率小学1%以内;中学3%以内;15周岁人口中初等教育完成率98%以上;17周岁人口

中初级中等教育完成率85%以上;青壮年非文盲率98%以内;近三年脱盲人员巩固率95%以上;15周岁文盲率1%以内;乡镇成人学校办学面97%以上;落实成人教育机构,(重点落实扫盲机构、师资、经费)。第三项是教师队伍,共5小项。第四大项是办学条件共7小项。第五大项是教育经费,共6小项。第六大项教育质量,共4小项。第七大项学校管理,共3小项。

1997年10月湖南省"两基"工作评估团到祁阳县检查验收,抽检了金洞域内的金洞林场中学、小金洞中学、金洞镇中心小学、小金洞乡中心小学,评估团认为林场"两基"工作达到合格标准。

农村电网改造 农网改造前,域内各乡村都由各小水电站供电照明和生产。场属电站2个,即牛头山和油榨铺电站,各装机容量为500千伏安和1250千伏安。各乡属电站有白沙源、小沙洲、银子源、鸭婆凼、红日山等小水电站。其中小沙洲、银子源电站供应着八宝、白合、进宝塘等乡镇20多个村的照明用电。全场供电网络都是各小水电站白行建成的,村级通电率达95%以上。

2002年11月,成立"金洞供电公司(金洞中心供电所),全场农网改造全面启动。金洞林场成立专门农网改造领导小组,负责全场农网改造的统筹实施。农改政策是:电力部门负责投资电力设施及线路的改造,农户承担自我改造部分,每户自筹资金200元用于接线到户。至2004年年底,原由各小水电站供应用电的74个村全部改造完成,完成投资2750万元,新建10千伏线路176.3公里,改造34.6公里;新建400伏线路113.2公里,改造214.2公里;新增配变30台/2350千伏安,改造148台/10340千伏安,惠及74个村8.1万人。通过第二期农网改造和逐年农村电网升级工程建设,新建和改造10千伏线路11条,计756公里,0.4千伏线路1380公里,220伏低压线路1795公里,配电变352台容量达23100千伏安,惠及金洞管理区7乡1镇、祁阳县1乡2镇1林场,共计133个行政村,供电人口达17万人。

第五篇 法 治

为组织、协调和指导林区社会治安综合治理，维护林区社会大局稳定，根据永编办〔2007〕30号文件精神，经金洞管理区党委研究决定，2007年，中共金洞管理区政法委员会成立。金洞管理区政法委员会共核定行政编制8名，事业编制2人，内设办公室、维稳办、执法监督室、社会治安综合治理委员会办公室（简称综治办）、区防范与处理邪教问题办公室以及司法局。

金洞公安分局、金洞人民法庭、金洞检察科等部门，由永州市和祁阳县分别派驻金洞管理区。

第一章 社会治安综合治理

金洞各级党委、政府认真贯彻执行中共中央、国务院《关于加强社会治安综合治理的决定》，党委、政府真抓严管，各个部门齐抓共管，人民群众群防群管。全区刑事案件很少发生，多次被评为市社会治安综合治理先进单位。全区群防群治网络基本形成，各乡镇、行政村都建立治保组织和调解组织。金洞从2010年开始推行目标管理责任制，形成横向到边、纵向到底的目标管理体系。年终检查验收，奖罚兑现。2011年组建成立金洞管理区"三防"大队，全区8个乡镇均设立矛盾纠纷调解中心，80%的乡镇达到小纠纷不出村、大纠纷不出乡镇。到2012年，共调处各类民间纠纷340起，防止民转刑事件10余件，制止群体性械斗等3余起。

第一节 普法教育

1954~1984年，金洞的普法教育分两块进行：金洞区的普法教育由祁阳县司法局负责组织实施；金洞林场干部职工的普法教育由金洞林场宣传科负责组织。1984年以后的普法教育,按照上级安排,结合金洞实际,先后联合公、检、法进行"严打"普法和开展"六次"专题普法教育,以"六五"普法为主。突出学习宣传宪法、深入学习宣传社会主义法治理念、中国特色社会主义法律体系和国家基本法律、加强反腐倡廉法制宣传教育、积极推进社会主义法治文化建设、继续深化"法律六进"主题活动。

管理区依法治区办与教育局、区团委成立青少年法制宣传教育领导小组,对全区村小学以上学校配备法制副校长和法制辅导员,区公安分局、司法局、负责人分别兼任金洞林场中学法制副校长和辅导员,各乡镇派出所负责人兼任各乡镇中学及中心小学法制副校长,全面开展"送法下乡"活动。两年来,开展专题辅导和自学相结合,为干部职工农民群众上法制辅导课600多场次,发放了法治小读本6000余册。

第二节　人民调解

1954~1984年,金洞的人民调解工作没有专设的组织机构,由各公社的政法部长兼管。1984年以后,针对当时农村调解组织活动不经常、纠纷处理不及时或处理不恰当等情况,对全区(林场)各村(居)调委会进行整顿健全。按照《人民调解委员会组织条例》,加强乡镇、村、组、户四级调解网络建设。金洞林场司法办正式建立,业务隶属祁阳县司法局,7个乡(镇)配备一名司法助理,专职人民调解工作。2000年,7个乡(镇)设立司法所,各村(居)委会调解组织得以健全,2009年,管理区司法局成立。

1994~2011年,场司法办每年都对基层调解主任进行一次业务培训,提高基层调解人员素质。2003年对全场基层调解人员实行培训考试,持证上岗。在调处化解矛盾纠纷活动中,各级调解组织认真贯彻执行"以防为主、调防结合"的方针,大力开展矛盾纠纷排查、调处工作,根据纠纷发生发展的普遍规律,对重点户重点预防,把矛盾纠纷消化在萌芽状态. 2011年,对边界纠纷实行包澄底、包预防、包调处的"三包"措施,共签订联调、联防协议3份,避免事端的发生。2009~2011年,全区开展"人民调解创四无"(无因民事纠纷引起的非正常死亡;无群众性械斗;无民转刑。无因纠纷调处不及时或不当引起的上访)、"进千家门、访千家事、排千家难、解千家忧"等一系列活动。区司法局还加强对全区民间纠纷预防和调处工作。全区司法行政工作步入正常化。

第二章　公　安

金洞管理区现有的公安机关是在祁阳县公安局原金洞派出所、金洞林场派出所的基础上发展演变而来的。

1960 年,建立金洞林场公安派出所,定编 8 人。

1973 年 11 月 21 日,经衡阳地委组织部批准撤销金洞林场派出所,成立金洞林场保卫科。1975 年又恢复派出所。

1979 年,金洞派出所正式成立,之前金洞区内的公安工作由区及各公社特派员负责。

1984 年实行以场带乡、场乡联营的新管理体制,林场派出所与金洞区派出所合并为金洞派出所,有干警 14 人。

1985 年 9 月经省林业厅、公安厅湘林公〔1985〕16 号文件批准组建祁阳县公安局金洞林业分局,森林公安编制 40 人。下设两股、一办、四所,即秘书股、侦治股、制止办、金洞镇派出所、小金洞派出所、凤凰派出所、石鼓源派出所。

1990 年 12 月省编委,省林业厅,省公、检、法联合下发湘编〔1990〕72 号文件《关于明确全省公检法专项事业编制的通知》确定了金洞林业分局定编 59 人, 其中分局机关定编 24 人,下设 7 个派出所(金洞、小金洞、石鼓源、凤凰、晒北滩、白果市、上司源派出所),派出所共编制 35 人,

1993 年 1 月,省编办、省公安厅、林业厅联合下发《关于森林防火编制纳入林业公安编制序列的通知》,又确定了森林防火专项编制 2 人,全分局共编制 61 人。

2001 年 5 月 29 日,省编办、省林业厅、省公安局联合下发湘编办〔2001〕23 号文件《关于全省林业公安机构更名的通知》。将祁阳县公安局金洞林业分局更名为祁阳县公安局金洞森林分局。

2008 年 9 月,省编办、省林业厅、省公安局、省人事厅联合下发湘编办〔2008〕50 号《关于下达全省森林公安政法编制等事项的通知》。

2009 年 5 月 25 日,市编办、市林业局、市公安局、市人事局根据湘编办〔2008〕50 号文件精神,又联合下发了永编办〔2009〕51 号文件,批复将祁阳县公安局金洞森林分局更名为永州市森林公安局金洞分局, 并下达金洞分局森林公安政法专项编制为 48 人,7 个派出所,实际在编在岗工作人员 54 人,其中行政公安 1 人,森林公安 41 人(已过渡为国家公务员)、协管人员 6 人、工勤人员 6 人。至 2011 年年底,金洞森林公安机关实有在编在岗 48 人(41 名国家政法编人员中,退休 2 人、死亡 1 人,实有 38 人;12 名协警、工勤人员中,调出 2 人,实有 10 人)。

金洞管理区成立后,经过几年的积极争取和努力,报省政府同意于 2011 年 12 月 19 日省编办、省公安厅联合下发湘编办〔2011〕87 号文件《关于设立永州市公安局金洞分局的批复》,设立永州市公安局金洞分局,为永州市公安局直属分局,与永州市森林公安局金洞分局合署办公。设 7 个派出所,与原设的 7 个森林派出所合署办公。公安分局由廖劲松任局长,蒋琼任政委。实有 63 人,其中行政公安 20 人,森林公安 38 人,协警及工勤人员 5 人。

第一节 治安管理

1954～1978 年，金洞的治安管理的日常工作主要依靠各公社和大队治安保卫委员会、治安联防队和公社派出所。1979 年贯彻执行《中华人民共和国治安管理处罚条例》，祁阳县公安局金洞派出所正式成立以后，工作重心是保护森林资源、宣传森林法、维护社会稳定。1984 年，金洞林场实行“以场带乡、场乡联营”的管理体制，金洞公安部门全面负责金洞林区的社会治安管理和现有森林资源的保护。2011 年 2 月设立永州市公安局金洞分局和永州市森林公安局金洞分局，一个机构、两块牌子。自此，金洞的社会治安与资源保护跃上了一个新台阶。

1985~2010 年，在林区内开展“春季严打、秋季严打”和各种专项行动 15 次，召开形势报告会和公捕会 15 场；培训法治铺导员 1000 人；批捕 38 人，劳教 19 人，治安处罚 144 人。

一、重点人口管理

1980 年以后，监督改造工作转为对重点人口管理。对判处管制的犯罪分子进行监督管理，对劳改、劳教回家人员进行帮教，经过帮教，重新犯罪进监的人很少。2012 年有重点人口 159 人，改过自新的有 422 人。2013 年有重点人口 142 人，改过自新的有 449 人。

二、公共和娱乐场所管理

对车站、码头、农贸市场、商场、超市等公共场所，实行“谁主管，谁负责”的原则，制定管理制度，派出所定期和不定期检查，帮助排除隐患，处理应急事件。每逢节假日，公安局派出民警执勤，重点守候。1990~1998 年，金洞凤凰地段，每逢集市开市市场扒手活动频繁，群众不安全。民警在市场守候，或跟车反扒，共抓扒手 35 名，破大小案件 40 起，缴获赃款、赃物价值 5000 元。

三、特种行业管理

2000～2011 年，金洞有旅店 4 家，其中金洞镇 3 家，凤凰乡 1 家。由于流动人口少，基本上没有什么客源，住店的大多是到金洞开会的或下乡出差的。

四、危险物品管理

1985 年以来，金洞因生产建设需要，建有民用爆炸物品仓库一处，年需炸药 5~10 吨、雷管 10000 个、导火索 10000 米。2009 年 3 月，金洞民爆公司成立。2011 年 2 月金洞烟花爆竹公司成立。因生产建设需要，各派出所加强管辖，多年来未发生重大事故。

五、查禁"黄、赌、毒"

禁赌 2000年以来,受周边环境的影响,赌博活动逐渐蔓延。2000~2012年,查处赌博50场,抓获参赌200人,收缴赌资30000多元、赌具30副;治安拘留30人,罚款40人,警告20人,写悔过书45人,教育处理200人。

禁毒 由于管理区党委、管委的高度重视宣传工作到位,金洞林区没有出现贩卖毒品的现象,有的吸毒人员都是在外地吸毒后回来的。

第二节 户政管理

一、常住人口管理

户口登记机关 1985年以来,除金洞林业分局管理金洞林场的非农业人口4300余人和万宝山工区的农业户口2000余人外,辖区内农业户口(四项变动)由各乡镇办公室管理。1991年,金洞按照祁阳县的规定,每乡选配1名户政员,由于金洞场乡联营,各乡镇没有选配户政员,而是由金洞的7个派出所内勤民警兼管7个乡镇的农业户口。1999年根据省公安厅统一安排,农业户口与非农业户口统一归口到行政派出所管理。金洞林业分局有专职户警民警录入全林区5万余人的数据。2000年,完善人口信息计算管理。2011年7月1日金洞成立永州市公安局金洞分局人口与出入境管理大队,正式开通县级用户名,除出入境管理未开通,户口其他业务全部开通。

"农转非"户口管理 农业户口转为非农业户口,是公安机关历年的"热点"事项。每年要求"农转非"的报告达上百份,而每年按非农业人口1.5%计算,指标不到1人。1986年,解决立功干部、优秀教师、科技人员的家属农转非32个指标。2002年全面推行户籍制度改革,县政府办下发《关于深化户籍管理制度改革工作的通知》,打破城乡界限,降低门槛,放宽政策。凡在县城购房、经商、办企业的农村或外地人口,均可申办城镇户口,当年办理142人。

二、(迁入迁出户口管理)户口管理

2011年总户数16550户,56072人。其中非农业3944人,出生644人,死亡326人,迁入146人,迁出261人。

2012年总户数16464户,55407人,其中非农业3858人,出生842人,死亡1479人,迁入160人,迁出216人。

1978~2004年,人口流动量大,迁入迁出的多。1985年以前,省内迁入605人,省外迁入515人;迁往省内595人,迁往省外598人。1990年,省内迁入258人,省外迁入156人;迁往省内352人,迁往省外256人。2004年,省内迁入178人,省外迁入56人;迁往省内256人,迁往省外154人。迁出主要是劳务输出、升学、参军、婚姻等原因。

三、暂住人口管理

随着金洞经济的发展，到金洞经营木材生意的人员不断增多。根据祁阳县1984年县公安局下发《关于加强对暂住人口管理的意见》，城镇各派出所确定1~2人负责流动人口管理，由于金洞特殊体制的变化，由派出所发放暂住证。但是来金洞的流动人口还是比较小。随着金洞管理区的成立，按照县级综合治理考评办法，于2011年年底成立金洞管理区流动人口管理办公室。管理区综治办、人力资源和社会保障局、财政局、房产局、人口与计划生育委员会、教育局、卫生局、民政局、公安分局、工商、税务等部门单位领导为流动人口服务与管理工作领导小组成员，下设办公室（简称流口办）。负责日常工作，管理区各成员单位分别明确一名联络员。各乡镇相应成立流动人口服务管理（中心）站。2011年，全区共登记流动人口78人，流动人员54人，出租房屋159户，办理居住证30件。

四、证件发放管理

1987年3月，祁阳县开始颁发第一代居民身份证，为县境内有户口的年满16周岁的公民颁证。1988年签发居民身份证2.6万人，占应发证人数的55%。1989年始办临时身份证，对原未领到正式身份证或因其他原因需要的人给予办理。1993年办理临时身份证40人次，2002年办理56人次。从2002年10月起，着手第二代居民身份证颁发准备工作，人像扫描率达80%。2011年7月金洞分局人口大队正式开通二代身份证受理点，方便林区老百姓办证，为弥补警力不足，从管理区抽调一名工人专职办理身份证。2011年共办理二代身份证4827人次。

第三节　刑案侦查

1985年12月，成立祁阳县公安局金洞林业分局。侦治股是金洞林业公安分局的三个内设机构之一，负责金洞林场范围内的刑事、治安案件的查处。2010年9月，成立永州市公安局金洞分局，金洞分局侦治股更名为刑事侦查大队，并设立经济犯罪侦查大队和禁毒大队，三个大队合署办公。

1985~2011年，金洞林场（管理区）刑事案件发案率出现两次高峰。第一次是1991~1995年，分别立案110起、20起、28起、33起。主要是杀人、强奸、抢劫、盗伐林木等暴力案件。金洞公安分局认真贯彻《关于严厉打击严重犯罪活动的决定》，狠抓侦查破案，稳定社会治安形势，有效遏制刑事犯罪上升势头。第二次是2004~2006年，分别立案48起、30起、82起，案发原因是各种意识形态渗入，引发各类案件。金洞公安分局组织精干力量，多警种参战，采取各种侦查手段，加强侦查破案，使案件大幅度下降。1985~2011年，金洞林区共发生刑事案件931起，破案849起，破案率91.2%，其中重大案件发生56起，破案56起，破案率100%，摧毁犯罪团伙60个，计427人。

1985 ~ 2011 年金洞管理区开展的专项斗争如下：

严打斗争 1991 年 9 月至 1995 年 12 月，每年开展一次严厉打击严重刑事犯罪活动的专项斗争，共破获各类刑事案件 211 起，其中重大案 14 起，摧毁团伙 10 个，提请逮捕 40 人。召开了两次公捕公判大会，参会群众达 4000 余人，起到了震慑犯罪、教育群众、降低发案率的良好效果。

打流追逃 1985~2007 年，由于没有建立网上追逃系统，金洞分局各职能部门利用春节、清明期间逃犯回家过年和祭祀之机，设卡布控，广泛发动人民群众展开对各类逃犯的围捕。金洞领导对追逃工作也相当重视，每年都拨出专款外出追逃，使那些负案在逃和批捕在逃的犯罪人员无处藏身。共抓获逃犯 162 名，流窜犯 76 名；破获刑事案件 213 起；涉外案 64 起。2011 年，在全国“清网”统一行动中，一个月内通过各种手段追回并依法处理各类逃犯 12 名，其中涉外案逃犯 8 名。

打拐解救 1986 年以后，金洞拐卖妇女儿童的案件屡有发生。犯罪分子以找工作、介绍对象为幌子，将无知女性、儿童骗到广东、福建、贵州、河南等地出卖，或将外地女性拐带到金洞，强迫其嫁人。2011 年，自金洞分局成立以来，共解救被拐妇女 17 人、儿童 4 人。由于对拐卖妇女儿童案件始终保持从严快打的高压态势，有效地遏制了此类案件的发生。

打黑除恶 1998 年，金洞公安分局成功破获金洞林场武装部武器库被盗案，全部收缴被盗单管猎枪 17 支、子弹 690 发、“-60 迫击炮弹”一枚，并由此案深挖，与祁阳县公安局刑侦大队联合侦破、摧毁以邹某为首的黑恶势力团伙。得到上级公安机关的表彰。

金洞管理区(林场)1985~2011 年刑事案件发破情况统计表

5-2-1

单位：件、个、人

年度	全部案件			重大案件			摧毁团伙	
	发案	破案	破案率	发案	破案	破案率	团伙个数	团伙人数
1985	20	18	90%	3	3	100%	1	1
1986	23	21	91.30%	1	1	100%	1	4
1987	26	25	96.20%	2	2	100%	2	10
1988	24	24	100%	2	2	100%	1	5
1989	27	25	92.60%	1	1	100%	1	4
1990	32	30	93.80%	3	3	100%	2	12
1991	110	106	98%	6	6	100%	1	10
1992	20	18	90%	3	3	100%		
1993	32	32	92.60%	2	2	100%		
1994	28	28	100%	3	3	100%	3	12
1995	33	30	90.90%				6	90
1996	23	22	95.60%				4	28
1997	20	14	70%					
1998	27	27	100%	3	3	100%	2	10
1999	18	18	100%	3	3	100%	1	20

续表 5-2-1

年度	全部案件			重大案件			摧毁团伙	
	发案	破案	破案率	发案	破案	破案率	团伙个数	团伙人数
2000	16	15	93.70%	1	1	100%	11	56
2001	26	25	96.20%	1	1	100%	2	7
2002	22	22	100%	2	2	100%	1	6
2003	12	11	91.70%	1	1	100%	1	5
2004	48	46	95.80%	2	2	100%	2	7
2005	30	28	93.30%	3	3	100%	1	4
2006	82	72	87.80%	2	2	100%	4	80
2007	22	17	77.30%	2	2	100%	2	6
2008	31	30	96.80%	1	1	100%	1	5
2009	35	33	94.30%	2	2	100%	2	11
2010	36	32	89%	2	2	100%	3	12
2011	64	47	73.40%	3	3	100%	3	10
合计	887	813	91.20%	54	54	100%	58	419

五、禁毒工作

20 世纪 80 年代，金洞贩毒案件和吸毒者很少。20 世纪 90 年代后，毒品流入与吸毒人员增多。2012 年，全林区登记造册纳入管控的吸毒人员 45 人，自愿戒毒的有 6 人，送戒毒所强制戒毒的有 4 人，社区和村级戒毒的 20 人。针对吸毒人员增加给吸毒人员本人和家庭带来悲剧、给社会治安带来不稳定因素的现状，金洞管理区成立了禁毒委员会，金洞设立了禁毒大队，负责对金洞禁毒工作领导和对贩毒、吸毒违法犯罪人员的打击处理，开展禁毒工作宣传教育。每年 6 月 26 日禁毒日前后，在全林区开展一次“珍爱生命，远离毒品”“不让毒品进我家”活动，并进行禁毒图片展出，在林区中小学校开展以征文、专题讲座、知识竞赛、图片展览、给家长写信等为主要内容的宣传教育。与管理区直属单位、乡镇签订禁毒工作责任状。

2011 年 11 月 22 日禁毒大队抓获祁阳县肖家镇贩毒人员尹某某，缴获海洛因 4.6 克。2012 年 9 月 7 日在金洞镇宾馆查获杨某某等 4 名吸毒人员，收缴海洛因 6 克。

六、经侦工作

永州市公安局金洞分局经侦大队成立前，由侦治股负责金洞林区的经济犯罪的侦查。2010 年 9 月设立经侦大队后，金洞管理区的经济犯罪侦查工作统一由经侦大队负责立案侦查。2011 年 3 月，立案查处金洞粮站工作人员侵占国有资产 18 万余元的经济犯罪案件。经侦大队平均每年为国税、地税、农税追缴税款 6 万余元。

第三章 检 察

第一节 机 构

1980年以前,金洞林场的检察工作未设专门机构。1980年5月,衡阳地区检察分院在金洞林场设立林业检察组。人员编制3人,组长 1 名,副组长 1 名,检察员 1 名,都由衡阳地区检察分院派驻。检察组的主要工作职责是查办乱砍滥伐破坏国有林木的犯罪案件。1984年,金洞林场划归零陵地区,衡阳地区检察分院在金洞林场林业检察组随之被撤销。

1982年2月至1992年1月,祁阳县人民检察院在金洞林场设立检察室。定编3人,检察室主任由祁阳县人民检察院派任,副主任和其他人员由金洞林场配备。检察室的主要工作职责是查办金洞林场内的贪污受贿经济犯罪案件。

第二节 经济检察

1980~1984年,林业检察组查办乱砍滥伐,破坏国有林木的案件6件,打击处理10人,其中有4人被判处四年以上有期徒刑。

1988~1991年,检察室查办依法受贿案件26件,依法处理受贿违法犯罪人员30人。

1992年1月,经零陵地区机构编制委员会批准成立祁阳县人民检察院金洞林业检察科。检察科为正科级单位,定编5人,祁阳县检察院派1名科长和1名工作人员。检察科的主要工作职责是对金洞林区内地、贿赂、渎职等犯罪案件的立案侦查和检察法律监督工作,配合搞好林区内的社会治安综合治理工作,1992~1993年,检察科查办贪污、贿赂等经济案件12件,其中立案5件6人,共处理违法人员15人。1994~1995年,检察科与祁阳检察院林业检察股合署办公查办贪污、贿赂等经济案件2件,渎职犯罪案2件,办理了批捕案2件,起诉2件2人。查办其他林业案件25件。1996~1999年,查办贪污贿赂等经济案件16件,立案3件,查办其他林业案件28件。2000~2002年,查办贪污贿赂等经济案件45件,立案12件,查办其他林业案件15件。2001年,原金洞森林分局凤凰派出所李某滥用职权被判处有期徒刑2年,缓刑2年。2003~2008年,查办贪污贿赂等经济案件52件,立案8件10人,查办其他林业案件34件。2008~2012年,查办贪污贿赂等经济案件15件,立案5件6人,立案侦查渎职犯罪案2件5人,查办其他林业案件14件。

第四章　法　院

第一节　法庭职责

金洞人民法庭是祁阳县人民法院派出机构，其所审结的案件，发出的法律冠县法院之名，加盖县法院印章，所审的案件，就是县法院审结案件。

金洞人民法庭担负着审判金洞管理区所辖金洞镇、小金洞乡、上司源乡、万宝山乡、石鼓源乡、凤凰乡、白果市乡、晒北滩瑶族乡七乡一镇所发生的重婚等刑事自诉案件，婚姻家庭、合同、侵权、知识产权等民商事案件，征收社会抚养费等行政非诉行政案件以及该庭所作出的刑事自诉案件、民商事案件、行政非诉案件的执行工作。

金洞人民法庭自设立以来，认真履行法律赋予的职责，充分发挥审判职能作用，为辖区社会和谐稳定，促进辖区经济发展做出积极贡献，刑事自诉案件共结案 30 件，民商事案件结案 4000 件，行政非诉案件 30 件，执行结案 1000 件。

第二节　法庭建设

金洞人民法庭初设在金洞区公所机关院内，借用金洞区公所房办公。1992 年 3 月，经祁阳县人民法院和金洞林场共同努力，建筑面积 870 平方米的法庭办公大楼建成使用，设立在金洞林场机关院内。2011 年 6 月，祁阳县人民法院、金洞管理区分别投资 45 万元资金，对法庭左侧进行扩建，扩建为 210 平方米住宿房，并对原办公大楼 870 平方米建筑进行装修、防渗，增置法庭会议室、审判庭，购买电脑、热水器、空调、办公桌、椅、柜、传真机等设施，审判办公设施全面实现现代化。在法庭外墙安装大理石护坡和大理石护栏，增置花坛，法庭实现了园林化。

第六篇　经济综述

1954～1983年，金洞林场作为事业单位企业化管理的国营林场，主要工作是负责森林资源保护与管理、国有木材采伐与销售和营造林等。1982年，国家对林场营林投资527.7万元，森工投资232.7万元，事业投资53万元，育林资金返回435.6万元，育苗2252.4亩，提供各类树苗12500万株，造林30万亩(其中速生丰产林13335亩)，抚育1692924亩次。为国家提供木材1263395立方米，楠竹25万根。总收入6360万元，上缴国家各项税费905万元。林场房屋建筑面积46291平方米，拥有固定资产631万元。

祁阳县金洞区总面积34.1129万亩，有林地31.359万亩。1982年，粮食产量3261吨(其中统销粮803吨)，农业总产值806.5万元，人平纯收入155元。

1984～2006年，金洞林场在体制更新的基础上，代管林区内的乡镇，实行一系列改革开放新举措，农村推行家庭联产承包责任制，国民经济以前所未有的速度发展。2006年，实现国民生产总值35240万元，其中一、二、三产业增加值分别达到9273万元、11806万元和14456万元。林场财经总收入达到5200万元。城镇居民可支配收入达到7514元，农民人均纯收入达到2715元。完成社会固定资产总投资1.2亿元。

2007年以来，成功地组建了金洞管理区，揭开了金洞发展史上的崭新篇章。2010年，全区地方生产总值完成5.61亿元，工业总产值完成1.457亿元，规模工业增加值完成5620万元，社会固定资产投资完成6.75亿元，社会消费品零售总额完成1.8亿元，财政收入完成1535万元，可用财力增加到1.2亿元，城镇居民人均可支配收入和农民人均纯收入分别达到15832元、4218元。

第一章 经济体制改革

第一节 家庭联产承包

1978年12月，中共党的十一届三中全会召开，全国开展真理标准讨论，拔乱反正，农民思想得到解放。1979年，农村个别地方明为分组，暗为包产到户。1981年湖南省《关于联产承包责任制座谈会纪要》下发，农村经济体制改革全面启动，建立多种形式的家庭联产承包责任制。1984年进行二轮土地承包，1994年进行土地延包，充分调动了农民生产积极性，粮食产量迅速提高，农村经济不断发展，农民收入不断增加。2002年，全面推行农村税费改革，农民负担大大减少，2004年取消农业特产税，2005年免征农业税，两千多年来的农业赋税制度被终止。同年对种粮农民实行补贴，农业收入增加，大部分农民开始过上了小康生活。

1984~1994年，农村土地承包经历试行、承包期15年和承包期再延长30年三个阶段。1981年上半年，开始讨论建立农村家庭联产承包制问题。由于一些干部长期被“左”的思想禁锢，对建立家庭联产承包责任制不理解，有的认为是“分田单干”，有的则说“辛辛苦苦几十年，一夜回到解放前”。为了稳妥，当年全区建立四种形式的农业生产责任制。

专业承包、联产计酬 此种责任制是在坚持统一经营的前提下，按照农、林、牧、副、渔各业生产需要和劳动力的特长，由生产队将各业包产到组到人，联系产量计算工分，由生产队统一分配。

统一经营、联产到劳 将生产队各业承包到劳动力，一个农户既可以承包稻田，也可以承包其他各业，联系产量计算工分，由生产队统一分配。

包产到户 将生产队农、林、牧、副、渔的各业全部包到农户，实行包工、包产、包成本，超产归已，减产包赔，包产部分纳入生产队统一分配。

包干到户 将耕地承包给社员，实行分户经营，包干上交，即保证国家的，留足集体的，剩下都是自己的。

一、完善包干到户责任制

1983年，祁阳县委贯彻1982年中央1号文件精神，组织县、区、社干部2200余名，深入农村完善联产承包责任制，就八个方面作出具体规定，一揽子解决土地承包期相关的分配问题。金洞区委按照县委指示精神在域内负责组织实施。

耕地承包原则 凡人均耕地0.2亩以下的按人口承包责任田，人均0.2亩以上的按人劳比例承包责任田。生产队留少量机动田,以备调剂使用。

耕地搭配承包 将稻田分等划类,条件好的搭配差的,房前屋后的田包给就近社员。

确定承包合同重要条款,经过完善,签订的耕地承包合同包括如下重要条款:必须接受国家计划指导,合理确定各项生产指标;必须完成国家任务和集体上交任务;必须统一管水,统一抗灾,统一防治病虫害;社员承包的田、土、山、水属集体所有,只有种植权,没有所有权,不准出租和转让;不准在承包耕地上擅自盖房、葬坟、开矿、烧砖瓦;如果承包耕地荒芜,生产队有权收回。

各类人员稻田承包办法 大队主干(支书、队长、会计)可以与社员一样承包责任田,本人愿少承包的也可以少包;民办教师一般只包人口田,不包劳力田;"四属户"和缺劳困难户可以少包责任田;独生子女可以多包一份人口责任田;单身汉、"对子码"(两夫妇)可以多包一份人口田;"五保户",一般不承包责任田,尚有劳动能力本人又有要求的可以承包责任田。

人口异动处理 婚入和出生人口可以承包一份责任田,从机动田解决,机动田不足的按先后排队轮次解决;男到女方落户的,可以承包责任田;婚出已迁出户口的收回责任田,作为生产队机动田;超计划生育子女不承包责任田;死亡人口当年不收回责任田,次年收回作机动田。

集体统一经营项目承包和收益分配。山林、茶山、果园、猪场、加工厂、水库、渔塘的承包经营收入归集体,按家庭成员和劳动力比例分配。

各类人员的补贴、优待和照顾 大队主干除误工计工外,每人每年另补操心工 50 ~ 80 个,社员代表评定,公社批准。其他大队干部误工记工,误工每个工日补 1 元,凭伙食证明每餐补 0.2 元。生产队队长(兼保管员)、会计(兼农技员)、妇女队长每年补操心工 20 ~ 40 个,每个工日 1 元;"五保户"每人全年口粮 650 斤左右,另适当补给生活费:党员开会误工每人每年 10 个,民兵训练误工 20 个。

包干上交摊派和结算 国家征粮(农业税)、统购、三超粮按承包产量或承包土地分配到户,一般三年不变,实行户交队结,出售统购和三超粮的收入归农户,公粮折代金的归户缴纳。派购猪原则上一户一头(单身汉、五包户除外),4 人以上的户 2 头,其他农副产品派购任务按分配任务完成,茶油派购由队统一送交。集体积累:生产费基金不摊派;公益金根据实际需要按田亩摊派;公积金每亩 2 ~ 6 元,人均收入不足 60 元的队可以不留。管理费每亩 0.5 元。大队干部和各类人员补贴按田分摊到生产队;生产队干部补贴、烈军属优待、五保户和困难户照顾由生产队按责任田分摊到户;统一的农田基本建设和其他费用,根据实际需要按田亩分摊到生产队,加上生产队的用工,一并按田亩分摊到户。

二、二轮土地承包

1984 年 1 月,中共中央下发《关于农村工作的通知》(中发〔1984〕11 号文件),根据中央精神,1984 年 4 月于组织 10 多名干部参加在大忠桥乡试点工作。5 月,在全区进行二轮土地承包工作,承包期为 15 年。按照大忠桥乡试点经验,全区确定三种土地承包形式,任群众选择。一是按现有人口加预测人口承包,一次到户,15 年不变。预测人口即婚入人口和出生人口的预测,预测期一般为 5 年;对婚出、死亡的人口则不预测。二是按现有人口承包,按预测人口留机动田，三至五年进行一次小调整。人口婚出和死亡的其承包耕地由生产队收回作机动田，以解决人口出生和婚入的责任田问题。三是按现有人口或家庭成员和劳动力比例承包，增减人口采取动粮不动田的办法。人口减少的每人出250公斤粮，人口增加的每人收250公斤粮，收粮的按统购粮价格付款。1984年年底，全区二轮土地承包工作结束。采取第一种形式承包的80个组，占15.2%；采取第二种形式的390个组，占74.3%；采取第三种形式的55个组，占10.5%。为解决承包田地过于分散不便于生产和管理的问题，部分地方采取逐田定产或将差田打折成标准面积的办法，实行按地段承包。二轮土地承包各类具体问题妥善处理以后，以生产队为发包单位与各农户承包者签订土地承包合同，土地承包合同由县统一印制，发放到生产队填写，双方签字盖章，拟履行合同规定的各项义务。

三、二轮土地延包

1993年，中共中央、国务院下发《关于当前农业和农村经济发展若干政策措施》(中发〔1993〕11号文件)，湖南省委、省政府提出贯彻中央11号文件的实施意见，1994年，金洞林场按照省委、省政府的统一部署，在全场开展土地延包工作。是年7~8月在凤凰乡试点，试点后全场铺开。10月，二轮土地延包工作结束。不论1984年二轮土地承包是否到期，该次土地延包一律从1994年9月1日起，至2024年9月1日止，承包期为30年。

耕地承包小调整具体规定 二轮土地延包以1984年的土地承包为基础，坚持大稳定小调整的原则，具体是：凡合法增加人口调入承包耕地，死亡、婚出人口调出耕地，农转非人员调出承包耕地。因国家征用和农田水利、集体公益事业占用，由发包方调整耕地；规划中的国家集体项目，由发包方预留机动地。1984年后，承包期内将耕地建房、烧砖瓦、办厂的一律不补包耕地，并按有关法规处罚。因逃避计划生育或其他原因举家外出不归的承包户，集体暂收回其承包地作机动田，待原承包者问题得到处理以后，再退还其承包地。

二轮延包后有关问题处理根据中央和省的有关政策，金洞耕地二轮承包后30年不变，增人不增地，减人不减地；延包后土地被国家征用的，根据本人意愿可以不承包或少承包土地，有机动田的从机动田解决，征地面积较大或因自然灾害大面积耕地损毁而无法恢复的，可以重新承包，进行必要调整；允许从事二、三产业已有稳定收入的农户自愿不承包耕地，其耕地负担的农业税由该农户和村民小组协商解决，但国务院《农民承担费用和劳务管理条例》规定承担的村提留、乡统筹和劳动积累工、义务工的任务要负担；未经批准擅自改变土地性质，在承包耕地上建房、葬坟、烧砖瓦、开矿等损坏土地，能恢复的限期恢复，不能恢复的每平方米收取5~10元占用费，并按有关法律、法规处理；农户的承包耕地不准弃耕荒芜，如抛荒的，第一年每亩收取荒芜费150元，第二年收荒芜费300元；农户承包的田土山水只有经营权，没有所有权不准私自出售。上述各类具体问题处理后，各农户与发包方签订《土地承包合同》，由场统一印制，填写一式四份，分别由林场、乡、村、组保管，各组有耕地承包到户表，一式两份，由村组保管，给各承包户发放由林场统一印制的“国有、集体土地承包经营证”，由承包户保管。

2002年8月，全国人大常委会通过《中华人民共和国农村土地承包法》，自2002年3月

1日起试行。自此,金洞土地承包纳入依法管理的轨道。

四、土地经营权流转

1994年二轮土地延包时，根据省委提出的在坚持土地公有制不改变土地用途的前提下,鼓励土地使用权多层次、多形式、全方位有偿流转,在承包期内发包方同意,承包者对承包土地的使用权可以出租、入股、联营、转包、转让,其收入归承包者所有。1995年,农村土地开始小量在亲属之间流转,尔后随着外出务工经商农户增多,土地流转面积逐年增加。但土地流转时绝大部分转包未收流转费,且由原承包户承担其税费。2002年农村税费改革后,农村土地流转收取少量租金或流转费。

第二节 农业税收

实行家庭联产承包制以后，农民承担的农业税收除农业税以外,1987年增加农业特产税,屠宰税由集体交纳改为由农户交纳。

一、农业税

20世纪60年代至70年代,开展农业学大寨运动,兴修水利、公路,占用了部分农田。金洞农业税总额没有根据耕地面积减少而减少,基建减少的土地,其农业税在有关公社或大队范围内作必要调整。

1985年,根据省政府有关规定,农业税实行"实物征收、货币结算",农民仍然交售实物(主要是稻谷),粮食收购部门将农业税实物折成现金财政,实物折代金的价格为每50公斤15.59元,即按当年的统购价每50公斤11.55元的30%,超购价17.32元的70%计价,当年进行农业税册籍整理,1987年每50公斤粮食计税价格调升到17.09元,1989年升到22.1元,1992年调升到25.1元,1994年调升到49元,1996~1997年最高达65元,1998年下调到58元,1999年下调到52元,2001年下调到51元。农业税计税价格的调整,农业税总额随之上下波动。2002年,全面推行农村税费改革,农业税按新政策调整。

二、农业特产税

1983年,国务院颁发《关于对农林特产收入征收农业税的若干规定》。1985年,湖南省规定:凡从事农林特产生产并取得收入的单位和个人,包括兼营农林特产的城镇居民,农村经济联合体,乡(镇)集体经营农林牧渔场及国营企业、事业、机关、部队、学校、寺庙等单位都应缴纳农林特产税,农林特产由乡镇组织纳税人评定实际产量,按略低于市场价格的原则确定征收单价,折成特产品总收入计征。水果、观赏花卉、药材、芦苇、湘莲等产品收入,税率为8%;茶叶、制茶用花卉、生漆、核桃、板栗、藕、鲜鱼(含出售鱼苗)、珍珠等产品收入税率为6%;木材、竹子、油茶、油桐、苗木、竹笋干、香菇、棕片、木耳、乌桕子、松脂等产品收入税率为5%。另随同征收应纳税额14%的地方附加。1987年,开始按上述政策规定征收农林特产农业税,仅征收木材一个品种,其他农林特产品暂未征收。1988年财政厅要求全省全面征收农林特产税,分配的任务要保证完成,金洞林场特产税仍归祁阳县征收。1989年,根据省财政厅规定,将农林特产税附加由14%下调到10%。1991年经批准,对生姜征收农林特产税,其税额在扣除农业税后征收差价部分,由于农业产业结构调整,农林特产税不断增加。1993年,全场农林特产税增加到人均3.1元。1994年,省政府颁布《湖南省农业特产税征收办法》。对园艺收入、水产品收入、林木收入、食用菌收入,种养殖收入等42个品种征收农业特产税,其中烤烟、晒烟税率为31%,在收购环节征收;毛茶税率为23%,生产环节7%收购环节16%;柑、桔、梨税率为12%,其他水果、干果10%,在生产环节征收;生姜、药材、苕头、花卉、经济林苗木税率为5‰在生产环节征收。渔、龟、蟹、捕捞品等税率为8%在生产环节征收,如商人收购的,再从收购者加收5%;原木、原竹税率16%,其中生产环节8%,收购环节8%;生漆、松脂税率为20%,其中生产和收购环节各10%,竹笋干、棕片、木本油料税率为5%,在生产环节征收;牛疫、猪皮(1995年停征)、羊毛、兔毛、羊绒等产品税率10%,在收购环节征收;黑木耳、银耳税率16%,生产和收购环节各8%;香菇、磨菇8%,在生产环节征收;牛蛙、蛇10%,在生产环节征收。在农业税计税土地生产的应税农业特产品,农业税照征,计纳特产税时扣除已纳的农业税。取消原来征收的农业特产税附加。其他品种因征收操作困难而暂未开征。1995年以后,农业结构调整成果陆续展现,农产品价格不断提高,农业特产税收入逐年攀升。2002年,农村税费改革对农业特产税作了调整。

三、屠宰税

清光绪三十四年(1908年)起征屠宰税,民国时期沿袭。新中国成立以后继续征收屠宰税,人民公社时期,生产队送交派购猪,其屠宰税由收购部门负担,双抢、过年、过节自宰生猪不多。1981年农村实行家庭承包经营后,畜牧业发展,农户自宰自食生猪每头收屠宰税3元。1990年,随着生猪销售价格的提高,屠宰税标准作了调整。生猪屠宰环节每头征收6元,收购环节每头征收9元,由于屠宰税委托村干部代收,提取20%的手续费给镇、村,因此农民实际交纳的屠宰税为5.5万元,农民人均负担1.2元。1996年,屠宰税标准再次上调,生猪每头征收12元,相当于猪肉2.6斤,乳猪每头3元,牛、马、骡、驴每头20元,羊每头10元。为了提高屠宰税征收率,各镇(乡)逐村、逐户、逐栏进行清查、登记,加上20%的手续费,农民人均负担3.8元。1997年,根据生猪发展与屠宰税入库不一致的情况,对屠宰税入库实行目标管理,逐户登记,建立生猪发展台账,按实征收,是年屠宰税有所上升,但少数乡村工作不细,将屠宰税任务摊派到户,引起群众不满,下年纠正错误作法,下降屠宰税。2001年,人均税负7元。2002年,农村税费改革取消屠宰税。

第三节 农村税费改革

2000年3月,中共中央、国务院《关于进行农村税费改革试点工作的通知》下发(中发〔2000〕7号),全国在安徽省试点。湖南省在长沙、津市和永兴3个县(市)试点。

2001年3月,永州市在祁阳县茅竹镇试点,是年4月底结束。6月,国务院办公厅发出通知,按通知精神税改暂缓执行。

金洞的农村税费改革按照祁阳县的税费改革方案、步骤一并进行。

2002年,金洞根据国家和省文件精神全面推行农村税费改革。是年4月开会动员,组织县、场(乡)干部近100人下农村开展宣传,核实计税面积,协商确定亩平计税常年产量,计算农业税和农业特产税额,组织农民在农业税纳税登记卡上签字认可。6月底,全场农村税费改革结束,此系新中国成立后继土地改革、农业合作化、家庭联产承包制以后的第四次农业生产关系重大变革。

一、税改政策

按照中央和省有关文件精神,2002年农村税费改革实施"三个取消""两个调整""一项改革"的政策。

三个取消 取消乡统筹、村提留、农村教育集资和面向农民收取的行政事业性收费、政府性基金、集资。从2002年起,统一取消乡统筹、村提留费,取消面向农民收取的行政事业性收费、政府性基金、集资和农村教育集资。取消屠宰税、取消劳动积累工和义务工。湖南省委省政府在税费改革文件中分3年逐步取消劳动积累工和义务工。祁阳县委县政府决定从2002年起全部取消"两工"。除防洪抢险、扑灭山林火灾等特大事故外,不准从农村无偿调用劳动力。金洞林场按照祁阳县政府决定执行。

两个调整 调整农业税,农业税计税土地面积以1994年农村第二轮土地延包面积为依据,如果旱土没有记入二轮延包合同的,以1997年统计年报面积为依据。此后稻田、旱土新增或合法征占用的,根据实际情况调增或调减。农业税计税常年产量基本上按1998年前5年平均产量90%左右计算,旱土按稻田产量的三分之一计算,采取自上而下、自下而上反复协商的办法确定。既有上级政府的指导性意见,又让广大农民接受和认可。农业税税率一般地区按7%执行,晒北滩瑶族乡、国营农林场按4%执行。农业税实行代金制,按计税面积,计税常年产量和税率计算出来的农业税实物额,按每50公斤51元的价格折算成农业税税金。

调整农业特产税,农业特产税按省政府办公厅转发的《关于农村税费改革农业特产税征收管理意见》执行,在农业税计税土地上生产的农业特产品只征收农业税,不对其差价征收农业特产税。

一项改革 改革村提留征收使用办法,村提留被取消以后,村干部报酬、"五保户"供养、村办公经费等采取收取新的农业税附加和农业特产税附加的办法解决，农业税附加和农业特产税附加均为其正税的20%。“两税”附加由财政农税部门连同农业税、农业特产税一同收取，按入库进度返回乡(镇)，实行乡(镇)管、村用，并由场、乡(镇)经营管理部门负责监督。

二、税改结果

按照农村税费改革“三个取消、两个调整、一项改革”的政策，金洞农村税费的结果如下。

取消部分 取消乡村统筹提留、农村教育集资等面向农民收取的行政性收费、集资260万元，其中统筹提留款248万元，教育集资12万元。取消屠宰税21万元。取消部分共减轻农民负担281万元。

调整部分 农业税调整共落实计税水田2.17万亩，水田亩平计税常年763公斤，旱土亩平计税常年产量254公斤，农业税率为7%(晒北滩乡和国营农业税率为4%)，核定农业税正税每50公斤51元。

改革部分 改革村提留征收使用办法，按农业税、农业特产税正税的20%收取附加。

农民减负 通过农村税费改革，金洞农民负担共减少281万元，按全场农村人口4.3万人计算，人均减负65.34元。农民人均负担由2001年的108.72元，下降至2002年的57.5元。农村税费改革改变了2002年前人口和耕地共同承担税费负担的格局，尽管对田多人少地区降低亩平计税常年产量，对田少人多地区适当提高计税常年产量，但仍然存在减负不均衡现象。

三、转移支付补助

农村税费改革以后，农民负担大大减轻，林场(管理区)、镇(乡)、村收入也相应减少，为弥补各级财政收入不足，国家财政给予转移支付补助。2002年全场农民负担减少，取消教育集资以后，乡镇中小学减少办学经费220万元，省、市财政通过核算，给予金洞转移支付补助200万元，其中缺口20万元，部分通过乡镇机构改革，教育体制改革，减少财政供养人员和税费开支而消化解决。

2003年降低农业特产税，2004年取消农业特产税、降低农业税，2005年免征农业税，国家对地方财政收入缺口继续给予转移支付补助。2003~2011年，国家财政给予金洞转移支付补助36839万元，加上2002年税费改革当年的补助，共计37256万元。场乡财政减少的农业税、农业特产税、屠宰税收入和农村义务教育经费、现役军人优抚、乡村道路维修及五保户供养等经费改由国家财政预算安排。

四、粮食保护价收购和农业补贴

2004年1月和2005年1月，中央连续下发两个1号文件。确立从根本上减轻农民负担，切实保护农民利益的总方针。根据上述两个中央1号文件精神，中央、省、市出台并实施了一系列促进粮食生产、增加农民收入的政策措施。金洞林场党委、行政认真贯彻落实，全场农民得到的实惠不断增加。

粮食保护价收购 为了提高农民发展粮食生产的积极性,2004 年全面落实中央和省粮食保护价收购政策,早籼稻每 50 公斤最低保护价定为 70 元,由粮食部门和经过批准有资质的民营企业收购。如果市场粮价低于每 50 公斤 70 元,则由指定粮食部门敞开收购,其中经营发生亏损的,则由县财政从国家粮食风险基金中列支以补贴,让农民得到实惠。是年早籼稻价格稳定在每 50 公斤 71 ~ 72 元,比 2003 年的 51 元增加 20 元左右,晚稻价格一般在 73~75 元之间,也比上年增加 20 元。农民每种一亩田,按收入 800 公斤稻谷计算,出售后比上年增加 320 元。2005 年,继续实行上述政策,每年全场早籼稻价格稳定在每 50 公斤 70 元左右,晚稻价 72 元左右。种粮直接补贴。2004 年,按照国家政策,对农民进行种粮直接补贴。种粮直接补贴面积以农业税计税面积为依据, 凡种植过一季粮食作物的均可获得补贴,每亩 11 元。每年省市按金洞农业税计税面积的 95%作为直接补贴面积。金洞按税改时各乡镇的计税面积的 95%计算到乡镇,乡镇照此计算到村到农户。2004 年 4 月,种粮直补资金均用现金放发到农户,林场组织专门力量进行监督,防止村组抵扣老欠或截留挪用。2005 年,粮食直补标准有所提高,面积不再折成 95%,是年每亩补贴 13 元。补贴发放到户的方法有所改变,在逐户造册登记出榜公布后,将补贴到户的数据全部输入各乡镇财政所电脑,并与当地信用社联网,信用社在资金到位后,按网络数据将补贴资金计入各农户存款户头,制成存款折,由乡镇将存折发到农户,农户凭存折到信用社取款,是年 8 月底,粮食直补资金存折全部发放到户。

水稻良种补贴 2004 年,按照国家政策,对种植水稻良种的农户进行补贴。水稻良种补贴分早稻、中稻和晚稻三种,其补贴标准是:早稻每亩补贴 10 元,中稻补贴 15 元,晚稻补贴 7 元。2004 年 4 月,先预拨早稻良种补贴。省市按 2003 年统报的早稻面积 15800 亩预拨早稻良种补贴资金 158000 元,与种粮直接补贴同放。2004 年 8 月省市县对全场早稻、中稻、晚稻的面积进行核定,所有水稻播种面积为良种种植面积,全部予以补贴。全场核定早稻 1.58 万亩、中稻 0.7 万亩、晚稻 1.5 万亩,良种补贴资金共 36.8 万元,除去预拨 15.8 万元,年终补发 21 万元。各乡镇 2005 年春节前后将补发资金发放到农户。2005 年国家继续实行良种补贴,标准照旧。至 2011 年,其补助标准为:早稻每亩补 15 元,中稻补助 15 元,晚补助 15 元,全管理区核定早稻播种面积 11690 亩,中稻 4995 亩,晚稻 17025 亩,补贴资金 505650 元,与粮食直补资金一样以存款折的形式发放到户。

第四节 乡村统筹提留

1981 年以前的人民公社时期,集体提留在生产队收益分配中提取。1981~1982 年实行家庭联产承包责任制。乡村统筹提留仍由生产队集体积累解决, 未向农民一家一户筹款。1983 年完善家庭联产承包责任制,当时金洞区尚未由金洞林场代管,按祁阳县委、县政府规定,公积金、公益金每亩摊 2~6 元,管理费每亩 0.5 元,农民人均纯收入 60 元以下的生产队可以不摊,大队干部、民办教师、民兵训练费和党员开会的误工补贴等按实际需要由大队分摊到各生产队，生产队再加上列军属优抚、五保供养等一并按责任田分摊到户，此时的统筹主要是大队筹款，公社按实际需要由大队负担民兵训练费用，其余均由大队、生产队负责解决。1989年，全区乡村统筹提留是61.82万元，农民人均负担13.47元，相当一部分村和组未向农民筹款，由村组的山林采伐收入和鱼塘、果园集体财产出租、承包、转让所得解决。1991年金洞林场党委明确规定，乡村统筹提留仍按祁阳县的县委、县政府的文件规定，其中乡统筹为4项，村提留3项。乡统筹的4项是教育附加费、计划生育、民兵训练和现役军人优抚。村提留3项是公积金、公益金和管理费。收费标准是：教育费附加按上年农民人均收入的1.5%，计划生育按农业人口每人收0.8~1元，民兵训练按农业人员每人收取0.3~0.5元，优抚费根据实际需要筹集，每个现役军人每年250元，有多少军人则筹多少，然后按人口分摊到户。五保户每人每年平均200元，根据实际需要分摊；公积金、公益金和管理费分别按上年人均纯收入的1%、0.5%和1%提取。1991年全区统筹提留是108.94万元，每人平均23.73元，有些低于这个标准，如凤凰乡1992年农民人均负担只有16.53元，该乡当年收取乡统筹5.25万元，村提留7.93万元，合计13.28万元。

1993年，乡统筹费增加乡村道路维修，农民负担变成了“五统三提留”。1993~2001年，全区农民承担统筹提留人均分别是25.08元、30.96元、32.01元、54.36元、58.73元、60.39元、57.60元、57.52元和57.51元。2002年，乡统筹提留随着农村税费改革被取消。

乡村统筹提留理应乡统乡用，村提村用，但在实际操作中，相当部分乡镇未按要求将二者分开，把部分村提留统到乡镇使用，也有一些乡镇未按祁阳县规定的标准收取统筹提留。一些条件较好的村，集体有收入的统筹提留均由村里支付，还有些只向农民收取乡统筹部分，村提留没有向农民收取。附金洞林场1992~2001年农民负担的统筹提留明细表。

金洞林场1992~2001年农民负担“统筹提留”明细表

6-1-1

年度	户数（万户）	农业人口（万人）	稻田面积（万亩）	人均纯收入（万元）	统筹提留费用				备注
					乡统筹（万元）	村提留（万元）	小计（万元）	人均（元）	
1992	1.23	4.59	2.14	559	55.01	61.66	116.67	25.42	
1993	1.23	4.60	2.14	708	59.48	55.93	115.41	25.08	
1994	1.23	4.55	2.14	933	73.28	67.65	140.93	30.96	
1995	1.23	4.51	2.14	1223	86.04	58.12	144.33	32.01	
1996	1.23	4.51	2.14	1493	156.19	88.89	245.08	54.36	
1997	1.23	4.46	2.14	1600	164.7	97.41	262.11	58.77	
1998	1.25	4.41	4.41	1656	163.83	102.96	266.79	60.49	
1999	1.25	4.41	2.14	1871	129.72	124.49	254.21	57.64	
2000	1.23	4.37	2.14	1939	130.54	120.65	251.19	57.48	
2001	1.21	4.32	2.17	2000	128.81	119.71	248.52	57.53	

说明：稻田面积均以水田面积统计，旱土未统计在内。

第五节 农民收入

1981年，家庭联产承包责任制实行后，农民生产积极性空前高涨，农村面貌逐渐改善，农民温饱问题得以解决，广大农民开始走上富裕道路，农民的收入迅速增长。1982年，金洞林区人民人平纯收入155元，比1963年的60.8元提高94.2元，是1963年2.55倍。1994年按照中央、省、市指标精神，进一步完善土地延包工作30年不变，更进一步激活广大农民的生产积极性，他们甩开膀子科学加实干，努力增加收入，提高生活质量，力争早日步入小康。1995年，金洞农民人均收入突破千元大关，实现1223元，是1982年的7.9倍。至2004年，人均收入达到2355元，这十年间人均收入增加1132元。到2011年，人均纯收入大幅上升至4766元，较2004年翻了一番，其中凤凰乡人均收入实现5331元。

第二章　流通体制改革

第一节 经营方式改革

1983年，祁阳县供销社系统率先推行承包责任制，原金洞供销社按祁阳县统一要求对下辖的7个供销分社及门市部签订承包合同，对职工分别试行超定额分成，利润包干、联产计酬、联责计酬、联销提奖、租赁经营等多种形式的经营承包责任制。1994~1998年，区内商业系统全面推行国有民营政策，采取出让、租赁各门店、柜台等办法，按不同地段、不同柜台，制定租赁金额和规定经营期限，由职工投标，中标者交足抵押金后签订经营合同，未中标者由单位发给生活费，每人每月50元，自谋职业。

第二节 价格管理改革

20世纪80年代初，国有流通企业商品购销价格都由国家统一制定，无权定价。1985年后，价格逐步放开。1986年，商业系统开始实行价格“双轨制”，有平价和议价之分。商店柜台上有两种价格标签，印红色字体的代表平价，印蓝色字体的代表议价。1990年价格全部放开。消费者在国有商店购物开始“讨价还价”。原国家统一定价的钢材、木材、水泥、成品油等移交,1986年开始实行“双轨制”国家计划内的平价供应,计划外的由企业自主采购,实现国家指导价。1992年11月起全面放开粮油价,取消城镇居民定量粮油平价供应和农村统定销平价供应,价格随行就市,各种粮(油)票、粮券、指标划拨证,居民结存的粮油指标不再流通。国营粮站粮店一律实行自主经营,自负盈亏,粮食部门的“铁饭碗”被打破。金洞粮站按祁阳粮食局统一要求进行改革。

第三节　购销渠道改革

计划经济时期,日常工业品进货渠道单一,国有商业企业只能从衡阳地区二级批发站进货,不能直接从厂矿或跨省、市进货。1986年实行价格“双轨制”后,进货渠道发生变化,由原来二级站一家逐步放宽到跨省市或直接到厂矿进货,但还规定每年在二级站进货金额,完成购进计划后才能供应部门平价商品。1990年价格全面放开,进货渠道不再加以限制,企业除在二级站调进一部分外,大部分在外省、厂矿进货。1978~1985年,卷烟、石油、食盐等专营商品,货源由国家统一分配,价格由国家统一规定,进货地点由省公司指定,企业无权自行采购。1993年,进货渠道自行选择,货源充足,企业可以跨省调进,销售渠道也随之改变,卷烟销售原来利用商业、供销系统门市部经营,实现个人承包后,市场销售形势发生变化,县烟草公司撤销县内15个委批点及许可证,建立自己的营销网点,同时采取送货上门的办法,改以往“坐商”为“行商”,2000年建立配送中心和计算机信息中心,对城区实行定时、定点、定线、定车的“全天候”访销送货,为农村也送货上门,扩大销售渠道。

第三章　财政体制改革

第一节　区(场)财政体制改革

一、金洞林场财务管理改革

1984年以前金洞林场财务管理实行“一级核算,二级管理”办法。一级核算是林场设立计划财务科,统一核算全场的经营收入,营业外收入和其他收入,经营成本、税费和利润;二级管理是:林场下设的分场(工区)相应设立财务室,根据林场下达的经营收入,营业外收入和其他收入,营林成本、森工成本及经营管理费用指标进行精细化核算和管理,具体核算各分场(工区)各项收入、成本和费用,并实行“核定指标、超支不补、节约留用”的管理办法。1984～2007年,林场实行“以场带乡,场乡联营”管理体制。林场财务管理体制与1984年前基本相同,但增加了部分金洞林区社会公共管理支出,主要有农业发展支出、林区公共卫生支出、农村社会管理及文化教育支出等方面,林场这一时期财务管理兼有政府财政职能。金洞管理区成立后,林场财务管理实行一级核算和管理,撤销分场(工区)财务机构,设立财务联络员(报账员),林场所有收入和支出由计划财务科统一核算,各分场(工区)成本费用计财科设专账管理,这一时期对各分场(工区)实行“核定标准、分期拨付、超支不补、结余留用”的报账制管理办法。

二、金洞管理区财政体制改革

1984年以前,金洞区财政由祁阳县统一管理,区、乡没有设立财政机构,区里只设财政助理,1984年区、乡镇行政管理体制进行改革,虽然撤销金洞区,原金洞区所辖7个乡镇划归金洞林场代管,但财政仍由祁阳财政局管理,各乡、镇设立财政所,金洞林场设立金洞财政站,具体管理7个乡镇财政所。2007年,建立管理区后,成立金洞管理区财政局,撤销金洞财政站,管理全区8个乡镇财政所(万宝山乡于2011年建乡并建立财政所),财政管理实行“核定任务、比例分成、超支不补、节约留用”和“收支两条线”管理办法,但国税、地税仍由祁阳县管理,对金洞管理区辖区内两税实行“代为征收,分别列账”的征收管理办法。

第二节　乡镇财政体制改革

1978～1984年,金洞区和所属公社没有单独财政,实行统收统支,由祁阳县财政局负责。1986年,建立乡镇一级财政预算,试行“定收定支、超收分成、短收分担、一年一定”的财政体制,其收入范围包括区乡镇所属企业的工商各税、农业税、农业特产税和其他收入;支出范围包括乡镇级行政支出和教育、卫生、计划生育、财政、农业等事业费。其年度财政收入任务根据上年实际完成财政收入情况与当年增收因素,综合考虑,由县确定;支出按同年县预算安排的定额计算。超收分成分两种情况区别对待:凡农业税、农业特产税和其他收入的超收部分,乡镇分成30%;工商各税超收按4级计算分成,超2万元以下的乡镇分成50%,超2～3万元分成40%,超3～5万元分成35%,超5万元以上分成30%。短收则按同一比例分担。

1987年,祁阳县对乡镇全面实行“定收定支、超收分成、短收分担、超支不补、结余留用、一年一定”的财政体制。收入范围和超收分成、短收分担比例仍按1986年的不变。财政支出的包干范围,由1986年的6项扩大到11项,增加广播、畜牧、农机、林业、水利等事业费支出包干。改革成效较好。金洞各乡镇基本上完成上级分配的任务。

1988年,对超收分成、短收分担的比例做出调整:超收部分税务部门提成6%以后,县与各区乡镇对半分成;短收按同一比例分担。是年,农业特产税全面开征,按征收额提成2.5%,乡镇分成27.5%,县70%。其他收入返回30%。

1989年改为收支包干到区,区再包干核算到乡镇。工商各税超收分成又作调整,其中金洞区(金洞林场)超收,在扣除税务部门10%的提成后,县与区(场)三七分成,县占70%。

1990年7月开始,对乡镇财政实行“核定收支基数、递增上交、定额补贴、超收全留、短收自负、超支不补、自求平衡、一定三年”的财政体制。县根据各乡镇的实际情况确定收支包干基数,对那些收入大于支出的乡镇按7%~10%的比例上缴,对收不抵支的镇核定补贴数额,超收全留,短收自负。新增政策性支出,原则上县与乡镇各负担一半,县对区也视为一级财政,管理体制视同乡镇。年终县与区本级及其所属乡镇捆在一起结算。同年建立乡镇级国家金库。1991年采取三项新措施:一是各级新增人员其经费由各级负担;二是区乡教育部门人员经费、医疗费收到县统一掌握,由教委包干使用;三是实行收支两条线,区乡收入全部上交到县,支出由县财政下拨。1993年又将原来包干到区乡镇改为只包干到区,区对所属乡镇财政管理办法由各区自定。根据各区(镇)经济发展情况,重新确定包干基数。建立区、国家金库,减少资金上划下拨环节。

1995年,对超收分成和短收分担办法作了调整:年度超收实行分段确定比例分成,区超收30万元以下按三七分成,区(镇)分成70%;超收30万元以上四六分成,区(镇)分成60%;短收按比例相应扣减支出指标。

1996年祁阳县对所属20个镇实行分税制财政管理体制改革,金洞林场代管的7个乡镇仍实行1995年财政包干体制。改革后的镇级财政收入包括镇级固定收入和县、镇共享收入。镇级固定收入系乡镇管辖单位和个体纳税户上缴的个人所得税、车船税、房产税、屠宰税、印花税、罚没收入;镇管企业上缴的企业所得税和利润;农业税和农业特产税;原属乡镇的其他收入、罚没收入和行政事业性收费收入。县与镇共享收人包括:营业税、固定资产投资方向调节税、城镇土地使用税、土地增值税和资源税。共享收入的分成比例均为县70%,镇30%。镇级财政支出范围包括农业(含经管)、农机、水利、文化、教育、广播、计划生育、公费医疗、行政和财政等行政事业性支出,上述人员经费按零基预算的标准计算。对镇级分税制财政体制的收人基数一般按1995年镇级实际财政收入为基数;支出按零基预算支出为基数。凡收入大于支出的乡镇实行递增上解,递增比例根据各镇财力发展趋势分别确定;凡支大于收的乡镇实行定额补贴。各镇财政收入基数及以后年度增长部分全部归镇,县不集中,但农业税的调价增收部分则全额上交到县。共享收入无论是基数部分还是增长部分,其分成比例均为县70%、乡镇30%。以后年度乡镇财政支出增长部分均由各乡镇财政自行解决,县财政一律不予负担。是年7月1日,各镇建立镇级国库,财政体制改革转入正常运行。1997年适当调整乡镇收入基数和国库资金划解比例,并将农业、农机、水利、教育等事业经费从镇级财政支出基数中划出。建立县对镇转移支付制度。这一财政体制一直运行到2001年。

2002年,县对乡镇实行“核定收支基数、确定上解比例、超收比例分成、短收缺一扣一”的乡镇财政管理新体制。分别核定各镇国税、地税、财政三块收人基数和财政支出基数,剔除直接上解县金库后各乡镇收入基数,减去政策性转移支付补贴后的支出基数,其差额实行比例上解。乡镇财政收入超基数部分实行县乡镇比例分成,祁阳县规定,金洞超收分成50%。2004年对乡镇财政体制进行修改,不再实行超收分成,短收分担。2007年成立金洞管理区,金洞管理区财政局随之正式建立,一级准县级的财政体制应运而生,由此一级独立核算的财政体系在金洞正常运营了。

第四章　经济综合管理

第一节　计　划

一、计划、规划管理和改革

1984年以前,原金洞区六乡一镇由祁阳县管理。1984 ~2007年原金洞区管辖的六乡一镇由金洞林场代管,2007年永州市祁阳金洞管理区委员会成立, 金洞管理区发展和改革委员会随之相继成立, 金洞管理区发改委是综合研究拟订全区经济和社会发展战略规划,进行结构调整,提出固定资产投资规模、宏观调控、总量平衡,指导总体经济体制改革的综合经济部门。

1984~1987年,沿袭计划经济模式。1988年后,计划工作贯彻"以计划经济为主、市场经济为辅的方针"。1991年,贯彻中央提出的"调整、改革、提高、发展"的方针。1994年,主要农产品的指令性计划全部取消。1995~2010年,随着社会主义市场经济体制的初步建立,取消计划物资供应,计划工作职能由微观经济管理逐步转向宏观经济管理,主要是加强对经济运行动态的预测分析和经济信息的发布,编制全区国民经济和社会发展年度计划和中长期规划,综合协调财政、信贷等经济杠杆部门,培育、发展和完善市场体系。2011年以后,社会主义市场经济体制进一步完善,对全区经济运行进行宏观调控,确保规划、计划和产业发展政策顺利实施。

二、计划、规划编制执行情况

1981~2012年,是国家"六五"至"十一五"计划期间和"十二五"规划期间。金洞林场编制了"九五""十五""十一五"和金洞管理区编制了"十二五"共四个五年计划和规划、年度计划以及中长期规划,明确指导思想和重点,提出奋斗目标和大的经济指标,并努力付诸实施,每个计划、规划都得到完成和超额完成。

(一)"九五"至"十一五"计划执行情况

“九五”计划执行情况(1996~2000):国内生产总值由1996年的1.84亿元,增加到2.26亿元,年均递增5.3%,人均国内生产总值由3471元,增加到4259元,年均递增5.3%,三次产业结构为41.2∶28.7∶30.1。

“十五”计划执行情况(2001~2005):国内生产总值由2000年的2.26亿元,增加到2.78亿元,年均递增5.3%,其中第三产业由0.69亿元增加到0.99亿元,年均递增9.5%,三次产业结构调整到33.36∶30.91∶35.73;2005年,财政收入达到619万元,社会消费品零售额达到0.75亿元,全社会固定资产投资达到0.826亿元,城镇居民人均可支配收入达到8767元,农村居民人均纯收入由2100元达到2738元,年均递增6.9%,农业生产总值由0.8385亿元增加到0.9275亿元,年均递增2.6%。

“十一五”计划执行情况(2006~2010):地方生产总值(GDP)由2005年2.78亿元增加到5.61亿元,年均递增15.0%;(地方)财政总收入达到0.1535亿元,年均递增25.5%;第一产业0.9275亿元增加到1.296亿元,年均递增6.9%;第二产业0.8592亿元增加到1.841亿元,年均递增16.5%;第三产业由0.9933亿元增加到2.473亿元,年均递增20.0%;三次产业结构调整到23.1∶32.8∶44.1;全社会固定资产投资达到6.753亿元,年均递增52.2%,社会消费品零售总额达到1.8亿元,年均递增19.1%;城镇居民人均可支配收入达到15832元,年均递增12.6%,农村居民人均纯收入达到4218元,年均递增8.6%;城区绿化覆盖率达到22.0%,年均递增8.0%,森林覆盖率达到74.1%,年均递增0.6%;城镇化率达到40.0%,年均递增4.0%;

(二)“十二五”规划执行情况

2011年规划执行情况:

1. 地方生产总值(GDP)达到6.44亿元,同比增长14.79%;

其中:

1.1 第一产业达到1.4812亿元,同比增长14.3%;规模以上工业增加值达到9650万元,比上年增长71.7%;

1.2 第二产业达到2.1084亿元,同比增长14.52%;

1.3 第三产业达到2.8504亿元,同比增长15.26%;

1.4 三次产业结构调整到23.0∶32.7∶44.3;

2. (地方)财政总收入达到0.2114亿元,同比增长37.70%;

3. 完成社会固定资产投资9.31亿元,同比增长37.9%;

4. 社会消费品零售总额完成2.2亿元,同比增长22.2%;

5. 城镇居民人均可支配收入17890元,同比增长13.0%,;

6. 农民人均纯收入4766元,同比增长12.99%。

第二节 物 价

一、管理机构

金洞管理区于 2007 年 10 月正式设立挂牌成立，同年设立金洞管理区物价局，负责全区的价格管理工作，自 2008 年开始金洞的物价管理工作与祁阳县分开行使管理权。金洞管理区物价局现在实有工作人员 2 人，尚无内设机构。

二、价格管理

1978 ~ 1982 年，物价大权归中央，坚持"计划第一、价格第二"的方针。

1982 年 9 月，国务院颁布《物价管理暂行条例》，祁阳县根据国家和省里规定，放宽物价政策，调整物价管理权限，将部分小商品作价权下放给企业，由企业根据市场行情自行掌握购销价格。1984 年，物价管理工作由单纯管理型向管理服务型转化，价格管理形式由集中管理型向计划价格为主，市场调节为辅转化，实行国家统一定价（固定价）、浮动价格（国家指导价）、自由价格（市场调节价）三种形式。1985 年取消生猪派购和集体林区木材统购；改粮食、棉花统购为合同定购；农副产品价格除合同定购的粮食、食油、棉花、烤烟、茶叶和国营林场的统配木材继续执行国家定价外，其他产品价格一律放开，实行市场调节；重要工业生产资料实行"双轨制"，国家统一价和市场调节价同时并存。1989 年，对木材、松香、计划外重要工农业生产资料规定最高限价；对生猪收购实行最低保护价；对销售议价粮油、木材、松香、彩电、冰箱和重要工农业生产资料等实行差率控制；对部分商品继续实行提价申报制度。1995 年，对国家管价商品、行政事业性收费、带垄断性及与群众生产生活密切相关的服务价格和餐饮业、旅馆行业价格实行监管；对价格违法行为作出处罚；对价格欺诈行为进行制止和处理；对重要商品和服务价格进行成本监审，制止各种乱收费行为；征收价格调节基金。1998 年，《中华人民共和国价格法》正式施行。1999 年，国务院制定《价格违法行为行政处罚规定》，打击价格违法行为。2001 年，《湖南省服务价格管理条例》施行。2002 年，省人大常委会修订了《湖南省行政事业性收费管理条例》。2004 年，《湖南省涉案物价格鉴证管理条例》施行。2009 年，《湖南省价格监督管理条例》施行。随着改革开放和发展社会主义市场经济不断深入，96.2%的商品和服务价格实行市场调节价格，由经营者自主定价，约 3.8%的商品和服务价格由政府定价，价格形成机制发生重大变化，重点突出阳光价费、民生价费、诚信价费、法治价费。

三、价格指数

1978 年以前，由于物价大权集中于国务院，物价基本处于"冻结"或"半冻结"状态，物价基本稳定。1979 ~ 1991 年实行价格改革，商品销售总额中实行国家指导价和市场调节价的比重达90%以上,由国家定价的商品不到10%,1992年国家全面放开价格与市场并轨,各类商品价格出现全面持续上涨。1994年对食品、大燃料、日用品、中小学收费等29种(类)关系人民生产生活的重要商品价格和收费实行监管,对城镇粮油供应点挂牌限价供应粮食,规定城镇居民每人每月凭证限量供应粮食10公斤,销售价格为标二早籼米1.76元/公斤,标二中籼米1.8元/公斤,标二晚籼米1.96元/公斤。商品零售价格上涨幅度逐年回落。物价总指数2008年108%,2009年99%,2010年103.6%,2011年105.8%,2012年102.7%。

四、价格监督检查

金洞管理区价格监督检查,由管理区管理委员会统一领导。自2008年以来,坚持依法治价、依法行政。2009年,实行行政事业性收费许可证制度。2012年9月,举办全区收费员管理业务培训班,核发收费员证,换发、核发行政事业性收费许可证。2010年以来,连续对中小学校收费开展检查,落实国家教育收费政策。2011年,开展打击欺行霸市、掺杂作假、短斤少两、漫天要价、多收乱要、不明码标价、坑害消费者的行为。2012年,开展商品和服务明码标价专项检查,推行价格和收费公示制度。重点对交通、石油、电信、医疗、农电、国土、城建规划、房地产、自来水等行业检查。按政策落实取消和降低收费项目,规范收费行为,为群众和企业减轻负担。重点开展春运客运票价、旅游、餐饮等垄断行业和服务价格检查,退还多收票价2000多元,推行餐饮价格最高限价制度,发放整改提醒书。打击哄抬物价不法行为,及时平息2011年3月食盐抢购风波。

第三节 统 计

一、统计机构

1983年以前,金洞的统计工作由区乡文书兼任负责,1983年《中华人民共和国统计法》颁布后,金洞区配备专职统计助理。1984年,金洞实行"以场带乡、场乡联营"的管理体制,统计工作由金洞林场党政办负责,1987年设立金洞林场统计站。2007年12月,金洞管理区统计局成立,归口管理区党政办管理,由1名副主任分管,配备专(兼)职统计人员,统计业务归祁阳县统计局指导,各乡镇加挂统计站牌子,由秘书兼管统计。

二、统计业务

(一)1982年7月,进行第三次全国人口普查。普查结果:截至1982年12月,金洞区共有农业人口44219人,林场1718人。

(二)1986年,进行全国工业普查,金洞林场共有企业个数95个,企业总产值350.13万元。

(三)1990年7月,进行第四次全国人口普查,金洞林场共有非农业人口1841人,农业人口47824人。

(四)1995年1月,进行第三次全国工业普查,金洞林场共有企业数196个,企业总产值5880万元。

(五)1997年1月,首次开展全国农业普查。

(六)2000年11月，开展第五次全国人口普查，金洞林场总人口为52362人，男性28244人,女性24118人。

(七)2001年10月和2003年11月,结合人口变动情况抽样调查。金洞林场石鼓源乡被确定为抽样调查乡镇,西岭坳村和大岭下村被确定为抽样点。

(八)2004年12月起开始全国经济普查，金洞范围内共有法人单位和产业活动单位323个,个体户740个。

(九)2008年12月起开始第二次全国经济普查。金洞范围内共有法人单位和产业活动单位324个,个体户961个。

第四节 审 计

2006年,为理顺体制,永州市国有金洞林场进行体制改革,2007年8月成立金洞管理区。为健全行政管理体制,在金洞纪律监察局内加挂审计局牌子,成立金洞管理区审计局,并专门任命一名副局长为审计工作专职负责人。金洞管理区审计局与金洞管理区纪律监察局合署办公,并与纪检工作相互配合。

2010年,永州市审计局第一次把金洞管理区纳入全市县区的目标考核体系进行年终目标考核,2011年永州市审计局申报从湖南省审计厅争取中央一笔补助中西部地区审计机关用作的专项资金,用于支持金洞管理区的审计工作的开展。管理区的审计工作得到上级审计机关重视与关心。

2011年以来,为了适应形势发展的需要,管理区领导经过慎重考虑,于2012年9月,根据《中华人民共和国审计法》与《审计法实施条例》的相关规定,决定把审计局从纪委(监察局)中单列出来。

金洞管理区审计局自此全面履行县区审计机关职责：对国家财政资金使用的真实性、有效性、合法性进行审查,重点加强对乡镇财政预决算和乡镇党政主要领导离任经济责任审计,中央、省重点项目资金专项审计以及同级财政预决算审计。当好管理区公共财政的卫士,为管理区的经济、社会又好又快的发展保驾护航。

一、审计监督

(一)经济责任审计(包括离任审计与任中审计)。2007年开展对金洞林场所属企事业单位电站、医院负责人进行离任审计。同年，共审计两个单位，查出违纪金额3.2万元。

2007~2012 年，共审计单位项目 12 个，违纪金额 32 万元。

（二）授权审计。2010 年，按照永州市审计局的授权开展对管理区人社局 2008 年至 2010 年的就业资金进行审计，查出违纪资金 15 万元。2011 年、2012 年连续两年对中小学校舍安全工程进行了审计。查出违规资金 5 万元。

（三）行政事业审计。2012 年 2 月，依照国家审计署的安排，配合市审计局进行了全国性的社保资金审计，涉及三块 12 项社保基金，金额达 5200 万元，揭露挤占资金 200 万元。2012 年 11 月，又开展对 2008~2012 年底的保障性安居工程资金的审计，涉及廉租住房与国有林场危旧房改造两块 10 个项目，上级拨付金额 5397.3 万元，历时近三个月，督促落实配套资金 575 万元，整改违规资金 29 万元，收缴 5 万元。

（四）财务收支审计。2012 年，对金洞林场所属一个企业进行财务收支审计，涉及 5 个年度，资金 1200 万元，整改违规资金 20 万元，收缴 2.89 万元。

二、审计宣传及内审

（一）2008 ~ 2012 年共订阅《中国审计》《中国审计财经法规选编》等各类审计杂志 120 份，《中国审计报》20 份。在管理区范围内有效地进行审计宣传。

（二）2011 年，金洞管理区审计局正式加入永州市内审协会，成为理事会员单位之一。2012 年，组织金洞林场计财科、区林业局等单位的财务人员参加由湖南省内审协会组织的内审理论培训班，极大地促进内审工作的深入开展。

第五节　国土资源管理

1985 年以前，金洞境区对土地和矿产资源利用欠规划，没有专门的管理机构和人员，只是政府批给村民建房。1986 年 1 月，祁阳县成立征地拆迁办公室，管理国家建设及村民建房用地，金洞 6 乡 1 镇的农技员兼任村镇规划员。此后，贯彻落实“十分珍惜、合理利用土地和切实保护耕地”基本国策，逐步开展土地调查、登记、统计、分等定级等工作，专项整治矿业秩序。1987 年，金洞林场设立国土管理办公室，各乡镇农技员兼任国土员，1993 年开始土地使用制度改革，由无偿、无期限、无流动使用向有偿、有限期、可流动转变；由单一的协议出让土地向招标、拍卖、挂牌出让转变，优化配置土地资产。1994 年后，金洞林场根据上级有关指示精神，对建设用地实行“五统一”管理。紧接着开展土地详查，修编土地利用总体规划。在此基础上，加大力度查处违法用地。1994 年起，加强耕地保护，划定基本农田保护区，并逐级签定耕地保护责任状。至 2003 年，全区用地形成“一个渠道进水、一个池子蓄水、一个龙头放水”的管理机制。政府对土地实现高度垄断。全区基本农田保护面积 2.3 万亩，保护率 91.2%。

一、管理机构

1984年,金洞林场没有国土管理机构。1986年1月,金洞林场七个乡镇的农技员兼任村镇规划员,业务归祁阳县建委管理。1987年2月,金洞林场为了适应非农业用地清查工作的开展,成立了零陵地区国营金洞林场国土管理办公室,各乡镇农技员兼任国土员,业务归祁阳县国土局管理。1992年7个乡镇建立土地管理事务所,由各乡镇国土员兼任所长,业务仍归祁阳县国土局统一管理。1993年12月1日起,金洞林场的土地由零陵区国土局统一管理,各乡镇国土所业务归金洞林场国土办管理。1995年,建立零陵地区金洞林场国土城建管理科,2001年改名为永州市金洞林场国土资源城建科,2007年管理区建立后,成立金洞管理区国土资源局,配备局长1人,副局长3人,工作人员10人。2010年,7乡1镇国土所人、财、物、业务归区国土资源局直接管理。

二、地籍管理

(一)土地详查

按照省人民政府1988年10月会议精神,1989年2月18日祁阳县成立土地详查领导小组及办公室,金洞林场国土办抽调三人到县国土局集中合署办公,开始土地详查。同年6月,金洞林场国土办组织五人参加祁阳县国土局举办的土地详查技术培训班。11月27日,金洞林场从各乡镇(工区),抽调24人在凤凰乡进行为期16天的试点工作,掌握外业技术,摸索接边、调处土地权属争议的经验。1990年6月,土地详查工作在全场展开,于1993年9月全面完成,与周边县区踏界认定35幅投影转绘图,1∶10000土地面积量算图,42幅乡镇土地利用现状图,35幅权属图1∶50000金洞土地利用现状图的制作。土地面积量算和土地权属调查完成与桂阳县的接边,勘定与桂阳2公里的边界,勘定与新田县51公里的边界,勘定与常宁65公里的边界;勘定与宁远19公里的边界,勘定与双牌10公里的边界。场内村界和与祁阳乡(镇)村界接边结合土地资源调查,由相关乡(镇)村配合省测绘二院进行。土地权属调查共完成147公里的县界、204.1公里的乡(镇)界、419.5公里村界。受理5起县界权属争议案,调处结案5起;受理13起场内和祁阳相关乡(镇)村土地权属争议调处。

1995年开展土地详查后续工作,将1990年土地详查后各村土地权属发生变化的土地逐村逐块进行丈量登记,绘制图形。年底各乡(镇)工区外业调查资料整理完成。土地详查的质量受到国家、省、地国土部门的充分肯定,其成果被国家土地管理局评为优秀成果。

(二)第二次土地利用现状调查

第一次全国土地详查基本查清了资源家底,但经过多年的发展,原有的数据已经满足不了现实性,有些内容比较匮乏,从原有的资料来看,已经不能满足管理的需要。2008年1月,管理区将“二调”的外业调绘和内业整理发包给湖南省地质研究院,地质研究院作业人员于2008年8月开展外业调绘和内业整理,于2009年5月完成全林区图例利用数据、图件、文字等资料整理,全区第二次土地调查数据已建立数据库,全部实行数据管理。

(三)城镇地籍调查

为建立金洞管理区“数字国土”的目标，随时掌握变化着的国土资源现状、权属、质量、分布等。2009 年 2 月，开展金洞管理区城镇区域范围内 1∶500 地籍调查工作，调查单元是宗地，以每宗地为调查对象。

城镇地籍调查，从外业到内业全部承包给湖南省地质调查研究院(国土局负责组织和协调)，本次城镇建库区域总面积为 2.2 平方公里，划为一个街道，12 个街坊，调查宗地共计 986 宗，地籍调查于 2010 年 5 月完成。金洞管理区城镇地籍调查的数据、图件、表格、文字等资料的整理为全区掌握城镇土地利用提供了真实翔实的数据。

(四)土地登记发证

农村非农建设用地登记　1991 年 10 月，祁阳县国土局在城关镇天马村搞农村宅基地登记发证试点，金洞各乡镇工区派人参加了试点工作，接着在全场各乡镇工区全面铺开，于 1992 年年底基本完工。全场农村宅基地总面积 13.94 万平方米，人平 28 平方米，发证 10260 本。随着国民经济的发展，人民生活水平的提高，居住条件不断改善，至 2010 年金洞管理区农村宅基地面积达到 18.98 万平方米，人平 35 平方米。

乡镇村集体所有权发证　1998 年 5 月，按照永州市金洞林场办公室，场办发〔1998〕11 号文件精神，各乡镇、村企事业单位向国土部门申请，国土部门按照土地详查后续工作各村的土地利用类别填写通知书，全场发出村级集体土地所有权证书 73 本，乡镇、工区级集体土地所有权证书 25 本。

变更调查　各村组土地利用情况发生变化后，各乡镇工区国土员到现场核实，作好实地调查记录，在图版上注记变更标志，由乡、镇工区汇总到国土局。城镇国有土地自 1999 年开始实行年检。土地利用状况或使用者发生变化的，及时变更换证；未发生变化的加盖年审图章。金洞管理区国土资源局自 2010 年 5 月开始，将地籍形成的数据，图件全部输入电脑，实行微机管理。

三、建设用地管理

(一)乡镇村非农业建设用地管理

乡镇企业用地的审批程序和补偿办法基本上同国家建设用地。土地补偿，青草补偿以及劳动力安置由用地单位与土地使用者商定。农村经营承包户、个体工商户从事非农业生产经营用地，用地者必须持有关部门的批准文书，向土地所有者提出申请用地，经讨论通过及乡镇人民政府审查同意后由区国土局根据法律规定的批准权限批准，由国土局发给建设用地许可证。乡镇村公共设施、公益事业建设用地，须经乡镇人民政府审核，向区国土局提出申请，按照规定的批准权限批准。以上各项用地，一般不支付土地补偿费和安置补助费。只给适当的青苗赔损，其土地由乡村统一平衡调整。

(二)城镇居民建房用地管理

按照土地管理法有关规定，凡属金洞管理区城镇无房或住房困难的居民，在金洞管理区工作的干部、职工，或祖居金洞在外地工作而退休后回金洞落户的，都可以申请在城镇建房，其用地手续按国家建设用地办理。如果在城区购买国有出让土地，即按出让土地办理建设用地手续。

(三)农村村民建房用地管理

农村村民建房,先由本人申请,村民小组根据申请人的住房情况,经村民小组群众讨论通过或逐户签名盖章,经村委会审查,签具意见,报乡镇国土所,国土所经实地察看,确定用地范围和面积,绘制草图,填好用地登记表并报批。属荒地、老宅基地、空坪隙地的报乡镇政府批准;属农用地的报区国土局审查,区国土局按审批权限和审批程序报批。获准后,乡国土员到现场放线,发给建房用地许可证。房屋建成后,由国土所及有关人员实地验收,经核准无误后发给土地使用证。如土地所有权属国有,由区国土局发放国有土地使用权证书。

金洞管理区对建设用地实行"三堂会审制度"。初审即国土局接到用地申请后,由主管用地、规划、耕保等有关人员到现场实地察看,确定用地范围、面积;会审凡属管理区的国有土地和金洞城区规划范围内的土地,还要会同城建、规划、环保、林业、农业等相关部门进行会审;终审在全部手续完备后,由主管国土的管理区副主任主持,经有关部门审查,然后按审批权限和审批程序报批或办理批准手续。

四、耕地保护

(一)划定基本农田保护区

1994 年,金洞编制土地利用总体规划,基期年 1991 ~ 2000 年,第一次规划农田三级保护区:一级保护区面积 1360.85 公顷,二级保护区 182.27 公顷,三级保护区 85.82 公顷。三级保护区是过渡性保护,是指保护期内已经规划为城乡建设和农业结构调整的稻田。

第二次是 1998 年全场进行总体规划修编, 基期年 1997~2010 年, 全场耕地保有量 2249.01 公顷,划定基本农田保护区面积 2042 公顷,占 90.8%,对基本农田保护区的农田逐坵定级,造册登记,建立地籍档案。

第三次是 2008 年编制土地利用总体规划,基期年 2006~2020 年,确定规划期内基本农田保护面积为 1842 公顷,到 2020 年耕地保有量要达到 2153.88 公顷,同时划定基本农田保护片,竖立永久性禁令牌。

(二)土地整理

1997 年,金洞林场提出国土管理要"开源、节流结合,整治,保护并举",并要求对国家建设占用耕地的也要收取开发押金和耕地复垦费; 对农村集体建设和村民建房占用耕地的,实行"占一开二"。从 1998 年以来,尤其是近年业,石古源、凤凰等乡镇大搞土地开发和土地整理, 新增耕地面积 90.2 公顷, 全区耕地保有量仍由 1998 年的 2249.01 公顷保持至 2008 年(二调资料)的 2295.57 公顷,增加耕地 46.56 公顷。

五、土地使用制度改革

1995 年,金洞林场出台《关于城镇国有土地使用权管理办法》,采取"三控三改五统一"的措施管好土地市场,即控制在开发区以外征地搞建设,控制行政划拨土地,控制一级土地市场;改土地资源管理为资源、资产并重管理,改行政划拨为出让供给土地,改协议出让为拍卖、拾标、挂牌出让；同时从2013年1月起实行网上挂牌出让，在开发区实行统一规划、统一征地、统一开发、统一出让、统一管理。土地使用从此走上法制化、制度化、规范化轨道。1996年5月，经永州市政府批准，首次开发用地0.3公顷。10月12日，土地使用权拍卖会在金洞镇大会议室举行，敲响了金洞林场土地使用权拍卖的第一锤锣声。拍卖燕窝街11宗地、913平方米，收取出让金152226元，平均每平方米166.7元。小金洞，石古源乡政府相继敲响了土地使用权拍卖的锣声。全部采取协议出让和挂牌出让土地使用权。

1995～2011年，为规模开发金洞镇城镇区域，成立城区建设指挥部，新开燕窝街、金林路、农贸市场、凤凰路、民生路，神怡山庄，民康路、金龙路。

六、矿产资源管理

(一)整顿矿业秩序，建立审批制度

金洞矿业开采的特点是矿点多，线长、面广、规模小，深加工矿产品企业少。矿业秩序一度混乱，无证非法开采的现象严重。各乡镇小砂场，采石场、锡砂矿无证开采现象很普遍。1997年以来，对全区开采锡砂矿的矿点、采石场、砂场进行过多次整顿，对全区的矿点进行不定期检查和动态巡查。对不符合矿产资源规划的勘查、开采项目，不能达到新建矿山企业准入条件的，不审批颁发勘查许可证和采矿许可证，不批准用地，不批准设立矿山企业。凡属乱采滥挖、资源利用不合理，存在严重安全隐患和破坏、污染环境的矿山企业，不符合矿山规划的责令限期改正，对不能达标的吊销采矿许可证。

从1999年起，对矿山企业实现年检，以"证、界、表、费"为重点，与换证相结合，加强矿山资源补偿费征缴力度。在矿业权市场建设方面，2002年8月3日对小金洞东江村鄢家蓬锡砂矿矿区在永州市国土局公开招标，矿主李春风以18.6万元中标，在金洞管理区开创私人买断采矿权的先例。2012年11月，市局交易中心挂牌出让了晒北滩瑶族乡高笋塘高工岭土矿采矿权，实得价款为231万元，采矿期限为10年。

(二)建立安全管理制度

金洞管理区对矿山企业实行严格的执业资格制度和持证上岗制度。对已取得采矿许可证并符合安全生产条件的，经验收合格后由安监局发给"安全生产条件合格证"方能从事生产；对不符合安全生产条件的限期停产整顿；整顿后仍不合格的吊销采矿许可证。对石灰石矿，凡未取得"安全生产条件合格证"和"爆破许可证"的，一律吊销采矿许可证。2012年年底，全区矿山企业5个，全部办理了用地和采矿许可证，还签订了采矿安全生产目标责任书。做到各司其职，各负其责，从而杜绝事故发生。

(三)建立地质灾害预案预警制度

金洞地质灾害主要是山体滑坡和地表塌陷型。山体滑坡主要分布于小金洞乡江口路段，白沙源和土坳村路段，石古源乡源头村渠道边，晒北滩新修路段，白果市乡山青村等。地表塌陷主要分布小金洞白沙源和土坳村。

矿山开采，造成水位下降，环境污染，稻田不能耕种，林木生长不良，河水不能饮用。据统计近年来，山体滑坡，造成房屋开裂，不能住的达1700平方米；倒塌房屋13间，达2000

多平方米。2010 年 4 月 21 日，小金洞江口村路段公路滑坡，一名村民通过公路时，被泥石流冲走，造成失踪。

对此，金洞管理区采取一系列防范措施。一是加强预警地质灾害的知识宣传，增强群众防灾、治灾意识和救灾能力。二是添置预警设备：口哨、铜锣、电子预警器、警示牌，发放明白卡。三是在有可能诱发地质灾害区域内从事建设用地审批时，坚持从严审批，坚持“谁诱发，谁治理，谁受益，谁出资”的原则。四是加强地质灾害区的监管，凡属地质灾害区易发地段规定不再兴建民房，已建房在隐患区的，按规划逐步搬迁避让。五是建立值班制度和地质灾害巡查报告制，从区国土局到各乡镇、村、组，层层安排专人巡查和监测，设立地质灾害预报点，发现险情可迅速报告，启动预系。

七、测绘管理

金洞管理区2011 年有一个丁级资质的测绘单位，隶属于区国土局。区国土局对测绘标志进行清理登记造册，明确专人保管。在全区范围内有国家一级水准点 2 个，二等三角点 4 个，分布在金洞、小金洞、晒北滩、凤凰、白果市等乡镇，每年进行一次排查，发现损毁及时修复，以利测绘工作。

第六节 工商行政管理

一、机构

金洞工商所成立于 1970 年，隶属祁阳县管理。现有工作人员 10 人(其中公务员 6 人，干部 1 人，工人 3 人)。内设商标、广告管理办公室、金洞林区个体劳动者协会分会、金洞市场交易所、祁阳县个体劳动者私营企业协会金洞分会、祁阳县消费者权益保护委员会金洞申诉站。管辖金洞管理区所辖 7 乡 1 镇及八宝镇、内下乡。辖区总面积 740 平方公里，总人口 9.38 万人，辖区共有市场主体 735 户，其中企业 112 户、个体工商户 623 户；所址设在金洞镇，有自建办公楼 1 栋，配有小车 1 辆，办公设施、生活设施齐全。

1978 年十一届三中全会以后，金洞工商所管理金洞林场所辖范围的集市贸易、工商企业登记管理、经济合同管理、商标注册管理和打击投机倒把等工作。

2008 年，为更好地发展市场经济，国务院下发文件取消沿革二十多年的“两费”收取，工商行政管理的职能发生了重大变化，由单一的执法监督管理，转移到执法监督管理与服务地方发展并重，工商行政管理工作在维护市场经济秩序、促进市场经济发展方面起着越来越重要的作用。

金洞工商所随着工作性质，工作职能，不同时期的变迁发生深刻的转变。特别是近年来，通过监管方式改革、队伍建设、依法行政等质的飞跃，促进金洞管理区经济的发展，打造一支管理区群众“信得过、想得起、离不开”的红盾卫士队伍。1992 年金洞工商所被评为零陵地区工商系统文明工商所，2010 年获“五无”工商所验收达标先进单位，2011 年获工商规范化建设达标单位。

二、市场运行管理

截至 2008 年，金洞工商所收取“两费”256 万元，到 2011 年年底辖区内共查处各类违法经济案件 269 起，罚没金额 50 多万元，没收非法物资 40 多种，价值 70 多万元，开办集贸（农贸）市场 4 处，取缔无照经营 36 户次，有效地维护社会主义市场经济秩序。

三、服务地方经济发展

1981 年，金洞工商所完成对辖区内个体工商户全面登记造册，登记在册个体工商户 18 户。随着改革开放的不断深化，截至 2011 年年底，全辖区内共登记各类市场经济主体 735 户，其中企业 112 户、个体工商户 623 户。各类从业人员达 6 万多人次，发展一批较为有影响力的个体工商户成为私营企业。

2000 年，成立祁阳县消费者权益保护委员会，挂靠县工商局。2001 年，为方便群众投诉，县消委设包括金洞在内的 14 个投诉站。2002 年，县工商局成立“12315”消费者投诉举报中心，各所相应开通 12315 投诉举报平台，确保及时、准确处理消费者投诉。截至 2011 年年底，金洞工商所共受理申诉、举报 35 起，调解处理 35 起，为消费者挽回经济损失 50 余万元。

第七节　农村经营管理

一、机构

农村经营管理是农村经济管理的重要组成部分，重点是组织生产和分配，它贯穿于农村经济活动的全过程。并随着生产关系的调整和改革，其内容和任务也不断深化。金洞的农村经营管理始自 1954 年，当时没有建立机构，在祁阳县经营管理组织的领导下与祁阳县同步进行，自 1962 年调整人民公社体制以后，金洞区及所辖 7 个人民公社都各配备一名财会辅导员，专门负责农村经营工作，自此金洞才有农村经营管理的机构和人员。1984 年，人民公社改为乡（镇），这一年也正是金洞体制大变革时期，金洞区被撤销，所辖 6 乡 1 镇由金洞林场代管。为适应改革的需要，加强农村经营管理工作，促进农村经济发展，金洞林场按照上级的指标精神，在农贸办公室内设农村经营管理站，配备专职人员 2 名，站长为副科级，另安排专职财务人员 1 名，各乡（镇）也全部建立农村经营管理站，配备 1～2 名经营管理工作人员。1995 年以前金洞农村财会人员统一参加祁阳县组织的培训，之后由金洞农村经营管理站每年组织农村财会人员培训，1995~2011 年金洞林场（管理区）采取各类培训方法，共培训村财会人员近 500 人次，发放会计证 302 本。

二、农村财务管理

金洞的农村财务管理沿于金洞建立高级农业合作社，由祁阳县统一组织进行。“大跃进”时期，社、队财务管理十分混乱。1962 年调整人民公社体制，农村的财务管理重点在生产队，经过对财会人员的培训，农村的财务管理有所加强。1981 年实行家庭联产承包经营，生产队财务活动减少。1984 年开展二轮土地承包，生产队的财务活动仅限于集体项目发包收入的管理。村级财务活动增多，主要管理和核算农业税、农业特产税、乡村统筹提留和村级集体收入。场、乡(镇)对村级财务工作进行监督和清查。1990 年以后，金洞林场按照上级的要求，开展了对村级财务的清查工作，财务清查工作是根据林场(管理区)党委的安排和群众的举报，来确定清查对象的，清查结束后，要求出具财务清查报告，提出财务问题的处理意见，并在行政干预下逐项落实。

2002 年农村税费改革、村级财务主要管理和核算农村一事一议等筹资和村级集体收支、核发国家粮种补贴，以加强对村级财务的监督力度。2002~2011 年，金洞经营管理站共对 73 村进行了清查，查出各类财务问题 77487 万元，按照有关政策处理 18 人，挽回损失近 8 万元。

第七篇　农　业

金洞虽属林区，但农业仍是金洞的基础产业。1949 年，区内有耕地 30000 余亩，人口 25544 人，除极少数人经商外，基本上都是农民，人们勤劳朴实，吃苦耐劳。境内气候适宜，雨量充沛，动植物种类繁多，生态平衡，能源蕴藏丰富，是古代农业和现代农业发展的基础。

中华人民共和国成立后，通过土地改革和合作化运动，农业呈全面稳步发展趋势。年粮食产量逐步提高。1958 年人民公社化运动进入高潮，农业生产关系超前生产力水平，给农业生产造成损害，以致出现三年经济困难，1961 年以后开始调整，对人民公社“实行三级所有，队为基础”和“四固定”（即农业土地、劳力、耕畜和农具）的政策进行调整，在一定程度上减轻了平均主义。主要农产品如稻谷先后推行一季稻改双季稻，晚籼变晚粳，高秆改矮秆，“培育壮苗、合理密植”等先进科学技术，并实行以良种为中心，推行科学种田。到 1965 年，粮食生产（主要是水稻）达 1766.7 吨。“文化大革命”期间，“左倾”思潮不断冲击农业生产，但粮食生产依靠自身较好的物质条件和农民群众自觉的抵制，仍以较好的速度发展。1975 年，产量上升为 1982.4 吨。1976 年，常规稻改杂交稻，亩产大幅度增加。1981 年，实行家庭联产承包责任制，调整农业生产关系，使经营权与所有权分离，劳动与效益相结合，1982 年粮食产量上升到 2458 吨。1986 年，持续增长到 13377 吨。20 世纪 90 年代后，金洞农业除水稻（1995 年总产量 16035 吨，2000 年总产量 17221 吨）等少数项目有增长外，其他（如红薯）等传统项目均日趋减少，只有茶叶生产正在逐步恢复之中。

第一章 土地制度

第一节 土地制度变迁

一、民国时期各阶层土地所有情况

民国时期,金洞境内的土地山林大多为地主富农所有,贫苦农民只占小量土地山林。官衙和地方也有小数公产土地山林,金洞境内近2000人的瑶族同胞基本上没有土地山林。如民国37年(1948年)金洞乡(现金洞镇)有耕地9918亩,地主占53%;富农占21%;贫苦农民占10%;公产占1%。

地主所有 金洞区域内有地主196户,耕地10409亩,占境内耕地48%,地主之间土地也有多有少,多的达近千亩,少的几十亩,凤凰乡隐塘村大地主李才荣家有宅院一所,庄房二处,在当地置良田600多亩,还有大江唐家冲庄房置良田90多亩;上湾盘家庄置良田81亩。金洞乡公新村(现二居委会)大地主邓景山等12户占有山林面积近3万亩,占该乡山林面积44%。

富农所有 林区中的富农人均占有耕地在当地平均水平以上,一般有6~8亩,家有耕牛、农具齐全,自己劳动,有的兼营工商业,有的请长工,有的农忙时节请短工,也有的将小部分土地出租。民国37年(1948年)富农占有耕地4494亩,约占总耕地面积的21%。上司源乡高枧村富农邓光明读过私塾,民国11年(1922年)分家,有水田2亩,山林20亩,因勤劳持家、粗茶淡饭,年年结余,买田买土,至民国37年水田增加到21亩,山林增加到28亩,自家耕地11亩,出租10亩。白果市乡富农王仕元,全家5口,拥有山林524亩,人均近105亩。

中农所有 中农一般人均占有土地1亩左右,2~3户共一头耕牛,农具比较齐全,主要靠自己劳动。民国37年(1948年)金洞有中农1550户,占总农户23%,有耕地2819亩,占总耕地14.6%。如民国37年,凤凰乡邓承大家有6人稻田1.8亩,与本组3户共一头耕牛,有少量农具。

贫农所有 境内贫苦农民占有小量土地,个别户全无土地,绝大部分无耕牛、农具也不齐全,靠租地和帮工为主。民国37年(1948年)境内有贫农4886户,占境内总户数的72%,有耕地3469亩,占全境总耕地面积的16%,万宝山乡中棚村二组村民瑶族老人赵承财一生中没穿过棉衣,长期过着"火烤胸前暖,风吹背后(凉)寒"的长夜生活,在林区种杉树40多年,其母亲赵氏于1947年去世时连根杉树都没有,只好用旧木板订做一个四方盒子当棺材。

公有　民国时期,金洞土地以私有制为主,但也有一小部分土地公有,如学田、族田(山林)、路会田(林)。

林区人民素有重文重教的优良传统,各宗族、达官贵人、名流学者有捐田(林)办学办教育者,以培养本族桑梓人才。民国30年(1941年)龙潜乡龙潜凼学校(设立书院)置有稻田70亩,以利学校费用。

金洞境内氏族甚多,为筹集本族建词堂,办族学,救济贫困,祭祖等费用,置田(林)产出租,其租谷(山林款)供族上开支。凤凰乡秧田村邓氏宗祠,清嘉庆九年(1805年)由邓氏1000多人出资出力兴建、置稻田14亩,其田租供宗族聚会,处事、清明会开销。

“四会”山林,又称公益事业林,是过去“路会、桥会、庙会、清明会”的合称,也是当时公益事业基金会。“四会”山林在解放前就存在,是当地名人、绅士等有势有位的人捐助或出资购买的山地来种植树木。“四会”山林出售后的利润用于修路、架桥、修建庙会、庵子及族上等清明会的开支。解放前上司源乡各村的族姓都有一定的“四会”山林,解放后收为集体使用,全乡共有“四会”山林238亩,主要用于维修学校、公路等公共事业。

二、土地改革时期

1949年10月,宁远县成立中国共产党宁远县委和县人民政府。1950年,开展减租退押。1951年,进行农村土地改革,没收地主的土地和财产,分配给贫苦农民,实现耕者有其田,国家确定新的农业税收政策,合理确定农民负担,农民生活得到改善。

减租退押　1950年春,宁远县开展减租、减息和退押运动,由各级乡政府组织的农民协会具体执行。地租一般减半左右,高利贷的利息一般要降至5%~10%,发租稻田收取的押金要全部退回佃户,不愿者农协会可以强制执行。白果市乡团结村雇农王桂生租种地主罗时英的耕地5亩,每亩交租谷2担共10斗。1950年减租减息,乡农民协会决定全乡减租60%,每亩只交租4斗,共交稻谷2担。

土地改革　1950年11月12日,宁远县成立土地改革委员会,随即开展土地改革运动。土地改革运动分3期进行,至1952年4月结束。金洞区的土地改革运动与县同步进行。土地改革运动在金洞区首先是发动贫苦农民揭发地主的剥削行为,然后划分阶级成分,没收地主的土地和财产分给农民。广大农民有了相应的土地等基本生产资料后,生产积极性提高,收入增加。土地改革运动废除了两千多年的封建土地所有制,实现了耕者有其田。

第一期的土地改革从1950年12月初开始到1951年3月底结束,主要是宣传政策,整顿阶级队伍,划分阶级成份,没收地主的土地和财产分给农民。

第二期土地改革从1951年4月至10月结束,主要是发动群众教育群众从政治上经济上消灭地主阶级,消灭剥削制度,分配土地、房屋、耕牛、农具等胜利果实。

第三期土地改革从1951年11月开始至1952年4月结束,主要是建立巩固农民协会,改造乡政权,从贫下中农中发展选拔乡级干部。

划分阶级成份　1950年11月,宁远县组织土改工作队,深入全县农村进行土地改革,扎根在深受地主剥削家庭贫困的农民家中,与他们同吃同住同劳动,动员他们揭露地主恶霸的剥削压迫行为，召开群众诉苦会。土地改革贯彻“依靠贫苦农民、团结中农、中立富农、消灭封建制度”的总路线，在发动群众的基础上划分农村各阶级的家庭成份。主要有地主、富农、中农、贫农等。

1953年土地改革前各阶级稻田拥有情况

7-1-1

阶级成份	户数(个)	人口(人)	稻田(亩)	人均(亩)
地主	196	765	10409	13.60
富农	134	523	3903	7.60
中农	1550	6045	3219	0.53
雇农	4886	19054	3469	0.18
公产	–	–	684	–
合计	6766	26387	21684	–

土地改革后各阶级土地占有情况

7-1-2

阶级成分	人数(人)	土地(亩)	人均(亩)	备 注
地主	582	558	0.96	–
富农	601	841	1.40	–
中农	7122	9044	1.27	–
贫农	17819	22273	1.25	–
雇农	1021	1123	1.10	–
公产	–	812	–	–
合计	27145	34651	–	–

第二节 耕作制度

金洞农民在经历“刀耕火种”的原始农耕时代后，跟随历史进步的历程，先是使用铁制农具和耕牛从事农业生产，随着铁冶，铁制农具得以改进，牛耕推广，形成耕、粑、犁为特点的水田耕作技术，于是“山地悉垦、大量莳禾”，此后牛耕技术一直延续至今。20世纪60年代有了畜力牵引的蒲滚机打田，80年代土地所有权与使用权分离，农民承包稻田后，牛力缺乏，只有锄耕，以后耕牛相继发展，牛耕面积逐年增加，90年代后期，机耕逐渐增多，免耕技术也得以推广。

金洞的原始农业，传统农业和现代农业耕作方式有其山区的独有特点。

一、原始农业遗存

金洞属瑶汉混居的典型山区，金洞原始农业是刀耕火种的耕作方式，具有远古农耕特色，据瑶族典藏《过山榜》记载瑶族先民“入山居住，刀耕火种山田”“手把硬弓求野肉”的原始生产活动。史籍《梁书·张缵传》记载“瑶族依山险而居，刀耕火种采食猎毛，食尽则他徒”。尤其是“一耕土”多分布于稀有人迹罕至的深山老林。种植作物的种子，茎叶、果实都是野猪可口的美食。为了避免野猪糟蹋作物，林农在“一耕土”边的山脊上，用杉木、楠竹、木皮等搭成一个离地 2～3 米的野猪厂（亦称兽山棚），选择“厂址”以便于观测。守厂的男女老少带上竹梆子或鸟笼，昼夜住在厂棚里，一旦听见或看见野猪就大声吆喝并用力敲响梆子，一个梆子响，别的梆子跟着响，密集的梆子声和吆喝声，吓得野猪拼命向四周狂奔逃散，爱好打猎的山民会不声不响地选择時机，用长鸟铳瞄准目标扣动板机，守厂打倒野猪，过去是常有的事，现金洞林区内野猪数量急剧减少，加上其他原因，很少有人守厂。

二、传统农业

架枧（竹枧、木枧）引水灌溉稻田是金洞的传统灌溉方式之一。林农们砍下竹子、杉木、凿成木竹槽，用竹子打架子，从邻近的山谷水沟中，把山泉水引至耕地灌溉作物，这种古老的灌溉方式，现今还有保存。粮林间种是金洞农业又一特色。山上树林砍伐后，用火烧土，待土地冷却撒上玉米等作物种子，或播种红薯，在山地种上幼林的头几年，玉米等作物长势很好，每年收获一次，这样既保证林木顺势生长，又在幼林成长的头几年获得作物收成。1985年以后，林场加强营林生产，间种作物由不准转为禁止，现在间种基本被取消。放“野牛”是林区晒北滩瑶族乡和白果市乡特有的传统生产方式。林农放牧黄牛，一年四季任其在深山老林自然生长，繁衍，只是到了农耕用咎时节或卖牛宰牛时，主人才到山中将自家的牛赶回家中。2000 年，全场这样放牧的黄牛有 1030 头，到 2011 年仅有 200 来头，是真正的无公害食物。

三、现代农业

金洞域内现代农业耕作方式与林区外的农业区基本相似，利用水库、山塘、堰坝、电排、渠道体系对农田灌溉，实行科学方法浸种育秧、采用耕整机整田，施用农药、化肥等。在耕作制度上，1975 年前都种植一季稻。1975~1980 年逐渐加种二季稻。1983 年开始逐渐实行三熟制，即“稻—稻—肥”、“稻—稻—菜”、“稻—稻—油”、“稻—稻—麦”均有。截至 2011 年，白果市和晒北滩瑶族乡，万宝山乡的部分村一年仍种一季水稻。

金洞传统的种植制度，除旱土外，是一年一熟制。中华人民共和国成立后，随着生产条件逐步改善，种植制度也相应地革新。

（一）复种

金洞单季稻改双季稻的种植制度始于 20 世纪 60 年代，这一时期为双季稻的试验期，除石古源、凤凰两个乡试行“稻—油菜”“稻—蚕豆”和“稻—稻”两熟制外，其余大部分稻田仍是一熟制。20 世纪 70 年代初为双季稻绿肥推广时期，在推广双季稻的同时，改冬浸为冬种。冬种主要是在晚稻收割前套种绿肥—兰花草子（紫云英）。这十年中，共种双季稻 11.2 万亩，年均 1.12 万亩，占稻田总面积 39.5%，绿肥播种面积亦日趋扩大。1975 年，双季晚稻和绿肥的播种面积均占稻田的 45%。20 世纪 70 年代后期，为双季稻全面普及时期，双季稻逐年代替一季稻，这十年中，共种双季稻 14.3 万亩，年均 1.43 万亩，占稻田总面积的 64.5%，只有丘陵，山地冲沟中稻田和水源不足的高岸田仍然保留一季稻，日时推广“稻—稻—麦”“稻—稻—油菜”“稻—稻—绿肥”仍然为主要种植制度。到 20 世纪 80 年代，双季稻种植面积稳定发展，而绿肥的套种日趋减少。

（二）免耕

金洞属典型山区，农业虽是金洞的基础产业，耕作技术还是落后的。80 年代前，早稻冬泡田一般是一犁一耙。循规蹈矩，拆田多犁多耙。晚稻田是一犁一耙。80 年代初期，少数农民为抢栽培季节，早稻收割后打蒲滚或人工挖翻插晚稻。之后推广稻田除草剂，加之耕牛减少，免耕插晚稻面积逐渐增加，到 20 世纪 80 年代，晚稻免耕面积在金洞区域内也不过 20% 左右，且翻耕后栽培的也不很多。

（三）密植

50～60 年代，金洞区境内农民插秧基本上是随手而出，随意而行。20 世纪 60 年代至 70 年代末期，曾强制性实行划行插秧，以保证水稻插秧密度和基本苗，80 年代农民自觉保持密度，很少划行插秧，有的拉索开厢，密度为 5×6 寸，6×7 寸，双季杂交稻插植密度一般为 5×8 寸，6×7，一直沿袭至今。

（四）杂交制种与杂交水稻、双季稻推广

1975 年 12 月至 1976 年 4 月，祁阳县组织农业技术人员在海南制种，金洞农技站派员参加。1976 年上半年，在金洞镇农科站即现一居委会新开滩组隔离 9 亩田搞春繁母本制种，亩产 65 多公斤，收母本种籽 1170 余斤；1976 年下半年至 1979 年，金洞区将制种试点在凤凰、石古源、金洞、小金洞四个乡镇隔离制种，凤凰、石古源各制种 50 余亩，金洞 40 余亩，新开滩、黄家台、大沙洲、白泡回下龙田 4 年制种。小金洞 23 亩制种两年。由于气候条件，地理环境的差异，凤凰、石古源制种亩产 35～40 公斤，最高亩产 65 多公斤，金洞亩产 50 多公斤，小金洞 17.5 公斤 / 亩。制种父本国际 26，株高 90 公分，与不育系杂交父本与母本间隔距离一尺，母本 4×6 寸，1 行父本 4 行母本。

1976 年试验推广杂交水稻全区 2000 多亩，亩产 350～400 公斤，大面积推广是 1986 年。1994 年由祁阳县种籽公司供种，金洞各乡镇种植杂交水稻 4684 亩，亩产近 450 公斤，白果市、晒北滩种植一季杂交稻小部分亩产 750 公斤。

金洞 1955～2011 年部分年份粮食生产情况

7-1-3

项目 年份	播种面积(亩)	总产(吨)	水稻		旱粮	
			播种面积(亩)	总产(吨)	播种面积(亩)	总产(吨)
1955	–	–	–	–	–	–
1965	36572	6794	30455	5856	6117	938
1970	45734	10584	35481	8994	10253	1590
1980	50960	12212	35538	10608	15422	1604
1990	46236	13414	36687	12550	9549	2864
2000	49695	19941	36555	15996	13140	3945
2011	57375	23589	38610	17254	18765	6335

第二章　种植业

金洞种植业是农业的主导产业，种植业中粮食作物中有水稻、红薯、玉米、粟等，以水稻为主。经济作物有蔬菜、水果、食用瓜等，以蔬菜为主。由于金洞属林区，解决吃饭问题是头等大事，因此，多年来粮食作物种植面积及其产量一直保持比较稳定的状态。改革开放以后，虽然由于农业结构调整，经济作物面积有所增加，但 2011 年全林区粮食总产仍达到 24856.63 吨，是历史最好收成之年。

第一节　粮食作物

金洞粮食作物以水稻为主，次为红薯，再次为玉米，䅟子、粟、荞麦，凡有水源灌溉的地方(平地、坡地、梯田)均可辟为稻田，甚至无水源灌溉的山地也有“天水田”存在。红薯、玉米、䅟子、粟、荞麦则是林区瑶汉两族农民的主要粮食作物。中华人民共和国成立后，水稻生产获得突破性发展，而旱粮作物则时起时落。

一、水稻

境内栽植水稻历史悠久。19 世纪初繁殖再生稻，19 世纪中叶添种晚稻。20 世纪初境内石古源、凤凰一带有再生稻和连作稻种植。

水稻是山区主要粮食作物，水稻种植遍布于境内各乡村。全林区有水田 21682 亩，各乡镇(工区)均有分布,以丘陵地区的石古源、凤凰两乡量多。石古源、凤凰两乡的稻田面积约占全区稻田总面积的60.6%,是全区水稻主产区,白果市和晒北滩瑶族乡共有稻田4069亩,因地处高海拔的山区,年平均积温少,无霜期短,每年只能种植一季水稻。小金洞、上司源、金洞、万宝山既有种植双季稻的,也有种植一季稻的,境内仅有万宝山乡的中棚村没有稻田。

1949年,境内水稻播种面积仅17334亩,总产量260吨。1980年,水稻种植面积达到35538亩,总产量10608吨。此后随着改革的不断推进深化,在国家和省、市进一步实施农业开发等项目建设,水稻生产进一步发展。1987年,晚稻总产量达6787吨,首次超过早稻总产量5401吨的1386吨,实现了晚稻超早稻的奋斗目标。1993年以后,因调整农业内部结构,水稻种植面积渐减,1993年水稻种植面积只有32103亩,比最高年份1988年减少5033亩。1993~2000年8年间,境内水稻播种面积每年平均在35000亩左右。面积虽然减少,但由于物资、科技投入的不断增多,水稻总产量和亩产仍然增加。2004年,国家对种粮农民实行直接补贴和水稻良种补贴政策,进一步调动农民种粮的积极性,同年水稻播种面积达到41115亩,总产达16588吨。2011年,境内水稻播种总面积38610亩,种粮大户不断涌现,品种不断优良,总产量达到19754吨。

附:给禾苗点石膏

白果市乡的团结、大坝头、长田方三个村大多数稻田都是黄粘泥,鸭屎泥田,粘性重,犁耙过后不一儿会,马上沉淀粘固。秧苗插下去几天,新根还未扎下去,禾苗迟迟不变。从民国初期起,当地的农民就发明了用石膏粉来助禾苗生长。其做法是,将石膏块砸碎,碾成粉末过筛,直到像灰一样细。待秧苗插到田里两三天后,每兜禾都要用两手指抓一小许丢至禾兜边的泥土上。只要是需要石膏作用的稻田,不管面积多少,都要点到,且年年如是。80年代前,白果市未修公路,一个生产队起码需要500至1000公斤石膏,都是靠人力去白水挑运,往返百五十多里,尚有一半的山路,其难度可想而知。但是只要将石膏粉一丢下去,那些田里的禾苗,便迅速转青,且长势喜人。因为石膏有一定的化学作用,能分解泥土的粘性,疏松土壤的作用,实践证明,同样的稻田和品种,点石膏与不点石膏,无论是粮食产量还是米的质量都有明显的区别,点石膏每亩比不点石膏多收稻谷100至125公斤,点石膏的米质比不点石膏的米更亮,做出饭来的口感既软又香些。自从实行联产承包责任制后,这些凡要点石膏的稻田,却再也没用过石膏了,因为现在的有机肥料,"过磷钙的效果更好"。

(一)稻田

1949年金洞有稻田26274亩,此后既有新的开垦,也有建设用地,如兴建水利、修建拓宽县、乡、村级公路,城镇建设及村民建房等征用部分稻田,至2011年年底,金洞稻田面积减至20954亩,减少0.8%。

金洞 1954～2011 年部分年份乡镇稻田面积

7-2-1 单位：亩

面积 年份 单位	1954	1970	1980	1990	2000	2011
金洞	1844	1441	1491	1522	1260	1452
小金洞	1797	1221	1223	1190	1110	1320
晒北滩	1732	1917	1967	1309	1230	1251
上司源	2017	1559	1588	1572	1545	1447
石鼓源	8965	6665	6900	6888	6885	6138
凤凰	6579	6676	6407	6366	6345	6345
白果市	3055	2550	2600	2600	2595	2637
万宝山	285	277	291	235	240	364
合计	26274	22306	22467	21682	21210	20954

（二）种子：

民国时期，金洞水稻品种有籼、有粳，其粘者曰糯禾，有江西糯、红壳糯、白壳糯；有不粘者曰占禾、有选占、乱芒占、五十占等等。早稻品种有团谷早、南山禾，中稻有麻谷占、阳禾占，迟稻有矮子占、打占；糯谷有早糯、大糯。中华人民共和国成立后的50年代，境内主要推广万粒籼，是林区农民的当家品种，尔后又推行红脚早、雷火占。红脚早不仅产量高，而且成熟早，有利于双季稻丰收。1966年又引进了“农垦58”，平均亩产可增40~80公斤，且米质柔糯香滑，誉为米中珍品。20世纪70年代，引进珍珠矮。80年代初，引进杂交晚稻组合“早恢1号”。1983年，引进“威优98”“威优35”。在金洞，小金洞、上司源、白果市、晒北滩、万宝山作中稻栽培。1986年又引进“湘优112”“威优480”等组合，这些都适宜林区种植，面积得到较大推广。2011年水稻品种基本实现优质杂交稻种化。主要种植品种早稻有零优974、威优402、T优535、金优458、五丰优T205、天龙一号。中稻品种有Y优一号、Y优7号、准二优08、C二优608。晚稻品种有T优118、香丰163、隆平207、T优207。

（三）肥料：

境内有家肥、饼肥、绿肥、化肥四种。

家肥 有凼肥、厩肥、堆肥、灰肥、有人畜粪肥等。家肥肥效较慢，属优质有机肥料，来源甚广，增产肥益显著。是农业生产中的主要肥源，是增产增收的最好基肥。但20世纪80年代以后，农民依赖化肥程度增多，对家肥不大重视。

饼肥 境内主要有桐子饼，农区还有茶枯饼。这两种饼肥多直接下田作基肥，桐子饼由于1958年烧木炭大炼钢铁，油桐树砍伐严重，产量锐减，20世纪80年代已微不足道，现在林区内已基本上没有了。

绿肥 民国时期至中华人民共和国成立初期，境内有利用满园花（萝卜种）、油菜等作物青苗作肥料的习惯，但面积不大，三、四月间，山区农民亦有上山杀青，将其踩入田中作肥料，特别是采摘号桐杆子作肥料，既可作肥料又可杀菌。20 世纪 50 年代中期引进红花草子间播于萝卜、荞麦田里，次年生长良好，作基肥甚佳。20 世纪 60 年代后期，由于双季稻面积不断扩大，紫云英播种面积相应发展。20 世纪 70 年代，紫云英播种面积占稻田总面积的 50%以上。20 世纪 80 年代后，由于作物布局和种植制度调整，加之耕牛锐减，机耕动力不足，役力矛盾显现，绿肥种植面积逐年减少，1988 年不到 10%，到 2011 年只有零星种植。

化肥 中华人民共和国成立后，由于农业科学技术不断发展，肥料种类增多，施肥技术亦有很大改进。50 年代鉴于"田底薄，土质瘦，管理水平低"的状况，提出"多施肥，施混合肥，提早施肥"等措施，积极推广安兜肥，并贯彻以农家肥为主，商品肥为铺的方针。60 年代针对氮肥施用过多造成风青倒状现象，提出"施混合肥，施足氨肥，不缺磷肥，全层全量施肥"的原则，70 年代提出"底肥足，面肥速，追肥早，穗肥巧、氮磷钾配合好"和"坚持合理施肥，前期促早发，中期稳得住，后期不早衰、适时适量施肥"的原则。80 年代提出以有机肥和化肥并进的原则收到增产节肥的效果。1988 年以后，林区农民学习使用"稻草还田"，增加稻田的有机肥料，目前，化肥已成为广大农民种田的主要肥料，只是在林区偏僻地方还有小部分老农使用家肥与化肥并用种田的。

二、旱粮

金洞地多田少，旱粮种植比较普遍，旱粮种类亦多，一年四季均有种植。按类别分，有薯、玉米、麦、豆、粟、穇子、旱禾等。依收获季节分，有春夏收秋夏收之别。民国时期境内已有种植薯、玉米、粟、穇子、荞麦等作物的习惯。中华人民共和国成立以后至 20 世纪 70 年代中期，旱粮种植仍比较普遍，而且是林区人民生活的主食之一。

（一）红薯

红薯是金洞主要的粮食作物之一，在粮食作物中仅次于水稻，有红薯半年粮之称。金洞境内红薯种植至今已有数百年历史。

境内红薯品种，以食用不同，可分为淀粉型、水果型、蔬菜型等。农民大多数种植淀粉型红薯，其他种植面积不大。金洞红薯品种较多，有黄花薯、称陀薯、鸡蛋黄、宁远三十早、湘薯 6 号、湘薯 7 号、红皮薯、白皮薯等。

种植面积较多的有以下品种。

称陀薯 蔓长而细，又名铁丝薯，薯块短纺锤形或状块形，似称陀，皮黄色或淡红色，肉乳白色。薯块萌芽性好，插后还苗快，耐寒，耐旱，耐瘠性强，鲜薯耐贮性好，适应在区内山坡地广泛种植，一般亩产鲜薯 1000 公斤左右，宜适当早插，以秋薯留种为好。因薯块熟食味甜，粉多，大多用作食粮，鲜薯蒸煮而食，因产量低，20 世纪 60 年代中后期逐年减少，目前金洞还有零星种植。

鸡蛋黄 境内栽培较早的农家品种，薯块短方锥形似鸡蛋，皮紫红色，肉质红色，薯块萌芽性差，插后还苗迟，后期有早衰现象，耐旱性差，遇旱叶片严重萎焉，不耐肥，对地下害虫抗性较差。民国时期至 20 世纪 60 年代境内种植较多，一般亩产鲜薯 800 公斤，鲜薯熟食有鲜味，味好，60 年代后因产量低，不抗病虫，栽培面积减少。

湘薯 6 号　大薯率高，耐贮藏，薯块晒干率 33%左右，品质较优，熟食味好高抗薯瘟和黑斑病兼抗根腐病，发芽性好，生苗早，生苗量多，本田长势强，封垄早，结薯早而集中，耐旱，耐瘠适应性广，金洞种植较普遍，常年种植面积达 5000 亩左右。

传统的红薯的栽培技术比较简单，整地挖穴，剪藤直插，丰产性差。20 世纪 50 年代，各级政府重视红薯生产。1958 年 3 月，金洞区委曾组织 30 多人赴永兴县学习种植红薯的经验，同年红薯种植面积达 6311 亩，总产 990 吨，创历史最高水平。20 世纪 60 年代初不注意科学种植，烂种烂苗严重，从广东湛江调进一批白皮薯藤作苗，传带毁灭性黑斑病的白鼻虫入境，在境内广泛感染传播，影响红薯生产。20 世纪 60 年代后期，全面推广“湿床育苗，深翻土，高作畦，多施肥，平插苗，中耕提藤”等新技术，红薯亩产大提高。20 世纪 70 年代末为红薯生产发展的高峰期，1980 年全区红薯种植面积达 7598 亩，进入 20 世纪 80 年代以后，红薯生产有所回落。1990 年区内种植面积仅有 4481 亩，总产量 478 吨，之后逐渐回升，主要原因是林区木材采伐量增加。到 2001 年，区内红薯种植面积达 10155 亩。到 2011 年，又有小幅度增加，达到 10650 亩，总产量达到 3941 吨。

金洞 1958～1980 年部分年份红薯生产面积产量

7-2-2

年份	面积（亩）	亩产（公斤／亩）	总产（吨）
1958	6311	157	990.8
1965	6117	153	938.05
1970	4653	147	692.7
1980	7598	131	997
1985	4536	139	619
1990	4481	106	475
2001	10155	333	3307
2011	10650	370	3941

（二）玉米

玉米是重要的旱粮作物，在金洞山区有“山家岁依之，以供半年粮”之说，玉米籽粒营养价值比较丰富，其蛋白质在谷物中仅次于小麦和小米，而高于稻米。其脂肪、核黄素含量超过任何谷物作物，黄色的玉米中还包含有稻麦所缺乏的胡萝卜素（维生素 A）。玉米经过加工可制成淀粉，酒（酒精）、糖（葡萄糖）食用油及各种食品，玉米也是高能量的饲料作物，广泛用于饲养牲猪及家禽，成熟果穗上的花粉丝有利尿和降低血压的作用。

明代李时珍所著的《本草纲目》载：“玉蜀黍种于而土，种者亦罕。”金洞玉米栽培历史在 300 年左右。

清嘉庆《祁阳县志》载，“玉米与苞谷同形而异种，玉米味甘滑。只供茶品，包谷味淡，屑之可代食，熬汤酿酒，皆资为用”。清道光《永州府志》载，“玉蜀黍，永人曰苞谷，通郡有之，亦呼玉米，炒之折白，民可食，有红、白二种”。

白玉米 境内农家品种。株高260～280厘米，穗位高120厘米左右，茎粗2.2厘米上下，坚硬结实。幼苗叶鞘紫色，叶绿带微紫，20～21片叶，叶片较宽下垂。雄穗分枝多，花粉量足。花丝乳白色。穗柄较长，茎叶松散，单穗型。果穗锥型，每穗12～14行，籽粒白色，百粒重25克左右。在金洞山区春播生育期125天左右，抗旱耐荫。一般亩产100～150公斤，70年代以前是境内的主要栽培品种，20世纪80年代仍有小量种植。

黄玉米 境内农家品种，株高210厘米左右，茎粗1.3厘米，幼苗叶鞘稍紫，叶片绿色，19～20片叶，果穗花丝紫红色，穗柄短，苞叶紧，每穗12行左右，籽粒黄色，百粒重25克左右，春播全生育110天上下，耐旱瘠薄，抗病虫较强，一般亩产100公斤左右，籽粒有光泽，角质多，食用品质好。20世纪70年代以前，境内品种种植普遍，亩产150公斤左右，之后此种种植逐渐减少，现在已无人种植。

20世纪80年代随着杂交玉米的推广，山区农民为解决粮食问题的不足，杂交玉米的种植面积迅速扩展，2000年境内杂交玉米种植2985亩，总产量638吨，到2011年境内杂交玉米种植面积达到8115亩，总产量达2394吨。万宝山乡中棚村上游组原村党支书记赵顺兵在一耕土种植杂交玉米8亩，亩产玉米超过400斤。

田间种玉米 20世纪80年代以前，凤凰的玉米大部分在高山之巅，先烧火山，边种玉米边植杉树或楠竹，三年以后另辟山地。20世纪90年代，良种玉米出现，它不但能种在平坦的旱土田间，而且味美香甜，令人常食不厌，也是作动物饲料的主原料。因此，人们开始在田埂上、旱土里种植。

（三）陆稻

清乾隆《宁远县志》就有陆稻记载名旱禾（稻）。清嘉庆《九嶷山志》载陆稻，俗称幹禾。区域内金洞，万宝山、晒北滩历年有陆稻种植习惯，品种有旱粘稻、干兜粘、麻壳粘、白水糯等。常年种植面积200亩，一般亩产100公斤上下，最高亩产也可150公斤。80年代以后区域内尚有小量种植。1996年，金洞镇种植旱稻12亩，亩产250公斤，产量3000公斤。下古村原支部书记邓承友种植旱稻1.5亩，由于科学种植，亩产达到350公斤。

（四）小麦

小麦是传统的粮食作物之一，因金洞属山区气候，地理环境的差异不很适宜小麦的生长，仅有石古源、凤凰两乡种植还稍微多一些，但种植面积也不过400～500亩上下，且主要与红薯、土豆复种，其中以麦、薯复种面积为多。主要分布在坡地旱土上，立冬前收获红薯后种小麦，翌年小满小麦成熟，收获后抢插红薯，因区内石古源、凤凰两乡旱土肥力较低，加之耕作粗放，小麦单产仅100公斤左右，属广种薄收之列，农民种麦的积极性不高，只有小数农民零星种植。

（五）粟

粟在境内习惯被称为小米，“粟为陆种之首，米之有甲者”。金洞有粘粟、糯粟。

中华人民共和国成立以前，金洞域内常有种植，以小金洞、上司源、金洞、万宝山、晒北滩等乡种植较多。村民曾有“粟米料粮”之说，是优质杂粮。民国36年（1947年）全区种植面积达 1000 亩。20 世纪 50 年代初，种植略有发展，常年种植 1500～2000 亩。小金洞、上司源乡每年种植都在 500 亩左右，亩产 75～100 公斤。1961 年以后，国家对林农供应较多的统销粮，粮食问题得到缓解，粟的种植面积逐渐下降，20 世纪 70～80 年代种植面积很小，仅为稀有种植。

金洞粟的栽培有粘粟和糯粟两种，其品种有黄瓜早、狗屎糯、白毛粟、赤毛粟、羊粟、兰米粟等。种植面积最大的是黄瓜早，属于早熟品种，全生育期 120 天左右，民国时期以前种植面积约为总粟面积的二分之一。其次是狗屎糯，属于迟熟品种，全生育期 140～150 天，穗黑色，籽粒黄色，有糯性，品质好，是酿酒和食品加工的原料之一，食之可安神。粟米含蛋白质、淀粉、糖类、钙和铁营养成分，秋季采收成熟果实，晒干去皮壳用，味道甘、咸，性凉。用于疗理脾胃虚热，反胃呕吐或脾虚腹泻，烦热消渴口干，小便不利等。可煎汤，煮粥，蒸饭或作丸服。20 世纪 50 年代以前，境内每年种植都在 1000 亩左右，其次是白毛粟，有芒，白色似狗尾草穗，种植面积约占粟面积的 20%左右，其他品种种植很少。境内粟一般种在山地上，以上坡土为主，刀耕火种叫火粟。从惊蛰开始播种，可以播到夏至节，每亩播种 0.25 公斤，以后除草，间苑，不中 耕，不施肥，不喷药。60 年代以前，林农大都采用这种简单、粗放的栽培形式，其余各地一般点播或散播在新垦地，是一种先锋作物。金洞域内上司源乡在 20 世纪 60 年代至 90 年代，种植粟比较普遍，尤其是上司源村种植最多，达 80%的农户。粟米生长条件不苛刻，主要种植在采伐基地一耕土中，种植后不需要对该作物进行施肥、除虫，是纯天然绿色食品，亩产最高可达 100 公斤，在当时粮食紧张时期起到补充主粮的作用。现加工后的粟米每斤售价可达 8～10 元，商品价值十分看好。现在境内种植已经很少了。

（六）穇子

穇子，又名龙爪粟，是一种古老的杂粮作物。据清代《永州府志》记载："府境别有一种名穇粟，永州谓穇子"。穇子的栽植品种有"它它穇子"鸡爪穇子，又有糯穇子、粘穇子之分，其子粒有白黄、赤红色两种。

境内穇子仅有林区几个乡种植。民国时期金洞、小金洞、上司源、晒北滩乡种植较普遍。因穇子成熟早，常年种植上千亩接荒度日，其中小金洞的白沙凼村常年种植 100 亩左右，亩产 40～50 公斤。20 世纪 50 年代穇子的种植面积没有扩大，也仍旧沿袭以前的种植模式。1961 年以后，国家对林区的供应粮增加，穇子种植面积减少。2004 年，小金洞乡白沙凼村第一组村民奉昌轩种植 0.3 亩，收穇子 22 公斤。穇子酿酒可强身明目，用放置三年的陈穇子粒碾成的粉末与鸡蛋同煮，食之可明目收泪。

穇子栽培一般是惊蛰后开始播种，可播至农历五月底。播种采用点播为主的方法，每担火土灰拌种籽一小盅，连灰带种穴点播，每亩下 3～4 担灰，行距 2 尺，穴距 6.7 寸，播后仅间苗补蔸，中耕除草，一般不施肥，不施药。六月底开始成熟，分次收获，先收主穗，后收分蘖穗，3～4 次后收获完，以秋季收获的子粒质量最好。

（七）荞麦

荞麦是境内古老的杂粮作物。民国时期，因自然灾害频繁，农业欠收，粮食严重短缺，春秋两季种植荞麦以济荒度日在山区比较普通。20 世纪 50 年代至 60 年代把发展荞麦生产当作增产粮食的主要项目，全面推行点播和条播，荞麦生产发展很快，如石古源乡，40%的稻田都种上了荞麦，每年播种面积在2000亩以上，亩产在150～200公斤之间。20世纪70年代扩大双季稻，荞麦生产面积逐年下降。21世纪以来，随着人民生活水平的提高，荞麦用作保健食品很受市场欢迎，激发了农民种植荞麦的积极性，荞麦生产又得到一些恢复，但大都是零星种植面积不多，由于实行科学种植，产量有较大上升。

境内栽培荞麦有苦荞和甜荞两大类，按栽培季节分春荞和秋荞。苦荞多种于旱土坡地，一般早春播种，作春荞播种。甜荞多种于稻田，秋季播种为早稻或中稻的后作，作秋荞栽培因秋季光温条件好，籽实饱满，品质比春季好，播种面积比春荞多。

荞麦品种主要有红花甜荞，白花甜荞和花苦荞等，在金洞域内主要以白花甜荞和白花苦荞为主。

白花甜荞 属于农家品种，株高70厘米，全生育期70～80天，一般亩产40～50公斤，皮较厚，粉质中等，该品种在境内种植年限较长，并与红花甜荞混交，20世纪60年代逐渐减少，因种植面积小，通过精耕细作，亩产可达150公斤。

白花苦荞 属于农家品种，开红花，成熟后籽粒黑褐色，该品种耐肥，抗倒，壳薄，出粉率较高，味苦，肥沃的沙田及粘质壤土种植。20世纪50～60年代境内种植较普通，因受种植环境影响，现在已经绝迹。

（八）高粱

高粱作食粮很少，由于林区气候地理环境不适宜高粱的大面积生产，因此，境内高粱多为零星种植，在田埂上，旱土里，而且基本上集中在石古源、凤凰两乡。常年种植面积亦在50～100亩之间。

（九）豆类

境内豆类作物品种中，有黄豆、青豆、红豆、绿豆、黑豆、碗豆、扁豆、五月黄、十月黄等。以上豆类作物中，大豆是“黄豆”“青豆”“黑豆”的统称，是所有粮食作物中蛋白质含量最高的一种，而且蛋白质中赖氨酸、色氨酸含量较高，这两种氨基酸人体不能合成，必须从食物中摄取。因此，大豆的营养价值仅次于肉、奶和蛋。黄豆适应种植的土壤很广，如田埂、旱土、丘陵山坡等都可以种植，种植的主要品种有五月黄和十月黄。金洞种植黄豆虽广，但基本上属分散种植，常年种植面积也不过1000亩左右，产量亦在150～200公斤之间，尤以石古源、凤凰两乡种植较多。

（十）薏苡

金洞山区有野生薏苡生长，子实叫念珠子。20世纪60年代以前，山区女孩子用线串作项链和链，农户的纺车铁钎串有2～3个念珠子作传带纺纱用。民国时期至20世纪60年代，境内有零星种植，原晒北滩乡的小茗洞、内下、河上岗、上司源乡的上司源村，小金洞乡的白沙凼都有种植面积在20亩左右。20世纪60年代以后，因薏苡需肥多，且产量低，碾去硬壳麻烦，很稀少种植了。

第二节　经济作物

金洞土壤、气候等自然条件，适宜多种经济作物生长。

林区外种植的大部分蔬菜，瓜类作物，金洞林区大都有种植，金洞还有自己的山区特色。一是作物种类特色，“山黄瓜”瓜藤不搭架，满地爬，结瓜迟，农历六月成熟，瓜白色或金黄两种，粗短滚圆形，两头一样粗细，肉厚，又甜又脆，没有山外黄瓜的蒂。炎热的季节，林区老百姓招待宾客，一边喝着浓茶，一边嚼着山黄瓜，别有一番风味。上司源乡种植的五爪姜，又叫团子姜，个体小，这种姜比山外的条姜肉色要黄，味更辛辣，纤维丰富，适宜腌制，榨汁及加工糖姜片。20 世纪 80 年代到 90 年代中期，该乡每户产五爪姜 500 公斤以上，多的达 1500 公斤，全乡生产姜年产量达 50 万余公斤，多销往常宁、衡阳等地，上司源乡素有“黄姜之乡”之美誉。火山萝卜也是金洞山区一个很有特色的产品，种植较为普遍，火山萝卜是种植在一耕土上的白萝卜，是一种纯粹的绿色食品，这种萝卜味甘肉嫩，经过冬天，霜雪天，在山上土里不挖，也不会空心。金洞的老百姓将火山萝卜加工成火山萝卜丝、煨萝卜、美味萝卜条等，深受市场欢迎。二是种植习惯特色。金洞境内的林农偏爱种南瓜，户户南瓜产量以数百公斤计，尤其以白果市乡为多。南瓜除食用和作饲料外，还出售南瓜籽或用南瓜籽招待客人，而且价格不菲，可达 70～80 元 / 公斤。金洞林区的农民也喜欢种大豆、魔芋，几乎每个院子都有做豆腐、做魔芋豆腐的器具，过去招待客人摆酒，少不了这两样菜。三是采摘山野菜，以山野菜为食材，在山区由来已久，随着人们饮食观念转变和金洞旅游业的兴起，野生野菜难以满足需要，林区农民便开始种植山野菜，有野芹菜、油麻菜、百合、苦菜公和香菇、木耳、金针茹等各类食用菌。四是种植历史短，产量少。林区蔬菜瓜类作物产品多是自给自足极少量出售。

一、水果

清代和民国时期，木材商从外地引入柑、梨在自己家园种植，极个别的还有柑子园、李子园、梨子园。金洞主要水果品种有柑桔、板栗、白果、金秋梨等，种植面积约 5000 亩，主要分布在石古源乡、凤凰乡和白果市乡。其中柑桔种植面积有 2376 亩，板栗种植面积 2100 亩，白果种植面积 500 多亩，金秋梨 150 亩。20 世纪 70 年代后期，以柑桔为主的水果生产开始逐步发展，金洞的柑桔以凤凰乡花延柑桔最为出名，花延柑桔场坐落在凤凰花延村铁板湾境内，面积 120 亩。种植品种有宫川、尾张两种，花延柑桔场盛产期可年产柑桔 25 万公斤，产值达 180 余万元，其中尾张一株年产桔 250 公斤。其产品以皮薄，汁多，味甘而著名，畅销湖南、湖北等地，远销东北各省。1985 年，农业部果品司司长曾某到花延柑桔场视察，给予充分肯定。

西瓜　呈绿色或黄色花粉，一般在 4 月中旬播种，6 月底左右丰收(亩产在 2000 公斤以上),在生长节内,温度由低到高,果实发育处于高温适宜阶段,产量高且瓜瓤脆嫩,味甜多汁。金洞农民种西瓜的历史不久。以前是少数村民零星种植,之后由于人民生活水平的提高,对瓜果需求增加,西瓜种植便逐渐发展起来。20 世纪以后,区内石古源种植西瓜的速度加快,该乡种植西瓜的品种主要是普通西瓜和无子西瓜,全乡每年种植西瓜面积均在 200 亩以上,年产西瓜 40 万公斤,每到盛夏瓜熟时,公路两侧,村道路口,集镇市场无处不卖西瓜,西瓜是该乡群众消暑度夏的珍品。除石古源乡外,其他乡种植西瓜不多,2011 年全区种植西瓜仅 300 亩。

金秋梨 8 月下旬至 9 月上旬成熟。果肉白色深绿,石细胞较多,肉质较细而脆,未成熟时有涩味,充分成熟时,则味甜无涩味。金洞境内从 20 世纪 80 年代开始引进金秋梨。主要分布于凤凰乡和石古源乡。是 2001 年退耕还林时发展起来的一种新兴水果,该品种从怀化安江镇引进,其特点是果皮薄,果汁多,果肉脆嫩,果核小,含糖量高,是目前南方砂梨系统中最优良的品种。典型的种植大户有凤凰乡长吉村邓远芳的金秋梨园,建园面积 25 亩,是由长吉村原蜜桔园改造而成,座落在长吉村的马尾山和唐家岑,现年可产优质梨 50 吨,产品畅销省内外。

板栗 境内有野生板栗(俗称毛栗)生长,由于板栗淀粉和粗蛋白含量高,耐久贮藏,耐瘠薄,深受人们的喜爱,很多群众自发种植。20 世纪 70 年代和 90 年代后金洞曾两次引种发展推广,主要品种有祁阳大粒,小果油栗,小果毛栗等,全区各乡镇都有种植,面积约 500 亩,成片种植主要分布在凤凰乡和小金洞乡。

1988 年,土坳村发动群众在水竹源集体山开垦板栗基地 130 亩,并于同年 12 月完成板栗种植,种植之后实行承包经营,收入按 7:3 比例分成(即集体获利润 30%,承包者获利润 70%),3 年后的 1992 年挂果产板栗 2 万多斤,当时市场价为每公斤 6~10 元不等,年收入达 10 万元左右。产果最旺盛的 1999 年达到 7 万余斤,收入达 20 多万元。2008 年冰雪灾害,使得大部分板栗被冻坏冻死,很难恢复了,于 2009 年和 2010 年分两年完成改造种植杉树。

二、油料类

油茶 油茶是金洞主要油料作物,油茶总面积约一万亩,集中分布在凤凰和石古源两个乡。油茶是常绿小乔木,寿命长达 50 年。实生油茶 5 年方始挂果,8 年进入盛果期。丘陵酸性土壤种植油茶,品种为普通油茶,上年 9 月开花芽分化,下年在寒露至霜降节期间收摘,果油率为 5%左右,其中石古源乡有油茶面积 6619 亩,年产油茶 3 万公斤,茶油色香、味美,绿色天然,该乡种植油茶历史已很悠久了。

油菜 油菜也主要种植在石古源、凤凰两个乡,上司源、金洞镇次之,多植于山边旱土过冬旱田里,年种植面积在 2000 亩左右。传统的油菜品种为白菜型油菜,产量低。20 世纪 50 年代后期引进高产的"七星剑""洞口甜油菜"、60 年代引进"矮架早""川油长角""慈油 2 号"、70 年代引进甘兰型早熟"湘油 2 号""湘油 5 号"。现在种植的品种有"湘油 6 号",金洞区域内石古源乡有种植油菜的传统习惯。一是种植方法简单,先将耕地翻耕好,开好排水沟,将播种好小苗移植至大田栽种,在小苗栽植七天内施肥,半月后施农家肥,然后中耕培苑，再在全生育期喷农药 2~3 次，前 2 次施农药带硼肥，有利壮籽。二是周期短，产量高，一般上年 10 月底种植，翌年 4 月中旬收割，现在种植的是高产杂交油菜，亩产油菜籽 100~150 公斤、每百斤菜籽可产油 20 公斤以上，全乡种植油菜 1000 亩以上，年产菜油 25000 公斤，成为全区油菜之乡。

桐油　桐油是一种干性油，系油桐籽榨压后所得植物油。境内历产桐油，旧时俗话说："家种十棵桐，一世不会穷"。桐油用途广，古时作家具防腐剂，代替漆，旧时山区农民无电，将桐油作照明用，用桐油刷在布鞋上作布鞋穿可以防水。古代建筑常用石灰拌桐油勾缝用，年代愈久愈坚固。区内各乡镇多多少少都有桐油生产，60 年代至 80 年代稍多，但成片种植的很小，大多属散生，之后推行速生丰产林，油桐生产锐减，到 2000 年区内产油桐籽仅有 16 吨，截至 2011 年基本上再没有种植油桐的了。

三、蔬菜

林区人民以围家四时所种蔬菜之属，瓜芋之类，隔夜采拾或临餐采摘以食之，自食有余时入市交易。境内蔬菜品种繁多，根茎类、叶菜类、瓜菜类、豆菜类、茄果类、薯芋类、水生菜类、野生菜类应有尽有。1982 年，蔬菜品种普查，金洞境内有蔬菜品种 80 多种。林区人民在长期的生产实践中逐渐培育和选择出许多优良，食用价值高，生产性能好的地方传统蔬菜品种，如金洞域内蕨菜、上司源乡的生姜通过加工成"龙爪蕨""生姜片"等远销上海、长沙，衡阳等地，深受顾客好评，林区内的蔬菜，特别是在粮食少，吃不饱的年代，种植蔬菜和采集野菜为林区人民"饭少加碗菜""瓜菜代"的年月做了很大贡献。

生姜　金洞种植以红爪姜为主。上司源乡盛产生姜，种植生姜历史悠久，全乡 7 个村都有种植，是村民经济收入的主要补充，尤以农胜村生姜种植最为突出。在 20 世纪 80 年代到 90 年代，该村种植一种叫团子姜的品种，该品种结构紧奏成圆形状，故称团子姜。这种姜比其他生姜香和辛辣，是加工生姜素最好的品种之一。如果用该姜和当地种植的辣椒烹饪自养的土鸭，味道鲜美无比，是一道待客的美味佳肴。种植生姜对土壤有一定的条件要求，土壤要深厚且阴凉。20 世纪 80 ~ 90 年代，农胜村 4 组每年种植生姜达 100 亩以上，亩产可达 1000 公斤。该组的张贵生、张许和、张祥明曾种植的生姜亩产达 1500 公斤，仅生姜单项收入人平可达 500 元以上。

魔芋　域内零星种植户较多，规模种植很小，种植面积约 400 亩左右，其中晒北滩瑶族乡种植面积占域内的 50%。70 年代万宝山工区年产魔芋 20 余吨，单个最大的魔芋达 10 公斤以上。其中，胜利队、团结队、河边队年产魔芋 10 余吨，产值达万余元。

竹笋　竹笋属禾本科，笋是竹的幼芽或地下茎的节芽，境内毛竹笋遍及 70%以上的行政村。每年 3~5 月间采春笋，春笋在竹林中散生，竹节外凸明显，叶绿色，披金形，竹笋圆锥形，笋箨黄褐色，间有褐色斑点，密生茸毛，多层笋壳合抱竹笋，笋竹黄白色，中心小空，在出土不久即采，过久不采即成竹，鲜笋肉质脆嫩，味鲜，富含维生素，蛋白质，食用纤维及矿物质元素营养，可炒，可煮，可干制，熏制，还可加工罐头，笋干，笋片，玉兰片就是嫩笋加工而成。境内生产加工春季干笋普遍，年平均产干笋 300 余吨，产值 6000 万元，万宝山乡桐子山村葫芦岐小组村民雷冬发家曾一年出售干笋1吨余，收入2万余元，出售冬笋0.5吨，收入5000余元。

野生蔬菜 金洞野生蔬菜主要有鱼腥草、葛根、蕨菜、水芹菜、马齿苋、油麻菜、苦菜公等。根据不同时节，市场上常有这些野生蔬菜出售。如蕨菜、水芹菜、马齿苋、油麻菜还是人们的美食，常在餐桌上出现。蕨菜年采摘量有100吨上下，水芹菜年采摘量在80吨左右，其余年产量未作统计。

四、药材

区内的药材资源十分丰富，据初步调查有近60余种，比较有价值且被人们常采用的有消炎行血的行血风，治跌打损伤、风湿关节的钻骨风，有“风药之王”的九角风，还有金银花，细辛、杜仲、厚朴、黄柏等，这些药材大部分分布在晒北滩瑶族乡、小金洞乡、白果市乡、万宝山乡、上司源乡、金洞镇等林区乡镇，石古源乡有厚朴种植。晒北滩瑶族乡退休教师盘天银利用自己的祖传秘方，自采自制办起一个晒北滩瑶族乡民族中草药加工厂。其中草药远销祁阳、冷水滩、衡阳等地。

石鼓源药果场 石古源药果场位于五房村九组，创办于1970年2月，总面积105亩，因70%的土地种植枇杷、杜仲、黄柏等药材树，30%的土地种植柑桔、水蜜桃果树，由此故名为药果场。创办人员是从各大队选派而来的，共25人；场里的负责人是从大队挑选出来的乐山大队支部书记邓仁益。在他的带领导下，药果场不仅种植药材，水果蔬菜，而且还饲养了长毛兔2000只，每年出售兔毛1000余公斤。20世纪70年代中期，药果场是金洞区的样板场。80年代后，因经营体制发生了变革，乡对该场进行了承包，到1993年10月，乡党委、政府对该场实行了租赁制，一包30年，承包人祁阳县进宝塘镇段铁生，种植甜橙6000余株，因精耕细作，管理到位，1998年果园全部挂果，如今每年产甜橙15万公斤，收入20余万元。

五、茶叶

金洞境内很早就有种植茶叶，中华人民共和国成立前，金洞的五峰茶就较著名。五峰茶又名乾隆茶，产于上司源乡鸭婆凼村的五峰山一带。传说乾隆微服私访至五峰山，因严寒而患感冒，村民用浓茶将其治愈，乾隆临走时，种了72株茶叶树，后遍布五峰山区。五峰茶外形扁平光滑绿匀显芽，汤色绿明，花香显露，药味醇和，鲜爽，叶底细嫩成朵，有生津止渴、祛病强身之效。泡五峰茶叶，开始一根根、一片片笔直从杯底浮起之后，如游龙在杯中蜿蜒，其味清香异常，茶醇甘冽，余味无穷。五峰茶为中国农业科学研究院红壤研究所与之合作开发研究项目，获国家专利。五峰茶制法精致，年产量较少，价格不凡。2011年，五峰贡茶在香港文汇报刊登推介，同年在香港出售最高价格达20000元/公斤，但产量很小。

金洞林区云雾多，太阳紫外线强，是种植茶叶的好地方，历年以优质绿茶著名。

民国15年《祁阳县志》载“产茶之乡，以花筵江为良”；根据1938年《祁阳县志》记载，阳明山及金洞山区盛产野茶，但数量少，这些地方林深山高，常年浓雾缠绕，故名“雾露茶”。味苦茶浓，含咖啡因多，提神快而持久。境内林农大都自采，自制，自饮这种雾露茶。

20世纪80、90年代，金洞区政府提倡将茶叶生产作为重要的多种经营项目，增加对茶叶生产的投资，拓宽了流通渠道，促使境内茶叶生产达到历史上的鼎盛时期，最多发展到4034亩（1980年），最高年产量924担（1980年）。全林区除每家每户种植茶叶外，另有集中连片上规模茶场2000余亩。至2011年，全区还生产茶叶78吨。

第三章　养殖业

金洞养殖业资源十分丰富，但由于环境的制约，养殖业在农业总产值的比重不到20%，大力发展养殖业是金洞发展农业经济的一个重要工作，金洞发展养殖业的潜力很大，特别是特种养殖还有很大的发展空间。

第一节　畜　禽

金洞传统的禽畜有两头黑猪，花猪，黑猪，湘南黄牛和水牛，本地鸡鸭，本地肉兔，本地鹅、狗、蜂等。中华人民共和国成立后，引进宁乡猪、苏州鸡、洋鸭。60年代后，陆续引进数量很小的长白大约克、杜洛克、东安两头黑等良种生猪和南阳三河等水牛，以及来杭鸡、黄丝鸡、樱桃鸭、北京鸭等品种禽类。

养猪　养猪是境内传统的农家副业。中华人民共和国成立初期，林区农民“喂猪为过年，养鸡换油盐”，过着自给自足的小农经济生活。1957年，政府给农民划分饲料耕地，发放派购生猪饲料粮和预购金，奖励农民积极养猪，1957年生猪饲养达7151头比1949年翻了一番多。1958～1961年“大跃进”，人民公社时期大办公共食堂，取消社员私自养猪、养鸡、养鸭，一律由公社、大队、生产队办猪场，加之粮食减产，饲料不足，养猪场管理混乱，饲养粗放，生猪量急剧下降。1961年，市场猪肉奇缺，每公斤高达20元以上。1963～1965年，贯彻执行“公养私养并举、以私养为主”的养猪方针，生猪实行派购政策，有的生产队，以公有私养的形式包给社员，配给饲料，按每头猪出肉率多少相应地记工分，派购肥猪国家给饲料粮指标和化肥奖励，生猪肉短缺时还可以返回一定数量的猪肉和猪油，养殖业很快得到恢复，1965年生猪饲养量回升到15701头。1970年以后由公社，大队创办一些养猪场，金洞公社马蹄口水果场内办养猪场，一次养殖数十头猪，养猪场于1978年解散。1971年后，“公养私养并举，以私养为主”的政策得到落实，规定集体猪场的母猪不得阉割和出售，每个生产队依次选留

2～3 头母猪。1975 年全区生猪饲养达 2.47 万头，出栏肥猪 1.36 万头。1978 年规定每一农户上缴派购猪 1 头，政府奖售化肥和粮食，超额的由农民自行处理，农民养猪热情有所提高。1981 年以后实行农业生产责任制，出现以“两户一体”重点户、专业户和个体为中心的养猪热潮，1987 年全区养猪 28768 头。

1990 年后大量采用精料，浓缩饲料饲养，不但使用方便，生长周期缩短 4～5 个月。牲猪养殖发展较快的是 1993～1994 年。1993 年金洞林场在油榨铺建养猪场，引进大约克、杜络克、常白等优良品种。一次饲养 300 头以上。1997 年,涌现大批养殖专业户,年产 100 头以上的养殖场有十几个，全区牲猪养殖总数达到 98630 头，1998~2002 年发生两次猪瘟，饲料涨价，青壮年劳力大量外出，牲猪养殖开始下降，2004 年全区饲养量约为 30000 多头，2011 年全区生猪饲养量达到 7.61 万头，同年出栏 4.56 万头。喂猪用饲料主要有稻谷、薯类和豆类作物。粗饲料主要有糠麦类和糟渣类等副食品。青饲料则种类较多，主要有薯藤，甜菜，萝卜、灰萝卜，白菜，水葫芦，芥菜，水浮莲，野生糯米藤，地萝卜等四五十多种。林间草场面广茂盛，间隙草地亦不少。主要牧草有芒、羊白草，细柄草等。

饲养方法

旧式养猪法 20 世纪 80 年代以前境内农户养猪习惯喂熟饲。其优点饲料煮熟能使饲料淀粉糊化，粗纤维变软，利于消化、吸收，并能改善某种饲料的适性，提高食欲，增加食量。经高温，能杀死寄生虫和致病菌，减少疫病传染饲喂、能做到定时、定量、合理安排每天的饲喂次数。仔猪一般煮粥喂，每天 4～5 次，大猪煮潲喂，每天 2～3 次。缺点是花工、费时、耗燃料，且高温后蛋白质受破坏，降低营养成分。

新式养猪法 20 世纪 80 年代试用配合饲料养猪。结果表明，配合饲料养猪比煮潲生长快，饲养周期缩短，一般 90～100 天出栏。1983 年后，有 50%农户用配合饲料喂猪，集体猪场和专业户全部使用配合饲料。90 年代发展的较大的专业户开始按猪品种、性别、体重、强弱、性能和采食快慢等情况，按母猪群、后备母猪群、公猪群、仔猪群、架子猪群和育肥猪群分栏饲养。

养猪是林区农民的主要家庭副业，金洞属典型林区，农副产品多，草源丰富，为养猪提供了优越条件，俗话说：“富人靠读书，穷人靠养猪”。凡林区农民每年都要养 2～3 头猪，以增加家庭收入。境内养猪的传统方法是就地采取青草，再拌米糠，薯藤，萝卜菜等煮熟喂食，大约 8～10 个月才能把猪育肥（使其体重达到 80 公斤）出栏，这种老方法耗料（饲料、燃料）多，生长慢，成本高，劳动量大。60 年代末区内学习外地使用扎草机，切薯机以减轻劳动强度，1974 年又试行推广祁阳县农科所养猪户王国顺“不用刀，不用灶，糖化饲料加鲜草”的先进养猪经验，一头体重 80～120 公斤的生猪饲养 7 个月就可以出栏，提高出栏率 12.5%。80 年代初，在生喂饲料基础上又推广混合饲料，配合饲料养猪，生长快，耗料少，劳动强度低，从仔猪到肥猪（90 公斤以上）5 个月即可出栏，一年可饲养两批，1983 年后又积极推广 WMA 生长素添加剂养猪，日增重较配合饲料生喂提高 2%～15%，此方法全区养猪户广泛接受和应用。2011 年区内饲养生猪 7.61 头，当年出栏猪 4.56 头，存栏 3.05 万头。楚旺生猪发展有限公司（地址石鼓源乡黄家山）10 万头乳猪养殖场已具雏形。

金洞 1965～2011 年部分年份生猪发展情况

7-3-1　　　　单位：头

年份	饲养量	出栏数	年末存栏	其中能繁母猪
1965	15701	7192	8175	275
1970	17578	10673	4291	601
1980	36180	15288	20892	349
1990	57685	31173	28512	905
2000	72852	38000	34852	3512
2011	76100	45600	30500	4923

养牛　牛是“农家宝”。金洞人民对养牛十分重视。春耕时节，煮潲，刹青，专项喂养，都很专致；雨天还披牛衣。中华人民共和国成立前，一般中农。佃中农都饲养耕牛，贫农一般养一脚(即养一头牛的四分之一)。俗话说“无牛不耕田”，一般种田人都养牛。中华人民共和国成立后，对发展耕牛更重视。政府多次发放贷款，鼓励养牛。20 世纪 50 年代，金洞域内，年平均饲养耕牛 3000 头以上。1957 年多达 3200 头，其中黄牛 2100 头。1965 年实行养牛奖励，仔牛满月后到粮站(店)领取奖励粮(水牛 35 公斤，黄牛 25 公斤)，小牛成年后分成奖励，黄牛牧牛员得一半，水牛得 1/3，其余归生产队所得，另外奖励工分，1975 年前，平均每个生产队(组)饲养耕牛 4～6 头，1980 年耕牛饲养量增加到 3500 头，1981 年推广家庭联产承包责任制，农业区机械耕稻田增多，林区农民联户养殖牛的积极性又降低，放松了对耕牛的护理，耕牛数量有所下降。1988 年，全区不足 2000 头，且多数是黄牛。重点分布在晒北滩瑶族乡，白果市乡，上司源乡，万宝山工区。到 1999 年全区仅存有耕牛 1370 头,其中黄牛占 70%。为节省饲料和人力，有些群众将牛放养在山林之中，至 2000 年境内有水牛 442 头。至 2011 年境内有牛 1504 头，且大多数是黄牛。

鲁西黄牛养殖　鲁西黄牛是山东省优质肉牛品种，商品价值高，该品种的牛体型大，肥壮，成年牛可达 800～1000 公斤，且出肉率高，耐粗饲料，适应强。2010 年上司源乡农胜村 4 组张和平花费 15 万元引进 30 头牛犊和南冲源村奉雨生花费 10 万元引进 20 头牛犊进行养殖，精心饲养，取得初步成功。

养羊　嘉庆《祁阳县志》记载，境内养羊自清朝末期始。金洞属亚热带气候，青草茂盛，适宜山羊生长，本地山羊毛色有黑、白、麻三种，白山羊居多。白小羊毛短粗硬无光泽，公羊有角，角形向外或向内弯曲，鼻垂直额突出，下颌生有胡须，尾小而短，身躯有异常臭味，体型矮小，肌肉丰满，成活率高，抗病力强，身体健壮，喜欢攀登惊险的悬崖高山。公羊体重 20~30 公斤，阉羊可达 45 公斤。母羊繁殖能力强，自生下 5 个月就可以配种，成年母羊年产仔两胎，每胎 1～2 只，也有 3～4 只的。1976 年境内开始养殖本地山羊，养殖数量较小，1979 年全区有山羊不到 100 只，1981 年仅存 25 只，1986 年后养羊兴起，但本地山羊已经很少有人养殖，主要饲养引进品种，如波尔山羊、马头羊和黑山羊。其中，主要饲养的引进品种是黑山羊。1987 年引进在凤凰乡，金洞镇楠木坳村，枣术坪村饲养，当地村民充分利用本地山地资源优势，共养羊 510 头，存栏 340 头。2000 年以后，由于羊肉价格提高，养羊业在金洞逐渐发展。2001 年,境内存栏 1919 头。到 2011 年金洞肉羊存栏数有 2162 头。

永州市金洞兴旺专业养羊合作社 金洞管理区金洞镇失业青年奉凌云于 2011 年 8 月创办合作社,地处小金洞乡小金洞村境内。同年投资 35 万元,兴建以饲养黑山羊为主的养羊基地,建成羊场四座 600 平方米,能繁母羊 300 多头,可利用山草资源 2000 多亩实行天然放养,年繁殖山羊 600 多头,年出栏 300 多头。按市场价每公斤 40 元,每头羊均 40 公斤,每头羊可获 1500～1800 元,年获利润 15 万元左右,是永州市第二个养羊专业合作社。

养狗 林区农民家庭养犬户较小,20 世纪 80 年代前,农民养犬看家护院,猎户养犬嗅追野生动物和护院,中华人民共和国成立到 1980 年,农村养犬户不很多,每个自然村最多养 3～5 条。20 世纪 80 年代以后,随着人民生活水平的提高,犬不再担负看家护院的任务,养犬有了很大的发展,养犬农户达到 20%,狗肉上桌也成了美味佳肴,1990 年以后市场小狗价格猛涨,一只满月狗价值 30～50 元,狗肉价格一直保持在 30～40 元/公斤,如果饲养的是有欣赏价值每只高达数百元。林区农民养狗兴起一个小高潮,据统计,2011 年区内养狗达到 4000 只左右,同年出售和自宰的狗就达 3074 只。

养鸡 境内农民普通饲养本地土鸡,个体小,年产蛋 50 枚至 100 枚,肉质好,成龄公鸡体重 1.5 公斤左右,成龄母鸡体重 1.25 公斤左右,毛色有黄、白、黑、芦花四种,以黄色为多。1980 年后从外地引进的鸡有来杭鸡,澳州鸡,桃源鸡,依沙黄。20 世纪 90 年代后期,在金洞镇、石古源乡、凤凰乡出现小量养鸡专业户,重点户,养殖的品种主要是广西黄鸡、湘南黄。金洞镇马碲口村民彭康于 1994 年租赁镇老院旧址创办一个一次性能喂养 2000 只以上的养鸡场。由于环境制约创办不足三年,1996 年就停办了。家禽价格由于走俏,特别是林区农民饲养的土鸡价格日趋上涨,2010 年市场每公斤土鸡(母鸡)销售价达到 70 元,林区农民利用房前屋后空地放养土鸡又时兴起。境内农户家庭基本上都有养鸡习惯,一般均在 10 只左右,2011 年境内出栏鸡 16.51 万只。

养鸭 境内养鸭以麻鸭(俗称水鸭),灰毛鸭为主。林农多为家庭小量饲养,10 只左右,个别的养鸭大户均分布在凤凰、石古源两个农业乡,他们利用稻田塘库棚养,成批养殖也不过在 100 只以上。

养马 1984 年,白果市乡开始有人养马,同年购进 6 匹,第一个购马人是大源里村的罗和生。2005 年发展到 59 匹,到 2011 年发展到 210 匹。开始是以马代牛耕地,马的工效比牛高得多,一匹马一天可耕地 10 来亩,以后逐渐被用于运输,主要是用马拖木材,把条木粗细的木材分成两份,将条木斧口捆在马背的左右前方,杉尾在后着地,拖拉出山。一匹马一次可拉 0.7 立方米的材料,又可用马运输楠竹、竹笋、粮食、木炭和建筑材料等,不仅节省人力,减轻劳动力的劳动强度,还提高深山密林交通不便的运输速度。

养兔 20 世纪 60 年代,金洞部分村民引进试养兔子,因多方面的原因没有成功。1975 年,金洞供销社从浙江引进一批法系安哥拉长毛兔饲养。法系安哥拉兔适应性强,体型较大,头型削尖,四肢及趾间毛较少,绒毛略粗,枪毛较多,不易缠结,成年兔体重可达 4 公斤左右,繁殖能力强,每只雌兔一年可产 4～5 胎,每胎多只,但以三胎为宜。每只成年兔,年产兔毛 0.4 公斤以上,为金洞饲养量最多的兔种之一。养兔只需青草和小量精料,投资小,见效快，兔毛出口外汇价值高，金洞自然条件适宜养兔，但因技术等原因，现在金洞养兔业一直未发展起来，到 2011 年全区饲养兔子只有 339 只，而且都是本地家兔。

第二节　特种养殖

1990 年后，区内农民先后发展野猪、茅根猪、蛇、牛蛙等特种养殖。小金洞乡白沙凼村农民奉东方从 2000 年开始饲养野猪，当时有母猪 3 头，公猪 1 头，年可产 6 窝小野猪，每窝 5～8 个，年销售收入 3 万元以上。2003 年以后由于受环境条件的限制，养殖规模下减，只剩母猪 1 头，年出栏野猪 10 头左右。竹根鼠的养殖也有一定的规模，尤以白果市乡、上司源乡为多，年可出栏竹根鼠 1000 只以上。

茅根鼠养殖　茅根鼠又称冬芒狸，竹根鼠，冬茅鼠。以食冬茅草根而得名，成年鼠体重可达 2 公斤左右。因肉质细腻精瘦，低脂肪，低胆固醇，药用价值高，油可治烫伤烧伤。20 世纪 90 年代后期养殖茅根鼠得到发展，且范围不断扩大。截至 2011 年，金洞有个体竹鼠养殖专业户 39 户，共养殖竹鼠 3000 余只。

2005 年，双河村回乡高中毕业生邓荣伟创办上司源乡绿源生态山庄(竹根鼠养殖场)，同年投资 3 万元建起了 200 平方米的养殖场，成功驯养野生竹鼠 100 多只，之后又从长沙请来专家进行现场指导，自购专业书籍边实践边摸索，边积累，逐步掌握了技术要领，自创“中草药”喂养模式，走出了一条绿色，无公害，原生态的绿色养殖之路，率先在野生中华竹鼠养繁殖上取得成功，成为林区 80 后青年“敢吃螃蟹第一人”。为打开销路，提高知名度，他注册自己的网站，组织创办养殖协会，通过准确把握市场信息，掌握价格行情，为竹鼠的销路解决后顾之忧。由于他养殖的竹鼠口味独特，还兼有药用价值，很受消费者青睐，产品打入了衡阳，永州的星级酒店，一时间供不应求，为了扩大规模，保证充足的货源，通过养殖协会的搭桥，吸纳了 20 户村民一起创办，采取分散养殖，统一管理，集中销售的方式，在周边办起家庭养殖场，绿源山庄规模逐步扩大，年出栏竹鼠 1000 只以上，销售收入 40 万元以上，周边群众在他的带领下也一个个脱贫致富，其创业事迹和创业精神曾在永州广播电视播放，永州日报上登载。

养蜂　养蜂采蜜是金洞林区传统的家庭副业，中华人民共和国成立后，养蜂得到较快发展，主要蜂种为中蜂，多为个体专业户，流动放养，也有小数居室家养。1966 年以后，因过多使用农药，蜜源衰退，养蜂逐年下降。1980 年年底只有 50 箱，1988 年以后，因蜜蜂市场走俏，2004 年发展到年产蜂蜜 4 吨，蜂蜡 50 公斤。到 2011 年区内有蜜蜂 459 箱。

石蛙　又名石板蛙，棘胸蛙，棘硅，石鸡是金洞的特色食物之一。主要产在金洞山沟溪边树林中。境内除石古源乡外，其他各乡镇均有分布，尤以晒北滩瑶族乡、小金洞乡盛产较多。随着餐桌上频频出现石蛙之美食，石蛙的生长数量也急剧下降。

1992 年，土坳村民陈延顺在沙坪进行石蛙养殖，养殖面积达 300 多平方米，投放种苗 75 公斤，后因技术不成熟等原因停办。

蛇类 林区气侯潮湿，草木盛茂，水域广阔，为蛇类栖息繁殖提供了优良环境。境内蛇类品种繁多，主要有草鱼蛇，金环蛇，银环蛇，眼镜蛇，眼镜王蛇。20世纪90年代中期，白果市乡，凤凰乡曾办有个体养蛇场，因技术规模，环境限制，效益不佳，不到两年就停办了。

野猪 2009年3月，金洞镇一居委会农民周柏东创办金洞屹兴特种养殖发展有限公司，公司设在一居委会境内黄家山，以养山野猪为主，同年投资80万元，建猪舍12间，库用房80余间，建筑面积2800余平方米，年饲养野生母猪60多头，野生公猪6头，年出售各类生态野猪800~1000头，年产值达2400多万元，年利润达80余万元。2011年，存栏野仔猪300多头。

豪猪 2011年，上司源乡群众奉吉祥、奉起新、屠少华三位有识之士联营创办上司源乡豪猪养殖场，场址设在上司源村庵子岑(乡中心小学旁)。投资35万元建猪舍和购猪种，同年建成猪舍2栋，建筑面积400余平方米，猪舍内有猪栏60间，每间猪栏可养殖豪猪一对(3只)，现有豪猪120只(一公两母共40对)。豪猪习惯为白天睡觉，晚上活动。进食主要有苞谷、红薯、野菜菜叶，以苞谷为主，其他为辅，每胎繁殖仔猪1~4只(头胎一般只能生产1只猪仔，最多一胎能生育4只猪仔)，几个月左右豪猪仔便能生长成熟。成熟的豪猪体重一般25公斤左右。现在养殖场以育种猪为主，不出售肉猪，3年后开始出栏种猪和肉猪(老化的公猪)，年出栏种猪和肉猪(老化的公猪)1000只左右(以出售种猪为主)，种猪主要面向外地及本地其他养殖专业户，售价每公斤可达720元。老化公猪作为肉猪出售售价每公斤可达200元左右，前景十分可观。

生态养殖

1995年以来，管理区(林场)发展一大批生态养殖户。典型的生态模式有“猪—沼—果”，“猪—沼—鱼”两种。1999年，凤凰乡农民邓远龙办起家庭生态养殖场，他承包凤凰乡企业办20亩柑桔园，饲养生猪160头，建沼气池一口，利用猪粪发酵产的沼气(做饭、照明)、沼液、沼渣肥果园，建立“猪—沼—果”生态种植模式，年纯收入10万元以上。2002年，石古源乡农民邓洪福承包乡政府的大牛冲水库，充分利用水库的水面养鱼，并在水库上建起一座年出栏200头生猪的养殖场，建沼气池一口，形成“猪—沼—鱼”的生态养殖模式，年出栏生猪200头，产鱼6万斤，销售收入45万元以上，纯收入20万元以上。

第三节 水 产

金洞水资源丰富，且水质良好，非常适宜水产养殖，2011年区内有大小池塘503口，可放养水面1065亩，中小型水库9座，可放养水面330亩，有适宜养殖的稻田930亩，林区水草茂盛，鱼类饲料繁多，天然水草随手可得，有利鱼类的生栖繁衍。

1991年，土坳村鼓励本村村民周亚生在豹虎龙电站水库进行网箱养殖，网箱是从外乡某水库买来的，当时网箱数量达36个，规格为10×12米，单个网箱的鱼苗数量达150多条，出售时每条达2~2.5公斤，1996年停办。

1991年，由大同村、土坳村、豹虎龙电站三个单位联合开发建设豹虎龙水库养鱼基地，水域面积达255亩，同年投放十多万尾鱼苗。由于涨水时不好管理，鱼苗大量走失，且水库地形复杂，不好打捞而停办。现由该村民黄金国、周阿南等搞私人养鱼。

以凤凰、石古源两个乡稻田养鱼为主，其他乡次之，尤以凤凰乡为早、为多。凤凰乡稻田养鱼始于20世纪70年代末。社员在田中挖个深30厘米的泥凼，周围仍插秧种稻，放养鲢、鲫、鲤鱼，过节过年打捞分给本队群众自食。实行责任制后，私人放养率达80%。90年代初期，有的将低洼田、浸水田筑高田基，设计塘丝口人工养殖，以草鱼为主，喂以水草、粪便，一年一小捞，两年一大捞，亩产超千斤。2001年，养殖大户邓隆美在中荣村租赁稻田70多亩，实施大面积人工养鱼，采用饲料喂养法，结合防、治病工作，鱼苗生长迅速，形势喜人，几个月后可上市。无奈天有不测风云，端午节涨大水，冲垮田基，鱼群随水漂流至肖家河，直达湘江，他本人打算用混凝土冻田基再养，因农户要种苗木而放弃。小面积养鱼的大有人在，如中荣的张银合夫妇自20世纪90年代至现在，稻田养鱼2～5亩一直未间断。至2011年年底，稻田养鱼面积5.3亩，以草鱼为主，其次为鲫鱼、鲤鱼和雄鱼。田内存鱼1.3万尾。

2011年，凤凰村的陶国山在正洞里的王家庙处租赁稻田20余亩，养殖田螺、蚌蛤、蛙、泥鳅、黄鳝等，并在养殖基地建设较结实的厂棚。至2011年主要放养田螺，用饲料喂养鳅鳝。

第四章　农业开发

第一节　农业综合开发

2006年之前金洞农业综合开发规划纳入祁阳县实施，2006年金洞管理区成立，2007年设立金洞管理区农业综合开发办公室。2005～2011年，金洞管理区农业综合开发实施2个项目区，涵盖13个村，受益人口1.8万。开发治理总面积650公顷。

项目工程　2005年，凤凰乡中荣、隐塘、花延、长吉四个村进行了高标准农田建设。新修及整修小型拦河坝4座、新修和新开田间机耕道5条，4.13公里、混凝土防渗田间灌溉渠21条共13.21公里，开挖及防渗山塘4口，修建渠系建筑物170处。

2010年，石鼓源乡中低产田改造项目立项涉及石鼓源乡五房、大岭下、石鼓源、借古岭、三满房、西岭坳、冬田、桂林、源头共9个村。2010年，石鼓源乡大牛冲水库左右干渠防渗3.6公里，新增有效水量45万立方米，改造缺水干旱中低产田300公顷。

基地建设　国营金洞林场管辖的望仙庵基地位于凤凰境内，集三山两漕一坡地于一体,面积2000余亩。20世纪50年代中期,场部派职工周联云二人在这里负责开山、抚育、封林工作,常居于望仙庵北三百米处的圆通庵内,对荒山、残林、稀疏林进行全面的垦复,种植杉树。从山脚往上爬三四十米的坡,就是宽阔平坦的山地,面积200多亩。1965年,金洞林场在望仙庵原址建一排6间座北朝南的砖木结构平房,面积200平方米,用于加工。除修山、育林外,还在坡地上种植药材——黄柏和厚朴。1973年,场部决定在这块平坦的坡地上开辟茶园基地,安排职工6人。1974年,又一栋座东朝西的制茶房(正房)建成,砖木结构,面积300平方米。添置4台揉茶机。自春分到处暑,年产粗细干茶叶百余担。20世纪90年代初,茶兜老化,改造种植蜜桔,同时在南西两面建立两排砖木结构平房500平方米,安排职工20余名,年产蜜桔两万箱,简易公路直通山脚下。21世纪初,市场蜜桔供大于需,为适应时代社会的需求,林场决定毁桔种板栗。几年后,板栗树杆粗叶茂,绿荫成行,毛茸茸的果实挂满枝头。2008年,四合院改建成养猪场,承包给了专业个体户,年存栏数达200余头,公路也直通场地。望仙庵林场曾名噪一时,全方位开发,享誉场内外,有知名度。

资金管理 1.资金投入。按照国家规定,农业开发投资由各级财政资金,银行专项贷款和农民自筹资金三部分组成。2005年祁阳县农业开发共投入115.4万元(当时该项目资金归口祁阳),其中中央财政资金54.9万元、省级财政资金21.6万元,市级财政资金4万元、县财政配套资金2万元,群众自筹资金32.9万元。2010年,金洞农业开发共投入65万元,其中省级财政资金50万元、群众投劳折资5万元、一事一议资金10万元。2.资金管理。农业开发的财政投资,由区财政局按工程进度拨款,凡土地开发治理项目必须由项目承包单位持工程开支发票到区农业综合开发办公室审核后,区财政局再拨付财政资金,实行专项资金管理,专账核算。

第二节 农产品加工

茶叶加工 饮茶风气在金洞各地十分浓厚,成为瑶汉各族人民日常生活之必需,尤其是瑶族同胞饮茶之盛到了不得一日无茶的地步,茶为食物无异米盐。

金洞冲茶、制茶、饮茶历史悠久。柳宗元在永州写有《酬异上人赠竹间新茶赋》,可见境内唐时饮茶成风。明清以及民国时期金洞以野茶为主,亦有种植,中华人民共和国成立后种植面积扩大。据记载,1954年金洞种植面积就达500亩,1957年金洞就有两个小型茶场,一个茶叶加工厂,制茶工艺改手工揉茶为木制揉茶机揉茶。20世纪60年代各供销社收购茶叶外调成为出口商品,种茶面积有所增加。20世纪70~80年代,全区有6个茶场,是境内进入茶叶生产加工的旺盛时期。1980年,区内茶叶种植面积达4034亩,年产量924担,之后因茶叶经济效益不高,多数茶场荒芜或改种其他。2000年后,全区茶叶加工廖廖可数。除上司源五峰名茶外,其余茶叶加工基本歇业。

1995年上司源乡为了提高茶叶的品质,特从杭州聘请一位朱师傅到该乡传授茶叶炒制技术。主要是加工龙井扁茶,属绿茶系列。这一技术在该乡得到广泛的推广,现在的浯峰贡茶采用这一技术加工，使茶叶售价从原来的 20～30 元 / 斤，提高到现在的 100～200 元 / 斤，顶级茶叶可达 800 元 / 斤以上。浯峰贡茶加工厂为满足消费者的需要，2007 年从外地购进一套制作龙井扁茶的机器，2011 年又投资 50 万元，全面推广有机茶栽培加工技术，从而提高茶叶的产量与质量。年产茶叶 5 吨以上，年均销售收入 500 万元左右。

上司源茶场　上司源茶场位于上司源乡鸭婆凼村东冲五峰山之巅，海拔高度为 332～690 米之间，日平均温度 5℃～25℃，年降水量 2100～2500 毫米，终年温度高，光照足，空气清新。当地群众都有采集野茶制作绿茶的习惯，五峰山上有一座庙，民国时期庙中和尚种有几十株茶树，制作绿茶供奉佛祖。1949 年以后，群众采野茶制作山茶待客相沿成为习惯，当地人们称之为“五峰山茶”。

1990 年，中国茶研所与祁阳县农业技术员深入上司源，帮助当地农民种茶，利用山中野茶精制加工质量提高，茶叶品质上乘，命名“五峰贡茶”。1994 年，参加永州茶叶展览会被评为二等奖。农业部鉴定其：外形扁平，绿勾显芽，汤色绿明，花香显露，滋味醇爽，叶底细嫩成朵，其结论：五峰贡茶品质优质，达到扁形名茶水平。1996 年，正式注册为“浯峰贡茶”，并获得第一届农博会金奖。同年本地村民在五峰山开垦茶园 50 亩。2004 年，刘鑫成立五峰茶叶有限公司，起初租赁东冲 50 亩茶园进行改造，之后又在东冲五峰山开垦 800 亩新茶园，形成农户十基地十公司产业链，初步形成龙头企业，年产茶 5 吨以上，年销售收入 500 万元左右，乡专业农户达 400 户以上，产业直接受益众人口 1500 多人，并投资 50 万元对五峰山茶进行深加工、精加工，2005 年获得“绿色食品证书”。到 2011 年，全乡茶叶种植面积达 1200 余亩。

天堂观茶场　该场位于石古源乡大岭下村西面的山麓之中，该山四季云雾缭绕，风景优美醉人，曾建有天堂道观。道士们在山上种上茶树，制作绿茶供奉佛祖，招待过路的客人，由此，年复一日，天堂观茶扬名方圆百里，历史悠久，茶场创办于 1968 年 2 月，在金洞区供销社直接指导下，大队从各生产队抽调 32 名精干男性劳力，历时一年时间开垦荒山 320 亩，挖成行距 1.5 米的梯形式，实行点播，穴距为 0.8 米，每个穴里放茶叶籽 3～4 粒，种籽是区供销社无偿提供的。翌年又开垦茶园 566 亩，两年时间共开垦茶园 886 亩。1974 年投产，并办起了茶叶加工厂 2 个，添置小型揉茶机两台，1974～1976 年年产绿茶 1.5 吨，红碎茶 1 吨，1978 年茶叶进入盛产期，有专业人员 36 人，茶场又添置大型揉茶机一台，小型揉茶机四台，烘干机一台。鲜茶从萎条发酵，烘干，选梗，包装，设备齐全，年产绿茶 4.5 吨，红碎茶 3 吨，生产出来的茶叶统一交石古源供销分社收购，当时的价格是每公斤 3～5 元。1981 年茶场承包到人。之后由于茶场管理粗放，经营不善，再加上茶叶质量，价格下滑等原因，导致茶场逐年荒芜和枯死，于 1990 年停产歇业。至 2011 年，遗存的茶叶树成为当地农民采野茶的来源。

石古源公社“三八”茶场　该场位于源头村芒鼓岭，1972 年创办，在金洞区多种经营办直接牵头下，由石古源公社妇联主任从全公社 11 个大队抽调 18 名政治思想可靠，既年轻又实干的姑娘，年龄在 18～22 岁。她们历时 4 年时间，开垦荒山 200 余亩，挖成行距 1.5 米梯田形式种植大叶青茶。1978 年投产，全部是手工制作的绿茶，由于当时地里缺肥，茶叶产量一直不高,年产绿茶在2000斤左右。1982年茶场由集体经营改为个体承包经营,生产下滑,一些茶地抛荒,茶树毁坏,种植面积大减,2004年该茶场退耕还林,全部种上松树。

野菜加工 金洞林区山野菜资源十分丰富,传统的野菜加工主产品有干笋,干蕨,干苦菜公等,大多是一家一户零星加工。2001年3月,金洞林场油榨铺电站投资50万元(由电站自筹资金解决),新建加工车间1000平方米,晒坪800平方米,添置各种设备20件(台),聘请金洞林场农工委干部邓红平为技术员,率先办起了绿色食品加工厂。同年生产总值达50万元,生产蕨类罐头10000袋,清水竹笋罐头2000袋,生产鲜笋、干笋、红薯粉,野苦菜公,野油麻菜等共计8万公斤,产品畅销省内外,取得较为明显的效益,之后,金洞绿色食品加工厂不断发展壮大,2004年通过招商引资,引进邓远龙三个老板投资200万元扩大生产加工规模,达到年产清水笋罐头500吨,蕨类罐头100吨的生产能力,形成以清水竹笋罐头和蕨类罐头为主,以玉兰片、干蕨菜、干苦菜公为辅的多品种加工生产规模,年产值500万元以上。三年后因诸多原因停产。

腊肉加工 腊肉是金洞林区的一道名菜,其加工历史无法考证。但制作腊肉的传统习惯不仅久远,而且普遍。历年来,林区农民养猪基本上是为过年,每年冬至节后,林区农民宰猪,除留够过年用的鲜肉外,其余剩下的分制成小块,用食盐,配以一定比例的花椒、大茴、八角、桂皮、丁香等香料,腌入缸中,7~15天后,用棕叶绳索串挂起来,滴干水,用柴火慢慢熏烤,然后挂起来用烟火或挂于烧柴火的灶头顶上,或吊于烧柴火的烤火炉上空,利用烟火慢慢熏干而成。制成的腊肉外观黑色,但洗净后晶黄透亮,口感油而不腻,香爽可口,深受人们欢迎。腊肉供应市场,年产量2500吨左右,2011年境内腊肉加工达3211.1吨。

魔芋 天南星科植物,金洞域内有零块种植。其块根似芋,富含淀粉,膨胀系数大,故名魔芋,淀粉中含大量葡萄甘露聚糖,具有低热量、低脂肪、高蛋白质、高膳食纤维等特点,对降低胆固醇,血压有食疗作用,魔芋加工是将块根粉碎,加石灰水,煮熟成魔芋豆腐,农民称之为"发芋"。0.5公斤魔芋可制成5公斤魔芋豆腐,金洞市场间有魔芋豆腐出售。

萝卜丝 将白萝卜切丝,晒干,外地商人称为"银丝"。为蔬菜淡季的重要菜肴。首产于上司源,晒北滩一带,后发展到小金洞、白果市等地。"银丝"的加工,自民国始初用手工切丝,后传入刨子刨丝技术,工效提高,20世纪70年代,"银丝"由供销社收购,转运到外地。之后,产量有所增减,进入21世纪,境内农民很小规模种萝卜,银丝产量锐减,现在只有极小数农民用刨子加工萝卜丝自食之。

红薯粉 红薯含有20~30%的淀粉,将红薯淀粉制成粉丝,粉皮,人们喜欢食用。其加工过程是,溶解红薯淀粉,放在铝制或铁制的大容器内,隔水加热,制成粉皮,将粉皮固定在竹制团筛上,冷却切成条状,再通过制面机,制成粉丝。另有一种加工方法是将淀粉溶解,浓度为能够粘连成丝又不断线为止。然后放进特制的木勺里,木勺钻有7~8个孔,淀粉溶液从木勺孔内流到锅内的开水里,煮熟,捞出晾干,放在竹笋上晒干。旧时,农民家庭多用小铁锅自制自用,现在林区农民已无人进行薯粉加工了,所食薯粉条都是从市场购进。

蕨粉加工 蕨是凤尾蕨科植物,蕨根中富含淀粉,可加工提取蕨淀粉,蕨粉制成粉皮,粉丝,比红薯粉丝光滑,味美。山区村民常掘之提取蕨粉。提取方法是:把挖出的蕨根洗尽泥沙，捣烂，过滤，沉淀。蕨根有健胃补脾功能，对头晕失眠，高血压有保健医疗作用，进入21世纪，金洞有干制蕨菜出售。加工方法是：采摘未舒展枝叶的嫩茎，林农俗称"拳头蕨"。去掉"拳头"（即嫩枝叶部分多绒毛）放入开水锅中煮沸5分钟，捞出晒干，干蕨菜营养丰富，含胡萝卜素、维生素C、镁、锌、锗等微量元素，是一纯天然滋补无污染环保食品。2000年11月，石古源乡石古源村邓保民生产的蕨根加工粉，曾参加永州市在黎家坪综合市场举行的首届农业，乡镇企业产品展销会暨项目洽谈会，深受顾客青睐。因生产技术、产品数量等多种原因只试生产两个月就歇业了。

金洞汽酒厂　金洞汽酒厂于1985年由金洞民族综合加工厂改制而来，改建厂房2000平方米，仓库1000平方米，安装年产1000吨汽酒生产线一条，购置各类机械10台（套），项目总投资20万元，其中金洞林场投资8万元，专项贷款6万元，单位自筹6万元，主要生产汽酒，产品销往周边省、市、县，年生产总值近40万元。

第三节　农技推广

金洞区农技站成立于1972年，属事业单位，工作人员10人（含各乡（公社）农技员一人）生产大队（村），生产小组都安排植保员一人。1984年以前隶属于祁阳县农业局，以后属金洞农村工作局内设机构。主要职能推广农业新品种、新技术，指导老百姓防治农作物病虫害，完成上级安排的其他工作任务。每年各公社（乡镇）组织1～2次农技员、植保员培训。历年来，推广的农业科技新技术有抛秧，稻杆直接还田，测土配方，新品种有天龙1号，早中晚超级杂交稻，优质稻。

各乡农技站于1984年前只安排一名乡农技员，1984年以后成立乡镇农技站，技术归区农技站指导，属乡政府管理，乡农技人员又兼国土员，主要职能同区农技站。推广成果和区农技站一样。

金洞境内历年来主要病虫害是钻心虫、卷叶虫、稻飞虱，这些虫害没有造成重大虫灾。主要病害是稻瘟病，纹枯病，因年年防治措施得力，没有造成重大病灾。

2008～2011年，争取的各类农业政策资金情况及投入情况如下 。

2009年，测土配方项目10万元，用于野外取样800个（土样）10个田间试验，800个土样化验。化验得出全区土壤养分含量，根据氮、磷、钾的比例和农作物需肥规律实施配方施肥，节约肥料成本，促进农作物增产。

2010年，测土配方项目10万元，用于野外取土样600个，8个田间试验，600个土样化验，施肥建议卡全区发放。项目效果：根据化验结果进一步分析农作物生产过程需肥量，分样不同土质栽培适宜农作物，改变农户传统施肥模式，节约农资成本，增产增收。

2011年测土配方10万元，野外取样300个，田间试验8个，土样化验300个，全区宣传发放测土配方施肥建议卡，免费为种粮大户发放配方肥10000公斤。项目效果：进一步探索各种土质肥料成分变化情况，探索作物轮作、间作模式，调动农户施肥配方的积极性，通过发放配方肥，以点带面，发动全区各乡镇农户自觉主动实行配方施肥，节约成本，增加产量，促进全区农民增产增收。

种植粮食大县奖励资金28.2万元，主要用于发展粮食生产，对种粮大户实行奖励，促进全区粮食生产发展。其中，30亩以上奖500元，50亩以上奖1200元，100亩以上奖3000元，150亩以上奖5000元。2011年奖励种粮大户63户，共奖励资金6700元，其中凤凰的陶家村陶石匠种田210亩，奖励资金5000元，用于冬种，推广新品种、新技术，作好田间试验示范。

2009年，在石鼓源1组李朝友家稻田，面积867平方米进行地壤配方施肥，土种(河沙泥)油菜，土壤养分有机质29.6，碱解氮237，有效磷16.1，速解钾35，其中配方施肥区434平方米(处理)，习惯施肥区289平方米(对照处理)，配方施肥氮12公斤，磷209公斤，于移栽后第四天一次性穴施，习惯性施肥近一次性穴施尿素15公斤，过磷酸钙40公斤，氯化钾7.5公斤。试验结果如下：

不同施肥处理经济效益(一)

7-4-1

处理	产量(公斤/亩)	产值(元/亩)	肥料成本(元)	净收益(元)
配方施肥区	105.1	525.5	133.7	391.8
习惯施肥区	89.8	449	79.4	371.4

肥料成本纯氮4.35元/公斤，磷2054.6元/公斤，钾206元/公斤，试验结果表明，测土配方试肥比农户习惯施肥增产15.3公斤/亩，增产率17%，施肥利润20.4元/亩，增幅4.5%，增收效果明显。

2010年，试验于2010年5月至9月在凤凰乡3组邓冬英承包田进行，土种为灰沙泥田，土壤养分，有机质32.14，碱解氮144.2，有效磷12，速效钾58，配方肥区300平方米，施肥量氮11公斤，磷2056公斤，全部磷化，70%氮钾作基肥30%，氮钾用于移栽返青后作追肥，习惯施肥区，面积300平方米，按照当地农户习惯施肥量和施肥方法施肥。

不同施肥处理经济效益(二)

7-4-2

(单位:公斤、元/亩)

处理	产量	产值	收入	增收
配方施肥区	590	1475.0	1356.2	100.7
习惯施肥区	545	1362.5	1255.5	371.4

肥料成本纯氮 4.78 元 / 公斤，磷 2O55.33 元 / 公斤，含肥养 5.6 元 / 公斤，稻谷纯 2.5 元 / 公斤，试验结果表明，配方施肥产量比习惯施肥增产 45 公斤 / 亩，增产率 8.3%，收入增加 100.7 元 / 亩，增幅 8%，增产效果十分明显。

2011 年 3 月至 7 月在石鼓源乡芳塘村 5 组奉国保承包田进行对照试验，田为灰沙泥田（早稻），田间养分，有机质 38.38，碱解氮 26.37，有效磷 14，速解钾 38，配方施肥区面积 300 平方米，施肥量氮 11 公斤，磷 2O56 公斤，全部磷 70%氮肥和钾肥作基肥，30%氮肥和钾肥于移栽还青后作追肥。

习惯施肥区面积 300 平方米，施过磷酸钙（126）40 公斤，碳酸氢铵（17%）50 公斤，尿素（46%）10 公斤，氯化钾（60%）7.5 公斤，过磷酸钙和碳酸氢铵作基肥，尿素和氯化钾在木苗还青后作追肥。

试验后结果不同处理经济效益

7–4–3　（单位：公斤、元 / 亩）

处理	产量	产值	施肥成本	收入	增收
配方施肥区	560	1176.0	104.2	1071.8	114.7
习惯施肥区	502	1054.2	97.1	957.1	

（稻谷作 2.1 元 / 公斤，纯氮 3.83 元 / 公斤，磷 2O5,4.5 元 / 公斤，钾 2O5,5.67 元 / 公斤）

试验结果表明：配方施肥比农户习惯施肥增产 581 公斤 / 亩，增产率 11.6%，收入增幅 114.7 元 / 亩，增幅 12%，增产效果明显。

农村能源建设　金洞沼气资源十分丰富，共有 1.5 万户沼气发展能力。年建设总容 36 万立方米，受益群众近 1.1 万户，4.3 万余人。以沼气为纽带的“养殖——沼气——种植”三位一体多种经营模式的生态立体农业初具规模，取得了良好的生态和经济效益。一是保护植被。据测 20 立方米的沼气池年节约薪柴 2 吨，相当于保护 3.5 亩薪炭林年生长量，项目建成运行后相当年保护林地 5 万亩以上。二是增加农民收入，每个沼气生态农业模式户，年增收节支约 0.15 万元。

沼气项目建设情况　2009 年，户用沼气建设 800 口，该项目共完成投资 364 万元，其中中央投资 120 万元，省、市、区投资 24 万元，农民自筹 220 万元。2010 年，户用沼气 500 户及小区联户沼气项目 20 个，该项目共完成投资 350 万元，其中中央投资 100.2 万元，省、市、区投资 49 万元，农民自筹 200 万元。2011 年，养殖小区和联户沼气 75 口中，该项目共完成投资 280 万元，其中中央投资 108 万元，省、市、区投资 32.4 万元，农民自筹资金 139.6 万元。

太阳能热水器　金洞气候温润，日照时间相对弱些，利用太阳能热水器较晚，直到 21 世纪初期也只在金洞镇 1~3 个居委会区域和石鼓源、凤凰两个乡政府所在地的少数农民开始利用，至 2011 年林区共安装太阳能热水器近 100 台左右。

第五章 农业机械化

1972年金洞区农机站成立，原属祁阳县管理范围，有工作人员2人，一名负责人，一名工作人员。石鼓源、凤凰两个农业乡各设农机员一名。2006年成立金洞管理区，2007年11月金洞农机局相继成立，隶属农村工作局，从2008年起正式开始运作。

第一节 农机种类和作业

排灌机械 1978年前柴油和电为动力的各种排灌机械10余种，到2012年有潜水泵、抽水机、喷灌机、排灌机械50多种柴油机，型号有160型、170型、175型、180型、185型、190型、195型，1100型、1105型、290型、295型、2105型、390型、6135型等20多个，其中柴油动力1645台，约0.8千瓦。

耕作机械 1978年以前主要使用犁耙、蒲滚、锄头，钉耙等传统农具。1985年后引进乘坐式单辊水田耕整机。2005年后推广双辊步进式耕整机，微整机、起垄机，牵引式旋耕机。2012年全区拥有大型耕作机械10余台，中小型耕作机械6000多台。

农用运输机械 1980年前有少量的大中型拖拉机和平扶拖拉机承担农用物资运输，到1997年祁阳移交大中型拖拉机74台，盘式拖拉机78台，其他各种农用车辆30多台，到2012年大中型拖拉机增加到300多台，盘式拖拉机减少到40多台，手扶拖拉机基本上消失。

收割机械 20世纪70年代，金洞农村水稻人工收割、人工脱粒，80年代开始出现动力打稻机(人力打稻机加装柴油机)，2005年金洞引进第一台全喂入式联合收割机，每小时收割水稻3~5亩，取得较好效益。2012年金洞全区仍有少量的人工打稻机，多数使用动力打稻机，拥有动力打稻机约900多台。2010年以后，金洞农业机械化进程加快，全区新增水稻联合收割机5台，水稻插秧机30余台，水稻耕种收割每年达33000多亩。

第二节　农机作业

机耕　20 世纪 80 年代，金洞开始引进农田耕作机械，由于发动机功率小，机身笨重，故障多，价格高，推广比较困难。90 年代，耕整机技术成熟，价格下降，稻田耕整机开始大量应用。2012 年，全区共有大中型牵引式旋耕机 10 余台，小型水田耕整机 1800 多台，全区全年机耕面积达到 3.5 万亩，实现机耕作业效益 300 万元，涌现一大批农机作业大户与合作组织，特别是石鼓源乡中药种植基地机耕面积 6000 余亩，带动农民就业 50 余人，人均收入 1 万元以上。

机电灌溉　金洞管理区以山区为主，农田灌溉以山塘、水库、山沟泉水自流灌溉为主，只在七、八月份干旱季节以机械、水车提灌，需提灌面积在 7000~8000 亩左右，1990 年以后提水机械不断增多，特别是潜水泵大量普及，机械提灌逐步取代人力提灌，到 2012 年有提灌机械 5000 多台，2.2 千瓦，机灌面积达到 6000 多亩。

农机运输　1984 年以前金洞农机运输主要是手扶拖拉机和大中型轮式拖拉机，数量不足 50 台，主要运输化肥、粮食、煤、建筑材料等物资，年运输不足 10000 吨。2008 年，祁阳移交金洞农机局管的拖拉机为 173 台，其中盘式拖拉机 79 台，运输型拖拉机 87 台，轮式拖拉机 7 台，年运输量为 160 万吨，到 2012 年各种拖拉机总数达到 380 台（盘拖只有 45 台），除一部分在外地营运外，大多数分布在金洞镇、凤凰乡、白果市乡、石鼓源乡，2012 年运输总量突破 500 万吨。

农机补助　2008 ~ 2011 年，争取农机补助资金情况及补助农户情况。2008 年，金洞农机购置补贴资金 5 万元，2009 ~ 2011 年每年分别为 30 万元，累计完成补贴资金 95 万元，共补贴各类农机具 1100 多台套，受益农户达 500 多户，带动农民投入资金 300 多万元，使全区农机化水平从 25%提高到 33%。

第六章　农业经营管理

中华人民共和国成立前，农业生产纯由个体经营管理，农忙季节，贫苦农民偶尔进行换工（主要是以人工换牛工）。土地改革后，广大农民生产积极性提高，但农村经济还是一种自给自足的自然经济，生产规模小，劳动工具落后，生产资金缺乏，无力抵御自然灾害，使得个体经济显得脆弱和不稳定，而农村中的高利贷乘人之危，部分农民因天灾人祸不得不出卖土地房屋，耕牛农具，重新沦入被剥削的境地。为了从根本上打碎封建剥削的经济基础，防止新的两极分化，引导农民走向共同富裕的社会主义道路，金洞区委按照省、地、县的部署从1952年春到1956年秋，由组织农业生产互助组到建立初级农业合作社进而转并为高级农业合作社，最终完成全区的农业社会主义改造任务。

第一节　互助合作时期

1951年9月，中共中央召开全国第一次农业合作化会议，通过《中共中央关于农业生产互助合作的决议(草案)》，要求各地有步骤地引导农民走互助合作的道路。1952年初，金洞区委遵照宁远县委的指示精神开始在农村组织临时互助和常年互助进行生产合作。在组与组之间，采用换工记分方式，记分有死分死记、死分活评、同工同酬等方法，用来调节组内劳动盈缺，走共同生产，共同享用道路。

1952年秋，金洞乡在枣术坪村郑家湾建立第一个互助组，由邓承礼、黄六生发起组织，称为郑家湾互助组。该组有17户85人，参加互助组的有14户71人，入组稻田28.4亩，占该组稻田34亩的83.5%，组内耕地为农户私人所有，在生产上开展互利互助，1953年春对互助组进行整顿，贯彻"自愿、互利等价交换，民主管理的原则，互助但稳定发展，信用部门优先给互助组和贫下中农发放生产贷款，扶持互助合作化运动。互助组分配方式总的原则是以工换工，采取工分制，男女劳动者均按劳力强弱，技术和效率高低，经自报公议，评定底分，民主讨论排工等项制度，全劳动力为每天10分，差一点的8～9.5分不等，女劳力6~7分，能按件记工分的实行包工制，按协商的定额记分。如犁田一亩15～20分,割一亩禾20～30分等。私家耕牛互助协作，一个牛工抵两个人工，也有的将耕牛折价归组，牛价款、饲养费放牛工按耕作面积分摊，水牛、犁、耙、风车、拌桶等大农具，有的折价归组，公用公修，费用按田分摊，有的私有公用，记一定的工分，劳动力出工记上工分，年终将各类记工汇总结算，按田亩分摊，土地上农作物收入归各农户所有，出工多的农户按平等的工作收粮，出工少的农户则按工价出粮。

1953年2月17日，宁远县委召开扩干会议，总结1952年以来的农业合作化运动，金洞区委按照县委的指示精神，总结1952年以来农业合作化运动取得的成绩，认真分析存在的问题，要求整顿提高现有互助组，在此基础上大量发展临时互助组，有计划培养常年互助组，要求1953年入组农户要达到全区总户数的40%，每个区乡干部都要亲自办好一个互助组。之后广大基层干部、党员、团员、积极分子按照区委的要求，积极带头做了许多艰苦的工作，农业合作化运动有了长足的发展，至1954年年底，全区组织起来的农户达3859户15127人，占农业总户数的57.2%，常年互助组103个，临时互助组179个。1955年在互助组的基础上建立初级社。初级社实行土地入股分红，农业收益除去各项开支后，土地分红40%~50%，其余按劳分记。初级社实行土地作股入社，耕牛，大农具作价入社，社里收入除去生产费用后，按土地累计集体，劳动报酬分配。其中入股土地分配40%左右，公社积累包括公积金，公益金共5%左右，劳力分配55%左右，国家征粮统购由各户缴纳。到1956年6月，金洞乡共建立初级社9个，入社农户1494户，占全乡总农户的63.2%，入社耕地（含旱土1896亩）占总耕地的61%。之后在初级社的基础上建立高级农业生产合作社，实行农业生产公有化，取消土地报酬，按劳付酬。至1957年，金洞乡共建立高级社29个，入社农户2416户，占总农户的95.5%，高级社实行土地集体所有制，入社社员将土改分得的土地及山塘堰坝，山林等一律转为高级社集体所有，不付代价，取消土地分红。但土地上已种植经济作物和投资大，费用多的水利工程转为集体时付给一定的报酬，社里拿出5%的土地（旱土）作为社员的自留地，原初级社划定的自留地多退少补，自留地的所有权归集体，使用仅归社员。社员的宅基地允许社员使用，社员新修房屋，葬坟的土地由集体统筹解决。互助组、初级社、高级社的收益均按先国家再集体，后个人原则进行分配，其分配方式各有不同。

高级社分配，取消土地及其他生产资料的分红，全部实行按劳分配加照顾的分配制度。具体有粮食的分配和现金分配两套分配方案：粮食分配，即将全社粮食总产量除去国家征粮（农业税），统购种子，饲料后实行基本口粮加按劳动工分分配的方法；现金分配，即将全社农林牧副渔各项收入，除去生产以外的净收入留足社里公积金、公益金和管理费等公共积累以后，再按劳动工分分红，多劳多得，少劳少得，不劳动者不得。对没有劳动能力或未成年且没有直系亲属赡养，抚养者从公益金中照顾，每个劳动日0.3～0.4元，年人均纯收入62～180元不等，人均口粮210公斤左右。

高级社成立后，首先根据经营范围，生产分工，分业需要和社员居住，劳力强弱，技术力量等状况，将社员编成若干生产队和副业小组，指派专人负责，会计、技术管理，牲畜饲养，公共财产保管等工作，生产队劳力土地、耕牛、农具固定。

高级社劳力管理有临时排工，小段包工，季节包工，常年包工不包产，包工包产（超产有奖，减产赔偿），包工评定、包工包产包成本等方式。高级社对生产队多数实行“三包”（包工、包产、包成本）责任制。财务管理实行财务包干制，开支按规定标准，唯农药开支根据实际情况而定，其他会计账目与初级社相同。

第二节 人民公社时期

1958年6月，贯彻中共中央“鼓足干劲，力争上游，多快好省地建设社会主义”总路线，动员大办钢铁，开展工业、农业、交通“大跃进”，提出“三年超英，十五年超美”的口号。9月底，将高级社合并改为人民公社，生产资料由原来小范围的集体公有制变为较大范围的公社集体所有制，并包含若干全民所有制成份。人民公社实行土地公社所有制，终止了几千年的土地私有制，农村人民公社拥有土地所有权和使用权后，土地不经农民同意便可使用，也不付任何报酬。“一大二公”的管理体制为开展轰轰烈烈的“大跃进”运动提供有利条件。以大炼钢铁，兴修水利，兴修公路，并不断放粮食高产“卫星”。为解决大炼钢铁的燃料问题，10月份，衡阳地区安排祁阳、衡南、祁东三县派2万劳力进入金洞林区烧木炭，经过几个月的艰苦劳动共烧木炭48000担，到12月10日烧木炭划上句号。1959年2月，大炼钢铁运动基本结束。

1959 年,公社规模进一步扩大,实行土地,农具公社集体所有,收益公社统一核算,统一发放工资,分配统一开办公共食堂,生产实行"一平二调",开展军事化的"大跃进"运动,各地浮报虚夸风盛行,多报粮食产量,造成多征多购。1960 年,因"三分天灾,七分人祸"而造成粮食大减产,农民口粮减少,食品短缺,生活十分困难,许多人因营养不良、饥饿而死。1961 年开展"三反"(反贪污,反浪费,反官僚主义),"反五风"(共产风,浮夸风,强迫命令风,瞎指挥风,特殊风)运动,进行整风,整社,解散公共食堂,对"一平二调"进行适当退赔,同时,做好群众工作,稳定形势,发展生产。1962 年 3 月,整风运动结束。

1962 年,农村人民公社体制得到调整,9 月贯彻中共中央《农村人民公社工作条例》(简称 60 条),土地等农业生产资料实行"三级所有,队为基础",即公社、大队、生产队三级所有,以生产队为主,明确生产队所有权,经营权和分配权"三权",实行土地,劳力,耕畜和家具"四固定",而且长期不变,恢复 1958 年被集体收占的农民自留地,实行按劳分配制度。1964 年,开展农业学大寨运动,执行"以粮为纲,全面发展的方针",大搞以水利为主的农田基本建设,兴修水利,开荒造田。金洞乡在 1965 年一年时间内就新开稻田 300 余亩。其中新开滩新开稻田 30 亩,枣术坪郑家湾组新开稻田 25 亩。大积土杂肥,改良品种,粮食产量不断提高,林业和多种经营也得到较好发展,农民生活有所改善。

1970 年,全区开展"农业学大寨"运动,搞政治工分,自报公议,评分就是评思想,思想红就是劳动好,狠批"工分挂帅""物资刺激"等"资本主义"倾向,将已经建立起来的一套行之有效的劳动,财务管理制度统统打倒,重新刮起劳动无定额,质量不验收,干多干少,干好干坏,干与不干一个样的"共产风"。公社大队干部在"左"倾思想影响下,凭主观办事,搞无效劳动,对社员家庭副业,规定只准养猪,养鸡鸭,不准养牛羊,养鸡鸭不得超过 3~5 只,超额没收,公有私养的生猪饲料地也全部收回。至 1978 年党的十一届三中全会召开,这被禁锢的思想才开始解放起来。

第三节 联产承包责任制

1981 年湖南省《关于联产承包责任制座谈会纪要》,农村经济改革全面启动,建立多种形式的家庭联产承包责任制在全区正式实施。具体形式有专业承包责任制,联产计酬责任制,统一经营,联产到劳责任制;包产到户责任制。其中包产到户责任制方法简单,责、权、利三者统一。深受广大农民欢迎。在坚持生产队体制不变,主要生产资料所有制不变的前提下,生产队将耕地和各项生产任务包给社员,实行分户经营,包干上交,做到保证国家的,剩下自己的,这种经营管理体制,在当时农业生产水平较符合实际,能较好地调动农民生产积极性。1982 年,粮食总产 2458 吨,人均占有口粮 335 公斤。

1984 年进行二轮土地承包工作,田、山、土一般延长包期到 15 年,破除了农民的"怕变"思想,更充分调动农民的生产积极性,粮食产量迅速提高,农村经济不断发展,农民收入不断增加。温饱问题基本解决，广大农民利用国家改革开放的新机遇调整农业产业结构，发展养殖业，加工业等产业，或进城务工，经商，开辟二、三产业，其收入不断提高，生活不断改善，大多数农民逐步走向富裕道路。

农村实行联产承包责任制后，原生产队一级的经济活动大为减少，生产队不再设置会计员，以村为单位建立专业会计，负责村一级的财务工作，全区共选出村级专业会计 73 名，负责合同兑现，企业承包结算和其他各项收支结算，保管合同，建立档案。为提高经营管理队伍的素质，分批为村级专业会计集中培训，还对他们进行职称考核，凭证上岗工作。

1985 年后，针对联产承包责任制产生的新情况，开展农户家庭核算工作，全区选择有代表性农户 15 户，后扩大到 20 户，帮助核算一年来收入，为年终报表的准确性提供重要依据。

1994 年按照中央、省、市的统一部署，全场农村进行了以延长耕地承包期，建立土地流转机制为主要内容的改革，坚持“大稳定，小调整”和“增人不增地，减人不减地”的原则，将农村承包的田、土延长 30 年不变。全场 526 年村民小组全部签订了承包合同，发放证书 12310 本。这让广大农民吃了一颗定心丸，也极大地调动广大农民种食的积极性。1995 年，全场粮食播种面积 3701 公顷，粮食总产量达到 17886 吨，是 1982 年粮食总产量 2458 吨的 7.28 倍。至 2011 年全区粮食总产量达到 24856.63 吨，是 1995 年的 1.4 倍，是 1982 年的 10.1 倍。

第七章　移　民

第一节　水库移民

金洞的移民工作始于 20 世纪 60 年代，属祁阳县管理。2002 年晒北滩电站（水库）建设正式启动，移民工作量较大。2005 年，成立金洞林场移民指挥部。2007 年，金洞林场（管理区）正式成立移民局，属农村工作局的内设机构，副科级，安排专职工作人员从 1 名增加到 2011 年的 4 名，全面负责金洞的移民开发工作。

第二节　水库移民项目

小（一）型水库建设移民　大牛冲水库坝址坐落在石鼓源乡三满房村。1966 年 9 月 29

日召开公社动员大会，10 月 1 日正式动工，1976 年 12 月才全部竣工。水库坝型为带心墙均质土坝，大坝高 30.82 米，坝顶轴长 134 米，坝顶宽 4.8 米，集雨面积 3.12 平方公里，库容 185.48 万立方米，养鱼水面 50 亩，灌溉石鼓源乡 8 个村稻田面积 3500 亩。大牛冲水库淹没稻田面积 50 亩，旱地 10 亩。1972 年，移民 9 户 46 人，集中安置在三满房村 15 组。

常宁西塘水库淹没区上司源乡楠冲源村移民 常宁西塘水库是一座中型水库，兴建于 1958 年，于 1961 年竣工受益，总库容 1210 万立方米，灌溉稻田 18000 亩，配建有坝后电站，装机 500 千瓦。

西塘水库于 1961 年开始蓄水，就淹没库尾楠冲源村上岭坑、下岭坑两个队稻田、旱土、山林，群众意见纷纷。同年 12 月 24 日，群众知道常宁县水电局长梁久久要到水库检查工作，楠冲源村付支书奉明魁带岭 60 多群众去西塘水库向梁局长请求，“要给我村赔损，我们要吃饭”。梁局长回县向县委汇报，确定初步方案：一是将下岭坑、上岭坑两个队划到相邻的常宁县高桥村；二是将整个楠冲源划过来。但楠冲源群众不同意。尔后，两县政府协商，采取赔损的办法解决稻田淹没和房屋搬迁的问题。房屋每间补偿 100 元，共搬迁 120 间房屋，计人民币 12000 元。淹没稻田、旱土 100 亩，补偿 1962 年青苗费 6000 元，平均每亩 60 元，两项总计 18000 元。祁阳县每年解决统销粮 5 万公斤。

上岭坑、下岭坑两个队被水淹失去的田土，由全大队统一调剂，按全村人口平均分配。就近划分上级解决的 10 万斤统销粮，也按全村人口平均分配。1992 年国家取消统销粮后，安排该村移民口粮 203000 斤，村里先拿出 10000 斤给上岭坑、下岭坑两个队，其余 193000 斤，再按全村人口平分。2006 年 7 月 1 日后，国家实行移民后期扶持政策，上岭坑、下岭坑两个组移民全部享受每人每年 600 元的后期扶持，同时，这两个组原享受的水淹统销粮随之取消。楠冲源村其他各组按原标准继续享受水淹统销粮。

内下电站（水库）移民 内下电站座落在原晒北滩瑶族乡内下村（现内下乡），1988 年 11 月 18 日破土动工，1994 年 8 月 11 日竣工。大坝系圬工重力坝，坝高 76 米，长 215 米，宽 7 米，库容 6800 万立方米，主要用于发电。建有 1、2、3 级电站，总装机 34550 千瓦，年发电 1.3 亿千瓦时。

库区淹没祁阳、宁远两县的晒北滩、荒塘两个瑶族乡的 4 个村，33 组，578 户 2600 人，水田 973.46 亩，旱土 203 亩，林地 1035.58 亩，荒地 488.63 亩，宅基地 110.43 亩，其中国有林场林地 112 亩，荒地 98 亩，国有河滩、水域 985.21 亩。作移民安置的有内下、河上江、瓦窑 3 个村，20 个组，222 户 1011 人，拆迁移民房屋 29691.5 平方米。其中就地后靠 186 户 861 人，迁往县城 36 户 150 人。

大江水库建设及人民电站建设移民 大江水库坝址建在大江边村昌木套河上，属区控制集雨面积 117.9 平方公里，集雨面积尽是阳明山山脉的崇山峻岭，库区正常蓄水位面积 251 平方米。1965 年 6 月大坝开始清基，大坝施工历时 6 年，到 1972 年基本峻工，1974 年蓄水受益，金洞区域内凤凰、石古源二个公社部分农田在此列中。大江水库建设移民共分三批进行，涉及金洞移民的仅有第一批（1965 年 10 月至 1966 年 10 月）凤凰公社 3 户 20 人，共建房 12 间。其中秧田大队张利昌 1 户 7 人，建房 4 间，陶家大队陶富保 1 户 7 人建房 4 间，花延大队何楚凡1户6人建房4间。

人民电站是由原衡阳地区水利水电局勘测设计，1975年动工，1976年建成。该水利枢纽工程淹没区涉及金洞镇一居委会和八宝镇的龙潜村，拆迁房屋1024平方米，淹没耕地97.2亩，其中水田65.2亩，旱地32.0亩。淹没园地17亩，迁移人口16户61人，全部安置在金洞镇一居委会的江边河组。

晒北滩水库电站移民　晒北滩水库电站系祁阳县人民政府招商引资，浙江丽水阳光水电开发有限责任公司承建。水库座落在湘江一级支流白水上游河段晒北滩瑶族乡晒北滩村，集雨面积322.4平方公里，坝高94米，坝轴线长220米，为砼面堆石坝，总库容1.086亿立方米，装机容量为3.5万千瓦，年发电量1.24亿千瓦时。2003年7月成立祁阳县晒北滩电站建设移民安置领导小组，由副县长邓年生任组长，金洞林场副场长桂发生任常务副组长。2005年6月，金洞林场与祁阳县人民政府签订《晒北滩水库电站移民搬迁承包合同》，晒北滩水库电站移民拆迁工作全部移交给金洞林场。

2005年8月，金洞林场接手晒北滩水库电站移民拆迁工作后，迅速展开了移民拆迁各项工作。设置晒北滩水库电站移民拆迁指挥部机构并配备工作人员。晒北滩水库电站移民拆迁指挥部在移民拆迁过程中，人事数次进行调整。2005年，金洞林场组建以场党委书记李培生任政委，场长盘贵元任组长，常务副场长桂发生任常务副指挥长，副场长冯祥文、肖铁山、夏铁桥，副处级干部邓腊生、副调研员李春祥任付组长的移民拆迁安置指挥部，并从林场各科室及有关乡镇抽调33名干部任工作队员。2008年3月，由于金洞管理区人事变动和分工调整，晒北滩水库电站移民拆迁安置指挥部成员也作了相应调整，调整后的指挥部由盘贵元任指挥长，桂发生、肖铁山、夏铁桥、邓彪、黄守成、郑增启、冯祥文、李春祥、邓腊生、于检秀、段建华任副指挥长，10名工作成员。2009年年底，由于管理区人事变动和分工调整，晒北滩水库电站移民拆迁安置指挥部成员又做了相应调整，调整后的指挥部由桂发生任指挥长，何锋、肖申华任副指挥长，先后有11人为工作队成员。

金洞林场（管理区）在移民工作中，按湖南省移民开发局《关于〈湖南省祁阳县晒北滩水电站初步设计阶段水库淹没处理及移民安置规划报告〉批复》湘移函〔2005〕26号文件，对淹没和占用稻田、旱土、房屋、果园，经济林等补偿做了详细的规定：租赁土地补偿标准水田每亩每年补偿稻谷450公斤，旱土每亩每年补偿稻谷225公斤，经济林每亩每年补偿稻谷480公斤，用材林每亩每年补偿稻谷150公斤，灌木林每亩每年补偿稻谷50公斤。另外。租用金洞林场国有林地，按租用集体林地标准的70%执行。补偿年限为电站的运行年限。征用土地补偿标准：水田13500元/亩，旱土4500元/亩，经济林6000元/亩，用材林4000元/亩，灌木林1000元/亩。晒北滩库区移民房屋统一定为二类房，其拆迁补偿标准：砖混结构252元/平方米，砖木结构172元/平方米，木房125元/平方米，土房120元/平方米，杂房50元/平方米。

2005年，为了推进晒北滩水库电站移民工作进度，确保电站按期发电，祁阳县人民政府授权委托金洞林场与祁阳县阳光水电开发有限公司签订《晒北滩水库电站库区淹没处理及移发安置承包合同》，移民安置工作采用经费包干的方式，以3328.43万元的资金总额，由金洞林场负责承包。由于门晒公路复建工程量大，时间跨度长，导致移民拆迁安置滞后。2008年，在全面推进晒北滩水库移民拆迁安置时，针对移民拆迁安置房屋补偿标准落后于物价上涨指数的客观实际，湖南省水利水电勘察设计研究总院于11月编制《湖南省祁阳县晒北滩水电站建设征地移民部分补偿项目概算调整报告》，湖南省水库移民开发管理局以湘移函〔2008〕178号对《湖南省祁阳县晒北滩水电站建设征地移民部分补偿项目概算调整报告》进行了批复。这次只针对移民房屋补偿标准及移民宅基地开挖平整费等部分项目进行了调整，调整后的移民房屋补偿标准为：砖混405元/平方米，砖木299元/平方米，土房191元/平方米，木房191元/平方米，杂房80元/平方米。征用宅基地(集体)提高到6074元/亩，宅基地平整费提高到8322元/户。

移民催进基础设施建设 复建了门晒公路和电力、通迅设施。门晒公路自2004年5月开始动工，2006年10月完工，总里程为18.1公里，总投资1558万元。门晒公路复建的起点白沙源，沿白水河左岸上行至杉树坪，建茅坪岗大桥跨猛江河，过河后沿猛江河右岸下行至长达沅，继续沿白水河左岸上行至史家坪张家皂后茶流河左岸上行至鲁草塘，建鲁草塘大桥跨茶流河，终点接原门晒公路。水库淹没的电力设施有10千伏高压线路7.73千米,低压线路9.78千米，变压器6台。根据库区实际情况，实际复建10千伏高压线路15千米，0.4千伏低压线路22.6千米，安装变压器9台600千伏。水库淹没邮电线路9.82千米，规划复建9.82千米，实际复建完成11.78千米。

晒北滩水库移民搬迁安置分两个阶段，即280米高程以下和280米高程以上两个阶段共604户2041人，其中：280米高程以下的移民涉及晒北滩村5个组和史家坪4个组共计搬迁移民350户、1167人；280米高程以上的移民涉及史家坪村2个组和枧下村5个组，共计254户874人。按照规划设计，晒北滩水库移民安置采取沿门晒公路实行后靠安置，由于库区内容量有限，门晒公路边坡高而陡，安置难度很大，再加上建设单位阳光公司资金到位缓慢等因素的影响，导致晒北滩水库移民搬迁困难重重。为了维护移民权益，保障重点工程顺利建设，金洞管理区举全区之力，积极、稳妥推进了晒北滩水库移民搬迁安置工作。

280米高程以下移民搬迁安置全部实行后靠安置，以2008年4月7日，晒北难村移民宅基地抽签分配为转折点，启动了晒北滩水库移民搬迁安置工作。管理区为了让移民尽快搬离淹没区，从区财政拿钱给每户安排2000元的搭建临时住房安置费，这一举措有力推进了移民搬迁安置。2009年5月26日，祁阳县阳光水电开发有限公司董事长周小平在没有得到任何批准的情况下，擅自下闸蓄水，当时还有1000多移民居住在淹没区。在这紧急情况下，管理区调动了500多劳力，200多台车辆帮助移民紧急转移，抢救财产。与此同时，积极组织公安、卫生、环保、国土、林业等部门大力进行库底清理，确保按期通过了省移民局组织的库底清理验收。

280米高程以上移民主要是史家坪村鲁草塘两个组和枧下村，史家坪村鲁草塘两个组实行的是后靠安置。枧下村由于地形狭窄，境内很难开挖出能满足移民建房需要的宅基地，在此情况下，移民指挥部反复做移民群众的思想工作，并多次与祁阳县委、县政府和湖南新华晒北滩电站开发有限公司协商，决定对枧下村全部外迁到祁阳县八宝镇进行安置。2010

年,祁阳县人民政府在八宝镇中仁村征地 41 亩,开发宅基地门面 194 个,安置了枧下村 92 户、356 人。2012 年,祁阳县人民政府又在八宝镇中仁村征地 40 亩,开发宅基地门面 184 个,安置了枧下村 89 户、306 人。

第八篇 林 业

金洞林区是一个古老的原始次生林区。属常绿阔叶混交林，天然植被种类相当丰富。木本植物有91科，568种，草本植物有500余种。林场建场时的总蓄积量212万立方米。由于多种原因，特别是经过“大跃进”和“文化大革命”，森林资源遭到严重的损失，至1975年总蓄积量下降到114万立方米，生态环境受到破坏。

中共十一届三中全会后，林区改革不断深化，本着国营、集体两种所有制不变，两种经济并进的原则，始终坚持以营林为基础，大力调整林业产业结构，大力发展杉木速生丰产林，积极开展多种经营，2011年森林覆盖率达到74%，2011年活立木蓄积量达到259万立方米，比20世纪90年代末增加34万立方米。

第一章 森林资源

第一节 林地分布

1955～2012年，金洞管理区（林场）共进行6次大的森林资源二类调查，其中1980～2011年间进行4次大的调查。从调查结果显示，区内林地有所增长，森林覆盖率提高，林木蓄积量增加，森林资源丰富，其中以杉木、竹子为主要用材林；油茶、柑橘为主要经济林；野生动植物、药用林、古木数量略有增加。

1954年，建立金洞森林管理局，当时林区21个小乡及肖家区的5个小乡总面积为102万亩，总蓄积416万立方米。1957年省林业厅工作队进行蓄积重新调查，蓄积为283万立方米，其中国有63.6万亩，蓄积量212万立方米，集体39万亩，蓄积量70万立方米。1957年为了支援林农，将28.2万立方米划给林农和集体公益林。1958年，大炼钢铁，大片森林皆被伐，1958～1959年，被砍伐木材达100万余立方米，造成林区大量资源消耗，水土流失。

1960年，林场改为农林垦殖场，大肆毁林开荒，共毁林面积2900亩，森林蓄积6350立方米。1962年，全省开展山、水、田土“三权四固定”工作，为了便于经营管理，强调集中连片，国家与集体部分山林相互调换，但由于操作不当，国有林面积减少至45.2万亩，蓄积98.6万立方米，集体林面积58万亩，蓄积85.7万立方米。

1975年，开展森林资源清查，测出林场国有林面积48万亩，蓄积114万立方米；集体林面积45.3万亩，蓄积55万立方米。

1981年，根据中共中央、国务院《关于保护森林，发展林业若干问题的决定》，林区进行山林定权发证工作，在地区直接领导下，祁阳县和金洞林场成立金洞林区定权发证领导小组，通过踏山划介，确定山林权属；确定国有林、集体林、自留山、公益林面积。1983年，地区林业局进行资源清查，测出林区山林总面积为83万亩，其中国有面积40万亩，占总面积48%，集体面积43万亩，占总面积的52%，总蓄积量144万立方米，其中国有99万立方米，占总蓄积的68%，集体45万立方米，占总蓄积的32%。1986年，经中南林调队测定，林区山林总面积为81万亩（未包括外乡外村面积），其中国有38万亩，集体43万亩；森林总蓄积量139万立方米，其中国有90万立方米，占总蓄积量65%，集体49万立方米，占总蓄积的35%。

1998年，第四次二类资源调查，测得林地总面73.1万亩，其中国营面积36.9万亩，集体36.2万亩。总蓄积225万立方米。

2004年，“十五”森林资源清查土地总面积74.2万亩，蓄积量258万立方米。

2008年第六次二类资源，金洞管理区林地面积74.9万亩，总蓄积215万立方米。其中国有林面积37.4万亩，蓄积112万立方米；集体林面积37.5万亩，蓄积103万立方米。由于受到冰雪灾害的影响和采伐量偏大的因素，蓄积量与上期相比有所减少。

2010年，集体林权制度改革中，测得集体林总面积32.7万亩（不包括祁阳插花山面积，及大江片、内下片面积）。

2011年，金洞管理区林地保护规划，金洞管理区林地面积为72.3万亩，国有35.5万亩，集体36.8万亩。

金洞1954～2011年部分林地情况

8-1-1　　单位：亩

年份	林地面积	有林地面积	其中			灌木林	疏林	未成林	无林	森林覆盖率%
			林分	经济林	竹林					
1954	1026850	–	–	–	–	–	–	–	–	–
1962	1029971	–	–	–	–	–	–	–	–	–
1975	932753	–	–	–	–	–	–	–	–	–
1986	723903	468453	434653	13163	20637	79166	25588	90722	59974	70.3
1998	775132	662797	513129	19656	30012	142188	2432	43286	24429	–
2004	737505	510646	–	–	41503	138784	13759	53451	20865	–
2008	748919	475347	410415	14010	50922	151000	22137	68494	31941	72.1
2011	723456	427649	36571	12678	49200	140243	21384	51708	29150	75.0

森林(林分)面积 2008年,第六次二类资源清查,金洞土地总面积82.3万亩,其中林地面积74.9万亩,占土地总面积的91.0%;有林地面积47.5万亩,非林地7.4万亩,占土地总面积的9.0%。其中国有林地面积36.8万亩,集体林地面积38.1万亩。有林地面积47.5万亩,林分面积41万亩,经济林1.4万亩,竹林5.1万亩,灌木林15.1万亩,疏林2.2万亩,未成林6.8万亩,无林地3.2万亩,森林覆盖率72.1%,林木绿化率76.3%。

森林蓄积 2008年,林区活立木总蓄积量215万立方米。其中,用材林1516220立方米,防护林564429立方米,疏林53241立方米,四旁散木林9210立方米,毛竹65.3万株。尽管2008年雪灾给林区的森林蓄积量带来了很大影响,但由于灾后重建工作得力,控制采伐量,使得森林蓄积未受到太大影响。

8-1-2　金洞1954~2009年部分年份森林蓄积情况

单位:亩

年份	活立木蓄积合计(立方米)	用材林(立方米)	防护林(立方米)	薪炭林(立方米)	特用林(立方米)	疏林(立方米)	四旁散木林	毛竹
1957	2830813	–	–	–	–	–	–	–
1962	1842701	–	–	–	–	–	–	–
1975	1141172	–	–	–	–	–	–	–
1980	1164910	–	–	–	–	–	–	–
1983	1438235	–	–	–	–	–	–	–
1986	1391354	1372785	18280	–	–	–	–	–
1998	2247000	2228378	4375	–	4243	4414	5316	386
2004	2580146	–	–	–	–	34582	3968	–
2009	2147904	1516220	564429	–	–	53241	9210	652

森林覆盖率 金洞森林覆盖率相对稳定,2009年森林覆盖率为72%。2008年初发生了冰冻自然灾害,给森林资源造成巨大损失,使森林覆盖率有所下降,但2009至2011来,森林覆盖率始终稳定在72%以上的水平。

第二节　森林结构

金洞林区坚持生态优先的原则,不断优化森林生态功能,把人文环境和生态环境有机结合起来,创造良好的人居环境。分类经营成果更加巩固,林业生态建设稳步推进,实现了以木材生产为主向生态保护建设为主、经济和社会效益兼顾的转化。2004年和2007年分别区划界定了国家级公益林和省级公益林,金洞管理区公益林主要由防护林和特种用途林组成,包括水源涵养林、水土保持林、短轮伐期用材林等林种组成,包含杉、松、竹、灌、果木、油茶、阔叶林等树种,公益林作为生态效益林严格保护,严禁采伐。2009年,湖南省林地落界,测得全区公益林总面积为 29.1 万亩，占林地总面积的 38.9%。

一、公益林

按事项等级分，国家级公益林面积 19.5 万亩，占生态公益林总面积的 67.1%，省级公益林面积 9.6 万亩，占生态公益林总面积的 32.9%；按保护等级分，重点公益林 19.5 万亩，一般公益林 9.6 万亩；按权属分，国有公益林 22 万亩，占生态公益林面积的 75.6%，集体公益林 7.1 万亩，占生态公益林总面积的 24.4%；按地类分有林地 9.6 万亩，疏林地 1 万亩，灌木林地 10.5 万亩，未成林造林地 1.4 万亩，宜林地 28.1 万亩。按生态区位分，水源涵养林区：在金晒河、牛内河以及林区各水库周围的第一层山脊线以内的地段划分为水源涵养林区，总面积为 10 万亩，占公益林总面积的 34%；水土保持林区：在坡度 46 度以上，以及海拔 800 米以上的地段划分为水土保持林区，面积 18 万亩，占公益林总面积的 61%；风景林区：金洞国家级森林公园内的森林，总面积 1.1 万亩，涉及晒北滩分场、小金洞分场、白果市分场、万宝山工区的部分林地，占公益林总面积的 5%。

碳汇功能 森林的光和作用能固定空气中大量的二氧化碳，储存生物量。研究表明，每生长 1 立方米的总生物量可吸收 0.95 吨二氧化碳(折碳 0.256 吨)，林场森林蓄积量为 117 万立方米，森林碳汇总量可达 111.40 万吨，折纯碳 30.02 万吨；碳汇总价值为 3.09 亿元人民币。基于这点，金洞管理区在 2012 年被指定为“国家森林文书示范单位”，用来调整人类吸收的氧气和排放的二氧化碳不平衡的矛盾。

涵养水源功能 区内森林植物的根系改变土壤的结构，增加土壤毛管和非毛管持水量；林地枯枝落叶和腐殖质层，增强了保水能力。据有关研究表明，区内森林涵水调蓄量为 400 ~ 800 立方米 / 小时，经计算林场 16157.9 公顷，森林涵养的水源约为 969.47 万立方米，相当于一个中小型水库的蓄水量。

调节气候 增加降水量功能。森林的存在，减少昼夜温差和冬夏温差，降低降水强度，增加降水次数，形成逆温层，有利于构成森林小气候。据测定，离林冠 10 米处有逆温层形成，并且森林可增加降水 55 平方毫米 / 年。

净化空气 减少大气污染功能。研究表明 1 立方米木材的生物量可释放 0.892 千克氧气，同时还能吸收空气中二氧化碳、氮气、氯气等有毒有害气体。据测定，标准林分中空气清新指数为 1.56，平均负离子 1.8 万个 / 立方厘米。

二、商品林

区内共划定商品林 45.8 万亩，包括用材林、薪炭林和经济林。占林地总面积的 61.1%，在商品林中用材林 32.3 万亩，薪炭林 2.6 万亩，经济林 1.4 万亩。

全区经济林面积 1.4 万亩，占全区林地面积的 1.9%，主要分布在石鼓源、凤凰、小金洞等乡海拔低、坡度缓、交通方便的 I、II、III、IV、VI 立地类型的林地。按林种分，果木林 4212 亩，占经济林面积的 30.1%，食用原料林 8247 亩，占经济林面积的 58.9%，化工原料林 465 亩，占经济林面积的 3.3%，药用林 841.5 亩，占经济林面积的 6%，其他经济林 244.5 亩，占经济林面积的1.7%；按树种分，柑橘3409.5亩，桃、梨217.5亩，板栗408亩，李163.5亩，柿16.5亩，油茶8236.5亩，茶叶624亩，杜仲205.5亩，厚朴612亩，金银花24亩，油桐336亩，棕榈615.5亩，漆树67.5亩，桑231亩。

全区用材林面积32.3万亩，占全区有林地面积的59.6%，蓄积量155万立方米，占总蓄积的72%。主要分布在全场8个乡（镇），海拔800米以下，立地类型为I、II、III和VI的地段。亚林种主要有速生丰产林、工业原料林、一般用材林、大径材和珍贵用材林培育；其中国有用材林面积10.6万亩，蓄积量69万立方米，集体用材林面积21.7万亩，蓄积量86万立方米；按树种分，杉木27.1万亩，马尾松0.5万亩，国外松0.1万亩，阔叶树及其它类0.6万亩；按龄组分，幼林6.2万亩，中林7万亩，近熟林7.3万亩，成熟林6.8万亩，过熟林1万亩。

第三节 树种资源

一、用材林

区内林木种类繁多，以人工林为主。人工杉木林、竹林在区内7乡1镇均有分布。天然和人工阔叶林分布于林区海拔较高的山坡、山脊、丘陵区的“四旁”和风景区。果木林分布于丘陵岗地。部分古木有上百年的历史。

杉木 金洞山林土层肥厚，气候温暖多雨，排水良好，适合杉木的生长。金洞杉木生长快、木质硬、材质好、木材纹理通直、纹路清晰、红心，结构均匀，不翘不裂，材质轻韧，强度适中，质量系数高，又因芳香持久独特而被誉为“香杉”。金洞杉木树干通直，高大挺拔，排列井然有序，甚为壮观能抗虫耐腐，加工容易。广泛用于建筑、家具、器具、造船等各方面。金洞杉木是湖南的品牌，区内盛产杉木，杉木是林区的主要栽培树种，已有上百年的栽培历史，林区老百姓素有栽培杉木的习惯，林区的气候和土壤也非常适合杉木的生长，现在森林总蓄积中有95%是杉木林资源。通过近40年的科学经营，基本形成幼、中、成均匀分布的森林结构，杉木的年均造林面积达2万亩，年均抚育面积10万亩；年均采伐量8万立方米，带来的直接经济收入达7000万元，是林区收入的重要来源。金洞林区陆续建立了杉木大径材基地、全国珍贵树种培育基地、全国木材战略材储备基地、全国森林经营样榜单位、国际森林文书组织示范单位等，为林区以后杉木的发展带来了广阔的前景。2008年第六次森林资源调查，测得杉木林面积47.1万亩，蓄积量201万立方米。

附：林场森林在国际文书组织中的价值

固碳量和固碳价值 森林是陆地生态系统的主体，具有显著的固碳功能，在减缓全球气候变化中具有不可替代的作用。研究表明1立方米木材平均干重（包括含根和枝丫）0.5829吨，可吸收0.95吨二氧化碳，折算纯碳0.256吨。到2020年林场森林固碳总量为纯碳41.18万吨。按瑞典碳税率每吨150美元，折合人民币1030元计算，林场森林固碳价值为4.24亿元人民币。

释放氧气价值 根据光合作用方程式，1吨干木材可释放1.423吨氧气，按工业氧气生产成本为1000元/吨计算，本经理期末林场森林释放氧气总量为133.42万吨，价值为13.34亿元。

竹 区内的竹资源比较丰富，其面积仅次于杉木，由毛竹、楠竹、油竹、水竹等组成，其中，楠竹是竹木中最名贵、最有使用价值和经济价值的一种实用竹。具有生长快，材质好，用途最多，经济价值最大等特点，是金洞林区种植面积最大的竹种，楠竹生长快，适应性强，楠竹大面积的种植推广能保持水土流失，调节局部气候，净化空气，美化环境，并且成林时间较木材而言大为缩短。金洞林区的竹木中有人工种植，也有天然生长。主要分布在白果市乡、晒北滩乡、小金洞乡，其他乡镇、分场亦有部分分布。其中白果市乡有大量成片分布的毛竹，林区老百姓有在房前屋后院内，种植吊竹、青皮竹的习惯，用来培植风景，绿化庭院。2008年第六次森林资源调查，测得楠竹面积5万亩，蓄积652万根。

松 金洞林区的松木由马尾松和国外松组成，以马尾松为主，区内现存马尾松2.5万亩，其主要用途是用来造纸和做小型工业原材料来源，部分松木也被作为风景林和防护林使用。近年来，像部分纸业、种业公司来林区承包马尾松林地，也给林区带来了一些经济效益，但2009年的南方冰灾，大部分马尾松受灾，重建后许多松木林地被改造。

楠木 区内主要的古木、名木，区内楠木种植历史悠久，小金洞乡小金洞村有楠木王，胸围3.8米，高35米，树龄在400年以上，至今仍生长旺盛，果实累累。楠木树型美观，材质坚硬芳香，属国家保护树种，是制作家具的特殊用材，又是优良的观赏树种。至2011年，机关大院、乡政府，主要的道路两旁有大量的中小楠木树，区内各大小苗圃均有珍贵的楠木苗培育。在一些阔叶林群落中，亦有大量天然楠木树分布。楠木属樟科，是国家三级保护树种，系珍贵用材纹理优美，木材黄褐略浅绿，树型美观，材质坚硬芳香，切面光滑美丽，不变形，防潮，防虫，区内楠木资源较为丰富，林区村落附近、地旁、山腰、山麓、沟岩、荫坡和河岸亦有分布，楠木种植历史悠久，白果市乡波罗源村有一对边蔸双茎“夫妻楠”，高25米，胸径5米，树枝呈宝塔形，树叶茂密，四季常青。

桂花树 金洞林区有栽植桂花树的习惯，用于美化道路，庭院。桂花树栽植条件不高，因此老百姓喜欢在自家房前屋后栽植，且桂花树终年常绿，枝繁叶茂，秋季开花，芳香四溢。桂花树材质细密，纹理美观，有光泽，不破裂，不变形，是制作高档家具和雕刻的优质材料。

檫树 檫木是主要用材树种之一，生长快，材质优良。用途广，檫树种子埋入泥土中不烂，春季发芽生长，多靠天然更新。阳明山脉均有分布，檫树大多杂生于杉、竹林中，或山麓和沟谷两侧，境内营造速生丰产林林道上均以檫树作林带，一般胸径50～80厘米，高20米，最大胸径1米，高30米，境内马蹄口一带檫木，1958年烧木炭时多被砍伐，檫木木质优良，是特种用材林。国家和集体仍大力营造。成片营造的檫树单纯林，成材不佳，从20世纪60年代到70年代实行杉混交，效益显著。这些人工檫树林尚处于中林阶段。

木荷 全区共有木荷300亩，也是金洞常见树种之一，木荷属阴性，与其他常绿阔叶树混交成林，发育甚佳，木荷常适于在草坪中及水滨边隅土层深厚处栽植，在防火林带上有重要运用，绿色植物阻隔法中木荷是担此重任的植物，从花草到树木，品种较多，木荷的乔木由于叶片为厚革质，耐火烧，萌芽力又强，故可用作防火带树种，倍受人们青睐。

桤木 曾经是金洞林区主要速生树种之一，桤木是主要的轻工业燃料来源，由于它的轮伐期短，见效快，深受外地纸业、种业公司喜爱。2004年、2005年两年金洞林区与湖南省岳阳市泰格林纸集团企业合作，2年间共种植桤木12000亩，但由于2008年冰灾，使得桤木林几乎全部被损毁，经济损失惨重，现存的桤木林地大部分被改造，只有约500亩桤木保存。

油茶 区内现有油茶地1.6万亩，大部分是20世纪50～60年代造的林，树龄老化，再加上管理水平低下，相当部分油茶林已成为低质低效林，亩平产油3公斤，产值低下、效益不高。现有油茶林亟待进行改造，即进行更新造林及开展修山除杂、垦复施肥、嫁接换冠等低产林改造，彻底提升全区油茶生产整体水平。截至2011年，保存较好的油茶为8000亩左右。主要分布在石鼓源和凤凰两个以农业为主的乡，由于国家对成品油的重视，加大对油茶基地建设的扶持，使得金洞林区油茶产业有了复苏的迹象，从2010年开始，区内每年新造油茶200亩，低改油茶近1000亩。

茶叶 金洞林区以上司源乡鸭婆凼村五峰山为主，其在额里沅、斋公冲、冬瓜排、庙山皂、棕树皂等地种植茶叶，种植面积300亩，并成立永州市浯峰茶业有限公司，自公司成立以来，共投资400万元，对茶场、茶叶深加工生产线实行技术改造，引进先进的生产设备和生产工艺，扩大生产效能，开发"浯峰"系列产品，并创造条件增加对外加工和外购加工经销的业务，以提高设备的利用率，增加经济收入。据统计，浯峰茶场年产茶叶达80吨，"浯峰"贡茶深受消费者欢迎。生产的成品茶浯峰贡茶、浯峰芽茶、浯峰茗茶，具有绿茶功效，茶叶香高、味醇、形美、耐冲泡，并且茶叶中含有大量对人体有益的无机物、矿物质及维生素。有散郁气、驱睡气、养生气、除病气、降血压、养生之疗效，而深受省市消费者的欢迎。其中，浯峰贡茶又称白毛尖，因茶质上乘，口味独特，曾经被乾隆皇帝钦定为贡品。

棕榈 棕榈属乔木，树高达15米，树干单直，其基部常残存老叶柄及黑褐色叶鞘，轻耐荫，浅根性，肉质根，生长慢，寿命长。喜温暖湿润气候及肥沃，排水良好的石灰性，中性或微酸性土壤。棕皮（叶鞘）纤维坚韧耐水性强，供制绳索、垫子、地毯、屋榻，棕棚、扫帚等。树干可作屋柱、木碗等。嫩叶经漂白可编织草帽及工艺品、种子加工后为优良饲料，果实可入药，树形美观，可作园林绿化树种，主要分布在境内丘陵、房前屋后以及山皂等地方，区内万宝山乡中棚村种植较多，每年加工棕片达5000公斤。

药材 木本药材主要有黄柏、厚朴、杜仲、桂皮等。藤本药材主要有行血风、木通、血贯肠、南蛇风、鸡冠花、鸡爪藤、龙须藤、金银花等。草本药材主要有七叶花、八角连、怀山、党参、天麻、土洋参等。人工栽培的药材有白芍、怀山、田七、天麻等。

板栗 主要分布在凤凰、小金洞、上司源、金洞镇其余各乡有零星种植，其中凤凰乡秧田村种植最多。该村天马岭、阳明洞、刘家岭、毛栗岭共有面积800亩，于1988年在凤凰乡林业技术员张志中的引导下，以邓甲选为代表带领群众种植500亩，以后逐年扩建，苗木由金洞林场供给，1996年开始结果，现年亩产可达750公斤，年产值达300多万元。

山苍子 樟科植物，落叶小乔木成灌木。萌生力极强。全株有芳香挥发油气味，叶互生，具短柄，披针形，先端尖，全缘，花黄色，草性异株。花期2～3月。浆果状及灌木林中，春、夏两季采叶、秋季果实成熟采下果实，除去杂质、晒干。秋冬两季挖根，洗净泥土，晒干，功用：湿中散寒。用本品之根或果实煎服，可防治晕车、晕船，也可祛风寒湿，活血祛病。主要分布在境内林区乡，采伐杉树后，萌生成片山苍子树，20世纪70~80年代是境内农民小秋收的主要品种。1979年、1980年万宝山工区木源村采摘山苍子户平收入达600余元。人平均纯收入150元，劳动单价(10分1.88元)，全林区第一。

此外，金洞林区用材林中有柳、香椿、杨树、灌丛等各种阔叶林分布。经济林还有黄柏、橙桔、杜英、梨、枣。

第四节　古树名木

珍贵特用树种是金洞林区的特色，境内有保护植物56种，有国家级珍贵一级树种银杏、楠木、红豆杉。

红豆杉 世界上公认的濒临灭绝的天然珍稀植物，由于在自然条件下红豆杉生长速度缓慢，再生能力差，所以很长时间以来，世界范围内还没有形成大规模的红豆杉原料林基地，我国已将其列为一级珍稀濒危保护植物，联合国也明令禁止采伐。红豆杉是近年来开发成功的抗癌新药紫杉醇的原料植物，从红豆杉的根、茎、叶、皮中提取的紫杉醇具有防癌治癌的作用，而且无明显的不良反应，是国际上公认的植物提纯的抗癌药物，被称为“治疗癌症的最后一道防线”。红豆杉由于其树形美丽，果实成熟期红绿相映的颜色搭配令人陶醉，可广泛应用于水土保护和林、园艺观赏林，是改善生态环境，建设秀美山川的优良树种，在盆景市场也具有十分广阔的发展前景。辖区内现有胸径80公分以上的野生红豆杉1300余株，全场范围内零星分布20000多亩，人工种植基地1200余亩。2012年3月，金洞管理区、洞口县、浏阳湖林场、武冈市等全省11个单位被纳入国家木材战略储备试点单位及特殊树种培育单位，由国家投资建成了以金洞镇仙人岭、渔窝湾、胡知头，万宝山照山庵、豹狗滩，小金洞桐车湾为中心的红豆杉珍贵树种培育基地，为以后红豆杉的发展提供了优质的条件。

银杏 古银杏树有“活化石”之称，是区内最富盛名、最具保护开发价值的树种，主要分布在白果市乡，该乡树龄300多年以上的就有100多株，100多年以上的有300多株。

金洞林区白果市乡因盛产白果而得名。境内散生或成片生长的白果树，就有1000多株。银杏从栽种到结果要20多年，40年后才能大量结果，因此别名“公孙树”，有“公种而孙得食”的含义，是树中的老寿星。银杏树是第四纪冰川运动后遗留下来的最古老的裸子植物，是世界上十分珍贵的树种之一，因此被当作植物界中的“活化石”，现白果市乡仁光村老林中，有几十株上百年的白果树。全林区现有白果树栽植面积1500亩，年产白果150吨。

樟树 古樟是区内的名优树种，高大挺拔，树形优美，枝繁叶茂，浓荫蔽日，区内最古老的古樟树有100多年历史，树冠冠幅达200米，高达30米。200年树龄以上的古樟，比较有名气，且生长较好的有小金洞乡老工区河边1株，大同村1株、楠木坳村1株、金洞林场机关2株、老金洞供销社前1株，以及凤凰墟场边和大湾村江边坊2株。

区内樟树分布甚广，香樟较多，冠盖浓密，四季长青，樟树作为“吉祥树”，被视为家庭兴旺发达的象征，栽植樟树小苗易于成活多种植于屋前宅后、庭院、街道、乡政府、机关、村委会。金洞林区现有几十年、上百年的古樟树，阔叶林群落中也有天然樟树分布，对于林区的绿化、美化起到了很好的作用。

此外，古树名木分布比较密集的还有小金洞分场大同村塘边皂古杉群，树龄100年以上。凤凰大江片黄沙滩一处古稠群，共40余株，树龄200年左右。截至2011年，挂牌保护的有235棵，其中200年以上的有183棵。

金洞地区200年以上主要古树名木

8-2-1

科	属	树种	株数	树势				生长地址	备注
				胸围（厘米）	树高（米）	冠幅（米）	树龄（年）		
樟科	楠	闽楠	1	450	35	18	400	小金洞乡小金洞村老工区桐车湾	生长良好
樟科	楠	闽楠	2	320	48	20	400	白果市乡波罗源村老电站边	生长旺盛
樟科	楠	闽楠	3	260	30	10	240	万宝山乡胜利村唐家湾	生长旺盛
红豆杉	红豆杉	南方红豆杉	3	200	15	8	210	上司源乡蒋家冲村陈远贵屋对面、老虎冲皂	生长旺盛
红豆杉	红豆杉	南方红豆杉	3	350	25	20	700	晒北滩乡野株源村史牛塘、庙门口	生长旺盛
红豆杉	红豆杉	南方红豆杉	4	260	15	12	400	白果市乡仁光村大江背宋家坪、李宏耿屋后等	生长旺盛
银杏	银杏	银杏	26	260	22	15	260	白果市乡长田方村挑水岭、老屋皂、细米头等	生长一般
银杏	银杏	银杏	21	350	25	13	300	白果市乡大坝头村雷家皂、罗守志屋后、龚家院子等	生长良好
银杏	银杏	银杏	4	600	40	20	1000	白果市乡仁光村李家门口、大江背屋侧、李宏耿屋后等	生长一般
银杏	银杏	银杏	9	300	30	12	300	白果市乡团结村老粮站、邓家院子等	生长一般
银杏	银杏	银杏	5	280	20	12	280	白果市乡大源岭村银坑源、陈家院子、刘家院子等	生长良好
银杏	银杏	银杏	4	300	22	10	300	万宝山乡桐子山村肖家冲	生长一般
樟	樟	香樟	5	300	18	22	300	金洞镇二居委会公馆门口、金洞宾馆等	生长良好
樟	樟	香樟	3	150	32	30	320	石鼓源乡三满房村罗德春、邓铜生、邓右生屋侧等	生长旺盛
樟	樟	香樟	9	420	25	20	400	凤凰乡江洲村三斗岭、五桂山等	生长良好
樟	樟	香樟	8	350	20	18	400	凤凰乡陶家村沈家坪、大院子等	生长良好
樟	樟	香樟	5	380	30	20	280	小金洞乡大同村等	生长一般
山茶科	木荷	木荷	1	285	22	13	230	上司源乡蒋家冲村黄雪成屋后	生长一般

续表 8-2-1

科	属	树种	株数	树势				生长地址	备注
				胸围（厘米）	树高（米）	冠幅（米）	树龄（年）		
壳斗科	柯	稠树	1	200	20	4	200	万宝山乡胜利村光明庙门口	生长一般
木犀科	桂花	桂花	1	54	20	12	325	石鼓源乡石鼓源村邓右生屋后侧	生长一般
松科	松属	松树	1	310	25	10	250	白果市乡大坝头村张家山	生长一般
罗汉松	罗汉松	罗汉松	1	350	19	4	300	小金洞乡照山庵	生长良好
壳斗科	青冈	青皮青冈	1	400	35	14	300	桐子山肖家冲	生长良好

小金洞乡古杉群　小金洞乡古杉群位于小金洞乡大同村塘边皂(林班号:116 号;小班号:21 号),该古杉群在 20 世纪 80 年代共有 58 株古杉树、90 年代初存活 36 株,最大的一株材积有 1.3 立方米,从 1994 年开始至 1999 年,该 36 棵古杉树陆续自然枯死,平均树龄为 150 年,树高 28 米,胸径 70 厘米以上,枯死后的古杉树被政府采伐处理。20 世纪 80 年代末,国家林业部采伐装运一棵到北京展览。现小金洞分场林业站存有该古杉群实木样本。

白果市乡银杏树群　白果又称银杏、公孙树或鸭脚树,属银杏科银杏属。是国家珍贵树种,一级保护树种,亦是多功能高价值树种。境内早有白果树,该乡仁光村大江背有株银仁杏距今有千年高寿,胸围 9.5 米,树高 42 米。相传古代有个人在此修道,精心培育,年年硕果累累,后来人去树存,群众称它为“白果仙人”,并为它修建一座“白果庙”, 白果市乡名出于此。白果树体高大,姿态优美,树杆端直,树叶独特,树形优美秀丽,春叶嫩绿,秋叶鲜黄,寿命长达数千年,具有很高的园林观赏价值,还具有防火耐烟,抗辐射,耐寒耐潮等强大性能,病虫害少,不污染环境,是著名无公害树种。果叶均具有重要药用价值,其材具有很高的经济价值。白果果实富含粗蛋白、粗脂肪、粗纤维、淀粉、庶糖,各种氨基酸,具有鼓肺气,定咳,止滞浊,抗结核杆菌,还有防癌健身、美容等功能。

白果树叶药用尤为独特,白果叶提取胶囊、制造出治疗冠心病,心血管动脉硬化和老年痴呆症等特效药品,价值十分昂贵。

白果树花开除夕,却始终无人目睹而成谜团,白果种仁口味美糯,富含营养,是良好兹补品,兼有药用价值,一言以蔽之:白果树全身都是宝。

白果树不挑土地,不择处境,无论是房前屋后,田边土坡,荒山野岭,凡任何闲置空地,只要你种上一颗小小的树苗,它都会扎根,成长,开花,结果。

白果市乡具有独特的气温条件,优越的自然环境,对白果树的栽培更为适宜。所以,白果市有着栽培白果树的悠久历史。仁光村大江背二组李宏耿屋侧有一棵白果树,相传植于宋代,树龄超过 1000 年,其树高 42 米,胸径 9.5 米,生长旺盛时。可年产白果 500 公斤,为永州市境内白果树之冠。

1998 年,为促进经济持续稳定快速发展,乡政府专门组织各村负责人去外地参观,学习科学栽培的经验和技术,并引进一批良种树苗,发动农民大量种植。2010 年,全乡统一开发的大面积白果树生产基地已达五处。现在,全乡散生和相对成片的白果树约有13000余株,其中树龄在300年以上的尚有百多株,百年以上的也不少于三四百株。2010年,共产白果132吨。仅此一项,农民的经济收入就达140多万元。

野株源古红豆杉 相传350年前,一棵生长在金洞境内晒北滩瑶族乡野株源村后山上的南方红豆杉,至今胸径3.5米,树高25米,冠幅20米,是南方地区较大的"红豆杉王"。树干通直,绿叶、红果,全树都是"宝"。在1988年就曾有人标价十万元欲买走,并用飞机直接吊走。最近又有人出价200万元,都被当地人拒绝。这棵红豆杉古树是野株源村的风景树,它为人们春暖花开、夏送清凉、秋结红果、冬挡北风,村民称此为"菩萨树"。2012年6月28日,中央政研室原主任滕文生专程到金洞,把用红豆杉制作的杯和餐具带回北京收藏。

小金洞楠木王 金洞管理区小金洞乡小金洞村桐车湾有一棵楠木胸径1.5米,树高35米,冠幅18米,距今400多年,是金洞最大的楠木王。楠木独木成林,枝繁叶茂,势若鹤立鸡群,遮天蔽日,气势磅礴,仍长势良好,曾有人标价100万元购买,当地人不仅没卖,反而用砖砌墙将其保护起来。

中国楠木之乡 金洞盛产楠木,楠木母树亦多,为金洞的楠木发展提供了良好的种质资源。根据2014年的统计,域内零星楠木数量为2.1万余株,胸径直径60厘米以上的有3000余株,胸径200厘米以上的56株。2013~2014年,楠木的苗木生产发展也很迅速,有规模较大的楠木苗木苗圃7个,以楠木为主的珍贵树种苗木基地4800亩,年产楠木苗木1000万株以上。楠木的年造林面积4000亩以上。金洞管理区(金洞林场)于2014年12月被国家林业经济协会授予"中国楠木之乡"称号。

引进树种 从20世纪80年代末,管理区(林场)陆续引进许多绿化树种和彩色树种,及一些小苗木。以稳定乡土树种、引种驯化外来树种为原则,多树种培育森林后备资源。逐步改变以杉木为主的单一树种单一森林景观格局。在主干道金洞—牛头山—漂流起点等主公路主干道、机关大院、街道两旁种植了鸡爪槭、红榉木、紫薇、红叶石楠、红枫、红叶李、栾树等彩色树种,并引进高质量的红豆杉容器苗或裸根苗、楠木苗、樟树苗。并在绿化带所用小苗(红继木、月月桂、红叶石楠、杜鹃、金边黄杨等)、花坛用海桐、红继木、罗汉松、茶花、雪松、广玉兰等球状苗或特大苗。随着国家对林业生态、城市绿化的重视与扶持,金洞每年都会从外地引进品质优良,外形美观的树种,形成以杉木为主,多种林木并存的局面。

第五节 林间动物

野生动植物

金洞林区的野生动物属东洋介华中区,其种类丰富。陆生脊椎动物190种,经专家查明的国家重点保护动物31种,其中林麝、云豹、白颈长尾雉为国家一级保护动物;穿山甲、虎纹蛙、红腹锦鸡等 28 种动物为国家二级保护动物，此外，还有 156 种野生动物属于“国家保护的有益的或者有重要经济科学研究价值的陆生野生动物”。如：中华大蟾蜍数量多分布广，大泛树蛙，斑腿泛树蛙具有吸盘可上树，具有重要的观赏价值；银环蛇、竹叶青等蛇类，具有重要的药用食用和观赏价值，果子狸、野猪、池鹭、红嘴相思鸟等都具有很高的科研和审美价值，据调查：

（一）鸟类：有 20 余种，主要有锦鸡、画眉、山鸡、竹鸡、斑鸠、猫头鹰、猴面鹰、苍鹫等。

（二）兽类：穿山甲、山龟、甲龟、鹰咀龟、獐、兔、麂、鹿、豪猪、野猪、野牛、野羊、华南虎、金钱豹以及稀少的黄斑等。20 世纪 80 年代初期，区内有猛兽出没。1980 年，小金洞公社江口大队一农民非法用鸟铳打死一只金钱豹，重 30 公斤。1981 年晒北滩分场河上江一农民用绳套住一只华南虎，重 50 公斤。2012 年在石鼓源大牛冲水库捞到一只几百年的大山龟，重约 10 公斤。

（三）昆虫类：林区常见的昆虫有 8 个科目。

（1）等翅目：白蚁，常见的有白色、暗色。还有触角念珠状等种类。对树木危害很大。

（2）直翅目：有竹蝗，危害楠竹。蝼蛄危害苗木根部。

（3）半翅目：有黄斑蝽、梨网蝽、黑红猎蝽等。危害叶背面，大部分有臭线。

（4）同翅目：有蚱蝉、大青叶蝉等。一般刺吸植物汁液。

（5）鞘翅目：通称“甲虫”。有大步甲、中国虎甲、双条形天牛、星天牛、泡桐叶甲等。危害树枝干。

（6）鳞翅目：有松毛虫、地老虎、卷叶蛾以及凤蝶科的蝶类昆虫较多。

（7）蟆翅目：植食性种类叶蜂、茎蜂、蜜蜂；肉食性种类有土蜂、泥蜂；寄生性种类亦多，如姬蜂、小茧蜂等。

（8）双翅目：有寄蝇科、食蚜蝇科、花绳科中的各种蝇较多。

（四）鱼类：金洞林区河鱼类繁多，分有鳞和无鳞两类。有鳞鱼中以草鱼、鲤鱼、乌鱼、青鱼、边鱼、虾鱼等为最多，体肥肉嫩、味道鲜美。无鳞鱼中有桂鱼、兆鱼、年鱼、白鳝等为最多。还有一种名曰“石花婆“鱼，身披彩带，形态美观，其肉可食，便鱼籽有毒，人食籽头晕、呕吐不止。

此外林区两栖动物的蛙类亦多，有青蛙、泥蛙、虎皮蛙等 10 余种。

第二章　造林育林

金洞属古原始常绿阔叶混交林区。金洞人民从开山种粮到插杉造林，以耕代抚，历史源远流长。随着社会的发展，人口日渐增长，“砍烧农业”兴起，天然阔叶林逐渐演变成人工林。

民国时期至20世纪60年代。金洞人民主要采取野生苗，砍萌芽条。"一锄法"造林，在杉木采伐迹地炼山后，种粮除草，除去多余萌芽条，留树蔸上方靠土的健壮萌芽荪，留三年后耕耘培林。

金洞人工造林起源于何年何月无记载。但人工造林的历史确属悠久。早在民国时期以前，金洞境内就有民间管理机构，以造林护林为主。人工造林采用刀耕火种，自发粮林间作外，造的最多的是杉树。中华人民共和国成立后，国家实行"普遍护林，重点造林"的方针，1954年建场以后，金洞林场始终把营林生产当作林业工作的基础工作来抓，按国家计划，合理经营，促进林业互助合作，针对金洞林区山多、林多、田少、土少的特点和群众历来靠山吃山、亦林亦农的生产生活习惯，采取"以林为主，多种经营"的方针。在生产上，"普遍实行护林、护山、大力造林、育林，合理采伐利用木材"。与此同时，还制定了有关山林经营管理等一系列制度和办法，积极保护管理好现有森林，在做好水土保持的原则下，大力营造用材林，并因地制宜，实行林、牧、副相结合，开展多种经营，做到以山养山，年造林35000亩，年抚育70000亩。

1961年6月，中共中央发布《关于确定林权，保护山林和发展林业的若干政策规定》草案〈试行〉，简称《林业18条》，对山林权明确规定，执行国造国有、社造社有、队造队有，社员在房前屋后零星植树永远归个人所有。同年国营造林8700亩。集体造林处于缓慢阶段，1962年3月省林业厅、省森工局根据省委关于将国营林场范围内的国营采伐场划归林场统一领导的指示，将祁阳县林业局在金洞范围内的五个伐木场与金洞林场合并，由金洞林场实行统一领导，使营林与森工紧密结合起来。林场认真贯彻以营林为基础的方针，林业生产开始回升，60年代年造林近700公顷，抚育7000亩次以上，年生产木材20000立方米。1964年省委发出"重点营造杉木林"指示，金洞林场积极响应认真贯彻落实，当年造杉树木14797亩，1966年上升到18775亩。

20世纪70年代开始进行杉木基地规划设计，开展育苗，全垦林地和梯土造林，70年代末期开始规划商品用材林基地，全垦林地或撩壕林地大穴造林，改传统的低产林为杉木速生丰产林，国营造林处于顶盛时期。1979年，国营造林20165.2亩，是1972年4236.8亩的4.75倍。

20世纪80、90年代，林场积极保护管理好现有森林，大力更新造林，绿化荒山，改善经营管理，实行定额生产和成本核算，提高造林质量，以达到生产科学化、经营企业化，1983年，林场划归原零陵地区管辖。1984年1月，原零陵地委决定将金洞区所属7个乡(镇)交林场代管，同年5月，省木材公司将所属潇水水运局白水集材场下放给林场，从此，林场实行场乡联营的管理体制。林场森林经营体系按照"总场—分场(工区)—经营区—经营类型"四级划分。生产中在不同的经营类型下，各分场(工区)"按林班—小班"组织生产活动。1990年，6700公顷杉木速生丰产林基地建设顺利完成。1991年，在全市率先消灭了宜林荒山。1993年，全场森林蓄积量达241万立方米。1995年，实现全面绿化达标。金洞林场获全国"造林绿化"先进单位，全国四大"科技兴林"示范林场之一，境内山青水秀，奇山异草甚多。林业、旅游、石材、水电四大产业协调发展。

进入21世纪，为适应新时期生态效益的需要，金洞管理区（林场）根据自身特点，以科学发展观为指导，以强化保护和加快培育森林资源为重点，坚持“以林为本，生态优先，可持续发展”的经营理念。以建立“生态立区”为目标，根据金洞“九山半水半分田”的结构，“打绿色品牌，做山水文章”。建立政府投入和市场运作相结合的生态建设和产业发展机制，充分发挥国有林场培育后备森林资源的示范作用和生态建设的作用，保护和合理利用森林资源，加快社会资本和民营资本的融入，充分发挥森林的生态、社会、经济三大效益，实现金洞管理区（林场）可持续发展。年均造林2万亩，抚育10万亩，年均育苗300亩。

第一节　采种育苗

一、种子

20世纪70年代以前育苗的种子，年年靠外调，不管质量好坏，有种就育苗，严重影响苗木质量。1974年开始营建杉木嫁接种子园100亩，1975年扩建到370余亩，300余个无性系。有外省的，本省的，大部分是本林区的优势树种。1979年开始结实，最高年产400公斤，一般年产200公斤。对自采的种子，分无性系育苗，进行子代鉴定，确定优势无性树种，为第二代种子园选择接穗。为实现良种化，解决种子自给，除加强对种子园的抚育管理，不断提高产量外，还在本林区内培育种子母树林，确保种子的优良度。进入21世纪，金洞管理区转变观念，除自给种子外，在有富余的情况下，销售杉木种子至外县区，并从外县、市、省购买各种楠木、红豆杉、木荷、油茶等品质优良的种子，也从林区一些老百姓、种植大户手里购买良种，并且每年从永州市林业局购买杉木等种子750公斤，树木成活率都在九成以上，为国营、集体、个人的选种开辟了新途径。

种子园简介　种子园位于金洞镇二、三居委会，于1974年成立。园内面积150亩，杉木种子园地100亩，檫树种子园地50亩，种苗年均长110公分，成活率达95%以上，主要培植杉木苗、檫木苗，并营造隔林带苗木，利用林业科技进行优树、良种的接穗，嫁接，这些技术都取得了成功，并被广泛地推广运用，提高了干部群众对开展林业科研活动的认识，坚定了实行科研造林，发展林业生产的信心，1976年扩建到370亩，用无性系繁殖，利用本场优树及省内外优树的接穗进行切杆嫁接。一共300个无性系，第四、五年后开始结果。用种子园的种子育苗，分无性系造林，进行子代鉴定，确定优树，作为第二代种子园的砧木接穗，进入高级种子园阶段。在正常丰产年里，每年可采400公斤左右的良种供育苗。1984年开始实行以苗繁苗的办法（又叫无性系育种）。1985年建促萌圃1亩，无性系育种苗造林130亩培育，种子园已经是国家珍贵树种培育的示范点，不但要承担起林区大部分杉木、楠木种子的来源，并且是作为种苗科研点，而被省市重点关注，还要为国家、省市培育红豆杉等各种珍贵树种的来源，任重而道远。

二、国营育苗

20世纪50年代初期金洞林区建场,靠萌芽更新。建立国营林场后,推行实生苗造林。但没有固定苗圃,一般是靠山间临时性的小圃育苗,难以保证每年造林所需苗木,育苗成本很高。20世纪70年代后,由临时性苗圃过度到固定性苗圃,每个分场都设有苗圃基地。如金洞分场的刘家滩、钗江河、大沙洲;小金洞分场的油榨铺、老工区、牛头山;晒北滩分场的发龙山、柑子坪、挂尸滩、叮当园;石鼓源分场的大明山、黄家山;大江分场的黄沙滩、小坪里;白果市分场的贺家源、蒋家山、波罗源等。20世纪90年代中后期,苗圃开始培育珍贵树种楠木、桂花、樟树、红豆杉、广玉兰、木荷,并引进红豆杉、罗汉松,紫槐、天竺桂、梅花等树种,为道路绿化提供了来源。在苗木的科技推广上,刘家滩苗圃的"无性系育苗法",黄家山苗圃的冬播育苗等技术,得到成功,并在林区广泛应用。进入21世纪,金洞管理区国营苗圃有5处,分别座落在凤凰乡的中荣村、八宝镇的龙潜村、金洞镇的三居委会、万宝山乡的油榨铺村、金洞镇枣树坪村基地加农户的经营形式,占地面积1000余亩,其中绿化苗木培育面积700亩:有楠木、金桂、丹桂、罗汉松、红豆杉、大叶樟、小叶樟等;珍贵树种育苗面积100亩:有楠木、白果、香樟、红叶榉、红枫、枫香、木荷、桂花等;面上造林育苗面积200亩:主要树种为杉木。

三、个人苗圃

20世纪90年代中期,为了满足林区对种苗的需求,林场除了国营育苗点之外,同时也鼓励全区干部、职工、老百姓、社会能人承包国有苗圃,合作经营苗圃,个人经营苗圃。比较有规模的有凤凰苗木花卉协会、金缘苗木公司、仙人岭大苗基地、小金洞苗木基地等。

金洞个人(国有)苗圃基地

8–2–2

苗圃名称	地点	面积(亩)	苗木种类	数量(万株)	资金(万元)	负责人	权属
湖南珍贵树种培育基地	金洞镇枣树坪村	80	楠木	130	60	唐荷花	个人
凤凰苗木花卉协会	凤凰乡中荣村	50	杉木、楠木、樟树、银杏	136	70	刘联春	个人
金缘苗木公司	金洞镇、凤凰乡	60	杉木、楠木、樟树、银杏、榉木、红枫、竹柏、栾树、金弹子	110	50	吴赤白	个人
刘德祥个人苗圃场	万宝山乡下司口村	30	楠木、樟树、红豆杉、罗汉松、桂花	200	50	刘德祥	个人
枣树坪苗圃	金洞镇枣树坪村	40	楠木、樟树、红豆杉、罗汉松	100	50	邓伏生	个人
仙人岭大苗基地	金洞镇	50	楠木、木荷、阿丁枫、樟树	25	50	杨新田	国有
隐塘育苗基地	凤凰乡隐塘村	40	杉木	100	30	李春生	个人

续表 8-2-2

苗圃名称	地点	面积（亩）	苗木种类	数量（万株）	资金（万元）	负责人	权属
小金洞苗木基地	小金洞乡	40	杉木、桂花、红叶石楠、楠木	12	80	邓太清	个人
照山庵大苗基地	万宝山乡下司口村	40	楠木、红豆杉	21	30	刘益民	个人
小河里大苗基地	小金洞乡江口村	20	楠木	10	25	邓科	个人
马蹄口苗圃	金洞镇马蹄口村	20	杉木、楠木	50	30	李亚军	个人
龙潜凼苗圃	八宝镇龙潜凼村	20	杉木、楠木、樟树、丹桂、银杏、红豆杉	120	40	黄建军	个人
刘家滩苗圃	万宝山乡下司口村	40	楠木、樟树、丹桂、银杏、罗汉松、广玉兰、竹柏、红豆杉	200	50	张文	国有

四、苗圃建设

金洞管理区在金洞镇、凤凰分场和万宝山乡、小金洞乡等地建有苗圃，现有苗圃的总面积 3000 多亩，年产各类苗木 550 万株。苗圃的生产能力能满足年内的造林更新对苗木的需要。

刘家滩苗圃位于万宝山乡下司口村，于 20 世纪 70 年代建成，是金洞林区最大的苗圃基地，是培植杉木、楠木等各种类型的综合型苗圃基地。1979 年在刘家滩沙洲上围河筑坝，建设一个半机械化苗圃。通过一冬春的会战，完成 60 余亩辅地平整，山塘筑坝，管道安装、实现自压喷灌，并投入生产。1983 年，刘家滩苗圃实行育苗“四改”（改春播为冬播、改护萌为全光、改常年旱地为稻苗轮作、改常规培育为切根培育），这“四改”是金洞林区育苗史上的宝贵经验，1984 年经试验，效果良好。1985 年中国林业杂志推广。1985 年出现专业育苗和试行以苗繁苗法（即无性系育种法），当时零陵地区林科所和省科委，将这种方法做为一个科研项目在林场试行。20 世纪由于苗木价格偏低，且苗木的品种单一，以小苗为主，已经不适应当时的社会需求，刘家滩苗圃的经营发展遭遇低谷。从 2010 年开始，金洞管理区高度重视刘家滩苗圃的发展，经营主体面向市场，由有能力的社会人士承包，管理区林业生产科监管，大力培植大苗、绿化苗、珍贵树种种苗，并投入 200 万元资金重建，还专修林道进行作业和移植，引进新林业科技技术，保证种苗的保存率和生长、成活率，刘家滩苗圃，已重现 20 世纪 70、80 年代的辉煌，经营良好。2012 年，依托自然风光，苗圃成为发展集风光、垂钓、趣味、射击、休闲等为一体的生态旅游景点。

第二节 造林绿化

一、国有造林

进入21世纪以后，管理区(林场)根据因地制宜的原则，结合以往造林经验，为提高造林质量，国有造林注重了以下几个事项：(1)采用良种壮苗造林、严禁劣质种苗上山，严格把好种苗质量关。造林用苗必须是适应本地的经林业厅种苗委员会认定的优良品种，引进外来品种时需经过种源试验后适合本地造林的树种。(2)科学造林，造林苗木I级苗使用率在95%以上；新造用材林，采用穴垦整地、沿等高线布穴，以防止水土流失。对于新规划的速生丰产林、大径材培育类型、珍贵树种(阔叶树)培育以及经济林造林，必须运用先进的造林技术(如林木“测土配方技术”)等。(3)因地制宜选择树种,根据林区的立地条件，在树种选择上仍以杉木速生丰产林为主，同时适当增加珍贵阔叶树种的比重；在更新造林时拟对林种和树种造林规模进行调整，适当减少杉木造林面积，增加速生阔叶树及珍贵阔叶树、经济林树种面积。主要造林树种是杉木；着力建设杉木速生丰产林和杉木无节良材。

主要造林技术措施：(1)整地。坡度25度以上的山地，用材林造林采用沿等高线带状整地，带宽1～1.2米；经济林造林采用窄幅梯田茶园，梯面宽不小于1.6米，梯田外高内低。带内开挖植树穴，规格为杉木、马尾松、阔叶树50×50×40厘米，植树穴呈“品字型配置。挖穴时要将表土、心土分开堆放，栽植时再将表土填入穴底。整地时间在同年10月开始，至12月完成。(2)种植方式和密度。速生丰产林(含大径材培育类型)和经济林营造纯林，一般用材林营造混交林。混交方式为针阔混交或阔叶混交，比例一般为7:3或6:4，采用块状混交形式。适当密植，有助于新造林地的早期迅速郁闭，各树种造林密度一般为：杉木、阔叶树2×2米，马尾松2×1.7米，经济林油茶2×3米。茶叶采用双行双株的种植方式：1.5米(大行距)×0.30米(小行距)×0.30米(株距)，每亩用苗约3000株。(3)施肥。根据土壤肥力状况，一般用材林每穴施复合肥0.2千克，经济林每穴施复合肥0.5千克或每亩施有机肥2吨。(4)栽植。栽植时间一般在每年的12月到第二年的3月的阴天、雨天或雨后初晴的天气进行，造林用苗木全部使用I级苗。

金洞林场经历的造林趋向是：20世纪50年代粗放造林，60年代一般造林，70年代探索营造杉木速生丰产林，80年代大面积营造林杉木速生丰产林，90年代全面消灭荒山，加强残次林改造，21世纪巩固退耕还林工程、加强长防林建设，建立生态型林场。1978～1983年全场造林3000公顷；1984~1997年，造林6100公顷；1998~2004年，造林7000公顷。从2005年开始，年均造林1.5万亩，长防林2500亩，退耕还林3000亩。2011年，营造林人工造价为1100～1300元/亩；工程建设(建设单位管理费，前期工程咨询费，项目设计费，工程监理费，招投标费等)按工程建设直接费之和的5%计算。造林工程建设费年均费用为1600万元。

二、集体造林

金洞管理区（林场）组织实施集体部分的造林设计、年度计划、作业设计、造林验收和预决算，永州市林业局进行督促检查。金洞管理区（林场）负责工程质量检查和技术指导，如质量不符合要求，责令其采取整改措施或拒付投资。集体营造速生丰产林地不准间种其他作物建立小班卡片；按不同立地条件类型设置标准地，专人定期观测记载，建立技术档案，以便总结和备查。补助资金由林场自筹解决，即从林场每年上交的国有林育林基金和更新改造资金中按年度计划提取配足，列入自筹计划专款专用。

三、个人造林

金洞林区个人造林的主要形式为承包国有林地造林和集体林改分山到户的造林方式及原老百姓自留山造林。

国有承包造林　林农或管理区（林场）职工承包国有山林造林，是管理区（林场）内部经营管理的一项重大改革。承包的形式，原则上到户到人，联产承包。创办家庭式林场，林场从各方面给予优惠。林场从20世纪90年代末开始试点将凤凰乡大江边一部分边远地带发包给承包者经营，通过几年尝试，发现个体承包造林并不比国家直接管理造林效果差，而且在管护、抚育方面有一定的优势，2007年全面铺开。目前国有林有50%以上的林地发包给承包者造林。承包经营者需要跟林场签订造林承包合同，按每30元/亩交纳押金，逐块核定每亩上交木材给林场(均亩3.5立方米)。至2011年，国有林承包近90000亩。

2009年集体林权制度改革，有8万亩的集体林林地分山到户经营，加之原自留山林地，约10万亩集体林地为个人经营，人均2亩林地，在“四权”上，明晰使用权、放活经营权、落实处置权、保障收益权对个人造林上起到关键作用。

四、退耕还林

金洞管理区退耕还林的总原则是：“退耕还林，封山绿化，以粮代赈，个体承包”。采取承包的方式，落实到户、到人，执行“谁退耕、谁造林、谁经营、谁受益”的政策。

2002年金洞开始进行退耕还林工程，每年退耕地造林200公顷，每年粮款兑现退耕总地面积465公顷，每年粮食补助资金64万元，生活费兑现12万元。退耕还林涉及域内8个退耕还林的乡镇，但主要分布在凤凰、石鼓源两个以农业为主的乡。这项重点工程均年年通过国家验收，面积合格率均为100%。

1958～2011年部分年份造林情况

8-2-3　　单位：亩

类别＼年份	1958年	1974年	1988年	1998年	2002年	2008年
国营造林	25000	3200	6100	10700	10740	10800
集体造林	13000	1900	4300	6100	9900	12200
个体造林	–	–	–	2000	3000	10600
退耕还林	–	–	–	–	24500	6000

五、长江防护林

1999年,林场承担国家第一批长江防护林体系建设工程。1999~2012年,共完成长防林工程任务6万亩,抚育3.4万亩,低改7000亩,退荒4.75万亩。长江防护林工程作为国家重点工程,每年都通过了国家验收,面积合格率均为100%,质量合格率均在95%以上,每年长防林人工造林、低改、更新造林2400亩。

六、绿化

从20世纪80年代开始,金洞林区开始对绿化工作进行布局,在巩固原来较好的机关绿化的基础上。有意识的在公路边、街道边、沿河线等地段进行绿化。重点突出对林区的主干公路线、政府机关大院、电站、加油站、学校、街道、漂流路线、苗圃(三边)(四旁)地带等的绿化。在树种选择上主要以不同规格的桂花树、楠木树、樟树为主,以杜鹃、黄杨、雪松、紫薇等彩色树种为辅。自2010年启动"绿色湖南""绿色永州"以来,每年栽植各类树种近30000万株,总投资达240余万元,管理区(林场)与乡政府每年都要签订绿化工作责任状,并将此列为每年对乡镇(分场)政府绩效考核范畴。

(一)机关绿化

机关绿化主要是指对管理区(林场)及乡镇(分场)、企业、学校、等机关及周围的绿化,从建场1954年开始,至今每年都要对机关的树木进行管护、栽植,补植等,主要种类是以楠木、80厘米至2米高的桂花、2米高的樟树为主,辅以种植雪松、黄杨、山茶树、竹柏、水杉、红梅、白玉兰等及面上树种。从2010年开始,"绿色永州"建设每年修剪、补植、新增树苗10000万株,费用50余万元。

(二)"四旁"绿化

"四旁"绿化是指在林区内开展的路旁、村旁、水旁、宅旁等"四旁"植树绿化,"四旁"绿化是20世纪80年代在金洞林区开展的植树绿化活动。但由于管理不善,绿化树木保存率和绿化率均不佳,从2010年"绿化永州"活动开展以来,乡(镇)政府大力加强对"四旁"的绿化和补植、补造,"四旁"绿化也变成了绿化工作的重中之重,使得绿化面积有了很大的提升。

近两年"四旁"绿化的重点主要是龙牛公路、金晒公路等主干道路沿线,另外还有白果市黄沙路口至乡政府、团结村至仁光村红军墓路段。凤凰乡的观桔路、江观路、陶长路;金洞镇的白泡回段、楠木坳段、枣树坪段、龙潜凼至孙家洲段、马蹄口到农户段、黄家山下公路边、加油站—老供销社—金洞宾馆—孙家洲—新检查站段,马蹄口入口—银子源—老工区—渔窝湾段;晒北滩进碧江口的狮子脑—烟竹山(村级公路),沙海源公路下(乡级公路);上司源农胜村—鸭婆凼村—上司源村(村级公路),上司源村—双河村—楠冲源村—冷水坑公路;石鼓源乡的柏石公路、石鼓源村级公路、冬田村级公路、三满房村级公路;万宝山乡财狗滩、横家皂、刘家滩、苗圃地段;小金洞乡白沙凼、白沙源、大同、东安、东江、江口、欧莱河、土坳、小金洞9个村级公路进行重点栽植、补植,主要以补植大苗4米高的的楠木树、高2

米至3米的桂花树、2米的樟树为主，配合一定数量的黄杨、紫薇等彩色树种。自2010年来，每年平均补植、补造树种20000多株，花费费用120万元。

（三）义务植树

金洞林区义务植树历史悠久。自1979年国务院规定每年3月12日为全国植树节以后，金洞管理区（林场）根据自身的特点与需要，每年在2~3月期间统一开展区（场）机关、乡（镇）政府、学校等单位义务植树活动，以每人2~5棵树的标准执行。一般选择在公路两旁、低山坡、街道等地。1989~1990年金洞将义务植树作为消灭宜林荒山和公路绿化的重要手段来抓，经过两年多的艰苦努力，1992年金洞林场荣获零陵地区"消灭荒山第一场"的光荣称号。1995年金洞林场机关获永州市"园林式单位"。十年来，林区人民参加义务植树累计30万人次，义务植树100万株，林农义务植树已成历史习惯。

七、基地建设

（一）用材林基地建设

无节良材基地建设　无节良材是指通过人工整形修剪消除木材的死节，减少活节，增加木材中的无节部分，获得通直圆满树干的优良大径级用材林。以新造和现有林培育相接合，培育的树种以杉木为主，适当培育部分樟科树种、木兰科树种（如楠木、樟树、木莲、马褂木等）。选择在坡度缓，土层深厚，立地条件为Ⅰ、Ⅲ级的地段，选择现有杉木中、幼林中长势好，有培育前途的林分，通过抚育、施肥、间伐、修枝、定株和实施防治病虫害等营林措施，培育大径无节良材。根据"适地适树"的原则，在立地条件好的地段，选择有杉木优良品质和马褂木、楠木等珍贵阔叶树种造林，加强管理，应用林木"测土配方技术"，培育大径和珍贵用材林，36年后每公顷最终培育无节良材600株左右、蓄积450立方米以上，每公顷生产商品材300立方米，其中无节良材60%以上。2011年有杉木无节良材培育规模1700公顷，其中现有杉木林培育400公顷，新造林1300公顷。按造林树种分：杉木大径材1400公顷（其中新造1000公顷），珍贵阔叶树大径优良用材300公顷。

"优材更替"培育　是将现有以杉木为主的生态公益林逐步更换为树木材质优良、树种结构合理、生态和景观功能良好的优质林分。建设以发展珍贵稀有树种和优良乡土树种为重点，通过定向改培，提高林分质量和林木的经济价值，促进林场优质森林资源培育。定向抚育选择在公益林区坡度平缓、土层深厚适宜培育珍贵优良树种的林分，调整树种结构、提高林分质量、促进目的树种生长。定向改培采取小块状，小面积（集中采伐面积1亩以下）皆伐的方式伐除杉木成过熟林后补植目的树种，调整树种结构，实施定向改培，提高林木的经济价值。选择的目的树种有香樟、沉水樟、楠木、榉树、槠树、青冈栎、马褂木，补植后的目的树种总数在300株/公顷；2011年已开展的"优材更替"区域为500公顷。按生态公益林管理的有关要求，采伐时作业强度不能使公益林生态功能明显下降。管理区每年投入优材更替费用52万元。

（二）经济林基地建设

金洞林区非木质林产品规模小、效益差。2008年冰雪灾害对林区经济林造成了很大损失。据统计林区现仅有各类经济林木面积1.5万亩，石鼓源、凤凰两乡有保存较好的油茶地共6000亩，油茶基地600亩。全场茶叶面积600亩，其中上司源乡鸭婆凼村的五峰山，成规模的茶叶基地约300亩左右，其在省市较有名气的金洞涪峰茶业有限公司的原料来源于此。

(三)楠竹基地建设

采取的主要技术措施 (1)林地清理。清除林内的杂灌、杂竹和病腐竹等。(2)抚育。楠竹林第一年全垦一次，深20厘米，合抚育施毛竹专用肥4500公斤/公顷左右；以后每隔两年刀抚一次。(3)楠竹钩梢。为减少霜雪冰冻对楠竹的危害，每年11月前完成钩梢。(4)竹林管护。低改林内禁止放牧和乱采、乱挖竹笋。

金洞管理区楠竹分布成片的主要在白果市乡团结、长田方、仁光、山青、大源岭、柏福几个村，另外各乡(镇)、村组均有零星分布，主要以野生楠竹为主，人工楠竹林现存较少。

白果市"竹海" 白果市乡共有楠竹2.5万亩，占全场楠竹总面积的5万亩的50%，因为乡内有成片的野生楠竹，素有"竹海"之称。白果市"竹海"既是赏竹欣景的理想去处，又是当地人民的"绿色"银行。近几年来，乡政府组织当地群众以依托"竹海"，大力发展林下经济。桐子山村在山上建立5000多亩笋竹两用基地，冬春两季可挖笋，平常可采竹，每年挖笋最少的一户也赚7000元左右，最多的一户能赚12000元以上。此外，村里还投资20多万元办起楠竹加工厂，实现加工增值。

第三节 林木抚育

一、中幼林抚育

幼林抚育 人工造林三年以后至郁闭成林前的幼林抚育主要是以常规管护为主，所投入的人力和物力相对少。因此幼林抚育仅指对未成林造林地的抚育，新造林地连续抚育3年，2011年前造林的未成造林地抚育面积为3.5万亩。在中林抚育上，采取抚育间伐和低产林改造两种方法。

抚育间伐 抚育间伐坚持"以抚育为主，抚育间伐利用相结合""去劣留优、去小留大、去密留稀、保留均匀"的原则进行，根据林木的生长状况、经营目的、优势树种、龄组、郁闭度、立地条件和交通等因素，确定中林林分郁闭度大于0.8，林木生长率高、分化明显的，在生长、生态功能下降时，利用抚育间伐来调整林子的结构和组成。间伐后林分郁闭度保持在0.6以上；抚育间伐在郁闭度大，生长等级高、自然稀疏剧烈的林分内进行；间伐前先要做好间伐设计，加强技术指导和监督、管理。一般来讲杉木林9~11年，马尾松林12~15年间伐一次。杉木大径材在12~15、16~18年间伐两次，速生丰产林7~8年间伐一次，其他树种视情况而定。间伐中第一次为生长伐，间伐强度为初植株数的强度为20%~25%，第二次为定株伐，强度为25%。管理区2011年抚育间伐投入资金40万元。

低产林改造　对中林中低产、低效林较多的进行低产林改造，根据林木的生长情况对中龄林以上郁闭度在 0.5 以下的有林地和疏林地及低产经济林地进行改造，管理区（林场）每年需改造的低效中林面积为 7.4 万亩，其中疏林地 1.3 万亩，经济林 850 亩。低产林改造的方法为更新改造和封山育林两种。对于乔木林地低产林中的疏林地（含公益林中的疏林地）和中龄林以上且郁闭度在 0.2 ~ 0.3 之间的林地实施更新改造，其余实施常规的封山育林管护；对于经济林改造的方法有垦复施肥复壮和品种改良等。对树龄小，通过营林措施可以恢复正常产量的采用垦复施肥的方法；对树龄老化或品种不良的实施更新改造。

2010 年，金洞管理区争取到湖南省林业厅下达的 7000 亩森林抚育补贴试点任务。

金洞管理区中幼林抚育年均 10 万亩左右，2011 年投入建设费用 800 万元。

二、楠竹垦复

楠竹垦复是从 20 世纪 80 年代初家庭承包责任制实施以后才兴起来的，开始时是粗放型的，林农利用挖笋的机会将周围杂木（草）砍挖掉，没有施肥。科学垦复是从 20 世纪 90 年代中期开始，要求成片成山全面垦复。采取的主要抚育方法：楠竹林第一年全垦一次，深 20 厘米，结合抚育施毛竹专用肥 4500 公斤 / 公顷左右；以后每隔两年刀抚一次；通过垦复经济效益明显提高，垦复以后每亩可增加经济效益 500 元左右。 金洞管理区 2011、2012 两年对全场现有楠竹进行了垦复抚育，总规模为 1103.8 公顷，其中 2011 年完成白果市、凤凰、金洞、小金洞分场楠竹林的抚育，面积 580.1 公顷，2012 年完成余下的晒北滩、小金洞、万宝山、上司源分场毛竹林的抚育改造，面积 523.7 公顷。管理区 2011 年在毛竹低改上投入资金 365 万元。

三、油茶垦复

油茶在金洞林区栽植面积不多，只有 13000 千余亩，主要分布在石鼓源、凤凰两个农业乡。金洞镇、上司源、小金洞乡有零星栽植。为提高产油率，他们对油茶垦复十分重视。油茶垦复包括深挖、中耕和修山，垦复、修山一般是三年一深挖，一年一浅锄。

垦复的时间和深度　金洞管理区油茶垦复方式分为冬季垦复和夏季垦复，目的是为了促进土壤的分化和有机质养分的分解，疏松土壤。

冬季垦复方法是深挖，一般为 20 ~ 30 公分，垦复土壤大块过冬，冬季垦复主要采用全垦和穴垦的方法。

夏季垦复的目的是为了及时消灭杂草，防止土壤干旱，增加土壤的透气性，采取的方法是浅锄和修剪，其深度一般为 10 ~ 15 公分，以不伤根为原则。

四、封山育林

封山育林是金洞利用森林的更新能力，在自然条件适宜的山区，实行定期封山，禁止垦荒、放牧、砍柴等人为的破坏活动，以恢复森林植被的一种育林方式。

金洞采用封山育林的方法主要如下。

全封(也叫死封) 全封是指在封育期间,禁止采伐、砍伐、放牧、割草和其他一切不利于植物生长繁育的人为活动。封育年限根据成林年限确定。一般 3~5 年,有的可达 8~10 年。这种方式适于高山、远山、河流上游、水库附近及严重的水土流失和风沙危害地区的水源涵养林、防风固沙林和风景林等的封育。这种形式占林地总面积的 80%。

半封(也叫活封) 半封是指在林木主要生长季节实施封禁;其他季节,在不影响森林植被恢复,严格保护目的树种幼苗、幼树的前提下,要组织群众有计划、有组织地进行砍柴、割草等经营活动。这种方式适于封育用材林和薪炭林等,约占林区林地总面积的 10%上下。

轮封 轮封是指将整个封育区划片分段,实行轮流封育。在不影响育林和水土保持的前提下,划出一定范围,供群众樵材、放牧、割草等,其余地区实行全封或半封。轮封间隔期 2~3 年或 3~5 年不等。通过轮封,使整个封育区都达到恢复植被的目的。此法能较好地照顾和解决群众当前利益和生产生活上的实际需要,适于培育薪炭林,域内林地面积的 10%左右适用这种形式。

1954~2011 年金洞部分年份林木抚育情况

8-2-4

类别 \ 年份	1958	1974	1988	1998	2002	2012
中幼林抚育(亩)	78000	26000	67000	89000	10000	11000
楠竹垦复(亩)	–	–	1800	2000	3000	1500
油茶垦复(亩)	–	–	–	–	1000	1000
封山育林(亩)	–	–	–	–	–	4600

第三章 资源管理与保护

金洞林区资源保护与管理主要由金洞管理区林业局主管,金洞木材检查站、林区 12 个护林站、管理区森林资源保护中心(林调队)分管、金洞森林公安分局协助,各乡镇林业站、林业工作组、哨所分片管理。

金洞管理区林业局的前身为金洞林场营林资源科,2006 年成立金洞管理区后更名为林业局,主要负责各项林业法律法规的制定和宣传、监督采伐、林地林政、纠纷调处、资源保护、病虫害防治、森林防火、科技推广、造林绿化、种子苗木、竹木加工、野生动植物保护、招商引资、森林资源交易拍卖、各项发证如(林权证、采伐证、运输证、植物检疫证、竹木加工证、育林基金票的发放),等等。编制人员 19 人。

金洞管理区森林资源保护中心,又名金洞管理区林调队,是管理区一个单列的正科级机构,主要负责林业调查规划设计,具有乙级调查资质,主要项目有林木伐区设计,森林资源评估、林地规划保护、森林资源调查等事宜,2011 年编制人员 9 人。

乡镇(公社)林业站 林业站始建于 20 世纪 60 年代初期,各公社建立林业站的时间有早有迟,开始每个公社安排一名集体林业员,最多的两名,集体、国有分开,至 1984 年场乡联营以后,才正式组建乡镇林业站。配站长或副站长一名,林业员 10~15 人不等。2011 年金洞管理区现有 8 个林业工作站,在岗职工 120 人,系管理区林业局和乡(镇)人民政府双重管理下的行政事业单位。乡镇林业站每年肩负着约 2 万亩的造林作业设计、施工及检查验收的重要工作职责;8 万立方米的伐区设计和 80 万亩山林的护林防火工作和全区的森林资源保护工作任务。

1970～2011 年部分森工队、营林队、林业工作组情况

8-3-1

队名 / 项目 / 年份	森工队		营林队		林业工作组(含护林哨所)	
	个数(个)	从业人数(人)	从业人数(人)	从业人数(人)	个数(个)	从业人数(个)
1970	42	428	32	342	–	–
1980	26	212	18	186	–	–
1990	12	82	12	92	–	–
2011	–	–	–	–	47	182

第一节　采伐管理

采伐原则 (1)有利于建设和培育稳定、健康与高效的森林生态系统,保持森林长期、稳定提供物质产品和生态、文化服务能力。(2)坚持总消耗量不大于总生长量、用材林森林消耗量不大于用材林生长量的原则。(3)建立以生态采伐为核心的经营管理体系,推行梯度经营体制,将采伐对生态破坏或环境的影响减少到最低程度。

采伐类型和采伐对象 (1)主伐:用材林中的成、过熟林实施主伐作业。进入 21 世纪以后,年均采伐面积为 9 万亩,蓄积量为 8 万米,方式以皆伐为主,这是金洞林区主要的采伐形式。(2)抚育间伐:用材林中的幼、中龄林,天然林郁闭度 0.7 以上,人工林 0.8 以上的进行抚育间伐。(3)低产林改造采伐:疏林地,以及郁闭度在 0.2～0.3 的低产近熟林进行皆伐;(4)更新采伐:生态公益林中的低效林(疏林)和过熟林进行。公益林中大部分为杉木人工纯林,为了改变单一树种的林分结构,以发挥更大的生态效益,可以将其中一部分已超过自然成熟的林木实行更新采伐。(5)卫生伐:对过密和受冰冻雨雪灾害及其他灾害严重的中、近成熟林进行卫生伐和疏伐，采伐强度少于 15%。

伐区安排 原则上有利于充分利用资源、有利于生产作业、有利于迹地更新，林木采伐对环境的负面影响最小，坚持先过熟林后成熟林并相对集中连片砍伐，有利于木材销售、有利于森林综合效益的发挥。在采伐总量不变的情况下，根据市场需要和本场实际情况，确定年主伐量和主伐地点。

金洞林区采伐特点 依据《湖南省林木采伐伐区调查设计技术规定》和金洞林木的实际情况，确定杉木一般用材林主伐平均年龄为 26 年、速生丰产林主伐平均年龄为 21 年，松类一般用材林平均主伐年龄 31 年；采伐方式以小班为单位进行主伐，为防止因森林采伐使局部地区生态发生显著变化，皆伐作业集中连片采伐面积一般不超过 20 公顷，大面积小班分年采伐。采伐量确定的原则是年采伐量小于年生长量、用材林年采伐量小于用材林年生长量，确保森林的永续利用，实现森林资源越采越多、越采越好，保证青山常在。2006 年后，湖南省林业厅对全省的木材采伐指标有硬性规定，每年的采伐都需通过省厅林木采伐电子办证系统办理，不得超额采伐。采伐量计算：2000 年以前主要利用“区划轮伐公式”中利用角规点、形高值、胸围、树高等进行人工计算、汇总；从 2008 年开始，普及电脑求算，主要利用软件。采用有金洞管理区林业局唐爱民开发的“金洞管理区林木材积求算 EXCEL 表”和江华县林业局开发的“湖南省森林林木采伐计算软件”，工作效率及精度提高 5 倍以上。

竹林采伐 毛竹砍伐遵循“砍老留幼，砍密留稀，砍小留大，砍弱留强，保留均匀“的原则，采伐按龄级进行择伐，遵循存三砍四不留七的原则，做到不砍一度竹，蓄养二、三度竹，抽砍四、五、六度竹，七度以上竹全砍。金洞域内现有竹林 5 万亩，蓄积 652 万根。竹林密度和龄结构基本合理，根据有利于竹林复壮和竹林多功能效益的发挥，2000 年后，楠竹年平均采伐 15.5 万株，竹林的采伐方式为择伐，伐后将竹节打通或将竹蔸劈开。

采伐指标入村到户阳光工程 采伐指标入村到户阳光工程是指要求商品材采伐指标必须全额下达至农民或其他林权所有者手中；同时，指标在下达过程中必须在当地媒体上公开，让老百姓知晓。为保证商品材采伐指标分配的公平公正。2009 年，湖南省林业厅下文要求，采伐指标在下达的过程中，必须同时在本地区的媒体上公开，保证指标分配“阳光操作”。管理区当年即按省厅要求予以执行。

2009 年前，一些采伐指标流入木材贩子手里，林农要卖木材就要通过木材贩子，无法直接面对市场，木材贩子则获得了高额的中间差价。每立方米木材采伐指标黑市价格在 50 元至 100 元之间。无法拿到采伐指标的农民，只能将林木贱卖给有指标的商贩，或者以黑市价格从林贩子手中购买指标。推行林木采伐指标“入村到户”的阳光工程以来，有效地保障了林地所有者的林木处置权，较好地解决“种树容易砍树难”的矛盾，林区采伐秩序井然。

第二节 林地林权管理

金洞林区是一个古老的原始次生林区,属常绿阔叶混交林。白果市右水源尚存一处,就是金洞原始次生林区的缩影。

一、山林权属

民国时期,国民党为了"清剿土匪"。纵火烧山,大片森林遭受毁坏。官僚、地主、乘机掠夺,强占山地,各霸一方,整个林区70%的面积被侵吞。长期居住在山里的林民,种山护山,靠山吃山,而无山林所有权。

中华人民共和国成立后,没收地主、官僚的山林归全民所有。1954年,建立国营林场,管理国有山林。1955年林业调查,林区21个小乡及肖家区的5个小乡总面积为1026850亩。其中国有面积636354亩,占总面积的62%;集体390499亩,占总面积的37%;其它1%。1957年林权处理,从国有山林中拿出一部分分给林区缺林少林的林农及集体公益事业林。1958年大炼钢铁,衡阳地区在金洞设立烧木炭指挥部,从衡阳、衡南、祁东县调来两万余人,祁阳县在林区也设立烧炭指挥部,组织万余人。近4万人日夜砍树烧炭。沿河两岸及交通方便的地方,风景林、防护林、名木古树,一伐而尽。伐木场"摆雷台""放卫星",大片森林皆伐,沿河两岸木材堆积,白水河中木材一片,造成林区千疮百孔,岩石裸露,水土流失。

1960年,林场改为农垦场,经营方针一变,弃林毁林开荒种粮又是另一个极端。1962年,全省开展山、水、田、土"三权四固定"工作,林区为了便于经营管理,强调集中连片,与集体进行一次相互调换以及集体无力经营的荒山赠送给国家,均造了清册和签订了协议。当时,有的分场家底不清,有的慷国家之慨,以多换少,以实换虚,给国家山林造成很大的损失。集体赠送的荒山荒地,国家造林抚育成林后,集体又要山要林,后经资源清查,国有林面积减少为452343亩(比建场时减少184011亩)占总面积44%,集体面积为577628亩(增加187132亩)占总面积56%。

1975年,开展森林资源清查,测出总面积932753亩,国有总面积479379亩(比1962年增加27036亩),集体总面积453374亩(比1962年减少124254亩)。

1980年,国有林面积为439539亩。1981年,根据中共中央、国务院《关于保护森林,发展林业若干问题的决定》,林区进行山林定权发证工作,在衡阳地区直接领导下,祁阳县和金洞林场成立金洞林区定权发证领导小组,通过踏山划界,确定山林权属;确定自留山(包括集体公益事业林)。1983年,地区林业局进行资源清查,测出林区山林总面积为840559亩,其中国有面积406918亩,占总面积的48%,集体面积433641亩,占总面积52%。1986年,经中南林调队测定,林区山林总面积为807991亩(未包括外乡外村面积),其中国有378269亩,集体429722亩。

2004年,“十五”森林资源清查林业用地面积为741640亩,有林地面积510646亩。2008年10月,开展森林资源二类调查工作,并建立全场森林资源数据库,测得林业用地面积为748918亩,与2004年“十五”森林资源清查的741640亩相比,净增7279亩,林地面积为475347亩,与上期的510646相比,减少35299亩,减幅6.9%,其他各林地面积较前期均有增加,其中未成林造林面积增加15043亩,增幅28.1%,有林地面积的减少,主要原因是冰雪灾害。据调查,2008年初冰冻雨雪灾害对金洞管理区林业造成直接经济损失4.80亿元,全区林业受灾面积达78万亩,其中因灾损失乔木有林地6万亩、楠竹4万亩。对于林业用地面积的变化,一方面是近几年实施退耕还林工程,部分坡度在25度以上的坡耕地实施了退耕还林。其次是局部管理界线的变动所致。

管理区各个部门认真贯彻以生态建设为主的林业发展战略,加强林地保护,实施退耕还林工程,在各建设项目用地需求量急剧增加的情况下保证林地面积总量基本稳定。2009年,全区林业用地面积为49927.9公顷,比2004年“十五”森林资源清查林业用地面积49442.7公顷,增加485.2公顷,增幅1%。

二、林业“三定”

金洞林区是全省重点林区,也是全国的重要杉木林用材基地,而林区的权属矛盾却十分复杂。

1981年3月8日,中共中央、国务院《关于保护森林发展林业若干问题的决议》下发,同年省委、省政府部署在全省开展稳定山权、划定自留山、确定林业生产责任制的“三定”工作,简称为林业“三定”。1981年11月,衡阳行署批准成立金洞林区林业“三定”工作领导小组,由县委副书记郑纯发任组长,金洞林场党委书记刘云楼,场长陈安庄,副县长刘才卿、农办主任雷远胜任副组长,下设办公室,雷远胜兼任办公室主任。从农办、公安局、农业局、水电局、乡镇企业局、抽调干部和林业技术人员150人,成立专门领导班子,首先在金洞林区的国营林场和金洞区的七个公社展开,办公地点设在金洞林场场部。11月中旬领导小组召开600多人参加的金洞林区“三定”工作动员会。金洞林区林业“三定”工作共分六步进行。第一步是宣传发动,学习政策法规;第二步是踏山定界,处理权属纠纷;第三步是划定自留山;第四步是造册登记发证;第五步是建立林业生产责任制,制定发展林业生产规划;第六步组织检查验收。经过2年时间的艰苦细致工作,共踏山划界17796块,面积101万亩,调处山林纠纷1777块,面积5万多亩,核发县人民政府签发的山林权属证。其中国有山林4139块,面积44030亩,占金洞林区总面积的43.68%;林区7个公社的集体山林10165块,面积49995亩,占总面积的49.5%;外乡外社在金洞林区的插花山340块,面积6660亩,占6.6%;林区内公益事业林90块,面积3030亩,占0.3%。

在林业“三定”工作中,帮助公社、大队、生产队建立林业生产责任制,落实山林权属做到山有其主、主有其权、权有其责。1982年,在全县全面推广金洞林区试点工作的经验。1983年4月,省、地县通过对林业“三定”工作的检查验收。5月1日,领导小组在金洞林场召开表彰总结大会。

1987 年农村实行双层经营责任制，在稳定权属的基础上，实行所有权与经营权分离，推动农村以土地为主，劳力、资金、技术诸多生产要素的合理流动，推动山林所有权、经营者和全社会造林护林的积极性、促进林业生产结构调整和商品经济的发展，展现国家、集体、个人多种林业经营形式的新局面。

三、林地管理

金洞管理区林地管理总原则　(1)依法管理林地，控制林地流失，严厉打击非法侵占林地行为；(2)严格管理制度，对国家或地方建设需要，确需征(占)用国有林地的，应严格按照有关规定办理征占用林地手续，并缴纳相关费用；(3)禁止从事有害于林地资源保护的生产经营活动，杜绝非法毁林开垦和毁林采石、采矿及其他毁坏林地资源行为；(4)经依法批准临时使用林地进行采石、采矿、挖砂、取土及修筑临时设施的单位、个人必须按有关要求进行恢复。(5)因地制宜，合理规划林地的开发利用。

金洞管理区林地现状　金洞管理区林地总面积 48231 公顷，占土地总面积的 87.9%，其中国家所有林地面积 23694.5 公顷，占林地总面积的 49.1%，集体所有的林地面积 24536.5 公顷，占林地总面积的 50.9%。森林面积 39100.9 公顷，占林地面积的 81%，森林覆盖率为 71.3%。金洞管理区现有公益林总面积为 19356.6 公顷，其中国家级公益林面积为 12961.4 公顷，省级公益林面积为 6395.2 公顷，纳入国家和省财政补偿范围的生态公益林面积达到 19352.8 公顷，管理区现有生态公益林面积与布局达到林业生态体系建设的基本要求，面积比例较为科学合理。

金洞管理区 2009 年以来征占用林地情况　根据《占用征用林地审核审批管理规范》和有关法律、法规保护林地的要求，金洞管理区严格控制林地转为非林地，结合林地保护利用，严格遵循占用征用林地定额指标，做到先批后占、不批不占、批占相符的原则。2009 年以来，共办理 13 件征占用林地手续，总计 257.9993 公顷(含晒北滩电站坝区 235.5093 公顷)。其中，2009 年 1 起；2010 年 1 起；2011 年 7 起；2012 年 4 起。

2009 年以来金洞管理区征占用林地统计表

8–3–2　　　　单位：公顷、万元

项目	时间	面积	上缴金额	许可证号
晒北滩水电站	2009.11	235.50		国林资〔2009〕358
祁阳众鑫高岭土	2010.8	3.80	38	国林资〔2010〕1338
金城建投垃圾处理站	2011.12.6	1.05	3.15	国林资〔2011〕1993
金洞物流中心项目	2011.12.7	4.24	26.08	国林资〔2011〕2033
石鼓源中心校完全合格校	2011.12.7	1.20	2.4	国林资〔2011〕2018
阳光水电	2011.3.21	0.50	1	国林资〔2011〕0145
金鑫液化气站	2011.7.22	0.22	0.44	国林资〔2011〕1075
晒电阳光水电	2011.8.3	0.80	1.6	国林资〔2011〕1146
小金洞乡土坳村	2011.8.3	1.20	7.2	国林资〔2011〕1147

续表

项目	时间	面积	上缴金额	许可证号
凤凰乡输变电站	2012.11.12	0.33	1.98	国林资〔2012〕1854
小金洞乡35千伏变电站	2012.11.12	0.23	0.46	国林资〔2012〕1855
祁阳木梓圩至牛头山公路	2012.11.27	8.72	61.12	国林资〔2012〕1955
小金洞乡白沙源旱沙场	2012.12.04	0.20	0.40	国林资〔2012〕2068
合计		257.99	143.83	

四、集体林权改革

金洞管理区林改从2009年3月启动，历时2年半的时间，于2011年年底完成主体任务。共发证32.1万亩，发证率98%，发证本数5451本，发证宗地数12598宗。本次林改进程如下。第一阶段：组建班子和工作队、宣传发动、全面启动（2009.3~2009.6），这一阶段主要是通过会议、张贴宣传标语、干部进村入户等多种形式，以中央、省市《林改实施意见》和管理区《林改实施方案》为主线，广泛宣传集体林权制度改革的目的，意义、政策和做法。第二阶段：摸清情况、制定方案（2009.7~2009.9）。各乡镇根据不同地方、不同经济条件、不同的森林资源状况，广泛召开林改调研讨论会，会上以“上符政策、下符民意”及“两个三分之二”（参会人数是全村总人数的三分之二，参会表决通过数是参会人数的三分之二）为原则，科学的制定了管理区、乡镇、行政村林改方案共82件。管理区林改林权分配方式相对灵活，有以分山到户为主的村如金洞镇马蹄源村、石鼓源乡三满房村、白果市山青村等7个行政村，联户经营的如上司源乡上司源村、白果市波罗源村、万宝山乡中棚村等13个行政村，以及以村组经营，均股均利经营为主的如晒北滩乡晒北滩村、小金洞乡东江村、凤凰乡江洲村等53村个。第三阶段实施方案，划山踏界（2009.10~2010.6）。在半年多的时间里，工作队员以“尊重历史，实事求是”的原则为指导，以原1982年发证依据及一些历史协议和现在林改方案中的实施意见为参考，到实地进行林权划分，确定山林权属、面积和四至界线，落实“四权”即林地所有权、林地使用权、林木所有权、林木使用权及面积、四至界线等信息，并将申请表及公示表上交至区林改办，由区林改办统一装订造册。第四阶段资料整理、输机发证（2010.7~2010.12）。在2010年8月中旬，金洞管理区确定为发证机关后，管理区林改办便对所有的林权申请表进行集中输机，管理区拨付经费在林业局专门建立并装修一个30多平米的林改档案室，增加了12个铁制档案柜，对2010年林改档案进行了一次规范的立卷与整理，年终的金洞林改综合排名在全市排名第3，发证和档案建设工作得到了市里的认可和好评。第五阶段检查验收，查漏补缺（2011.1~2011.9）。继续加强了对改革实施情况的跟踪调查，及时发现和解决改革过程中出现的新情况、新问题。第六阶段林改建库、“两个中心”建立（2011.10~2012），林改主体任务完成后，进入“两个中心”时期，即资源评估和资源流转阶段，也是集体林权制度改革中放活经营权，落实处置权，保障收益权的阶段。以转让、互换、转包、出租、入股、抵押等形式对林木所有权进行合理的流转，并对所有林改小班进行图形建库，方便以后的变更和查找，及各项林改工作的配套。

2011 年金洞管理区林权制度改革发证完成情况

8-3-3　　单位：亩、元

单位	已发证	未发证	总面积	总本数	宗地数	发证率
金洞镇	31180.95	187.88	31368.83	887	2192	99.40%
石鼓源	21051.67	0	21051.67	766	1293	100.00%
凤凰乡	23402.91	317.46	23720.37	339	819	98.66%
小金洞	32363.73	452.50	32816.23	475	1288	98.62%
上司源	29673.60	862.40	30536.00	967	1890	97.18%
晒北滩	81603.95	3147.30	84751.25	767	2066	96.29%
白果市	68248.38	0	68248.38	923	2162	100.00%
万宝山	33859.43	697	34556.43	327	888	97.98%
合计	321384.62	4967.54	292492.73	5451	12598	98.30%

第三节　林政管理

一、林木资源管理

林区范围广，与乡村交错相间，部分林地还分布在祁阳县内，由于政策和地域上的差异，给林木资源管理带来一定难度。为保护好森林资源，金洞管理区采取如下管护措施：1. 全面落实责任制，提高护林人员的整体素质，强化护林人员责任感。2. 充分发挥林业公安、检察的职能作用，稳定和维护国有林区的林政秩序。3. 加大打击毁林犯罪力度，提高林业案件的查处率。4. 加强护林联防，实行群防群治，融洽各方关系，形成多方护林网络。5. 认真贯彻《湖南省创建安全文明林区实施方案》，搞好综合治理，稳定林区的社会秩序。6. 加强林政管理，严格控制木材消耗。

二、木材运输管理

金洞木材交通运输条件较便利，衡枣高速公路和 S320 线均从管理区（林场）北面穿过，区（场）部有水泥路与之相连，相距分别为 28 公里、12 公里。金洞河贯穿全境于白水与湘江相汇。祁阳县城距管理区（林场）所在地金洞镇 49 公里，林区境内各等级公路 4000 多公里，路网密度 7.75 米 / 公顷。各乡（镇）、分场之间有公路相连，实现了公路全覆盖。1965 年以前，伐区木材运输为人力肩运、水运。1965 年 8 月从江华县引进钢索运材技术，开始钢索运材。1965 年以后，由于林区内电站建设修筑拦河坝，加之林区公路不断延伸，大批的木材运输改水运为汽车运输。

金洞林区林地具有线长、面广、点多的特点。加大了对木材运输管理的难度。木材检查站是对木材出境的核心关口，2011 年金洞管理区（林场）有木材检查站一个，还设有 12 个护林站：如白果市乡的波萝源护林站、上司源乡的分水坳护林站、楠冲源护林站、晒北滩瑶族乡的大源里护林站等。出口木材时必须要出示相应的采伐证、运输证、木材销售发票、检疫证等证件，证件不齐全的木材一经查处，由当地木材检查站与公安分局(派出所)截留，并对违规违法行为追究责任。

金洞木材检查站简介 金洞木材检查站是2001年经省人民政府批准设立的，位于金洞管理区的最北部，是金洞林区及周边县区木材出口检查的咽喉要塞，年过境木材近10万立方米，2008年该站在市林业局和金洞管理区的关心和支持下，投资100万余元，新建一栋独立的办公大楼，建筑面积730平方米，有值班室3间，面积70平方米，停车待检坪1个，面积2600平方米，可以同时容纳20多辆过境木材待检，是集材过境检查，国有集体木材销售结算，出口办证等功能于一体的综合大楼。同时该站还对站房周围进行绿化和亮化、美化，配备电子监控、电脑等设施，完全具备功能全、待检能力强、办事方便，行政效率高等显著特点。金洞木材检查站归口于金洞管理区林业局管理。该站于2007年度被永州市政府评为“文明执法窗口单位”。

三、林政法制管理

金洞林区有“百万大山”的雅号。加强林政法制管理，依法妥善处理山林纠纷；加强森林资源保护，坚决制止乱砍滥伐，打击偷砍盗伐，防止森林火灾和病虫危害，保护森林资源和生态环境，是林区工作的重点之一。

(一)山林纠纷调处

金洞林场的山林，是根据《中华人民共和国土地改革法》(1950年6月28日颁发)及《中南区土地改革中山林处理暂行办法》的精神没收、征收过来的，当时国有林经营面积50余万亩。

1958年经省人民政府批准，祁阳县人民委员会在金洞林区组织林权处理委员会，下设分会，专门处理没收、征收山林之后的遗留问题。至1958年林场经营面积40余万亩。1961年，湖南省三级干部会议作出《关于山林问题的若干规定》，又强调巩固山林权属问题。原属国有的山林以及国家新造林，均属国有，由国家建立林场直接经营。1974年，衡阳地区革命委员会驻金洞林区工作队《关于金洞林区林权几个问题的调查报告》，以衡革发〔1974〕62号文件印发。1984年祁发069号、祁政发156号的通知中第八条规定：稳定山林权属，及时处理林权纠纷，同时成立金洞林区山林定权发证领导小组。1981年，林场国有山林第一次颁发林权证。2009~2012年，进行集体林权制度改革发证工作。2012年年底，启动国有林换发证工作。

通过1958、1961、1974和1981年的林权处理及一些遗留问题的解决，1981年山林定权发证时，林场经营面积为38万亩，基本解决盘根错节的林权问题，国家、集体山林四至抵界清楚。1985年，为了解决林业“三定”后的遗留问题，成立金洞林场调处山林权属纠纷办公室，由专人负责调处山林权属纠纷日常工作。1997年，金洞林场被永州市政府评为边界无权属纠纷单位。2006年成立金洞管理区后，在林业局内部设立林业调纠办公室，并在管理区法制办成立了案件调纠中心。至2011年，共调处山林纠纷200余起，挽回国有、集体山林面积

5000余亩，比较突出是2004年、2005年间调处林场与衡阳市祁东县粮市镇石埠村一起长达32年的山林纠纷，在调处的过程中共接待山林权属纠纷人员180人次，双方达成协议，实事求是地解决好了这起纠纷；成功调解了林场与祁阳县八宝镇四木村长达20多年的山林权属纠纷。

门楼下与大源里山林纠纷调处 1977年10月，新田县门楼下公社鲁塘大队平源里生产队与区内晒北滩公社枧下大队大源里生产队，争执大源里长漕面积87亩，有杉木1.5万株，材积700立方米，新田方包给常宁人采伐，祁阳方多次制止新田方不理，祁阳方将新田方所采木材700立方米卖给祁阳木材公司。新田方向当地人民法院起诉，双方地县人民法院，林业部门和有关公社负责人处理四次，均未解决。省林业厅牵头，召集两地（衡阳和零陵）农村办及林业部门负责人，历时10多天协商处理，仍未见效。双方争执中心岐难以确定。祁阳方大源里业主土地证（号码7092），此至坟山（即邓道珠祖坟，亦是中心岐所至）。1981年10月祁阳县农办主任雷远胜指派县林业局工程师实地勘查，测绘地图，证实长漕山属祁阳方枧下大队，将图及土地证（复印件）寄到双方有关单位及省林业厅、省民族委员会。案情清楚，证据确凿，长漕山林权问题迎刃而解。

（二）制止乱砍滥伐

金洞森林资源丰富，林地面积占土地总面积的87.9%，是全省重点林区之一。1957年以前，森林的乱砍滥伐发生甚少，1958年实行“一大二公”的人民公社管理体制。接着大炼钢铁，几万人进入金洞林区砍树烧木炭。使林区森林资源遭受严重破坏。“文化大革命”时期，“打倒当权派，自由砍树卖”，偷砍盗伐之风盛行，中国共产党的十一届三中全会以后，林农的生产生活水平提高，新建住房增多，木材需求量增大，木材随行就市，价格面议，需大于供。1979年部分木材实行议价出售。价格提高50%（由原价70元/立方米左右提高到140元/立方米）。于是出现国营林场出售间伐材，集体加工厂大量出售杉原条，村民私人大量出售木房旧料。群众说：“磨斧子、砍树子、捞票子、买谷子。”“要想富、多砍树，要发财、卖木材，卖旧房、建新房，建了新房还有票子存银行。”这样一来乱砍滥伐现象日渐出现，。

哄砍盗伐林木 1981~1983年，国营金洞林场周围祁阳、宁远、新田、桂阳、常宁、零陵、双牌6个县的部分群众哄砍林木13270亩，其中成片砍光或基本砍光的9270亩，损失活立木蓄积4万立方米，引起国务院的关注。

农村田土到户后，农民生活好转，建房户明显增多，而木材市场尚未开放，供需矛盾十分突出。位于金洞林场附近祁阳县的火田、黄市、汪家、八宝、常宁的鹅院、杉术、蒲竹等公社的部分群众，时常窜入金洞林区盗伐国家、集体林木。1983年5月16日晚，黄市公社天星大队天益生产队社员黄某某，将在金洞林场盗砍的木材扎成木排运至金洞场部新家滩时，被护林员发现，黄做贼心虚，企图泅水而逃，自溺而死。5月19日，黄的尸体被其兄等亲戚搬到林场，并乘机寻酗闹事，打砸林场办公室，成为轰动全县的“5·19”事件。当天，县委、县公安局、肖家村区派出所，黄市公社党委组织力量赶到现场平息事态，6月23日盗伐形成高潮，附近公社大队的部分群众近1700余人，分别从金洞公社塘知头，新家滩。枣树坪和上司源公社的蒋家冲一带上山乱砍滥伐。形成“6·23”毁林事件。接到报案后，县政府组织民兵堵住出入关口,边追击边收缴沿途偷砍的树木,对不听劝阻,行凶者立即扣留于公社。县检察院,公安局的干警乘摩托车到林区周围主要道路巡逻拦截。并对参与哄砍林木的重点公社进行清查,查出参与毁林事件的有32个大队,1753人,盗伐林木6389株,材积426立方米,对有煽动群众上山盗伐国家林木,参与"5·19"事件,殴打护林员,情节严重的邓某处以有期徒刑2年。其他主要人员7人被判刑,8人行政拘留,7人受到党政纪律处分。

森林的乱砍滥伐给生态环境的破坏引起各级党委和政府的重视。1985年全面放开木材市场,从根本上解决人民群众生产生活所需木材的矛盾。国家又对森林的采伐实行限额管理。做到消耗量不超过生长量。林业行政执法部门又加大对偷砍滥伐的打击力度,不定期开展打击毁林犯罪的专项斗争,对稳定林区治安,保护森林资源起到积极的作用。林农积极性更强,林业生产出现持续稳定发展的好势头,森林植被、森林蓄积量逐年上升。

附:金洞烧木炭

1958年9月,金洞林区被定为衡阳专区木炭基地,成立衡阳专区金洞林区木炭指挥部,调集衡阳、衡南、祁东、祁阳4万劳力进入金洞林区烧木炭,其中祁阳2万人,衡阳、衡南、祁东三县2万,各县民工于10月中旬,源源不断赶赴金洞林区,划定烧炭区域,各烧各用,到10月31日,各县到达金洞林区烧木炭的民工16000人,其中男工15400人,女工600人,祁阳县人数最多达10000人,其余为其他各县民工。到11月中旬,根据林区烧木炭指挥部统计,衡阳、衡南、祁东三县共烧木炭48000担,为尽快将深山老林的木炭运出,祁阳县成立钢铁生产指挥部白水分部负责金洞林区木炭生产、运输、中转调拨。从全县各公社调集精壮劳力21773人进入金洞搞木炭生产,其中运输民工15000人,挖窖4350口,提出苦战4个月,烧炭120万担,保证县办钢铁厂的木炭供应的口号。为了保证木炭及时运出,一是疏通河道,县委组织部长唐某,副县长彭某,率1060个民工,56个干部采取分段包干,苦战几天几夜,疏通黄司河至金洞、金洞至白水航道,采用木船、竹排运;二是金洞到黄家渡8华里板车运;三是几千人扁担运送白水,每天从工地至白水的木炭2000~4000担通过白水中转各铁厂。为解决各地炼铁的燃眉之急。从烧炭人员中调出800人修木梓圩至金洞公路,抽调1314人挑木炭出山,各县因急需木炭炼铁,其他三县也派出4000多人前来运木炭。运木炭的人员先挑着米和蔬菜从木梓圩出发步行到金洞林区各烧炭点,然后挑着木炭出山送到白水上船,每天往返一次,远的要走80华里,近的也有60华里。由于丘陵地区的农民不会烧炭、金洞当地农民去辅导,外地人一次学不会,有很多木炭烧坏,要么全是马脚,要么全部烧成"火屎"。林区烧木炭安全事故也不断发生,共失火30多次。烧毁工棚10余处,损失储炭1万多担,烧毁粮食8000余斤,在烧炭时死亡6人,其中病死4人,砸死1人,掉在河里淹死1人,还陆续出现病号660人,民工情绪不稳,有的偷偷逃跑,先后逃跑1465人,其中祁东4900多民工逃跑的663人,占比例最多。有很多衡南人写信,要烧炭的人回去挖红薯,有的人还在信中说金洞山里的蛇有水桶粗,如果碰上定会丧命,谣言传出人心涣散。衡阳地委决定金洞林区烧木炭至12月10日结束。11月20日所有木炭最后一次装窖发火。1958年12月3日最后一批木炭运走,约1万余担随即撤出金洞林区。3个多月共烧木炭10万余担。1959

年2月，大炼钢铁运动基本结束。

四、规费收取

金洞管理区根据上级部门文件，按照省林业厅、省物价厅、省财政厅的有关文件要求，对一些国家规定的林业项目进行收费和对一些证件工本材料设计费用进行收费，收缴的费用用于林业基本投资或上缴省市上级相关部门。主要规费收费有：育林基金、伐区设计费、林权勘测费、征占用林地费、林权证工本费、采伐证工本费、运输单工本费、植物检疫单工本费。湖南省林业收费项目一共有12大项，50多个小项，但管理区根据林区的实际情况在逐年减免部门收费项目，2010年来，为了减轻林农负担，如竹木加工（经营）许可证、种苗许可证、植物检疫工本费等都实行免费领取，而育林基金、伐区设计费等逐年减少。

金洞林业规费收取情况

8－3－4

项目	标准	依据
育林基金	65元/立方米	湘非税〔2007〕18号
伐区设计费	6元/立方米	湘价服〔2008〕89号
运输证工本费	3元/份	湘价费〔2001〕262号
征占用林地植被恢复费	2–10元/平方米	湘财综〔2002〕73号
林权证工本费	5元/本	湘价费〔2001〕324号
植物检疫费	1元/立方米	湘价费〔2001〕262号
采伐证工本费	1元/份	湘林资〔2001〕41号
植被恢复费	2–10元/平方米	湘财综〔2003〕10号
林权勘测费	5元/宗	湘价费〔2001〕324号

第四节　资源保护

资源保护是林区工作的重点，是林区经济、社会发展的命脉。保护好资源是全社会共同的职责。林区的资源保护分为公益林保护和森林公园保护，公益林保护具体有自然资源保护和生物多样性保护。

一、公益林保护

（一）自然资源保护

金洞管理区林业经营活动对生态环境的影响表现为：对森林的采伐作业造成植被面积减少，从而引起环境的物理变化如水土流失、土壤退化；土壤涵养蓄水的功能下降，导致地表径流增加。同时，森林砍伐破坏了一些野生动物的生存环境，造成物种多样性的破坏等。

在森林采伐后的造林更新中引起新的水土流失等。金洞管理区资源保护的措施：1.加强宣传教育，提高林场职工和周边群众的环境保护意识。2.严格执行森林经营作业技术要求，科学开展伐区设计，控制伐区面积，优化伐区配置；严格控制对公益林的采伐。3.及时更新采伐迹地，尽快恢复森林。严格执行造林环保规程。禁止炼山，坡度大于25度时，采用穴状整地；坡度为15～25度时，采用带状整地，沿等高线布置。4.控制污染源，适地适树，利用自然力促进林木生长，通过营造混交林维持森林健康；少使用化肥、农药，控制生产污染。森林经营人员进入林区作业产生的生活垃圾（如塑料制品、铁铝制品等）集中堆放和进行无害化处理。

附："绿盾"行动

"绿盾"行动是金洞管理区特有的一项保护野生动植物资源专项行动。任务：以保护为根本，以改革为动力，以发展为目的，坚持依法保护，加快生态文明建设步伐，逐步建立野生动植物繁育利用产业，发挥生态、经济和社会效益，实现人与自然和谐共处，共建金洞美好家园。目标：以金洞国家森林公园为基础建立一个自然保护区，以自然保护区为中心，进一步加大野生动植物物种保护的力度，重视野生动植物产业的发展，形成以规模化繁育基地、综合加工利用基地和生态旅游等为主的产业框架结构，建立起以野生动植物及其产品专业市场和定点经营单位为主渠道的流通体系，推动保护、养殖培植和合理利用协调发展。措施：（1）没收非法持有的猎杀工具，包括火铳、鸟铳、汽枪、自制炸弹等；（2）查处乱捕滥猎、非法收购、倒买倒卖、非法经营及非法运输野生动植物的各类案件；（3）查处损毁、盗挖和非法移植珍贵野生植物和古树名木的各类案件；（4）查处乱捕滥杀鱼类的各类案件，严禁炸鱼、电鱼、毒鱼等各类行为；（5）查处乱捕滥杀鸟类、蛇类、蛙类等各类案件；（6）查处偷砍盗伐、非法收购、偷运夹带木材的各类案件；（7）整章建制，通过这次专项行动建立一套保护野生动植物资源的长效管理机制。

在历次"绿盾"行动中尤以2010年"绿盾"行动效果好。该次专项行动由宣传发动、自查自纠、查处打击、整章建制四个阶段组成。时间从3月1日起至5月15日。在这次"绿盾"行动中，领导重视，宣传发动深入，组织实施严密，行动果断。没收非法持有的猎杀工具（火铳、鸟铳、汽枪、自制炸弹等）共20支；查处乱捕滥猎、非法收购、倒买倒卖、非法经营及非法运输野生动植物的各类案件共5件；查处损毁、盗挖和非法移植珍贵野生植物和古树名木的各类案件2件；查处乱捕滥杀鱼类的各类案件，严禁炸鱼、电鱼、毒鱼等各类行为10件；查处乱捕滥杀鸟类、蛇类、蛙类等各类案件20件；查处偷砍盗伐、非法收购、偷运夹带木材的各类案件5件；通过这次专项行动建立一套保护野生动植物资源的长效管理机制，并建立高效的管理机制和过硬的执法队伍。

（二）森林公园

金洞国家森林公园成立于2005年12月，总面积2500公顷，范围包括晒北滩分场、小金洞分场、白果市分场、万宝山工区和金洞分场的部分林地。公园内森林茂密，树木葱茏，森林覆盖率达到86%；动植物资源繁多，有木本植物91科568种，野生珍稀动物30多种，生物多样性十分丰富，目前森林公园范围逐步升格为自然保护区。

金洞森林公园自建立后，采取各种方法保护园内生态：1.加强公园内野生 动物资源的保护，禁止在森林内乱捕滥猎野生动物特别是濒危、珍稀野生动物。分不同情况，在生物物种丰富地段建设自然保护小区，以保护珍稀物种和森林生态环境。在2010年开始为了保证野生动植物管理区开展“绿盾行动”。2.实施森林景观改造，对景区内杉木人工起源的成过熟林和2008年受冰冻雨雪灾害严重的部分实施择伐或小面积皆伐（单块面积不超过1亩）进行适当改造，并采用采伐强度15%对中幼林进行抚育间伐或卫生伐。用樟树、杜英、楠木、马褂木、木莲、青冈栎等珍贵阔叶树大苗造林。使不同树种林分进行块状配置，互相以林分为单元共同构成景观镶嵌体，避免景观水平上的同质性。3.通过“优材更替”培育，建设以发展珍贵稀有树种和优良乡土树种为重点，将现有以杉木为主的生态公益林逐步更换为树木材质优良、树种结构合理、生态和景观功能良好的优质林分。

二、森林病虫害防治

金洞森林广阔，树种也多，森林病虫害的发生不可避免，但大范围及疫情较严重的病虫害发生很少。经查，金洞历史上仅在清文宗咸丰七年（1857年）秋发生过一次森林虫灾，文记载：“飞蝗敞开，竹叶被吃食殆尽，经捕捉挖卵，虫灾才得到控制，”可见虫灾是为严重。之后一直未出现严重的森林病虫害，直至2011年5月中旬，才在境内白果市乡发现百多年来从未发生过的较大面积的杉木食叶害虫，主要危害15年以上的杉木，受害主要集中在仁光和柏福两个村，直接受害面积达200亩，漫延面积500亩。受害杉树的特点是：叶片几乎被吃光，远看树面呈白雾状（幼虫吐丝包裹所致），整片林子状似火烧。灾情发生后，管理区迅即把灾情通报给相邻单位的双牌县林业局、祁阳县林业局及大江林场，并将标本送省林业厅。经省林业厅森防办专家鉴定其虫害为“杉木短须螟”。按照省、市森防办的意见，管理区采取果断措施，拨款5万元，采用人工4人一组上山（一人砍杂草，一人背药上山，一人背机子喷，一人换手）防治。经过半个月的努力，有效制止了病虫害的扩散，虫害得以控制。

经普查金洞林区常见的森林病虫害主要有：杉梢小卷蛾、杉梢螟、杉天牛、松毛虫、地老虎、蝼蛄、金龟子、黄脊竹蝗、柑桔风蝶。双条杉天牛、星天牛等。常见的苗木病害，有猝倒病、叶枯病、赤枯病、黄化病、叶斑病、杉苗猝倒病，杉炭疽病、柑桔疮闸病等。

林区内的檫树、樟树、泡桐、香椿、楠竹、油桐、油茶等用材林和经济林，均有不同的病虫害，檫树的白轮蚧，长足象；樟树的樟叶蜂；泡桐的中华叶甲；楠竹的叶蝗；竹小蜂；油桐尺蛾，油茶尺蛾等危害较严重。

金洞管理区的主要防治措施与办法：1.贯彻“预防为主、依法治理、促进健康”的方针。研究病虫害的传播、繁殖、发展规律，开展生物控制，采用以生物防治为主，人工防治、药物防治、生物防治三结合的方法，全面做好森林病虫害防治工作。2.加强植物检疫工作、造林种苗检疫工作，防止带病苗木、木材、木制品通过或进入林场，防止外来不良物种的入侵。3.营林措施防治，首先，加强林木抚育管理，对密度较大的中幼林要及时抚育间伐，保持林分旺盛生长，对林分中的枯立木、病死木要及时消除，改善林分卫生状况。营造针阔混交林，形成多树种和多生态系统在时间和空间上交叉配置。采取良种壮苗、精心培育、加强管理的措施，改善森林生态系统，增强对森林病虫害的抵抗力。4.保护鸟类和其他害虫天敌，适度控制狩猎。通过综合治理措施，将有害生物所造成的损失控制在经济阀值以下。

三、森林防火

森林火灾 金洞林区历年来森林火灾时有发生。1959 年至 1962 年 3 月底，林区共发生山火 180 次，烧毁森林面积 3100 亩。其中 1961 年 1～3 月发生山火 32 次，烧毁面积 1200 亩，烧杉树 327456 根，损失木材 12590 立方米。1962 年 3 月 26 日，这一天全林区发生山火 4 次，烧毁森林 150 亩，烧杉树 46000 株。1963 年 3 月 1 日，金洞林场大江工区整地失火，烧到零陵县梅溪公社大木园，3 月 3 日蔓延至郑家桥石家槽，罗鼓寨福田公社大明江，小明槽等山岭，两县共烧毁山林面积 1.5 万亩，烧毁各种树木 10 万株，损失 8 万元。

2005 年小金洞乡因炼山整地发生森林火灾，过火面积达 400 多亩，刑事拘留 1 人。2010~2011 年，金洞镇友胜村因炼山整地发生森林火灾，过火面积近 1000 亩，3 人被刑事拘留。2009 年清明节期间，石鼓源乡、凤凰乡村民，因烧纸钱、放鞭炮引发森林火灾，过火面积近 500 亩，两人分别被治安拘留和刑事拘留。

防火制度 1949 年 12 月 3 日，湖南省临时政府颁布《湖南省森林保护暂行办法》。金洞林区贯彻上级精神，鸣锣扎标禁山。1951 年 4 月，零陵专署转发湖南省人民政府《紧急护林防火指示》，结合本地具体情况，颁布《护林防火办法及护林公约》要点。规定严禁在森林附近放火烧山，发现火灾时当地干部应发动群众迅速扑灭。1960 年金洞区石鼓源公社大岭下大队创造了 10 年无森林火灾的好成绩。

1962 年，金洞林区严格执行"六烧、六不烧"（不经批准不烧、未开防火线不烧、不备扑火工具不烧、人力未组织好不烧、太阳大和气候干燥不烧、风大不烧）的规定和炼山整地制度，1963 年，在林区内大力宣传省人民委员会发布的《关于保护森林的布告》贯彻"防胜于救的方针"，群众的防火意识有所提高。"文化大革命"期间护林防火组织涣散，森林资源保护力量削弱，直到 70 年代后期才恢复森林防火正常工作。

1981 年 10 月，省人大常委会批准公布《湖南省森林防火实施办法》，逐步建立和完善林区火源管理制度，做到森林防火制度化。实行生产性用火许可制度，预防森林火灾。

1984 年，实行"以场带乡，场乡联营"的管理体制，建立林业生产责任制，强化护林防火工作。

1988 年，林场成立森林防火指挥部，党委书记李云任政委，场长刘敦云任指挥长，其他副场级领导为副指挥长，办公室设金洞公安分局制止办，后改名防火办，办公室主任由局长兼任。各乡镇相继成立森林防火指挥部，书记任政委，乡镇长任指挥长，其他副级为成员。防火办切实履行护林防火职责，建立了健全的护林防火制度，规定每年 10 月 1 日至次年 4 月 30 日为森林防火期，林场森林防火指挥部实行 24 小时值班制。开展护林防火大宣传、大教育。林区主要路口设有护林防火警示牌，书写永久性防火宣传标语，实行安全用火防火教育。1988 年在百子坳（原金洞公社）设立防火中队，共 25 人（1992 年解散），专门从事护林防火工作，其间共清理木材 300 余立方米，扑救森林火灾 35 起，处罚盗伐人员 217 人次。

90 年代，金洞与边界县区、乡镇、场，分级建立护林联防机制，一年一度或定期轮流值班，主抓边界护林防火工作，2000 年后改为两年一度轮流值班制，一直沿袭至今。

防火设施 按照《森林法》提出的“防胜于救”的方针，林场先后建立金洞分场农户队渔窝湾瞭望台和小金洞分场白沙源羊角岭瞭望台，护林点 21 个，防火线 380 公里，防火线宽 10–20 米，采用生土带形式。营造生物防火林带不仅是一种阻止林火蔓延的永久性设施，同时又能起到防止水土流失，改善土壤的作用。大力营造生物防火林带，加强防火林带和防火线的改造与修复，建设林火阻隔网络是一项具有战略性的防火技术措施，2011 年建成。防火林带 300 多公里，生物防火带主林带 20 米宽，附林带 100 块。还购有风力灭火机 10 台，柴刀 500 把，对讲机 40 个，移动通信基站 9 个，固定电话 50 台，移动电话 200 多台，民兵应急分队 73 个，1200 人，专业队伍 9 个 135 人，其他形式专业队 9 个，720 人，购置扑火服装 420 套，还配备水壶、鞋子、扑火皮扫帚及基本扑火设备。一旦发生火情，拉得出、冲得上、扑得灭。金洞森林公安分局森林防火指挥部已安装无线通讯森林防火卫星测控 GPS 系统，并拥有消防车 2 台，计算机 3 台，火场应急通讯系统 2 台，照相机 1 台，摄像机 2 台，GPS 定位仪 1 台。管理区每年投入资金 25 万元左右。林区已基本形成了护林防火体系，护林防火工作正向科学化、制度化方向迈进。

防火宣传 1950 年，宁远县根据省人民政府、省军区《关于做好护林工作的指示》组织工作队到金洞林区组织干部群众进行了广泛的护林防火学习和宣传，护林防火活动由此拉开序幕。为保证护林防火制度的落实，县成立护林防火指挥部，乡政府成立护林防火委员会，农业社成立护林防火小组，互助组成立护林防火队。分段划片，包干负责管理山林，整个林区成立 8 个护林防火委员会，94 个护林防火小组，340 个护林队，护林防火人员 1364 人。林区要道及交叉路口上树立护林防火牌。连糖果包装纸上也印上“护林防火”4 个字，结束“阳明山的野火四季不断的历史”。1956 年 1 月，由省委、省林业厅联合召开植树造林与护林防火青年积极分子大会，金洞区小金洞乡代表会同江华等县代表在会上倡议争取将所有森林的乡都变成没有山火的乡，此倡议得到大会的充分肯定。1958 年林区基本消灭了森林火灾。1962 年，晒北滩公社党委书记邓芳隆积极认真抓防火工作，从公社、大队、生产队到学校和家庭都有护林防火组织和护林防火公约，真正做到“三严禁”（严禁烧蜂、严禁烧山驱兽、严禁上山烧纸钱和放鞭炮），“五注意”（灶房不放易燃物、小孩不玩火、冬天不用火烤被、生火不离人、灶台收拾干净），形成人人养成护林防火习惯，创造了连续 6 年无山林火灾，3 年无火警的佳绩。1979 年，金洞区凤凰公社实现三年无火灾，受到省护林防火指挥部通报表扬。

1987 年 6 月，国务院“关于大兴安岭特大森林火灾以及处理决定”和中央 20 号文件下达后，全场出动宣传车 2 台，深入全场 73 个村 500 余村民小组，进行宣传，受教育人次达 3 万余人次，每年印发森林防火公约 1.5 万份，发至全场每家每户。林场把森林防火工作当做大事常抓不懈，采取多种形式，多种措施向广大人民群众进行教育，增强护林防火意识，从 90 年代初开始在全场中小学生（小学三年级以上）开展“给家长的一封信”活动，宣传护林防火知识，增强全民护林防火意识，还组织学生开展了护林防火知识抢答赛和护林防火知识作文比赛。全场定期开展护林防火知识讲座。每年下发两次《森林防火入户通知》(清明节一次,九月一次),生产性用火必须履行的“四道程序”和林区用火“十不准”“三严禁”及火情报告制度,制定了扑救森林火灾预备方案,并从组织领导,森林防火宣传,队伍建设,火源管理,基础设施建设,失火案查处等工作,每年森林受害率控制在0.5‰以内,森林火警,火灾查处率为100%。

由于坚持“预防为主,积极消灭”的防火方针,1990~2012年,连续创造了23年无重、特大森林火灾的佳绩,连续3年获永州市森林防火先进单位荣誉称号。2000~2003年,被评为省护林防火先进单位。

第五节　林业科技

一、林业科技队伍

1980年林场成立科技科和林学会,有林学会会员126人,其中16人为中国林学会会员,35人为永州市林学会会员。2000年以后,林场积极引进和培养林业科技人员。大力接收林学专业的大中专毕业生,同时创造条件,对自学取得学历的,予以报销学费。林场现有林业高级工程师6人,工程师28人,助理工程师106人,技术员44人。2004年,出台《金洞林场科技工作暂行规定》,对有贡献的科技人员分别给予5000元、3000元、2000元、1000元奖励。2006年成立管理区以后,将科技科更名为金洞管理区科学技术局。

二、成果

金洞的林业科技工作主要是加强与省、市科技单位的技术合作,以湖南省林业厅、永州市林业局为联系中心,以湖南省林业勘查设计院、湖南林科院、中南林业科技大学、湖南省植物园为技术指导,培养或引进高端人才,推广和应用新技术,提高科技含量,实现森林的可持续发展。

金洞林业真正意义上的科技推广是从60年代开始的,起初是改杉木萌芽条造林为杉木实生苗造林。70年代初开始建立杉木种子园,提高实生苗造林质量。1976年,建优质种子园370亩,实行育苗方式的改革,改春播为冬播,改护阴为全光育苗,改旱土为稻苗轮作。1979年建成刘家滩半机械化自动喷雾苗圃。80年代实行杉木速生丰产林工程化造林,并逐步推行杉木优良无性系造林,全场共营造杉木丰产林12万亩,90年代利用杉木速生丰产林培育杉木大径材,并通过间伐、施肥等技术措施培育杉木大径材5万亩。90年代后,调整林种树种结构,引进马尾松、桤木、桉树等工业原料林树种,并进行一系列科学试验。

用实生苗代替萌芽条更新。林区是一个多代萌芽更新的老林区。1954年前,已经经营至9代,均是萌芽林(回蔸杉),造成树蔸老化,再生力弱,加之树蔸土层瘠薄,肥力不足,林木后期生长缓慢,木质低劣,抗病虫力弱。20世纪60年代开始,全部推行实生苗更新,既能保证每亩生长株数,同时木质良好,病虫害少,生长健壮。

无性系育苗(以苗繁苗技术)　以近代遗传学基本原理为依据,结合林业树种的生物学特性而发生的,它已成为林木育种的重要途径之一。该技术方法简便,投资少,见效快,效益高。实践证明,利用萌芽条插播育苗,比培育实生苗方法简便,病虫害少,成活率高,苗木质量好,侧根发达等多方面优越性。20 世纪 80 年代开始,省科委与林场签订成果推广合同,为以苗繁苗将做出新贡献。该项目属"六五"至"七五"国家科技攻关课题,杉类无性系造育内容之一。1987 年,金洞林场与永州市林科所合作,共同承担中南林学院杉木优良无性造育研究的试验课题。参试无性系 506 个,试验面积 192 亩,至 1989 年共选育优良杉木无性系 13 个,用优良无性系造林 500 亩,1990 年获省林业科技进步三等奖。

杉木优良无性系速丰林　在抓好现有杉木林培育保护的同时,新造杉木林 80%以上都要采用优良无性系造林。无节良材是指通过人工整形修剪消除木材的死节,减少活节,增加木材中的无节部分,获得通直圆满树干的优良大径级用材林。金洞林场与湖南环境生物学院共同研究,全面了解杉木超级无性系在中龄林分阶段各种生长特征,特别是遗传力方面的性状进行分析研究。该试验地面积 153 亩,本课题参加研究无性系有 234 个,除年度重复外,实际参加研究的无性系 165 个,计算研究标本 26425 组。该项目 1998 年获省林业科技进步二等奖、省科技进步三等奖。

林木速生丰产林集约经营　为达到缩短轮伐期,提高单位面积产量,在整地方式上,造林方法,规格密度,树种配置以及抚育施肥等多方面进行改革和试验,取得显著成效。金洞根据林区实际,采取灵活的措施,如在整地方式上不搞千遍一律的全垦整地。规定在坡度 20 度以上不全垦,采用带状垦复打大穴;在缓坡矮山丘,可全垦或挖壕穴整地,一般要求穴大,表土入穴。整好地后再施放底肥(过磷钙,每穴 250 克左右,与表土拌匀)。1991 年开始,林场在原 10 万亩杉木丰产林的基础上研究杉木大径材的培育措施。主要采取科学间伐、埋青施肥的方式,取得成功。2000 年,利用杉木丰产林培育大径材技术研究获得省林业科技进步二等奖、省科技进步三等奖。

"优材更替"培育技术 是将现有以杉木为主的生态公益林逐步更换为树木材质优良、树种结构合理、生态和景观功能良好的优质林分。建设以发展珍贵稀有树种和优良乡土树种为重点,通过定向改培,提高林分质量和林木的经济价值,促进林场优质森林资源培育。定向抚育选择在公益林区坡度平缓、土层深厚适宜培育珍贵优良树种的林分,调整树种结构、提高林分质量、促进树种生长。定向改培采取小块状,小面积(集中采伐 1 亩面积以下)皆伐的方式伐除杉木成过熟林后补植目的树种,调整树种结构,实施定向改培,提高林木的经济价值。金洞从 2008 年开始实施"优材更替"培育技术,至 2012 年培育 9.3 万亩,据测算,每亩可提高经济效益 500～600 元 / 亩。

测土配方技术　推广森林测土配方技术,建设高效林业,减少因施肥而引起的环境污染。对金洞管理区的 8 个乡(镇)实行肥力、酸碱性、微生物等情况进行定性或定量分析,最终总结出该地区地块,适宜种植哪些农作物品种,或者对所种植的农作物所需的各种肥料、需要的用量,以及对肥料进行微谱配方分析、并做含量勾兑的一种科学定论的方法。是提高土地利用效率,科学种田的有效手段。该技术从2011年开始实施。

植物固碳技术 在“低碳经济”建设中 推广应用成功的森林植物固碳技术,加大速生林建设力度,保护森林资源,实现年固碳总量4.0万吨,年净固碳量1.2万吨以上(按森林每生长1立方米木材固碳0.256吨计算),为地区和全国节能减排及“低碳经济”建设做出贡献。森林是陆地生态系统的主体,具有显著的固碳功能,在减缓全球气候变化中具有不可替代的作用。有三种较成熟的植物固碳技术:一是基于生态系统管理的森林固碳技术;二是基于选种育种和种植技术的固碳技术;三是基于基因技术培育新品种的固碳技术。它们为实现植物固碳提供了技术保障。

计算机信息化建设 各分场实现与林业厅政务网络对接,对场内网络系统实施改造,实现资源林政、营造林的信息化管理。管理区林业局、林调队、木材检查站、乡镇(分场)林业站、森林公安分局全面实行电子化办公。健全林业信息化管理,在现有的信息化平台上实现对资源管理、森林火灾和有害生物预测预报的信息化管理,增加了决策的科学性,提高决策效率。

林业培训(继续教育) 林业进步,林场发展必须依靠科技进步,管理区每年都对职工进行进修培训或聘请专家来金洞授课,组织林业部门走出去,到各县、市直机关、省厅学习,不断提高知识水平和工作技能,培训的主要内容包括:1.林业专业知识与操作技术培训,如:森林经营、林政管理、森林防火、野生动物保护、森林病虫害防治等,主要操作技术有伐木操作、集材技术、林地清理技术、整地技术、苗木造林栽植技术、采种与种子处理技术、育苗技术、野生动物救护技术等。2.生态环境影响与保护教育,主要包括森林与可持续发展的关系,森林经营活动对环境造成的影响,森林经营活动中减少环境影响的技术措施等。3.劳动安全。提高安全意识,避免可能发生危险的不规范操作。如2009年集体林权制度改革技术人员培训。这次培训的内容为地形图基本知识及野外调绘实习,参加培训人员为各乡镇分场(工区)工人代表及部分村、组、林农优秀人才共88人。该次林改培训,在学习上,邀请了在管理区从事林业工作二十多年的资深林业高级工程师进行授课和指导,利用现代化的投影教学,直观高效地进行理论教学;在野外调绘实习中,选择金洞的新家滩、黄家台及孙家洲等区域进行实践学习,让学员认识地形图及体会野外调绘的一些技巧。该次培训,取得了预期的效果,在林改的后续工作中,在外业调绘的精度上、内业资料的整理上起关键作用,为整个林区集体林权制度改革的顺利完成打下基础。

三、学术团体

金洞管理区科技局内设两股一室,即科技计划股、农村股、办公室,共有在职人员3人。区里成立科技工作领导小组,各乡(镇)配备科技副乡(镇)长和科技专干,初步建立以乡(镇)党委、政府领导、科技副乡镇长主管、科技专干负责为龙头,以科技副主任、科技信息员和科技示范户为纽带,联系千家万户的科技管理网络。

凤凰花木经济组织 又名凤凰花木协会,于2007年由凤凰中荣村党支部书记(兼村委会主任)刘联春在2002年自家兴建苗木基地的基础上带领村民联营扩展创办,这是金洞管理区第一个专业合作组织。协会共有500余人，其中现有种植花卉苗木专业技术人员60人,具有园艺师职称的有2人。四年来,该社苗木种植面积已达650亩,另租地育苗220亩,带动周边村育苗350亩,采取自负盈亏的经营模式。2012年以后,常年致力于种苗、花卉、树木绿化等经营,每年可提供各种造林苗木7400万株,苗木品种达35余种。为林区提供优良的种苗、花卉,对林区的公路及城镇绿化做出了贡献。凤凰花木协会运转经营形式良好。建立10个年头以来,取得了较好的经济效益和社会效益。在协会的帮助下,水泥路直通全村各院落,家家户户用上了清凉可口的自来水,80%的村户用上了电脑。2007年,获"全国绿色小康户"称号,2008年被评为"永州市科技示范户"和"十好家庭",2009年被授予"湖南省科技示范户"称号,其创业先进事迹在永州市电视台播放。2008年,实现产值250万元。2010年,实现产值310万元,2011年,实现产值达到400万元。

第四章　木材生产经营

金洞盛产"祁阳木","祁阳木"的主产区在金洞。"祁阳木"具有干形通直,木质坚韧,色泽光滑,气味芳香,经久耐用等特点。中华人民共和国成立前,金洞采伐业就已兴起,"祁阳木"畅销长江下游,驰名于汉口、南京等地。

自古以来,金洞竹木采伐完全是手工操作,体力劳动强度大。随着林业的发展,采运工具不断改正,采伐技术亦不断提高。

中华人民共和国成立初期,木材采制由个体采伐走向集体采伐和国营采伐,木材市场由私有私营改为公有公营。1955年提出"按计划大力收购,并辅以采伐以补收购之不足",强调与互助组、合作社订约收购,因入社山林折价过低,山价款兑现极小,普遍出现超合同采伐现象,金洞枣树坪乡第三村甘某订约12立方米,砍倒115立方米。1956年,中央和省提出"控制过伐林区,合理经营一般林区,积极有重点地开发偏远林区"的生产方针,规定偏远区45%,过伐区5%,一般林区50%,按比重订约生产。伐区逐山逐块踏查,摸清存材底子,然后落实任务,木材生产步入正规。1957年,木材生产由政府下达指令性计划,社队与国营采伐队组织生产,木材公司统一收购调销。1958年"大跃进"中,各地调集劳力上山砍伐木材,不分权属、不计报酬、不顾运输条件，采伐的木材有的困在山里腐烂、积压浪费严重。1961~1963年贯彻中央"调整、巩固、充实、提高"的方针,规定产材社队完成分配任务后,在社与社、队与队之间互通有无、等价交换。社员经营林副产品在农村市场出售,竹木市场日趋活跃。"文化大革命"期间,严禁木材自由交易,市场不准私人买卖木材,而产材社队"树在山里烂、人在家里穷"。

中共十一届三中全会以后,国家为增加产材社队收入,将木材收购由每立方米28元调高到 40.64 元，社队除完成国家收购任务后，余下木材及其制品可以议价销售。1981 年 5 月木材收购价每立方米被提高到 58.95 元。同时放宽木制品管理，1985 年取消统购统销，实行分户限额采伐、议购议销，参加市场竞争。

森工采伐技术和工具，随着时代的进步，由斧砍采伐发展到半机械化油锯生产；山路运由人扛、木拉车发展到索道化、拖拉机、汽车等机械化集材；水运放排，自古靠人力自然流水送排换成机器船、拖轮运排，河里汽笛长鸣，木龙竞游。储运保安从竹缆吊排发展到水泥桩吊排、拖轮配套、龙门吊归楞起坡、装车，减轻劳动强度提高工效；木材加工从生产原条、原木、制作简单的方料、农具、手工造纸发展到机械化自动操作，木材利用及林副产品加工、制造胶合板、纤维板、刨花板，为工农商基建行业提供多种多样优质物品。1954~2011 年国营金洞林场共向国家提供商品材 2413700 立方米。

第一节 机构、队伍

一、国有林场

建场初期，国营林场只负责营林生产，即造林、抚育、护林，而木材生产则由当时的祁阳森工局统一经营，林场每年按计划负责办理伐区拨交手续和按实际采伐材积收取山价款。

1962 年，为适应国民经济调整的方针，实行采育结合。8 月，经省林业厅同意，将祁阳森工局原管辖金洞林区的 5 个伐木场，全部移交林场管辖。自此，林场才有了森工生产。实现了自育、自造、自采一条龙生产经营。1962 年接收过来的森工职工达 1400 余名。后来根据生产需要，陆续精简、调走、下放部分职工，到 1965 年只剩余 600 余人的森工队伍，负担全场国有采伐任务。

1963 年，省林业厅为加强森工企业领导，成立“金洞采伐场”，与金洞林场并列。实行一个机构、两块牌子（即金洞林场、金洞采伐场）。一个是事业、一个是企业，分开核算。1965 年，又撤销金洞采伐场，恢复原体制。

1984 年，为适应林区改革需要，加强林区木材统一经营管理，减少木材流通中的中转环节，走林、工、商综合发展的道路，零陵地区行署决定，将白水集材场移交金洞林场。与此同时，将原祁阳县木材公司设在金洞林区收购集体木材的收购站、点，也全部移交金洞林场。自此，林场成为由单一生产型转到综合生产经营型的事业单位。金洞林场森工科随即成立，之后虽经过两次大的机构调整与改革，但森工科及其工作职责职能一直未变。

2007 年，金洞管理区（金洞林场）成立，森工科改为林业生产科，定员 7 人，工作职责是负责金洞林场国有森工生产。森工生产也由原来的自采材和熟木销售转变为活立木销售形式，实行公开、公正、公平竞争的招投标方式。

二、木材收购站

1951年4月，阳明山林业站建立，地址设在宁远县金洞区（原宁远县第八区），内设林政、林产、营林三股，共有职工25人。

1952年，阳明山林业站和常宁县林业站合并改名为湖南省木材公司白水支公司，迁址祁阳县白水镇肖家祠堂办公，设行政、业务、统计等7个股室，有职工143人。

1953年4月，白水支公司与衡阳地区木材接收站合并，接收常宁县的洋泉、宁远县的荒塘、洋塘、金洞，新田县的门楼下、桂阳县的三友、零陵县的白菜田，改名为祁阳采购站，接受衡阳森林工业公司管辖，下设金洞、枧下、大江木材采购站等7个采购组，有干部79人，工人30人。

1954年2月，按照年生产木材两万立方米以上的建局的规定，将"祁阳采购站"改名为"湖南省森林工业分局祁阳支局"内设统计等股室和保卫组、医务所，在金洞域内下设金洞采伐场，晒北滩采伐场，河上江采伐场。1958年3月并入林业局，在金洞境内又增设白果市、大江两个采伐场。

1961年11月，森工、营林分家，成立森林工业局，隶属森工的股、室、场、所均移交森工局，同时设森工派出所。

1962年8月，除第五伐木场（下马渡龙口源）外，境内其余5个采伐场均移交金洞林场管理。

1969年4月，祁阳县森林工业局革命委员会改名为祁阳县木材公司革命委员会，下设金洞、江口、凤凰、大江4个木材收购站，属祁阳县木材公司下设机构。

1972年以后，境内先后建立3个木材收购站，负责采伐指标，落实采伐地点、组织收购和储运木材。

江口采购站地处小金洞公社江口，1974年创建，投资4万元，购置土地1300平方米，建房600平方米，职工8人，负责小金洞、晒北滩、上司源三个公社的竹木收购。1984年人员和资产移交金洞林场管辖。

金洞木材站地处金洞区公所，1974年建立，投资8万元，购地2000平方米，建房1200平方米，职工16人，负责金洞、石鼓源两个公社的竹木收购，1984年人员和资产移交金洞林场管理。

凤凰木材站地处凤凰公社街上，1973年建立，投资12万元，购置土地4200平方米，建房900平方米，职工12人，负责凤凰、白果市两个公社的竹木收购，1984年人员和资产移交金洞林场管理。

第二节 木材生产与加工

一、竹木砍伐期

1957年,祁阳县森工支局在金洞的赤水源相邻两山进行7月和10月砍伐测验。7月砍伐树木容易气干,含水率低,平均每立方米重392.2公斤,10月砍伐的树木平均每立方米650.1公斤。前者仅占后者重量的60.3%,可使人力拖厢、水运船装多装40%,习惯定为7月份采伐。

每年立秋至立春前为楠竹最佳采伐期,超前采伐则竹子水分重容易生粉虫。采伐方式按"蓄三存四不留七"原则择伐,竹龄四年以下的禁伐,四年以上可以砍,七年的全部砍掉。不砍走山竹,保留母竹,砍密不砍稀,使之越伐越多。

二、采伐队伍

第一伐木场位于金洞镇,于1954年成立。负责金洞乡区域内的木材生产,内设9个中队,21个分队,有职工430人。

第二伐木场位于晒北滩乡,于1954年成立。分管晒北滩乡区域的木材生产,内设12个中队,31个分队,有职工1068人。

第三伐木场位于白果市乡,于1958年11月成立。分管宁远县的水安乡、祁阳县的白果市乡等地,内设8个中队,17个分队,有职工544人,其中国家干部5名。

第四伐木场位于大江边,于1958年11月成立。分管大江、凤凰两乡辖区内的木材生产,内设11个中队,27个分队,有职工908人。

第六伐木场位于小金洞乡江口村,于1954年成立。开始名为河上岗采伐场,1958年调整时改名为第六采伐场,生产伐区是上古小溪、鸭婆凼、黄司河两岸等地带,下设6个中队、16个分队,1个后勤队,63个作业组,有职工795人。

以上采伐场于1962年均移交金洞林场管辖。

三、采伐流程

剥杉树皮 先清理杉树四周的灌木杂草,在树蔸凭地处用砍刀环切一周,再从凭眉高处环切一周从中垂直向下划一刀,用刀撬开两边树皮,以此循序上剥。1990年以前人直立树上方只能剥木皮两张,1990年以后林农采用"高脚叉"剥木皮,一根树可剥四张以上。剥下后放在平坦处铺开压平,即成杉木皮。每张可值1.00~1.50元,可用作盖房、打厂棚,使用时间长,城镇高层建筑顶层用作天然的防冻隔热材料效果也不错。

利斧砍伐 先用利斧于树蔸部视树大小,分别削八斧、六斧或四斧,避免树蔸部砂石损伤斧口,利于拖厢运输和落斧定点,然后单足跪地,双手抡斧,斧成水平状砍伐,斧落树倒,无抽心、不劈裂。树头断面按大小分别为：大树呈八瓣斗角，中号树呈六瓣斗角，小树呈四瓣斗角。客商一看树木根部开瓣斗角，廓角分明，状呈花瓣的特殊标志便可知道是金洞木材。

打枝花皮　树桠要贴树皮打光打平，不出“昼眉眼”，花皮就是剥皮，要花干净而不伤木，打枝花皮后，木材要摆在枝桠树皮上。打枝花皮形式，依山形山势而定。主要有：“燕子窝”利用树形，以树木枝桠作抵挡，一堆一堆地打花。“老鹰晒翅”自山脚至山顶，条条式地分组打花，打花后，将木材蔸部靠拢、梢部不动，状似老鹰展翅，这是一种边打花边清理的作业方式，是林区较为理想的打枝花皮形式。

四、采伐工具

砍刀　呈半月形，斗一把长木柄，用于清理灌木杂草、花皮打枝。

捞勾　勾为铁制，形似鹰嘴，铁勾连着铁环，将环固定在木把或竹把上，就是一把捞勾。采伐作业时，要求2~3把斧子配一把捞勾，持勾人在伐区上方走动，配合斧工将树木倒向尾部朝上，蔸向山下。

斧子　呈扇形，尾部有30~40公分长的木柄，重约2.5公斤左右。一般每工可采伐0.7立方米木材，简单方便，易操作，至今斧砍还较多。

油锯　第一代油锯用汽油发动机带动圆形齿轮锯树，重达30公斤，较笨重，需两人抬锯作业，全场共有两部油锯。1958年冬，林场在金洞公社白泡回的赤水源使用油锯采伐，伐木速度较快，但劳动强度大，耗油量也大，伐根较高。1964年后，生产第二代油锯，减少了体积和重量，可一人操作。1976年，场内有油锯5部。1984年山林推行分户经营责任制以后，户平砍伐量一般在1立方米左右，不宜使用油锯，只有林场集体和个别联营（合股）采伐队（户）还继续使用油锯采伐。

五、采伐形式

历史上对金洞竹木年采伐量未加限制，但砍伐对象以老龄树（旧时25年以上）为主。采伐杉木严格按季节进行“瘦剥皮、壮砍树”。砍伐树木有严格的规章，“开瓣斗角，廓角分明”是其特殊标志。使用的工具是利斧和捞钩，一人一具，劳力组合为三人一组“两把斧子一把捞钩”，即1人扯钩供2人斧砍，3个小组共1个记码员，人均日砍材积5~6立方米。这种原始的采制方法一直沿袭到20世纪60年代。

20世纪70年代初，采伐工具是以油锯代替利斧，但开始使用的油锯重，爬坡越岭实有不便，锯蔸较高，材质受损，逐停止使用。之后又改用体质小、重量轻的新油锯，一人背负使用比较方便，在各分场推广。1975年，购进2台0.15型柳锯，在金洞分场试用。经过一年实践，效果较好，深受工人欢迎，第二年新购5台，推广到晒北滩分场。1977年又购进VT/4型泰锯9台，051型柳锯6台，新旧合计22台，在全林区6个伐木场11个森工队全面推广试用。油锯采伐的劳力组合是由3个人组成1个台班（1个人扯钩，1个人开斧口、1个使用油锯），工作时，3个人可随时轮换作业，日采台班工效35立方米到40立方米，人平11立方米，比斧砍工效高一倍多。油锯采伐的主要优点：一是工效比斧砍高；二是减轻劳动强度，一把泰锯 9.5 公斤重，起动后用双手提起按力，便可将树锯倒，同时 3 人常轮换作业。而斧砍跪地挥动 5 公斤重的斧子，一刀一刀地使出全身的力气，坚持几小时作业，劳动强度大；三是降低伐根，提高出材率。油锯采伐伐根高度均在 3 公分以下，断面锯口窄，比林业部规定伐根降低 2 公分，比斧砍降低 2～8 公分。每油采 100 株立木(约 5 立方米)，据测算，可提高出材 0.94 立方米。为全面推广油锯采伐，充分发挥机械效率，林场每年举办油锯手学习班，培训技术骨干，壮大技术队伍，逐年添置油锯设备及零配件。1976 年金洞林场有油锯 70 台，1978 年林场采伐木材 30800 立方米，使用新油锯伐木 13800 立方米，占采伐量的 44.87%。1977~1986 年，油采立木材积 10255 立方米，占 10 年林场总产木材 341.800 立方米的 30%，10 年提高出材率 961.159 立方米。小金洞分场采伐工人冯国保 6 年伐木 9290 立方米，6 次油锯比赛均居第一名。规定一个油锯手年采伐任务 600 立方米，冯国保 6 年完成 15 年的任务，由于成绩突出于 1995 年被评为省劳动模范。

金洞 1953～2011 年部分年份采制任务情况

8-4-1 单位：立方米

代别	性质 \ 年份/任务	1953		1958		1962		1972		1982		1990		2000		2011	
		分配	完成	分配	完成	分配	完成	分配	完成	分配	完成	分配	完成	分配	完成	分配	完成
斧砍	国营	40000	44137	100000	102000	46000	46668	–	–	–	–	–	–	–	–	–	–
	集体	36500	37000	68000	71000	39000	39500	–	–	–	–	–	–	–	–	–	–
油锯	国营	–	–	–	–	–	–	28000	29343	33000	33634	28500	29650	46393	46393	32319	32319
	集体	–	–	–	–	–	–	11000	12500	28000	29500	11300	12320	24312	24312	47100	47100

六、贮运

(一)水运

金洞木材早有外运，早在明嘉靖年间(1522～1566)，金洞木材通过“架南京排”就销往武汉、南京、长江中下游各地。清道光时，邑之文人唐李杜曾作诗曰：“白水河边黄家渡，青山翠竹满山稠，迎梅雨足湘江阔，打鼓开排下鄂州。”放排之势蔚为壮观，年销售量达 2000 立方米，可见水运历史悠久流长。未通公路以前，金洞木材运输全靠水运，而且水运历史悠久。木材采伐后，从山脚下扛到小溪边后，经溪运到小河再经大河到达各地。水运旺季为每年的二至三季度。据统计，20 世纪 50～60 年代金洞能流送木材的大小溪河 24 条，形成一个天然的水运流送网，是木材运输的有利条件。

溪运 分两种形式，一是“赶羊流送”木材。春季利用小溪的自然(俗称桃花水)，将杉元条或原木一根根赶洗下运；二是将杉元条扎成把子，每斗把子约 2～3 立方米，即筏运工人将立在溪旁河畔的木材用筏缆(林区多用篾片)捡好固定，扎成一个一个的“单猪嘴型”和“双猪嘴型”木筏。到春雨山洪涨时或利用自流水或筑堰蓄水进行流放，这种在险滩急流中的筏运非老手莫用，筏运工人再将把子运到主干河或集材坞址，再成连子排进行河运。

河运　主要是指从晒北滩至白水河及大江至白水的肖家河。这是金洞林区的两条主干河。水运季节可放“连子排”由7～9斗把子串连在一起称为一连排，材积30立方米左右，到材季节各生产单位沿河下运至白水交材。

1949年新中国成立后，国家投资整治河道，疏河炸礁，修堰筑坝，改善水运条件。从1953年开始森工基本上以河道整治为主，对所有大小溪都进行了不同程度的整治。为充分利用水利资源，国家每年拨给森工投资用于整治河道，疏河炸礁，修堰筑坝，滑道等，其中大型项目修石坝21座，投资款达50余万元。沿河还建立白沙凼、龙潜凼、烟鸡凼三个水运转运站等设施，木材流送效率提高一半以上，金洞黄司河一带1953年以前从未运送过杉原条，1953年炸礁一次，同年就运出木材6000立方米。1955年，又彻底疏炸一次，运木速度提高一倍。这一年代木材全部靠水运。

20世纪60年代，木材被洪水冲失事件时有发生，较大的一次属1960年4月森工局在黄司源上游“赶羊逐流”送杉原木途中遇山洪暴发，因无拦河设施，连沿河存材4万立方米全部被洪水冲走，后打捞寻找，损失木材3.42万立方米。

中华人民共和国成立后，大力整治境内木材运输水路，改善了水运条件。1965年以后，林区拦河筑坝修建6个电站，将林区两条主要河道水运航道截断，不得不改水运为车运。到1986年金洞木材靠水运的历史结束。20世纪70年代，由于沿途修建小水电和公路的贯通，停止了河道的疏通工程。

黄司河炸礁　黄司河上游宁远，下游祁阳，河岸两旁盛产杉木，全长300余里，滩陡水急、礁石林立。1953年投资1.2亿元（旧币）炸礁后，只能“洗根”不能放连子排。1955年11月从泥塘湾至土坳段长12公里重新炸礁疏河，成立黄司河炸礁工程委员会，1955年9月29日正式开工，由森工局组织施工，安排打炮眼工60人，修路工100人，捡石工120人，分六段同时施工于同年的11月21日完成，共用时54天，打炮眼4117.94米，炸毁石方2643.2立方米，开支11372.5元，10处壁陡险滩炸成慢坡，运量提高10倍，运输成本减低50%。

金洞河修炸　1955年8月27日山洪暴发，金洞河晒北滩至小姑石一段河床被河水冲坏，乱石阻塞无法放运木材，同年10月30日开工修炸。用石工29个，炸药150斤，计币286.73元，疏通河道12公里，11月25日结束修炸。

小河溪运　溪运多趁春水，如遇天干水浅则临时分段建造坝蓄水下运，木过坝拆。溪运的方式有散根漂流，叫“洗江”，有三五根或七八根扎成小挂下运叫“放排”。

黄司河前漂流送共场所　1957年晒北滩采伐木材8000多立方米运至土坳全程35公里，其中24.5华里落差400公尺，水流湍急，1957年11月20日开工推河，采取散根漂流日行夜休木的方法，安排工人450人沿途站滩推河扒凼，防止扎堆，1958年元月结束，单漂流运木材8929立方米。

金洞河大赶羊流送　1960年金洞林区砍伐木材24万立方米，从晒北滩赶羊流送至白水，全程100多公里，是有史以来第一次。林场成立指挥部内设宣教、治安、劳力调配、物资供应等科，下设5个水战兵团，划定责任区段：第一兵团从晒北滩至小金洞；第二兵团从小金洞至黄家渡;第三兵团从祖山口至小金洞;第四兵团从黄家渡至黄家凼;第五兵团从大江至白水。国营采伐场抽调1200人,社办林场抽调300人,计1500人。经过三个战役:2月15日至3月中旬运7万立方米;3月15日至4月11日运9万立方米;4月10日至30日运8万立方米,共计75天运出木材24万立方米,按预算为国家节约资金29万元。

(二)陆运

木竹运输是木材采伐后,从采伐迹地到用户工地的中间运输过程。山陆运指木竹从山运到溪(河)边或公路边,有滑道、厢道、索道等形式。

滑道 采伐的竹木从山上到山脚都是利用山地坡度做滑道(又称洪道)弯曲度在15%以下,不能修建在山脚有房屋、工棚的地方,扫除滑道附近的灌木杂草、乱石和腐木等,将树往下滑行,省力便捷,是林区采伐后"离山下洪"集堆最普遍的方法,一山一用、运完为止。

厢道(厢桥) 木材从山脚集堆地运到溪河或公路边,有的采用人力拖厢即用杉条扎成厢桥,制作箱船,用条木钉成船型,宽40公分,高50公分,长3~4米,船底钉两根毛竹片便于滑行,材农把厢船称为"林业作战船"。两人在桥上用木扛拉着厢船拖木行走。厢桥分为单桥和双桥,按木材数量而定,一般是一山一桥,一桥一用,有的也租用厢道。20世纪90年代末,按厢桥长度确定价格,900米内每立方米收费5元,1000米以上每立方米收费50元,运完木材后拆桥收集木材。普及索道后厢道运输方式基本消失。

索道 在采伐迹地制高点到山脚两头各安装一个木架打桩固定,用18~20厘米粗的钢绳架成索道,安装滑轮吊车,由上到下来回运行,每回运材0.3~0.4立方米,有人工索道和动力索道两种。

人工索道 1960年,第三伐木场在金洞架设索道55条,长达30公里。1984年后,集体架设的索道基本拆除,只有国营林场继续使用。1959年11月金洞知止坎架设一条500米长的索道,建造装材台以木跑车代替铁跑车和自动卸材等技术,每次运材0.2立方米,运行时间25秒,连同装卸时间每次2分钟,每天运材48立方米。

陆运 金洞环以群山,幽谷峰林,交通极为困难,"崎岖险峻,行之有蜀道之叹"。解放前境内均不通车,木材运输除了水运之外还有陆运(山运、厢桥运、索道运)。

山陆运阶段 一般在秋季开始,年底结束。其生产方式为山运,木材离山下洪前,先做好山运准备工作,必须修好"洪道"和"土堰"。洪道光滑平整、无障碍物,道中沟槽用树皮、杂草填满增加弹性,避免损失。土堰稀密视山势斜坡而定,山越陡、堰越密,运木人员将砍倒的树木肩背洪道旁,从山顶顺次溜放。木材在洪道中穿云破雾,呼啸而下,再逐土堰梯下,直达溪河边,至于离河较远的山林,傍山扎成"叮当桥"或"厢桥"由人工拖相,既费力又危险。新中国成立后林区木材山运改为钢缆索道化运材,木材从索道上直达溪河边,既省人力又安全,提高了工效。

1958年以前,采用人拉肩背,扎厢桥拖运(有拖土厢、有叮当桥厢),将木材从采伐基地运到溪边集堆,期待水运。林农称拖厢为"肩抬杠杠、脚踩棒棒"。也有采用土滑道、木滑道短距离运材。1958年以后,不断改变运材方式,采用竹滑船、木滑船、木拉车等较为先进的运材工具。到1965年,林场派席文孝等同志到江华采育场学习架设索道技术,先后在金洞分场的马蹄源森工队架设人拉索道，小金洞分场东江森工队架设自动回空索道，从生产实际出发，主要采用人拉、人控自动回空、动力牵引三种类型索道。1968 年晒北滩分场柿子源森工队（二中队），架设 5 华里长的动力索道，金洞分场掛榜山森工队架设 2.5 华里的翻坳动力索道都发挥了重要作用。推行索道运材后，既提高生产工效，大大减轻劳动强度，又可节约大量的原材料、物料。据测算，扎一板厢桥（长约 4 ~ 6 米），须耗用两根（6 × 10）和一根（5 × 8）杉原条，用做马脚和支撑。而 1 公里厢桥需 200~250 板桥，取平均值 225 板计算，则需用杉原条（6 × 10）450 根，（5 × 8）225 根，折材积为 26.775 立方米，按 50%的回收率，每公里厢桥须损失材积 13.3 立方米，其他物料不算。全场年平均索道架设长度为 40 公里左右，每年可节约扎桥损耗木材 532 立方米。2011 年索道运材每年在 20000 ~ 24000 立方米，占年生产任务的 70%左右，基本上实现山陆运材索道化。

（三）车运

水运改车运后，随着车辆的增多，为充分发挥机械效力，降低生产成本，推行机械化配套。1978 ~ 1982 年，先后建成龙潜凼集材场的龙门吊车、沙坪缆式吊车和龙潜凼的缆式吊车。用机械化起吊装车，提高工效，加快车辆运转。1981 年，汽车司机张裕在生产实践中，改革装车用的捆材器，该举措既节省木材及物料消耗，又提高工效、确保木材运输安全，在全场得到推广。

20 世纪 60 年代，外销木材运输方式发生巨大变化，林场在白水设有工作站，白水的木材筏运出现空前繁荣，江面上布满木排。森工单位相继建造专用拖轮，开始是马力较小的拖轮，每趟拖运木材 1000 多立方米。20 世纪 70 年代，建造 135 马力的大拖轮，每趟可拖运木材 2000 多立方米，大大减少劳动强度和提高运输速度，避免触礁、搁浅等现象。

20 世纪 90 年代中期，拖轮拖排被船舶运输所取代。

总之，森工生产已逐步发展为采伐油锯化，山陆运材索道化，平地运材车子化，大河运材轮船化。

七、木制品加工

中华人民共和国成立以前，金洞杉木除少部分自用外，尚有大量木材运往衡阳、武汉、南京等地。金洞杉木香味四溢，心红节疤少而饮誉江南。金洞木材砍伐时开瓣斗角。开瓣：砍伐成六瓣（面）或八瓣（面）；斗角，即面与面整齐成角，这是金洞林区老百姓特有的砍伐技术，也是金洞木材特有的标志，外地商人只看树头齐口，便识真伪。

金洞林区利用木材制作简单器具自古有之。明清至民国时期，金洞木材加工主要分两大类：生产用具（农家具加工）和生活用具（农具加工）。其规模不大，零星分布，产品供本地区，因此用材不多。木材加工用锯、刨等专门木工技术，具有此类技术者，民间称为“木匠”。境内大部分村有木匠，有个体寿器作坊和小量圆木作坊加工棺材、木桶、脚盆、碗柜、橱柜、凳子等出售，手工艺人则做上门工，为主顾加工所需木制用具，林区农民也偶尔挑着自制的桌椅板凳等上市出售。

中华人民共和国成立后，境内木制品仍为个体手艺人生产，1956 年金洞成立木器社，专门生产简易家具，1958年大炼钢铁时，森林砍伐严重，造成20世纪60~80年代木材紧张局面，木材加工业也跟着萧条。90年代初，竹木加工重新兴起，先是区内个别村民办起了私人带锯厂、加工木材方料、板料，供家具店制作家具，接着办起一些集体所有的木制品加工，但产量甚微，又因江浙、衡阳等加工商不断涌入金洞，包制家具，艺精、样新，为结婚青年所乐从。1995年金洞林场在白水五家岭购地近20亩办起了一个较具规模的家私厂，购进一些加工机械，如刨床、干榫机等，但由于设备不配套，很多工序仍需要手工操作，产品质量不新不高，销路滞后，造成严重亏损，到1998年承包给个人老板赵某，由于资金技术等因素的制约亦于2000年关闭破产，其资产整体出让。现在境内拥有木制品加工厂11家，主要是带锯用来粗加工，而且大都集中在金洞镇一至三居委会周围。

金洞镇培湘加工厂 该厂是由王培湘与王平共同投资60万元，2008年合伙建成的以杉木材为主加工的加工企业，厂房座落在金洞镇三居委会，厂房占地面积1700平方米，年加工木材2500立方米，年产值250万元，年利润30万元，年上缴国家增值税近10万元，加工产品以板材和原木为主，产品运销湖北、江西等地。

八、竹材加工

金洞林区群众常用楠竹制作扁担、篾器及竹椅，自用或出售。沤竹造纸亦广行于世，凡产竹较多的地方皆有纸槽生产土纸。尤以白果市乡生产的土纸，纸质黄色，纤维多，易燃烧，用于包装、建筑粉刷、纸钱等最合适不过。

到20世纪80年代，白果市乡大江背、柏福、团结、大源岭几个村都有，多则十多个，少则几个的手工造纸作坊，至1978年年底，全乡共有造纸作坊37个。主要是造火纸，即包东西和供打钱纸用的一种土纸。

其工序是每年在小满节前，将尚未发叶的新竹砍伐下来，锯成七、八尺长短，破开成块，再放入事先挖就的四方凼子内，横竖交错，每放一层竹片（三、四寸厚）就在上面撒一层厚厚的石灰，直到将凼子放满，再将凼子内灌满水，这样做就是要使新嫩竹片迅速发酵和腐烂。

四五个月以后，凼内嫩竹已经腐烂如稀泥，这时便称之为纸筋了，造纸前要视其纸筋腐烂之程度，已成糊者即可制纸，未成糊者还要用碓舂之，和水后同样要成糊状，反复筛选，反复舂捣。直至实在不能用者而舍之。

凡已成糊状的纸筋即可放入一个大长方形木桶内，先往木桶内加入适当的水，略高出纸筋平面几寸许，未用帘子装纸筋前都要用棍棒，将桶内纸筋搅动，让纸筋与水混合均匀，以便用帘子装起来达到纸坯厚薄一致，造纸时，工匠用手端着帘子两头的手圈，将帘子在最上层融融的纸筋糊里一左一右，像捞鱼似的淌来淌去，一般只两下，帘子内的纸筋糊已经淌满，然后将帘子端到一平板上，将纸坯倒出来，一张一张叠于平板，约有一米厚，又以杠杆压之，待水全被压干后，第二天，就三、五张地拿到炉上焙烤或太阳下凉晒，直到完全干透可撕，就一张一张地撕开再打捆。

一般一个作坊每年可造出干火纸1500公斤，当时价每公斤1.4元，一个作坊每年可得收入2100元。

由于20世纪70年代工艺和设备落后，其纸又粗又厚，销途不广，20世纪80年代末停业。

九、竹制品加工厂

和平竹制品加工厂　该厂于2002年由彭和平与郭继春在原万宝山工区床厂旧址联营创办，总投资70余万元，主要生产竹丝，用于制作牙签、棉签等，产品主要销往广西。2005年归彭和平个人独办，2010年厂址搬迁到河对岸元知头，现竹制品加工厂占地19亩，员工10人，机器7台，2条生产线，年用竹量20多万根，年产值130多万元。

白果市楠竹加工，产品繁多，用途广泛，大源岭村加工的箩筐远销宁远和新田数县，以竹篾编织的挑篮、腰子篮、花篓、鳖篓、茶叶篓、饭箩、酒筛、烘焙、菜罩、粪箕、灰筛、米筛也畅销各地，长田方村的晒箪、米筛、摇筛、麻筛、转筛、簸箕、篮盘、团厢、竹座椅，更是驰名遐迩，供不应求，尤其是仁光村的老篾匠李大富用竹篾编成的竹挑箱（笼子），不仅外观比木挑箱（笼子）更美观，而且盛水不漏.前些年，乡“五·七”厂加工的竹筷，每天出厂3万双，包装上著有“阳明山特制环保卫生筷”字样，产品畅销沿海各地，购货订单接连而来，备受市场亲睐。

双河造纸厂　该厂于1977年建立，投入资金50余万元，场内配有发电机、锅炉，烘干机、打浆机、蒸球、汽车等设备和运输工具，年经营收入6万余元，于1982年停办。

（一）造纸原料

金洞造纸原料主要是嫩竹。

嫩竹料　嫩竹是金洞土纸主要原料，用它造纸要经过砍伐—腌料—洗料—沤制—粉碎5个（阶段）流程。砍伐嫩竹，一般在嫩竹未展开新叶之前，林区叫“砍料”。把嫩竹子从山上砍下来之后，再砍成1.5米左右长一筒，再用料刀把嫩竹筒破成二寸宽的嫩竹篾，再捆扎成捆，一般每捆30公斤左右，以便挑出山，腌制是把嫩竹篾片放进纸凼里，一层嫩竹料，一层生石灰。腌料的目的是除掉嫩竹中的蛋白质，用生石灰沤制嫩竹料，一般要两个月左右。洗料是把嫩竹料从纸凼里捞出来，把石灰水从纸凼里放出，然后再把嫩竹料放进纸凼里，整齐地码好进行沤制，沤制过程一般也要两个月左右。

（二）土法造纸工具

金洞土法造纸工具有：纸凼、石碓、纸槽、竹帘、木榨、焙等。

纸凼　用于沤制嫩竹料，碎篾等原料，长、宽、深视地形而定，旧时纸凼偏小，宽2～3米，深1～2米不等，现代纸凼较大，宽3～10米，纸凼离纸厂不远。

石碓　金洞俗称碓坑，粉碎造纸原料用。一般人力操作，水源充足的地方，用水力带动，把嫩竹粉碎，金洞俗称“踏断”。用石碓粉碎嫩竹料，一人操作，边踏边用料钩翻动，粉碎好的纤维，一般在一寸左右，纤维越细，造出来的纸越光滑越好。

纸槽　用于贮放粉碎好的造纸原料。有两种：一是圆木槽，金洞俗称槽桶，直径2尺左右，高四尺五寸左右，刚粉碎好的原料，加入少量水预贮在此，粉碎后的造纸原料称纸浆。二是扁槽桶，造纸的操作过程全在这个大桶里。桶呈扁圆形，长6～9尺左右，宽4～5尺左右，大桶里放入少量纸浆，水中的纸浆多少，可控制纸张厚薄，大槽桶的水，需要经常添加，多半用竹枧供给。

竹帘 是纸张成型的关键工具。竹帘是用细竹丝与棕丝编织成，再油漆成黑色，竹丝的疏密受纸型的限制。白果市的群众多会编织造纸竹帘。

木榨 用于榨干成型的纸张，由榨滚、榨杆、榨台三大部分组成。操作过程是：绞动榨滚的榨索，榨索的一头定在榨杆上，一头固定在滚筒上，榨索收紧，榨杆下降，榨杆将榨台上的纸张榨干水分。

焙 用于干燥纸张。焙分内外两层，内层用砖砌成，有砌孔传热至外层，外层用竹篾织成，再用石灰粉刷。焙长 1～2 丈不等，把纸贴在外层，内层烧火加热，即可烘干，焙干的纸不起绉。

十、林产品土特产加工

木炭生产 木炭是林区的杂木加工产品。旧时它不仅可供取暖，而且还是冶炼的主要能源。金洞山区历来盛产木炭。木炭的生产方法似炼焦煤，烧制方法是建一个园筒式土窑，顶部砌 2～4 个烟窗，放入野杂木，从窑底点火，燃烧 2~3 天后见烟窗冒白烟时封火，先封火口，再封通气孔和烟窗，5～7 天出窑成木炭。现在林区群众仍采用这种传统炭窖烧木炭。将砍伐的杂木树装入炭窖中，充分燃烧后，再把烟窗、火道窖封好隔氧即成木炭。烧木炭亦需技术，封闭烟窗（隔氧）要掌握火候，封闭烟窗过早，木材没有燃烧完，烤火时烟多，封闭烟窗过迟，木材完全燃烧尽，人们常称之为“毁了”或“化了”，即木炭成灰。有经验的烧炭师傅说，烟窗的烟由白色转青色即可封闭隔氧。木炭生产是深山沟里林农特别是瑶族群众家庭经济的重要补充。1987 年林区生产木炭达 3 万担以上，其中仅金洞供销社就收购木炭 17700 担。2000 年后林区内杂木生产减少，间伐杂木烧木炭的群众也减少了。年产木炭不过 100 担左右。

竹笋 竹笋味甜鲜脆，营养丰富，金洞至祁阳一带每逢盛大宴会，必有笋，鲜笋以冬笋为主，春笋常制成玉兰片，金洞境内多用春笋制成烟笋。制法是：鲜笋去壳—煮熟—压干水分—晒干—曝挂于灶旁。

干笋 具有色、香、嫩等特点，是林区旧时十大碗中不可缺少的一道名菜。每年春笋出土 40~60 厘米高时，砍下剥皮，切成 2～4 瓣，放入石灰中漂 5 分钟左右，放入开水中煮开，捞出晒干或烤干即成干笋，金洞干笋在长沙、武汉、上海等地称之为“龙鱼片”金洞境内 90 年代生产干笋不过 50 吨左右，到 2011 年可生产干笋 300 吨。

第三节　木材经营

一、购销

早在民国时期，金洞就有数百两码木排驶抵长江中下游长沙、武汉、南京等地销售。抗日战争时期，木材外运销路断绝，金洞山客将木材就地出售给祁阳常宁客商，或运长沙、衡阳、湘潭，年成交量很少，抗日战争胜利后，物价飞涨，木商长途贩运往往资不抵债，一旦出现意外，血本无归，很多木商破产。

1950 年，社会秩序日趋稳定，县人民政府发给山林所有证，允许私人自由买卖，各地私商纷纷经营木材，祁阳木商大多数深入林区抢购。1951 年 3 月，零陵地区林业管理处成立，设阳明山林业所（驻地金洞，当时金洞属宁远县第八区），六月开始执行木材检查和采购批准制度，林业部门进入林区收购木材，并组织采伐生产。1952 年 12 月，中南军政委员会发布《活跃初级市场的六项措施》和《固定林权及木材管理暂行办法》，明确林农对其所有山林有自由买卖、赠送的权利，各级政府不予干预，允许私商自由购销，长途贩运竹木出省不受限制。1953 年 9 月 13 日，省人民政府颁布《湖南省木材管理暂行办法》，规定森工部门为国家经营木材的唯一机构，规定林农合作社及木商由产区运出的木材交给森工部门，取消长度贩运木材批发商，执行"中间全面管理，两头适当放松"的木材管理改革。1954 年 4 月改为"中间全面管理，两头适当控制"，规定无论何种树种、林种全部由森工部门收购，农民、供销社和木商由产地运到第一个木材收购站或交易所的木材，必须全部卖给森工部门。1955 年 2 月对私营木商进行社会主义改造，逐步排挤代替贩运商与批发商，适当安排零售商，限制加工厂商盲目发展，逐步将私营木商改为公私合营。

1954 年 6 月，金洞木商奉建昌会同祁阳县李某、祁东县唐某等在宁远芳塘套购林农木材 100 余立方米和杉桐 200 余桐，分别在白水、祁东、归阳等地高价出卖，事情查实后移交法院依法处理。

1957 年 6 月 8 日省委颁发《湖南省木材、楠竹市场管理暂行办法》规定：林杉统一由森工部门负责经营，楠竹统一由供销合作社经营。1958 年 1 月供销部门经营的楠竹、木炭、木柴等业务移交森工部门经营，森工部门收购木材，采取统一计划、分级管理办法。金洞森工局落实衡阳专区森工局下达的指令性计划，深入林区设点收购，与社队订立合同，下达采伐指标。1958 ~ 1960 年，木材采伐大放"高产卫星"，林区社社成立采伐队，产大于销，导致木材无法运出，腐朽在山上。1961 年国家收购集体木材、竹材实行奖励政策，鼓励林农开发边远林区。1964 年 11 月又规定木材、竹材统一由林业部门经营；木炭、烧材、小杂竹（四寸以下）、竹梢和竹木制品由供销部门经营。1966 年木材自由市场全部关闭，木材销售按省下达的指令性计划分上级调拨，省内调拨和地方销售，按"先国家，后地方；先重点，后一般；保证支农用材"的原则安排。国营林场采伐的木材生产、销售、价格、成本均由省里核定，木材由当地森工部门收购转运。1977 年又规定木材、楠竹一律不准进入集市贸易。1977 年金洞林场木材生产计划 31000 立方米，实际验收 32719 立方米，调销 32719 立方米，年均价 52.8 元每立方米。从 1978 年到 1982 年林场木材生产计划 171400 立方米，实际验收 174226 立方米，调销 174226 立方米，平均价 84.85 元每立方米。

1980 年，根据国务院《关于大力开展植树造林的指示》精神，允许在完成国家木材收购任务后，可自采自用少量木材议价出售，木材经营市场部分开放，是年外省外地一些单位个人纷纷前来金洞订购采购木材，木材市场一度混乱，乱砍滥伐抬头，同年 12 月 5 日，国务院发出指示,关闭竹木自由市场。1985 年 1 月 1 日,中共中央国务院发布《关于进一步活跃农村经济的十项政策》规定,其中之一是集体木材取消木材统购、开放木材市场,允许林农和集体木材自由上市,实行议购议销,改木材统购统销为市场调节。2 月,中共湖南省委省政府发出《关于放宽林业政策的几项规定》,全面取消集体木材统购,允许林农和集体的木材自由上市,自由交易,议购议销。改革木材“低价、统死、单渠道”经营体制和价格体系,木材管理纳入市场经济轨道。

1989 年,国家实行紧缩政策,压缩规模,木材普遍滞销。面对改革大潮,金洞林场适时调整销售价格,加强企业管理,改变经营作风,派员到上海、湖北、江苏实地考察,得知江苏苏北一带群众建房较多,木材需求量大的信息,立刻将销售网点转向苏北一带。采取代销、联营和直接销售的办法,迅速打开销路,为扩大销售队伍,并从机关抽调有一定经营经验的干部组成 5 个木材推销组常驻衡阳、祁阳、祁东一带推销木材。同年经营队伍达到 300 人左右。通过销售人员的艰苦努力,当年销售木材 35560 立方米,实现销售收入 7467600 元,均价 210 元 / 立方米。

1991 年,为落实省委省政府 33 号文件,对木材流通领域进行清理整顿,金洞林场国营木材由白水集材场一家经营。1999 年场党委根据市场经济体制的要求,决定将国营木材销售由各乡镇(分场、工区)自主经销,结束了国营木材由白水集材场独家经营的历史,木材价格由各乡镇(分场、工区)根据市场价格变化而变化,林场只规定上交利润。到 2009 年各乡镇(分场、工区)销售林木的历史又告一段落,国营木材采取为公开招标的办法销售活立木。

计划经济时期木材调出情况

8－4－2

年度	分配任务(平方米)	完成任务(平方米)	每平方米成本(元)
1954 年	40000	44137	17.58
1958 年	100000	102000	19.81
1962 年	46000	46680	46.54
1972 年	28000	29343	38.48
1982 年	33000	33647	101.31

二、价格

木材价格由山价、收购价、销售价三部分组成,因受地域影响和市场价格规律制约,国家实行木材统购统销前后,木材价格波动很大。

木材计量 龙泉两码,根据木材长度和周围大小编成的一种数码(均系市制),以“两”为单位,但不是实际的立体材积,检量工具叫滩尺,量长度的以木制,量圆周的以篾制,离根端 6 木尺(5.12 市尺)落篾,原始“龙泉两码”的计算方法是以园周每半尺为一项,从 2 尺至 5 尺,两码以 2 为公比,从 2 钱 5 分增加到 16 两的几何级数。区内使用龙泉两码历史悠久,一直沿袭到 1953 年 8 月。

立方米制，1953 年 9 月起试行立方米制计量单位，废除“龙泉两码”及其计量方法，1958 年 11 月实行标准化检尺，按中央直径和尾径 6 厘米来计算材积。执行立方米计算初期，金洞林农不习惯新的计算方法，沿用两码制，森工部门规定按照一两码折为 1.3 立方米的换算方法，标明两种价格和两种检尺方法，任其选择，自 1986 年起实行新的立方米制计量，以长度 2.5 米处直接和尾径 6 厘米计算材积，仍然沿用。

山价 山价是立木价格，是林农整地造林，培育管理林木的报酬和土地补偿费，属林主或山林权属的社队集体所有，计算方法各地不同，有的一块山上树木凭目测议定金额(即估价)；有的是砍伐后，进行围量计码，以两码计价；还有的采伐后按株数计价。民国 17 年(1928 年)晒北滩立木价每两码千银元，各地杉木山价见表 8–4–3。

金洞 1937～1949 年各地解放前杉树立木山价

8－4－3

年别	地点	单位	数量	货币	单价	折大米(公斤)
1937 年	晒北滩	两码	一两	银元	4	50.00
1938 年	晒北滩	两码	一两	银元	2	25.00
1945 年	马蹄源	两码	一两	法币	9 万	16.30
1946 年	马蹄源	两码	一两	法币	10 万	18.25
1947 年	小金洞	两码	一两	法币	78 万	141.00
1948 年	油榨铺	两码	一两	法币	80 万	146.00
1949 年	油榨铺	两码	一两	人民币	5 万	60.00

中华人民共和国成立后，省人民政府为保障林农利益，提高山价。1950~1953 年，金洞木材每两码 10.7 元(折合新币下同)。1954 年 2 月，山价每立方米 8～2 元，距河 1～5 公里依次递减，越远山价越低。1959 年，政府为保障林农利益，集体林山价总水平定为每立方米 8 元，其中杉木 9 元，松木 6.2 元，贵重杂木 15 元，一般杂木 10 元，次等杂木 7 元。1963 年，实行“固定山价，以队定价”。这样体现远有远价，近有近价，按质议价，及“等价交换”政策。1973 年，调整山价，杉木等内材每立方米 9 元，等外材 4 元，松木等内材 6 元、等外材 2 元。1979 年 9 月，杉木每立方米调升到 17 元，杂木每立方米调升到 15 元。1981 年 6 月，又将杉木每立方米调升到 42 元，杂木每立方米提高到 31 元。1986 年实行个体经营，木材实行议购议销，自由经营，山价不再单独出现。

1953～1986 年　杉、松山价变化表

8–4–4

年度	杉原条每立方山价(元)	松条				备注
		基准规格		等级	每立方米山价(元)	
		长级(厘米)	径级(厘米)			
1953~1956	8				5–7.5	

续表 8-4-4

年度	杉原条每立方山价(元)	松条				备注
		基准规格		等级	每立方米山价(元)	
		长级(厘米)	径级(厘米)			
1957~1958	8.5~9.10	9~14	10~16	2~1	6.00	
1959~1962	8.2	5~14	8~16	内	5.7	
1963~1972	8.7	8~14	8~14	1	5.3	
1973~1974	9	8~10	不分	内	6.00	
1975~1978	9	8~10		2	6.00	
1979	17	8~10	8~12	2	10.00	
1980	20	8~10	8~12	2	13.00	杉条包含省政府补贴山价 3 元在内
1981~1984	42	8~10	8~12	2	25.00	同上
1985~1986		8~10	8~12	2	25.00	同上

木材收购价，此价仅适应计划经济时期。主要是依国家的价格政策，将固定合理的山价，采伐定额，有关税费和运输难易程度，里程远近等因素，分段计算，以点定价。1953 年 10 月开始，对木材收购价不断进行调整。1985 年，实行议购议销，每立方米购价 157.1 元。

木材销售价，民国 18 年(1929)金洞木材运抵南京市场，因遭水灾，木业生意减色，每两码价降至 31.8 银元。民国 21 年(1932 年)，金洞木材运抵镇江每两码 39.8 银元。新中国成立后，杉原条销价多有变动。1953 年，执行国家指令性价格，每立方米木材 32.84 元，折合大米 190 公斤。1954 年 ~1956 年，国家制定各种木材销售价格、规格、等级、差价率。20 世纪 60 年代到 70 年代，国家先后三次调整统销价格。1979~1981 年，木材销售价格规格等级差价率在 1973 年基础上基本未动。唯大径材 26 厘米以上差价率有所调整。1983 年每立方米 198 元。

国营木材(杉原条)部分年份销售价格表

8-4-5　　单位：立方米、元

年度	单位	基准价格	每立方米金额(元)
1953	立方米	均价	32.84
1963	立方米	均价	41.32
1968	立方米	均价	37.20
1972	立方米	均价	47.28
1978	立方米	均价	56.21
1982	立方米	均价	114.20
1989	立方米	均价	210
1996	立方米	均价	620.42
2000	立方米	均价	391.50
2006	立方米	均价	587.14
2009	立方米	均价	790
2011	立方米	均价	837.34

第九篇　工　业

金洞管理区工业企业，按产权形式分为全民、集体和民营(个体)三大类；按产业结构分为国有金洞林场国有工业和乡(镇)集体民营企业两大块。

第一章　林场国有企业

金洞林场自1954年成立以后，至1962年几经改制、改名，林业生产处于时起时伏的发展阶段。1962年8月，为解决林区内森工与营林之间的矛盾，将祁阳县林业局管理的六个伐木场与金洞林场合并，实行统一领导，森工、营林两本账核算。1966年直到1970年，由于“文化大革命”的动乱，林业生产又受到影响，并遭受破坏。1978年改革开放以前，林场工业生产除了森工生产按计划完成外，其他林副产业和工副产业也开始起步，但发展缓慢。60年代中期，林场为解决家属就业，先后在晒北滩分场及场部机关办起小型车木厂，利用伐区小材小料加工伞把、算盘、镐把、擀面杖、床葫芦等产品，从事加工工业50余人，年产值40万元，实现利润甚微。60年代末70年代初各分场(工区)先后兴建鱼窝湾、晒北滩、伞背滩、下司口、万宝山等小型水电站，发电主要供分场(工区)自用，后来陆续废弃。1971年开始在牛头山建设水能发电站和木材加工厂，并设有机修、翻砂、红炉等车间，承担汽车三保、林业索道配套器材和一般机械加工修理业务，这一时期，工业企业受计划经济体制、“文化大革命”影响，发展不快，经济效益很低。

1978年改革开放以后，金洞林场工业逐步形成以木材、冶炼、建材、水能发电、木材加工、木材运输为支柱产业的工业布局。1980年，林场贯彻中共十一届三中全会精神，对工业实行“调整、改革、整顿、提高”的方针，着手工业改革，一些企业打破“大锅饭”，试行经济指标定额管理，实行奖金制。1984年，金洞林场代管的6乡1镇，实行“场乡联营，以场带乡”的管理体制。林场党委、行政把发展国有工业和壮大乡、镇企业实行全盘规划，统筹考虑，对乡镇企业的性质权益、产业结构、发展措施、管理人员等做出具体规定。全场各分场、工区、场直企业和乡镇企业全面推行“五定一奖”(即定人员、定产量、定产值、定成本、定利润,超产受奖)责任制,调动企业和职工积极性,经营效益有较大提高。到1985年场属工业总收入跃上了新的台阶,年销售木材4万立方米,实现税后利润482.23万元,其他的工业收入和林副产品收入也得到快速增长,同年的国有财务收入达670万元,比1982年增长42.55%。

20世纪90年代,随着国家层面的工业改革逐步深入,林场工业企业焕发出新的生机活力。木材营销、木材加工、建材、水电、饮食服务成为林场国有工业的支柱产业。油榨铺电站、金中水泥厂相继建成投产。木材外购销也取得了很好的效益。1991年实现税后收入1820.81万元。1996年实现税后收入2983.19万元,比1985年增长了4倍多。

进入21世纪,林场党委积极实施“生态立区、产业兴区、开放活区、科教强区”和“强林稳农、重工富场、兴旅招商、科教兴场”的发展战略,积极开展招商引资,技术改造等一系列措施,工业生产又有新的发展。2000年场属工业实现税后利润3311万元,其中木材纯收入1811万元,发电收入248万元,其他收入125万元,上缴税费300余万元。2002年,金洞漂流项目投资380万元,并同年开业,接待游客1.2万人。2006年,又将晒北滩漂流河道成功迁至小黄司河,全程长达9.8公里,实现一江四漂的创意,同年实现门票收入110万元。十年来,金洞漂流共投资1000多万元,陆续建成牛头山接待中心、科尔沁滑草场、大竹源水上乐园等配套项目,共接待国内外游客52万人次,实现门票收入7500万元。

2003年后,林场立足水能资源优势,通过招商引资,先后建成水电站20余处,装机容量24630千瓦,年发电量10340.6万千瓦时,实现年产值3000万元。

2005年,实现木材纯收入2660.6万元,旅游、发电、矿业、林副产业、工副产业等其它收入1471.1万元。同年,国有林场财政收入突破4262.7万元。到2011年,国有林场财政实现纯收入4565万元,上缴各类税金140多万元。

第一节 工业门类

金洞管理区主产木材,楠竹。水能、矿产、旅游资源非常丰富,金洞林场国有工业的发展也是围绕着木材、楠竹及水能、矿产、旅游等资源优势展开。

金洞林场1975～2011年部分年份国有工业收入统计

9-1-1 单位:万元

年份(年)	收入							税金
	木材	木材加工	林副业	发电	运输	其他	合计	
1975	123.21	8.15	10.60	–	–	0.89	143.83	–
1980	383.22	6.05	8.37	–	–	8.70	460.81	–
1985	324.27	–	–	–	–	345.73	670.00	–
1991	1100.54	34.28	–	–	59.0	636.99	1820.81	–
1996	2672.79	–	–	–	–	310.40	2983.19	288.26

续表 9-1-1

年份(年)	收入							税金
	木材	木材加工	林副业	发电	运输	其他	合计	
1997	2001.00	–	–	–	–	204.00	2205.00	206.20
1998	2381.00	–	–	159.00	97.00	57.00	2694.00	257.00
1999	1514.5.	–	–	223.30	–	100.00	1827.80	190.60
2000	1811.00	–	–	248.00	–	68.50	2126.50	198.00
2001	2020.00	–	–	267.80	–	480.80	2768.60	197.00
2004	2205.00	–	–	52.30	–	1882.30	4139.60	139.80
2005	2660.50	–	–	71.00	–	1531.10	4262.70	115.00
2009	3390.00	–	–	80.00	–	604.00	3974.00	103.40
2010	4051.50	–	–	373.80	–	147.60	4572.90	138.24
2011	2660.00	–	–	–	–	1905.00	4565.00	140.00

(一)木材经营

国有金洞林场传统产品是以杉木为主的用材林,所产木材纹理致密,圆直节少,香气浓郁,在长江中下游木材市场素有盛名。20 世纪 80 年代以前,由于当时实行的计划经济体制,所有的林业生产从造林、抚育、采伐、销售都是由国家统一组织和安排,木材全部交白水集材场储存,按国家计划调拨销售。1982 年以后,在国家层面的经济体制改革浪潮中,国营金洞林场开始作为国有企业,对木材资源的自主权逐步扩大,偿试独立经营、自负盈亏。当时初步经营少量的非统材,1985 年木材经营全面放开,自此之后,林场走上自育、自采、自销的自我发展之路,木材销售收入成为林场财政的主要来源,工业发展逐步围绕林业展开,到 1982 年,林场木材采伐任务 33000 立方米,实际销售木材 29539.3 立方米,销售木材收入 384.41 万元,占到林场总收入的 90%,1990 年以后,随着经济体制改革更加深入,在市场经济的作用下,木材销售收入持续增长。1991 年,销售木材 32454.9 立方米,实现利润 1100.54 万元。1996 年,林场木材采伐和销售 51670 立方米,产生效益 2672.75 万元。

进入 21 世纪,随着科学技术的发展,木材的替代品大规模研发及人民对环境的要求提高,木材销售总量和价格相对下滑。到 2005 年,林场采伐和销售 5 万立方米,实现木材收入 2660.6 万元,占到林场总收入的 62.45%。到 2010 年,金洞林场采伐和销售木材 33762.67 立方米,产生效益 4051.52 万元,占林场总收入的 88.59%。2011 年,木材销售收入有些下滑,林场共销售木材 3.16 万立方米,收入 2660 万元。

金洞林场 1972~2011 年部分年份木材销售情况

9-1-2

单位:立方米、万元

年份(年)	木材采伐量(立方米)	木材销售量(立方米)	单价(元/立方米)	销售收入(万元)	占林场总收入(%)
1972	29343	36394.0	38.48	139.68	88.80
1978	37027	34000.0	45.52	208.15	85.30

续表 9–1–2

年份（年）	木材采伐量（立方米）	木材销售量（立方米）	单价（元 / 立方米）	销售收入（万元）	占林场总收入（%）
1982	33634	33000	101.31	384.41	72.50
1985	32974	29000	108.37	324.27	84.50
1995	53481	50286.7	620.92	3020.80	89.50
2005	50000	50300	528.00	2660.60	62.45
2011	31600	31600	857.00	2660.00	58.50

（二）外购外销材

20 世经 90 年代，随着市场经济的快速发展，推动企业经营和管理方式更自主和科学，林场在木材销售方面不再局限于本地区，本单位所经营销售，将触角伸向外省、外地和本省产材地区。全场除发挥原白水集材场木材楠竹经销的主渠道作用外，陆续组建林工商公司、林产品公司、金林实业开发公司，林业开发公司，农业开发公司，山区经济开发公司、金盾公司、粮油贸易公司、劳动服务公司等 10 余家公司和企业。利用良好的销售渠道和销售网络。采购和销售外地木材，赚取差价，增加收入。1991 年，林场外购销木材实现利润 237.48 万元。占林场木材总收入 21%。1996 年，外购销木材实现利润 607.4 万元，占全场木材销售总收入 29%。随着改革的不断深入，原木销售市场受到冲击，价格低迷，效益不理想，加之全场森工材由各分场（工区）自主经营，自负盈亏，经营方式全面改革，各公司也陆续撤兼解散，职工大部分分流，干部由林场重新安排。

（三）木材加工

金洞林场木材和楠竹多以原木等初级产品形式销售，资源利用率和经济效益相对较低。为广开就业门路，搞活经济，增加财源，促进林区经济稳定发展，林场在木竹加工方面走出了一条符合金洞实际的致富之路。初步实现"山上建基地，山下办工厂，山外拓市场"的林业产业发展目标。1974 年，成立牛头山综合厂，其前身是金洞林场机修厂。1977 年，迁至牛头山，厂房面积 1200 平方米，细木车间年加工木材 2000 立方米，年产值 80 万元，利润 20 万元。到 20 世纪 70 年代后期，林场先后建立多个木材加工企业，有车木厂、龙潜凼木材综合加工厂、万宝山床厂、白水家私厂。到 1985 年，金洞林场有木竹加工企业 4 家，工业产值达 1000 万元，利润 200 万元。到 20 世纪 90 年代，林场木竹加工企业因技术、产品质量和销路等多方面的原因，企业发展滞后，经济效益无起色，一度停产兼并。进入 21 世纪，为了提高经济效益和充分发挥市场作用，优化资源配置，金洞林场木材加工、木竹销售基本生产方式实现变革，民营资本进入木材经销市场，国营集体的木材加工企业被民营企业所替代，林场木竹加工业开始一个新的发展高潮。阳光木业、金鑫木业、万宝山楠竹加工厂等较大型民间木材加工企业先后建立，原国有、集体所有的木竹加工企业全面实行了改制。2011 年，金洞管理区有竹木加工企业 15 家，从业 300 人，工业产值 3000 万元，实现利润 600 万元。

（四）木材运输

木材运输是木材采伐后，从采伐迹地到用户的中间运输过程，其中包括山陆运、水陆运、公路运输、铁路运输等。山陆运是指从山上运到(溪)河边或公路堆场边,如滑道、箱道、索道等形式。水运是指山运到溪(河)边的木材,经过溪水和小河的水流放排,用赶羊法将木材送至白水木材集材场。20世纪60年代以前,金洞林区所采伐的木材和楠竹绝大部分都是水运到白水河边再检尺验收交白水集材场储存。1965年以后,由于林区内电站建设修筑栏河坝,加之林区公路不断延伸,大批木材运输改水运为汽车运输。金洞林场车队成立于1971年3月,建队初期规模很小,只有6个人、几台车,承担林场临时性的物资运输和后勤保障,车队坐落在林场车木厂后右侧。后因木材运输任务量、工作量大,车队于1979年整体搬迁至龙潜凼,其前身是金洞林场龙潜凼木材综合加工厂,几经扩建增容,车队占地面积达5000平方米,建筑面积1500平方米,设有运输队,修理车间(修理车间由原牛头山机修厂机修车间全体人员和设备搬迁而至),红炉车间,陆续添置大货车20多辆,有职工50多人。林场每年采伐的森工材主要由车队承担运输,年运输木材达5万立方米。1991年,实现运输收入59万元。到1999年,车队各项收入实现了71.28万元。进入21世纪,由于受到市场经济的冲击,加之林场木材实行各分场、工区自主经营、民营车辆承担了木材销售过程中的运输任务。2002年,林场车队撤销,干部职工实行分流和重组。

附:重点企业典型

白水木材总公司　1976年创办金洞木材总公司,其前身为白水集材场,先后隶属衡阳地区林业局和潇水水运局管辖,1984年后划归零陵地区金洞林场管辖,1994年组建金洞林场木材总公司。1999年,原金洞林场林产品公司、林工商公司、金浯家具厂并入木材总公司,共有干部职工353人,主营木材购销,兼营食品、五金、百货、成品油、家具,拥有固定资产近千万元,曾获市级文明单位称号,三次获林业部"先进贮木场"称号。公司地处祁阳县白水镇,湘江支流白水河畔,水运、陆运均得天独厚,木材贮销优势明显,是永州市同行业骨干企业。2000年以前,该公司每年承当金洞林场近5万立方米木材的贮运、销售任务,金洞林场每年的财经收入绝大部分来自该公司上缴的销售收入。公司的销售网点遍布本省和湖北、江苏、浙江等地,年销售收入突破2000万元。1999年年底,公司为适应市场经济规律及林场管理机制变化,变集中经营为主为分流承包经营为主,促进木材销售效益快速回升,市场越做越大,在巩固原有市场的基础上,开辟了西北、北京、安徽等地区市场和网点,每年销售木材近10万立方米,其他产业经营也十分看好。2005年以后,林场全面实行活立木销售后,木材总公司也全面实行了改制。到2011年,木材总公司只留下少数值守人员,职工全部分流。

基建物资总公司　1978年金洞林场成立森工基建科,负责管理林场的所有基建项目。1980年,基建科、森工科分设。1989年基建科改为基建物资公司,下设基建队、建筑材料、劳保物资仓库、民爆器材仓库。年创利20万元。1992年,公司下设木材销售组,工程队,材料仓库组,公司留管理人员5人,其他人员分到各组。各组自负盈亏,年终上缴公司利润。1996年,公司撤销木材销售组,材料仓库由公司经营,下设的工程队只承包小部分基建项目。2001年,撤销基建队,管理人员减少至三人,其他人员全部分流。公司承担零星建筑项目和民爆物品销售。2001年以来,公司发包预制场、藕煤厂、加工厂三个场地,收取的管理费、租金发放下岗职工生活费。2003 年,公司管理人员增加到 5 人,年内实现收支平衡。2004 年,公司将民爆仓库发包下岗职工经营,年收利润 2 万元,增加仓库上岗职工 2 人,年内收支平衡。2008 年公司将民爆仓库承包给公司职工王海艳,每年向公司上缴利润 2 万元,合同期限 10 年,从 2008 年 10 月 1 日至 2018 年 12 月 31 日。2009 年根据金管发〔2009〕15 号批文将基建物资公司更名为金洞管理区市政公司,公司业务主要是承担公路护栏工程,管理区牌楼、绿化工程及房屋维修等小工程项目。2011 年,管理区将撤销的金洞印刷厂及林场综合楼职工转入公司管理,公司共有在职人员 19 人,工程量每年近 100 万元,财务管理做到收支平衡,保证公司职工工资的正常发放。

牛头山综合厂 1974 年成立牛头山综合厂,其前身是金洞林场机修厂,1977 年迁至牛头山,经过一年多的筹建,厂房基本形成规模。下设机修车间、机械加工车间、细木车间、发电车间。机修厂主要承担全场机动车辆的维修保养,负责全场森工器材加工、木材加工,负责厂区和附近群众及场部机关生活、生产用电供应;机修车间原在林场机关,1975 年迁至牛头山,当时只能承担简易的车辆修理任务。1975 年,投资 6 万元,扩建加工车间设备,并委派林场子弟到郴州、长沙等地培训学习,添置车床、铣床、镗床、刨床、空气锤等设备,具有车辆三保和大修能力,还能加工生产林区运材索道设备。1975 年,筹建细木车间,主要设备有压刨机 2 台、平刨机 2 台、断头机 1 台、带锯 1 台。厂房面积 1200 平方米。细木车间年加工能力为 2000 立方米木材,年产值 80 余万元,利润 20 万元。1983 年,因龙潜凼成立车队机修车间,牛头山机修厂机修车间人员、设备和车辆全部搬迁至龙潜凼。牛头山机修厂改名为牛头山综合厂,并投资 10 万元筹建香菌车间,但产量不高。此时的综合厂主要任务是发电、木材加工和生产香菌并兼营活性碳生产加工,年产值达 200 多万元,实现利润 20 多万元。2000 年,该厂创产值 327 万元,实现利润 40 多万元,也是建厂以来经济效益最好的一年。随着改革的不断深入,到 2002 年,国家对发、供电分离后,支撑牛头山综合厂主要经济收入的发电收入减少一半,效益锐减,处境困难。2005 年全面改制并撤销,牛头山综合厂全面改革,牛头山电站改为民营企业,设备拍卖,又由于旅游开发的需要,厂房交旅游局使用,职工重新安排。

阳光木业 2006 年,民营企业主胡军强等人在金洞投资建立全区最大的木材加工厂——阳光木业。该厂总投资 300 多万元,通过改造原龙潜凼集材场厂房,于 7 月底部分厂房已能开工投入生产,年底全面建成并投入生产。主要加工生产细木工板、细木拼接板、方料等产品,同年有职工 280 多人,消耗原木约 3500 余立方米,实现产值达 600 余万元。2008 年,阳光木业在内加强管理,注重提高生产效率、安全生产、业务培训,降低生产成本,不断提高原材料的出材率和出材质量;在外积极开拓市场,使产品的销售规模不断扩大。同年虽然加工生产场地减少,生产工人也有所减少,但通过努力,年购进原材料 1 万余立方米,产值也达到 1400 多万元,利润 200 多万元,上缴税金 100 万元。

到 2011 年,阳光木业为适应市场需求和企业发展需要,又累计投入 100 多万元进行设备改造升级,凭借着过硬的产品质量打开了市场。在国家对房地产市场调控之后,板材行业受到了极大的冲击,行业整体低迷,阳光木业采取与国内一些大型的装修企业合作,年产值突破 1500 万元，2011 年的生产总值和利润都均保持在往年的水平。

二、水电工业

场办企业中的水电企业是林场工业企业的支柱产业。1965 年以来，林场先后建成 8 座小水电站，总装机容量 4343 千瓦。20 世纪 90 年代，各分场（工区）所建电站因机组老化，效益低下，先后均已报废。牛头山电站于 1971 年 5 月动工，1975 年 3 月投产发电，装 125 千瓦发电机组 2 台，总容量 250 千瓦。1989 年扩建电站，投资 50 万元，扩建三号机组隧洞、明渠、大坝，坝高增加 2 米，明渠增宽 1.8 米，三号机组容量 250 千瓦，三台机组总装机容量 500 千瓦，1990 年 7 月 1 日发电，每年实现产值达 200 多万元。1992 年林场投资 4100 万元，兴建油榨铺电站，装机 4450 千瓦，年发电 2000 万千瓦时，1997 年投入运行，年产值达 500 万元。2003 年，金洞第一个民营水电企业白果市团结一级电站，业主投资 552.7 万元，总装机 1260 千瓦，2006 年投入运行，年发电量 596 万千瓦时，实现年产值 200 万元。2003 年至 2011 年，先后有民营企业主 20 余家投资开发水电企业，是金洞管理区小水电企业发展的鼎盛时期，新建民营电站 19 处。装机容量 24630 千瓦，年发电量 10198 万千瓦时，总产值达 3000 万元。同时，原各乡镇村组办水电企业以拍卖、租赁、股份合作等形式进行改制。到 2011 年，金洞共有新老民营水电企业 23 个，装机容量 26015 千瓦，年发电量 10206 万千瓦时，总产值达 3280 万元。

重点水电企业油榨铺电站　油榨铺电站位于白水河中上游河段，是白水河水电开发一梯级电站，距林场场部 7 公里，坝址处油榨铺村上游 80 米处建立大坝，坝高 19.8 米，长 125 米。坝体为浆砌圬工重力坝，控制集雨面积 684 平方公里，每年平均流量 8 亿立方米，库容为 400 万立方米，左边设计为引水明渠长 400 米，宽 7 米，高 3.7 米，通过长 631 米，高 5 米，宽 5 米的半圆城门型隧洞，引水到上古河口上游，在此建立压力前池坝，坝溢流段高 18.5 米，非溢流段高 17.5 米，长 74.6 米，最高水头 18 米，最小水头 14 米，设计水头 15 米。电站主厂房 335 平方米，副厂房 408 平方米，装机 1250 千瓦 3 台，总容量 3750 千瓦，设计年发电量 2000 千瓦时，工程总造价 4100 万元。该电站于 1992 年 10 月 10 日开工建设，1997 年二台机组试运；1998 年第三台机组投入运行。于 1999 年并入祁阳地方电网运行。2002 年 11 月 14 日，并入华中湖南永州电网运行。2010~2011 年，林场又投资 300 多万元技术增容改造二台机组，现总装机 4450 千瓦。2011 年，该电站实现产值达 500 万元，也是林场唯一的国有小水电企业。

三、采掘工业

经探测金洞境内主要矿藏资源有铜、锡、钨、煤、石材等，金洞的矿藏资源丰富，单位含量较高。在 1957 年，湖南省拨款 10000 元，在金洞大沙洲开办锡矿。7 月，金洞河流进入枯水季节，河床水流减少，黄守银等 32 人合伙在金洞镇大沙洲开采锡矿。筑坝堵水，形成 25 度斜坡，用流水冲洗，通过 2.5 米 × 1.2 米的木槽过滤沉淀，持续 8 个月，日产锡砂 150 公斤，产品销往湘潭、武汉等地。后因锡砂石含锡量低，生产成本高，效益差，1958 年 3 月停办。小金洞乡东江村(烟家棚),紫色岩内蕴藏锡矿。1980年初,有广西、道县、新田人在此开采锡矿,1995年起,本地人开始采掘,土法生产,漫山遍野挖洞,一个劳力日采0.5公斤左右,2001年时有洞口23个,职工70人,日产量35公斤。到2005年全面封洞停产。

金洞林区石材资源储存量多,品质好。据探明林区花岗岩石材资源储量达5000万立方米,以"银晶灰麻"居多。其产品以质量档次高、花色品种多而闻名于省内外市场。林区石材的真正意义上的开发始于20世纪末。1993年,小金洞乡政府在土坳村建立第一个石材开采场,利用自然花岗岩加工出板石材料。1996年,因技术力量和产品质量不过硬而关停。2001年,广东省云浮市云城区谢春艳、李自立夫妇到晒北滩乡小茗洞河口开采石料,投入资金80余万元,年产荒料1000立方米,运到广东云浮市场出售,价格高达1500~2000元/立方米。后有多名个人或企业参与开采,经过市场淘汰,该开采场还保留三个矿口。2002年初,林场设立了石材资源开发办公室,负责石材开发管理工作。至2011年,金洞石材开采和加工的企业主要有顺达实业有限公司、福建富榕实业有限公司、永胜实业投资开采有限公司。是年,全区开采加工石材企业3家,年产量10000立方米,产值1000万元。

四、冶炼工业

在以内需拉动经济发展的大环境下,金洞林场与祁阳县白茅滩乡于1985年联合建立黎家坪轧钢厂,配置设备。该厂设计年产量8.7万吨,有职工120人,年产值1000万元。因管理不当,质量不过关,企业经营困难,到1987年停产,并于同年10月被祁阳轧钢厂兼并。到20世纪初,金洞林场出现一些民营冶炼厂,大部分的冶炼企业以冶炼猛矿为主,从临近地区购进原料运至金洞铸造冶炼。规模较大的分别是金辉、金桥等冶炼厂,到2011年金洞管理区内有冶炼企业1家,从业人数40人,年产值1000余万元,实现利税200余万元。

五、建材工业

(一)水泥

20世纪90年代,我国的水泥、钢材销售和产量都有大幅度的提升,金洞林场与中国银行祁阳县支行合资于1995年5月建设金中水泥厂,于1997年建成投产,下辖18个科室、车间,有干部职工500多人,总投资2800万元,年设计生产硅酸盐425#、525#水泥10万吨。但由于生产管理及经营不善,于1998年9月被祁阳县水泥厂兼并。

(二)水泥制品

始于1969年。原由建筑单位制件自用,无专业单位。金洞林场基建物资公司于2001年由工人郑清平承包创办一个水泥预制场,每年生产各种水泥制品1000立方米,产值达150万元。于2005年停办,之后的水泥制品多为区内采买。到2006年后房屋建筑多为全面结构,各种水泥预制件产品全面停产。

六、印刷业

1985年成立金洞林场彩印厂,成立之初有职工12人,2001年彩印厂与林场贸易大楼合并，工人发展到26人。彩印厂采用铅字排版，园盘机、方向机印刷。主要印刷中小学作业本，办公室稿纸、笔记本、林场木材检尺码单、各种文件头、工作日记、材料纸。由于印刷设备比较落后，产值、利润不高，最高年产值15万元，利润2万元。在电脑排版印刷技术的冲击下，彩印厂经营日益困难，到2010年撤销停办。

第二节　工业管理

一、管理机构

金洞林场成立初期，设立经理科、后勤科、经营科，负责工业生产的主管部门是林场建立的经营科，60、70年代主管工业生产的有森工科、多种经营科、基建物资科。1985年将原有的营林科、森工科、多种经营科、基建物资科改为公司，仍属事业单位性质。拟采用企业管理办法，其目的是加强经营管理，提高生产效率，增加经济收入，以企业管理形式促进专业承包，扩大公司的经营自主权。90年代工业生产的主管部门几经易名，多种经营科后改为企业科，一直是全场工业生产的主管科室。2006年成立金洞管理区后，新成立的经济贸易局负责金洞国有工业和乡镇民营企业的管理和业务指导工作。

二、计划管理

工业企业的计划主要体现在生产经营计划的制定落实、物资材料的供应和生产成本的预算。在计划经济时期，国家向企业下达指令性生产任务，同时下达物资计划。主要对象是国有企业，对集体企业和乡镇企业则作计划性指导。随着市场经济发展，国家对企业简政放权，除木材采伐实行限额以外，不再下达指定性计划，但林场对各分场和厂矿企业还是有一定的要求。1986年以后，这种计划性表现为企业厂长经理或以厂长经理为主的领导班子向主管部门承包经济指标，在承包责任制中同时确定承包者政治和经济待遇。至于租赁方式一般确定承租者向主管部门应上交的租赁费，上报生产经营计划，而承租者内部也有自己的计划。这种管理方式一直延续到2001年前后企业产权改革为止。同时，计划供应到1984年以后逐渐减少，90年代则完全放开，国有企业逐渐失去优势，与集体企业、乡镇企业、民营企业处于同等地位，促使其走向市场。

三、生产管理

1978年前，林场工业企业为单纯的生产型企业，计划指标由国家定，物资靠国家分配，产品由国家包销。1985年起，各企业改革不断深入而逐步推行计件工资、包干工资和联销计酬自负盈亏等分配形式。工业产品供求以市场调节为主，企业开始注重产品质量。1985年，林场对企业实行目标管理，制定出考核企业的产量、工业总产值、产品销售收入、实现利税、资金周转速度以及能耗等指标，与企业签订目标管理责任书，明确企业各自承担的业务和权利。年终检查验收,对完成目标管理好的企业给予表彰和奖励,奖金列入企业成本。对完不成目标管理任务的企业,停发奖金,对厂长经理及领导给予批评或调整岗位处理。

1986 年,实行承包经营责任制,各企业与场部签订承包经营责任书,承包期一般为一至三年。基本原则是:包死基数,确保上交,超收多留,欠收自补。企业依法纳税,着重体现“三保一挂”即保上交指标,保企业资产保值增值,保企业上等级,实行经济效益与工资总额挂钩。企业上交利润后的留利部分规定使用比例;建立生产发展基金、新产品试制基金、后备基金、福利、奖励基金,上述五项基金建立专项账目,由企业支付使用。为了承包目标的实现,部分企业在内部还制定了风险抵押承包办法。20 世纪 80 年代后期,随着经济体制改革深入,工业企业以质量求生存求发展,企业不断加大管理力度。大部分企业建立质量保证体系,设专门质量,管理科室或质检员。20 世纪 90 年代,工业企业实现生产型向生产经营型转变,企业生产由市场来决定,产品以销定产。由厂长经理编制生产计划,提出具体的数量、质量、技术和交货时间等要求,下达给各车间或班组,并及时处理好有关资金、物资供应、质量保证、设备维修、技术革新、公益改进等问题,突出生产现场管理,达到环境整洁、纪律严明、设备完好、物流有序、信息准确、均衡生产。1998 年后,随市场经济体制改革,国有、集体企业或推行股份合作制,或采取重组改造、破产、整体拍卖、承包租赁、国有民营等形式改革。至 2003 年,民营企业蓬勃发展,在生产管理上继承国有、集体企业部分优良方法,还借鉴外地企业管理模式,生产管理、质量管理和经营管理进一步规范化。

四、安全管理

从 20 世纪 80 年代起,金洞林场就成立安全委员会,由分管领导、劳动、公安以及各工业主管部门的有关负责人组成领导班子,并设立办公室各乡镇分场(工区)厂矿企业分别建立了相应的安全小组,管理安全工作。金洞管理区成立后,建立了区安全生产监督管理局。

工业企业安全管理工作是指各工业企业的正常的劳动操作安全、设备使用安全、防火防盗安全等。明确规定场(厂)长为安全第一责任人,由生产副场长(厂长)和安保科(股)负责实施全厂的安全管理,并配备一定数量的安保人员专管安保工作。根据各企业的实际情况,建立相应的制度。对不安全事故,坚持“事故原因不查清不放过,事故责任者和群众未受到教育不放过,防范措施不落实不放过”的原则。竹木加工、木材仓库、集材场、印刷等企业是重点防火部门,成立义务消防队。对防火重点单位和厂区,严禁非工作人员进入;严禁生产区生火、吸烟。森林防火期内严禁野外用火,实行六烧六不烧规定,坚持每星期六进行安全、设备、卫生大检查,发现隐患及时整改。自管理区成立以来,多次对非法开采的矿产企业进行清理和关闭;抓监督落实,各级领导明确一人主抓,大家负责,分片到人。开展月检查、季普查、重点抽查,发现隐患,及时下达整改通知书督促落实。

五、财务管理

工业企业的财产管理,一般由场(厂)长或常务副场(厂)长领导,下设财务科(股)负责实施。1979 年后进行几次全面整顿。一是健全财务机构,按规定配备财务人员。二是加强会计核算，整顿财务基础工作，制定成本费用核算规程，合理设置账务、账薄，正确编制会计决算报表，严格规定会计与出纳必须分设和执行现金管理制度。三是加强成本、财产物资和资金管理，编制年度财务成本计划，确定财务收支和生产费用总额。企业固定资产实行分级归口管理，所有原材料、自制半成品、成品的入库和出库都有健全的记录。企业流动资产、生产资金、各项费用基金实行专人专账管理。四是严格执行财政纪律，建立有物资采购、入库、领用、消耗、产品与物料出厂、非生产性开支等各项管理制度。1996 年以后，各企业实行厂长经理负责制或多种形式的承包责任制，少数企业的财政大权往往由厂长经理或承包者一人掌管，财务人员的管理监督职责被消弱，承包费（租赁费）收不上，贷款回笼慢，应收账款拖欠多，导致资金紧张，以致资不抵债，被兼并撤销。

第二章 乡镇民营企业

金洞管理区乡镇企业创办于 20 世纪 50 年代末。1953 年，国家对私营工商业实行改造，农村个体手工业者以乡镇为单位组成各种 “手联社”，金洞手工业社成立于 1956 年 4 月，1962 年被调整为金洞铁木社、小金洞铁木社、晒北滩综合社、白果市铁木社、凤凰综合社、石鼓源综合社。1969 年 3 月，全部合并为金洞区手工业联合社。农村中的“农、林、牧、副、渔”五业，乡镇企业属于农林“副业”。1973 年后，祁阳县正式成立社队企业局，金洞区建立金洞区社队企业办公室。这时农村采掘、造纸、竹木加工、茶叶加工、种植业、养殖业、运输、餐饮等企业相继兴起。1978 年，全区乡镇企业发展 93 个，从业人数 558 人，总产值 360 万元，实现利税 37 万元。

1978 年中共十一届三中全会后，乡镇企业进一步巩固扩大，中央下发《关于加快农业发展若干问题的决定》提出“社队企业要有一个大发展”。1984 年，金洞实行“以场带乡，乡场联营”的管理体制，林场党委、行政制定了发展乡镇企业的规定，提出全党全民大办乡镇企业，要求每村要有一个（养殖）场，一个（种植）园，场部机关部门要办企业。到 1986 年，乡镇企业发展至 578 个，其中集体企业 88 个，民营企业 2 个，个体企业 488 个，从事乡镇企业劳动力 1701 人，实现总产值 4643 万元，利税 519.9 万元。20 世纪 90 年代，林场遵照国家对乡镇企业“调整、整顿、改造、提高”的方针，要求向规模化、集约化和效益型方向发展，并进行产业结构、产品结构、科技结构、资本结构的调整。提出“一村兴一品、一业兴一乡、一品一业富一方”和“强林稳农、重工富场、兴旅招商、科教兴场”战略，并要求条件成熟的乡镇兴办工业小区。这时水电、建材、冶炼、种养、加工、运输、餐饮等企业成为乡镇企业的支柱产业。1998 年，全区乡镇企业 2189 个，其中集体 28 个，民营 1623 个，个体 538 个，从业人员 6257 人，产值 29216 万元，利税 4094 万元。

2000~2011 年改制转体阶段，金洞管理区提出“彻底改革、一步到位”的思路，到 2011 年底，全区原有的集体企业，除木材采伐销售外，大部分改制为民营企业，是年民营企业为 1460 个，从业人数达 6000 人，个体企业 380 个，从业 1020 人，实现产值 33500 万元，利税 3590 万元。经过改制的金洞乡镇企业阵容更加强大，其中固定资产投入 50 万元以上的企业达 255 个，投入 100 万元以上的企业达 105 个。金洞镇页岩砖厂在原有投资 300 万元的基础上近几年增加投资 200 万元对设施设备进行了扩容改造。年产红砖由原来的 1000 万块，到 2011 年年底年产红砖 2000 万块，实现产值 600 万元，实现利税 100 万元。2008 年以来，石鼓源乡百草堂药果场陆续投入 2000 万元，征地 6000 亩，新建仓储和办公大楼等配套设施。种植药材 4000 余亩，并实施生态养殖。阳光木业有限公司自 2006 年累计投资 500 万元增添设备，扩大生产，每年加工木材达 10000 立方米，年产值达 1000 余万元。水电企业更是金洞乡镇的龙头企业，2003~2011 年新建民营水电站 19 处，共投资 10198 万元，装机容量 24630 千瓦，年发电量 10340.6 千瓦时，实现产值达 3000 万元。同时农村种养加工企业向规模化集约化方向发展，各类农村专业合作社、发展有限公司、绿色家园等企业相继创办建立，并形成规模。还有个体加工业小作坊遍布境内乡村，现在的乡镇企业已成为全区经济的主要支柱。

金洞管理区 1978～2011 年部分年份乡镇企业情况

9-2-1　　单位：个、人、万元

年度		1978	1980	1985	1986	1996	1998	2000	2011
合计	个数	93	203	201	5786	1740	2189	2321	1840
	人数	558	1026	1575	1701	4757	6257	66474	7020
	产值	360	965	4303	4647	19757	29216	22964	34500
	利润	35	145	400	432	1819	3579	938	2950
	税金	2	18	80	87	309	515	438	640
集体企业	个数	93	107	26	88	53	28	29	–
	人数	558	642	225	233	457	120	133	–
	产值	360	415	1363	1472	2780	375	673	–
	利润	35	40	125	135	250	35	62	–
	税金	2	3	16	18	33	5	20	–
民营企业	个数	–	–	–	2	1347	1623	1164	1460
	人数	–	–	–	10	2676	3536	3977	6000
	产值	–	–	–	–	11337	17763	14747	25800
	利润	–	–	–	–	1055	2012	512	2500
	税金	–	–	–	–	155	269	275	495
个体企业	个数	–	96	175	488	340	538	1128	380
	人数	–	384	1350	1458	2624	2601	2564	1020
	产值	–	550	2940	3175	5640	11078	7544	8700
	利润	–	105	275	297	514	1532	364	450
	税金	–	15	64	69	121	241	143	145

第一节　企业结构

全区乡镇企业主要分布为农业企业、工业企业、运输企业、建筑企业、商业餐饮服务业。1986年,乡镇企业578个,从业人员1701人。其中工业企业197个,从业人员592人;农村企业50个,从业人员493人;交通运输企业93个,从业人员242人;建筑企业4个,从业人员52人;商业饮食服务业234个,从业422人。乡镇企业总产值4647万元。其中,工业企业产值1120万元,占乡镇企业产值24%,农业企业产值880万元,占19%,交通运输企业产值1070万元,占23%,建筑企业产值183万元,占4%,商业饮食服务业产值1394万元,占30%。1996年乡镇企业1740个,从业人员6257人,其中农业企业147个,从业人员982人;工业企业671个,从业人员2827人;建筑企业98个,从业人员738人;交通运输企业214个,从业人员295人;商业饮食服务业468个,从业1478人;其他企业142个,从业人员207人。乡镇企业总产值19749万元。其中,工业企业产值6852万元,占乡镇企业产值34%;农业企业产值2725万元,占13.5%;交通运输企业产值2805万元,占14.5%;建筑企业产值2392万元,占12.5%;商业饮食服务业产值4975万元,占25.5%。2011年共有乡镇企业1840个,大多是民营企业,从业人员7020人,实现总产值33500万元。其中,农业企业产值7460万元,占乡镇企业总产值23.1%,比1986年增加了8.5倍;工业企业产值6580万元,占乡镇企业总产值19.6%,比1986年增加了近6倍;建筑企业产值4020万元,占乡镇企业总产值11.3%,比1986年增加近22倍以上;交通运输企业产值5960万元,占乡镇企业总产值16.8%,比1986年增加5倍;商业饮食服务业企业产值9480万元,占乡镇企业总产值28.2%,比1986年增加7倍。

一、农业企业

金洞管理区乡镇企业中的农业企业是规模广、见效快的“重头戏”。特别是中共十一届三中全会以后,农村实行联产承包责任制,农林中的种植业、养殖业、各类加工工业也先后实行承包经营。场乡联营后,面对新形势新体制,林场党委和场部同时调整发展乡镇企业的思路,将发展重点放在新品种新技术的应用和经济效益的增长上。1991年,全区农业企业482个,从业人员1373人,实现总产值1582.7万元。2011年全区农业企业208个,从业人员1507人,总产值达3460万元,占乡镇企业总产值的10.2%。农业企业主要包括种植业和养殖业。

(一)茶叶

全区除每家每户种植茶叶外,另有集中连片上规模茶场3500亩,每年产茶50吨,产值达1000万元。2011年产茶78吨,产值达1500万元。上司源乡浯峰贡茶品牌正式注册于1996年。2004年正式成立浯峰贡茶有限公司,形成农户+基地+公司产业链,成为民营企业的龙头企业。该公司茶叶种植规模达1200亩,年产茶叶5吨以上,年均销售收入500万元。乡专业农户达400户以上，产业直接受益人口1500余人。

（二）水果

金洞主要水果品种有柑桔、板栗、白果、金秋梨、葡萄。1980年，金洞有水果场53个，种植面积1000亩，年产量400吨，全区7乡1镇都有种植；1996年，种植面积2500亩，年产843吨，2005年种植面积5300亩，水果产量1769吨。2006年，园林水果因进行产业结构调整，一些橘场由于承包经营管理不善、树林老化、产量低、价位上不去、品味差、经济效益低，一些老柑桔园改种白果、板栗奈李桃等品种。2011年，水果等经济林种植面积22830亩，产量达2371吨，产值达1000万元。

白果市乡盛产白果，现仍有成片原生白果树，其中生长300年以上的白果树有100多株，100年以上的有300多株。散生和相对成片的白果树13000多株。2010全乡大面积开发白果树基地5处，面积达200亩。该乡年产原生白果达132吨，产值近200万元。

（三）林业

金洞管理区集体林业收入是乡镇集体财政的主要来源，也是乡镇企业的主导产业，计划经济时代，全区集体木材全部交由当地林业部门统一收购储存，按计划调拨销售。国家按当时统一定价（扣除税费部分）返回林农。老百姓所得实惠偏低，也挫伤了林农造林护林的积极性。改革开放以后，特别是1985年以后，林农有了“自育、自采、自销”的经营自主权，林木价格按照市场规律逐年提升，林农的收益也水涨船高。造林育林的积极性大大增强。1985年集体林限额采伐销售2.2立方米，创产值235万元。1996年，集体林限额采伐销售30682立方米，创产值1500万元。2011年，集体林限额采伐销售38232立方米，创产值2000万元，占乡镇企业总产值20%。随着林业改革的不断深入，林区产业结构进一步调整，林业经济效益更加充分显现。

（四）药材

金洞种植药材历史悠久，品种达30多种，木本药材有黄柏、厚朴、杜仲、白果、桂皮。藤本药材有行血风、木通、血贯肠、南蛇风、鸡冠花、鸡血藤、金银花等；草本有：党参、黄花、七叶花、八角连、怀山、天麻、土洋参等。20世纪70~80年代，全区有药材场17个，专业人员108人，种植面积600多亩。2006年，全区种植达1000亩，产药材200吨。2007年，新开发的石鼓源白草堂药材基地面积达6000亩，药材产值达500万元。晒北滩瑶族乡种植金银花100亩，并已产生了良好的经济效益。

（五）苗木花卉

20世纪50年代，金洞林区造林靠萌芽更新。20世纪70年代，由临时性苗圃过渡到固定性苗圃、国营金洞林场各分场（工区）都有建立育苗基地，乡镇集体也分别建有育苗点。进入20世纪90年代国有集体苗圃相继改制，变为私人苗圃。进入21世纪，个体私营苗圃有了较大的发展。2011年，有个体苗圃13处，面积达1000亩，其中大苗圃基地700亩，其他珍贵树种育苗，面上造林育苗达300亩，年产各类苗木1000多万株，产值达800万元。凤凰乡中荣村苗木花卉基地面积达200多亩，创产值300万元，其花卉销往永州、衡阳市和广西等地。

（六）养猪

20世纪70年代前，林区群众“喂猪为过年，养鸡换油盐”，过着自给自足的小农经济生活，改革开放以后，特别是以场带乡后，全区各乡镇村都开始创办了集体养猪场，农户也家家喂养，有的还办起了家庭养猪场。90年代，养猪由集体转为个体，同时大量采用精料、浓缩饲料喂养，生长周期也大大缩短。1993年，全区有养猪大户36户，年产500头，农户也扩大了养殖规模，有的小家庭年养殖达10头以上，同年全区喂养生猪72846头，出栏42227头，存栏30619头。1995~2002年，先后发生两次猪瘟、饲料涨价、青壮年劳动力大量外出、生猪养殖开始下降。2004年至2011年，全区各乡镇专业技术能人、知识专业能手组织建立专业养殖发展有限公司、种养专业合作社、生猪养殖有了大的发展。到2011年，公司加农户出栏肉猪45600头，存栏30050头。

（七）渔业

金洞水库、水塘多，渔业放养面积比较大。20世纪80年代全区有集体鱼塘110口。1988年鱼塘全部实行承包由个体放养，渔业有了较大的发展，年产鲜鱼190吨。1996年全区年产鲜鱼实现了304吨，产值达600万元。进入21世纪，生态养殖、境外承包放养，并多品种和进口外国精品鱼类开始兴起。2000年石鼓源乡农民邓洪福承包乡政府大牛冲水库，充分利用水库水面养鱼，并在水库上建起一座出栏200头牲猪的养殖场，建沼气池一口，形成“猪一沼一鱼”的生态养殖模式，年出栏生猪200头，产鱼30万公斤，年利润15万元。凤凰秧田村邓隆美于2003年承包祁阳茅竹镇道塘村精养鱼池16口，水面48亩，其中用二口精养池放养加州鲈鱼1500尾，饲喂小鱼虾，鲢鱼下脚料等动物饵料，每6~7天换水一次，使鱼池水保持新爽快活，池中放小许浮莲、辅以投喂米糠、糟渣等植物饲料，年底起水加州鲈鱼930.5公斤，获纯利5000元。其他精养鱼池也分别放养本地鱼苗，年产值达10万元。到2011年，全区有池塘水面1500亩，水库水面2000亩，稻田水面1500亩，年产鲜鱼516吨，产值达1000万元。

（八）养羊

金洞养羊有传统习惯，放养场地宽阔，草场丰盛，饲料充足。60、70年代就有农户家庭饲养山羊。改革开放后，家庭养羊有了较大的发展，1986年，从外地引进山羊和黑山羊两个品种。到1996年，全区出栏肉用羊889只，存栏740只。2005~2011年，全区先后创办养羊场15个，家庭养羊也逐步扩大。到2011年自宰羊1808只，存栏1632只。金洞镇城镇青年奉凌云于2011年8月创办金洞兴旺专业养羊合作社，入户社员8户，投资35万元，在小金洞乡小金洞村兴建以饲养黑山羊为主的养羊基地，现建羊场四座，600平方米，有羊300头，年繁殖山羊600只，年出栏300头，可获利润15万元，是永州市第二个养羊专业合作社。

（九）养牛

耕牛历来是林区农民的重点生产资料。1984年平均每个村民小组有4~6头，全区有牛2000头。石鼓源、凤凰、金洞3个乡镇以水牛为主、林业乡以黄牛为主。1983年万宝山工区在胜利村创办牛场一个，养牛20头，由于当年牛发病，先后病死，牛场停办。1990年后由于耕作方式的改变和农业机械的推广应用，耕牛数量锐减。到2011年，全区耕牛只有1036

头。2010年,上司源乡农胜村张和平投资15万元,引进鲁西黄牛30头,南冲源村奉雨生花10万元引进20头进行养殖,为全区提供肉用牛做了榜样,通过精心饲养,牛可出栏,每头牛可创收5000元,他们二人各创纯利10多万元。2011年晒北滩三叉岭村潘冬顺创建牛场一处,投资50多万元,购买牛犊100头,长势喜人,正在产生经济效益。小金洞、白果市乡还喂养了马匹,从1984年起,就陆续有村民从外地购买马匹回本地饲养。开始是马代牛耕地,工效比牛高三倍,一头马一天能耕田8到10亩。一头牛一天最多耕地2~3亩,同时马负荷力强,一匹马可一次驮运三四百斤,无论上岭下坡,速度也快,人们用马运木材、运粮食、拉建筑材料、驮竹笋、驮木炭等,不仅节省了人力,也增加了收入。到2011年,小金洞、白果市等乡喂马匹200匹,实现产值500万元。

(十)特种养殖

1990年以来,林区农民还发展野猪、茅根猪、豪猪、蛇、鹌鹑等特种养殖。小金洞乡农民奉冬方从2000年开始饲养野猪,当时母野猪3头,公种猪1头,年产6窝小野猪,每窝5~8头, 年销售收入3万元以上。上司源乡双河村村民邓荣伟2005年回乡创办了绿色生态山庄,专业养殖中华竹根鼠,自创"中草药"喂养方法,走出了一条绿色、生态、无公害的特色养殖之路。年出栏竹根鼠1000只,销售收入近40万元,周边20多户群众在他的带领下,也养起了竹根鼠,一个个都开始脱贫致富。到2011年,全区特种养殖场达25处,年产各类特种野味达50吨,产值达400万元。

二、工业企业

乡镇工业在整个乡镇企业中占有重要地位。1986年,工业企业197个,总产值1120万元,从业人数592人,占乡镇企业总产值的24%。1996年,工业企业671个,总产值6852万元,从业人数2827人,占乡镇企业总产值的34.6%。形成建材、木材加工、油脂、食品加工、矿业、水能发电等五大支柱产业。

(一)建材业

乡镇建材业主要包括水泥、木材加工、红砖、建筑预制件、河沙卵石、石灰、钢材等。20世纪80年代以前,建材规模少,比较零星分散。1990~2011年,全区建材业迅速状大起来,2011年有企业152个,从业人员500人,总产值2000万元。

红砖 2003年,金洞镇一居委会村民邓湘生,在新开滩鳌鱼岭创办了页岩机砖厂,总投资110万元,厂房面积3500平方米,砖窑20门,年设计能力1000万块,实际年产量700万块。配置了推土机1台、60#破碎机1台、笼破机1台、搅拌机1台,铁轨运输带5条、制砖机1台、抽风机1台,坯车220台。主要原料:紫色页岩、无烟煤。主要生产流程:粗破碎—细碎—过筛—搅拌—制坯—烘干—装窑—烧制—出窑。2008年至2010年,扩大生产,先后增加融资300万元,增添新式设备设施,实现年产红砖2000万块,实现产值600万元,实现利润100万元。产品主要销往八宝镇、金洞、小金洞、上司源、晒北滩等地,目前销量供不应求。

万宝山乡下司口村、凤凰乡、石鼓源乡在20世纪都建有红砖厂。

河砂、卵石 金洞河砂、卵石资源极为丰富,开采亦很方便,是房屋建筑、道路、桥梁、市政等工程建设的重要原材料，全河流程60公里冲积成许多河滩沙州、沿河梯级电站阻坝也贮积大量的天然河砂、卵石，经开采挖掘过筛，便为颗粒圆滑、质地坚硬、含杂质较少的河砂、卵石。20世纪90年代后到2011年，人工沙场遍布沿河两岸。油榨铺、龙潜凼沙场年创产值500万元。

石灰 金洞烧制石灰历史悠久，民国时期大都为个人烧或联户烧，其石灰除了用于建房或稻田除虫外，也有少量出售。20世纪60年代一般为社队集体烧石灰，80年代后大都由个人或专业户生产。石灰是重要建筑材料，可作砂浆胶结材料，水泥问世后石灰用途仍然很广，可制作石灰砂浆、混合砂浆，并可节约水泥用量，且砂浆柔和性好。石鼓源乡乐山石灰窑、凤凰乡江州乌龟山石灰窑，白果市乡团结石灰窑等窑厂生产的石灰质好价优，当时销路很好，后因成本太高、效益不好，于90年代停办。

(二)矿业

煤 石鼓源乡乐山煤矿是全区仅有的一处煤矿，位于井边黄家冲，距乡政府6公里。1959年，经省地质勘测队勘探此地原煤储量达84万吨。1970年，石鼓源乡组织劳力60人，投资20余万元，建立了厂棚、购置了采掘必备的各类设施设备，历时6年开挖掘进，于1976年7月正式掘出原煤，日产原煤20吨，年产值30万元。20世纪80年代后，每年产煤2.5~3万吨，实现产值100万元。20世纪90年代因机械老化，电力供应短缺，加之国家治理整顿小煤窑等多方面原因，于1995年12月停办。

锡矿 小金洞、白果市、晒北滩等乡的东江村、高笋塘村和大坝头村的麻拐棉组境内含有锡矿，储量约6.37万吨，锡砂矿提炼锡和钨，溶点低，是锡和钨制品的原料。清嘉庆年间，即在小金洞东江一带开采锡砂矿。大办乡镇企业后，1985年起，本地人开始采掘，土法生产，漫山遍野挖洞，无序生产。2005年金洞对非煤矿业进行整顿，管理区对私挖滥采、无证开采的矿洞进行了封堵、炸毁，现已停止开采。

(三)木竹加工

新中国成立前，金洞竹木加工都是私营，手工生产、制作箱、柜、桌、椅、木桶、木盆、箩筐、簸箕等，木匠、篾匠遍布乡、村。山区林农挑着自制的木、竹器在集市上出售。新中国成立初期，金洞木竹制品仍为个体生产，零售定制销路不广。1956年，对私营木竹加工业主进行改造合并，成立木器加工合作社或手联社等集体企业家。20世纪70年代，区乡、村先后成立木材加工厂和五七厂，木竹加工业蓬勃兴起。从制作小家具、小农具，逐步发展到加工板方料和竹木深加工。1978年，全区有乡镇竹木加工企业10个，从业人员250人，年产值500万元。1995年，有竹木加工企业20家，从业人员300人，实现产值800万元。2011年，全区有竹木加工企业15家，其中木材加工企业13家，从业人员260人，年加工木材2万立方米，产值达3000万元，年均利税600万元。

(四)造纸业

手工操作生产土纸。20世纪70~80年代，上司源、白果市乡先后创办了造纸厂，1976年农胜村集体办了一个小型造纸厂，购有打浆机、操纸机等设备，生产土纸。1977年双河村建立了造纸厂，投资50万元，购置发电机、锅炉、烘干机、打浆机、揉纸机，还购置了汽车一辆，年产值达 20 多万元，利润 6 万元。这些纸厂都因技术落后效益不好分别于 1982 年前停办。

（五）油料加工

油按其用途分为食用油和非食用油两大类。食用油主要是茶籽、菜籽、花生、杏等植物油料加工而成。非食用油主要有桐油、山苍子油等。金洞凤凰、石鼓源乡以生产油茶为主，金洞镇、晒北滩、上司源、白果市、万宝山等乡以生产油桐和山苍子油为主。70~80 年代年，采摘油茶子 200 吨，能榨茶油 20 吨，接当时价格收入达 50 万元；榨桐油 20 吨，收入达 10 万元。全区各乡镇有榨油机 16 台，为全区油料加工服务。2011 年，采摘油茶籽 711 吨，榨茶油 70 吨，收入达 140 万元。山苍子、樟科植物。山苍子油是一种挥发油，主要含荜澄茄素、柠檬醛、柠檬酮等等，是风油精的主要原料。用蒸馏法提取，每 50 公斤可提 2 公斤的油。1964 年全区主产区提炼山苍子油达 3.2 吨，收入 50 万元。1985 年，产油 4 吨，收入 80 万元。进入 20 世纪 90 年代以后，山苍子全部改种杉树，从此后山苍子油停止提炼生产。

（六）食品加工

野菜加工 2001 年 3 月，金洞林场油榨铺电站自制加工设备，利用电站原有厂房，率先办起绿色食品加工，同年生产蕨菜罐头 10000 袋，清水竹笋罐头 2000 袋，产品畅销省内外，取得较为明显的效益。此时，金洞绿色食品加工厂不断发展壮大。2004 年，通过招商引资，扩大生产和加工规模。2011 年，已达到年生产清水竹笋罐头 500 吨，蕨菜罐头 100 吨的生产规模，其他品种如玉兰片、干蕨菜为辅的多品种加工生产格局，年产值 500 万元以上。到 2011 年，因产品质量上不去销路滞后制约企业的发展，一些产品被淘汰和停业。

腊肉加工 腊肉是金洞林区一道名菜，其加工历史无法考究。历年来山区百姓每到冬至节后，各家各户宰杀年猪，分制成小块，用盐腌制后用铁丝串吊灶，不断用烟火熏烤，制成的腊肉外观黑色，但洗净后晶黄透亮，切成条状或块状，或焖或炒或蒸熟后口感肥而不腻，香爽可口，深受人们欢迎。腊肉供应市场，年销售达 200 吨左右。

茶叶加工 金洞林区的茶叶加工历史悠久，最负盛名的是上司源乡“浯峰”贡茶。相传清乾隆年间，因上司源茶叶细嫩成朵，清香扑鼻，饮后顿感通体清爽，精神倍增，逐将此茶作为贡品，年年上贡。为挖掘这一资源，上司源乡于 1992 年聘请中国农科院茶叶研究所、祁阳红壤实验站、祁阳县农业局、金洞林场等单位联合研制出浯峰贡茶。该茶外形扁平，绿匀显芽，汤色绿旺，滋味醇爽，叶底细嫩成朵，品质优异。1994 年，上司源乡组建上司源浯峰茶业开发有限公司，1998 年，注册“浯峰”牌商标。当时有茶叶基地 100 亩，年加工成品茶叶 0.5 吨。2004 年 7 月，改为民营企业。到 2011 年公司扩建，新建茶叶基地 1200 亩，年产成品茶叶 5 吨，产值达 500 万元。

三、建筑企业

1986 年，全区有建筑工程队 4 个（均无资质），52 人，年收入 183 万元。1996 年，全区工程队 98 个，738 人，建筑企业总产值 2392 万元。2000 年有建筑工程队 82 个，755 人，产值 8205 万元。2011 年，有建筑工程队 50 个，954 人，产值 6020 万元。金洞管理区基建物资公司是全区唯一一个基建单位。各乡镇建筑队伍均是分散的建筑工程队，参与有资质承包基建项目的公司施工，获取劳动报酬。全区施工队伍有挖机8台，铲车6辆，升降机5台，震动器50余台，脚手架20吨，固定资产200万元。改革开放以后，配合项目承包经营者承建房屋100余万平方米，道路227.2公里，街道20余条，桥梁92座，水电站21座，为社会主义新农村和城镇化建设做出了贡献，也赢得了较好的效益。

四、运输企业

20世纪60年代，金洞乡镇还没有运输企业，人们出行仅靠祁阳县运输公司三台客车，只能从金洞到祁阳。其他各乡镇无论生产、生活、出行靠步行和手提肩扛。1976年，社队有运输汽车10辆，运力40吨位，农闲跑运输的拖拉机28辆。1980年，区内有8户农民购买大货汽车8辆在林区拉木材跑运输，拖拉机也发展到50辆。1986年，全区有交通运输企业93个，从业人员242人，产值1070万元。同时各乡镇都有了个体客运车辆，为群众出行提供了方便。20世纪90年代初，区内开始出现农民个体微型客车，这种5座至7座的小客车乘坐方便，票价面仪，随时运行。1996年，从事运输的大客车、中巴车、微型车就有50辆、大货车25辆、拖拉机110辆，全区交通运输企业214个，从业人员达400余人。年产值达2805万元。2011年全区乡镇运输企业经营的大客车28辆，个体中小客车微型车140辆，货运汽车30辆，拖拉机45台，从业人员500余人。是年，乡镇民营企业经营运输业年产值达5960万元，实现利税800余万元。

五、商业、饮食服务企业

（一）商业

金洞供销社是金洞林区的商业中心，该社地处山区，交通不便，一切物资全凭人力肩挑，直到修通祁阳到金洞、晒北滩、凤凰等乡的公路后，商品运输状况才好转。该社有晒北滩、白果市、凤凰、上司源、石鼓源、白泡迴、江口、土坳8个供销分社，一个白水中转仓库及金洞区属门市部，有干部职工118人，负责当时金洞区6乡1镇和万宝山工区73个自然村6万多人、26615亩耕地的生活生产资料的组织供应。1971年，为把金洞山区的林业资源收上来调出去，先后在万宝山、芦茅源、野株源、波萝源等大队建起14个代购代销店，解决山区林农和少数民族群众买难卖难的问题。1978年，该社完成购进总额186.2万元，完成纯销售额588.2万元。2005年该社改制，由集体所有制经济改为服份制经济。

金洞合作商店，是1956年对私营工商业者进行社会主义改造时组织起来的。当时有员工29人，合作商店8个，办公地点设在金洞镇的鱼窝湾。网点有石鼓源的乐山、小金洞的牛栏湾、晒北滩的小茗洞、凤凰的花筵、白果市的光明等8处地点，销售副食、百货、布匹、针织等生活物资，其货源由当地供销社转批供给，并以结算手续费的形式为供销社收购当地农林土特产品。1983年有职工33人，自有资金12927元，同年销售额超过50万元，年利润3.5万元。1995年资产处理后，自行解散，人员各回原籍。

国有金洞林场建立后，为了方便林区人民群众和职工的生活需要，先后建立国有金洞百货大楼、职工合作商店。80年代，在祁阳县城建立金浯大厦，建筑面积2000平方米，年产值200万元,实现利润50万元。主营百货、棉布、文具、五金电器、日用杂货、餐饮住宿等。

1986年,林场为了发展经济,拉动内需,服务林区人民,在沿河街和人岭街汇合处兴建了原金洞贸易大楼,将原金洞林场招待所合并为金洞林场商贸服务中心,集百货、日杂、餐饮住宿于一体。到2002年随着金洞林场旅游业逐步发展,金洞林场决定将商贸大楼和招待所住宿部改建成一座有林区特色的宾馆——金洞宾馆。由林场财政投资500万元,仿制民族建筑风格,内设饮食、住宿、会议、休闲娱乐于一体,占地1万平方米。2003年建成并投入使用,私营业主陈大金承包,每年营业额达300多万元,实现利税100余万元,经济效益好。2008年承包经营者易主,由于经营管理不善,效益低下,2012年歇业停办。

随着改革开放的不断深入,步伐加快,商业、批发零售业逐步向民营化过渡。1984年,全区除原有的供销社一家属集体所有制经济以外,各乡镇个体民营商业有了一个大发展,大批农民进入商业领域。1986年,有个体商店189家,从业人员276人,年销售纯收入230万元。到1996年,有批发零售业531家,从业人员818人,实现产值4974万元,利税800多万元。到2011年,有商业批发零售业620家,从业960人,实现产值5750万元,实现利税500万元。

(二)饮食服务业

20世纪50、60年代经济滞后,交通闭塞,人们出行都靠步行,全区当时各乡镇为方便过往旅客食宿劳歇,开设简易的伙铺。金洞、小金洞、晒北滩、凤凰、白果市、石鼓源等乡镇所在地和一些村落均办有小饮食住宿店,门前挂着“中伙安宿”的招牌,为过往客人提供餐饮住宿服务。白果市的波萝源、山青、团结、大坝头、长田方等村过去是祁阳至宁远、广东的必经之地,也是脚夫到广东连州挑盐的去处,还是祁阳白水一带到阳明山烧香拜佛香客的落脚之地。当时吃饭每餐0.15元,住宿每晚0.3元,据统计当时全区有这样的中伙安宿店达50余家。改革开放后,伴随着宾馆、酒楼、招待所、饮食酒店的兴起,伙铺已全部停业。1986年,饮食服务业发展到55家,从业人员70人,年收入30万元。1996年,有饮食服务业商家79个,从业人员197人,收入达800万元。2011年有85个,从业人员400余人,产值达3730万元,实现利税1000万元。

第二节 企业管理

一、管理机构

1959年8月,祁阳县农村社队企业管理机构开始萌芽。同年,按照中央指示精神,原金洞区及各公社创办“五七”厂,公社安排1~2名人员,编制放在“五七”厂,主管公社“五匠”企业。1963年3月公社建立“企业办公室”,金洞区各公社配企业专干1~2名,负责企业的发展和资金筹措。延续至1975年年末。1976年2月,根据祁 发(1976)005号文件精神,区社成立“社队企业办公室”配主任一名,会计一名。由区社副书记、企业专干、区社财会辅导员、经营专干 1~3 人组成，行政隶属区、乡领导，业务由县乡镇企业局领导。1984 年 3 月“场乡联营”以后，撤区建镇，金洞区 6 乡 1 镇，由金洞林场代管，林场在农水科内设乡镇企业办公室，有人员 2 人，主管 6 乡 1 镇企业办工作，各乡镇企业办配备 3~5 人主管各乡镇集体木材代销和乡镇企业工作。2006 年金洞管理区建立后，设乡镇企业局，隶属管理区农村工作局的内设局，定编 2 人，主管乡镇企业工作。

二、劳动管理

1980 年以前，社队企业实行派用工分制，社队企业所需劳力从生产队平派，企业主要负责人由公社、大队委派。对从业人员实行“厂定等级，队论工分，厂队结算，回队分配”的办法。1981 年后，全面推进企业承包制，从业人员择优聘用，实行工资制，工资形式分计时、计件两种。20 世纪 90 年代以后，乡镇、村集体企业逐步实行养老保险，按企业实发工资总额提出 15%到 20%作为养老保险金，税前列支。2000 年以后，乡村集体企业除集体木材经销外，全部转体为股份合作或民营私有企业，所用工采取招工形式，工资采取计件工资、计时工资、固定工资加奖励三种形式。

三、财务管理

1978 年以后，区内社队企业执行湖南省社队企业局和省农业厅共同制发的财务管理制度。当时企业纯利润全部上缴公社、大队。1981 年开始社队企业执行全国统一的《农村人民公社社办企业财务管理办法》和《社队企业财务会计制度》，同时开展以清产核资、检查违法行为为内容的财务大检查。1984 年起，乡镇政府提取乡镇企业税后利润以解决各项公益事业的开支，其比例为税后利润的 10%到 20%。1986 年开始执行国家农牧渔业部，财政部颁发的《乡镇企业财务制度》和《乡镇企业会计制度》，多数企业改增减记账法为借贷记账法，全面核算生产成本、资金使用、经营成果。20 世纪 90 年代后，具有一定规模的民营企业都以借贷记账法结算记账利税，先完成国家税费，剩下全部归业主所有。

四、安全管理

自 20 世纪 80 年代以来，金洞林场按照上级要求成立场、乡镇（分场）工区和工矿企业三级安全领导小组，重点企业配备专职安全员，一般企业配有兼职安全员，建立健全各项管理制度，每年分季组织安全检查，查出隐患及时整改。

附：金洞农机厂的沿革

1956 年 4 月，成立金洞区先进铁业生产合作小组、光明缝纫生产合作小组。1958 年“大跃进”中，手工业社组全部下放当地人民公社管理。1961 年 6 月，恢复手工业隶属关系，1962 年，调整为金洞铁木社、小金洞铁木社、晒北滩综合社、白果市铁木社、凤凰综合社、石鼓源综合社。1969 年 3 月，全部合并为金洞手工业联合社，有职工 88 人，主要生产铁木中小农具和家具，1976 年 8 月，下放金洞区管理。1982 年 3 月，仍收回祁阳县轻工业局管理，企业更名为金洞农机厂。1983 年 4 月，更名金洞农机木器厂，主要生产打稻机木件。1996 年 7 月，企业依法破产，并以资产变现 30.5 万元，依次安置在职职工与退休人员 107 人。1970~1995 年，累计总产值 605.5 万元，销售 291.55 万元，税金 16.84 万元，利润 9.54 万元。

支农服务 1962 年 10 月，金洞区公所配合县手管局在晒北滩和小金洞等地加工水车，3 个月完成水车 1500 条。1965 年入春前，土箕供应紧张，金洞区公所配合祁阳 8 个竹器社共 82 人，在白果市、晒北滩等乡加工土箕，两个月完成土箕 15000 担，有力地支持当时的农业生产。

第十篇　水利　电力

第一章　水　利

民国时期，金洞境内稻田主要靠大小溪水、山平塘、泉水、简便堰坝、筒车、水车等水利设施灌溉，有效灌溉面积1.8万亩(总稻田2.7万亩)，占总稻田面积的70%，其余0.9万亩则为完全天水田。1952年以后，特别是农业合作化时期，利用冬闲大搞水利建设。经过1952、1953年两个冬修，除将原有的塘坝挖深、堵漏、加高、培厚外，还开山平塘238口，新建堰坝155座，筒车88座，从而增加旱涝保收面积约1.2万亩，农业生产丰收，农民大搞水利建设的积极性越来越高。在中国共产党和上级政府的正确领导下，由原来整修山塘到重点建设小型水库和新开山平塘。1954年至1957年，在政府的扶持下，境内建成的小Ⅱ型水库一座，新建骨干山塘150座。同时新建筒车38座，整修山平塘220处，为农业增产提供可靠保障。

1958年，在社会主义总路线和大跃进的形势下，境区内各乡、村发动群众大搞水利建设，兴修各类大小水利工程610处。由于人力、财力等原因，大部分工程被迫于1960年停工。1964年，重新发动群众调整、规划、征调劳力，有些水利工程才相继复工修建。至1970年，先后建成小Ⅰ型水库1座，小Ⅱ型水库2座。新开骨干塘15口，整修山平塘515口，河坝160座，建抽水机站71处，采取民办公助方式，先后修建水轮泵坝148座，装机132台。

1970年至1981年，采取“以小型为主，配套为主，社队自办为主”的方针，加强管理、提高效益，全面整修各干、支渠道，又先后修建20座水轮泵坝，5座小Ⅱ型水库，16座电灌站，并陆续发展内燃抽水机站。至此，石鼓源水库和各乡镇的小Ⅱ型水库9座，骨干山塘515口。山平塘、河坝、抽水机、水轮泵等水利设施，正常年份可保双季稻农田需水。

1982年以来，金洞水利工程以“坚持经营管理，讲究经济效益”为中心，对现有水利工程除险加固，配套挖潜，广泛开展综合经营，以此达到“以水利养水利”的目的。至2000年，金洞境区共有水库9座，灌田9650亩，河坝734处，灌田8000亩，水轮泵装机121台，灌田8000亩，机电排灌和抽水机站89处，装机74台，灌田7000亩，山平塘515口，灌田2366亩，水利有效灌溉面积3.8万亩(包括复种)。水利总投资3亿元。

第一节　水利建设

一、蓄水工程建设

20世纪50年代以来，境内已兴建中型水库2座，小(一)型水库1座，小(二)型水库4座。各种型号的水库标准是：中型水库库容为1000万立方米至9999万立方米，小(一)型水库库容为100万立方米至999万立方米，小(二)型水库库容为10万立方米至99万立方米，库容1万立方米至9.9万立方米则为骨干塘。

(一)水库

大牛冲水库(小一型)

大牛冲水库：地属永州市金洞管理区石鼓源乡三满房村，水库地址位于湘江二级支流大牛冲上游。这里是著名的干旱区，为解决干旱灌溉问题，金洞区党委决定兴修大牛冲水库，1966年10月1日正式动工，1976年12月底竣工。

水库坝型为核心墙均质土坝，大坝高30.82米，坝顶长134米，坝顶宽4.8米，集雨面积3.12平方公里，库容185.48万立方米，养鱼水面50亩，灌溉本乡八个村，灌溉面积3908亩。2009年10月，国家项目资金又投入350万元，对水库进行除险加固，并将公路硬化至水库尾。该水库为全乡粮食旱涝保收发挥着重要作用。

大牛冲水库左干渠始建于1976年元月，于1979年4月竣工运行。渠道贯穿三满房、石鼓源、大岭下、借鼓岭、桂林5个村，总长9446米，灌溉稻田3400余亩。该渠道是全乡人民完全用双手开挖而成。

大牛冲水库右干渠始建于1978年元月，于1986年5月竣工运行。渠道贯穿三满房、源头、石鼓源、五房、西岭坳5个村，全长7225米，灌溉稻田面积1600余亩。该渠道连接两座渡槽：一是大牛冲渡槽，全长326米，最高墩柱35米；二是大干冲渡槽，全长218米，最高墩柱32米。

金洞小(一)(二)水库基本情况

10-1-1　　单位：平方米、米、立方米、万元、亩

编号	水库名称	兴建年月	所在地		集雨面积	坝型	现坝高	正常库容	溢洪道		灌溉面积	累计投资	养鱼水面	备注
			乡镇	村					宽	过水深				
1	长吉	1976.8	凤凰	长吉	2.50	土坝	16.0	13	6	1.60	250	0.95	20	
2	圆头冲	1991	金洞镇	三居委会	0.93	均质土坝	16.0	12	5	0.43	550	26.80	24	
3	长冲	1987.8	凤凰	陶家	2.50	均质土坝	18.0	14	2	1.80	700	6.00	30	
4	月月塘	1988.9	凤凰	秧田	1.50	均质土坝	16.0	13	2	1.50	600	4.50	25	
5	西塘冲	1991	石鼓源	西岭坳	0.30	均质土坝	19.7	12	2	0.35	550	25.6	25	
6	大牛冲	1966.1	石鼓源	三满房	3.12	心墙土坝	30.8	185.4	10	28.5	3908	90.00	175	

(二)山平塘

金洞管理区属山区地区,在民国时期以前农田灌溉以山平塘,堰坝为主,泉井次之。民国 38 年(1949 年)前,境内有山平塘 220 口,每口塘平均灌 9 亩田,最大的平塘蓄水灌田 300 余亩。那时山平塘、堰坝、泉井蓄、引、提水根本不够灌溉之用,尚有无水灌溉的天水田 9400 亩。新中国成立后,党和人民政府为改善水利设施建设,组织群众大兴水利建设,全区共建山平塘 235 口,极大地改善了灌溉条件。

二、引水工程建设

堰坝 拦溪拦河,堵水筑堰建坝,提高河流水位,引水灌田,减轻提水劳累,山区还可蓄水放排。历代金洞人民为了生存,还是在大河小溪上千方百计修坝筑堰,引水灌田,蓄水放排。境内有各类堰坝 328 座,为抗旱保灌溉、木材水运方面提供了便利条件。

泉井 境内泉井有 466 口,其中水量较大的约 140 口,大多分布在石灰岩区域,泉井灌溉面积大小不一,最大的泉井能灌溉 500 亩稻田,绝大多数灌溉面积几十亩稻田。

隐塘 座落在凤凰乡的隐塘村,隐塘其实是一口大泉井,水面宽 20 余亩,蓄水约 9 万立方米。

水车 水车又名龙骨水车,是以木板为槽,长 3.5 米至 4 米不等,前有“雷公轴”,轴上有齿轮,带动“龙骨”(木制链条,俗名羊爪)上有叶片,借脚踏或手摇动转动雷公轴,引水上行。最大提水高度为 2 米左右。旧时,水车是境内最普通的提水工具,据调查,境内平均每 5 亩稻田有一条水车。1955 年推广密封水车,在传统水车形式基础上,四周密封,龙骨数量不变,车叶只装 7 皮。优点是节省车叶材料、水量大。以后又在密封水车基础上改成槽轮水车,去掉两侧摇手,在雷公轴一侧,装一对大小齿轮,小齿轮装在雷公轴上,大齿轮固定在水车侧墙架上,并在大齿轮平面设一摇手,摇动齿轮水车,摇传速度慢、省力。1958 年,推广了脚踏双条水车,在传统形式上用一雷公轴带动两条水车,由两人脚踏水车,省力又省劳力,但由于占用场地大,移动不便,不久便停用。1965 年推广钢骨水车,车身为 75 至 100 毫米园钢管,铁链条龙骨,装十几皮车叶。因铁件浸水生锈,造价高,没有推广。随着水利设施的增加,自流灌溉的增多,抽水机的出现,水车的价值大幅度下降。1978 年农村实行联产承包责任制后,田土分包到户,水车的价值出现反弹,有一户一条水车的;也有联户共有一条水车的。1980 年农村经济情况好转,有单家独户,也有联户购置小型柴油机或电动机潜水泵提水灌溉田的。

筒车 筒车亦称“天车”。是利用河流的急水,便于从低处往高处灌溉的一种提水工具。将木制齿轮,放置流水中,轮叶上安装水竹筒,水轮大小及水筒多打直径,视岸之高低水流缓急而定,筒车在河中盛水后,随水击叶轮转至上方,水自动倾入特备的槽内,流入农田。抗旱筑坝,增大水流量,逆向推动水叶,使水轮旋转,日夜打水不停。一架筒车最多可灌田 40 亩。

1949 年,境内有筒车 30 架。1957 年,筒车增至 38 架,金洞镇 12 架,晒北滩 20 架,小金洞 6 架。1962 年,推广东安县茶源公社“五改”筒车,增大流速和水量,增大水筒直径,增宽拦水板，改变水筒安装角度。后来，机械动力发展，渐渐被抽水机、水轮泵、电灌站所取代。

三、机电排灌

（一）抽水机

1954年5月，省农机部门调来大连生产的2110型20马力柴油机4台，投放到凤凰、石鼓源两乡使用，受到农民的热烈欢迎。1964年发生大旱情，凤凰乡凤凰村一台1115型15马力的柴油机，流动4个机埠，由原来灌田210亩，扩大到灌田780亩，大大地提高了抗旱效率。全区18台柴油机，全部推行一机多埠作业，扩大灌田面积1620亩，保证了旱年的水稻丰产。

1963年6月，农机部门引进3台青岛内燃机厂生产的Q81型3.5马力汽油机，投放在金洞、小金洞乡等地使用。此次引进的汽油机，为机械提水灌田起到了良好的推进作用。

（二）水轮泵

金洞林场于1965年在孙家洲地段兴建1座水轮泵机带动发电机发电。引水为木桩堆石坝，人工开挖护砌长7.6米，宽2.5米，高3.0米，矩型引水明渠，当时护砌材料用“三合泥”。后移交给公新村使用更换60-6型铁制水轮泵机。

1964~1976年，境内共建水轮泵13处。由于建水轮泵成绩突出受到省、地的表扬，在资金安排和设备调配给予了优先照顾。全区共有40—41型3台，40—6型9台，60—6型4台。水轮泵干渠总长32.4公里，上水管道1044米，设计灌溉9000亩，实灌6140亩，在水轮泵河坝安装发电机9台210千瓦。

第二节 水利管理

一、管理机构

1977年以前，金洞境内对水利电力，尚未设立专门的管理机构，由当地政府部门管理。1978年根据祁阳县委、县政府的指示，设立金洞区水电管理站、配备工作人员3人。

根据中共零陵地委〔1984〕13号文件《关于金洞林区实行以场带乡有关具体问题处理的协议》的精神，1985年4月将原金洞区水电管理站移交给金洞林场代管。1987年12月根据祁政发〔1987〕第114号文件《关于建立乡、镇水电管理站的通知》精神，根据金洞区域实际情况，设立金洞镇、石鼓源乡、凤凰乡水电管理站。

2006年金洞设立金洞管理区，成立农村工作局，加挂水利局牌子。2011年3月，水利局从农村工作局单列出来内设3个股室，即办公室、财务股、防汛办。水利局具体负责全区的水利管理工作。

二、工程管理

1981年以来,水利建设按照合理布局、注重效益的原则,重点搞好现有工程保安、配套、改造和骨干工程的新、扩、续建,同时,积极兴修小型水利工程,增加农田有效灌溉面积0.12万亩,新增节水灌溉面积0.04万亩,机电排灌设施保有量新增0. 08万千瓦,治理水土流失面积20.2平方公里,解决农村人口饮水困难3.3893万人,新增水电装机4.1万千瓦。

灌区配套建设 以石古源、凤凰两大灌区为重点,全区各类灌区加快了渠系配套改造步伐。石古源大牛冲水库灌区投资10多万元,完成主干渠高标准防渗1.5公里,并逐步实施用水管理制度化、市场化,灌区工程运行保证率和水的有效利用率大大提高,每年减少渗漏水量10多万立方米。

病险水库治理 于2010年完成大牛冲小(一)型水库的病险治理,2013年3月前完成了凤凰乡的长吉水库和金洞镇的源头冲水库的病险治理。

农村饮水工程 2005年至2013年初,全区兴建工程44处,完成总投资1355.72万元,解决3.3893万人农村人口饮水困难。

山平塘清淤 2009年至2012年年底,共投资87万元,其中省补助资金48万元。共完成山塘清淤扩容46口。

三、用水管理

1980年,根据上级有关用水管理实行"五统一"(统一放水、调度、管水、灌溉、负担)。由专人负责干渠分水,配水到支渠,送水到田头,实行"一把锄头放水、千家万户受益"。1981年,推行家庭联产承包责任制,生产经营由集体转为以户为单位,出现"万把锄头挖水"的混乱局面,乱开口子、乱塞坝口,渠道淤塞、损毁严重。1982年,根据祁阳县水利水电局制定用水新方案,推行"一统五定",即统一水权,定管理人员、定职责、定灌溉面积、定报酬、定用水制度。1990年,全区有水库、骨干塘工程的31个行政村全部实行统一管水,控水灌溉比常规灌溉节水30%以上。

(一)人畜饮水和自来水

金洞农村饮水工程起步于"十一五"期间,到2012年年底。按照水利部《解决农村人口饮水困难项目建设管理办法》要求,通过国家资金1260.8万元,加上地方自筹资金94.9万元,共计1355.72万元,在全区8个乡镇,44个村,兴建人口饮水工程44处,3.3893万人群众吃上放心清洁的卫生水。

(二)水费征缴

水费征收是从1990年开始,贯彻《湖南省人民委员会各种水利设施征收水费试行办法》和祁阳县政府1989年53号文件,全区小(一)、(二)型水库灌区每亩征收水费稻谷6公斤,全区完成水费征收77.8%。1992年至1994年年底,6处小(一)、(二)型水利工程每年应征收水费粮7.8万公斤,实际每年平均完成6.14万公斤,占应征收的78.8%。1995年,水费征收采取由乡、村统一收取,收取的水费30%由乡镇安排,70%用于水利工程管理。1996年,水费征收标准调整为小(一)、(二)型水利工程每亩10公斤,稻谷机电排灌提水每亩6公斤,塘、河坝、泉井等水费由各乡镇自行确定。水费粮由区、乡镇委托粮站代收。由于责权利关系上处理不协调，灌区村民普遍出现“你拖我欠”的现象。1997年水费粮征收占应征收的71.8%。小(一)、(二)型水费征收占当年应收的17.5%。

第三节 水土保持

1989年，省委、省政府《五年消灭荒山，十年绿化湖南》的决定发出后，广大农村实行“两改、两退”。“两改”是改烧柴为烧煤，改刨草皮积肥为稻草还田；“两退”是退耕还林，退耕还草，开展全民植树造林，治理水土流失，改变生态环境，造福人类。

金洞管理区水土保持措施规划表

10-1-2

单位：

乡镇名称	流失面积	治理面积	坡改梯	水土保持林			经济果木林			种草	封禁治理	保土耕作	小型水利水保工程				
				小计	用材林	薪炭林	小计	经济林	果木林				谷坊	拦河坝	蓄水池窟	排灌沟渠	沉沙凼
金洞镇	13283	13283		8035	7700	335	2115	–	2115	–	3003	130	34	2	72	13	2300
小金洞乡	6791	6309	78	2482	2265	217	–	–	–	–	3695	54	50	15	–	15	3000
晒北滩乡	13806	13226	39	5082	5082	–	–	–	–	20	8059	26	100	20	–	16	5000
白果市乡	9962	9580	141	2717	2717	–	531	–	531	–	6177	14	75	16	–	15	3500
上司源乡	7268	7268	71	2767	2767	–	–	–	–	–	4210	220	55	15	–	18	3200
凤凰乡	5467	5192	86	1421	1421	–	–	–	–	–	3538	147	45	10	–	8	2800
石鼓源乡	4872	4872	42	1398	1398	–	–	–	–	18	3340	74	40	10	–	8	2600
万宝山工区	5407	5407	43	3040	3040	–	–	–	–	20	2269	35	50	12	–	14	3200
大江林场	10234	10234	–	1758	1758	–	–	–	–		8388	88	80	18	–	20	2800
内下林场	7875	7875	–	259	259	–	–	–	–		7568	48	80	18	–	18	3400

治理　金洞在水土保持中积极采取综合治理措施，采取封山育林生物治理和开挖防洪沟、坑、建排洪闸工程等方法。1980年起，开展人工造林，1982年全面调查境内水土流失情况，编制初步规划，根据不同情况采取生物治理与工程治理结合的方法综合治理。截止2011年，境区内退耕还林面积10万亩，封山育林面积8万亩，农村改烧柴为烧煤。7200户人工造林40万亩，森林覆盖率由1981年的30.5%上升至67.6%，水土流失面积减少，流失程度减轻。完成河堤护砌2.2万米，兴建淤池坝2600处，渠道防渗15600米，水库、塘堰维修503处，河流疏浚8500米，修复水毁渠道278处，坡面水系工程治理1360处，兴建蓄水池1600口，沉沙凼2000口，修筑排洪沟9000米，开挖防沟290条，长310公里，挖防洪坑300处，营造水土保护林8.7万亩，治理坡耕地6000亩，治理水土流失面积11万亩，水土流失面积下降25.67%

第四节　防汛抗旱

一、机构

1984年以前，金洞的防汛抗旱工作由祁阳县统一安排部署，1984年实行以场带乡、场乡联营以后，金洞的防汛抗旱工作由祁阳和金洞林场双重管理。建立管理区后，由管理区的农村工作局负责，水利局单设后由水利局负责，分管农业的区领导主管。金洞管理区成立防汛抗旱指挥部，下设办公室，在区水利局办公。管委会主任任指挥长，农村工作局、水利局、宣传部、民政局、财政局、交通局、公安分局、党政办公室、水文站等单位负责人为指挥部成员。各乡镇分别成立指挥部，具体负责防汛抗旱工作指挥和调度。

二、防汛

金洞管理区防汛抗旱指挥部坚持以预防为主的方针，制定水库调度方案及防汛预案，各水库管理严格按防汛方案蓄水保安，同时根据金洞山区的实际情况，在春夏多雨、地势陡峭、山洪爆发、容易发生地质灾害的时段里，坚持日夜值班，确保汛期通讯联络畅通，及时向有关部门和防汛单位通报汛情，确保人民群众生命和财产安全。在防护措施上，对境内已兴建内下、晒北滩两座中型水库，进行科学蓄水，充分发挥调洪作用。

管理区对孙家洲70亩沙滩面积进行填土抬高，沙洲上长护砌防洪堤550米。

三、抗旱

20世纪80年代后，抗旱主要是加强工程管理，提高抗旱能力。对小(一)型水利工程科学调度，小型水库、塘坝注重观测，蓄水控制适度，修复水毁工程，渠道清淤，充分准备抗旱物资，提高抗旱能力。1998年6月下旬至12月底，因受亚热带高压气流影响，金洞林区内一直高温干燥，持续干旱100余天，绝大部分山塘干涸，小溪断流。灾情发生后，各级党委、政府组织专门班子，集中水权，统一管水，组织群众千方百计，奋力抗旱。据统计，1995 年至 2011 年，全区总蓄、引、提水量为 1.09 亿立方米，其中蓄水 0.56 亿立方米，引水 0.33 亿立方米，提水 0.20 亿立方米。

第二章 电 力

金洞位于祁阳南部，面积 635 平方公里，崇山峻岭，境内蕴藏着 10 万千瓦水能资源。新中国成立后，利用山区的水能优势，兴建一批水电站。

20 世纪 70 年代后，在“自力更生，小型为主，群众自发为主，设备自制为主”发展小水电方针指引下，小水电建设形成高潮。祁阳县原金洞区、金洞林场各乡镇、村、分场发动群众大办小水电站。1978 ~ 1988 年，内下建成一、二、三级电站，共装机 34950 千瓦，年发电量 1.08 亿千瓦时。2003 年，祁阳县在晒北滩建电站，装机 2 × 1750 千瓦，年发电量 1.24 亿千瓦时。1997 年金洞林场建油榨铺电站，总装机 3 × 1250 千瓦，年发电量 1937 万千瓦时。各乡镇分场建小水电 9 处，容量 2944 千瓦。村组小水电 42 处，容量 768 千瓦。2000 年以后，金洞境内水电开发掀起高潮，依托资源和区位优势，积极探索“政府引导、政策扶持、统一规划、市场运作、多元投入、股份开发”的水电开发新路子。全区掀起新一轮社会融资办电站热潮。先后有民营企业 20 多家来金洞境内开发小水电，是金洞管理区小水电发展的鼎盛时期，新建民营电站 20 处，总装机容量 24630 千瓦。2011 年，金洞境内共有电站 23 处，总装机容量 26015 千瓦。全区已投产运行的电站总装机 106463 千瓦（含内下、晒北滩）。

第一节 小水电建设

一、金洞境内县办电站

内下电站 内下电站系梯级中型电站，位于晒北滩瑶族乡内下村，白水河支流大黄司河上游，离县城 97 公里。原名金洞电站，由衡阳地区筹资建设，1982 年移交祁阳县，更名为内下电站。

该电站由内下水库一级电站、二级电站、三级电站组成。水库大坝坐落内下村朽木滩，控制流域面积 155 平方公里，年产水量 1.95 亿立方米，库容 6800 万立方米。大坝系圬工重力坝，坝长 215 米，高 76 米，坝面宽 7 米。一级电站水头 40 米，设计安装 1600 千瓦机组 2 台和 2000 千瓦机组 1 台，总装机 5200 千瓦，年发电量 1500 万千瓦时。二级电站经输水隧洞、高山渡槽、压力前池、高压竖井将水引入发电站，其中输水隧洞长3900米，过流量每秒15立方米；竖井垂直深度207米，直径2米。电站设计安装8000千瓦发电机组1台，9000千瓦机组2台，总装机26000千瓦，年发电量8000万千瓦时。三级电站为圬工重力坝，坝高26.3米，长102米；除利用二级电站发电下泄水量外，还拦截小黄司河河水，蓄水200万立方米；发电水头20.66米，设计安装1250千瓦机组3台共3750千瓦，年发电量1300万千瓦时。内下一、二、三级电站共设计装机34950千瓦，年发电量1.08亿千瓦时。

1977年3月，衡阳地区组织所辖8个县市1万多民工修建电站公路，历时1年多，从牛头山修路16公里至土坳村；次年又修10公里至水库大坝。1979年组织川口钨矿、清水塘铅锌矿、水口山铅锌矿、车江铜矿、405地质队、祁阳煤矿6支机械化施工队，修建二级电站输水隧洞，历时5年打通5900米。同年12月，三级电站建成发电，工程建设用电得到解决。1986年8月，内下二级电站第一台8000千瓦机组投产发电。1988年11月内下水库大坝破土动工。1989~1991年，祁阳县发行内下债券，向全县干部职工和农民借资1469万元投入工程建设。1994年8月大坝建成蓄水，库内4个村、22个组、400户、1800人搬迁。内下电站自1977年3月破土动工，到1997年6月最后一级电站投产发电，历时20年零3个月。内下水库的建成，可以调节下游梯级电站枯水期105天，每2立方米水通过内下一级8个梯级电站能发电1千瓦时，水资源效率大大提高。1994年6月，湖南省省长陈邦柱视察电站，题写“内下艰苦奋斗精神万岁”。1997年10月，曾志为内下电站题词：“自力更生，艰苦创业，精神伟大”。

晒北滩电站　晒北滩水库电站是永州市重点工程建设项目，该电站位于湘江一级支流白水河上游河段，工程坝址控制流域面积324平方公里，是一个以发电为主，兼有防洪、灌溉、旅游等综合效应的水库工程。晒北滩水库电站装机容量达3.5万千瓦，年平均发电量1.17亿千瓦时。晒北滩电站为引水式电站，电站由水库、引水隧道、发电厂房三部分组成。

水库　晒北滩水库坐落在金洞管理区境内晒北滩瑶族乡的白水河山。白水河发源于桂阳县白水乡大土岭，流经桂阳、新田、常宁等县，由晒北滩进入晒北滩电站水库内。控制集雨面积322.4平方公里，平均流量4.03亿立方米。水库最大坝高94米，坝顶轴线长220米，水库总容量9900万立方米，正常库容9300万立方米，水库水面3.90平安公里，水库回水长度11.63公里；水库工程是以防(储)洪、发电为主，兼顾旅游效益，大坝坝型选用混泥土面板石坝。

隧洞　水库到电站由输水压力隧洞连接，压力洞设在大坝上游右侧80米处，洞内流量每秒26.7立方米。洞型为圆形，洞径3.5米，全长5.4公里，全程地质多为花岗岩，成洞条件较好。隧洞工程于2004年9月26日开工，2010年年底全部完成。

电站　电站厂房建在牛头山附近的刘家田，金一晒公路旁。按两百年一遇洪水的要求兴建。进厂公路地面高程265米，电站厂房面积23.4米×14.0米，共327.6平方米；副厂房布置在主厂房的上游侧和下游侧，总面积1171.8平方米，电站设计装2×17500千瓦发电机组，年平均发电量1.24亿千瓦时，年发电利用小时4121小时；电力主送湖南电网或广东市场。

二、金洞管理区(林场)办电站

(一)油榨铺电站

油榨铺电站是白水流域水能开发中一梯级电站,距金洞林场场部7公里,距县城64公里。坝址位于万宝山乡油榨铺的泥凼组,刘家滩苗圃附近,上游80米处建立大坝,坝高19.8米,长125米。坝体为浆砌圬工重力坝,引水坝控制集雨面积为685平方米。由引水坝左侧坝肩渠道进水口引水,通过610米隧洞引水至上古河。在上古河上建一坝(前池坝)把白水河引入径流和上古河径拦蓄作调节前池,再通过压力管道把水引入电站厂房发电。电站主厂房335平方米,副厂房408平方米,电站装机容量3×1250千瓦。电站引水建筑物由引水坝、明渠、无压引水隧洞、前池、压力管道组成。

油榨铺电站于1992年10月10日开工建设,1997年两台机组试运;1998年三台机组投入运行;1999年并入祁阳地方电网运行;2002年11月14日并入华中湖南永州电网运行。

(二)牛头山水电站

该电站先由小金洞分场下放干部发起兴建,后由林场接手修建。引水隧洞于1971年5月动工,1972年春林场接手修建完成。1973年修建大坝,1974年建机房,1975年3月投产发电。

牛头山水电站引水为晒北滩的河水、水头设计为7.5米,引水系统总长160米,其中明渠为96米,隧洞长为64米,大坝总长为62米,原由块石砌成,只起拦水和引水作用。1990年投资修建3号机组后,坝高加到2.1米,宽1.8米,三台机组,额定功率为500千瓦。2005年,该电站出让,转为民营。

三、各乡镇小水电站

1963年,金洞分场开始在白水河上游、金洞镇白泡廻村建小型水电站,装机容量26千瓦。1967年金洞镇公新大队在金洞河建水电站,装机容量26千瓦。1970年起,金洞林场、金洞区、公社、大队建电站的积极性高涨。1976年,金洞镇组织全镇人民在马蹄口村银子源建电站,总装机容量(4×125)500千瓦。1979年金洞区组织全区人民在小沙洲建电站,总装机容量(4×250)1000千瓦。1982年,上司源乡、白果市乡分别在鸭婆凼、红日山建电站,总装机容量分别是165千瓦、450千瓦。1983年小金洞乡在白沙源村建电站,总装机520千瓦。

红日山水电站 坐落在金洞区的白果市乡团结村接龙桥河畔,为乡办,属白果市集体所有制企业。

1973年夏,大旱,白果市乡团结、大众两村受旱稻田600多亩,减产30多万斤。冬季,公社党委书记到县政府、县水电局请示兴修水利。经县技术部门勘察设计。从红日山开渠道6公里多,引河水灌田。县委书记刘明高考虑到白果市乡座落在阳明山下,是红军肖克、王震部队长征经过的革命老区,一定要建设好。同时根据白果市乡的实际情况,他建议利用渠道水头落差120多米高,建个水电站,供山区人民生产生活用电。

水电站自1974年冬动工,至1980年建成投产发电。电站总装机容量450千瓦,所发电量95万千瓦时。工程总造价216万元,其中国家投资46万元,县银行贷款78万元,县水电局借款35万元，乡自筹资金57万元。整个工程开挖土石方54.75万立方米，干砌石11750立方米。浆砌石23360立方米，砼10890立方米，共投劳动日8.25万个。

白沙源水电站 坐落在小金洞白沙源村，与晒北滩隔界，属小金洞乡集体所有制企业。

白沙源水电站控制集雨面积5.28平方公里，引水渠0.8公里，引用流量0.4立方米/秒，蓄水池容量882万立方米，取水头145米。设计总装机容量520千瓦。1981年，装机200千瓦/台。1984年装机320千瓦/台，年发电量70万千瓦时左右。电站工程于1976年冬季动工，1981年10月建成投产，工程总造价45.5万元，其中贷款25万元，乡自筹资金20.5万元。

电站建成后，架设高压线路长20余公里，以10千伏线路经本乡白沙源村至金洞银子源电站，并入地方电网。同时，为本乡白沙源村、白沙凼村、东江村、东安村及晒北滩乡深山密林中8个村寨，提供了生活照明，生产加工用电。

银子源水电站 位于金洞镇银子源的白水河金洞段上首，属镇办水电站、取水头6.5米，坝高7.5米，坝顶宽1.5米，坝长176米。安装125千瓦发电机组4台，总装机容量500千瓦，年发电量200万千瓦左右。

该水电站经省水电厅批准兴建后，由金洞人民公社组织兴建，1974年5月动工，1976年7月1日发电，总投资84万元，电力供应金洞镇用户。

小沙洲水电站 由于银子源引水坝拦截的白水河流，水量充足，由此在银子源水电站左岸下首小沙洲地段兴建小沙洲水电站，属金洞区办水电站。

该水电站经上级批准后，1978年由金洞区组织兴建，1979年投产发电，总装机1000千瓦(4×250千瓦)。工程总投资80万元，由全区7乡1镇自筹资金。

上司源电站 位于鸭婆凼村周家湾组属乡办电站。1979年开始动工修建，从鸭婆凼村羊石源组的小溪筑坝蓄水，开渠引水至周家湾组发电，水头20米高，装机3×55千瓦，总装机165千瓦。1981年完工发电，因水源不足于2002年停办。

四、村(大队)办电站

金洞管理区73个行政村，1965年至1988年，村办电站42处，占村总数的57.5%，总装机容量768千瓦。(1)金洞镇：1967年，公新在孙家洲建电站，装机容量24千瓦。1970年，又在孙家洲建电站，装机容量24千瓦。1971年，楠木坳村在李家湾建电站，装机容量6千瓦。(2)小金洞乡：1970年，江口村建电站，装机容量10千瓦。1972年，东江村、土坳村、红星村建电站，装机容量都是10千瓦。1973年，白沙源村建电站，装机容量26千瓦。1977年，大竹源村、油榨铺村建电站，装机容量分别是26千瓦。(3)晒北滩乡：1971年直前村在黄知皂建电站，装机容量26千瓦。1972年，野猪源村建电站，装机容量12千瓦。1974年枧下村、史家坪村在桐子皂建电站，装机容量分别10千瓦和12千瓦。1975年，内下村建电站，装机容量26千瓦。1975年，碧江口村建电站，装机容量26千瓦。1979年，光荣村建电站，装机容量26千瓦。1986年，三叉岭村建电站，装机容量26千瓦。1987年，烟竹山村、磨石源村建电站，装机容量分别是26千瓦。(4)万宝山乡：1972年，茶叶坪、下司口村建电站，装机容量分别是

10千瓦和26千瓦。1976年，在撬排凼建电站，装机容量26千瓦。1983年，中棚村建电站，装机容量26千瓦。(5)上司源乡：1971年，上司源村、高枧村、南冲源村建电站，装机容量分别是5千瓦，同期蒋家冲村建电站装机容量10千瓦。1972年，农胜村建电站，装机容量10千瓦。1980年，鸭婆凼村在黄沙坝建电站，装机容量6千瓦。(6)白果市乡：1971年、1972年，山青村、大众村、波罗源村建电站，装机容量分别是各26千瓦。1976年，福星村建电站，装机容量12千瓦。1970年，大坝头村在右水源建电站，装机容量5千瓦，1984年，又在本村麻拐皂建电站，装机容量10千瓦。(7)凤凰乡：1978年，秧田村在邵家源建电站，装机容量40千瓦。上述电站因机组老化和其他原因逐步被报废。

金洞管理区1971～1983年乡镇分场办小水电站情况

10-1-3

电站名称	地址	装机容量(台数×千瓦)	总装机	投产日期	备注
鱼窝湾	金洞分场	1×26	26	1971.11	–
晒北滩	晒北滩分场	1×26	26	1974.10	–
下司口	下司口工区	1×12	12	1974.11	–
银子源	金洞镇马蹄口村	4×125	500	1976.04	并网发电
小沙洲	金洞镇马蹄口村	4×250	1000	1979.12	并网发电
上司源	上司源鸭婆凼村	3×55	165	1982.01	并网发电
红日山	白果市晨光村	1×250+1×200	450	1982.05	并网发电
牛头山	牛头山	2×125	250	1974.05	并网发电
白沙源	小金洞乡白沙源	1×200+1×320	520	1983.12	并网发电

金洞管理区1965～2007年村办小水电站情况

10-1-4

电站名称	地址	装机容量(台数×千瓦)	总装机	投产日期	备注
伞米滩	金洞分场	1×26	26	1965	
孙家洲	金洞林场	1×26	26	1967	
公新	金洞镇公新村	1×24	24	1970	
大众	白果市大众村	1×26	26	1970	
江口	小金洞江口村	1×10	10	1970	
山青	白果市乡山青村	1×26	26	1971	
黄知皂	晒北滩直前村	1×26	26	1971	
蒋家冲	上司源蒋家冲村	1×10	10	1971	
东江	小金洞东江村	1×10	10	1972	
野株源	晒北滩野株源村	1×12	12	1972	
农胜	上司源农胜村	1×10	10	1972	
东升	小金洞土坳村	1×10	10	1972	
波罗源	白果市波罗源村	1×26	26	1972	
红星	小金洞红星村	1×10	10	1972	

续表 10-1-4

电站名称	地址	装机容量(台数×千瓦)	总装机	投产日期	备注
白沙源	小金洞白沙源村	1×26	26	1973	
枧下	晒北滩枧下村	1×10	10	1974	
桐木源	晒北滩乡史家坪村	1×12	12	1974	
内下	晒北滩乡内下村	1×26	26	1975	
福星	白果市乡福星村	1×12	12	1976	
三叉岭	晒北滩乡三叉岭村	1×26	26	1986	
碧江口	晒北滩乡碧江口村	1×26	26	1976	
大竹源	小金洞乡大竹源村	1×26	26	1977	
茶叶坪	小金洞乡油榨铺村	1×26	26	1977	
邵家源	凤凰乡秧田村	1×40	470	1978	
光荣	晒北滩乡光荣村	1×26	26	1979	
烟竹山	晒北滩乡烟竹山村	1×26	26	1987	
磨石源	晒北滩乡磨石源村	1×26	26	1987	
麻拐皂	白果市乡大坝头村	1×10	10	1984	
右水源	白果市乡大坝头村	1×5	5	1970	
李家湾	金洞镇楠木坳村	1×6	6	1971	
高枧	上司源乡高枧村	1×5	5	1971	
黄沙坝	上司源乡鸭婆凼村	1×6	6	1980	
万宝山	万宝山乡	1×26	26	1971.11	
晒北滩	晒北滩分场	1×12	12	1974	
公新	金洞镇公新村	1×24	24	1970	
下司口	万宝山乡下司口村	1×26	26	1972.01	
茶叶坪	万宝山乡	1×10	10	1972.12	
中棚	万宝山乡中棚村	1×26	26	1983.12	
撬排凼	万宝山乡	1×26	26	1972.11	
三公岭	万宝山乡	1×20	20	1983.05	
桐子山	万宝山乡	1×20	20	2007.10	
梨树源	上司源乡上司村	1×5	5	1971	
高兴	上司源乡楠冲源村	1×5	5	1971	
小计	43 个		792		

五、单家独户电站

微型水电站应用于交通闭塞，人烟稀少，单家独户，高低线路难以架设的偏远山区。20 世纪 70 年代，单家独户利用山沟的溪水发展微型小水电，装机容量一般为 0.4～0.6 千瓦，价格在 300～600 元之间，一个人可随便搬运，主要供照明、看电视。主要分布在万宝山工区中棚村，共 25 台；白果市乡福星村，共 12 台；晒北滩乡大源里村耐头源，共 8 台。

六、民营股份制电站

2000年以来，金洞境内水电开发掀起高潮，全区依托水能资源和区位优势，积极探索按照“政府引导，政策扶持、统一规划，市场运作，多元投入，股份开发”的水电开发新路子，全区掀起新一轮社会融资办电站热潮。截止2011年，金洞区有民营股份制电站20座，总装机容量26036千瓦，年发电量11773.3万千瓦时。

团结一级电站 处于白果市乡汇河口。在原老坝的地方兴建引水坝，于河道右傍山开渠，引水至大源岭建站发电。主要工程项目有：(1)引水坝，系圬工重力坝，坝高6.47米，坝26.6米，堰顶高程568.96米，控制集雨面积38.2平方公里，平均流量1.78立方米秒，多年平均流量5585立方米。(2)引水渠，渠长1600米，渠断面2×1.5米，过水流量3.17立方米秒。(3)引水渡槽长50米，渡槽断面2×1.5米。(4)压力前池量1500立方米。(5)压力管道长295米，直径1.1米。电站总装机1260千瓦(2×630)引用流量3.02立方米/秒。水头55.4米，年利用4727小时，年平均发电量596万千瓦时，总投资552.76万元。

大茅坪水电站 位于白水河上中游交界处的大茅坪村与牛头山交界之间。为引水式径流电站。电站主要建筑物由引水坝，引水隧洞和厂房组成。电站装机3750千瓦(3×1250千瓦)，年利用3621小时，年发电量1358万千瓦时，工程总投资2126.18万元。

水竹源水电站 坐落在金洞镇二居委会水竹源。金洞林场和金洞镇政府研究，同时报请县水行政主管部门同意，决定以招商引资或股份制与小沙洲电站改造混合式开发，兴建水竹源电站。水竹源电站总装机1600千瓦(2×800千瓦)引用水流量31.6立方米/秒，单机最大引用流量15.8立方米秒，最大水头8米，年利用5210小时，年发电833.6万千瓦时。工程总投资1126万元。

东江水电站 位于小金洞乡鄢家棚组。该电站工程规模：(1)引水坝工程。引水坝利用原坝加固，坝型为圬工重力坝，坝轴线长20米，其中溢流坝长10米，坝高5米。(2)引水渠系。引水渠修建于河道右侧，渠长2500米，渠道断面1×1.2米，引水流量0.9立方米/秒。隧洞长600米，断面为1.2×2米。(3)压力前池压力管道。压力前池容量450立方米，压力管道长230米，内径0.5米。(4)电站，水头145米，装机容量800千瓦。工程总投资388万元。

金星水电站 位于小金洞乡土坳组境内，利用大黄司河的水资源建水电站。电站工程有引水坝，引水隧洞，明渠、压力管道，厂房及水轮机发电机组等。引水坝系圬工重力溢流坝，引水隧洞长1400米，引水明渠长300米，引水流量0.34立方米/秒。设计水头200米。电站装机500千瓦(2×250千瓦)，年发电量200万千瓦时，工程总投资173.47元。

锡口源水电站 座落在金洞镇枣树坪村，处于钗江河支流，属于高山区引水式径流电站，电站坝址设锡口源河口边。电站主要建筑物：(1)蓄水坝，坝址设在锡口源进冲560米，处河口边。海拔324米，坝型为浆砌石重力坝，坝轴长20米、高4米、宽3米，坝内设冲砂闸。(2)引水明渠，长400米，过水断面0.6×0.6米，过水流量0.2立方米秒。(3)引水坝。电站另从陡源里建一处引水坝，坝顶长10米、宽2米、高2米。(4)引水隧洞，长35米，过水流量0.2立方米/秒。(5)压力管道系钢管，长210米，管直径0.4米。电站装机100千瓦，水头

110米,年发电49万千瓦时,总投资37万元。

团结二级电站 在团结一级电站发电厂房下游200米处，再筑一低坝沿右岸开渠凿洞引水至麻拐皂河与小黄系河交汇处所建电站。尾水与内下二级电站小黄系河引水高程衔接。二级电站引水坝控制集雨面积50.1平方公里,年降雨量1845毫米,多年平均流量2.3立方米秒,多年平均产水流量7342平方米。电站主要工程项目:(1)引水坝系圬工重力坝,坝高4.5米,坝抽长30.5米。(2)引水渠,渠长350米,渠道断面2.5×1.7米,过水流量5.04立方米/秒。(3)引水隧洞长1500米,隧洞断面3.5×2.6米。(4)压力前池容量4800立方米。(5)压力管长(2根)180米。电站引水流量4.8立方米秒。设计水头88.7米。装机容量3600千瓦年利用4147小时,年平均发电量1512万千瓦时,总投资1579万元。

麻拐皂水电站 麻拐皂是白果市乡河上的高水头电站。电站主要建筑物有:(1)引水坝,系圬工重力坝,坝高3.8米,坝抽长18米,堰顶高程756米。(2)引水渠长150米,渠道断面为0.9×1.2米,过水流量0.66立方米/秒。(3)引水隧洞长500米,断面1.5×2米。(4)压力前池容量200立方米。(5)压力管长1条410米。发电装机容量1000千瓦,总投资463万元。

冷水源电站 位于万宝山桐子山冷水源河上,电站主要建筑物有:(1)引水坝,系圬工重力坝,坝高6米,坝轴长15米,堰顶高程683.5米。(2)引水隧洞长900米,隧洞断面1.5×2米。(3)压力前池容量300立方米。(4)压力管道长550米,压力直径0.6米。电站发电引水流量0.57立方米/秒,设计水头330米,装机容量1600千瓦(2×800)。总投资701万元。

钗江一级水电站 位于金洞镇枣树坪村,属高山区引水经流式电站。电站主要工程建设项目:(1)引水坝,坝型为浆砌石坝,坝顶长20米、坝高2.5米、宽2.5米,坝内均设冲砂闸。(2)引水隧洞,均为无压隧洞,隧洞长840米,断面1.7米×1.8米,过水流量1.1立方米/秒。(3)引水渠道,渠长1500米,设计过水流量1.1立方米/秒,断面为1.2×1.5米,过水深1.2米。(4)压力前池容量240立方米。(5)压力管道,长度为120米,管径0.8米。设计水头55米。引用水流量1.1立方米/秒。发电厂房设在双江口,总装机406千瓦,总投资187.45万元。

钗江二级水电站 位于金洞镇枣树坪村，处于钗江河上。发电厂房设在陈家湾下300米。该工程水电建筑物有:(1)引水坝,坝型为浆砌石坝,坝顶长20米,高6米,宽5米,坝内均设冲砂闸。(2)引水隧洞均为无压力隧洞。分五段,共计长3760米,隧洞断面为1.8×2.1米,过水深1.5米,隧洞设计过水流量1.68立方米/秒。(3)引水渠道长250米,断面为1.4×1.8米,过水深1.5米。(4)压力前池容量为700立方米。(5)压力管道长度为190米,管径0.9米,发电总装机1600千瓦,总投资470.27万元。

钗江三级电站 位于金洞镇楠木坳村,电站主要工程建设项目有:(1)引水坝,坝址设在双江口老洞电站,坝型为浆砌石坝。坝顶长20米,高3米,宽2.5米。(2)引水隧洞,均为无压隧洞，分为10段,330米+250米+510米+570米+810米+600米+750米+180米+600米+220米,共计4820米。隧洞设计过水流量2.6立方米/秒,断面为2×2.6米,过水深1.9米。(3)引水明渠3段,共计550米,断面为1.5×2.2米,过水流量2.6立方米/秒,过水深1.9

米。(4)压力前池,容量为700立方米。(5)压力管道长度,为280米,管径1米。发电总装机1600千瓦,总投资629.49万元。

猛江一级电站 位于猛江河上游,座落在晒北滩乡烟竹山村,发电厂房设梨子源口以上250米。电站主要工程建筑物:(1)引水坝,坝型为浆砌石坝。坝项长20米,高3米,宽2.5米。坝内均设冲砂闸。(2)引水隧洞,均为无压隧洞。分为6段:520米+880米+240米+320米+530米+360米,共计2850米。隧洞设计流量1.2立方米/秒,断面为1.7×1.8米,过水深1.3米。(3)引水渠道,长500米,设计过流量1.2立方米/秒,断面为1.2×1.5米,水深1.2米。(4)压力前池,容量为240立方米。(5)压力管道,系压力钢管,长200米,管径0.8米。发电总装机400千瓦,总投资252.96万元。

猛江二级电站 坐落在晒北滩乡烟竹山村,处猛江河中游,引水坝址设在唐湾以下150米处。厂房设在巴家对面河。电站主要工程项目有:(1)引水坝,坝型为浆砌石坝。坝顶长20米,高3米,宽3米。坝内设有冲沙闸。(2)引水隧洞,均无压隧洞,分为5段:350米+500米+320米+760米+690米,共计2620米。隧洞设计过水流量1.52立方米/秒,断面尺寸为1.8×2米,水深1.4米。(3)引水明渠,分为2段,200米+600米,共计800米。设计过水流量1.5立方米/秒,断面尺寸为1.3×1.7米,水深1.4米。(4)压力前池,容量480立方米。(5)压力管道,系压力钢管,长度为200米,管径0.9米。电站总装机800千瓦,总投资330.65万元。

猛江河三级电站 属高山区引水迳流式电站。坐落在晒北滩乡,猛江河下游。电站坝址控制集雨面积39平方公里,引水坝设在巴家对面河,海拔380米,接二级尾水。厂房设在大石窝以上400米处。电站主要工程有:(1)引水坝,坝型为浆砌石坝,海拔380米。坝项长20米,宽2.5米,高3米。坝内设有冲砂闸。(2)引水隧洞,均为无压隧洞,分为5段:1520米+720米+460米+550米+550米+630米,共计4430米。隧洞设计过流量2.34立方米/秒,断面尺寸为2.1×2.6米,水深1.9米。(3)引水渠道,分为2段,200米+600米,共计800米。渠道设计过流量2.34立方米/秒,断面尺寸1.5×1.9米,水深1.6米。(4)压力前池,容量675立方米。压力管道,系铜管,长度为150米,管径1米。总装机1260千瓦(2×630),投资511.32万元。

星光梯级水电站 位于小黄系河流域的上游,白果市乡团结村,分两级开发。一级电站控制集雨面积2.8平方公里,设计流量6.29立方米/秒,装机容量为160千瓦;二级电站控制集雨面积15.4平方公里,设计流量1.8立方米/秒,装机容量为500千瓦(2×250)。主要工程项目有:(1)引水坝系圬工坝,坝轴长1、2级各20米。坝高一级4.5米,二级5米,(2)引水明渠一级长120米,二级长920米。渠道断面一级0.6×1米,二级1.2×1.5米。过水流量,一级0.29立方米/秒,二级1.8立方米/秒。(3)压力前池,一级前池容量56立方米,二级前池容量180立方米。发电引水流量,一级0.29立方米/秒,二级1.8立方米/秒。最大单机流量一级0.289立方米/秒,二级0.89立方米/秒。总水头一级73.23米,二级35.93米。发电年利用小时一级4113小时,二级4650小时。发电量,一级65.8万千瓦时,二级232.5万千瓦时。工程总投资281万元。

茶盘口水电站 位于内下一级电站下游6公里处。茶盘口水系黄系河流域的一级支流。电站控制集雨面积1.8平方公里。工程主要建筑物有:(1)引水坝,坝高4米,坝轴长16米。(2)引水明渠长60米,渠道断面0.6×1.0米,过水流量0.22立方米/秒,过水深0.7米。(3)压力前池,容量26.8立方米。(4)压力管道长888米,压力管直径0.35米。电站总装机400千瓦(2×200),引用流量0.22立方米秒,最大单机流量0.107立方米/秒,总水头261.52米。年利用3580小时,年发电量143.2千瓦时,工程总投资183.32万元。

小河里水电站 位于江口河下游,系白水的一级支流,坐落在小金洞乡江口村的小河里,为引水式径流电站。引水坝建于上司源乡鸭婆凼村,电站厂址位于江口村小河里旁,自然水头有60米。距金洞18公里,为江口河流域第二梯级开发电站。小河里电站枢纽工程由引水坝,引水明渠,隧洞和电站厂房等主要建筑物组成,装机容量1260千瓦,总投资518万元。

金珠湾电站 位于金洞镇白泡廻村,白水河上游,2007年动工修建。装机容量2500千瓦,年发电量600万千瓦时,工程总投资1800万元。2010年投产发电。

第二节 电网建设

2002年11月开始,金洞全面启动农网改造工程建设。2003年11月金洞第一座35千伏变电站建成并投入使用。随着金洞城乡居民及工业用电量逐年递增,仅有的一座变电站已不堪负荷,需改造扩容。2005年4月至2007年8月,金洞变电站从35千伏升级到110千伏,大大改善金洞城乡居民的用电质量。2009年12月建花筵35千伏变电站,2010年7月建成牛头山35千伏变电站。2011年,金洞电力网络初步建成,共有10千伏线路12条,其中公用线路11条,支线117条,全长为296.46公里;专用线路1条,长4公里,配电台区由96台扩展到178台。

第三节 输电线路

2003年以前,金洞各乡镇、工区、行政村及场部机关、八宝、白合一带的用电线路,都是由场办、乡办各小水电站与各单位协商后自行架设的,线路长、线径小,时常因各种原因导致输电线路出故障,老百姓用电质量差,供电很不正常。为改变这种现状,金洞农网改造领导小组将线路改造列入农网改造重要项目,2006年年底,第一期农网线路改造工程按时完成并投入使用。2011年9月,第二期农村配网建设与改造工程也顺利结束。2013年对内下电站直供的9个行政村实行改造。到2011年止,全区电网有110千伏变电站1座,35千伏变电站2座,总容量达4.1千伏安。110千伏线路1条,长度为22公里,35千伏线路2条,长度为30公里,完全能够满足供电区域内城乡居民和单位用电。

第四节 农网改造

2002年以前,全场各乡村都是由各小水电站供电照明和生产。场属电站有2个,即牛头山、油榨铺电站,各装机容量为500千伏安和1250千伏安。各乡属电站有白沙源、小沙洲、银子源、鸭婆凼、红日山等小水电站,装机容量很少。其中小沙洲、银子源电站供八宝、白合、进宝塘等乡镇20多个村的照明用电。全场供电网络都是由各小水电站自行建成的,村级通电率达98%以上。自2002年以来,共投入资金5340万元进行了输配网建设与改造。2008年冰灾后更是再次投入,农网结构进一步增强完善,供电可靠性有了很大保障。目前供电辖区内共有10千伏线路11条计756公里,0.4千伏线路1380公里,配电变352台/23100千伏安。

金洞农网一、二期配网建设与改造工程。从2003年到2009年,共进行二期农村配网建设与改造,共完成行政村改造74个,完成投资2750万元,新建10千伏线路176.3公里,改造34.6公里;新建0.4千伏线路113.2公里,改造214.2公里;新增配电变30台/2350千伏安,改造148台/10340千伏安。同时抓住中西部完善和"十一五"农网改造的机会,完成投资500万元,改造9个行政村,新建10千伏线路34.5公里,新建和改造200~400伏线路45.6公里,新增配电变11台/650千伏安,改造配变4台/320千伏安。

2010年完成6个行政村的农网升级改造,改造10千伏线路6.35公里,改造台区14个/1080千伏安,新增综合配电箱14台,新建和改造220~380伏低压线路23.81公里,"一户一表"改造1013户。2011年改造行政村12个,完善行政村1个,电气化村1个,改造10千伏线路1条12.3公里,改造0.4千伏线路29.992公里,220伏低压线路40.967公里,新建及改造配变台区41台/2150千伏安,一户一表改造1405户。2012年完成6个行政村升级改造,完成9个村农网改造(原内下电站直供村),改造10千伏线路51.174公里,改造400伏低压线路29.69公里,220伏低压线路40.97公里,新增及改造配电变33台/6970千伏安,惠及金洞管理区7乡1镇73个行政村,祁阳1个乡镇1个林场,共计133个行政村,供电17万人。

第五节 电力管理

一、管理机构

2001年12月18日经湖南省电力公司、永州市人民政府批准,由永州市电业局与金洞林场签订《金洞林场农电体制改革实施方案协议书》,成立金洞中心供电所,由市电业局负责管理,委托祁阳电力局代管。2008年夏,金洞管理区与市电业局进行再一次协商,设立金洞电力服务有限责任公司,实行一个机构、两块牌子的管理模式,各种项目计划在市电业局单列。金洞电力服务公司(供电所)现有在职职工 44 人,其中祁阳电力局正式职工 1 人,管理区正式职工 29 人,集体职工 12 人,委托农电工 2 人。承担着管理区 7 乡 1 镇、祁阳县 1 乡 2 镇 1 林场，共计 133 个行政村,246 个台区 22300 多用户的供用电服务工作，供电面积达 780 平方公里,供电人口 17 万多人。

二、经营管理

2002 年以前,电力经营管理金洞是一种方式,即由各小水电站抄表到台区,与村级农电承包者结算电费,农电承包者再抄表结算到户。金洞供电所成立以后,初期实行三种经营管理方式,实行自主经营、自负盈亏。一是直供企事业单位抄表结算,二是抄表到台区,与村级农电员结算电费,三是先抄表到台区,再抄表结算到户。2008 年以后,根据上级文件精神,金洞电力公司对已进行了农网改造的行政村实行实行“四到户”“五统一”的管理体制,即销售到户、抄表到户、收费到户、服务到户,统一电价、统一发票、统一抄表、统一核算、统一考核,实现城乡同网同价,农村居民生活用电统一价为 0.568 元／千瓦时,收取的电费全部上交。

三、用电管理

小水电站供电期间,各用电单位及农村居民用电,都是由各小水电站派专人负责管理的。那时电网未形成网络,用电很乱。农村乱接线的现象层出不穷,安全隐患多,窃电偷电等违规行为禁而不止,时常有用电安全事故发生。金洞供电所成立以后,边架线边整改、边管理边规范,所里设立专职安全用电管理员,还设立生产班组和营销班组。生产班组负责高压线路的维护和管理,营销班组负责低压线路、台区的维护和管理,出现问题及时排查处理。抄表到户人员负责对用电单位及农村居民用电进行规范管理,如抄表接线、低压线路砍青扫障等。截至 2011 年年底,通过广泛宣传《电力法》和《安全用电管理规定》,辖区内用电管理已步入正轨,窃电偷电等违规行为很少发生,也没有发生一起重特大用电安全事故,确保一方平安。

第六节　用电情况

金洞山多林多,自然水资源也多。20 世纪 70 年代,以公社、大队为单位,开始在山沟、河道修坝蓄水,以高位水流冲击水轮泵发电,白天蓄水晚上发电,供农村居民照明、碾米。那时候农村没什么电气设备,基本上是在吃晚饭时有电照明就可以了。随着工农业生产的发展,以公社、大队为主发电自供自给的形式不适应形势发展的需要了,于是金洞林区又掀起一场建设小水电站的热潮,牛头山、白沙源、鸭婆冲、银子源、小沙洲、红日山等小型水电站相继建成,一时间,全林区基本上都用上了电。到 20 世纪 80 年代末,各小水电站互相调济,联营运行。成立电力公司后,先对部分用户进行接收。2004 年前,以农村居民生活用电为主。2005 年后对用电进行分类,用电量也逐年在增加,到 2006 年,年度用电量达到 1 千多万千瓦时。2008 年,因冰灾原因用电量有所下降。2011 年,用电量超过 1800 万千瓦时。

一、工业用电

由于金洞是山区,条件很苦,到 20 世纪 90 年代时,金洞也没发展什么工业,有也是简易的加工作坊,如小红砖厂、带锯加工厂等,用电极小,每年用电不足 5000 千瓦时。到 21 世纪后,工业企业才陆续发展一些,每年工业用电有小幅度上扬,但也每年不超过 2 万千瓦时。2005 年,对动力用电进行统计的数据为 392.3 万千瓦时。以后逐年有所增加,每年工业用电量都达到 500 万千瓦时以上。

二、农业用电

20 世纪 80 年代以前,金洞区农村农业用电几乎是空白,农村种田种地靠天下雨。80 年代后期,小金洞乡、金洞镇、石鼓源等乡镇农村,因稻田较集中,部分村修建了电灌站实行机电排灌。2004 年前, 各排灌站用电都是由各小水电站负责供电,2005 年后由电力公司负责供电。当时农业电排和农业生产用电量很少,每年不过 10 多万千瓦时,到 2009 年农业电排和农业生产用电达到高峰期,年度用电量超过 138 万千瓦时。后因产业结构转换和大量劳务输出,每年的农业用电呈下降趋势。

三、城乡居民生活用电

20 世纪 70 年代末,农村建成的小水泵发电站主要是用于农村居民照明、碾米。80 年代建成的小型水电站除供应农村照明外,还供应工农业生产用电。金洞自建成一批小水电站后,全林区老百姓的照明用电得到保障,同时还供应给邻近的八宝、白合一带农村居民。可以说,整个林区是不缺照明生活用电,不过用电质量差些而已。以前农村居民用电照明的是 5 瓦灯泡,要求不高。21 世纪后,随着农村电气化程度的提高,每家每户家用电器设备增多,用电量逐年递增。2004 年是 255 万千瓦时,到 2012 年时达到 1139 万千瓦时。同时商业用电和非居民照明用电也有所增加。

金洞电力公司(供电所)2003–2012 年供用电情况

10–1–5

单位:万千瓦时

项目	2003	2004	2005	2006	2007	2008	2009	2010	2011	2012
居民生活用电	14.2	255	381.5	429.36	478.74	388.49	662.29	911.47	1101.32	1139.42
动力用电	–	–	392.3	580.44	608.06	304.36	21.52	448.37	–	–
农村电排	–	–	9.52	0.90	0.21	3.2	42.68	42.34	40.62	1.42
农业生产用电	–	–	4.25	4.51	3.07	2.64	95.61	9.92	70.72	6.35
非普工业用电	–	–	24.19	32.32	27.76	23.08	538.1	83.76	536.29	458.86
商业用电	–	–	78.09	5.37	12.76	13	38.4	22.51	–	–
其它用电(含非居民照明用电)	–	–	0.68	1.19	–	–	–	129.99	57.39	38.82

第十一篇　旅　游

2002年，“金洞漂流”生态旅游项目成功开发，区内生态旅游从无到有，从小到大，2012年不仅有“金洞漂流”这一品牌旅游项目，先后又开发“金沙滩、大竹源水上乐园、刘家滩珍稀植物园”等旅游项目和景区，改造牛头山旅游接待中心，启动金洞国家森林公园基础设施建设和先期开发项目的前期准备。2006年，“金沙滩”项目被国家评定为永州市首批AAA景区，小金洞乡小金洞村、凤凰乡花筵村和刘家滩珍稀植物园等7家旅游区（点）在“3521工程”创建中先后被评定为特色旅游文化名村、五星和三星级乡村旅游区（点）。金洞生态旅游集吃、住、玩、乐、娱、购于一体，初具金洞林区特色的“一线三点二日游”生态旅游规模，2002～2012年，实现年接待游客52万余人次。

第一章　资源与景区

第一节　资源类型

金洞旅游资源比较丰富。依据国家标准局《旅游资源分类、调查与评价》(GB／T18972—2003)分划，境内具有旅游资源8个主类，27个亚类，138个基本类型。

一、自然旅游资源(景系)

1.金洞国家森林公园。湖南金洞国家森林公园成立于2005年12月，位于永州市金洞管理区内，属南岭山系的阳明山脉，总面积2500公顷，森林覆盖率达到86%，公园内风光旖旎，气候宜人，森林茂密，树木葱茏，山峰雄伟，溪水清澈，动植物资源十分丰富，有木本植物91科568种，野生珍稀动物30多种，年平均负离子1.8万个／立方厘米，被誉为中国“岭北天然氧吧”和人间仙境。公园内根据国家旅游局2003年颁布的《旅游资源调查分类与评价标准》，普查结果可分为8个主类，13个亚类，19个基本类型，51处旅游资源单体。根据公园旅游资源的特点，将公园全部旅游资源单体划分为四级旅游资源、三级旅游资源、二级旅游资源和一级四类，其中四级 2 处，三级 19 处，二级 23 处，一级 7 处。

2.地方景观景类。奇石景观景型有五雷击鼓、河马石、将军岩、高桥方石、南天门等。峡谷景型有将军岩峡谷、内下峡谷、大小黄司河峡谷等。岩石洞穴景型有蛤蟆岩、石英岩洞、将军岩洞等。

3.水文景观景类。湖泊景类有内下水库、晒北滩水库。天然潭景类有万古潭、龙须凼、双河口潭、弯月潭等。瀑布景类有木橼桥瀑布、哈巴口瀑布、猴子岩瀑布、三公垒瀑布、麻拐漕瀑布等。

4.生物景观景类。林地景类有杉木林、常绿阔叶林、上冷水源古树群、上冷水源楠竹林、白果市古银杏群、甜槠林等。树木景观古樟、赤皮青冈、夫妻楠、古杉、古圆槠、古椆、南方红豆杉等。

5.红色旅游景类。有白果市红军墓地及苏维埃政权旧址。

二、人文旅游资源(景系)

1.历史遗产景系。人类文化遗址景型有白果市红军烈士墓及苏维埃政权旧址等。宗教建筑景型有废弃的寺庙将军庙，明清时期宗教圣地照山庵旧址等。古建筑景型有大竹园的奉家院子，牛头山的古城楼建筑等。

2.现代人文吸引物景类。现代水工建筑景型有内下水库大坝、倒虹吸管、内下二级电站、豹虎龙电站、晒北滩水库大坝等。特色古建筑景型有金洞入口古建大牌楼，牛头山古建筑楼和古城墙等。特色景型有柯尔青滑草场、金沙滩 AAA 景区、油榨铺珍稀植物园、金洞时光隧道漂流等。

3.抽象人文吸引物景类有民间传说。"金洞传说"和民间习俗"盘王节"及晒北滩瑶族乡民俗等。

第二节　资源特征

一、地质现象景型

将军石位于金洞国家森林公园桐子山将军岩山顶，海拔 614 米，为一象形山石。该石高约 200 多米，矗立于山巅，一座石山上独立一座巨石，显得石体雄浑高大，如一位将军站在岩山顶远望，形象惟妙惟肖，栩栩如生。

二、奇石景型

1.五雷击鼓。该景点位于小黄司河的中上游，处于漂流起点上游 100 米处，为一小石山，高约 100 米。

2.河马石。位于小黄司河中游，石头长约4米，仿佛一只在水里尽情嬉戏玩耍的小河马，惟妙惟肖，十分可爱。

3.将军岩。位于将军岩山顶，海拔614米，为一象形山石。该石高约200多米，矗立于山巅，显得石体雄浑高大。站在将军岩顶，可以眺望公园全景。

4.高桥方石。位于高桥，处于小黄司河的上游，该石头呈长方体，长约6米，宽约3米，高约4米，如中流砥柱立于溪中，在石头上方有一座木桥，已经腐朽。

5.南天门。位于将军岩下方约50米处，海拔560米，为两块巨大的直立相对的石头组成，好象两扇石门。石门高约50米，长约100多米。

6.蛤蟆岩。该景点位于小黄司河的中上游，为一陡峭的岩壁，高约150米，宽约30米，岩壁下有一个狭窄的小石洞，洞口高约50米，宽约6米，阴暗湿润，里面常常躲藏蛤蟆，故名。

三、湖泊水域景型

1.内下水库。位于内下林场朽木滩，于1988年11月开始动工，1994年8月竣工。工程总投资6000万元。集雨面积155平方公里，年产水量1.95亿立方米。水库坝高76米，宽8米，正常蓄水位470米，主要为内下梯级水电站、白水流域提供水利资源。库内有岛，岛上有树木，四周高山耸立，森林茂密，水库风景秀丽，山水相得益彰，是旅游休闲娱乐的胜地。

2.晒北滩水库。位于金洞管理区晒北滩乡，水库坝高72米，宽8米，总库容1.2亿立方米，具有发电、防洪、养殖、旅游等多种功能。周围高山耸立，青山围绕，森林茂密，景色秀丽宜人。

四、潭水瀑布

1.万古潭。位于小黄司河的上游，水面约100平方米。水体清澈见底，可以看见里面的鱼游戏。两边怪石嶙峋，森林繁茂，野趣横生。

2.龙须凼。位于公园的白沙组前面，小黄司河的中游。龙须凼呈长方形，长约30米，宽约12米，平均深约5米，面积约360多平方米。两边是翠绿的竹和青山，潭水清澈，在蓝天白云下，更显得碧绿，如碧玉。

3.双河口潭。位于大、小黄司河的交接处，双河口潭长约200米，宽约13米，两岸是巍峨的青山和翠绿的森林，该潭就夹在中间，远看好像一只碧绿的玉簪嵌连于山谷之间，一幅天然的画卷呈现在蓝天白云下。

4.弯月潭。位于“五雷击石”景点的下方，该潭长约16米，宽约8米，深约1米，潭水清澈，水体柔和，如一泓蛋清。潭形状好象一轮弯月，故名。

5.木橼桥瀑布。位于白沙组的小道旁边，落差约15米，宽约3米，远看好象一条白色的绸缎在山涧飘荡，景色十分美丽。

6.哈巴口瀑布。位于哈巴口，该瀑布落差达130多米，宽约8米，是全公园最壮观的瀑布，瀑布从悬崖峭壁飞泻，有“黄河之水天上来，千里泻入胸怀间”的壮丽。

7.猴子岩瀑布。位于猴子岩,处于渠道下方,瀑布落差约 110 米,宽约 15 米,于凌乱的石头间倾泻,十分壮观。

8.三公垒瀑布。位于三公垒的山坡上,为三级瀑布构成,上处一级高约 8 米,中间一级高约 5 米,下一级高约 3 米,水流清澈,瀑布如练,声音如洪钟大吕,顺着光滑巨大的石头飞泻。

9.麻拐漕瀑布。位于棉羊园处的麻拐漕溪流中,瀑布直挂山涧,如一条白练于山谷飘扬,雄壮中夹有妩媚柔和,引人入胜。瀑布高约 80 多米,宽约 6 米。

五、林木景型

1.杉木林。金洞林场盛产杉木,是全国有名的林场。这里有着丰富的杉木资源,平均高 13 米,平均胸径 18 厘米,枝下高 7 ~ 8 米,林下灌木以杜茎山为优势,平均高 1.2 米,盖度 80%,林下小乔木和其它灌木有野漆树、穗序鹅掌柴、黄丹木姜子、山姜、细枝柃、鼠刺、异叶榕等;杉木林内景观较好。成熟的杉木林,树干通直,高大挺拔,甚为壮观;加之林下小乔木和茂盛的灌木更丰富了林内景观。迈步杉林,感觉舒服。

2.常绿阔叶林。常绿阔叶林为采伐后恢复的次生林,主要分布于小黄司河两岸的山坡,特别是新开发漂流河道两侧较多,由乔木、灌木和草本植物组成。乔木层以秃瓣杜英和南酸枣为优势,平均高 8 米,平均胸径 18 厘米,其它树种有山乌桕、野漆树、野桐、拟赤杨、枫香、越南安息香、樱桃、虎皮楠等;灌木主要有鼠刺、赤楠、酸味子、大果蜡瓣花、水团花等;草本较稀少,主要有金星蕨类。

3.上冷水源古树群。位于上冷水源风水山,有一古树群,海拔 760 米,有 7 个树种:短柄青冈(Cyclobalanopsis nubium)、长圆叶椴(Tilia oblongifolia)、长柄水青冈(Fagus longipetiolata)、灰叶稠李(Padus grayana)、甜槠(Castanopsis eyrei)、细叶青冈(Cyclobalanopsis myrsinaefolia)、乐东拟单性木兰(Parakmeria lotungensis)等,胸径在 60cm 以上者有五十多株,其中一株乐东拟单性木兰胸径达 1 米,高 22 米。该古树群树种之多,胸径之大湖南省内罕见。

4.上冷水源楠竹林。位于上冷水源村的后山,有面积达 200 多平方公里的楠竹,竹高 10 余米,直径 8 ~ 10 厘米,竹林翠绿,生长繁茂,大风吹过,竹林翩翩起舞,景色十分壮观。

5.白果市古银杏群。白果市乡(分场)盛产白果,现在散生或相对成片的白果树达 1000 多株,其中 300 年以上的 100 余株,100 年以上的 300 多株,大众村田边有一株白果树高达 35 米,胸径 9 米,可年产白果 450 多公斤。

6.甜槠林。甜槠林在该处主要分布于海拔 600 ~ 1200 米的山坡和岭脊部。面积较大,是地带性稳定群落。据在将军岩调查的结果显示,400 平方米样地,有甜槠 18 株,平均高 15 米,平均胸径 40 厘米,乔木层树种还有银木荷 2 株,高 12 米,胸径 30 厘米。

7.桐子山村银杏群。位于桐子山村,有 4 株古银杏,100 多年历史。最大的直径有 70 厘米,最小的的直径 40 厘米,平均胸径 53 厘米,树平均高约 23 米,通直高大,生长茂盛。

8.古樟。位于小黄司河漂流终点,胸径 1.2 米,树高 30 多米,树冠冠幅达 200 多平方米,树龄约100多年，古樟高大挺拔，树形优美，直插云霄，树枝繁茂，遮天蔽日。

9.赤皮青冈。位于桐子山古树群中，赤皮青冈（Cyclobalanopsis gilva）树高25米，胸径1.3米，年龄300年以上，树冠达100多平方米，为湖南省内罕见。

10.夫妻楠。位于白果市波罗源村，有一对连蔸双茎“夫妻楠”，高达25米，胸径5米，楠木木质坚韧，花纹清晰，气味芳香，树枝呈宝塔形，枝叶茂密，四季常绿，是一种观赏树，十分壮观。

11.古杉。位于小金洞分场塘边小皂，保留古杉20余株，树龄100年以上，树高26米，胸围1米以上，现在已经停止生长。

12.古圆槠。位于上冷水源的南边，属壳斗科植物，树高约13米，直径1.2米，树龄达200年以上，历经沧桑风雨，显得十分苍老、遒劲。

13.古椆。位于大江分场黄沙滩，树龄200年左右，树高20米，胸径1.5米。椆木木质坚韧，分红、白木两种，花纹美观。

14.南方红豆杉。在林区散生分布，主要分布在白果市的右水源和黄株田、下司口的塘边组、晒北滩的野株源、小茗洞，大树呈伞状，生长缓慢，四季常青，枝繁叶茂，非常壮观。

第三节 旅游景区

一、牛头山综合景区

1. 金沙滩AAA景区。金洞金沙滩休闲娱乐园位于金洞管理区牛头山游客接待中心对河，她是永州市首批AAA景区，占地面积达150余亩，园内有南方最大设施齐全的“柯尔沁”滑草场，惊险刺激的欧亚溜索，野趣横生的森林野战俱乐部，释放激情的沙滩排球场，沙滩浴场，沙滩赛车场和夜光情侣漂流；军事拓展阵地、摸鱼池和民族歌舞露天篝火会场；有供300人住宿的金沙滩宾馆、蒙古包、草地帐篷、竹林吊床和200人就餐的民俗风情楼等设施和项目。园内环境优雅、气侯宜人、植被完美。这里自开园以来成功举办湖南劲歌热舞永州分赛、株州新丝路模特大赛、衡阳阳光女孩选拔赛和湘北模特初选赛等活动。它是集旅游、休闲娱乐、会务、购物的理想场所，更是中青人猎奇探险和青少年野营拓展的首选之地。

2.牛头山接待中心。该区主要为金洞漂流服务，是一个旅游休闲和旅游接待区域。主要有古城楼城墙建筑，大型生态停车场，购物、饮食、住宿、娱乐等各种附属设施。

二、小黄司河漂流景区

该区位于永州市金洞管理区金洞国家森林公园境内，是永州市最先开发的重量级漂流项目。金洞漂流全程长达8.8公里，起止落差近120米，漂流河段，沟壑纵横，跌宕曲蜿，溪水淙淙，潭水幽幽，两岸峰岭峥嵘、林深木秀，珍禽异兽出没其间，飞瀑直下、流泉咚咚，奇山怪石各显神态，植物群落错落有致，古树名木繁多，人文掌故甚众，景观独特，集新、秀、险、幽、野诸项特色于一体，并根据漂段局部特征，采用分别为“竹林揽胜”峡谷风情漂、“梦溪神游”平湖写意漂、“时光遂道”梦幻神奇漂、“碧波弄湖”激流勇士漂等“一江四漂”创意。

三、内下水库景区（参见湖泊水域景型）

四、晒北滩电站景区（参见湖泊水域景型）

五、白果市红军墓地及苏维埃政权旧址景区

该区是红色旅游基地，由白果市乡人民政府筹资150万余元，在晨光村新建红军烈士陵园，作为中小学生爱国主义教育基地，该基地紧靠金洞国家森林公园和阳明山佛教圣地，游客游览金洞国家森林公园后，可拜谒红军墓，再旅游阳明山。金洞生态旅游，北毗南岳衡山，西接零陵柳子庙，南连阳明山和世界旅游圣地桂林，融入湘、桂边界的旅游风景圈。

第二章　旅游开发

第一节　宣　传

金洞管理区从各方面加强宣传力度，扩大旅游风景区的知名度。

1.大力宣传推介金洞生态旅游。一是举办旅游推介会。2008年至2012年6月，全区利用湖南永州（上海）招商会，开辟了宣传金洞旅游专栏，发放金洞旅游招商指南1500份。并邀请全国旅游之星模特大奖赛在金洞牛头山旅游接待中心举行预赛，在省会长沙邀请省内外知名旅游专家和部分旅行社代表，召开金洞生态旅游推界会。二是利用新闻媒体宣传推介。近年来，先后在湖南电视台、潇湘晨报、永州电视台、永州日报、永州电视报、航空旅游杂志等宣传推界金洞生态旅游。三是在部分城市公共场所、主要交通要道树立宣传标志牌，宣传推介金洞生态旅游。四是于2013年7月成功举办“和美永州、激情金洞”为主题的“首届永州金洞漂流旅游文化节”。不断扩大和提升金洞生态旅游的知名度和美誉度。

2.出版诗文照片图集。《生态明珠，秀美金洞》画册由长沙井岗印刷厂印刷，较好地推介和提升金洞景区的知名度。

3.拍摄影视《神奇美丽的金洞》。将金洞奇峰峻岭、古树名木、青山秀水、风土人情，通过电视片形式将画面展现在观众面前，给人们留下难忘的记忆。

第二节　规划　实施

一、规划

有序开发、保护、利用旅游资源是金洞生态旅游业健康持续发展的重要基础工作，坚持“生态立区、旅游兴区”战略和“做山水文章、创生态效益”的发展思路，先后投入适量人、财、物完成《金洞生态旅游区旅游业发展总体规划》《金洞国家树林公园总体规划》两个规划的编制进行了单项控制性详细规划、可行性论证及施工设计和拟先期开发旅游项目的单项控制性详细规划、可行性论证及施工设计。

2003 年，聘请湖南师范大学旅游学院郑焱、许春晓等专家对金洞生态旅游资源进行为期一年的普查，并编制《金洞生态旅游区旅游业发展总体规划》。包含旅游业发展基本条件，旅游资源及其评价，旅游规划总论，战略规划，生态旅游总体布局及分区规划，旅游规模、速度预测和容量估算，旅游商品规划及生产组织，旅游基础设施规划，旅游接待服务规划，生态环境保护规划，市场潜力和形象定位，投资估算及效益分析，旅游业支持与保障体系建设，组织机构与实施规划的措施，十二五到十三五期间优先行动计划十六章、五十三条规划内容。2004 年 1 月，邀请湖南大学生态旅游中心教授刘云国、湘潭大学旅游系教授阎友兵等 7 位资深旅游专家进行规划评审。

2004 ~ 2005 年，聘请中南林业科技大学森林旅游研究中心吴楚材教授、郑群明博士等专家对 2500 公顷金洞森林公园旅游资源进行为期一年多时间的普查，上报国家林业局，年底获成立金洞国家森林公园批复。2006 年编制《金洞国家树林公园总体规划》，包含基本情况，生态环境及景观资源，客源市场分析与预测，旅游发展的 SWOT 分析，公园性质及规划指导思想，空间布局及建设项目规划，环境容量估算，森林景观规划，基础设施规划，保护工程规划，防灾及预警系统规划，组织人事规划，投资估算，效益评价十四章内容。并于 2006 年年底获省林业厅组织专家评审通过。

2002 年，请中南林业科技大学对金晒河的“金洞漂流”项目和 2005 年请湖南大学生对迁建于黄司河的“金洞漂流”项目进行单项控制性详细规划、可行性论证及施工设计；同时又请中南矿冶长沙研究院对“金沙滩、大竹源水上乐园、牛头山、小金洞旅游农家乐民居群”等项目进行单项控制性详细规划、可行性论证及施工设计；2008 年，请长沙景然园林有限公司和祁阳县建设规划设计院对金洞国家森林公园核心景区和牛头山旅游接待中心、刘家滩珍稀植物园、金洞水世界等项目进行单项控制性详细规划、可行性论证及施工设计。

2012 年，投入近百万元进行以上两个规划的修编和开发旅游项目进行单项控制性详细规划、可行性论证及施工设计。

二、实施

金洞管理区采取自主开发和招商引资两条途径，开发旅游资源，发展旅游产业。

2002年1月，投资300多万元，开发金洞漂流。同年5月1日正式开漂。2003年通过租赁承包的方式，由金洞漂流有限公司经营，同时新增夜光漂流、竹筏漂流、溜索、水上乐园等项目。

2006年，金沙滩娱乐中心成为全市首批AAA景区，占地面积达150余亩，园内有南方最大设施齐全的“柯尔沁”滑草场，惊险刺激的欧亚溜索，野趣横生的森林野战俱乐部，释放激情的沙滩排球场，沙滩浴场，沙滩赛车场和夜光情侣漂流；军事拓展阵地、摸鱼池和民族歌舞露天篝火会场；有供300人住宿的金沙滩宾馆、蒙古包、草地帐篷、竹林吊床和200人就餐的民俗风情楼等设施和项目，该中心有员工90人。

同年，因晒北滩电站的建设，成功招商引资1500万，将金洞漂流迁至小黄司河段。并成立了金洞漂流发展有限公司。有员工200人，漂流船只150艘。新“金洞漂流”位于永州市金洞管理区金洞国家森林公园境内，金洞漂流全程长达8.8公里，起止落差近120米，景观独特，集新、秀、险、幽、野诸项特色于一体，并根椐漂段局部特征，采用分别为“竹林揽胜”峡谷风情漂、梦溪神游”平湖写意漂、“时光遂道”梦幻神奇漂、“碧波弄湖”激流勇士漂等“一江四漂”创意。

2012年，招商引资近1.3亿元投入开发“刘家滩珍稀植物园、花筵茶花园、满地乐农庄、金洞水世界”等项目，并着手准备开发金洞国家森林公园中心景区、森林生态疗养院、中国生态第一村等项目。

第三章 旅游管理

第一节 管理与经营机构

2003年，金洞林场设立旅游科，编制5人；2008年金洞管理区成立后，成立旅游外事侨务局，编制10人，办公地点设金洞管理区牛头山小区。

一、旅游服务公司

2002年“金洞漂流”项目由金洞林场旅游科自主经营(试业一年)。2003年，将“金洞漂流”项目对外租赁经营，成立金洞漂流发展责任有限公司。2005年，开发“金沙滩”项目，成立金洞金沙滩旅游发展有限责任公司。2010年，将金洞漂流转让给个体经营，成立永州市金洞生态旅游发展有限公司。

二、旅游工艺厂两家。

油榨铺竹帘工艺品厂、化清旅游工艺品厂。

三、旅游饭店

2002年,金洞林场投资500万元对原林场招待所进行装修改造,更名为金洞宾馆,可接待300人。2005年金洞电力公司的金源宾馆建成,可接待100人。另有家庭旅馆、餐饮店,农庄,山庄,"农家乐""森林人家"等接待服务点100余家。

第二节　人员培训

金洞旅游业的兴起时间不长,管理区建立后加强对旅游的管理和工作人员培训,每年都派人参加省市的各种培训,在内部管理和培训上按照旅游管理要求,采取并实施全员岗位培训体系,坚持"先培训、后上岗"和"持证上岗"的制度。岗前培训以资格证的取得为中心,岗后培训以技术等级证书和专业技术职务证书或职称证书的取得为中心。开展导游等级考试和定级考试,推行旅行社经理、领队和外联销售人员的资格证书制。同时,各级旅游管理部门组织开展旅游技能达标和竞赛活动。与高等学校旅游院系形成良好地关系,在遇到有关管理问题时,及时获得理论指导;保送部分管理人员到高等学校旅游专业进行培养;将金洞作为湖南师范大学旅游学院、湖南大学旅游系、中南林学院旅游系、湘潭大学旅游系等的教学教育实习基地。

第三节　旅游接待

2002~2012年,金洞旅游共接待国内外游客52.2万人。其中2002年接待游客1.2万人次;2003年,接待游客2万人次;2004年,接待游客4万人次;2005年,接待游客8万人次;2006年,接待游客6万人次;2007年,接待游客6万人次;2008年,接待游客5万人次;2009年,接待游客6万人次;2010年,接待游客5万人次;2011年,接待游客4万人次;2012年,接待游客4万人次。

第十二篇 交通 邮政 通信

第一章 交 通

中华人民共和国成立前,金洞林区是一个古老的原始次森林区,古树参天,沟壑纵横,崎岖山道,九曲连环。交通闭塞,生产方式落后,老百姓生活贫困,20世纪70年代初期还有小部分人从未见过汽车。境内1958年以前尚未通公路,1958年3月从白鹤柏树边至石鼓源修一条2米宽的路作机耕牛拉车用,全程7.3公里,当年用牛拉车运输货物。1957~1959年,始修金洞—白水砂石路全程26公里。1966年2月至1967年10月,修通白鹤—石鼓源7.3公里的砂石路。1973年秋至1974年9月,修通贾家岭经凤凰至白果市公路31公里。1974年5月至1976年9月,修通油榨铺—万宝山工区公路15公里。1975年2月至1976年10月修通小金洞乡江口—上司源8.3公里公路。1977年,在湖南省委关于"两年内实现全省社社通公路"的指示下,境内公路建设掀起高潮。1977年3月至1978年12月修通牛头山—内下公路,全程18公里。1978年5月至1979年9月,全区组织劳力,修通凤凰乡江州至大江林场的黄沙公路8公里。乡镇公路建设遍地开花,接通断头路,沟通迂回路,改造差等路。1983年实现"乡乡通公路",2002年"乡乡通油路"。此后,境内公路四通八达,货畅直流。先后修林区主干线公路7条,共108.3公里。1990年以后,林场利用山区优势,规划开发以"金洞河漂流"为主要项目的旅游业,抓住全县公路建设大会战的机遇,发动群众,筹集资金,积极修筑"致富路"。林区群众在改革开放的实践中得到了"路通、财通"的实惠,修路的积极性很高。

2004年,金洞管理区有乡级公路4条,86.8公里,其中,金洞镇经小金洞至晒北滩瑶族乡31公里,小金洞至上司源8.3公里,白鹤经石古源至下司口20公里,凤凰中荣至白果市乡27.5公里;有村道55条,230.3公里;主要出境公路有5条,73公里,其中金洞至木梓圩13公里,晒北滩至三湾脚18公里,凤凰至肖家14公里,牛头山至与宁远交界处公路20公里,上司源与与常宁官岭交界处公路8公里。乡道有沥青路25公里,水泥混凝土路16.5公里;村道有9.5公里水泥路。从2000年起,金洞林场筹资3000万元,对乡道进行"砂改油",其中:金洞镇至白沙凼22公里,小金洞至上司源8.3公里,白鹤至石古源7.6公里;同时整修扩宽了凤凰至白果市22公里，白沙凼至晒北滩10公里，金洞至万宝山10公里，开创林场油路建设之先河，保证了林场主干公路的安全畅通。2012年，林场抓住国家实施通乡公路建设的机遇，改造金洞至小金洞路段14公里，中荣至凤凰路段5.5公里，结束了林场无水泥路的历史；又新修柏福、大源岭、桐子山、东江、大源里、东安村、白沙凼7个村的公路36公里，有三满房、长吉、团结、大坝头、长田方5个村9.5公里路段改造成水泥路；林场又投入资金360万元，新修鸭婆凼、双河口、撬排凼、小金洞、黄泥源、楠木坳、银子源等七座桥梁。又因晒北滩电站水库建设需要，将原晒北滩至门楼下公路改建17.3公里，新修叮当园、茅坪岗、鲁草堂三座桥梁，总投资1800万元，2000年～2004年共完成公路建设投资6080万元。境内73个村(居)民委员会都修通了水泥路。

第一节　道路　设施

一、公路建设

金洞管理区现有公路11条，总里程472.796公里(2011年年底进入湖南省交通运输厅年报数据)，其中省道2条95.145公里，县道3条36.379公里，乡道12条114.082公里，村道94条227.19公里。全区公路呈树枝状分布，其中金三线为一主干，凤白线为一主干，白下线为一主干，主要支线有江口至南冲源、牛内线、黄睦线、黄波线等。

1958～2000年，全区修建公路均为砂石路，共建公路里程266.543公里，部分公路由上级林业部门投资外，其余均为林场和乡村自筹，总投资达2亿元；2000～2004年，全区掀起公路建设大会战，5年改建金洞至小金洞，江口至上司源，白合至石古源等34公里沥青路，全区干部职工共筹资5000万元；2004~2012年年底，在国家惠民政策鼓舞下，全区共修建水泥(沥青)路450余公里，实现了100%的乡镇通水泥路，100%的行政村、98%自然村通公路，98%的行政村通水泥路，8年时间共筹资5亿元，争取国家补助资金达到1.5亿元，全区公路建设总用地3900.16亩，其中省道927.66亩。县道327.41亩，乡道941.17亩，村道1703.92亩。

1957年10月，为开发金洞山区，祁阳县委与衡阳森工分局共同修筑白水—金洞公路，计26公里。祁阳县委负责测设并组织劳力施工，森工局投资10万元。是年10月下旬破土动工，1958年9月，白水—木梓圩—黄家渡18公里竣工。1959年12月，黄家渡至金洞6公里路段修成。其中木(梓圩)金(洞)公路列为县道。1966~1967年，先后将木梓圩、普口、桅子、黄市等木桥改为石拱桥。1997年永州市委领导牵头，市林业局、市交通局、祁阳县政府、金洞林场、祁阳县交通、公路等单位，共商改造木(梓圩)金(洞)路段13.1公里，形成会议纪要：金洞林场出资220万元，祁阳县政府出资100万元，市林业局、市交通局、公路系统各25万元，共计370万元，由祁阳县公路局负责施工，交通局监理。1997年4月动工改造，1998年10月竣工，路基宽7～9米，水泥路面宽6米。

1959 年 4 月至 1964 年 5 月，由林业部门投资，金洞区组织民工修筑金洞镇至晒北滩公路 32 公里砂石路，与县道龙金线连接。1974 年 5 月至 1976 年 9 月金洞林场组织万宝山工区人力物力修筑油榨铺至万宝山砂石路 15 公里。

1977 年，在湖南省委关于“两年内实现全省社社通公路”的指示下，林区公路建设掀起高潮，境内公路开工和建设有：白果市—凤凰，牛头山—内下，凤凰江洲—黄沙，小金洞—上司源等公路 493 公里。20 世纪 70 年代，林区经济滞后，修路困难很大。首先，金洞区委成立公路建设指挥部，由区委书记任指挥长，亲自抓全区公路建设。各乡镇相应成立指挥部，乡镇党委书记任指挥长，并确定一名副职领导专抓，配备乡镇干部 2～3 名作为工程建设工作人员。各大队由大队长带队，配备 2～3 名勤杂人员，负责劳力组合、安全、生产、生活、住宿等日常工作。20 世纪 70 年代，修路搞建设，都是用肩挑手提，没有机械，因此，特别在山区修路，工作量特别大，如碰到石方多的地方，可见劳力要大量投入，根据工地需要的劳力，由区指挥部分配到公社、大队，同时要自备工具，食住各单位自行安排，不分春夏秋冬，安营扎寨，吃住在工地。为了抓工程进度，有时还得开夜工，日夜奋战。与此同时，各公社党委、政府组织后勤组带物资去工地慰问，以资鼓励，从而加快工程进度。

1996 年，境内公路建设从“多修路”逐步转向“修好路”，注重路况技术质量的提升，加强现有公路的养护与改造。金洞林场成立公路指挥部，制定公路建设方案，决定以“提高现有公路等级，接通断头路，改造差等路，结束胡子工程”为突破口，召开动员大会，发动全林区各级各部门及广大群众，有钱出钱，有力出力，掀起修路新高潮。紧接着，乘势大上，在上级有关部门的支持下，林场领导发动公路建设大会战，制定“接通断头路，沟通迂回路，突破边境路”，尽快实现“村村通公路”的目标。要求各乡镇、村和各部门各司其责，规定农村成年劳力每年投义务建勤工日 3～5 个，每台车辆义务运输 2 个，不能投劳的，按规定交纳建勤费，以资抵劳。先后新建和改造公路有凤凰—白果市，下司口—江程坪，凤凰—秧田，波罗源—枣树坪等 12 条 114 公里。实现“村村通公路的目标”。

2000 年 1 月，林场领导多次决定，把公路建设作为基础设施的重点，号召全区人民下决心“苦干五年，全林区实现村村通油路和水泥路”，再次推动全区公路建设。至 2004 年，晒北滩—三湾脚，金洞—小金洞，小金洞—晒北滩，小金洞—上司源，凤凰—白果市，石鼓源—下司口等区乡镇公路，全部采取就地滚龙，适当扩宽的措施。经过苦干四年，达到规定的目标，完成金洞至小金洞 14 公里，肖家村贾家岭经凤凰至白果市公路 31 公里等公路的砂改油、油改水泥路。

（一）省道

金（洞）—三（湾脚）公路

此路自金洞镇经油榨铺、下司口、江口、小金洞、白沙源、晒北滩，直至与新田县境交界的三湾脚，与新田县门楼下公路连接，计程 43.3 公里。

1995 年，县计委向省计委申报立项获准，修筑晒北滩至山湾脚 15.37 公里多的边境公路，与新田县门楼下公路连通，两县同时兴工，合称“晒门公路”。

1996 年年初，县政府组建“晒门公路建设指挥部”，同年 5 月动工，以工代赈修筑晒门公路祁阳境段，于1999年12月完成。晒北滩至三湾脚15.37公里公路工程，项目计划资金470万元，其中，省计委以工代赈安排216万元，不足部分由交通部门、地方政府配套解决。此路一通，两县边民雀跃，增进了民族友谊和商贸往来。

2004年，金三公路晒北滩乡境段因兴建水电站而改线，须改线18.1公里，业主阳光公司从白沙源开始至野猪源，新建3.5公里上坝公路。其余为14.4公里的改线工程。2005年6月6日，县委书记王芳柏在金洞宾馆三楼会议室主持召开晒北滩电站工程建设办公会议，决定公路复建由金洞林场负责，要坚持"保安全、保畅通、保移民需要"的原则，组织好公路复建所需资金，阳光公司承担580万元(不含3.5公里上坝公路修建资金)，不足部分资金由祁阳县人民政府写出专项报告，联合新田县和金洞林场向省市计划、交通、公路等部门争取。

因晒北滩电站修建，门晒公路复建，2004年5月动工，2006年10月完工，总里程18公里，总投资1558万元，门晒公路的复建的起点白沙源，沿白水河左岸上行至杉树坪，建茅坪岗大桥跨猛江河，过河后沿猛江河右岸下行至长达源，继续沿白水河左岸上行至史家坪、张家皂后茶流河右岸上行至鲁草塘，建鲁草塘大桥，跨茶陵河，终点接原门晒公路。2011年11月动工，将晒北滩至三湾脚18公里建成水泥路。

另一条升级为省道的公路是S350线，起点为耒阳陶洲，终点为双牌何家洞，金洞境内经上司源乡的南冲源、双河、上司源、鸭婆凼、农胜、江口、大竹源、下司口、油榨铺、农户、马蹄口、二居委会，经祁阳肖家、汪家过凤凰乡的中荣、隐塘、花筵、凤凰、江洲到白果市的波罗源、山青、团结、仁光等村，总里程65.354公里，剔除与S321共线部分，尚有里程46.753公里，其中南冲源至上司源1995年建成砂石路，2007年建成水泥路，上司源至江口1977年建成砂石路，2001年对砂石路进行了沥青表处，2008年改建为水泥路面；凤凰至白果市段1977年建成砂石路，2006年改建成水泥路，白果市至仁光段1996年建成砂石路，2012年建成水泥路。省二级公路2011年进行设计、勘测。2013年开工建设。

(二)县道

龙(溪)—金(洞)公路 起自祁羊公路上的龙溪，经河埠塘汽车渡口过湘江，经进宝塘、木梓圩、八宝镇至金洞镇，计程27.128公里。路基宽7~9米，沥青路面宽6米。全线修筑日期是1957年10月至1993年12月。

1957年10月，为开发金洞山区，县人委与衡阳森工分局共同谋划修筑白水—金洞公路，县人委负责测设与施工，森工局捐资10万元。是年10月下旬兴工，1958年9月，白水—木梓圩—黄市段18公里竣工。1959年12月，黄市至金洞8公里路段修成，其中木(梓圩)金(洞)公路列为县道。1966~1967年，先后将木子、浦口、桅子、黄市、奉家等5座木桥改为石拱桥。1984年12月至1985年1月，肖家村、白水两区动用民工建勤工日5万个，将木梓圩—龙潜函10公里路段由5米扩宽至9米。1988年10月至1991年1月，潘家埠、黄泥塘两区组织民工建勤，分段修通了龙溪—河埠塘—进宝塘公路8公里。县交通局置河埠塘汽车渡口，并组织人力，从两江口拉来载运汽车的渡船1艘，又购置拖轮1艘，组建汽车渡口班，置渡工8人，实行3班轮值制，保障汽车及时安全过渡。1991年10月至1993年12月，进宝塘—木梓圩公路修竣。时任县委书记郑纯发指示要修好这条路。路基工程由木梓圩和进宝塘两乡组织民工修建,路面和附建工程由县交通局负责。1997年初,永州市委副书记谭政牵头,组织市林业局、市交通局、祁阳县政府、金洞林场、县交通局、公路局等单位共商改造木(梓圩)金(洞)路段13.1公里,1997年4月动工,1998年10月竣工。

金(洞)—晒(北滩)公路,长32公里。1959年由金洞林场供给器材,金洞区动员民工修筑,1965年竣工。

白下线(X135)(白合至下司口)于1976年建成砂石路,2007年建成水泥路,全长17.206公里,经乐山、芳塘、借古岭、五房、石鼓源、三满房、蒋家冲、高枧、下司口与省道S321相连;牛内线(S166)1979年建成砂石路,并于同年通车,2009年建成水泥路,全长16.172公里,经大同、土坳、高笋塘至内下;肖白线(S181线)起点为团结村,经大坝头至长田方,全线长3公里,于1995年建成砂石路,2007年建成水泥路,2008年从长田方修通至野鸡尾公路与宁远县相连,长8公里。

菜(园)—白(果市)公路 起自S320线上的菜园,经两江大桥、贾家岭、凤凰至白果市,计程40.171公里。全线修筑日期是1966年8月至1974年3月。

1966年8月至1967年5月,为开辟大江水库运输通道,白水、肖家村两区调动民工修建,修通了菜园—贾家岭公路9公里。两江地段设人力汽车渡口。1973年秋至1974年3月,肖家村与金洞两区动员民工建勤,修通了贾家岭。白果市公路31公里。1990年7月,两江公路桥建成通车,原汽车渡口撤销。1998年8月,县公路建设指挥部拨款102万元,将菜园~贾家岭6公里路段进行砂(石路)改油(路),路基由原来的5米扩宽至7米,沥青路面宽6米。2005年,贾家岭—凤凰14公里砂石路列入全省县到乡(镇)公路改造工程,改建成水泥路。

白(鹤)—石(鼓源)公路 起自白鹤,止于石鼓源,长7.3公里,1966年2月至1967年10月修成。金洞林场修建,路基宽5米,砂石路面宽3.5米。2002年3月,金洞林场投资95万元,将此路改建成油路,加宽路基至6米,铺筑沥青路面宽4.5米。2007年建成水泥路。

牛(头山)—内(下)公路 起自金晒线上的牛头山,经大同、星光、土坳,止于内下,计程16公里。路基宽6~9米,路面宽4.5~5.5米,全线修筑日期为1977年3月至1978年12月。

1973年冬,衡阳地委书记徐天贵,乘车至金洞牛头山,然后持拐棍、穿草鞋,沿山路步行20公里,来到晒北滩公社内下大队,同瑶族同胞过春节,住在老百姓家,与瑶族同胞吃红薯包谷过年。他目睹此丰富的水资源而没有公路,给群众带来困难,决定修建内下电站和牛内公路。

1977年3月,牛内公路破土动工,衡阳地委动员祁阳、祁东、衡阳、衡山、衡东、常宁、耒阳和衡阳市城南面区等九县、区1万多劳力上阵义务建勤,由内下电站工程指挥部统一指挥,指挥部采取按县(区)分解任务,直接把任务落实到公社民工连,电站开工建设最大的困难是1万多民工吃、住、行,最大的危险是在悬崖陡壁上开山作业,每天都是万炮齐轰,十分危险。仅仅用一年时间,将这条公路建成,为内下电站建设创造条件。1992年,为修建内下电站蓄水坝,用水泥混凝土硬化土坳——内下9公里路面。2006年,硬化了牛头山—土坳7.4

公里,宽4.5米的路面,经费来源于:交通部门争取国家通畅工程按乡道标准每公里补助15万元,内下电站拨款30万元,小黄司河和大黄司河两个漂流公司各捐助30万元,县财政拨款10万元,金洞林场拨款10万元。该路2009年建成水泥路。

油(榨铺)—万(宝山)公路 自油榨铺至金洞万宝山工区,计程15公里。1974年5月至1976年9月,金洞林场组织人力物力修成,路基宽5米,沙石路面3.5米。2000年,金洞林场将此路扩宽为6.5米,铺筑沥青路面宽5米。

江(洲)—黄(沙)公路 起自凤凰乡的江洲,止于大江林场的黄沙,长8公里,路基宽5米,泥结碎石路面宽3米。1978年5月至1979年9月修筑。2007年改成水泥路。

太(平村)—大(江水库大坝)公路 起自太平乡的太平圩,经桐梓坪、唐岭,止于大江水库大坝,长10.4公里,路基宽4.5~6.5米,2004年,改建为油路,路面宽4~5米。

小(金洞)—上(司源)公路 起自小金洞,止于上司源,长8.3公里,路基宽5米,砂石路面宽3.5米,1975年2月至1976年10月,金洞林场负责修筑而成。为配合县委、县政府"乡乡通油路"行动,2001年3~9月,金洞林场出资137.9万元,对小金洞至上司源公路进行"砂改油",路基扩宽至6米,铺筑沥青路面宽4.5米。2009年改成水泥路。

(三)乡道

全区共有乡道12条,114.082公里,其中下司口至江程坪(Y059线)6.217公里,2005年建成砂石路,2009年建成水泥路;凤凰至秧田(Y060线)2.646公里,2001年修建成砂石路,2008年改建为水泥混凝土路面;波罗源至枣树坪(Y226线)9.756公里,1999年建成砂石路,2007年改建为水泥混凝土路面;上黄泥源至中棚(Y227线)5.31公里,2001年建成砂石路,2008年建成水泥路;凤凰至长吉(Y229线)4.54公里,1996年建成砂石路,2012年建成水泥路,野株源至内下(Y230线)12.322公里,2007年建成砂石路,2009年建成水泥路,碧江口至烟竹山林家源(Y231线)22.314公里,1995年建成至烟竹山,2005年建成至林家源,2009年建成水泥路, 五房至石古源街 (Y529线)9.837公里,2006年建成砂石路,2008年建成水泥路,黄司源大桥至大同(Y530线)20.297公里,1976年建成至万宝山工区,2007年建成至大同, 2012年建成水泥路,农胜至上蒋家冲(Y531线)7.904公里,2007年建至牛栏源,2007年建成水泥路至上土冲。小河口至挖龙坳(Y770线)9.973公里,2005年建成砂石路,2012年建成水泥路。

(四)村道

管理区73个行政村(居)委会,526个村民小组。20世纪90年代后,在上级惠民政策和公路大会战的形势推动下,村级公路到处开花,普遍采取民工建勤部分,组与组之间有新修的、有加宽路基、扩宽路面,改造机耕路的。至2010年,全区有村道93条,总长227.2共,95%以上属水泥路。村道建设见表11-1-1。

1965～2011年金洞公路建设情况

12–1–1

序号	线路名称	起止点		里程（千米）	砂石路建成时间（年）	水泥路建成时间（年）	路面宽度（米）	备注
		起点名称	止点名称					
	省道			95.145				
1	安乡黄山头—江华新圩	金洞	下司口	10.281	1965	2004	5	
	安乡黄山头—江华新圩	下司口	小金洞	4.111	1965	2004	5	沥青混凝土路面
	安乡黄山头—江华新圩	小金洞	晒北滩	16	1965	2009	5	
	安乡黄山头—江华新圩	晒北滩	三湾脚	18	1992	2012	5	
2	耒阳陶洲—双牌何家洞	上司源南冲源	上司源乡政府	9.289	1995	2007	3.5	
	耒阳陶洲—双牌何家洞	上司源南冲源	江口	7.975	1977	2008	5	
	耒阳陶洲—双牌何家洞	凤凰	白果市	17.928	1977	2006	5	
	耒阳陶洲—双牌何家洞	白果市	仁光	10.151	2006	2012	3.5	
	耒阳陶洲—双牌何家洞	仁光	双牌县界	1.41			无路面	未修通
	县道			36.379				
1	白下线	乐山	分水坳	10.161	1976	2007	5	
	白下线	分水坳	下司口	7.045	1977	2007	4.5	
2	牛内线	牛头山	内下	16.172	1978	2009	5	
3	肖白线	团结村	长田方村	3.001	1995	2007	3.5	
	乡道			114.082				
1	下棉线	下司口	马蹄口	6.217	2005	2010	3.5	
2	凤秧线	凤凰	秧田	2.646	2001	2008	3.5	
3	凤凰—长吉	凤凰	长吉	4.54	1996	2011	3.5	
4	波枣线	波罗源	枣树坪	9.756	1999	2007	4.5	
5	上黄泥源—中棚	上黄泥源	中棚	5.31	2001	2008	3.5	
6	野株源—内下	刹坑源	内下	12.322	2007	2009	3.5	
7	碧烟线	晒北滩	烟竹山	12.77	1995	2006	4.5	
	碧烟线	烟竹山	林家源	9.544	2005	2005	3.5	
8	石五线	五房	石古源	9.837	2006	2008	3.5	
9	黄司源至大同	黄司源桥	万宝山工区	11.769	1976	2007	4.5	
	黄司源至大同	万宝山工区	大同	8.528	1992	2009、2012	3.5	
10	农胜至上蒋家冲	农胜	上蒋家冲	7.904	2005	2007	3.5	
11	小河口至挖龙坳	小河口	磨石源	9.973	2005	2012	3.5	
12	山青－安堂坪	山青	安堂坪	2.966	1995	2007	3.5	
	村道			227.2				
1	团仁线	团结界	仁光	5.46	1998	2012	3.5	
2	村复线	村口	大源岭桥	0.654	1999	2009	3.5	
3	大长线	大坝头	长田方	1.856	1995	2007	3.5	

续表 12-1-1

序号	线路名称	起止点		里程（千米）	砂石路建成时间（年）	水泥路建成时间（年）	路面宽度（米）	备注
		起点名称	止点名称					
4	团柏线	团结	柏福	4.395	2004	2012	3.5	
5	团结—大源岭	团结	大源岭	2.832	1999	2009	3.5	
6	大四线	大源岭桥	四组	2.088	2005	2009	3.5	
7	惜麻线	惜字塔	麻拐皂	5.277	2012			未修通
8	仁柏线	仁光	柏福	4.315	2008		3.5	
9	山土线	山青	土地堂	0.469	2010	2012	3.5	
10	大四线	大源岭桥	四组	0.072	2005	2009	3.5	
11	江五线	江洲里	五桂山	2.754	2007	2012	3.5	
12	一组—大江	一组	大江	2.171	2009		3.5	
13	凤桂线	凤凰	桂塘冲	3.746	1993	2008	3.5	
14	凤陶线	陶家桥	陶家湾	1.266	1994	2008	3.5	
15	凤秧线	凤凰	秧田	1.03	1995	2008	3.5	
16	凤陶线	凤凰	陶家小学	2.161	1994	2008	3.5	
17	陶黄线	陶家小学	长吉	1.004	1993	2007	3.5	
18	尧长线	尧街口	长吉	0.583	1998	2007	3.5	
19	中中线	中荣	朱家院	2.813	1998	2009	3.5	
20	中五线	中荣村碑	五马归巢	2.64	1996	2009	3.5	
21	张张线	西瓜坪	张家冲	5.383	1998	2008	3.5	
22	马西线	马班丘	西瓜坪	2.008	1994	2008	3.5	
23	秧大线	秧田	大湾	1.338	1998	2009	3.5	
24	陶五线	陶家	五组	0.893	1998	2008	3.5	
25	大四线	大湾	四组	1.387	1998	2009	3.5	
26	大三线	大湾	三组	0.368	1998	2010	3.5	
27	楠下线	楠木坳	下垅田	1.764	1988	2008	3.5	
28	黄白线	黄司源桥	白泡回	2.649	1995	2008	3.5	
29	白友线	白泡回	友胜	1.285	1997	2009	3.5	
30	马马线	马蹄口界	马蹄源	3.422	1997	2009	3.5	
31	友村线	友胜	村委会	2.187	1997	2009	3.5	
32	二孙线	二居委会	孙家洲	0.52	2005	2009	3.5	
33	供三线	供销社	三居委会	3.753	2005	2009	3.5	
34	新开滩至黄家台	新开滩	黄家台	1.925	1998		3.5	
35	锡枣线	锡口源	枣树坪	2.649	2007	2008	3.5	
36	孙银线	孙家洲	银子源	2.717	2003		3.5	
37	马肖线	马蹄源	肖家院	0.77	1997	2009	3.5	
38	白赤线	白泡回	赤水源	2.415	2011		3.5	
39	锡邓线	锡口源	邓家岭	2.582	2010		3.5	
40	下古村村道	下古	下古	2.973	1999	2008	3.5	

续表 12–1–1

序号	线路名称	起止点		里程（千米）	砂石路建成时间（年）	水泥路建成时间（年）	路面宽度（米）	备注
		起点名称	止点名称					
41	高小线	高小线	小茗洞	7.767	2002	2009	3.5	
42	村村线	野株源	村委会	0.976	1992	2008	3.5	
43	高下线	高带源	下马里源	5.81	2007		3.5	
44	史枧线	史家坪	枧下	2.898	2007	2012	3.5	
45	黄黄线	黄金皂	常宁蒲竹	2.978	2007		3.5	
46	大大线	Y008	大源里	0.532	2006		3.5	
47	烟枫线	烟竹山	枫树脚	4.131	2005	2009	3.5	
48	晒碧线	晒北滩	碧江口	3.519	1993	2008	3.5	
49	小邓线	小茗洞	四级	0.532	2007		3.5	
50	大三线	大元里	三湾脚	1.132	2006	2012	3.5	
51	高牛线	高枧	牛栏源	1.787	2004	2010	3.5	
52	南官线	南冲源	官岭	1.83	2005	2011	3.5	
53	鸭东线	鸭婆凼	东冲	4.473	2005	2007	3.5	
54	上双线	上司源	双河界	2.595	2004	2008	3.5	
55	上坳线	上蒋家冲	坳马旗	0.481	2003	2008	3.5	
56	渡上线	渡槽口	上蒋家冲	3.686	2003	2008	3.5	
57	南罗线	南冲源	罗家冲	1.793	2005	2008	3.5	
58	双大线	双河	大王山	2.825	2004	2008	3.5	
59	上老线	上司源	老湾	2.594	2003	2009	3.5	
60	双陈线	双河	陈家冲	0.605	2004	2008	3.5	
61	乐村线	乐山	村委会	0.724	1990	2009	3.5	
62	桂桂线	桂林	村委会	3.225	1992	2008	3.5	
63	借升线	借古岭界	升子堂	4.799	1995	2009	3.5	
64	五药线	五房村	药材基地	3.438	2007	2009	3.5	
65	泉泉线	泉江	西岭坳	1.861	1993	2008	3.5	
66	大村线	大岭下	村委会	9.332	1992	2008	3.5	
67	三源线	三满房	源头	3.975	1995	2007	3.5	
68	三村线	三满房界	村委会	2.339	1996	2010	3.5	
69	石泉线	石古源街	泉塘	0.582	1998	2010	3.5	
70	石五线	石古源	五房	0.444	1999	2010	3.5	
71	桂借线	桂林	借古岭	0.409	2006	2009	3.5	
72	三四线	三满房	四组	0.537	1996	2010	3.5	
73	村大线	村小学	大岭下	0.584	1992	2008	3.5	
74	桂乐线	桂林	乐山	0.353	1992	2008	3.5	
75	上冷线	上游	冷水源	6.366	2007	2012	3.5	
76	白桐线	白沙	桐子山	3.688	2007		3.5	
77	永永线	油榨铺	永镇菴	3.67	2004	2008	3.5	

续表 12-1-1

序号	线路名称	起止点		里程（千米）	砂石路建成时间（年）	水泥路建成时间（年）	路面宽度（米）	备注
		起点名称	止点名称					
78	棉老线	棉花坳	老佃冲	0.964	2005	2009	3.5	
79	下司口至老屋院	路口	老屋院	0.854	2005	2009	3.5	
80	床厂至陈家湾	床厂	陈家湾	0.127	2006	2009	3.5	
81	冷桐线	冷水源	桐子山	4.747	2007	2012	3.5	
82	鸡大线	鸡子坑口	大竹源	3.952	1993	2006	3.5	
83	风村线	风石源	村小学	2.898	1998	2008	3.5	
84	小金洞至小金洞桥	小金洞	唐家洲	2.752	2006	2008	3.5	
85	欧村线	欧莱河	村委会	3.593	2004	2009	3.5	
86	白带线	白沙凼大桥	带头冲	1.896	2003	2009	3.5	
87	新三线	新屋场	三角叉亭子	2.738	2011	2012	3.5	
88	白东线	白沙园	东安	2.54	2007	2009	3.5	
89	土前线	土坳	压力潜池	1.772	1995		3.5	
90	唐唐线	白沙凼	东江	4.656	2006	2009	3.5	
91	白二线	白沙凼桥	二百里	1.244	2009		3.5	
92	唐鄢线	唐坳	鄢家逢	1.196	2005	2008	3.5	
93	江口至张家院	江口	张家院	1.43	无路面			未修通

二、桥梁建设

全区进入湖南省交通厅 2011 年养护年报的桥梁共 92 座，2268.7 延米，其中大中桥梁有：茅坪岗大桥（S231 线）全长 156.7 延米，单跨长度 98 米，桥宽 8 米，2008 年建成，预应力钢筋混凝土拱桥；金洞大桥全长 124.3 延米，3 跨长度 105 米，桥宽 12 米，2009 年建成，钢筋混凝土双曲拱桥；黄司源大桥全长 108 延米，3 跨长度 102.8 米，桥宽 6.3 米，1989 年建成，预应力钢筋混凝土拱桥；鲁草堂大桥全长 79.5 延米，单跨长度 56 米，桥宽 8 米，2007 年建成，钢筋混凝土双曲拱桥。油榨铺大桥全长 72 延米，单跨长度 56 米，桥宽 7.7 米，2010 年建成，钢筋混凝土双曲拱桥；江口双河口桥全长 63.4 延米，单跨长度 50 米，桥宽 7.5 米，2011 年建成，钢筋混凝土拱桥。牛头山桥全长 76 延米，5 跨长度 69.3 米，桥宽 6.5 米，1973 年建成，预应力钢筋混凝土梁桥。江口新桥全长 27.5 延米，单跨长度 21.5 米，桥宽 8.3 米，2008 年建成，预应力钢筋混凝土梁桥。江口桥全长 32.5 延米，单跨长度 25.2 米，桥宽 6 米，1965 年建成，混凝土石拱桥。小姑石桥全长 50 延米，单跨长度 39 米，桥宽 6 米，1965 年建成，混凝土石拱桥。阳光公司桥全长 28 延米，单跨长度 23 米，桥宽 8 米，2007 年建成，预应力钢筋混凝土梁桥；叮当园桥全长 52 延米，单跨长度 36 米，桥宽 8 米，2007 年建成，混凝土板肋拱桥；撬排氹桥全长 36 延米，单跨长度 28 米，桥宽 6 米，2005 年建成，混凝土板拱桥。小金洞桥全长 63 延米，单跨长度 38.6 米，桥宽 6.1 米，2007 年建成，混凝土板拱桥；白泡回桥全长

30延米，单跨长度22.8米，桥宽4.5米，1990年建成，混凝土板拱桥；下古河口桥全长30延米，单跨长度20.7米，桥宽4.5米，1990年建成，圬工拱桥；南风凼桥全长78.4延米，6跨长度78米，桥宽6米，1990年建成，圬工拱桥。小竹园桥全长63延米，6跨长度60米，桥宽3.5米，2004年建成，混凝土板拱桥；碧江口桥全长36延米，单跨长度30米，桥宽6.5米，2009年建成，钢筋混凝土双曲拱桥；下拢田桥全长56延米，单跨长度30米，桥宽6.5米，2010年建成，圬工拱桥。鸭婆凼桥全长33延米，单跨长度26米，桥宽 米，1991年建成，圬工拱桥；团结桥全长34延米，单跨长度16米，桥宽4.5米，1972年建成，混凝土板拱桥.；白沙凼桥全长48延米，单跨长度41.5米，桥宽5米，1990年建成，钢筋混凝土双曲拱桥。金洞管理区桥梁建设见表11–1–2。

金洞管理区1963～2011年桥梁建设情况

12–1–2

序号	桥梁名称	所在线路	桥长（米）	跨径长（米）	桥宽（米）	结构类型	建成时间（年）	备注
	大桥							
1	白沙凼桥	白带线	48	41.5	5	圬工拱桥	1980	
2	金洞大桥	新开滩至黄家台	124.3	105	12	钢筋混凝土	2011	
3	油榨铺大桥	床厂至陈家湾	72	56	7.7	双曲拱	2011	
4	鲁草堂桥	安乡黄山头–江华新圩	95	56	8	预应力钢筋混凝土	2007	
5	茅坪江大桥	安乡黄山头–江华新圩	156.7	98	8	预应力钢筋混凝土	1971	
6	黄司源大桥	安乡黄山头–江华新圩	108	102	6.3	双曲拱	1989	
7	双河口桥(睦源村)	黄大线	75	58	6.8	圬工拱桥	2005	
	中桥							
1	白泡回桥	黄白线	30	22.8	4.5	圬工拱桥	1990	
2	大竹源桥	鸡大线	78.4	78	6	圬工拱桥	1990	
3	小金洞桥	小金洞桥至小金洞	63	38.6	6.1	双曲拱	2006	
4	小竹园桥	孙银线	63	63	3.5	梁桥	2005	
5	江口大桥	江口至张家湾	63.4	50	7.5	双曲拱	2011	
6	下司口钢索桥	下司口至老屋院	68	48	1.7	自锚悬索桥	2011	
7	小姑石桥	安乡黄山头–江华新圩	50	39	6	圬工拱桥	1970	
8	阳光公司桥	安乡黄山头–江华新圩	28	23	8	T型梁桥	1963	
9	江口新桥	安乡黄山头–江华新圩	27.5	21.5	8.3	T型梁桥	1963	
10	叮当源桥	安乡黄山头–江华新圩	52	36	8	板拱	1971	
11	牛头山大桥	牛头山至内下	76	69.6	6.5	板拱	1970	
12	南风凼桥	碧烟线	34	25	6.5	圬工拱桥	1980	
13	下古河口桥	黄大线	30	20.7	4.5	圬工拱桥	1970	
14	撬排凼桥	黄大线	36	28	6	圬工拱桥	2006	
	小桥							
1	黄白线	牛栏柱桥	12	7	4.6	圬工拱桥	1990	
2	风村线	弯里石桥	25	13	5.4	圬工拱桥	2001	

续表 12-1-2

序号	桥梁名称	所在线路	桥长（米）	跨径长（米）	桥宽（米）	结构类型	建成时间（年）	备注
3	风村线	小河里桥	20	12	5	圬工拱桥	2002	
4	欧村线	芦毛源桥	22	12.5	4.6	圬工拱桥	1990	
5	欧村线	梨子桥	12	6	4.5	板拱	1990	
6	欧村线	梓木桥	15	8	4	板拱	1985	
7	唐唐线	三十二磴桥	7	5	4	其他桥	2007	
8	南官线	长艮岭桥	13	8	4.5	板拱	2002	
9	南官线	长皂口桥	10	7	4.5	其他桥	2002	
10	鸭东线	鸭婆凼桥	33	26	6	双曲拱	1990	
11	鸭东线	五峰山 1 桥	10.3	8.3	5	板拱	1990	
12	鸭东线	牛形地桥	30	13	5.5	板拱	1990	
13	鸭东线	老叶棚桥	8.6	5.4	5.3	板拱	1990	
14	鸭东线	蛇形地桥	20	12.5	5.4	板拱	1990	
15	上双线	半边街桥	8.5	6.8	4.4	板拱	2000	
16	泉泉线	泉江桥	13	6	5	板拱	2000	
17	大村线	路家冲桥	8	5	4.5	板拱	1997	
18	大大线	雷打石桥	11	8	4	其他桥	2000	
19	中中线	上街口桥	15.6	7.9	4.7	板拱	1980	
20	中中线	下街口桥	16	11.6	3.7	板拱	1980	
21	烟枫线	老屋场桥	10	7.5	4.5	板拱	1996	
22	锡邓线	陈家湾桥	20	11.5	5	板拱	1988	
23	上坳线	上蒋家冲桥	7	5	4	板拱	2000	
24	晒碧线	碧江口桥	20	12	4.5	双曲拱	1990	
25	大四线	大源岭桥	14	6.8	3.7	其他桥	2003	
26	大三线	大湾二桥	7.5	5.5	4.5	其他桥	2005	
27	大三线	大湾一桥	7	5	4	其他桥	2005	
28	安乡黄山头－江华新圩	欧菜河桥	19	8.5	6	T 梁	1974	
29	安乡黄山头－江华新圩	大源口桥	20	6	8.5	板拱	1998	
30	安乡黄山头－江华新圩	马蹄口桥	12	8	5	板拱	1962	
31	安乡黄山头－江华新圩	下司口桥	9.8	7.1	6	板拱	1963	
32	安乡黄山头－江华新圩	野株源河口桥	12	7	5.5	板拱	1983	
33	耒阳陶洲－双牌何家洞	农胜桥	21	10.5	6.5	板拱	1980	
34	耒阳陶洲－双牌何家洞	三星桥	7.5	5	6	板拱	1973	
35	耒阳陶洲－双牌何家洞	双河 2 桥	15	8	5	板拱	1995	
36	耒阳陶洲－双牌何家洞	罗家冲桥	18	14	5	板拱	1995	

续表 12-1-2

序号	桥梁名称	所在线路	桥长（米）	跨径长（米）	桥宽（米）	结构类型	建成时间（年）	备注
37	耒阳陶洲－双牌何家洞	团结大桥	34	16	6.7	板拱	1972	
38	耒阳陶洲－双牌何家洞	新湾桥	12	6	6	板拱	1982	
39	耒阳陶洲－双牌何家洞	凤白线一桥	9.5	5	6.2	板拱	1989	
40	耒阳陶洲－双牌何家洞	双河口桥(双河村)	7	5	5	板拱	1995	
41	白下线	石古源桥	13	10	6.5	板拱	1975	
42	白下线	凉树桥	8.1	5	5.8	板拱	1983	
43	白下线	毛粟源桥	18	8.5	5	板拱	1970	
44	白下线	东下线 2 桥	18	8	5.1	板拱	1970	
45	白下线	象形桥	13	10	5.5	板拱	1972	
46	下棉线	马蹄源桥	8	5	4.5	其他桥	1975	
47	下棉线	江程坪桥	9	6	4.5	其他桥	1970	
48	下棉线	棉花坳桥	13.5	7.8	5	其他桥	1990	
49	枣波线	黄泥源桥	16	9.8	5.1	其他桥	2003	
50	枣波线	双河口桥(波罗源村)	9	5	5.1	其他桥	2004	
51	枣波线	锡口源桥	8	5.8	6.1	其他桥	1990	
52	中中线	中永桥	7	5	4	其他桥	2000	
53	中中线	中棚村	9	6	5.9	其他桥	1998	
54	九凤线	陶家 2 桥	6.5	5	4.5	其他桥	1980	
55	长凤线	长吉桥	12	6.5	4.5	板拱	1980	
56	野内线	大源头桥	8	8	4	其他桥	1990	
57	野内线	脚丫岭桥	7	5	4	其他桥	2003	
58	野内线	小茗洞桥	8	6	4.5	其他桥	2011	
59	野内线	高笋塘桥	7	5	4	其他桥	1996	
60	碧烟线	小黄土源桥	9.5	5	4.8	其他桥	1995	
61	石五线	五房桥	10	5	4.5	其他桥	1980	
62	黄大线	胜利二桥	7	5	4.8	板拱	1970	
63	黄大线	白沙桥	12	6.1	6	板拱	2005	
64	黄大线	胜利桥	8	6	5	板拱	1970	
65	农上线	龙眼桥	7.5	5	4.5	板拱	2002	
66	农上线	石弯桥	7	5	4	板拱	1990	
67	农上线	大院子桥	8	5.3	4.4	板拱	1998	
68	农上线	上土冲桥	7	5	4.1	板拱	1990	
69	枫金线	漏水源口桥	8	5	4.5	板拱	1995	
70	枫金线	汗菜园桥	8	5	4.5	板拱	1998	
71	枫金线	磨石源桥	8	5	4	板拱	1995	

三、车站场建设

1970 年金洞汽车站建成，1990 年后被废弃。2010 年，石古源农村客运站建成，2011 年凤凰农村客运站建成。2012 年，白果市农村客运站建成。2011 年，下司口、大竹源农村招呼站建成。2012 年，中荣、隐塘、花延、江州、波罗源、山青、大坝头、长田方、乐山、芳塘、借古岭、石古源、三满房等农村招呼站建成，金洞二级汽车站在勘测、设计、预算工作。

四、渡口建设

自民国初期以来，金洞在白水支流上游建有渡口 11 个。

11–1–3

渡口名称	今所在单位
白沙源渡	小金洞乡白沙源村
小金洞渡	小金洞乡小金洞村
大竹源渡	小金洞乡大竹源村
油榨铺渡	万宝山乡油榨铺村
马蹄口渡	金洞镇马蹄口村
公兴渡	金洞镇二居委会
大茅坪渡	小金洞乡大同村
江口渡	小金洞乡江口村
下司口渡	万宝山乡下司口村
白泡廻渡	金洞镇白泡廻村
大金洞渡	金洞镇一居委会

注：由于公路、桥梁的修建，以上渡口大部分废弃。

2008 年，江口、银子源、黄家台 3 个渡口建成。2010 年，晒北滩渡口建成。2012 年，史家坪、碧江口、枧下渡口建成。2012 年，在晒北滩水库建设渡船 7 台，其他民用船只 20 台。

五、公路安保工程建设

2007 年，凤凰至白果市安保工程建设完成，其中标志标牌 45 块，防撞墙 2540 米，钢护栏 210 米，减速带 40 米。2008 年建设完成金洞至晒北滩安保工程，其中标志标牌 68 块，防撞墙 6570 米，钢护栏 680 米，减速带 62 米。2009 年，牛头山至桐子山公路安保工程建设完成，其中标志标牌 36 块，防撞墙 3120 米。

第二节 运 输

一、公路客运

清朝、民国时期,金洞境域全部是古道和山间小道,出行靠步行,商货运输全靠肩挑背负。中华人民共和国成立后,公路的修通,人行外出、商务流通全靠车辆运输。

祁阳湘运客运公司于1962年开通金洞至祁阳客运班线。1980年又开通牛头山至祁阳,白果市至祁阳客运班线。1982年,开通晒北滩至白水客运班线。1990年后,个体客运车辆逐渐增多,开通上司源至白水、内下至白水,石古源至白水、金洞至冷水滩等多市内客运班线;1992年开通了金洞至衡阳省内客运班线。至2011年,全区七乡一镇全面开通客运班线,个别村也开通客运班线,如小金洞乡东江村至白水,万宝山乡桐 子山村至白水,共开通客运班线14道。据统计2011年客运车辆51辆,1210座, 其中, 金洞联营车队有客车18辆,450座;金洞畅发运输有限责任公司客车19辆,475座,其余个体营运客车14辆,350座。年客运量可达93.075万人次,2208.5万人公里,真正实现随到随停,上下自由。

此外,140辆私人微型小客车经营出租,缓和了客运紧张。各集镇有400多辆摩托车在各街道载客、出租。

二、公路货运

(一)金洞林场车队

车队于1971年3月成立。建队初期规模很小,有职工13名,汽车6台,30吨位,年货运量174.53万吨公里。同时,承担林场临时性和后勤的物资运输。车队开始设在原招待所右侧,随着林区经济的发展,运输压力的加大,1979年,车队整体搬迁至龙潜凼,其前身是金洞林场龙潜凼木材综合加工厂。车队经过多次扩建,设有运输队、修理车间、烘炉车间,有货车24台,144吨位,有职工58人,担负着全林区的木材运输,年运输木材6万多立方米,年货运量628.3万吨,货运周转量5518.17万吨公里。1991年,实现运输收入59万元,1999年,车队各项收入71.28万元。后来,随着市场经济的发展,个体运输车的不断增加,车队受到市场运输的冲击,于2002年车队解体。

(二)原金洞区各单位运输

20世纪70年代至80年代,原金洞区公所,区属部门有供销社、粮站、农机厂、区五七厂、区企业办,金洞、小金洞、上司源、石鼓源、凤凰、白果市、晒北滩7个人民公社先后购置汽车, 有货车13台,78吨位, 承担各单位和社会上的货运。年运量3.565万吨, 周转量206.86万吨公里。

(三)个体运输业

1982年,农村推行生产承包责任制,生产力得到解放和发展,不少农民购置拖拉机,从事农村短途运输。1984年大中型拖拉机发展到74辆。个体汽车5辆21吨位,投入汽车货运市场。后来,公路建设加快,随即拖拉机、农用车、私人汽车快速增多,自此,公路货运以拖拉机和汽车为主,农用小四轮、拖拉机承担短途、小批量运输。2011 年,全区个体汽车 119 辆,644 吨位。大小拖拉机 750 台，农用小四轮 74 台，完成年货运量 39.4 万吨，货运周转量 2893.6 万吨公里。

第三节　管　理

一、管理机构

管理区建立之前，金洞林场的车辆运输由祁阳县管理,2009 年 2 月成立金洞管理区交通局,为管理区政府职能工作部门,主要从事公路工程建设、道路运输、水上交通安全等管理工作。局下设办公室、公路管理站、交通运输管理所、地方海事处等机构。

2010 年 3 月 7 日,公路管理站成立,负责调查全区公路建设现状,并根据管理区实际编制公路、桥梁、安保设施、渡口码头、客运站场、公路维修养护等建设项目的规划、计划。

2011 年 6 月 7 日,道路运输管理所正式成立,定编 8 人,在岗 4 人。下设运政股、客运股、驾培办、安全法制股,负责全区道路交通运输行业管理。

2011 年 11 月 29 日,地方海市处成立,负责全区水上运输管理工作。

二、公路养护

1975 年,金洞林区组织养路工班 5 个,养护人员 62 人。2000 年后,全区进入公路建设大会战,公路路面等级提高,养护人员数量减少,到 2012 年年底,林区主干道路仅安排 11 名人员养护,养护凤凰至白果市公路,金洞至晒北滩公路,牛头山至土坳公路,大同至桐子山公路,黄司源大桥至万宝山工区公路,乐山至三满房公路,江口至上司源公路等共计 87 公里,其余路段均由各村安排人员养护,管理区交通局安排养护资金补贴到村,全区共安排人员养护的公路里程达到 491 公里。

第二章 邮政 通信

第一节 邮 政

一、机构

金洞境内在1954年前属宁远县管辖，是宁远县边远山区，金洞境区没有专门的邮政机构，民间自发在金洞设立邮件代办点，从民间聘用投递员，投递简单邮件，从宁远经白果市、凤凰至金洞。投递员肩挑背负，爬山涉水往返200多公里，把邮件递到金洞，然后收信人要去代办点领取，有时几个月才能收到信件。1951年，按照省局“区政府所在地尽量做到天天有邮班通过”的要求，由于自然条件的限制，金洞仍无邮班，一个月只能增加投递次数，由原来的3次增至6次。1954年，金洞区归祁阳县管辖，随即金洞邮政所设立。1958年，修通金洞—白水公路，从此，金洞天天通邮班。乡所在地两天通邮，村三天通邮。晒北滩、白果市、小金洞、上司源等七天通邮。1958年8月，设立白果市邮政所，当时安排两个工作人员，邮件是投递员从凤凰每周往返一次，肩挑背负挑到白果市，再投递到各村。1959年，大公社时期石鼓源、小金洞、凤凰、晒北滩邮政所先后设立。1959年10月，金洞邮电支局改为金洞公社邮电局，人、财、物归金洞公社管理。1963年10月，金洞公社邮电局仍恢复为金洞邮电支局，归县管辖。其小金洞、晒北滩、凤凰、白果市、石鼓源、上司源等公社邮电机构，电话交换机、人员归当地人民公社管理，不列入国家编制，属集体人员。邮政仍安排代办点，投递邮件，业务归金洞邮电支局管理。

1998年8月，全县邮电体制改革，实行邮电分营。2003年，金洞设立邮政支局和电信支局。2011年年底，金洞管理区有邮政支局1个，职工10人。邮政所(小金洞、上司源、晒北滩、凤凰、白果市、石鼓源)6个，有职工12人。

二、金洞邮政支局

金洞邮政支局，历史久远。官方驿传始于唐朝，民间私邮始于清代；电报始于1914年；电话始于1925年；市内电话始于1948年。1978年后，金洞邮政电信事业飞速发展，信函、包裹、汇兑、储蓄及报刊发行行业日趋增大；自动电话、机要传真、国际长途、移动通信方兴未艾，为经济建设和人民生产生活起到不可或缺的作用。

(一)邮政业务

金洞邮政支局主要经营国内和国际邮件寄递、报刊等 出版物发行、邮政汇兑、邮政储蓄、邮政物流、邮票发行等业务。金洞邮政支局同时拥有实物流、资金流、信息流的企业。服务种类齐全,不仅包括函件、包件等基本业务,还承担着盲人邮件和党报党刊的发行等诸多政策性业务。服务资费低廉,在全国范围内,服务种类齐全,以均一低廉的资费,向所有用户提供信件寄递服务,是邮政普遍服务的显著特征。这种国家严格控制资费的政策,使所有用户不论贫富,不论居住何地都能平等地享受邮政服务。

(二)邮政运输

1978～1988 年委托县汽车运输公司客运车辆运送邮件运输业务,后因客运经营体制改革,个体客运增多,委办车辆经常出现无客等客现象,导致邮件晚点,故委办中止。金洞邮政支局乡邮路 10 条,以步班为主。

1989 年 1～9 月,1993 年县局购置 50 铃邮政汽车开通祁阳—金洞邮路。乡邮段缩减为 8 条:金洞段、万宝山段、小金洞段、晒北滩段、上司源段、白果市段、石鼓源段、内下段,出班以摩托化为主提高邮件投递效率。1997 年邮政体制改革,邮路实行委托代办制,共设代办点 8 个。

2012 年年底,在金洞建设 5 个乡镇邮政储蓄所:晒北滩、小金洞、上司源、白果市、石鼓源邮政储蓄所。

(三)邮电改革状况

2006 年 9 月,根据国务院常务会议讨论通过的《邮政体制改革方案》,国家邮政局下属各省级机构纷纷实行政企分开, 预示着困扰人们多年的邮政政企不分的格局彻底告终,而国家邮政局的政企分家也已指日可待。此前在 1998 年实行的邮电分家,将当时的邮电部拆分形成了两个独立的部门,但电信则在前些年已完成了政企分家,而邮政却依然政企不分。

三、乡镇邮政所

小金洞乡 1958 年 10 月,全县设 25 个人民公社,当时小金洞叫林海人民公社,公社设立邮电所,安排工作人员 2 人,负责全公社的邮件、报刊发行、电报、电话,配有电话交换机。一人在家管理电话总机, 一人负责全公社邮件投递工作, 徒步投递, 一周一次到各大队。1963 年,根据省委《关于调整农村电话管理体制的通知》精神,确定金洞邮电支局归县管辖,其余各公社电话交换机、人员归当地人民公社管理,不列入国家编制,属集体人员。故小金洞邮电所只负责邮件,电话交换机归公社管理。1989 年,邮电所在新街租用私人住房办公,1996 年改租为买, 兴建 200 多平方米的红砖房,2010 年改建成三间三层楼房 500 平方米。经营业务:邮政邮件、报刊发行、储蓄、三农业务、代收电费、电话费、新农保等业务,工作人员 2 人。

晒北滩乡 民国时期至 1954 年,金洞是宁远县第八区,1952 年 10 月更名为宁远县第十一区,当时晒北滩境内设三叉岭、小茗洞、枧下 3 个小乡,是金洞的边远山区,经济社会等各方面滞后。邮政业务只有一个民间代办点,办理一般的信件。1954 年 6 月,金洞归祁阳管辖后，1958 年全县设 25 个人民公社，当时晒北滩叫火箭人民公社，是年 10 月设立邮电所，安排工作人员 2 人，负责全公社的邮件、报刊发行，电报、电话业务，并配备电话交换机，一人管理内务和电话总机，一人负责全公社邮件投递工作，徒步投递，一周一次到各大队。所有的邮件要往返 70 多里，到金洞肩挑背负，一周一次。1963 年，根据省委《关于调整农村电话管理体制的通知》精神，晒北滩邮电所只管理邮政业务，电话交换机归人民公社管理，更名为晒北滩邮政所。1959 年，金晒公路修通后，投递员用自行车到金洞接运邮件到晒北滩，一周两次。然后，投递到各大队、生产队。客运班车开通后，邮件直达晒北滩。2006 年因晒北滩电站水库淹没，需移民搬迁，邮政所随乡政府机关搬迁到新址，靠乡政府南端，兴建砖混结构楼房 300 多平方米。开展邮政储蓄业务，实施三农业务（农技、种子、化肥），报刊杂志征订。

上司源乡 解放初期，当时上司源境内有南冲源、鸭婆凼、蒋家冲 3 个小乡。1958 年，与石鼓源乡合并，建立跃进人民公社，有关邮政业务均是在石鼓源办理，报刊、信件是用肩挑手提投递的。1961 年成立上司源人民公社，邮政业务全部由小金洞邮政所代办，徒步投递。70 年代，在本公社聘任一个投递员。1977 年，上司源至小金洞公路修通后，投递员用自行车从小金洞投递至上司源公社，每周 3 次，后来改用摩托车投递。2011 年，成立独立的邮政所。

石鼓源乡 1950 年以前，当时金洞内设 21 个小乡，而石鼓源境内设石鼓源、借古岭、乐山 3 个小乡。当时的邮件没有设立专门的机构，所有的邮件都从金洞代办点由投递员徒步投递至石鼓源境内。1958 年 9 月建立人民公社，全县 25 个人民公社，石鼓源与上司源合并为一个公社，叫跃进人民公社，属黄泥塘区管辖。1959 年 2 月设立石鼓源邮电所，承担全公社的邮件投递工作。同时设立电话交换机（总机），包括邮件投递在内，设立工作人员 2 人。邮件投递从黄泥塘区用肩挑背负至石鼓源，再投递到各大队和生产队、院落，每周通邮一次。1961 年，石鼓源由跃进人民公社分为石鼓源和上司源两个人民公社，1963 年，根据省委《关于调整农村电话管理体制的通知》精神，1964 年 7 月，石鼓源仍回归金洞区管辖，其邮政业务归金洞邮电支局负责，而石鼓源人民公社电话交换机（总机）业务人员归人民公社管辖，属集体人员。邮件业务设立代办点。1965 年，金洞通客运班车后，石鼓源的邮件业务归口八宝邮电支局。石鼓源通班车后，邮政业务、邮件从祁阳直通石鼓源代办点。1994 年设立石鼓源乡邮政所，开始租借石鼓源供销社 3 间房子办公。2011 年，建邮政所，邮政所共 300 多平方米，经营业务：各种邮件、报刊发行，邮政储蓄，三农服务，代收电费，电话费，新农保等业务。

凤凰乡 民国时期，很少有邮递员光顾凤凰，信件包裹主要靠熟人传递或搭送。1950～1973 年，凤凰的报刊、信件、包裹等都由肖家村邮电所的邮递员肩挑步行送达乡政府。那时，乡秘书兼任收发员，村干部来开会了就带回去，公社干部下乡了带给村里，村干部再转送到组或户，传递环节多，耽误时间长。1958 年，公社聘请邮递员负责百岭、黄沙、青石、茶柳源四个村的邮递工作。一条扁担，两个邮包 3 天一次，步行送到千家万户，往返一次 70 公里。1976 年，邮电局派工作人员来凤凰邮政所负责。他在凤凰老街石拱桥边租赁土木结构的民房 120 平方米办公。去肖家村接送邮件不再步行，而是搭乘祁阳至凤凰的客车。下乡投递开始用自行车，山区四个村仍由公社聘人专送。1982年，山区四个村划归大江林场，减轻了凤凰的投递难度，递送线路只有6公里。1990年，在何家园北面（现中心小学对面）新辟地址，兴建一座占地120平米的砖混木结构的二层楼房。1995年，开展邮政储蓄业务，递送邮件已经用摩托车代替自行车了。2003年，实施三农业务（农药、种子、化肥）。2009年，实行电脑办公，电话通知信件、包裹接收人前来领取，不再挨家挨户去送了。2011年，凤凰邮政所设在乡政府大院内。其业务为报刊杂志征订，递送到单位、村；线路不足5公里；包裹、快件、现金邮寄；邮政储蓄、三农服务、电费缴纳和农村养老金领取等。

白果市乡 白果市邮政所于1958年8月设立，安排工作人员2人，当时没有通公路，徒步肩挑背负，投递员到凤凰接邮件，每周往返一次，然后投递到大队、村寨。客运班车开通后，邮件才直达到白果市。2011年，投资20多万元，建邮政所，建筑面积160多平方米。

万宝山乡 1964年开始由金洞邮电局聘请人员负责油榨铺到万宝山工区的邮件，每周投递3次。1980年后，由金洞邮电局职工将邮件从金洞送至万宝山工区，一周3次。

第二节 通信

一、机构

金洞境域民国时期属宁远县管辖，当时是宁远十一区，距县城200余里，重山相隔，是宁远的边远山区，且各方面滞后，邮政电讯更加落后。

1937年，白果市的旭日洞乡合并到凤凰，更名为凤凰乡，乡政府驻地白果市团结的“曹家坊”，距现乡政府驻地往南约600米。1940年，宁远县电报局从宁远架设电话线到凤凰乡办公地。1950年3月，为配合土地改革的需要，将电话线从白果市延伸到金洞区公所驻地邓氏宗祠，以便区公所与县政府通话。当时，金洞是宁远县第八区，土改时更名为宁远十一区。区公所设立电话交换机一部30门，重点乡政府安装电话，由于器材缺乏，一个乡土改任务一结束，便将线杆拆除，改架另一个乡。1950～1951年相继架通各乡的电话线140公里，全区安装电话26部。乡政府到村的联系方式，主要是用信件，由民兵派“地主分子”送信到各村各单位。1954年6月，金洞划归祁阳县管辖，定名为祁阳县第十二区，1955年7月，更名为金洞区。随即，祁阳县政府从白水架2.6径铁线一对至金洞，装设50门交换机一部，复有从祁阳新架2.6径铁线一对到白水，以便利金洞的通话。1958年10月，建立人民公社，全县25个人民公社，金洞区管辖6个人民公社（石鼓源属黄泥塘区管），随即，先后各公社配装电话交换机6部，每个交换机分别是20～30门。区公所是邮政支局，开通各公社的电话业务。1958～1959年，各人民公社到各大队架通了电话线，从而公社所属单位和大队分别都安置“摇把式”电话。1958年10月，根据人民公社化的需要，乡村邮电体制下放，由人民公社接管。金洞邮电支局改为金洞公社邮电局，人、财、物归金洞公社管理。凤凰、小金洞、白果市、晒北滩等属集体农村电话，均设电话交换点，杆路250公里，线路300多公里，单季10门至30门不等。全区集体交换机容量162门，公社直属单位，大队装机113户，基本上形成农村电话网。1961 年 10 月，上司源设立人民公社，随即架通从区公所邮电局至上司源的电话线 15.5 公里，并配备电话交换机一台 20 门。配备专职农话员一人。公社通各单位和各大队的电话线 36 公里，安装“摇把式”电话 9 部。1962 年 10 月，金洞公社邮电局仍恢复为金洞邮电支局。各公社的农话交换机业务归邮电支局指导。1963 年，根据省委《关于调整农村电话管理体制的通知》精神，将祁阳县 12 个区的交换点划归县管，金洞邮电支局为县管。而小金洞、晒北滩、凤凰、白果市、上司源等公社的电话交换点、人员归当地人民公社管理，不列入国家编制，属集体人员(石鼓源属黄泥塘区管辖)。农村集体交换点是农村通信的一个组成部分，自建自维，自负盈亏，业务上受金洞邮电支局的指导。公社一级农村电话交换点，由于经济力量微薄，当地政府无力支持，时间长了对机线设备的基建大修无能为力，以致质量低劣，电杆腐败，铁线锈蚀，无法调换和更新。1980 年，邮电部门报上级同意，集体电话员改吃统销粮。因此，1983 年起，凡经过集体交换点的电话，均收取规定数目的酬金。集体交换点还可以办理电报、长话、农话及出售邮票等业务。1985 年，集体电话员改吃国家商品粮(粮食固定在交换点，人动粮不动)。金洞境内六乡一镇共七个交换点有集体电话员 15 人。1995 年，由县局与金洞林场筹资 120 万元，开通程控电话。1996 年，祁阳县根据上级有关文件精神，和祁阳邮电局实施“165 通话工程”，农村程控电话开通，农村电话交换点业务的变更对集体电话员实行一次性买断，人员哪里来哪里去。

1996 年在金洞镇建成一个无线差转台，架通金洞镇到各村的电话线。2000 年，金洞林场积极争取移动基站建设项目，移动电话于 2000 年开通，此后在各乡镇兴建移动基站，移动通讯覆盖了全部乡镇、村。

2003 年，祁阳县委、政府批准邮电局“165 通信工程”，开通农村程控电话，实施“村村通电话工程”真正要实现村村通电话，必须要架通电信光缆。金洞于 1997 年建成投入运营。1999～2004 年，祁阳县电信局在金洞投资 185 万元，大搞通信工作建设，从而全面结束了金洞无现代通讯的历史，闭塞的金洞与世界联通。至 2006 年年底，全区农村电话用户 1.68 万户。

二、金洞林场通信

1954 年 6 月，金洞从宁远划到祁阳县管辖，同年 8 月成立“湖南省祁阳森林管理局”，当时办公地点与金洞区公所在一块，设在邓氏宗祠，通讯工具与区公所合伙用的“摇把式”电话。1955 年森林管理局在仙人岭建房子 500 多平方米，是年 11 月迁到新办公地点，随即从祁阳邮电局架专线到金洞森林管理局，安装“摇把式“电话 3 部。1959 年，配备电话交换机一部，20 门。当时，有 6 个营林工区、5 个伐木场，架电话线 210 公里，安装“摇把式”电话 18 部。1962 年下半年到 1963 年，伐木场与营林工区合并，建立分场，机构和人员的不断增加，电话交换机由 20 门改换 50 门。电话线路新增 110 公里，安装电话 42 部。当时，安排工作人员 3 人，其中内务 2 人，外线 1 人，负责安装维修。1963 年到 1964 年建立 6 个分场，一个工区，随即各分场为方便与上下通信联络，6 个分场和 1 个工区配备电话交换机 7 部，共 120 门。分场办公室人员兼管电话交换机。各分场到所辖的森工队、营林队，苗圃等单位都架通电话线200多公里,安装电话67部。20世纪70年代至80年代,林场机构增加,科室增至21个,还有二级机构、通信工具随即改变和发展,林场机关配备了交换机120门,装单机11部,内勤安排4人,外线3人。1995年,程控电话开通,金洞林场原电话交换机自然结束。

1990年为适应护林防火工作,全场各单位,购置对讲机48台,差转台设在金洞镇瞭望台,金洞森林公安分局干警和各乡镇护林防火人员均配有对讲机。

三、金洞电信支局

1950年为满足土地改革工作的需要,将1940年宁远县电报局架通至凤凰乡的电话线,延伸架通至金洞区邓氏宗祠,区公所设立电话交换机一台20门。1954年6月19日,金洞划归祁阳县管辖,随即电信归祁阳县直管,设立邮电局。

1998年9月,移动通信业务从邮电企业剥离,组成祁阳移动分公司。1998年10月,邮电分营,成立祁阳县电信局金洞支局,隶属祁阳县电信局。2004年8月,湖南省电信有限公司祁阳县电信分公司金洞支局成立。2008年3月,湖南省电信有限公司祁阳县电信分公司金洞支局更名为中国电信股份有限公司祁阳分公司金洞支局。是年11月,中国电信实行全业务经营,在金洞林场辖区内增加经营移动业务。

1992年湖南省邮电局出台"165工程",迅速展开程控电话工程建设,电信每年投入数百万元资金,建设改造电信设施,"六五""七五"时期的杆路、线路设施全部更新,"八五"时期的机房设备也逐步更新。

2004年,金洞建设开通450兆无线农话基站,现拥有狮子岭、羊牯岭、海角岭3个450兆基站。作为专门针对丘陵山区地形的无线基站,450兆在金洞发挥功率大穿透强的优势,是金洞唯一能覆盖全境的无线通讯产品,较好地解决了边远山区老百姓通信难的问题。

2005年9月,金洞林场开通第一台宽带数据设备。2006年,新装个人宽带设备11台、数据交换设备7台、EPON接入设备1台。2010年,金洞至祁阳的上行通道由原来10兆提升至双千兆。

2008年11月,中国电信收购联通CDMA网络。金洞电信先后建设了金洞、下司口、小金洞、土坳、上司源、石鼓源、五房、凤凰、团结、晒北滩10个CDMA移动通信基站。

2010年,金洞启动"光进铜退"工程,在马蹄口、菠萝源建成2个光进点。

2011年,金洞电信支局本地交换设备容量为2730门,主干光、电缆杆路2000多根,建有金洞至祁阳、金洞至万宝山、金洞至小金洞、小金洞至晒北滩、小金洞至牛头山、小金洞至土坳、小金洞至上司源、白水至石鼓源、肖家至凤凰、凤凰至白果市等10条主干光缆。1996~2011年,先后建成或改制金洞、小金洞、石鼓源、凤凰、金洞分场、白果市、上司源、晒北滩、牛头山9个电信综合接入机房。

2011年,金洞电信DDN专线电路102条,主要用于政府机要、公安、林业、水电、金融等专线内网电路传输。

2012年,金洞启动光网改造和建设,实施"光纤到户"工程(即FTTH),在金洞集镇、油榨埔、南木坳3个区域实现了FTTH覆盖,宽带实现光纤入户接入到桌面,宽带上网速度提升

10倍以上,可达20兆,宽带接入质量得到大幅提升。

四、乡镇(分场)通信

金洞镇 金洞于1950年土改村,金洞区委配备电话交换机20门,随即金洞枣树坪两个乡乡政府安装了电话。1954年6月金洞归祁阳县管辖,随即金洞乡设立电话交换机(总机)20门,架通到各村电话线路34公里,机关单位和小乡政府机关安装电话13部。1958年10月,金洞乡枣树坪合并建立金洞人民公社。根据人民公社化的需要,乡村邮电体制下放,由人民公社接管。金洞邮电支局改为金洞公社邮电局。人、财、物归金洞公社管理。电话交换机由20门改为30门,安装单机28部。

金洞分场于1964年安装交换机20门,架通至森工队、营林队电话线路29公里,安装电话18部。

1995年,开通程控数字电话,装机921台,其中单位装机148台,居民装机773台。2000年以前,金洞镇设有移动电话业务。2000年8月,与祁阳县移动公司投资200多万元,在场部机关后的小山坡上兴建了一座移动电话基站塔,塔高76米,安装了移动电话通信设备。2000年11月,金洞镇正式开通移动电话业务,移动电话入户400多户。随着全球通、永州通、基站通等低资费业务的开通,全镇移动电话大量增加,不少机关工作人员,私营老板和城镇居民都用上了移动电话。2010年,全镇共有移动电话2500户。2004年,开通金洞城区内的电脑宽带网5670户。

小金洞乡 1960年3月,小金洞公社设立邮电所,安装一台30门电话交换机,安排话务员一名,负责总机的全盘工作。全公社直属单位和各大队安装摇把式电话23部,架设电话线路82.5公里。

1963年8月,小金洞分场安装一台电话交换机20门,话务员由分场办公室秘书兼管。贯穿全分场的森工队、营林队、苗圃、瞭望台,安装14部摇把式电话,架通电话线路165公里。

程控电话于1997年开通,37户用户,1999年建立移动基站,手机进入千家万户,全乡490户,宽带上网126户。

上司源乡 1961年,设立上司源公社随即安装农村电话交换机20门,专人负责架通到卫生院和全乡7个大队的线路30公里,安装摇把式电话9部,石鼓源分场(办公地点在上司源庵子岭)1967年设立交换机10门,尚未安排专职人员,由分场办公室兼管,架通到各森工队、营林队的线路4公里,安装电话5部。

1998年,开通程控电话,装电话100部。到2005年,先后开通了移动、联通、电信无线电话。2011年年末,全乡90%以上户都用上移动电话。

石鼓源乡 1958年,公社装设电话总机30门,是年全公社11个村、公社直属单位和公社党委书记安装摇把式电话28台。1997年,装程控数字电话138台。1998年,建立移动基站,手机进入1570户,宽带上网380户。

晒北滩乡 1951年晒北滩境内三个小乡是第二批土地改革,为适应土改工作需要,从金洞区公所架设电话线80多公里到小茗洞乡，因当时器材紧缺，土改工作结束后，再改线到另一个乡。1958年晒北滩建立火箭人民公社，是年公社设立电话总机，20门，安排工作人员2人，架电话线到单位和各大队170公里，安装电话24台。

晒北滩分场，1964年安装电话交换机一台20门，架设电话线11公里到森工营林队，安装电话16台。

1998年开通程控电话，装电话150台，到2005年先后开通移动、联通、电信无线电话。2011年全乡90%以上户都用了移动电话。

凤凰乡 1940年，宁远县电报局架电话线路经白果市、旭日乡至凤凰乡、秧田乡，安装单机3部。1950年，为了土改工作出发，将宁远县架通的电话线整修后延伸架至金洞区公所，区公所设立电话交换机20门。1954年6月，金洞划归祁阳管辖，1958年10月，全县设立25个人民公社，凤凰与大江是卫星人民公社，办公地设在凤凰庵。1958年下半年，架通金洞至凤凰的电话线、杆路30多公里，公社安装摇把式电话4部。1959年下半年，设立电话总机30门，随即，安装摇把式电话16部。1971年，架设至各大队、生产队和百岭、黄沙、青石、茶柳源4个山区大队以及学校、五七厂、供销社、粮站等单位，线路达154公里，安装摇把式电话12部。1972年，电话交换机改装45门，安装电话33台。

1996年，开通程控电话后，在政府大院内的西北面兴建两层占地100平方米程控电话专用房。1997年单位和个人电话用户120台，以后逐年增加最高用户500多户。2002年，50米高的联通基站在公祖闪建成，2009年，电讯宽带网络开通。截止2011年，境内有程控电话310户，移动电话3600户，电脑宽带220户。

白果市乡 1937年从前，白果市为阳明县旭日洞乡，1938年更名为凤凰乡，1946年宁远县电报局架电话线至凤凰乡。1950年土改时，将电话延伸至金洞区公所。白果市乡政府曾装有一台摇把式电话，可直接与宁远县府和金洞区通话。1958年，县电讯局给白果市公社分配安装一台电话总机，交换机总容量30门，全社摇把式电话数量迅速增多，5个直属单位、9个大队、两个偏远生产队都装有一台摇把式电话，共装电话机20台，全社电话总线路长75公里，公社有专用总机室一间，配专职话务员一名，主要负责接听电话，记录传达电话通知，以及各分机电话的接转。1963年，白果市分场装一台电话总机20门，凡分场所辖瞭望台、采伐、营林队、苗圃各生产点共装电话机11台，总线路长55公里。

2000年，程控电话正式开通，交换机总容量为370，全乡共装固定电话283台。

2003年，移动通讯又全面启用，沿凤白公路电缆线长40千米，乡内建三十多米高信息塔一座，备用发电机一台，交换设备齐全。不久，当地又开通了联通网络，全乡共有手机2570个，小灵通72个。

万宝山乡 1964年，从金洞林场架电话线路25公里，安装摇把式电话一部。1964年，工区安装电话交换机一台，容量20门，安装架电话线29公里，安装电话11部。2007年开通移动电话用户2060户，程控电话180户。

第三节 移动通信

一、中国移动通信

20 世纪 90 年代以前的金洞境内是个通讯盲区，2000 年 11 月在金洞的大寨山上建立了第一个基站，开通移动业务。2006 年 5 月 1 日成立第一个金洞移动营业厅。2009 年 8 月金洞移动营业部挂牌营业。金洞营业部现有管理员工 3 人。主要负责金洞移动通信网络的规划建设和运营管理，经营移动电话、TD 网络和多媒体业务；自 2009 年起，中国移动增加了经营固话、宽带通信业务。截至目前，金洞林区移动用户达 1.5 万户，年业务收入突破 400 万元以上；兴建移动通信基站 28 个，139、138、137、136、135、134、150、151、152、157、158、159 客户号段的移动信号覆盖所有乡、镇、村，并在各乡镇设立 7 个移动指定专营店、3 个普通代理店，建 18 个村级务服站，集团组网 11 个、村组网 40 个、多个营销服务网点，为金洞人民提供最便利最优质的信息服务。

二、中国联合通信

自 2005 年 8 月金洞联通专营店正式开业，金洞镇、小金洞乡、凤凰乡 3 个基站同时在 2005 年 8 月开通，到 2011 年又相继开通石鼓源乡、白果市乡、上司源乡、内下(金洞漂流线路)、下司口等 5 个基站。到 2012 年，晒北滩乡、白泡廻两个基站开通，金洞管理区的联通基站达到 10 个。实现 100%的乡镇覆盖率。截至 2012 年年底，金洞联通用户已达 6794 户。

第十三篇　城乡建设　环境保护

第一章　城乡建设

金洞位于祁阳县南部，距祁阳县城57公里，距衡枣高速26公里，管理区政府机关设在金洞镇所在地的人岭街。金洞镇是金洞管理区的政治、经济、文化、商贸中心，这里商贸经济发达，现有各类私营企业126家，其中大型木材加工厂11家。2000年建成的金洞农贸市场拥有各类摊位200多个，是林区最大的市场。2011年，全镇实现国民生产总值15860万元。20世纪90年代以来，小城镇建设发展迅速，城区面积不断扩大，由1998年0.5平方公里到2011年的2.8平方公里，形成以沿河街、人岭街、金林街、燕窝街、金龙路、和平街、民康路、神怡山庄、新屋街、凤凰大道和金瑶街“三纵四横”城镇路网格局。水、电、路、讯等各种基础设施日趋完善，城镇四化（硬化、绿化、亮化、净化）初具规模，大小街道整洁靓丽，被誉为“山区明珠”。截至2011年，镇内有区办初中1所，学生1438人；教职员工109人，中心小学1所，学生780人，教职员工36人；村小5所，学生150人，教职员工15人；中心幼儿园1所，幼儿214人，教职员工7人，设有管理区人民医院、镇卫生院，医务人员54人。境内有伞背滩、水竹园两个电站，装机容量6050千瓦。变电站一个，35千伏。

第一节　金洞镇规划设计

一、1992年总体规划

指导思想 立足有利生产、方便生活、合理布局、节约用地的原则，发展本地经济，开发本地资源，充分发挥地理位置优势，体现地方特色。利用山区林业优势，积极发展以个体加工为主的乡镇企业，相应发展旅游业、茶叶加工、药材生产、商业服务，把居民的建房热情引导到规划、有指导的道路上来，把金洞镇建设成紧凑合理、环境优美，具有山区特色的现代新城。

城镇性质 金洞镇是祁阳南部林区的政治、经济、文化、科技中心，是永州市金洞管理区辖区的中心集镇。大力发展生产，相应发展工业、服务业，形成以林为主，为林服务。

城镇规模 规划区现有人口6358人，以分居为主，镇区现状用地面积为59.93公顷，人平94.26平方米。2000年人口规模为7500人，用地规模为71.25公顷，人平用地为95平方米；2010年人口规模为10000人，用地规模为100公顷，人平用地为100平方米。

城镇布局 金洞镇依山傍水，地形狭长，地区布局呈带状分布，经过近几年的开发建设，由原来的单一街道扩建到现有的沿河街、金龙路、燕窝街、民康路，形成“三纵四横”的路网格局，相互交错，井然有序。

发展方向 以镇机关和管理区机关为中心，形成自然风景观赏区，河流、山川、绿化等构成绚丽多彩的自然景观，以神怡山庄为中心，建立商业中心区，林场机关建成园林式机关大院。

二、1996年第一轮修编

本规划是在1992年金洞镇总体规划的基础上修编的。

城镇体系 城镇体系结构分为三级，即中心镇（建制镇）、中心村、自然村。金洞镇是金洞管理区政治、经济、文化、科技中心，以林为主，为林服务的林区中心集镇，规划到2020年集镇人口为1.6万人，用地面积4.0平方公里。

规划布局 以农贸市场为中心，组成商业居住中心；以管理区、镇机关为中心，配套建设附属单位，形成行政办公区；以二居委会为基础，形成村民居住区；以林场中学为基础，形成教学科研区。

道路交通规划 以公路为主，水运为辅的运输方式，设置停车场、广场，严格控制道路红线宽度。

城市景观和园林绿化规划 以城、水、山相辉映的自然风景为城镇景观基调；各种区域统一规划，形成整体性、优美性合一的格局；设置绿化专用地，使绿化覆盖率达35%以上；营造沿河绿化地带。

公共设施规划 设置公共服务设施项目，不得作为其他用地；鼓励发展教育、科研、卫生、体育等事业；设置商贸中心；规划设置医院、门诊、妇幼保健。

环境保护规划 加强对城区（废水、废渣、废气）的处理，实行综合治理，统一排放，禁止向河里倾倒垃圾，禁止乱砍、乱伐，保护自然环境，维护生态平衡，保护水源，加强绿化，体现山区特色。

三、2005年第二轮规划修编

为了进一步规范金洞镇小城镇建设，加快小城镇建设步伐，总结1996年第一次规划修编实施的经验，金洞镇人民政府委托祁阳规划建设局于2005年对金洞镇的小城镇建设进行第二次规划修编，用以进一步指导小城镇建设和发展。

指导思想 重点强化城镇中心镇区的职能，提高镇区对城镇社会经济的辐射能力，以中心镇带动镇域和周边集镇、中心村的社会经济的综合发展。在现有镇域中心村的基础上,进一步发展和完善,逐步形成中心镇——般集镇—中心村—基层村的多层次的开放的乡镇经济网络和协作区,以优化村镇体系的空间作用。

城镇性质 金洞镇是管理区的政治、经济文化中心,是祁阳县东南部的中心建制镇,是永州市内与新田、宁远通往广东的交通枢纽,以发展林业、旅游业、建材、林农产品加工、矿产和运输的山区小镇。

城镇规模 人口规模:镇域人口 2010 年 1.2 万人,2015 年 1.6 万人,2020 年 2 万人;用地规模:现建成区 2.7 平方公里,人均 78 平方米,2015 年 3.1 平方公里,人平 105 平方米,2020 年 4 平方公里,人平 119 平方米。

发展方向 十三五规划往河西开发黄家台,往西北发展开发新开滩紧接龙潜凼。规划区范围总面积 1.11 平方公里,远期发展沿省二级路,向城东南开发陈家洞,连接马蹄口,规模总面积为 5.5 平方公里。

用地布局 金洞镇由原来的沿河边的带状(一条街)发展为山水路相间的组团模式。规划金洞镇布局为“三个不同的功能组团”的组团式布局。

控制规模 道路坐标、标高、线宽度应严格按规划控制,对非盈利性的公共设施和市政公用设施及绿化用地严格控制。城镇结构和道路骨干网分为 10 个区,按各地块功能布局分为若干地块。各地块规定的控制指标作为详细规划的指定性和指导性指标。

远景设想 远景设想年限是 2020 年以后 30~50 年,这是作为一种长远规划的设想,本次规划远景设想城镇人口规模为 3 万人左右,用地规模 4 平方公里,是按照金洞镇合理的城镇形态和环境容量确定的重点是往西北和东南发展,使其成为金洞镇的新区。最终将金洞镇建设成为山、水、城相间,有机发展的山水城和旅游城。

第二节　城区建设

一、基础设施

截至 2011 年,金洞城区已建街道 12 条(三纵四横),总长达 15 公里。建有自来水厂一个,铺设水管 13 公里,个人挖掘水井 192 口,日供水能力 6000 吨,自来水用户 2000 多户达 1.2 万人,供水覆盖率 96%,街道排水管道 14.8 公里;管理区区内建有伞把滩、水竹园电站两个;对 12 条街道全部实行四化(硬化、绿化、亮化、净化)。搬迁农贸市场,建立环卫所,全部开通移动电话和宽带网络业务;金洞管理区在城区内建有办公楼 17 栋,生活小区住房 20 余栋,并配套建设宾馆三座。

(一)街道

1984 年金洞建镇,城镇建设从此拉开序幕,当时建有沿河街、燕窝街、人岭街,总长 1300 米,宽度在 8~10 米,多为碎石路;1985 年开始硬化第一条水泥路街道——沿河街,

1994年硬化人岭街,1997年硬化燕窝街,兴建民康路、开发金龙路,1998年开工兴建金林路,硬化民康路,1999年硬化金林路,2002年兴建新屋路,开发神怡山庄,2003年硬化新屋路,开发和平路,2004年硬化神怡山庄,开发黄家台,2005年硬化和平路,开发凤凰大道,2007年兴建并硬化金瑶路,2008年硬化凤凰大道,2009年开始建设新开滩通往黄家台的跨河大桥,2010年续建并硬化民康路和神怡山庄两处连接凤凰大道的断头路,2011年续建并硬化和平路奉家院段。从1998年开始,逐年完善街道的排水、给水、道板板砖、路灯、绿化、环卫等城镇配套设施。至2012年,城区街道形成"三纵四横"的交通路网格局,大小街道12条,总长达15公里。

沿河街 始建于19世纪30年代初,是金洞至祁阳主干道中孙家洲至细桥冲一段,因沿白水河而得名。1958年前,交通极为不便,只有一条民间步行通道,沿路只有几家农户。1958年建成为砂石公路,长500米,宽7米;路旁有金洞供销社、金洞邮电支局、金洞公社(乡镇)机关、金洞林场职工医院、金洞车站等单位。后来,附近村里的群众开始在公路两旁建立住房,尤其以金洞镇一居委会黄家台组的村民搬迁建房较多。他们在白水河的对面,交通不便,村民纷纷迁移至沿河街。1984年金洞林场实行以场带乡,场乡联营的管理体制,对沿河街路面进行了水泥硬化。沿河街起于细桥冲金洞供销社,止于孙家洲老车站,长1200米,宽8.5米,小型石拱桥一座。车行道6.5米,人行道每边各1米。沿河街至今依然是林区通往外面的必经之路,也是外地车辆进入小金洞乡、晒北滩乡、上司源乡、内下电站、内下林场等地的必经之路,因而兼有交通运输和商住经营两种功用。此街现有门面店铺268个,其中餐饮酒楼达10个,车辆维修点5个,各类经营门面158个,还有金洞森保中心、金洞供销社、金洞林区医院、金洞水文站水文测量点、金洞邮电支局、金洞镇政府、金洞工商所、金洞市管所、金洞信用社、金洞宾馆、金洞林场木材检查站等10多个单位。

人岭街 人岭街是沿河街进入金洞林场场部机关大院的一段砂石公路,长150米,宽8米,东高西低,呈坡状,与沿河街垂直呈"T"字型。此街位于人字岭下,故名"人岭街"。1986年,金洞林场对该路段进行了水泥硬化并往金洞粮站方向扩宽延伸。人岭街起点于沿河街(金洞宾馆)交叉路口,止于基建物资公司门口,全长890米,宽8米,人岭街同时兼有交通运输和商住经营两种功能,现在人岭街有金洞宾馆、金洞林场教育科、金洞林场公路指挥部、金洞林场机关、祁阳县农行金洞营业所、金洞粮站、金洞印刷厂、金洞公安分局、金洞镇中心小学、金洞林场基建物资公司及金洞林场家属宿舍等10多个单位,门面、店铺30多个,2004年11月,人岭街重新硬化,两边行人道设彩色道板砖。

燕窝街 又名燕窝岭。建于1992年,起于细桥冲、金洞农贸市场,止于金洞镇三居委会巴蕉冲的小溪口,全长660米,宽14米,街道两旁建门面店铺58个。1996年,金洞邮政支局在燕窝街的入口处建设办公大楼。同年,为满足群众的建房需要,金洞镇对燕窝街进行延伸扩展。顺着林场中学的方面延伸了70米,直达林场中学门口。燕窝街是1992年为加快小城镇建设步伐而开发的一条新的商住街。设计路长750米,宽14米,其中车行道8米,两边行人道各3米(含绿化地在内),起点于金洞供销社,止于金洞林场中学门口。此路进入林场中学读书的必经之路。沿路共有门面店铺112个,大多为住家用。

金林路 1996年经永州市国土资源局批准同意，新建街道长约430米，宽约22米。2001年10月，金洞镇投资20万元，将金林路全部硬化，并决定把金林路作为金洞镇小城镇建设的样板街来建设，按照"硬化、美化、亮化、绿化、净化"的要求逐步落实到位。2002年春季，金林路实施全面绿化工程，共种植公路绿化大苗168株，树种有玉兰、桂花等。2003年6月，金洞镇又投资30万元完成金林路的路灯安装，共60盏高低杆的高压钠灯。2003年11月，金洞镇又投资15多万元完成了金林路的彩色道板砖的铺设，共2500平方米。街道起于燕窝街的拐弯处，止于金洞粮站，与燕窝街、人岭街相连，其中车行道9米，人行道两边各3.5米，沿路除居民建房外，还有金洞水电管理站、金洞财政站、金洞保险公司等单位。全路共有门面店铺132个。

和平路 始建于2001年8月，是金洞镇三居委会(即原来的和平村)为规划村民建房而开辟的一条新的街道，起于林场中学大门口，与燕窝街的延伸部分相接，止于三居委会五组水田边，全长320米，宽15米。2002年12月和平路全路实行水泥硬化，在该路两旁建房的大多是金洞镇第三居委会的居民。2003年和平路共安装高低杆高压钠灯8盏。

凤凰大道 一期工程始建于2007年，全长195.2米，宽24米，双车道中间装有高压电线并有绿化地带2.9米宽，180米长,装有高低杆高压钠灯12盏。两旁建筑面积达20000平方米，极具金洞民族特色，为金洞城区的标志性街道。

民康路 民康路建于2000年，征用一居委会和二居委会部分稻田，南与凤凰路，北与燕窝路对接，全长263米，宽7米，高低杆高压钠灯2盏

神怡路 神怡路分为横街与直街，始建于2000年，此街原是一居委会的两座土石山推平兴建，横街长164米，宽6.35米，高低杆高压钠灯3盏；直街长198米，宽12米，高低杆高压钠灯5盏，西接沿河街，东接金林路，直通农贸市场，是一条欧式建筑街道。

新屋街 新屋街前为二居委会新屋院子，始建2007年，以本组群众聚居为主的街道，全长254米，宽9米，东接金林路，西接沿河街，安装高低杆高压钠灯3盏。

金龙路 始建于2001年，原为金晒路干线，两边高山挖扩而成，全长300米，宽15米，安装高低杆高压钠灯15盏。

金瑶路 （二居委会孙家洲生活小区）位于金洞管理区南面，金洞镇二居委会、孙家洲，面临金晒公路。2005年以前是分散的木皮房、土砖房和部分的红砖木结构房子共72户。2005年由祁阳县建筑规划设计院设计居委会组织，集中新建。新街道全长550米，宽9米。2006年开始建设，截至2011年，已建成130个铺面，建筑面积达15600平方米，路面全部进行硬化，安装了路灯7盏。

(二)供水

解放以前，境内的农村仍沿历史习惯，用井水、溪水、山涧小泉、塘水，而以小泉水为主。金洞林场自1954年建场后，场部机关采用的是以对面山皂引自流水至机关，供应50多名干部职工的生产、生活用水。居民肩挑手提井水或河水。随着形势发展，场部机关工作人员增多，靠山上引水已不能够满足干部、职工生产、生活需要。1972年，投资30万元建成采用125D25—9(Q=40T/h、H=750米，P=40KW)水泵提水和一座容量为日供水100T的水池，满足

场机关200多人的生活、生产用水。1990年又投资30多万元，扩建大寨山储水池，从原来日供水100吨增加到675吨。同年，为了改善水质，又投资20多万元在河边兴建一座水井，更新抽水设备，供水范围扩宽到金洞镇机关，周边企事业单位。金洞镇二居委会，用水人口达7000多人。后城区面积扩展，人口猛增，出现高楼供水不上等矛盾。于此，2002年，金洞林场开发新的自来水厂，投资300多万元，兴建一座日供水为2000吨储水池，供水范围扩至场部机关和金洞镇二居委会区域，供水人口为4000多人，水源来自白水河孙家洲段，采用125D25—7(Q=101M3/t)-1=107M,P=75KW）水泵提水。

2006年，随着金洞管理区的建立，机关部门和工作人员逐渐增多和城区人口的不断增加，2010年投资600万元对该水厂的水池净化工艺进行了改造，采用从金洞镇白泡廻村的赤水源干流及支流挂排山河两处源头筑坝引水，采用直径200毫米的PE管，铺设7.2千米长经自流进入水厂。至此水厂供水对象履盖了金洞区政府机关、金洞镇小区、龙潜路、孙家洲、人岭街、沿河街、和平街、燕窝街、新开滩开发区，金林路、神怡山庄、凤凰大道等城区，最高日供水量达到3500吨，自来水用户1.2万户，可满足28300人的生活用水，供水覆盖率96%，生活用水价格1.00元/吨。2012年，全区农村行政村现有自来水普及率达到60%。按区域分，乡镇集中供水工程8处，小金洞乡、白果市乡、上司源乡、金洞集镇、晒北滩瑶族乡、凤凰乡、石鼓源乡等8个乡镇集镇供水工程。其中有3处续建工程，其余39处均为规模较小的单村集中供水工程。按规模分，20～1000吨规模的有44处。当初的金洞林场及附近居民饮用水是靠从水井和从河里抽水，到2010年，为了满足近期或远期的金洞集镇供水需要，投入近400万元，从赤水源引用干净山涧清泉水，途径白泡廻、牛栏柱、小沙洲、孙家洲等地，金洞管理区机关、学校、医院及附近村院都基本上引用该自来水。

（三）排水

建镇前，金洞没有街道，雨水、污水由阴沟或阳沟就近排入河道。1984年建镇后，从建沿河街开始，街道两旁陆续修建下水道。2004年投资近百万元将城区沿河街、燕窝街、民康路、神怡山庄等街道两旁下水道管径30厘米改造为50厘米。截至2011年，尚未建污水处理设施。

沿河街排水设施 没有专用排水管道，由于大多建筑临河而建，排水自然以向河道排放为主。专用排水管道目前正在规划设计之中。

人岭街排水设施 在街道下坡的左侧有专用的排水涵道，金洞林场场部机关的生活污水排放大多通过此涵道排放至金白河中，涵道长500米，为护砌涵道，排水涵道经过沿河街在金洞信用社的侧边排入金白河中。

燕窝街排水设施 街道两旁均设有专用的排水通道，为护砌涵道，上有盖板与路面平行。由于燕窝街也呈东高西低之势，排水流经沿河街，在金洞供销社的对面，流入白水河。

金林路排水设施 由于金林路两旁高、中间低，排水自然从两边向中间汇合，中间有一条小溪经过，街道两边的排水流经小溪后再排放至白水河。

（四）供电

民国时期，境内乡村照明，多为桐油灯，辅以竹篾或松脂做照明用。20世纪30年代，才开始用煤油灯,部分富有人家,夜行使用马灯。60年代金洞镇公新村修建第一个小电站,开始用电照明。随着小水电事业迅速发展,乡村用电的农户日益增多。截至2011年,境内7乡1镇73村526组,用电居民1.3万多户,占100%。

(五)电信

金洞镇在1984年设立建制镇以前,当时金洞公社和林场使用的农话交换机,安装的是“摇把子”电话,用于公务活动。1990年为护林防火需要安装对讲机30多部。1995年开通程控电话,保证场部机关办公及部分居民装机需要。1996年,进行程控电话扩容,城镇居民的电话装机大增。2004年,金洞城镇居民程控电话装机921台。其中单位装机48台,城镇居民装机873台。有程控电话线路长18千米,电讯服务机构一个,即金洞电讯支局,工作人员三人。

2000年以前,金洞没有移动电话业务。2000年8月,祁阳县移动公司投资200多万元,在场部机关的小山丘上兴建一座移动电话基站塔,塔高76米,安装移动电话通讯设施。2000年11月,金洞镇正式开通移动电话业务。当时全镇共拥有移动电话用户300余户。随着全省通、永州通、基站通等低资费业务的开通,全镇移动电话大量增加,不少机关工作人员,个体经营户、私营老板和城镇居民都用上移动电话。2012年全区共有移动电话基站塔五座,拥有移动电话用户2.2万户。2004年开通金洞镇城区内的金洞林场场部机关电脑宽带网。

(六)路灯

民国时期,金洞镇的城镇居民夜晚出行靠木皮火把、手电筒及煤油灯照明。自银子源电站和小沙洲电站建成后,城镇居民用上电灯,部分沿街居民在走廊上或住房外安装一些白炽灯泡,用于居民夜晚出行照明。随着经济的发展及小城镇亮化的需要,和金洞林区生态旅游资源的开发,大量外地游客、商人进入金洞镇。为此,2003年8月,金洞镇投资78万元在沿河街、燕窝街、人岭街、金林路、和平路、金龙路分两批安装125盏路灯。沿河街、金龙路、人岭路单方面安装了65盏高标准的不锈钢灯柱的五华灯:铺设路灯电缆线路2600米,灯柱高7.5米,梅花型灯型,发银白色的日光。燕窝街街道两旁安装13盏高标准的单臂灯,灯柱高8米,灯泡为250瓦的高压钠灯。铺设路灯电缆线长800米。金林路两旁安装了24盏高低杠的双臂灯,灯柱高8米,其中低臂灯距地面7米。高臂灯距地面8米,灯泡为250瓦的高压钠。铺设路灯电缆线路长900米。和平路从燕窝街往和平方向的左侧安装一排高压钠灯,共计6盏,灯型与燕窝街的灯型完全一致。

2012年10月,管理区投入近200万元将城区所有路灯改造为LED节能灯,并在标志性建筑物安装轮廓灯,在道路两旁树上安装射灯、彩灯、霓虹灯,在城乡结合部新增路灯20盏,在电力大厦前安装高杆灯1具,在城区十字路口和重要地段设计通宵亮灯以利安保。城管局负责路灯规划,供电所负责路灯维护。

(七)停车场

2001年前,金洞镇没有专用的停车场,客运车辆就地停在街道两旁等候顾客上车,且大部分车停在沿河街与人岭街交叉路口(因为此处人员相对集中,又为金洞林场机关的出口,候车人员相对的多)。2002年,为进一步规范小城镇的车辆停放秩序,金洞镇将原"金洞农贸市场"搬迁至居民区内,将农贸市场的空地规划为停车场,并对地面进行水泥硬化。建立隔离礅柱和栏杆,停车场与沿河街相接,与金洞供销社、金洞邮政支局接壤。总面积1500平方米,可供停放大小车辆160台。

(八)市场

1999年以前,金洞农贸市场位于细桥冲金洞供销社前面,与沿河街相接,设有家禽、牲畜、鱼类、南杂、百货、蔬菜等交易区域。总建筑面积1450平方米。2000年因小城镇规划的需要,将此农贸市场迁至居民区内,此处空地腾出来建立金洞停车场。2001年新建的金洞农贸市场位于燕窝街、金林路、民康路的三路汇合处,四周为居民居住区、新建的金洞农贸市场设有五个单独的交易区,分别是家禽交易区、鱼类交易区、猪肉交易区、南杂百货交易区、蔬菜交易区。每个交易区域为红砖礅柱结构,上有"金字架"的木质结构,顶上盖瓦,每个交易区面积约500平方米,整个农贸市场面积约2000平方米。

(九)环卫

金洞环卫建设起始于20世纪90年末,之前,由金洞镇聘请一人,负责人岭街、沿河街、燕窝街的清扫,垃圾就近倒在河里;1999年8月,金洞镇成立环卫所,定编5人,配丰收牌农用车1台,斗车4台,负责城区街道4000平方米的清扫保洁和居民生活垃圾的收运,垃圾倒放在新开滩的一个小山沟(今金洞110千伏变电站)未做任何除污处理。随着金洞城镇建设步伐的加大,城区人口越来越多,产生的垃圾也与日俱增,原有农用车和垃圾场已不能满足城区垃圾处理的需要,2002年,金洞镇在马蹄口村何木皂征用了五亩地作垃圾堆放场,修建毛石路500米,配王牌290农用车1台。为加大城区街道的清扫保洁力度,改善居住环境,树立金洞旅游区形象,2007年,管理区决定把环卫所划归金洞城建规划房产局管理,升格为副科单位,定编8人,增购密封式垃圾清运车1辆。随着金洞城区面积的扩大和人口的增加,2010年,管理区给环卫所又增添1台小型挖机用于填埋垃圾,2012年又购置一辆福田4100农用运输车和一台洒水车用于垃圾清运和街道除尘。同时,积极向上争取生活垃圾无害化处理项目,2011年项目得到国家批准,获中央预算内资金1000万元,总投资3000多万元的生活垃圾无害化处理场正在的建设中。为了创建文明卫生的旅游城镇,提高群众的环卫意识,从2010年起,每年管理区对城乡环境卫生都开展专项治理,不仅从财力上对环卫进行倾斜,在人力上也给予大力支持,新增环卫人员8人,至2012年年底,环卫所现有职工16人,各类车辆5辆,清扫保洁斗车10台,各类垃圾箱26个,果皮箱30个,清扫保洁面积达10万平方米。

(十)金洞林场场部机关建设

1954~1980年,金洞林场机关所在地为一片杂木丛山林,只有几栋土砖木架结构的建筑,林场为改善办公条件和解决干部职工住房,加强基础设施建设。

2012年的工会办公楼是1955年兴建的林场老机关大楼。1954年8月成立"湖南省祁阳森林管理局",当时办公地点与金洞区公所设在金洞邓氏宗祠,1955年2月森林管理局在仙人岭建砖木结构瓦面房600余平方米,同年11月搬迁新办公地。

1980年,建设金洞林场派出所办公楼,即现在金洞林场森林公安分局办公楼,为两层红砖混凝土结构,中间为楼梯,每层左右各五间。

1981年,开始兴建基建物资公司办公楼和职工住房,共有两栋,一栋三层套间。一栋两层单间,面积400多平方米。1982年兴建金洞林场大楼,分南楼和北楼。1980年以前,林场办公设施只有一层中间为通道、两边为狭窄的单间办公室,是两边倒水式瓦面土砖房。两头为左右通间,左边通间为林场机关大会议室,可容80余人,专供召开机关大会和基层大会使用。1982年进行拆除重建,为三层红砖混凝土结构,每层10间,每个单间18.5平方米,中间为楼梯和二、三楼两间洗手间,左右分别为五间,两头均为套间。现为档案室、人事局、社保中心、计财科。北楼为附楼,在南楼正对面,与电影院并排,也是1982年建,为三层红砖混凝土平面房,面向北面。楼梯两边上。一层中间为南出口通道。一层八间;二层九间;三层六间,其中右边有一间为二层两单间宽,以上均为单间,每间18.5平方米。三层右边设有阳台。二层右边与电影院合用楼梯。1991年开始建设金洞林区林业检察、法庭大楼,1993年建成。金洞林区检察科和金洞林区法庭同在一栋楼办公。一楼为法庭大会室,又作为林场舞厅使用。二、三楼为检察、法庭办公室。同时建设4栋林场职工宿舍。

1974年,在原招待所大餐厅背后建三栋宿舍,第一栋4套,第二栋、第三栋8套,均是平房。于2010年建成建成花坛。

1981年与林场办公楼北楼同时建设的招待所大餐厅左侧的两层套间家属宿舍,属红砖混凝土结构。共有四座楼梯八套房间。1981年,在职工学校建设的四层50多平方米一套的楼房,当时属林场职工宿舍,后来卖给林场职工家属。

1983年,建设林场办公楼南楼后面的四层家属宿舍,当时除四套属场领导住宿的套间外,其余为科室工作人员宿舍。1990年,在沿河街(原贸易大楼对面)建设的四层套间铺面,每套130平方米,共2000平方米。此楼于1992年售给林场职工。2004年初,林场将职工住房商品化,并在原职工学校后院的门球场和篮球场场上建设四栋红砖水泥结构六层套房。

2001年后在原职工子弟学校前后建八栋六层生活小区,2008年拆除原税务所,建商品套间房6层,一层为商铺房,以上均为套房。2000年拆除原招待所餐厅后面的两栋一层砖木房,建廉租房两栋,分别为四层。2001年在孙家洲新建木材检查站,办公房一层,住宿楼为两层。2003年,在原职工学校后面建老年活动中心两层,200多平方米,并建门球场一个。

2006年,金洞管理区投资340万元,在宾馆坐向左侧拆除一栋职工住房,建办公楼四层,共3667平方米,是一座功能齐全的高标准的现代化行政中心办公楼。

2008年,投资100万元在木材检查站新建独立的办公楼,建筑面积730平方米,有值班室3间,面积70平方米,待检的停车坪2600平方米。

2009年,投资800万元在医院右侧凤凰大道口利用医疗项目资金、改造新建医院用房五层2000余平方米,改作卫生局办公楼房。

(十一)宾馆

金洞宾馆 位于金洞林场金洞镇沿河街与人岭街交叉处,是一座集饮食、住宿、会议、休闲娱乐于一体的综合性宾馆。此宾馆由原金洞贸易大楼和林场招待所住宿部两个部分改建组成。原贸易大楼(俗称转角楼),建于1986年,位于金晒公路沿河街靠山向,与人岭街交叉处。林场招待所建于1982年,分南楼和北楼,南楼原为工会办公楼,北楼为住宿部,后工会办公楼搬迁,南楼改作林场招待所住宿部。

2002年,金洞林场旅游业逐渐兴起。为适应旅游业的需要,金洞林场党委决定将原贸易大楼和林场招待所改建一座有林区特色的宾馆。2003年初动工兴建,将贸易大楼进行改造装修,一楼为餐饮部,有可承办25桌酒席的大厅,并设有以林区各景点命名。二、三楼为住宿部,内设豪华总统套间、豪华双人间、三人间。二楼右边为小会议厅。增建全木结构的四楼作为保健中心,内设有美容美发、足浴、桑拿浴、保健按摩、光波浴等项目。将林场招待所连为一体为一号、二号楼,并将原招待所装修为高、中档双人间、三人间客房、招待所北楼二楼会议厅为宾馆中型会议厅,2003年8月8日开业。宾馆按三星级标准装修,设有高中档客房60多套,独立分体式空调,客房设施先进,内设完备。咖啡厅、保健中心、会议中心、夜总会配套设施齐全,是一座林区风格独特的宾馆。金洞宾馆占地面积1万多平方米,仿制民族建筑风格,外观设计为漆红色,既有古色,又有新潮。2005年,又在南面兴建三栋别墅式木楼古典式木板房。

金源宾馆 位于原金洞供销社对面燕窝街与金晒公路交叉路口。1986年建500平方米的贸易大楼, 金洞成立电力公司后,2003年由市电力局投资拆除旧房兴建, 一栋六层集饮食、住宿、会议、休闲于一体的综合性宾馆,按星级标准装修,设有单人电脑房9间,标准双人房18间。一楼为大堂和住宿部登记处,二楼为餐厅,三至五楼住宿,六楼为会议室。

(十二)金洞镇机关大院建设

1972年以前,金洞人民公社办公地点在孙家洲,原是地主的四合院砖瓦房共1800平方米。1973年在柏子坳建红砖瓦房四合院二层楼,3300平方米。面朝金晒公路,后面是白水支流。1974年下半年将金洞人民公社迁柏子坳新址,1984年场乡合并后,1985年下半年将金洞镇政府和金洞分场搬迁到原金洞区公所办公地点。1996年改造区公所前栋旧房,建四层楼房,共计2400平方米。2008年拆除原区公所大礼堂建计生楼三层计800平方米。2009年改造大楼北面的原食堂和杂房二层计280平方米, 改造南面的旧房二层计300平方米,作为派出所办公房。1983年在原公社对面的河边建二层砖木结构楼房计200平方米,作镇财政所办公和住房。1983年金洞信用社在宾馆斜对面建二层砖木结构房计700平方米作办公和住宿房。

(十三)园庭绿化

金洞林场机关大院绿化。林场机关院内所有道路进行硬化,道路两旁每隔3米种一株楠木树,大部分近40~50年树龄,也有一部分是1984年以后种的。林场大楼南楼前面依次有停车场、水泥篮球场一个,楠木林一片。北楼后面有宣传橱窗一排(六扇)和楠木林一片,楠木林中夹杂种有竹丛、罗汉松、马尾松、桂花树、樟树等,中间立有一块碑,碑刻记载前面为"湖南省零陵地区消灭荒山第一场",后面为情况简介。碑后面设有一座假山。南楼和北楼中央有一个长20米,宽9米的大水池,水池上设有栏桥,可供游人观鱼,水中赏月,西边柳树垂吊,蓝天白云,楠木垂柳,倒映池中,幽雅秀丽。招待所大餐厅北面有180平方米的小花园，设计别致，春夏秋冬都有花开，种类繁多。

城区街道绿化 1996 年起，后先在人岭街、燕窝街、金林、民康、神怡山庄、沿河、新屋、金龙等街道种植楠木、桂花、石兰等共 1700 余株。2004 年，改建林场大门，兴建花坛 800 平方米。2005 年，在仙人岭移植林区所有珍贵树种 100 多亩。2006 年，林区人民医院建花坛 500 平方米。2007 年，在龙潜凼知子干建金洞牌楼，并在附近建绿化带 300 平方米，种植楠木 160 株。2008 年在新办公楼前建花坛 280 平方米。2009 年，建凤凰大道绿化带 400 平方米，种桂花树 16 株。2010 年从新检查站到龙潜凼牌楼公路两边建绿化带 2000 多平方米。2011 年，建电力大厦门前花坛 150 平方米，建沿河、人岭街盆景 178 座，绿化带 150 平方米。2011 年年底，城区绿化 8 万平方米，绿化率达 26%。

二、集镇建设

中华人民共和国成立前，金洞境内有金洞、小金洞的江口、石鼓源、凤凰山、白果市的团结 5 个较大的集镇，都有简便的街道，定期圩场，成为当地人民农副产品的集散地，也是所属区、乡镇所在地。

（一）小金洞乡

位于祁阳县南部，东与上司源乡交界，南与晒北滩瑶族乡相邻，西与万宝山乡接壤，北与金洞镇相连。乡政府距县城 65 公里，金晒（金洞—晒北滩）公路穿越全境。1999 年 3 月开通程控电话，2003 年 6 月开通移动通信。乡域面积 667 公顷，山林面积 600 公顷，辖 11 个行政村，69 个村民小组，人口 6550 人。中华人民共和国成立初期，境内有小金洞、江口、大茅坪、白沙源四个小乡，属宁远第十一区管辖。小金洞乡政府驻小金洞村河边，江口乡政府驻江口村老街的一个谱馆，即现奉金福家，江口老街长约 120 米、宽 2 米，为清朝建筑，土木结构。民国时期，老街被大马（土匪）烧毁两次。1954 年，4 个小乡移交祁阳县管辖。1956 年 6 月，将小金洞、江口、大茅坪、白沙源四乡合并为小金洞乡，乡政府设在小金洞村河边。1958 年改为人民公社，名为林海人民公社，办公地点搬到江口老街奉氏宗祠。

乡政府机关 1961 年，公社新建办公地点，设在现乡派出所办公地。1984 年改社建乡，名为小金洞乡人民政府，体制改革，场乡合一，以场带乡。1986 年，建设乡政府办公楼。1994 年，小金洞乡分场建办公楼二层 560 平方米，乡政府由此搬到小金洞分场一起办公。原乡政府驻地改建乡（场）招待所。1998 年，乡派出所、计生办搬迁到此。

2005 年，乡政府拆除原分场的办公房和住房 2 栋建欧式办公楼二栋分别三层 8000 平方米。2012 年，利用国家危房改造政策拆除原分场大礼堂和旧式住房建两栋三层套间住房计 960 平方米。

江口老街 在江口村四、五组，于小河与大河交汇的夹角内，对面是乱石源组。清朝末开始建街，房屋为土木结构。民国时期，大马（土匪）烧街两次。奉昌依住房因扑救及时，幸免烧毁。建房时间是同治八年，已有百余年的历史。此屋高 7 米，间墙为木板墙，门窗均为木制雕刻。街上有八户，38 人，设有药铺、酒铺、木行、豆腐铺，附近商民常到此地放排，做生意。1962 年，名江口老街，并重新改建，街面铺石板，住户达 30 户，100 人。1969 年，街面破旧不堪，大坑小潭，凹凸不平，街旁居民集体出工，肩挑卵石将街填平。街道居住有40多户，159人，街道风貌依旧。2001年乡党委政府对老街进行开发改造。到2010年，建设初具规模，街道建设是具有民族风情特色和现代相结合钢筋混凝土结构。现共建房141户，铺面267个，街道10米四车道并行，全部平整硬化。

江口新街 上至乡政府，下至江口桥头，街长300米，街面宽5米，金晒公路沿街而过。1957年以前，此段是一片山林，长满古树、油竹，共有三户人家搭建木皮房居住。1958年7月，公社组织本地人员分段修建公路，10月正式通车，公路路面宽3米。1962年开始建街，名叫江口新街。

1963年，街道兴建供销社、供销旅社、信用社和人民公社。1965年，公社在对面街道旁建设公社经销点，主要经销南杂百货。街道居民建房达30户，都以土木结构建房。1969年，江口粮站动土兴建，成为小金洞、上司源人民公社群众购粮中心，竹山源段，由江口大队筹资建设居民点，共达10余套，均系砖木结构，为本大队贫困农民解决住房困难。

1985年，街道已改为水泥路面。1988年，在竹山源对面建立江口农贸市场，因人们交易习惯不愿到市场交易，以致变为空闲场地。随着社会的发展，人们对街道两旁的房屋逐年改造扩建，现街道设有饮食店、南杂百货店、美容美发店、汽修厂、制衣铺等25个店铺。2001年，金洞至小金洞沙改油路建设，街道水沟得到重新清理，并用水泥板掩盖沟面，街道增宽至5米。2003年11月，建成江口自来水厂，可同时供应2000人的生产生活用水，解决历年来街道居民、乡机关、中小学校的饮水困难。街道新建房屋增至60户，铺面增至40个。2007年，新农村建设在该乡试点，该村进一步发生变化，沿河新街建设启动，架设了桥梁，修通并硬化了街道，路宽8米，街道两旁居民都按统一规划建设，并绿化、亮化。2010年街道建铺面192个，住103户，街道宽8米，三车道并行，全部平整水泥硬化。

（二）晒北滩瑶族乡

晒北滩瑶族乡位于祁阳县南部，东连常宁市蒲竹瑶族乡、洋泉镇、郴州市桂阳县杨柳瑶族乡、南接新田县门楼下瑶族乡、祁阳内下林场，西临宁远县荒塘瑶族乡、本县白果市乡，北靠小金洞乡。乡政府驻地晒北滩村，距祁阳县城88公里，全乡面积155平方公里，金晒公路直达乡政府所在地。

晒北滩瑶族乡 1949年10月前属宁远县金洞乡，10月后分别属宁远县十一区的枧下乡、三叉岭乡、小茗洞乡。1956年10月合并为晒北滩乡。1958年改名为火箭公社。1961年5月改名为晒北滩公社。1984年4月撤社恢复晒北滩乡，同年7月，金洞实行以场带乡、场乡联营的管理体制，乡政府与分场一个机构、两块牌子，1984年10月撤销晒北滩乡，成立晒北滩瑶族乡，原辖13个行政村，1991年划出河上江、内下两村归祁阳县内下林场管辖。现辖晒北滩、史家坪、枧下、大源里、碧江口、磨石源、三叉岭、烟竹山、野猪源、高笋塘、小茗洞等11个行政村，55个村民小组，全乡共有1759户，6834人，其中瑶族2170人。总面积155平方公里。

乡政府建设 晒北滩瑶族乡人民政府处于晒北滩村境内，1956年至1977年是一座沿河而建的木板结构平房。1977年，改建为“冂”型的二层砖木结构的瓦房。1987年，新建一幢四层办公楼，建房共36间，建筑面积700平方米，在乡政府大门一边全部砌成3米高的红砖墙，形成了四合院结构，院内修建了防火蓄水池、篮球场。2006年，因修晒北滩电站，乡政府属水淹区，就近往上方整体搬迁，建新办公楼4层，坐东向西，砖混结构，总建筑面积1664平方米，前面是大坪和绿化带，500多平方米。在乡政府大楼的两边建职工住房、邮政所、食堂等公共设施，建筑面积共1800平方米。

街道 中华人民共和国成立前直至1961年在三叉岭村有一个圩集，主要经营农副产品及木材。1961年恢复晒北滩公社后，集市逐步转移至公社所在地直前村，当时处于计划经济时代，商品的购销部门是供销社和食品站。1984年晒北滩瑶族乡政府设立民族商店，有售货员四人。20世纪90年代后，转由私人承包经营，主卖南杂百货。1994年乡政府硬化了乡政府大门口200米公路，后来村民逐年沿路建房，形成了现在的街道，街道宽约4米，长200米，有居民二十余户。沿路有招待所、计划生育办、供销分社、乡政府、卫生院、信用社及南杂百货店铺六家，摩托车修理店、肉铺各一家，酒店饮食店三家。因晒北滩电站建设，街道随着乡政府机关的搬迁而搬迁，新的街道逐步形成于新址。

（三）上司源乡

上司源乡位于祁阳县西南部，地处金洞林场边界，距祁阳县城88公里。东与常宁洋泉镇交界，南与小金洞乡相邻，西与金洞镇、万宝山乡接壤，北与石鼓源乡毗邻。乡政府驻上司源村，辖南冲源、双河、上司源、鸭婆凼、农胜、高枧、蒋家冲七个行政村，68个村民小组，1325户，总人口5770人，总面积58平方公里。中华人民共和国成立初，境内分为南冲源、鸭婆凼、蒋家冲三个乡，属宁远县第十一区管辖。1956年6月，三个乡合并为鸭婆凼乡，驻地鸭婆凼村的包公殿。1958年与石鼓源乡合并为跃进人民公社。1961年，又从石鼓源人民公社分出，成立上司源人民公社，公社办公地址在凤形地。1978年，修通小金洞乡至上司源乡公路，全长8公里。2000年，架通了农村程控电话150门。现在境内交通便利，南经小金洞乡进入金晒路，东出楠冲源村可入常宁市境内，北可由下司口村，经高枧、蒋家冲到石鼓源乡。2001年，耗资150多万元，对小金洞乡江口村至上司源村乡政府驻地共八公里公路，进行了4.5米宽的砂改油建设。2003年下半年，进行了农网改造。2004年5月底全面完成，将高压电送到各村各户。

乡政府大院 1961年，从石鼓源人民公社划出，成立上司源人民公社，办公地点设在上司源村凤形地，系地主的木板瓦房8间计300多平方米。1976年，新建一层青砖瓦房12间计200多平方米。1982年，改造原木板房，建二层砖瓦瓦房32间计900多平方米。1984年“场乡联营，以场带乡”后，成立上司源乡人民政府，第二年新建一幢二层钢筋水泥红砖房16间，计400多平方米。1989年新建二层钢筋水泥红砖房10间，计200多平方米。1990年新建二层钢筋水泥结构红砖房6间，计100多平方米。2011年投资200万元建钢筋水泥结构办公楼三层，计1800平方米。

上司源新湾街 上司源新湾街，位于上司源村新湾里，距上司源乡政府100米左右。2000年前，除了原供销合作社是青砖瓦房外，几乎都是木板屋和土泥房的百年老屋。2000年以后，先后新建红砖楼房68栋，形成街道居住48户。2007年兴建上司源乡卫生院，位于街道中心处，计 700 多平方米。从此，上司源乡为小集镇建设翻开新的一页。

（四）石鼓源乡

石鼓源乡位于祁阳县南部，东毗常宁官岭镇，西邻本县八宝镇，南与上司源乡接壤，北与进宝塘镇交界。1949 年 10 月以前石鼓源乡属宁远县第八区管辖，1949 年 10 月后划归宁远县十一区。1950 年土地改革时期，石鼓源境内设有 3 个小乡：有石鼓源乡，乡址设在石鼓源，借用民房；借古岭乡，乡址设在借古岭小学；乐山乡，乡址设在奉氏宗祠。1955 年乐山乡与借古岭乡合并，乡名为借古岭乡，乡址设在大岭下原地主奉学文的房子。1956 年 6 月，借古岭乡与石鼓源乡合并，乡名为大岭下乡，乡址设在大岭下地主奉学文的房子。1958 年 10 月，大岭下乡与鸭婆凼乡合并，设立跃进人民公社，办公地点设在石鼓源老街，属黄泥塘区管辖。1961 年 5 月，分为上司源人民公社和石鼓源人民公社。1963 年 9 月，由黄泥塘区划给金洞区管辖，办公地一直在石鼓源老街，1974 年将公社办公地搬迁到五房村境内。1984 年 4 月改称石鼓源乡，由金洞林场代管，辖 11 个村，118 个村民小组。总面积 32104 亩，人口 9935 人。

政府机关大院 20 世纪 50 年代，石鼓源境内 3 个小乡均租用民房和地主的房子办公。1958 年 10 月设立跃进人民公社，办公地在石鼓源老街，是地主的土砖瓦房，约 600 平方米。1973 年在五房村，占地 5000 平方米，依山临路，坐西向东，西高东低，承中国传统的四合院布局，建筑面积 2500 平方米，两层楼房，砖瓦木结构，前栋为二层红砖瓦房，南北各有一排平齐二层砖瓦房，木质楼面，后面一栋是大礼堂，大礼堂长 40 米、宽 12 米、高 9 米，能容纳 1200 余人，外墙红砖，钢木人字屋架，青瓦屋面，是 20 世纪 70 年代石鼓源规模最大的建筑。为适应形势，2009 年 3 月将原来大礼堂拆除，动工兴建综合办公楼，2011 年竣工。综合办公大楼全部采用钢筋混凝土半框架结构，平顶四层，占地面积 500 平方米，总建筑面积 2400 平方米。

办公大楼前小坪用耐火防滑砖铺成，边缘种有 6 株大楠木，花岗岩护栏，左侧铲平一座小山丘，修建一个水磨石标准化篮球场，右侧沿阶而上是机关食堂，院前院后绿树成荫，凉爽宜人，大院正中新建了宏伟壮阔的两柱型机关大门，一对雄狮屹立两旁，左右透明式护栏和长方形两个花坛，原篮球场供机关内停车使用，南北两栋旧楼进行全面装修，屋顶琉璃瓦，现在整个机关于和谐宁静显露出勃勃生机，具有超前时代气势。

石鼓源街 位于石鼓源村境内，为当时的石鼓源公社所在地，成形于 20 世纪 60 年代，全长 234 米，原为青石路面；两旁建筑为典型的南方旧时民居，大部分为纯木架结构或泥砖木架结构，临街面多为铺面房。60 年代初，石鼓源集市就在此处，经济较为繁荣；1974 年，石鼓源公社迁至现在的五房村境内。石鼓源街已成为普通居民街道，街道两旁多为新式建筑。街上有村卫生室两个，小百货商店一个，另有家庭作坊（做豆腐）两个。

五房商贸街 位于石鼓源乡五房村境内，全长 639 米，全部为水泥硬化路面，路宽 8 米，绿化带两旁植有楠木 500 余棵，建有下水道；沿街有两条主叉道，分别通往大岭下村和冬田村。1994 年以前为五房村的油茶林，1995 年以后由石鼓源乡政府组织开发，商贸街建筑面积征为国家用地。现有 138 户，建筑面积 14000 平方米，大部分为钢筋水泥结构建筑，因政府规划建房，建筑风格统一，高度基本一致。五房商贸街是石鼓源乡的政治、经济、文化中心。街道的中部有农村零星集市一个，为住地农户出售农副产品的场所，但因未形成正规市场，交易量不大；街道两旁小百货零售商较多，小酒店、小旅馆零星分布。2005~2010 年，在五房村境内新建石鼓源农贸市场，占地面积 35 亩，三纵四横网络式布局，共有 120 个铺面，中心设两个条形连体大棚为贸易市场，四周为商铺房，均 3~4 层楼房，农贸市场建设，完善了乡村功能配套，规范集贸市场经营，繁荣当地经济，吸引投资创业者经商，服务群众生活都将起到十分重要的作用，是社会主义新农村建设的标志性工程。

（五）凤凰乡

位于祁阳县南部，乡政府驻地离县城 50 公里，东与金洞镇交界，南与白果市乡、大江林场的黄沙相邻，西与大江林场太平办事处接壤，北与肖家镇毗连。乡沿用驻地名。相传曾有很多的凤凰栖息在此，故取名凤凰。1954 年以前，属宁远县管辖。1956 年 10 月凤凰、秧田两个小乡合并为凤凰乡，1958 年 10 月成立卫星人民公社，包括大江在内，1961 年设立凤凰人民公社。1984 年改为凤凰乡，并由金洞林场代管。境内平坦，呈带状，肖白公路穿境而过，距衡枣高速公路 26 公里，离 107 国道 20 公里，全乡总面积 51.3 平方公里，辖九个行政村 79 个村民小组，9600 人。

乡政府大院建设　民国 8 年，宁远县秧田乡首辟凤凰庵为乡公所。民国 23 年，凤凰乡公所仍居于此，并在东西两边扩建了两间用房，左、右、后用青砖砌墙，总面积 340 平方米。1950 年，宁远县十一区凤凰乡人民政府继续在这里办公，其间，各种机构均不断增设，管理人员不断增多，人挤屋的现象日益严峻，因此，进行了三次较大规模的扩、重建。

1979 年，人民公社大院已不适合时代发展的要求，无法容纳日益增设的各类机构，于是在寿木塘开辟新址。征集旱土 6200 平方米建房，公社的弹药库被压塌引发爆炸失火，因火大房倒，陶家大队一组的孙永跳、宣委宋长奎的妻子被烧死于内。自此，乡政府机关迁址。

1983 年，凤凰乡政府在新址茅岭上的南面兴建一座 300 平方米的砖混结构的职工宿舍。1991 年，通过调土购地在正西面兴建牌楼式大门，通道 460 平方米，原大门封闭。1998 年，在西北角建了一座 150 平方米的砖混木相间的二层楼房。2011 年，又在西南面建一座 300 平方米的砖混结构的四层职工宿舍。乡政府大院东南北三面林木环绕。总面积 6600 平方米，建筑面积 3500 平方米，配套设施齐全。内有水井、池塘各一口，菜地 600 平方米，中间是空旷的活动场地。

凤凰老街　此街建于明末清初时期，当时，人们散居在这条街上的各处。清乾隆年间只有 18 户人家，嘉庆时在山南面建了庵子，香客增多，初现兴盛。“康乾盛世”时，这里修一条青石板大路后，就有人陆续来建房居住。街道逐渐形成，分上、中、下三段街。这条青石板大路南通白果市、宁远、广东，北出白水、祁阳、京都。

凤凰老街三面环山，树木苍翠，西面小山为“禁山”，地理位置十分优越，是远近 10 公里最富商业价值的地方。因南面大山里的白果市、黄沙两条水系的居民来这里赶集购物，新中国成立以前，白水以上卖家禽、家畜、水果蔬菜、粮油花生的人们都赶来这里销售，还要购些山货回去倒卖。老街上有一条自东向西的小河流入江中、肖家河，直达湘江。河上建了一座石拱桥，连接上街和中街。拱桥东南面有清澈的泉水汩汩流出，人们掘坑筑井，供全街人畜引用。清道光年间，这里开店做生意的人逐渐兴起。但街道狭窄，宽 2.5 米、长 150 米，房屋低矮，脊高 4.5 米（当时超高政府要征税），木板房居多，有少量土砖房和树皮夹的房。门面也从单门改成双合门，后全部改成六扇或四扇木板大门；有双铺面的左边是大门，右边是商房门，即地面 1 米高用木板或砖砌满，1 米以上为木板推门。民国 16 年，农贸市场迁来这里后，店铺林立，商贾云集，街道由原来的三段分为四段，即上街、上中街、下中街、下街（也叫圩厂坪）。民国末年，街长 280 米，住户 58 家，其中火铺（住宿、餐饮）5 家，酒铺（旧称漕房）4 家，豆腐铺 3 家，打铁铺、药店各 2 家，屠桌（卖猪肉）3 家，杂货铺 10 家。

新中国成立后，人口不断增长，原有房屋逐渐容纳不下日益增长的人口。1959 年，凤凰大队在中上街东北面的街后建了一排土砖树皮房，名曰“农民新村”，分给无房的人居住。1962 年 9 月下旬特大火灾发生在中上街供销社租赁的民房内发生特大火灾，上街被烧了大半，中上街全部被烧光，中下街烧了 7 户 10 间房。20 世纪 70 年代，树皮房，木板房逐渐改成土砖房。上街稻田建房 40 米，下街旱土建房 40 米。20 世纪 80 年代，老街建房转向离街 80 米远的公路两旁，90 年代扩大农贸市场后，四周又建了不少房。到 2011 年年底，老街长 360 米，街道全部硬化洁净，住户 128 家（双铺面 29 户，单铺面 99 户），店铺 8 家，其中新建砖混结构的楼房 54 户。

凤凰新街 1973 年，肖白公路从凤凰老街东面约 80 米处经过。有人在公路边上建房，此后，逐渐增多。各单位纷纷在公路两旁选址：供销社、五七厂、食品站、凤凰中心小学、卫生院、粮站、凤凰中学、邮电所、乡政府、凤凰村、信用社、派出所、养路班、木材检查站，等等。1980 年以后，凤凰村的村民都移向公路两旁建房，2000 ~ 2011 年，各村和外地人也涌向公路两旁建房。现新街长 1650 米，宽 14 米，住房 276 家（单铺面 116 户，双铺面 151 户，单位房除外），有 2 户土砖瓦房，其余全部是砖混结构的二层以上的楼房，最高为 6 层（原粮站开发建成）。街道全部硬化，干净整洁，两旁全部种植桂花树和大叶樟，中心地段的道板砖黄红白相间铺了 250 米。

花筵街 花筵街座落在凤凰乡北部，街道南北贯通，属花筵村管辖。南宋末年，一官员辞职后来到这偏僻的静逸处安家。在东西流向的小溪旁建了一座大木房（中南街），并辟建宽阔的后花园。后来，他的家人仆从们又在木房对面建房，成了一条小街道，始叫花园街。元明时代，有人到这里开店经商，街道逐渐向南北扩展。邵家源的河水从下北街不远处流过，人们又管花园街叫“花园江”。清乾隆时修了一条青石板大路穿街而过后，南来北往的客商在来这里中伙安宿。民国时期，战乱不断，食盐紧缺，人们就选择山道从广东、蓝山用脚力挑盐销售到祁阳、衡阳等地区，花筵江是必经之路。但是，驻扎在街中武圣殿的保安团组建了一个“挖盐队”，每担盐挖一碗。为避开无端的欺压，挑盐工就绕道长吉、秧田，团丁们又守住这两条小路口，只要有人绕道就捆绑打骂，加重处罚，挑盐工又吓得走花筵大道了，因此人们都管花园江叫“挖盐江”。1950 年，祁阳县第三区在这里设立乡政府，才更名为“花筵”。

花筵街由上街、上南街、中正街和北街、下北街五段组成，所以划分为五个村民小组，街宽 2.6 米，屋脊高不到 1.5 米，大多为土砖瓦房，正墙与阶沿垂直（称为马脑），户与户完全隔离。街上铺面房全部是六扇或四扇木质大门，有双铺面的左间是大门，右间为商房门。花筵街历史悠久，商贾云集，特别是在“挑南盐”期间，全街的伙铺（饮食、住宿店）、杂货店、作坊铺（蒸酒、做豆腐）等达85%以上。90年代以后，花筵街已不适应时代发展的要求，年轻一代将房子都建在街后渠道东面的公路旁，形成半边街（对面是渠道和街后杂房）。半边街长500米，50多户，都是砖混结构的二、三层楼房，全部亮化，门前（公路两旁）栽上了桂花和大叶樟，清洁卫生。花筵街地处中心，人口稠密，自清末民初兴建武圣殿后，很多重大活动在这里举行，如民国初年“红帮”在这里举行入红活动；民国15年，农民运动筹备会在这里秘密召开；民国19年，捉住的土匪（头目一人，匪徒5人）在花筵亭子东北面的田里开刀问斩；国民党保安团、自卫队、民团都在街上的武圣殿交替驻扎过；1950年花筵乡政府在这里办公；1962年，凤凰街大火灾后，公社党政机关、供销社、农贸市场、卫生所全都迁到这里办公营业。1968年6月，月月塘水库堤坝决口冲毁房屋9座，冲坏16座，遭受重大损失。到2011年年底，花筵街道上共有90户，两街侧后20户，共计110户，已改建的72户，未改建的38户。这些旧房还完整地保留着一些旧时的风貌，街道全面硬化，清洁干净，就是见不到花草树木。

山陡岭街　山陡岭街位于凤凰乡南面，群山脚下，属江洲村管辖。只要一出上街口，就要登上那陡峭崎岖的山间大路了，因此得名。元明时代，只有几户人家散居，清代才具街道雏形。山陡岭街西边有一条小河（江中河上游）从街后流向北方，东、南、西三面群山环绕，青石板大路穿街而过，是进入白果市乡、宁远县、广东省的唯一通道，除此再无坦途。全街由上街、南中街、中正街、北街四段组成，街宽2.8米，房屋低矮，屋脊不到1.5米，大部分是木板瓦房，临街为六扇或四扇木质大门，双铺面左边是大门，右边是商房门。在民国战乱年代，祁阳以北地区的食盐供应困难，人们只有寻求山区小路去广东、蓝山挑盐解危，山陡岭街也因此走向最辉煌的时期。街上的人们抓住这个时机开伙铺(饮食、住宿)、杂货店、蒸酒、磨豆腐等，当时共有店铺20多家，此街也因此而远近闻名。民国23年，红军长征的侦察小分队就是从街中穿过进入白果市、道县的。民国33年，一小队日本兵侵入凤凰，亦从街心通过，刚出上街口不远，就被埋伏在棉花岭的乡自卫队打死一名日本兵，日本兵立即向乡自卫队开炮设计，一颗小钢炮的炮弹正落在自卫队开枪的地方，打伤一人，自卫队员连忙撤到唐家岭的深山里去了。日本兵返回上街，烧掉了十多座房屋。1949年11月，天还未亮，中国人民解放军数千人从南向北经过街心，秋毫无犯。然后兵分两路，一路走江洲、秧田，出汪家打民团；一队走陶家、长吉出九泥坝打自卫队。凤凰从此得到解放。

2011年年底，老街长330米，全部硬化。住户75家，加东街31户共计106户。已改建成两层、三层砖混结构的43户，旧房63户。中上街转弯处有一棵200年的香樟树，树上长满了木瓜藤，缠绕着垂吊下来，风一吹万丝摆动，北街口有3株数百年的香樟像屏风一样拦档住北风进入街上。由于街道狭窄，不能种花栽树，无绿化。

（六）白果市乡

又名白果树乡，位于金洞林区西南端，东部与万宝山工区、小金洞乡和内下管理区相连，南部接宁远县、双牌县，西与大江毗邻，北与凤凰乡相接。乡政府驻地在团结村，距祁阳县城80公里，交通有风白公路与外相通。乡域面积116.3平方公里，辖九个行政村，65个村民小组。全乡人口5171人，其中瑶族人口为789人，约占总人口的16%。1934年8月25日，红六军团西征，由零陵的庙门口出发，于8月26日凌晨进入金洞白果市，临时指挥部设在白果市街上邓甲告家里。

1937年以前，为阳明山特区旭日洞乡，1937年以后更名为凤凰乡，乡政府驻地团结“曹家坊”，距现乡政府驻地往南约600米。1949年分为白果市、大坝头两乡。白果市乡驻地不变，大坝头乡驻地三圣殿（现惜字塔附近），属宁远县十一区。1954年，白果市乡、大坝头乡划归祁阳县管辖，属祁阳县金洞区。同年，成立白果市工区，驻现乡政府驻地。1956年10月，大坝头、白果市两乡合并为白果市乡。1958年10月，白果市改建成政社合一的人民公社，名为乐园人民公社，1959年5月改为白果市人民公社。1984年称为白果市乡，并由金洞林场代管，与白果市分场合并，乡政府驻地迁至白果市分场合署办公。

乡政府机关大院建设 1949年以前白果市境内分白果市乡、大坝头乡，办公地设在祠堂、三圣殿等公房。1958年10月成立人民公社，白果市名为乐园人民公社，办公地设在团结街中心公房办公。1964年在团结街中心后面兴建四合院，坐西向东，砖木结构。1984年“以场带乡、场乡联营”后，乡政府搬到白果市分场办公。1989年将白果市分场后排房子改造成砖混结构，坐北向南，正面13间二层楼房，中间是楼梯室，坐向西侧8间，东侧6间。总建筑面积2680平方米，现是办公房。前面是坪，约2000平方米。2009年在办公房前面的左边建三层套间房共15套，建筑面积570平方米。右边三层楼房，第一层是派出所办公房，二楼和三楼是住房，计450平方米。中间是车道和乡政府大门口。

团结街 团结街，以原乡政府驻地为中心，沿路而建。始建年代不详。历经三次火灾，最后一次火灾为1944年。火灾后重建，建筑均为民国建筑，全部为板子房，两房间隔而共垛子，互相连接，延绵而成街。因驿道穿街而过，行人、阳明山香客均在团结街中伙安宿，最多时50余户，开设伙铺。2002年街道改为水泥路面，经逐年改、扩建，现两端已新建大量红砖房，但原木质房大部分仍保存完好，现有居民142户，453人。

（七）万宝山乡

万宝山乡前身为万宝山工区，于2010年11月经省人民政府同意，省民政厅湘政发〔2010〕23号文件批复设立万宝山乡，乡址设油榨铺村，距祁阳县城73公里，东与小金洞乡相连，南邻白果市乡，西部、北部与金洞镇弧形接壤，东北抵至上司源乡。境内土地总面积68.8平方公里，现辖油榨铺、桐子山、下司口、睦源、胜利、中棚共有6个村，41个村民小组，全乡居住着汉、瑶、壮、土家、佤、侗、苗等民族，少数民族中以瑶族人口最多。共有人口4086人，其中瑶族405人。

机关大院建设 1959年10月成立工区时，在万缘庵建木皮房300平方米；1963年10月改建木板房400平方米；1975年3月搬迁丝茅坪建砖瓦房300平方米；2010年在油榨铺原万宝山工区床厂建砖瓦房400平方米；2010年成立乡人民政府后，2011年投资310万元，建办公大楼3400平方米。

三、农村住房

(一)清、民国时期民居

明清至民国时期金洞境区的民居,是青砖瓦房与木皮屋、土砖房并存。一方面,稍有钱、有地、有山的达官贵人,住的是青砖瓦房,门高宅深,如金洞镇原地主邓花轩、邓锦平等这一类约占 4%～5%;另一方面,多数劳动人民因陋就简,就地取材,住宅低级,住的是木皮房“千脚落地,响鼓敲门”的房子这一类是多数,约占 60%~70%;稍有部分生产资料能维持生活的住的是土砖房,板筑土墙屋斗墙一类的约占 30%。

木皮房 每边三根立柱,中柱高,前后侧柱低,柱埋进土里 50~80 厘米,中柱高 3~4 米,棚宽 2 米。埋好柱后,先在柱上用篾绞扎一根横梁,梁离地面 2~2.5 米,再在中柱上扎一对人字木,人字木扎成后,每隔 50 厘米扎一根檩木,檩木扎成后,骨架即完成。接着,就用杉木皮盖顶,盖顶时用两层杉树皮,一层仰盖,一层俯盖,杉木皮上端用压条固定并用篾扎在檩木上。下一行盖完后再盖上一行,上下行需重合 20 厘米,两边都盖好后即盖棚脊,将杉木皮压弯成人字形分倒两边,叫做“收顶”,全部盖完后,用较大的杉木压住杉木皮的另一端并用篾吊牢。盖好屋顶后,再用杉皮做棚壁,壁也是每隔 50 厘米扎一根横木,将杉木皮在横木上排好,同样用小杉条或楠竹,破开做压条固定在横木上,杉皮上下行排列稍重合,使其不漏风雨,每间留有门框,门另制作。如作“野猪厂”用的:离地 2～2.5 米处的梁上用小杉条铺成 1～1.2 米宽的小楼,即吊脚楼;人在上面防止野兽和蛇类晚上袭击守厂人。楼上用稻草铺床,离床位下 40 厘米处,再铺 50 厘米宽的小楼,即为踏脚板,踏脚板以下用杉木扎一小楼,以利于上下,守厂人只在晚上住棚守兽,白天离开。另有一种守“坐厂”,守厂人吃住在内,白天晚上不离开,白天在厂附近劳动,既守厂,又劳动,此种“坐厂”比一般的厂稍大一些。可以做饭和安放一些生活用品。用作砍树厂的,是采伐作业区为砍树工人或民工所建的临时住房,其建筑方法与杉皮屋相同,只是较为简陋一些,砍树厂也有较固定。如果作住房用的,可按上述方法制作多间和制作门。

金洞境内“野猪厂”的建立,便是金洞人民迁徙的历史。明朝初,朱元璋为了恢复生产,鼓励种粮,贫苦农民尤其是少数民族农民,纷纷上山开荒种粮。奉氏先祖天门公,在南宋末年是江西萍乡的一个武官,元灭南宋后,怕受牵连,即举家迁到衡州石坳,后又迁到桂阴白水洞。明初,又沿白水上迁到江滩,就是现在晒北滩瑶族乡三叉岭村的江滩。那时常有野兽为害庄稼,为确保收成,必须建厂守护,种山人就地砍树建厂,厂顶和厂壁都用杉木皮,也有用冬茅草盖的,这种建厂的方法一直沿袭到近代。

“千脚落地,响鼓敲门”的房子与木皮房架子是一样的,不过,房子的墙壁四周都是用杉槁子立起夹成的。

版筑土墙屋(斗墙屋) 版筑土墙屋在金洞境内历史悠久,使用比较普遍。版筑是用版(板)模具筑土建房。这种模具,俗称墙板,由杉木板制作而成。版筑是古代劳动人民的集体智慧结晶。墙版厚 6～8 厘米,长 2.5 米,宽 33 厘米,墙板两边各有一个可以拆卸的挡板,俗称狮子头。中间夹紧墙板,不使墙板在夯实过程中膨胀变形的工具,这种工具叫暨子,暨子上下各有一根坚实的圆木,叫地牯牛,上有小孔,用来插暨子,这样暨子和地牯牛成“井”字形将墙板箍紧。一副墙板(两大块杉木板),两个狮子头,两副暨子,四根地牯牛。在建筑时,用黄土填满墙板一半时,2~3 人用长木槌杵椿将土夯实,木槌有 2 米多长,中间一米左右呈圆形,两头呈方形,呈圆形部分以手能握住为度。这种木槌一般用柞树、稠树之类木质坚硬的木料做成。农村俗称舂,重量 10 ~ 20 斤。夯实用的黄土必须要有碎石块,碎石块太大不行,太少不行,没有石块的黄土,叫做没有胆的黄土。夯实过程中,必须一层一层地夯。到每板墙的一半时,中间还要用长竹条或者杉木条放在墙板中连同黄土一起夯实,使它连成整体。建筑学上称其为拉木。竹条用整根竹子剖开成四股,长 1~2 丈均可,杉木用胸围 4~5 寸的剖开成两股,夯实一板墙后,将暨子取下,一边狮子头卸开,再依次移到刚夯实的前方,做另一板土墙。将土放在墙板内,不能叫“倒土”,要叫“升土”。因为“倒土”即倒墙,是不吉利的话。专门负责夯实的人叫“舂墙师傅”。他要掌握黄土的含水量,太湿了的黄土,夯成墙体后,容易塌垮,太干了的黄土不能夯实。房屋建成时,舂墙师傅要讲吉利话,即与住房有关的吉利话。版筑土墙在平时防盗能力强,农村小偷的行话是“水豆腐和豆腐干好呷,豆腐渣最难呷”。豆腐渣即版筑土墙屋,它一时难以被掏空。“水豆腐”即水砖屋,“豆腐干”即红砖屋。版筑土墙屋还有一个优点就是防寒隔热性能好,冬暖夏凉,它的缺点就是承受力差,难以建成高层,版筑土墙最高为 10 米左右,只能建成二层,少有建三层的。

木板房 在旧社会,金洞境区建这种房子的,是经济比较宽裕的户,到解放后,比较多、普遍。20 世纪 70 ~ 80 年代在金洞内有木板房,这种房子完全是杉木板装成的,这种房子杉木材料用得多。按照房子的大小,一般的一垛五柱一瓜或七柱一瓜的,是抬梁式和穿斗式木构架结构,先扯架子,再用杉木板装成的,屋顶有盖瓦的和杉木皮的,这种木板房可住几百年。

土砖屋 开始在水田里,把泥用牛“踩容”再挑到岸上,或晒谷坪,用砖模形做成砖坯,待干好,可用砌屋。土砖房子室内一般为宽 3.5~4 米,长 6~8 米,高 2.4~3.5 米。砖模形:长 33 厘米,高 13 厘米,宽 25 厘米,做成一个砖,干后约 20~25 公斤左右。20 世纪 50~60 年代,还有人建土砖房。行条、楼枕是杉树,有盖青瓦的,也有盖稻草杉木皮的。土砖房在石鼓源、凤凰乡较为多一些,约 60% ~ 70%。

青砖屋 是清一色的青砖,青瓦木结构建筑,过去的祠堂、庙、庵堂和有钱的地主都是青砖房。如:金洞镇二居委会安命堂邓花轩、安静堂邓景吾。位于金洞镇(现镇政府所在地)1917 年始建,1920 年完工。整幢大院,正屋和横屋三排呈“品”字形。正房面向金洞河(白水支流)每栋为四垛三间两层,垛长 13.6 米,正房每间宽 5 米,全长 16.40 米,每层高度 3.8 米,总高度为 19 米。正房的第一层有一双合大门,其余二间各开一窗。正房(堂屋)正面左右两扇排枋上,雕刻有繁体圆形“福”“寿”两字,字体壮实优美,周围雕饰有龙凤呈祥精美图案。堂屋门左右两侧窗上镂刻双喜形花格,花格中各镶嵌一幅“喜鹊登枝”和“鹿茸含芝”图案,两幅图案周围又对称地精雕了龙凤朝阳图案,蝴蝶翩飞,百福呈祥,雕工精美绝伦,寓意含蓄深刻。“福禄寿禧”被人们称为“四喜”,有“四喜”雕饰的住房被人们称为“四喜堂”。“四喜堂”是有文化,有身份的人的住房。向每层每间各开一落地窗。横房为五垛四间两层,前檐朝院内，后檐有窗有门，总长度为20米。房子墙体全部用长31厘米，宽21厘米，高11厘米的青砖砌成一仄二平，38厘米厚墙体，用石灰浆拌河沙作砌泥。地面全部铺设青砖，楼为双层，即用二根杉木重迭，楼板全为木制，楼筋上下各一层，上层木板厚3厘米，下层1.2厘米，既增加了整个楼的牢固性，又用来装饰房顶，还可隔音。房顶前面部分盖黄色瓦，其他部分盖青瓦。檐底下全部用木板钉满，楼内见不到椽与瓦。正房前后走廊与横房的走廊相通。南北横房各两栋，中间相通成游庭。整幢大院显得雄伟壮观，土地改革时，留作公用的四栋，其余的都分配给贫农。留作公用的：先后有联合诊所，营业所，粮站，区公所等设在大院办公。60~70年代逐步装修改建为办公楼。90年代后因城镇规划和建设，现已全部改造不见旧貌。

（二）90年代后住宅建设

20世纪50年代以前人们住的房屋陈旧、低矮，较好的住房是原地主、富农的青砖瓦房。一般的是木板房、土砖房，脊高在1.5米以下，因为超过1.5米政府就要征税，而且税率高，房挨房很不通气，而且非常狭窄。差的是树皮、茅草屋，周围用木皮夹住。院子里的污水沟、垃圾凼到处都是，温度一高，臭气薰天。一到晴天人们就出垃圾凼晒干烧火土灰种田地。院子里还有甲户的猪栏、厕所紧对乙户的厨房、住房，丁点儿响声都能听见，卫生条件极差，房屋使用极不方便，又很容易发生火灾。比较而言，街道式房子要好一些，前面无臭气，猪场厕所等配套房全在后面，所以街道的后面也是臭气薰人的。20世纪70年代以后，农业生产不断发展，人民生活不断改善，人们对住房条件有了新的要求，那些陈旧、低矮的木板房、土砖房、厂棚房逐渐被拆除改为土砖房了，一般脊高7~7.5米，楼高3米，楼上也可作住房，人们的住房条件由狭窄、低矮变得宽敞、高大了。每年晚稻收割后，人们都在临近的稻田里放土砖，准备来年建房用。建土砖房一直到20世纪80年代末才消停。通过近二十年的建土砖房热，人们的居住条件，猪栏、厕所卫生通气等条件都得到空前的改善。1990年以后建红砖水泥房又渐渐兴起，开始用预制板作楼面，建两层，几年后就大量建砖混结构的三层楼房。

20世纪90年代以后，大部分实行改土砖房为三层砖混结构的楼房，个人养猪的极少，不再建猪栏，厕所都建在室内，而通过化粪池排出。垃圾也实行集中处理，卫生条件得到彻底改善。房屋的使用更方便，既通水通气又通光通电；既宽敞舒适又几净窗明，而且外部全部亮化——贴瓷片，内部全部装修——水磨石、地板砖、墙裙、刮白胶、吊顶，等等。一座比一座装饰得美观漂亮。

（三）公房、私房

公房　境内在清、民国时期修建的寺观、庙宇、庵堂、殿阁等共59座，各族修建的祠堂12座。这些祠堂、庙宇全是青砖建筑。中华人民共和国成立后，大部分改为学校、商店、粮库和区、乡镇机关办公用房，并且多已改建或扩建。有些偏僻的地方庙宇祠堂，在"文化大革命"时期被当作"四旧"拆毁。2010年来，全区乡村共有公房28万平方米。

私房　中华民国时期，金洞境内私房，住房一般多为木皮房，厂棚房、茅草房次之。土木结构、青砖木瓦结构楼房较少，多为富裕户所有。中华人民共和国成立后，通过土地改革，缺房和少房农户都分得一定的住房，乡村住房发生了一定的变化。20世纪50年代初期，由于广大农民经济尚不宽裕，农村建房的极少。人民公社化，"大跃进"时期，农村处处大办公共食堂和兴修水利，拆除部分公房，兴建一小部分集体用房。20 世纪 70 年代，农业生产不断发展，农村建房不断增加。十一届三中全会以后，到 80 年代农村各项经济政策得到落实，农民收入普遍增加，出现建房热。

私人住宅，公建住宅，集资住宅，商品住宅，住宅小区，别墅群的建设，齐头并进，全面铺开。自 1990 年以来，政府在城区累计投入住宅建设资金 4000 多万元，完成住宅建设资金 3000 多万元，完成住宅建设面积 150 多万平方米。住宅建设增长势头，壮大了城镇规模，美化了城镇面貌，拉动了经济增长，解决了民众的住房困难。现在私人建房，用上了钢筋、水泥、红砖、铝合金，各种彩色地板砖、腰箍梁、地箍梁、浇制天棚，牢固结实；用上了墙壁砖、纸、胶，室内外美观耐用。房屋设计有住房、客厅、厨房、卫生间、阳台，使用方便，且采光通风性能良好。已经有上千年的四扇三间为主的旧设计模式逐渐消失了。老百姓对住房的顺口溜："50 年代住草房，70 年代建瓦房，80 年代加外廊，90 年代盖楼房，现在时兴建洋房，要问小康不小康，关键看的住啥房。"

1996~2011 年，全区 7 乡 1 镇，73 个行政村，在开展社会主义新农村建设中，为了贯彻落实中共十六届五中全会提出的"生产发展，生活宽裕，乡风文明，村容整洁，管理民主"新农村建设的标准，首先大搞示范村建设，建成居住 100 户以上的村庄 58 个，其中规模较大，设施相对齐全的中心村庄 33 个，建成区面积 365 平方公里，人口 2.8 万人，住宅建筑面积 89.6 万平方米，人均居住面积 32 平方米，公共建筑面积 21 万平方米；生产性建设面积 33.6 万平方米；有供水设施的村庄 42 个。

全区村民 20 世纪 80 年代以后，建别墅式的洋楼，新建、改建住房 10701 户，建筑面积 208 万平方米，加上旧房装修 88 万平方米，共 296 万平方米，按人计算人均 47 平方米。

（四）2011 年危房和棚户区改造

林场大部分房屋设施建于 20 世纪 60 ~ 70 年代，林场职工人平住房面积不到 12 个平方米。受 2008 年冰冻雪灾的影响，大部分分场、工区、林业工作站、护林哨所房屋和职工住房成为危房，8 个分场、工区有 3 个分场、工区部分房屋成为危房，37 个林业工作站、22 个护林哨所房屋成为危房，42 栋房屋急需重新新建。2011 年国家启动危房和棚户区改造项目。金洞争取规划新建房屋 36970 平方米，其中楼房 29670 平方米，平房 7300 平方米；改造 33030 平方米，其中楼房改造 24630 平方米，平房改造 8400 平方米。新建楼房主要集中在林场场总部机关和小金洞、晒北滩分场办公楼、职工居住区；危房改造主要集中在林场所辖金洞分场、上司源分场、凤凰分场、白果市分场职工居住区、林业工作组、护林哨所房屋。

建设总投资 7597 万元，其中新建房屋单价为 1260 元 / 平方米，投资 4658 万元，改造房屋单价为 890元 / 平方米，改造投资 2939 万元，危房和棚户区改造预计在 2013 年年底基本完成。

金洞管理区 1980 年以后村民新建、改建住房、村活动中心建设情况统计

12-1-1

单位:户、平方米、个

单位	乡镇	村居委会	村民小组	总户数	总人数	新建、改建住房			已建村活动中心				
						户数	建筑面积	按总人数人均	建房户占总户数(%)	个数	占总村(%)	建筑面积	未建(个)
合计	8	73	553	13635	52729	10701	2088373	39.6	78.4	59	80.8	16770	14
金洞	1	11	58	1405	6994	1278	377010	53.9	90.96	6	54.5	1860	5
小金洞	1	10	69	1532	5266	1305	152500	28.9	85.2	10	100	2425	–
晒北滩	1	11	55	1650	6387	1536	218850	34.3	93	11	100	2665	–
凤凰	1	9	79	2277	9340	1920	576000	61.6	84.32	6	66.6	2380	3
石鼓源	1	11	118	2881	11081	2143	307705	27.76	74.38	8	72.7	2480	3
上司源	1	7	68	1734	5576	958	172458	30.9	55.24	7	100	2130	–
白果市	1	8	65	1323	4828	1095	229950	47.6	82.76	6	75	1640	2
万宝山	1	6	41	833	3257	466	53900	64.7	55.94	5	83.3	1190	1

说明:表内户、人均属 2011 年年报数,且指农业户、人数。

四、新农村建设典型简介

金洞镇楠木坳别墅群 金洞镇楠木坳村是第一批新农村建设示范村,全村 6 个村民小组,138 户,602 人,自 20 世纪 80 年代中期,别墅式小洋楼拔地而起,全村共建有 108 栋,占地面积 15336 平方米,建筑面积 38340 平方米,人平 63.68 平方米。李家湾组李新华在外务工十余年,现任广东佛山腾越建筑有限公司土建部经理,年个人业绩 500 万元以上,2004 年在自家建一栋别墅,主体造价达 60 万元。与此同时,还引导该村群众参照广东深圳等城市民居建筑设计与本地风俗习惯,立地条件相结合。楼房建筑三层,房屋外墙全部贴瓷砖,以白色为主,装铝合金窗。顶层建小"凉亭","凉亭"为"八角"式样,混凝土结构,盖红色或黄色琉璃瓦。"凉亭"圆柱形,墩子的外面嵌不锈钢或人造大理石,顶层设计有"平台式""亭子式""钟楼式"并安装避雷针。别墅多为套间,楼层地面有用亮砂水磨石,也有铺大理石,地板砖,房内周围贴墙裙。楼房周围用砖、荆棘或不锈钢围墙,院内栽草种花和珍贵观赏树木,有的院内装有葡萄架,摆放瓷桌、瓷凳,以便劳作之余歇息。有的院内建有池塘放鱼养鸭;有的建房时就设计了健身房,以供健身强体之用。

白果市乡张家山瑶民新村 中华人民共和国成立后,居住在林区的瑶族村民虽然生活有了很大改善,但由于居于深山老林之中,瑶民自然条件极差,生活条件极贫困,生产资料极贫乏。这样的"三极"贫苦户仍不少。为了帮助这些"三极"瑶民脱贫致富,2008 年白果市乡党委、政府采取移民安置扶贫的方法,实行就地移民,把这项工作当作建设社会主义新农村一件大事,确定专人抓专抓,从选址到规划设计和整个施工,实行全方位服务。将白果市分场张家山苗圃地约 2 万平方米无偿给移民户建房。在经济上给予扶持,财政投入 33 万元。至 2009 年四栋红砖楼房建成,建筑面积 8250 平方米,平均每户 250 平方米,人均 54.63 平方米。从此,

大坝头村的麻拐皂、右水源两个村民小组33户、151人住进了崭新的“美化、绿化、亮化、硬化”的移民新村。

东冲村庄院落住宅 位于上司源乡鸭婆凼村8组，东冲地段，整个院落由9户（奉起新、奉芳山、奉发云、奉礼云、奉国强、奉安山、奉春芳、邓新国、邓新发）人家长期围居，2005年初开始按照社会主义新农村规划建设，2011年基本完成，院落全部由二层至三层的砖混结构建筑，总建筑面积2178平方米。周围群山、绿水环绕，环境优美、宁静，院内设有篮球场，是境内第一个也是唯一一个组级篮球场。占地面积2000多平方米，整个村庄按照四化（亮化、净化、绿化、硬化）的要求建设，适用于居家、休闲养性的好处所。

农家别墅 随着改革开放不断深入，农村的基础建设日新月异，农村的住房朝着别墅式的方向发展，越来越多的外出打工人员回乡建起了各式各样独具风格的农家别墅。

上司源乡邓光平欧式别墅位于上司源乡蒋家冲村7组，波罗源地段，座西向东，群山环抱的一幢三层的别墅式。别墅占地面积1200平方米，建筑面积650平方米，总投资200余万元，设计新颖，造型别致，装饰富丽堂皇。别墅旁配有车库，别墅屋前、屋后有花园、绿化建设，屋前有群众健身中心及篮球场。

凤凰乡隐塘村的李映祥，全家五口人（两个孩子和母亲），于2009年投资75万元在村东面的公路旁建了一座总面积650平方米，房屋占地面积250平方米的座东朝西、砖混结构的三层农家别墅。四周围墙，南、西、北三面为墩柱式“U”形墙体，“U”形中是烤漆牙白不锈钢方管，顶部钝尖向外抛弧30厘米的栅栏。房屋所有外窗户均为欧式，弧形带花边，突出墙体以遮住窗台，涂褐绿色墙漆，与外墙黄色瓷片形成反差，形似“眉毛”。第二层南、西、北三面走廊连通，安装上小下大，条纹曲蜷的仿古式瓷瓶。栏板面下为梯级式，贴红、绿、白三色小瓷片。第三层直墙而上，雨棚下面用虎爪形膏板漆成褐绿、金两色，连同雨亭均匀有序地排列着。远远望去，确有宫殿、楼阁之风貌。

五、村活动中心

随着社会主义新农村建设，村活动中心建设标准更高。2011年来，全区新建村活动中心59个，占总村数80.8%，建筑面积16770平方米。村活动中心均配有办公用具、电脑、计划生育器材、各种图书和健身器材。

凤凰村活动中心 2005年凤凰村在乡政府西面围墙隔壁建了一座砖混结构、座南朝北、占地220平方米的三层楼房。正面贴着仿大理石牙白瓷砖，连同铝合金门窗和不锈钢防盗网把活动中心装点得严实而庄重。进入大门是宽敞的厅堂，后面楼梯室下是卫生间，左侧有厨房，右侧是客屋，厅堂左侧还有2间小房。第二层是村里的主要活动场所，北面会议室宽敞明亮，摆放着椭园形的会议桌和漆木凳，桌中心列放着几盆红绿相间的塑料花。“农家书屋”里藏有图书8000册，还有“全国文化信息资源服务点”“科普惠农服务站”等专用房，中间有活动场地，后面是洗手间。第三层前面是空旷的露天平台，后面为房间。整个室内装修朴实无华，光溜溜的地面，雪白的墙壁，紫红的门户，橙黄的窗帘，相互映衬，颇具美感。村里的大小会议、选举、木材销售、基建竞标等各项活动都在这里进行。大门前面是硬化了的宽敞空闲地，中间两棵广玉兰枝繁叶茂，能遮阳避雨。东头的条形花池内红桎木正开花迎宾。西北两面是民房，东面为乡政府围墙，这些墙面上都张挂着“政务公开、廉政建设、计划生育、环境卫生”等栏目牌。

第三节　城镇管理

一、管理机构

1989 年以前金洞镇城镇管理以镇政府为主，确定一名副镇长专抓城建工作，政府下设城建职能部门：

1.城建规划办公室，编制 2 人，由祁阳县规划局和金洞镇双重管理，经费及人事安排由祁阳县规划局配给，主要负责全镇规划管理和各项建设审批业务；

2.国土所，编制 1 人，由林场国土科和镇政府双重管理，经费由镇集体财政预算，主要职能：一是根据建房户的申请，依法报批建房用地，并核发土地使用证，包括旧房改造和新建房。其中占用耕地的，必须按程序逐级报批；二是把已建成房屋进行清查，对于违法违章用地依法进行查处；三是依法调处本镇范围内土地权属矛盾纠纷。

3.环卫所，成立于 1998 年，属自收自支单位，职工 4 人，由镇直接管理，主要负责城区内的环境卫生工作。

2006 年，金洞林场领导专题研究，为加快金洞城镇建设步伐，成立金洞城区建设指挥部，林场党委书记任指挥长，一名副职任副指挥长，一名科局级干部任常务副指挥长，安排工作人员 5 人，常年专抓金洞城建工作。2012 年，成立新开滩开发建设指挥部，负责新开滩、江边河的开发建设工作。

2008 年，设立金洞管理区城建规划房产局，金洞镇城建规划办公室和环卫所归口城建规划房产局管理，工作人员属于城建规划房产局。现在，金洞有专门的城市建设管理机构。金洞管理区城建规划房产局设局长 1 人，副局长 4 人，工作人员 56 人，下设城投公司、规划、建设、房产、环卫五条线，另有质安站、保障性住房管理办公室两个二级机构。

二、住房公积金管理

金洞管理区根据国务院〔2002〕第 350 号令《关于修改〈住房公积金条例〉的决定》规定，为促进城乡住房建设，提高城乡居民的住房水平，参照祁阳县的实施办法，金洞管理区于 2007 年 7 月启动住房公积金缴存业务。住房公积金按职工本人上一年度月平均工资（职务 + 级别工资）5%的比例计算，即个人和单位各 5%缴存祁阳住房公积金管理中心。2012 年，缴存比例调增到 12%。截至 2012 年年底，全区累计归集住房公积金 1211.84 万元，其中：单位缴存 605.92 万元，个人缴存 605.92 万元。个人住房公积金贷款 96 户，累计贷款金额为 1255 万元，开创全区住房公积金的里程碑。

第二章 环境保护

金洞，属南岭山系阳明山脉原始次森林，自古以来，生态系统平衡，植被丰茂，水域清澈，自然环境十分优美，空气清新，堪称天然氧吧。飞禽走兽、鱼介、昆虫的各类和数量都十分协调，中华人民共和国成立之初，尚有虎、豹、豺狼等大型哺乳动物出没。历史上，植被受到三次严重的人为破坏：一是民国17年(1928)，国民党为了“清剿土匪”，肆无忌惮，纵火烧山，大片森林焚烧殆尽；二是1958年“大跃进”时期，2万多劳力进入林区伐薪烧炭，两个月时间烧炭10万余担，大片林木被毁灭；三是1960年2月，1300余人进入林区毁林开荒种粮，致使水土流失，林木大面积遭到破坏。进入20世纪80年代后，环境保护引起了人们的重视，杜绝了大的人为破坏。

第一节 环境状况

一、大气环境

金洞，山高林密，地阔人稀，因此，大气环境总体趋向为优。自1995年起，随着金晖冶炼厂、金桥冶炼厂的兴建，由于在设计施工过程中，主观上缺乏环境意识，以致大气环境中产生了粉尘、烟尘和二氧化硫等污染物。金洞境域大气污染主要集中在金洞镇和小金洞乡。2008年，测量小金洞乡白沙凼村辖区内金桥冶炼厂，年排放工业废气量为12万标立方米，工业粉尘175吨，其浓度为10～15毫米/标立方米，排放二氧化硫31吨，其浓度为1～2毫米/标立方米。经测量，金洞镇一居委会辖区内页岩制砖厂年排放工业废气量为5万标立方米，工业粉尘1.2吨，二氧化硫43吨，烟尘6.5吨，氮氧化物5吨。根据2008年全国第一次污染源普查数据显示，全区工业污染物废气排放情况：工业粉尘为516.78吨，二氧化硫86.481吨，烟尘13吨，氮氧化物10吨。

二、水质环境

金洞境内，溪涧纵横，主干河流——白水河贯穿南北，蜿蜒曲折，碧水长流，全区水体基本为弱碱性水，全河段水中以钙盐、镁盐为主的溶解盐类的总量多年平均总硬度在23.3～170毫克/升之间。整个水域水质总体良好。经2008年全国第一次污染源普查显示，金洞城区内每年排入白水河生活污水60万吨，其中：住宿业排水0.98万吨，餐饮业排水1.72万吨，洗染业排水 0.03 万吨，医院排水 1.2 万吨，城镇居民用水 55 万吨。由于境区内厂矿企业少，因此，工业废水排放量亦少，每年排入白水河约 1 万吨。经监测，金洞镇区域河段 PH 值为 7.38，水中矿物质的离子总量多年平均在 56.1～302 毫克 / 升之间，水中悬浮物为 40 毫克 / 升，高锰酸盐指数为 0.9 毫克 / 升，达到国家规定的地面水质二类标准。城区自来水取水口水质达标率为 100%。区内河段水体污染源主要以有机氯、有机磷的农药污染。

三、噪声环境

2011 年，对金洞城区内包括管理区机关、镇政府、金洞镇中心小学、金洞林场中学、区人民医院、金林大道、孙家洲居民区等 12 个点进行了噪声环境监测，监测结果为：昼间噪声声级平均为 43 分贝，声级最大的是金洞林场中学，其噪声等效声级为 47.3 分贝，最小的是孙家洲居民区，等效声级为 41.3 分贝，夜间噪声声级平均为 38 分贝，城区噪声声级皆达到国家二类标准值，区域声环境质量良好。

四、垃圾废渣

1999 年前，城镇生活垃圾 98%未经处理而随意弃置，造成污染。1999 年，金洞镇成立了环卫组，开始清收垃圾，集中处置。至 2007 年，城区垃圾日清运量约 10 吨，2008 年至 2011 年城区垃圾日清运量为 20 吨，随着经济的发展，城镇建筑物的增加，城区垃圾亦随着增加，至 2012 年城区垃圾日清运量已达到 45 吨。自 1999 至 2012 年，城区生活垃圾累计堆存量近 10 万吨，占地 50 亩。工业固体废物主要是冶炼、竹木加工等行业的废渣，金桥冶炼厂每年产生固体永废渣为 6500 吨，竹木加工每年产生固体废物为 5000 吨，这些废物在 2011 年前，未经处理利用而直接排入环境内，污染农田和水体。

五、农药化肥

20 世纪 60 年代初，金洞林区开始使用农药化肥。初期农药用六六六粉、敌敌畏等。化肥使用硫酸亚、过磷钙、碳酸氢氨等。20 世纪 70 年代，每亩平均使用农药 1 公斤、化肥 15 公斤。20 世纪 80 年代每亩平均农药用量 3.5 公斤，化肥 65 公斤。20 世纪 90 年代以后，每亩平均农药用量 4.5 公斤，化肥 93 公斤。农药多为含有有机氯、有机磷的剧毒农药，经过雨淋冲入水域，渗入地下，残留期长。化肥多为低效的磷酸氢氨，后发展到尿素、复合肥料，利用效率较高。但农药、化肥一部分流入地表水域和渗入地下水体，使水域中的有机氯、有机磷和氮氨含量增高，危害人畜。

第二节 污染治理

一、机构建设

金洞管理区环境保护局于2007年底成立,尚属内设局,核定编制2个。环境监测机构,因条件不成熟而未建立,有关业务委托永州市环保局和祁阳环保局协助办理。同年,成立管理区环卫所,有环卫工人15人,截至2012年底止,投资300万元购置果皮箱、垃圾箱、垃圾运输车、叉车、挖机、洒水车等设备。

管理区2011年有自然保护区1处,面积2500公顷,占全区国土面积4%。

二、污染治理

(一)烟尘治理

2007年,对大气污染严重的小金洞乡大同村金叶焊剂厂和龙潜凼金晖冶炼厂在无法整改的情况下,采取了关停措施。2009年,对小金洞乡辖区内金桥冶炼厂进行了重点整治。为加强和完善排污设施建设,该厂投资100余万元安装了布袋除尘设施;2010年,对金洞页岩机砖厂排放烟尘,造成污染的问题下达限期整改,该厂投入近30万元,安装脱硫设施。据统计,仅此共减排二氧化硫6吨,化学需氧量3毫克/升,减少废气100万标立方米。

(二)废水治理

2011年,按照管理区的统一部署,以区环保局牵头会同国土、公安、监察、电力等部门,组成联合清查组,对全区厂、矿企业进行全面清查,对小金洞乡东江村境内鄢家蓬锡沙矿非法开采而造成水污染进行重点整治,并责令补证。对10个非法开采的采矿企业强制停办。全区70%的养猪场均建有沼气池,对废水的治理起了一定的作用。经处理的废水悬浮物达国家二级标准。

(三)废渣治理

废渣的来源,主要是冶炼厂的矿渣及锅炉工业炉窑产生的粉煤灰和炉渣。对这些废渣,采取综合利用,变废为宝。2010年来,均用于筑路、建房,冶炼废渣则全部进行再加工,再利用。全区工业废渣利用率达80%。

(四)新污染控制

金洞管理区认真贯彻国家环保法律、法规,切实加强建设项目的环境管理,增强环境意识,严把"审批关""评价关""三同时关"。督促企业认真落实"三同时"规定,坚持做到环保设施与主体工程同时设计、同时施工、同时投产使用。近三年来,全区90%以上的建设项目按要求做好了环境影响评价。

(五)饮用水源保护

金洞水秀山青,自古以来山区人们的饮用水大多数是就地取材,即人们用竹子一劈为二将溪水引进村庄，少数人则挑泉水饮用。城镇机关的居民，均饮用开挖而成的井中水。随着城镇的不断扩大，人口密度的增加，1975 年，金洞林场兴建了自来水厂，在金白河河道旁打井，通过河水自然过滤，蓄水为源。为保证供水，2010 年，管理区又投资 260 万元，在距管理区机关 9 公里的赤水源山皂筑坝，拦水为池，可蓄水 1200 立方米，辅引水管 10000 米，目前，城区居民饮用水基本得以解决，水质全部达标。到 2012 年年底，全面完成饮用水水源地标志界牌及道路交通获救标志、宣传标志。宣传标志的设置全面取缔饮用水源保护区内排污口，完成截污工程，全面整治好饮用水源保护区水产养殖。

第十四篇 财政 税务 金融 保险 商贸

第一章 财 政

第一节 机构与体制

一、金洞林场财政管理机构

1954年~1962年期间，金洞林场因管理体制、单位名称几经变换，均未单设财务管理机构，只在劳动人事科内设一个财务室，全场生产经营费用、人员工资等各项经费，通过劳动人事部门报账拨付。1963年金洞林场设立财务科，管理全场各分场、工区及场部机关财务工作。1984年根据中共零陵地委〔1984〕13号文件精神，撤销金洞区，原祁阳县金洞区管辖的7个乡镇，由金洞林场代管，这时林场财务科改为计划财务科，科内单设金洞财政站，管理各乡镇财政所。2006年，金洞管理区成立，撤销财政站，设立金洞管理区财政局，各乡镇8个财政所不变，管理乡镇基层财政工作。

二、金洞管理区财政管理机构

1984年，金洞林场实行"以场带乡，场乡联营"以后，在金洞林场计财科内设置独立的金洞财政站。管理全场7个乡镇财政所，负责农业税、农业特产税、屠宰税、耕地占用税和契税的征收管理；负责祁阳县移交人员包括区乡行政干部、计生、征管、农村、广播和医疗卫生等人员的工资福利和差旅、会务及其他经费的管理。管理区建立后，成立财政局，根据市编办核定的编制和中共永州市金洞管理区金办发〔2007〕12号文件规定，财政局内设2局1中心和5股1室，即2个内设局是乡镇财政管理局、非税收入征收管理局，中心是会计核算中心，5股1室是行财股、预算(国库)股、非税股、社保股、农经股和办公室。负责管理区财政收入、支出和编制财政预算及财会人员的管理培训等工作。

三、金洞林场财政管理体制

金洞林场自1954年建场以来，按照其事业单位企业管理的性质，规定林场财政管理的体制是“独立核算、自负盈亏”。根据这一财政管理体制，林场内部财务管理建立“一级核算、二级管理”办法。1984~2006年，因林场实行“以场带乡，场乡联营”体制改革，林场财务管理兼有部分财政管理职能，在全场财务支出中包括对金洞林场各乡镇部分社会公共管理支出，同时对林场内部的财政管理实行“核定指标、超支不补、节约留用”管理办法。

四、金洞管理区财政管理体制

“以场带乡，场乡联营”以前财政管理体制　民国时期财政收入全部上缴，支出全部由上级拨给。中华人民共和国成立初期，因金洞区属于宁远县，当时县的财政体制是实行高度集中的财政体制，国家财政集中于中央，一切收支项目、范围、标准概由中央统一制定。所有财政收入纳入国家预算，尽收尽解，支出逐级向下拨付，年终结余上交中央。1953年后，中央提出财政工作6条方针，财政体制由高度统收统支，过渡到统一领导、分级管理。1954年，金洞区划归祁阳县管辖，其财政体制仍是“统一领导、分级管理”。1958年，中央下放财政，实行以收定支，5年不变的财政体制，但只执行1年。1959~1967年，财政体制基本上是实行总额分成办法；1968年实行财政收支两条线，收入上缴，支出下拨。1969年，实行收支挂勾，总额分成。1970~1977年，实行的是收入按固定的比例留成，超收另定分成比例，支出按指标包干。1978年，实行定收定支，一年一定，收支挂钩，增收分成，下年使用。

金洞财政站和乡镇财政体制　1984年，金洞林场代管祁阳县金洞财政站，管理各乡镇财政所，并沿设祁阳县1980~1984年实行划分收支，分级包干新体制；把多年来统收统支吃“大锅饭”改为分级管理，分灶吃饭。1985年，财政体制改革，实行划分税种，核定收支，分级包干，以1983年上缴部分为基数每年递增7%，一定5年不变的办法。同时建立分级财政，县对金洞财政实行划分收支，定收定支，收入上缴，支出下拨，超支不补，节余留用，一年一定的财政管理体制。

金洞管理区财政管理体制　2007年，金洞管理区建立比较县级政府职能职权的金洞管理区财政，设立区财政局，其财政管理体制是：核定收入，比例分成，差额补助，超支自负。管理区对各乡、镇和区直预算单位实行收支两条线和核定支出，超支自负管理办法。

第二节　财政收入与支出

一、财政收入

1984年，金洞林区及各乡镇建立一级财政，工商各税及农业税收分别由税务、财政部门负责征收上解祁阳县财政，支出由祁阳县财政核定下拨。1994年分税制改革取消了产品税；2002年农村税费改革以来，屠宰税、农业税、农业特产税逐步被取消。2009年起金洞财政独立运作，上级补助收入由省、市财政直接补助金洞。

金洞各乡镇1984～2008年财政收入统计

14–1–1　　　　单位：万元

年份	财政收入小计	财政收入项目																	上级补助收入	收入总计
		产品税	增值税	营业税	企业所得税	个人所得税	城市维护建设税	印花税	资源税	房产税	车船使用税	城镇土地使用税	屠宰税	农业税	农业特产税	契税	耕地占用税	非税收入		
1984	53	2	–	10	–	–	–	–	–	–	–	–	2	16	23	–	–	–	–	53
1985	58	2	–	12	–	–	–	–	–	–	–	–	2	18	24	–	–	–	–	58
1986	68	3	–	17	1	–	–	–	–	–	–	–	2	19	26	–	–	–	–	68
1987	98	28	–	5	–	–	–	–	–	–	–	–	2	21	40	–	–	2	–	98
1988	134	47	2	6	3	–	–	–	–	–	–	–	2	21	51	–	–	2	–	134
1989	178	40	1	53	5	–	–	–	–	–	3		3	28	43	–	–	2	–	178
1990	121	33	1	18	3	–	–	–	–	–	–	–	3	24	37	–	1	1	46	167
1991	150	45	1	17	4	–	–	–	–	–	2	–	5	23	51	–	1	1	33	183
1992	145	44	1	16	–	–	3	–	–	–	3	–	6	27	44	–	1	–	33	178
1993	143	43	1	24	2	–	2	2	–	–	–	–	4	19	45	–	1	–	89	232
1994	255	–	5	33	–	–	–	–	–	–			5	29	182		1	–	89	344
1995	369	–	27	19	–	–	–	–	–	–	14	–	6	50	251	–	1	1	247	616
1996	445	–	24	27	2	4	–	–	–	–	13	–	5	69	282	–	1	18	247	692
1997	354	–	50	45	–	1	–	–	–	–	–	–	12	70	175	–	1	–	321	675
1998	371	–	37	26	10	6	–	–	9	–			10	60	213		–	–	327	698
1999	197	–	21	52	–	–	–	–	–	–	–	–	9	52	157	–	–	6	402	699
2000	328	–	26	8	11	9	5	–	–	–	–	5	15	46	187	–	–	16	417	745
2001	429	–	38	11	8	19	3	–	–	–	–	4	16	71	243	–	–	16	417	846
2002	342	–	51	16	5	22	4	–	–	–	–	3	–	46	169	–	–	16	417	759
2003	272	–	62	20	–	30	4	–	–	2	–	2	–	93	54	3	2	–	742	1014
2004	260	–	102	43	–	41	8	1	–	5	–	3	–	52	–	3	2	–	698	958
2005	408	–	227	90	–	59	15	1	1	4	–	3	–	–	–	4	4	–	653	1111
2006	494	–	167	229	–	65	12	8	2	2	–	3	–	–	–	–	6	–	692	1186
2007	373	–	170	110	1	66	16	2	2	1	–	4	–	–	–	1	–	–	647	1020
2008	354	–	163	125	–	52	6	1	2	1	–	3	–	–	–	1	–	–	625	979

金洞各乡镇 2009～2012 年财政收入统计

14-1-2　　单位：万元

年份	财政收入小计	财政收入项目															上级补助收入	上级补助收入
		增值税	营业税	企业所得税	个人所得税	城市维护建设税	印花税	资源税	房产税	土地增值税	城镇土地使用税	农业税	农业特产税	契税	耕地占用税	非税收入		
2009	1075	152	51	4	79	8	1	2	5		4			15	19	735	7686	8761
2010	1535	306	171	6	124	15	2	5	3	40	7			6	11	839	10242	11777
2011	2110	539	156	50	150	15	3	9	6	1	7			3	3	1168	14857	16967
2012	2609	555	281	70	132	26	5	16	4	25	7			15	78	1395	15436	18045

1996～2011 年金洞乡镇财税收入

14-1-3　　单位：万元

年度	合计	其中						备注
		农业四税	地税	国税	县直征	耕地占用税	非税收入	
1994	545.58	–	–	–	–	–	–	–
1995	572.70	–	–	–	–	–	–	–
1996	684.70	542.61	39.93	102.17	–	–	–	–
1997	649.96	390.90	38.47	200.59	–	–	–	–
1998	642.15	433.90	62.00	146.25	–	–	–	–
1999	463.36	317.98	60.78	84.60	–	–	–	–
2000	417.68	341.22	51.06	25.40	–	–	–	–
2001	619.32	353.82	65.00	29.50	1710.00	–	–	–
2002	453.60	305.00	24.60	31.50	92.50	–	–	–
2003	388.30	330.00	28.50	29.80	–	–	–	–
2004	165.66	80.66	52.00	33.00	–	–	–	–
2005	129.31	5.97	86.92	36.42	–	–	–	–
2006	13.50	–	6.00	7.00	–	0.50	–	–
2007	26.00	8.00	8.00	10.00	–	–	–	–
2008	950.00	–	268.00	125.00	–	11.00	546	–
2009	1054.00	–	157.00	156.00	–	19.00	722	–
2010	1535.00	–	–	–	–	–	–	–
2011	2110.00	–	–	–	–	–	–	–

农业税 1962 年，全县农业税正税税率有所提高，由 10%调高到 12%；农业税附加仍维持 10%。1964 年附加增至 14%，是年全县农业税总额 1764 万公斤，平均每个农民负担 32.5 公斤，亩平 28.9 公斤。“三权四固定“以后，农业税一直稳定不变，至 1978 年，全县粮食产量大幅增加，农业税始终保持稳定。20 世纪 60～70 年代，开展农业学大寨运动，兴修水利、公路，占用了部分农田。金洞农业税总额没有根据耕地面积减少而减少，基建减少的土地，其

农业税在有关公社或大队范围内作必要调整。

1985年,根据省政府有关规定,农业税实行"实物征收,货币结算",农民仍然交售实物(主要是稻谷),粮食收购部门将农业税实物折成现金财政,实物折代金的价格为每50公斤15.59元,即按当年的统购价每50公斤11.55元的30%,超购价17.32元的70%计价。当年进行农业税册籍整理,1987年每50公斤粮食计税价格调升到17.09元,1989年升到22.1元,1992年调升到25.1元,1994年调升到49元,1996~1997年最高达65元,1998年下调到58元,1999年下调到52元,2001年下调到51元。农业税计税价格的调整,农业税总额随之上下波动。2002年,全面推行农村税费改革,农业税按新政策调整。

农业特产税 1983年,国务院颁发《关于对农林特产收入征收农业税的若干规定》。1985年湖南省规定:凡从事农林特产生产并取得收入的单位和个人,包括兼营农林特产的城镇居民,农村经济联合体,乡(镇)集体经营农林牧渔场及国营企业、事业、机关、部队、学校、寺庙等单位,都应缴纳农林特产税,农林特产税由乡镇组织纳税人评定实际产量,按略低于市场价格的原则确定征收单价,折成特产品总收入计征。水果、观赏花卉、药材、湘莲等产品收入,税率为8%;茶叶、制茶用花卉、生漆、核桃、板栗、藕、鲜鱼(含出售鱼苗)、珍珠等产品收入税率为6%;木材、竹子、油茶、油桐、苗木、竹笋干、香菇、棕片、木耳、乌柏子、松脂等产品收入税率为5%。另随同征收应缴税款的14%的地方附加。1987年,开始按上述政策规定征收农林特产农业税,仅征收木材一个品种,其他农林特产品暂未征收。1988年,财政厅要求全省全面征收农林特产税,分配的任务要保证完成,金洞林场特产税仍旧归祁阳县征收。1989年,根据省财政厅规定,将农林特产税附加由14%下调到10%。1991年,经批准对生姜征收农林特产税,其税额在扣除农业税后征收差价部分。由于农业产业结构调整,农林特产税不断增加。1993年,全场农林特产税增加到人均311元。1994年,省政府颁布《湖南省特产税征收办法》,对园艺收入、水产品收入、林木收入、食用菌收入、种养殖收入等42个品种征收农业特产税,其中烤烟、晒烟税率为31%,在收购环节征收;毛茶税率为23%,生产环节7%,收购环节16%;柑橘、梨税率为12%,其中水果干果10%,在生产环节征收;生姜、药材、苕头、花卉、经济林苗木税率为5%,在生产环节征收,如商人收购的,再从收购商加收5%,收购环节8%;生漆、松脂税率为20%,其中生产和收购环节各10%,竹笋干、棕片、木本油料税率为5%,在生产环节征收;牛皮、猪皮(1995年停收)、羊皮、兔皮、羊绒等产品税率10%,在收购环节征收;黑木耳、银耳税率16%,生产环节和收购环节各8%;香菇、蘑菇8%,在生产环节征收;牛蛙、蛇10%,在生产环节征收。在农业税计税土地生产的农业特产品,农业税照征,计纳特产税时扣除已纳的农业税。取消原来征收的农业特产税附加。其他品种因征收操作困难而暂未征收。1995年以后,农业结构调整成果陆续展现,农产品价格不断提高,农业特产税收入逐年攀升。2002年,农村税费改革对农业特产税作了调整。

屠宰税 清光绪三十四年(1908年)起,征屠宰税,民国时期沿袭。新中国成立后,继续征收屠宰税,农村人民公社时期,生产队送交派购猪,其税由收购部门负担,收割早稻、插晚稻时候、过春节、过节自宰生猪不多。1981年,农村实行家庭承包经营后,畜牧业发展,农户自宰自食生猪每头收3元。1990年,随着生猪销售价格的提高,屠宰税标准做了调整。生猪屠宰环节每头征收 6 元，收购环节每头征收 9 元，由于屠宰税委托村干部代收，提取 20%的手续费给镇、村，因此农民实际交纳的屠宰税为 5.5 万元，农民人均负担 1.2 元。1996 年，屠宰税标准再次上调，生猪每头征收 12 元，相当于猪肉 2.6 斤，乳猪每头 3 元，牛、马、驴每头 20 元，羊每头 10 元。为了提高屠宰税征收率，各乡镇逐村、逐户、逐栏进行清查、登记，加上 20%的手续费，农民人均负担 3.8 元。1997 年，根据生猪发展与屠宰税入库不一致的情况，对屠宰税入库实行目标管理，逐户的登记，建立生猪发展台账，按实征收，当年屠宰税有所上升，但少数乡村工作不细，将屠宰税任务摊派到户，引起群众不满，次年纠正错误做法，屠宰税下降。2001 年，人均税负 7 元，2002 年农村税费改革取消屠宰税。

金洞林场 1954～1982 年国家投资情况

14-1-4

单位：万元

年度	国家投资						实际开支						品除	
	森工	营林	育林金返回	科研费	事业费	合计	森工	营林	育林金	科研费	事业费	合计	盈	亏
1954	–	12.3	–	–	–	12.3	–	12.3	–	–	–	12.3	–	–
1955	–	14.5	–	–	–	14.5	–	14.5	–	–	–	14.5	–	–
1956	–	13	–	–	–	13	–	13	–	–	–	13	–	–
1957	–	9.8	–	–	–	9.8	–	9.8	–	–	–	9.8	–	–
1958	–	21.6	–		–	21.6	–	21.6	–	–	–	21.6	–	–
1959	–	4.8	–	–		4.8		4.8				4.8		
1960	–	57.1	–	–	–	57	–	57	–	–	–	57	–	–
1961	–	11	–	–	–	11	–	11	–	–	–	11	–	–
1962	–	14.2	11.6	–	7.2	33	–	14.8	18.1	–		32.8		0.13
1963	14.3	36.4	6	–	2.5	62.2	14.3	35.8	7	–	4.4	61.5	0.7	
1964	37.2	25.3	24	–	–	86.5	37.3	21.7	13	–	–	72	14.5	
1965	42	7.3	24.5	–	–	73.8	42	10.1	24	–	–	76.1	–	2.3
1966	31.6	14.1	11.2		–	56.9	31.6	14	22.1	–	–	67.7	–	10.8
1967	6	4.8	1.7	–	–	12.5	6	4.8	41		–	51.8	–	39.3
1968	6.3	17	6	–	1.6	30.9	6.3	17	6	–	1.6	30.9	–	
1969	13.2	29	4.6	–	–	46.8	13.2	29	5.8	–	–	48	–	1.2
1970	8	17.4	20.2	–	–	45.6	8	17.3	20.2	–	–	45.5	0.1	–
1971	4	17	9.7	–	–	30.7	4	17	9.7	–	–	30.7	–	–
1972	8	15.6	11.4		3	3.8	8	15.6	11.4		3	38	–	
1973	9	23.4	19.7	–	3	55.1	9	23.3	20	–	3	55.1	–	0.2
1974	14.8	18.7	20.7	0.1	3	57.3	14.8	18.7	25	1.1	3	62.5	–	52
1975	8.3	18.9	19.4		6	52.6	8.3	19	22.7	–	6	56	–	3.4
1976	5	17.6	30.5	2	3	58.1	5	17.6	34.2	2	3	61.8		3.7
1977	–	19	24.1	–	3	46.1		19	38.5	3	3	63.5	–	17.4
1978	19.5	17.6	24.8	–	3	64.9	23.2	17.6	47.8	2.6	3	94.2	–	27.3
1979	–	15.5	26.4	–	3	44.9		15.5	37.7	2.1	3	58.3	–	13.4

续表 14-1-4

年度	国家投资						实际开支						品除	
	森工	营林	育林金返回	科研费	事业费	合计	森工	营林	育林金	科研费	事业费	合计	盈	亏
1980	2.5	7.5	23	–	5	38	2.5	7.5	46.4	2.5	5	63.9	–	25.9
1981	3	4.3	37	–	5	49.3	3	4.3	75.8	2.8	5	90.9		41.6
1982	–	–	79	0.9	5	84.9			90.7	1.6	5	97.3	–	12.4
合计	232.7	527.7	435.6	3	53.1	1252.1	236.5	527.2	816.6	17.5	48	1445.6	15.3	206.2

金洞林场 1954～1982 年财政收支情况

14-1-5 单位：万元

年度	收入						年度	收入					
	木材	木材加工	林副业	工副业	其他	合计		木材	木材加工	林副业	工副业	其他	合计
1954	–	–	–	–	–	–	1970	93.60	–	9.10	2.20	0.70	105.60
1955	–	–	–	–	–	–	1971	101.90	–	6.10	8.90	0.90	117.80
1956	–	–	–	–	–	–	1972	139.70	8.00	7.30	0.63	1.60	157.20
1957	–	–	–	–	–	–	1973	114.70	3.40	3.50	1.80	1.60	125.00
1958	–	–	–	–	–	–	1974	120.00	7.90	5.00	1.70	1.60	136.20
1959	–	–	–	–	–	–	1975	123.20	8.10	6.80	4.80	0.90	143.80
1960	–	–	–	–	7.40	7.40	1976	164.10	0.70	1.10	3.10	1.00	170.00
1961	–	–	–	–	8.60	8.60	1977	170.00	3.00	3.60	4.00	146.80	197.40
1962	–	–	3.50	0.70	1.90	6.10	1978	20.80	8.10	3.10	21.00	3.60	243.90
1963	112.20	–	1.40		2.00	115.60	1979	192.30	25.10	4.30		3.60	225.30
1964	97.10	–	1.00	2.00	0.40	100.50	1980	383.20	61.00	0.40	8.00	8.70	461.30
1965	87.00	–	4.40		6.40	97.80	1981	370.00	105.20	0.50	33.20	4.40	513.30
1966	82.20	–	37.60	3.20	1.00	124.00	1982	384.40	121.50	24.10	21.20	1.50	552.70
1967	80.30	–	11.70	2.00	0.80	94.80	–						
1968	80.00	–	8.20	2.00	0.70	90.90	–						
1969	92.00	–	4.60	1.10	1.00	98.70	–	–	–	–	–	–	–

金洞林场 1983～1995 年财政收入

14-1-6 单位：万元

年度	合计	其中				
		木材	木材加工	工副业	–	其他
1983	629	–	–	–	–	–
1984	723	–	–	–	–	–
1985	845	–	–	–	–	–
1986	1056	–	–	–	–	–
1987	1858	–	–	–	–	–

续表 14-1-6

年度	合计	其中				
		木材	木材加工	工副业	-	其他
1988	2186	-	-	-	-	-
1989	1891	-	-	-	-	-
1990	1876	-	-	-	-	-
1991	1573	-	-	-	-	-
1992	1547	-	-	-	-	-
1993	2247	-	-	-	-	-
1994	2208	-	-	-	-	-
1995	3319	-	-	-	-	-

金洞林场 1996～2011 年财政收入

14-1-7

单位:万元

年度	合计	其中						备注
		木材	发电	运输	旅游		其他	
1996	2983.19	2672.75	-	-	-	-	310.44	-
1997	2205.00	2001.00	-	-	-	-	204.00	-
1998	2694.00	2381.00	159.00	97	-	-	57.00	-
1999	1837.80	1514.50	223.30	-	-	-	100.00	-
2000	2127.50	1811.00	248.00	-	-	-	68.50	-
2001	2768.60	2020.00	267.80	-	-	-	480.80	-
2002	2156.00	1695.00	318.00	-	-	-	143.00	-
2003	3441.00	2288.00	235.20	-	70	-	847.80	-
2004	4139.60	2205.00	52.30	-	60	-	1822.30	-
2005	4262.70	2660.60	71.00	-	60	-	1471.10	-
2006	5763.61	2854.95	80.00	-	19.15	-	2809.51	-
2007	5353.00	3346.61	71.00	-	-	-	1935.39	-
2008	5222.68	3043.38	80.00	-	-	-	2099.30	-
2009	3974.00	3390.00	80.00	-	-	-	564.00	-
2010	4453.00	3691.00	82.00	-	-	-	680.00	-
2011	4572.92	4051.52	373.80	-	-	-	147.60	-

金洞林场自建立以来至 1988 年,国家总投资 978 万元,历年积累 400.2 万元。

2011 年几项主要经济指标:国营林场收入 4572.92 万元,其中:林场收入 4051.52 万元,发电收入 373.8 万元,其他 147.6 万元。税金 138.24 万元,上缴省市育林金 121.5 万元。

二、各乡镇财政支出

金洞各乡镇 1984～2008 年财政支出统计

14-1-8　　单位：万元

年份	财政支出预算科目									
	合计	一、农林水事业支出	二、文体广播事业支出	三、教育事业费	四、卫生经费	五、财政税务审计事业费	六、行政事业单位离退休经费	七、行政管理费	八、上解上级支出	九、其他支出
1984	47	2	1	23	1	3	–	14	–	3
1985	60	2	1	38	1	3	–	15	–	
1986	66	3	1	41	1	4	–	15	–	1
1987	87	3	1	51	2	4	–	22	–	5
1988	128	3	1	56	2	5	–	21	40	–
1989	175	2	2	71	2	3		26	68	1
1990	171	6	5	85	2	8	11	32	23	–
1991	166	5	7	80	2	13	12	26	21	–
1992	205	5	6	96	2	15	12	33	18	17
1993	225	5	6	109	2	7	14	33	50	–
1994	351	3	6	129	2	12	14	43	141	–
1995	604	3	6	165	2	12	15	51	350	–
1996	656	1	6	198	2	12	12	53	357	14
1997	701	3	7	232	2	16	36	51	355	
1998	716	2	7	196	2	13	55	66	375	
1999	707	2	5	296	5	16	17	61	305	1
2000	742	3	10	319	4	13	16	60	308	11
2001	829	3	10	331	4	15	17	62	388	–
2002	756	3	9	332	4	15	17	63	313	–
2003	1008	4	11	333	4	16	17	65	412	146
2004	953	4	11	332	4	16	18	65	433	70
2005	1058	4	12	357	4	15	17	65	514	70
2006	1190	7	17	721	4	17	25	132	367	–
2007	956	7	18	753	4	17	25	132	–	–
2008	975	8	18	768	4	17	25	135	–	–

金洞管理区 2009～2012 年财政支出统计

14-1-9　　单位：万元

年份	财政支出预算科目																
	合计	一般公共服务	公共安全	教育	科学技术	文化体育与传媒	社会保障和就业	医疗卫生	节能环保	城乡社区事务	农林水事务	交通运输	粮油资源电力信息事务	商业服务业等事务	国土资源气象等事务	住房保障支出	其他支出
2009	7685	1474	114	1326	10	78	992	314	128	205	1418	1083	436				107
2010	12248	1855	276	1659	19	101	2409	517	315	394	3205	286	286	57		1035	106
2011	17493	2352	211	2587	19	99	3196	1829	1292	148	2581	445	78	384	145	2094	33
2012	17726	3078	267	2354	24	186	3899	736	188	271	4442	258	94	125	58	1688	58

三、金洞林场财政支出

金洞林场 1960～1983 年财政收支情况

14-1-10　　单位：万元

年度	开支										备注
	木材生产	木材加工	林副业	工副业	其他	税金	营林外支出	合计	盈	亏	
1960	–	–	–	–	15.60	–	–	15.60	–	8.20	
1961	–	–	–	–	44.00	–	–	44.00	–	35.20	
1962	–	–	3.00	0.73	4.60	–	–	83.30	–	2.20	
1963	108.80	–	0.10		3.30	–	–	112.20	3.30	–	
1964	85.80	–		3.20	0.60	–	0.30	89.90	10.60	–	
1965	74.10	–	0.40		3.80	–	0.20	78.50	19.40	–	
1966	60.00	–	27.70	3.00	2.40	–	–	93.10	31.30	–	
1967	74.60		1.00	2.50	3.10	–	–	81.20	44.40	–	
1968	78.20	–	4.70	2.80	2.00	–	–	87.80	2.70		
1969	88.00	–	2.60	3.90	2.10	–	–	96.60	2.10	–	
小计	692.00	–	48.50	16.10	81.30		0.4	715.70	7.40	4.60	
1970	87.10	–	7.70	3.00	1.90	–	–	99.70	6.00	–	
1971	101.00		5.20	8.60	3.10	–	–	117.90	–	–	
1972	141.50	7.60	5.00	0.90	3.40	–	–	158.40	–	1.20	
1973	104.40	2.60	2.60	3.60	2.80	–	–	116.00	9.00	–	
1974	112.00	8.50	2.10	3.60	2.80	–	–	129.00	7.10	–	
1975	121.20	6.60	4.80	6.00	2.10	–		140.70	3.00	–	
1976	161.00	1.30	0.70	6.00	1.70	–	–	170.70		0.50	
1977	147.60	6.80	2.40	7.60	2.70	–	–	169.40	28.70	–	
1978	178.00	21.10	1.60	17.50	6.60	3	–	213.50	30.40	–	

续表 14-1-10

年度	开支										备注
	木材生产	木材加工	林副业	工副业	其他	税金	营林外支出	合计	盈	亏	
1979	187.60	47.00	3.10	0.70	57.30	0.5	2.6	272.90	4.10	–	护林费开支
1980	306.20	76.30	0.10	8.00	0.60	21.3	6.7	390.00	65.00	–	9.10
1981	330.00	101.60	0.60	31.20	4.20	12.5	7.1	461.90	51.70	–	19.60
1982	347.70	287.60	1.10	18.20	1.80	15	9.5	494.90	35.80		18.60
小计	2325.00	287.60	37.10	115.00	45.30	5.2	26	2843.20	241.00	1.80	47.30
合计	2984.10	8.10	85.60	131.10	126.70	52.40	26.40	2604.20	314.80	47.30	47.30

第三节　管　理

一、金洞林场财政管理

金洞林场自 1954 年建场以来，按照事业单位企业管理的性质，对下属单位的财务收支制定一系列管理办法。

（一）财务开支审批权限和程序

1.单位行政一把手要对本单位的经济活动负总责，重大的经济活动和每年的财务收支计划，行政一把手要逐项严格把关审定，并报经党委、行政领导集体讨论通过后，方可实施。

2.单位的一切财务收支，必须实行主管财务领导签批制度，林场由主管财务领导负责财务收支的审批工作；各乡镇（分场）、工区原则上逐步推行由行政副职负责财务审批工作，凡乡镇（分场）工区确定行政副职负责审批财务的，必须报经林场主管财务的领导和场主要领导同意；经济实体单位由行政主要负责人负责本单位的财务审批工作。凡未经主管财务领导审批的支出，财务人员有权拒绝付款或不予报账。

3.为了增强财务收支的透明度，场主要领导可定期的对本单位的财务收支精心调账督查，或指定有关职能部门进行审查。

4.预算内的收支，属生产经营单位的，由本单位根据生产经营工作进度，月初向林场报送收支计划，经主要领导和主管财务领导审定后方可下拨资金；属部门或机关科室的，由部门或机关科室根据工作开展情况，月初向林场报送收支计划，经分管领导把关，报经主管财务领导和主要领导审批后方可报账。

5.预算外收支：由生产经营单位或主管部门根据生产的特殊情况，事先拿出收支预算并写出文字报告，经主管领导签具意见，报主管财务领导审核，并根据支出的大小提交主要领导或集体讨论审批。

6.各单位的财务收支必须严格执行预算。对未纳入预算的生产性支出,由分管领导和相关部门提出增加支出情况的说明,交单位主管财务领导和财务部门归集汇总,分项不定期的提交单位领导集体研究决定。因自然灾害影响,增加生产经营支出的,由有关分场(工区)及经济实体单位报告,林场统一组织相关科室核实,由主管财务领导和财务部门根据情况拿出初步建议交场领导集体研究决定。因生产经营需要,必须增加生产经营支出的由相支部门拿出意见,分管领导审定后提交场领导集体决定。对重点项目建设的支出,必须严格按照合同条款执行,并经林场组织的结算人员拿出具体的结算意见,提交林场招标委员会审查,报经场主要领导审定后分管财务的领导承批。对非生产性支出,年初预安各单位和科室的经费除外,由分管领导和相关部门拿出意见,交主管财务领导或财务部门归集汇总,提交场领导集体研究决定。一是分项定期提交的项目:集资款的退还;特殊病人(凡年内一次性开支在 15000 以上并难以治愈的病人)医药费的报销;职工福利费支出。以上由计财科和分管场领导负责核实情况,并拿出支出建议每季或每年分两次提交场领导集体研究决定。二是特殊支出的非生产性项目:各单位组织的重大活动经费支出,由承办单位拿出具体意见报分管财务领导或财务部门审核后,提交场领导会议集体研究决定;对上级要求参加的活动支出,由相关单位拿出意见,提交单位主要领导会同研究决定;对加强纵横向联系的经费支出,由场主要领导同意分管财务的领导审批;对各单位募捐、集资、赞助、参加庆典活动等支出,由各单位在预算资金内控制支出,有上级精神的由主管领导提出意见,报单位主要领导同意,分管财务领导审批;对友好往来单位的,由单位主要领导研究同意,分管财务领导审批。

7.凡预算外的生产性支出,在 2000 元以上和非生产性支出在 1000 元以上的,由林场行政一把手根据场集体领导和场主要领导研究的意见签字后, 主管财务领导方可审批报账。各单位的一切财务开支,必须严格办理会计报账手续,未按规定程序审批的原始付款凭证,财务人员不得审核付款。

(二)资金管理

1.加强资金管理。各单位按照“以收定支、收支平衡”的原则,年初制定年度财务收支预算,月初做好当月财务收支计划,月终统计分析财务收支完成情况,并逐项张榜公布。季末、年终要对照年初预算总结经验,查明原因,以便切实管好用好资金,提高资金使用效率。

2.及时结算木材款,加速资金回笼速度。在产品、物质的销售上,必须做到先钱后货,严禁赊销。因赊销而形成的债权,谁批示,谁收回,由此造成的损失概由批示人承担行政和经济责任。

3.各分场、工区,经济实体单位在资金安排上,应优先保证正常的生产开支。因资金安排不合理而影响生产造成严重亏损和负债的,要追究党政主要领导和主管领导及财务人员的行政和经济责任。

4.各乡镇(分场)工区及经济实体单位严禁擅自向外举债。特殊情况下,确需借支的,必须经林场主管财务的领导批准方可向外借款, 其借款利率不得超过银行同期贷款利率,否则,谁借款,谁负担经济损失。

5.各单位预算内收入资金及其他资金。一律不准用于个人借支。职工因公出差借支欠款,回单位后应及时与财务部门结清。对拖延不结,超过一个月的,按欠款本金除按银行同期贷款利率收取利息外并加收20%滞纳金。超过6个月的视同挪用公款论处。非公务性的借支,谁批借谁收回,收不回的从批示人的工资中扣回。

6.各单位一切现金收入,必须按时交财务部门入账或存入单位银行账户,不得公款私存,不得私设小钱柜和挪作他用,否则作贪污或挪用公款论处,并追究责任人的行政和经济责任,情节严重的,追究刑事责任。

7.各单位应建立票据管理制度,林场计财科统一管理全场收费及销售票据。各单位办理对内对外结算票据,必须到林场计财科领取,一律不准自购或自制。各单位财务部门负责本单位的票据管理,办理票据领取及发放登记手续,并实行以票据监控资金。各分场(工区)收取护林清缴收入的票据,必须使用林场计财科发放的票据,否则其清缴收入的返回款,林场全部收缴。

8.各单位的所有收入必须实行"收支两条线"管理,凡收入首先全额上交林场,林场再按有关规定的比例返回到各单位。

(三)非生产性支出具体管理

1.业务招待费支出管理

来客接待,场部机关原则上在林场招待所就餐,乡镇分场(工区)及经济实体单位原则上在本机关食堂就餐,特殊情况需要外出就餐的必须经主要领导或主管财务的领导同意后方可就餐,未经同意擅自外出就餐的一律不予报销。凡来客接待,场部机关由办公室确定的人员统一安排,接待部门应首先报告分管领导或办公室确定的人员同意,并按规定标准开具接待单,招待所或机关食堂方可凭接待单按规定安排就餐。

全场统一规定接待标准:在林区内接待客人的标准:早餐一桌25元以内;中晚餐一桌一般干部在60元以内;科局级干部在80元以内;县处级干部在100元以内;厅级干部在120元以内。林场内部来客接待:早餐在20元以内;中晚餐一般干部在40元以内;科局级干部在50元以内;处级在60元以内。各单位来客接待,应严格控制陪客人员。

2.车辆费支出管理

林场对各单位的小车支出实行总量控制,核定每辆车全年支出总额,包干使用,结余留用,超支不报。凡林场各单位的小车出车统一实行派车单用车,小车司机必须按派车单里程行使,并做到逐日登记,坐车人在当天行车单上签名。

3.会议费支出管理

属林场列支的全场性会议,由主持会议的部门负责人根据参会人数,事先到办公室开具会议就餐单,会议结束后,负责会议的部门应及时与招待所办理好就餐结算手续。属机关科室召开的业务性会议,由科室负责人到招待所报餐,会议结束后,到招待所结算,其经费从各科室年度预安的经费列支。各乡镇(分场)工区及经济实体单位除召开党代会、人大代表会、职代会、先代会和村主干会议可安排就餐外,其他会议一律不得安排就餐。会议伙食补助标准:科室召开的会议每人每天补助12元,林场召开全场性会议每人每天补助15元,召开三级干部会议每人每天补助18元；党代会、人大会每人每天补助20元。各乡镇（分场）工区及经济实体单位，召开村主干会议每人每天补助10元，召开党代会、人大会、职代会、先代会每人每天补助18元。

4.电话费支出管理

各单位对公用电话的管理，林场按每年核定标准实行电话费全额包干，结余留用，超支自负。从总量上实行控制，制定具体标准，确定不同级别和部门的办公电话费报销标准。

5.办公费支出管理

严格控制办公费用，对场机关科室及乡镇（分场）工区实行包干管理，确定包干基数，全额核定到科室及乡镇（分场）工区，具体标准按上岗人员每人每年48元计算，节约留用，超支自负。加强对办公用品购置的管理，统一集中采购办公用品，并建立办公用品发放登记和出库手续。

6.差旅费支出管理

制定统一的下乡补助标准，出差差旅报账标准。

7.其他福利

制定职工因公负伤住院期间一切补助标准，职工探亲有关规定和开支标准。

二、管理区财政管理

2006年，金洞管理区正式成立。在永州市委、市政府统一领导下，祁阳县与金洞管理区就财政移交问题达成一致意见，并于2008年12月26日正式签署移交协议，由祁阳县财政每年补助金洞管理区财政1023万元，金洞范围内财税收入属管理区征管、分享，上级财政补助收入由金洞管理区财政与上级财政直接结算。2009年，金洞管理区财政正式按县区级财政模式独立运作，与县级财政一样执行分税制财政体制改革办法，省市财政对管理区实行税收返还、转移支付制度，管理区对区本级预算单位实行“经费包干、超收分成、超支不补、结余留用”的包干管理办法，金洞财政由此翻开了崭新的一页。

三、金洞林场对分场（工区）财政管理

1954~1984年，金洞林场对各分场（工区）的财政管理实行“一级核算，两级管理”的办法，1984年以后，实行“核定指标、超支不补、结余留用”的管理办法。2000年起，金洞林场对分场（工区）实行划小核算单位，下放生产、经营权。各分场（工区）作为林场二级核算单位，主要负责林场对本级按编核定的非生产性费用。生产费用及本级收入的资金管理和使用，实行“自负盈亏，超收留用，超支不补，节余留用，自求平衡”的分开核算办法，林场对分场（工区）实行宏观调控。在财务管理上，采取“一放”“三定”“三管”的办法。

“一放”，即放开财务收支权。林场核定给各单位的费用由各单位自行支配，分场（工区）本级的收入由本单位自行收取并支配。

“三定”，即定费用、定木材销售任务、定木材销售结算价。

“三管”，即管产品、管资金、管人员。管产品，各单位的木材生产、销售必须实行分块管

理，生产、销售部门必须分别逐货场建立产品台账，财务部门凭生产销售部门的验收入库、销售出库凭证，及时登记产品的明细账，三方做到账账相符，每月对账一次，并每月向林场业务主管部门报送月报表。管资金，坚持收支两条线，各分场（工区）的国有木材销售收入，实行全额上交，坚持收支两条线，严禁以收坐支，整个国有收入必须先入林场计财科账户，每月结算返回一次。坚持以票管钱，凡国有木材销售及护林清缴收入开具的票据，一律使用林场计财科发放的规定票据，严禁无票据销售。

四、乡镇的财政管理

民国时期金洞境域收入全部上缴，支出由上级拨给。中华人民共和国成立初期，尽收尽解，支出逐级下拨；1953 年，实行“统收统支，统一领导，分级管理”的办法；1959~1967 年，实行总额分成办法；1968 年，实行财政收支两条线，收入上缴，支出下拨。1969 年，实行收支挂钩，总额分成；1970~1977 年，实行的收入按固定的比例留成，超收另定分成比例，支出按指标包干。

1978~1984 年，金洞区和所属公社没有单独财政，实行统收统支，由祁阳县财政局负责核算。从 1984 年开始，改公社为乡镇，同时实行“以场带乡，场乡联营”的管理体制，七个乡镇设立乡镇财政所，配备专职财政人员。但财政仍由祁阳县管辖，一直到 2007 年成立金洞管理区。1986 年，建立镇一级财政预算，实行“定收定支、超收分成、短收分担、一年一定”的财政体制，其收入范围包括区镇所属企业的工商各税、农业税、农业特产税和其他收入；支出范围包括镇级行政事业支出和教育、卫生、计划生育、财政、农业等事业费。其年度财政收入任务根据上年实际完成财政收入情况与当年增收因素，综合考虑，由县确定支出，按当年县预算安排的定额计算。超收分成。分两种情况对待:凡农业税、农业特产税和其他收入的超收部分，乡镇分成 30%；工商各税超收按 4 级计算分成，超 2 万元以下的乡镇分成 50%，超 2~3 万元分成 40%，超 3~5 万元分成 35%，超 5 万元以上分成 30%。短收则按同一比例分担。

1987 年，祁阳县对乡镇全面实行“定收定支、超收分成、短收分担、超支不补，结余留用、一年一定”的财政体制。收入范围和超收分成、短收分担比例仍按 1986 年的不变。财政支出的包干范围，由 1986 年的 6 项扩大到 11 项，增加广播、畜牧、农技、林业、水利等事业费支出包干。改革成效较好，金洞各乡镇基本上完成了上级分配的任务。

1988 年，对超收分成、短收分担的比例做了调整:超收部分税务部门提成 6%以后，县与各区乡镇对半分成；短收按同一比例分担。是年，农业特产税全面开征，按征收额区提成 2.5%，乡镇分成 27.5%，县 70%。其他收入返回 30%。

1989 年改为收支包干到区，区再包干核算到乡镇。工商各税超收分成又做了调整，其中金洞区（金洞林场）超收，在扣除税务部门 10%的提成后，县与区（场）三七分成，县占 70%。

1990 年 7 月开始，对乡镇财政实行“核定收支基数、递增上交、定额补贴、超收全留、短收自负、超支不补、自求平衡、一定三年”的财政体制。县根据各乡镇的实际情况确定收支包干基数，对那些收入大于支出的乡镇按 7%至 10%的比例上缴，对收不抵支的镇核定补贴数额，超收全留，短收自负。新增政策性支出，原则上县与乡镇各负担一半，县对区也视为一级财政，管理体制视同乡镇。年终县与区本级及其所属乡镇捆在一起结算。同年，建立乡镇级国家金库。1991年，采取32项新措施：一是各级新增人员其经费由各级负担；二是区乡教育部门人员经费、医疗费收到县统一掌管，由教委包干使用；三是实行收支两条线，区乡收入全部上交到县，支出由县财政下拨。1993年，又将原来包干到区乡镇改为只包干到区，区对所属乡镇财政管理办法由各区自定。根据各区（镇）经济发展情况，重新确定包干基数。建立区、国家金库，减少资金上划下拨环节。

1995年，对超收分成和短收分担办法做了调整：年度超收实行分段确定比例分成，区超收30万元以下按三七分成，区（镇）分成70%；超收30万元以上四六分成，区（镇）分成60%；短收按比例相应扣减支出指标。

1996年，祁阳县对所属乡镇实行分税制财政管理体制改革，金洞林场代管的7个乡镇仍实行1995年财政包干体制。改革后的镇级财政收入包括镇级固定收入和县、镇共享收入。镇级固定收入系乡镇管辖单位和个体纳税户上交的个人所得税、车船税、房产税、屠宰税、印花税、罚没收入；镇管企业上缴的企业所得税和利润；农业税和农业特产税；原属乡镇的其他收入、罚没收入和行政事业性收费收入。县与镇共享收入包括：营业税、固定资产投资方向调节税、城镇土地使用税、土地增值税和资源税。共享收入的分成比例均为县70%，镇30%。镇级财政支出范围包括农业（含经管）、农机、水利、文化、教育、广播、计划生育、公费医疗、行政和财政等行政事业性支出，上述人员经费按零基数预算的标准计算。对镇级分税制财政体制的收入基数一般按1995年镇级实际财政收入为基数；支出按零基预算支出为基数。凡收入大于支出的乡镇递增上缴，递增比例根据各镇财力发展趋势分别确定：凡支大于收的乡镇实行定额补贴。各镇财政收入基数及以后年度增长部分全归镇，县不集中，但农业税的调价增收部分则全额上交到县。共享收入无论是基数部分还是增长部分，其分成比例均为县70%，镇30%。以后年度乡镇财政支出增长部分均由各乡镇财政自行解决，县财政一律不予负担。是年7月1日，各镇建立镇级国库，财政体制改革转入正常运行。1997年，适当调整乡镇收入基数和国库资金划解比例，并将农业、农机、水利、教育等事业经费从镇级财政支出基数中划出，建立县对镇转移支付制度，这一财政体制一直运行到2001年。

2002年，县对乡镇实行“核定收支基数、确定上解比例、超收比例分成、短收缺一扣一”的乡镇财政管理体制。分别核定各镇国税、地税、财政三块收入基数和财政支出基数，剔除直接上解县金库后各镇纳入基数，减去政策性转移支付补贴后的支出基数，其差额实行比例上缴。乡镇财政收入超基数部分实行县镇比例分成，祁阳县规定，金洞超收分成50%。凡未完成核定的国税、地税、财政三块收入基数的乡镇，其定额上缴收入和增值税基数中上划中央收入75%部分，短收多少县财政扣多少。乡镇财政收入范围与1996年确定的范围相比，增加了增值税、城市维护建设税、契税、耕地占用税。1996年，确定为县镇共享的营业税、固定资产投资方向调节税、城镇土地使用税、土地增值税、资源税都划为镇级财政收入范围。乡镇财政支出范围比1996年减少了农业、农机、水利、教育等开支，其余行政、财政、计生、广播、文化经管等行政事业单位仍属乡镇财政支出范围。2003年，继续执行这一体制。

2004 年,对乡镇财政体制进行修改,不再实行超收分成,短收分担。2007 年,成立金洞管理区,随即金洞管理区财政局正式建立,一级县级的财政体制应运而生,由此,一级独立核算的财政体系在金洞正常运营了。

2001~2007 年,金洞林场对乡镇一级财政建立"统一归口、统一审批、统一管理、分线核算、分线使用、强化监督"的"三统二分一强化"的新型乡镇财政管理模式。首先成立乡镇财务管理办公室,负责对本乡镇财务收支活动进行管理;对乡镇财务收支预算经党政领导研究后,提交乡镇人大会审议通过;乡镇财务办公室对全乡的财务收支实行年度总预算管理,并按月做出财务资金收支计划,收入未完成的部门,应相应减少支出计划。实行分管财务领导一支笔审批制度,具体程序是:预算内支出,先由管线领导签字,经审批人审批,会计审核后,出纳才能付款。预算外支出,必须按程序增加预算后方可列支。

财务开支审批权限:非生产性开支,一次性开支 500 元以内的由审批人审批;2000 元以内的由书记、乡长、管线领导商量后审批;2000 元以上的由乡镇党政领导集体研究后审批。生产性开支,预算内开支由审批人审批;预算外的生产性开支按程序审批,5 万元以上的项目开支,按程序增加预算应交乡镇党政领导联席会议通过后,并报林场批复。严禁审批私人借款,因公确需借款要经党政领导集体研究。

严格审核,专项支出和部门支出实行定额管理,超额不予报账。加强票据管理,乡镇各部门所有的票据统一归口到乡镇财务办公室管理并建立票据台账,及时做好票据领用、缴销手续。

五、预算外资金管理

2001年起,金洞林场对全场预算外资金实行"收支两条线"管理。凡是各单位收取的预算外资金,必须开具林场计财科规定的票据(不属于计财科发放的票据必须持票到计财科登记),各单位收取的预算外资金必须统一纳入林场财政专户储存,每季度与计财科结算一次,并做到即收即返,严禁以收坐支。各单位预算外资金提成比例是:金洞竹木检查站按收费总额的 10%提取;林业公安分局(含各乡镇派出所)按收费总额的 80%提取;各乡、分场(工区)护林队收取林木赔损款,按收费总额的 60%提取;营林资源科办理木材通行证收取的植物检疫费按收费总额的 5%提取;纪委系统收取的违纪金额按收缴总额的 50%提取;计划生育部门收取的计划生育罚没按收缴总额的 50%提取。

第四节 税 务

1954 年以前,金洞税务工作属宁远县管辖,是年 6 月从宁远析出,归祁阳县管辖。1955 年设立金洞税务所。1959 年 9 月,祁阳县在金洞山区增设小金洞、晒北滩、石鼓源、凤凰、白果市 5 个税务所。1961 年,被撤销,只保留金洞税务所,负责全林区的税务工作。1994 年,全国实行新税制,组建国家税务局和地方税务局。9 月,祁阳县地方税务局正式挂牌,下设派出征收机构按行政组建13个地税所，金洞位列其中。

1998年7月，全县对税务机构进行调整，撤销13个税务所，全县建立6个征收分局。第五征收分局设八宝镇，负责肖家村镇、八宝镇、金洞林场及所辖7个乡镇的税收征管。2001年11月，对机构及征管范围再做调整，原设八宝第五征收分局征管范围划归第三征收分局，金洞划归第三征收分局，分局设白水镇。2004年8月，全县对机构设置再次调整，调整后的机构为6个科室，派出机构由原来的6个征收分局调整为5个征收分局，撤销第六征收分局，并将“征收分局”改为“税务分局”。2012年，经省市地税局同意，成立金洞管理区地方税务分局，2月17日正式挂牌运作。

中华人民共和国成立后，开征的税种有农业税、货物税、行商税、交易税、房地产税。1966年，在金洞开征的只有农业税、工商统一税、工商所得税、屠宰税等税种。1983年，恢复牲畜交易税，开征增值税、建筑税、奖金税、资源税、调节税、城市维护建设税、土地使用税、产品税、农林特产税。1983年起，实行县长、区长、乡镇长三长管税办法，全面建立10种纳税档案；恢复20世纪50年代民主评议征税办法，建账建案，减少偷税漏税行为，提高税负深度，实行四税（集市屠宰税、集市交易税、农村零散税、城乡个体工商税）提成办法。

1985年，实行财政包干，分灶吃饭，以1983年为基数（每年收入递增7%，收支包干，结余留用，超支自负，一定五年不变）。从1985年至1988年每年进行税收、财政、物价大检查，促进税收入库。

1994年税制改革后，地税负责征收的有13个税种，即营业税、资源税、企业所得税、个人所得税、土地增值税、房产税、车船使用税、印花税、屠宰税、城镇土地使用税、城乡建设维护税、固定资产投资方向调节税和教育附加。2002年5月以后，为减轻农民负担，根据上级精神，停征屠宰税。

2012年成立金洞管理区税务分局后，同年各种税收500余万元。

第二章　金　融

第一节　机　构

2011年，全区有金融机构：中国农业银行祁阳县支行金洞营业所；农村信用社7家（金洞、小金洞、上司源、晒北滩、石鼓源、凤凰、白果市），有职工26人，有代办站72个，营业网点31个，有代办业务员72人。年末储蓄余额4.4亿元，各项贷款余额14650万元。

一、农行金洞营业所

民国时期,金洞境域内属于宁远县管辖,是宁远县的偏远山区,政治、经济、文化等方面较为滞后,尚未有金融机构。1952 年 11 月 8 日,建立金洞营业所,开办时配主任 1 人,会计 1 人,出纳 1 人。1954 年,由宁远县划归祁阳县管辖,金洞营业所人员及财产移交祁阳县人民银行。1954 年 6 月,祁阳、宁远两县银行分别派代表在金洞办理交接手续。

金洞营业所是祁阳县农业银行的下属机构,1980 年祁阳县农业银行第三次组建以前,全县有 14 个营业所属祁阳县人民银行管理,金洞是其中之一。1979 年 12 月恢复农业银行后,营业所由县农业银行管理。农村金融机构的建立,标志着农村金融行业走上了正轨。新中国成立后,农村各级政府职能部门不断建立和完善,农村的经济金融要有专门的职能机构进行调节和管理,目的是为国家和人民理财。

农村营业所的建立,一是为当地政府和各职能部门服务;二是解决当地劳动人民生产、生活上的实际困难;三是支持当地国营、集体、个人、企业的发展;四是办理各种贷款和存款等金融业务。

金洞营业所截至 2012 年 10 月 31 日,存款余额 2.9 亿元,各项贷款 1800 万元。

业务经营范围包括:吸收公众存款;发放短、中、长期贷款;办理国内外结算;发放金融债券;代理发行、兑付、承销政府债券;从事银行卡业务;代理水、电、气缴费;代理保险业务;代理资金清算;发行代理农行买卖股票等有价证券;从事实物黄金、白银等贵金属买卖;证券公司客户交易结算;资金存管业务;企业个人财务顾问服务;企业年金托管业务;代理财政支付、粮食直补、新农合医疗补助;代理开放式基金业务;对公和个人理财服务;办理电话银行、网上银行、手机银行等金融衍生产品交易业务。

业务经营情况:自 2007 年至今,投放"三农"贷款累计 3100 万元人民币;发放惠农卡 21000 张、布放 POS 机 20 台、支付通 18 台;对七乡一镇进行送金融知识下乡累计 60 人次;发放金融产品宣传单 8 000 多份;办理手机、电话、网上银行 8768 户、短信通 6318 户;办理信用卡、准贷记卡 1200 张;投放 ATM 自动取款机一台;自助缴费、查询、转账终端机一台;设计高柜 2 个、低柜 1 个;对公柜台 1 个。新增对公开户 108 户;个人贵宾(VIP)客户净增 886 户;代理保险 1080 万元。

2010 年,各项存贷款 1.28 亿元,2011 年为 2.7 亿元,2012 年年底达 3.3 亿元。2007 年,被省公安厅评为"安防合格单位"。2010 年,被县、市行确认为高产优质网点。2011 年,被县支行确定为县行重点高产网点。2011 年,被湖南省银监局团委、湖南银行业协会评为"送金融知识下乡服务站"。2012 年 7 月,在农总行基层网点理财竞赛活动中勇夺全国第二名、全省第一名。2012 年 11 月,被农行永州市分行升格为二级支行(副科级)网点。

农行金洞营业所自批准成立以来为当地的金融服务勇挑重担,"三农"服务惠及"万村千乡",有力地支持了区域内的经济发展。无论是市场份额、服务,还是网点布局、存量、增量均占第一。

二、农村信用合作社

1953 年，上级银行规定：信用社扶助农民摆脱高利贷的剥削，发放低息贷款，为发展农副业生产服务。1962 年，社章规定：信用社在农业银行和公社的具体指导下，依靠贫农、下中农，联合中农，开展存款和放款的业务活动，帮助社员解决生产生活上的资金困难，打击和消灭农村高利贷，促进农业生产的发展和人民公社的巩固提高。20 世纪 90 年代后，信用社的根本宗旨是：为信用社社员提供有效、及时、方便、优惠的金融服务，支持农村经济发展，改善农民生活。信用社资金来自股金、个人储蓄和集体存款。存、贷政策贯彻实行“存款自愿、取款有息，为储户保密”、“有借有还、到期归还”的政策、原则。

信用社的建立 1951 年，根据中国人民银行制定的《农村信用互助小组公约(草案)》《农村信用合作社章程准则(草案)》等文件精神，信用社是当时在农村社会主义改造高潮中，为适应合作化生产的需要而产生的。1952 年，凤凰建立农村信用合作社(以下简称信用社)。1953 年，建立白果市信用社。1955 年至 1958 年，全县 937 个农业生产合作社都建立信用分社，金洞区先后在金洞、晒北滩、小金洞、鸭婆凼、石鼓源建立农村信用合作社。几十年来，信用社没有设立由中央到地方的垂直管理体系，先后由中国人民银行祁阳支行和中国农业银行祁阳支行交替托管、代管。到 1979 年第三次恢复祁阳县农业银行，从 1980 年到 1996 年底连续代管。1984 年 11 月，祁阳县农村信用社联合社成立，虽为全县农村信用社管理机关，但仍受县农业银行领导。1996 年以后，行、社脱离行政隶属关系，信用社独立运作。

信用社调整 1954 年，全县共建信用社 189 个。1956 年撤区并乡，全县 205 个乡合并为 50 个大乡，信用社随行政区划的调整为 50 个，金洞区有信用社 7 个(金洞、小金洞、白果市、晒北滩、大岭下、鸭婆凼、凤凰)，1959 年 1 月，全县 25 个人民公社调整为 18 个。县农业银行所设 18 个营业所与信用社合并组成 18 个人民公社信用社，金洞区有信用社 6 个：石鼓源、白果市、晒北滩、大江(凤凰)、小金洞、金洞。同年 6 月，营业所与信用社分设。1961 年，全县由 18 个人民公社划分为 83 个人民公社，全县亦设立 83 个信用社，金洞区有金洞、小金洞、晒北滩、白果市、凤凰、石鼓源、上司源等 7 个信用社。1999 年元月，上司源信用社降为分社，由小金洞信用社接管。1999 年 11 月，石鼓源、小金洞、晒北滩、白果市等四个信用社降格为分社，由凤凰信用社接管白果市分社，金洞信用社接管石鼓源、小金洞、晒北滩信用分社。

2001 年 12 月，撤销上司源、白果市 2 个信用分社，其存贷款业务将上司源分社并入金洞信用社，白果市分社并入凤凰信用社。2011 年，白果市、上司源 2 个信用社重新恢复营业。

上司源乡信用社 1956 年全县 937 个农业生产合作社都设立信用分社，上司源设立鸭婆凼信用分社，办公地址设鸭婆凼。1959 年，信用社合并到石鼓源。1962 年，设立上司源信用社，工作人员一人。由于业务量少、利润薄，于 1996 年年底停办，信贷业务由邻乡小金洞乡信用社代办。2011 年，经上级批准恢复了上司源乡信用社。

石鼓源信用社 1956 年 6 月，借古岭乡与石鼓源乡合并，设立大岭下乡，随即设立信用社，与乡政府同在大岭下办公。1958 年 10 月，跃进人民公社成立，信用社随公社办公地迁至石鼓源老街上办公。信用社在公社机关院内右侧办公。1974 年，乡机关搬迁至五房村，信用社随乡机关搬迁在乡大门口左侧办公营业。1988 年,随着形势的发展和业务的需要,伴乡政府左边兴建信用社一栋,为现在办公地。

凤凰信用社 1952 年,凤凰乡发动广大农民群众积极入股:遇到困难需要资金,可直接到这里来贷款;借款利息低,股金产生的利息除管理开支外按股份分红。每股为 2 元,多入不限。1954 年凤凰农村信用合作社正式成立,在乡政府领导下开展工作。广泛宣传家有余钱的可存入信用社,还有利息。本年末储蓄余额只有 5000 元,此后,逐年增多。1983 年,凤凰农村信用合作社从政府大院中分离出来。在凤凰乡榨油厂后的北边,建了一排座北朝南的砖木结构平房,面积 250 平方米。信用社的业务、人事等全部由祁阳县信用合作联社管理,工作人员也由 2 人增加到 4 人。同时,在各村建立信用站 8 个,以方便群众就近存、取、贷款。这时,年末储蓄余额已达 15 万元。70 年代,股份分红一次。80 年代,兑清。90 年代,又发动群众入股。1996 年,榨油厂开发建民房,信用社购六个门面地建了一座砖混结构,座东朝西,面临公路的 3 层楼房,占地面积 400 平方米。东南北三面为围墙,正北面偏西为大门,配套设施齐全,总面积 2000 平方米。所有信贷业务全部转入铺面房营业。1996 年年末储蓄余额达到 320 万元。2005 年,凤凰信用分社又鼓励群众入股,每股 200 元,可凭会员证从信用社贷款数千至一万元。随着市场经济的迅猛发展,凤凰人民的生活水平不断提高,群众手中的余钱不断增多,信用社也推出各种异地存款、电子汇款、记账转账等便民业务。到 2011 年年底,全面实施电脑办公业务,年末储蓄存款余额达 6458 万元。

白果市乡信用社 白果市乡信用社于 1953 年筹备并创办,实行股份制,人民币一元为一股,当时的农户一般只能是一户一股,最多两股者极少。全乡 700 多户,本信用社也仅筹集到七百余元的股金。信用社设于团结村街上,以七百元股金为资本开始运作。边放贷边发动群众入股,信用社的业务和规模都在不断地扩大。1963 年,营业所迁至本区小金洞乡。1964 年,该机构又重新迁回,并挂牌称之为中国人民银行金洞营业所白果市信用部,设负责人和业务员各 1 人。2000 年暂时撤并于凤凰信用社,2011 年 12 月重新恢复。截至 2012 年年底,全乡的存款总额是 1000 万元。

三、农村信用站

信用站系信用社代办机构,代办人员是村组熟悉财会业务,清正廉洁和政策法纪意识强的村民,经信用社考察同意,并通过短期业务培训合格后,由信用社择优聘任。受聘人员与信用社签订代办协议,为所在村农民群众办理存款和政策规定范围内的贷款业务。代办员不脱产,其报酬按年度实际完成的业务量,信用社按规定标准支付代办手续费。金洞境内农村信用站(又称信用代办站)始建于 1969 年。是年共建站 46 个,翌年增加到 72 个。但发展不稳定,1980 年减至 66 个,1984 年回升到 70 个,2000 年又减至 61 个,2003 年按照上级精神撤销农村信用站。

四、合作基金会

根据湘农办〔1994〕12 号文件及《零陵地区农村合作社基金会管理办法》之规定,1991

年，由乡(镇)政府呈报，县农经局审查，报地区农委经管处审批并颁发《融资许可证》，金洞镇、小金洞乡、晒北滩、白果市、凤凰、石鼓源、上司源等六乡一镇于1994年内先后成立农村合作基金会，共有专职工作人员26人。1999年4月8日，祁阳按照国务院关于清理整顿农村合作基金会的通知精神，将全县乡镇、基金会、村代办站及县城各营业网点全部关闭，进行清理整顿、清收借款。1999年9月，全县合作基金会清收借款工作告一段落后，实行关停并转。金洞六乡一镇合作基金会全部停办。1999年10月1日以前将合作基金会的原始凭证、账据、报表及空白凭证等造好清册，移交给本乡镇财政所接管。各基金会的办公用具等固定财产一并交当地乡镇政府。

金洞镇 金洞镇合作基金会于1994年8月2日成立，设主任、会计、出纳、信贷员等工作人员4人。办公地点设镇财政所，入会股东1000人，累计聚资3200万元，累计投放550万元，放款利息70万元，利润8万元。合作基金会于1999年10月1日停办。

小金洞乡 小金洞乡农村合作基金会，自1994年10月5日成立，在小金洞乡大门口借明房办公营业，有工作人员4人，发展会员800余万元，聚集资金390万元，累计投放资金220万元。于1999年10月1日根据国务院办公厅精神，实行关停。

上司源乡 上司源乡合作基金会创办于1994年9月，累计聚资59万元。累计投资29万元，利润2万元。合作基金会于1999年10月1日停办。

石鼓源乡 石鼓源乡农村合作基金会于1994年8月6日创办，累计聚资138万元，累计投放450万元，放款利息收入22万元，利润14万元。合作基金会于1999年10月1日停办。

晒北滩乡 晒北滩乡合作基金会于1994年10月成立，设立主任、会计、出纳工作人员3人。办公地点设在乡政府机关内，发展会员800多户，入会股金10万余元，聚集资金500多万元，累计投放资金300多万元，于1999年10月1日停办。

凤凰乡 凤凰乡农村合作基金会由农村合作基金会于1996年创办，地址设在凤凰工区招待所(现为凤凰乡中心卫生院)。1998年，年末存款余额48万元。1999年，根据上级指示精神清理停办。

白果市乡 白果市乡农村合作基金会于1994年3月创办，工作人员设会计、出纳各一人。归属乡经管站领导。基金会其基金来源主要是全乡各单位及少数个人存款。1999年10月，根据国家有关政策和规定而停办。

第二节　信用社业务

各乡镇农村信用社历年储蓄存款年末余额见表14-1-1。

金洞信用社1982～2012年存款年末余额统计

14-1-11 单位:万元

年 度	各项存款余额	其中		备注
		个人储蓄	集体存款	
1982	20	11	9	
1983	24	11	13	
1984	33	17	16	
1985	37	21	16	
1986	41	23	18	
1987	61	39	22	
1988	72	44	28	
1989	85	52	33	
1990	126	76	50	
1991	158	134	24	
1992	208	190	18	
1993	351	269	82	
1994	429	366	63	
1995	560	514	46	
1996	706	651	55	
1997	833	644	189	
1998	895	724	171	
1999	895	880	15	
2000	816	804	12	
2001	953	904	49	
2002	1082	971	111	
2003	1232	979	253	
2004	1232	934	298	
2005	1428	1144	284	
2006	1967	1458	509	
2007	2230	1816	414	
2008	2865	2480	385	
2009	3359	3088	271	
2010	3900	3458	442	
2011	4449	4093	356	
2012	6447	5881	566	

金洞信用社 1982～2012 年贷款年末余额统计

14-1-12　　单位：万元

年度	各项贷款余额	其中		备注
		个人贷款	集体贷款	
1982	12	11	1	
1983	15	12	3	
1984	19	13	6	
1985	17	11	6	
1986	21	13	8	
1987	30	18	12	
1988	45	24	21	
1989	56	26	30	
1990	126	76	50	
1991	246	136	110	
1992	324	214	110	
1993	488	368	120	
1994	638	523	120	
1995	560	–	–	
1996	706	–	–	
1997	833	–	–	
1998	785	–	–	
1999	824	–	–	
2000	816			
2001	865	–	–	
2002	952	–	–	
2003	1052	–	–	
2004	1180	–	–	
2005	1268			
2006	1320	–	–	
2007	1350	–	–	
2008	1459	–	–	
2009	1672			
2010	1950	–	–	
2011	2074	–	–	
2012	2858	–	–	

小金洞信用社 1989～2011 年存款年末余额统计

14-1-13　　单位：万元

年 度	各项贷款余额	其中		备注
		个人储蓄	集体贷款	
1989	10.53	31.20	74.13	
1990	121.15	46.55	74.60	
1991	139.90	67.10	72.80	
1992	174.80	97.02	77.80	
1993	223.80	143.20	80.59	
1994	194.96	12.40	12.40	
1995	227.48	210.30	17.20	
1996	252.90	234.10	18.80	
1997	281.00	260.10	20.90	
1998	854.90	795.50	59.50	
1999	512.30	500.80	11.50	
2000	547.40	527.70	19.70	
2001	611.60	607.30	43.00	
2002	691.70	688.10	3.60	
2003	769.10	768.00	1.00	
2004	862.60	840.50	22.20	
2005	1589.60	1565.80	23.70	
2006	2346.10	2300.00	46.10	
2007	2276.50	2272.30	4.25	
2008	2652.50	2596.00	56.50	
2009	3027.20	2936.40	90.70	
2010	3586.10	3559.90	26.20	
2011	4112.60	4043.00	69.60	

晒北滩信用社 1996～2004 年存款年末余额统计

14-1-14　　单位：万元

年 度	各项贷款余额	其中		备注
		个人储蓄	集体贷款	
1996	282	258	24	
1197	340	305	35	
1998	360	312	48	
1999	487	453	34	
2000	535	458	77	
2001	584	506	78	
2002	644	598	46	
2003	700	680	20	
2004	609	608	1	2005 年机构被撤销

上司源信用社 1996～2012 年存款年末余额统计

14-1-15

单位：万元

年 度	各项贷款余额	其中		备注
		个人储蓄	集体贷款	
1996	194	172	22	
1997	202	201.5	0.5	
1998	310	260	50	
1999	421	380	41	
2000	512	446	66	
2001	582	512	70	
2002	603	584	19	
2003	625	590	35	
2004	613	601	12	
2012	240	240		11 月

石鼓源信用社 1990～2011 年存款年末余额统计

14-1-16

单位：万元

年 度	各项贷款余额	其中		备注
		个人储蓄	集体贷款	
1990	55.70	47.20	8.50	
1991	61.40	54.10	7.30	
1992	88.40	82.20	6.20	
1993	160.40	153.80	6.60	
1994	239.40	231.90	7.50	
1995	346.10	333.30	12.80	
1996	394.50	380.50	13.50	
1997	374.50	371.30	3.20	
1998	438.50	437.00	1.50	
1999	507.60	505.40	2.20	
2000	579.70	575.30	4.40	
2001	684.70	684.10	0.60	
2002	764.90	764.70	0.20	
2003	847.90	846.30	1.60	
2004	950.80	947.50	3.30	
2005	1263.30	1242.30	21.00	
2006	1484.10	1468.90	15.20	
2007	1962.60	1895.50	67.10	
2008	2424.70	2354.70	70.00	
2009	3294.50	2883.80	410.70	
2010	4777.30	4765.90	11.40	
2011	5167.00	5109.10	57.90	
2012	6410.20	6405.30	4.90	

凤凰信用社1954～2012年存款年末余额统计

14-1-17 单位:万元

年 度	各项贷款余额	其中		备注
		个人储蓄	集体贷款	
1954-1958	0.5	0.5	-	
1958-1962	2	2	-	
1962-1970	5	5	-	
1970-1975	7	7	-	
1975-1980	10	8	2	
1981	12	9	3	
1982	15	12	3	
1983	19	17	2	
1984	26	24	2	
1985	50	45	5	
1986	100	92	8	
1987	130	120	10	
1988	160	151	9	
1989	196	190	6	
1990	220	210	10	
1991	250	240	10	
1992	280	260	20	
1993	260	250	10	
1994	265	245	20	
1995	301	290	11	
1996	320	310	10	
1997	340	335	5	
1998	390	388	2	
1999	496	495	1	
2000	1016	1015	1	白果市社存款并入260万
2001	1323	1320	3	
2002	1719	1717	2	
2003	2058	2050	8	
2004	2361	2358	3	
2005	2698	2694	4	
2006	2912	2905	7	
2007	3341	3340	1	
2008	3856	3853	3	
2009	4367	4365	2	
2010	5112	5104	8	
2011	5955	5940	15	
2012	6458	6446	12	

白果市信用社 1984～2012 年存款年末余额统计

14-1-18

单位：万元

年 度	各项贷款余额	其中		备注
		个人存款	集体贷款	
1984	10	10	0	
1985	15	15	0	
1986	20	20	0	
1987	28	28	0	
1988	31	31	0	
1989	43	43	0	
1990	51	50	1	
1991	60	58	2	
1992	69	68	1	
1993	80	77	3	
1994	95	94	1	
1995	110	108	2	
1996	124	120	4	
1997	151	149	2	
1998	192	186	4	
1999	206	201	5	
2000	230	221	9	
2011	0	0	0	
2012	1000	1000	0	

第三节　保　险

中国人寿保险公司金洞保险站于 1996 年 6 月成立，直属祁阳县人寿保险公司管理。2001 年，保险站更名为营销服务部。保险站成立以后，在金洞境区开展的业务：开发健康险和长期寿险两个险种，如“简易人身保险”“学生平安保险”“公共娱乐场所人身意外险”“团体人寿保险”“长寿年金保险”等 27 个险种。“学生平安保险”在全区推广很快，中小学生基本上都投了保，每人交保费 2 元，保险金每人 1000 元。1997～2011 年，中小学生投保每年有 6000 人左右，收保费 12000 余元。1997～1999 年，又分别推出分红型“66 鸿运保险”“99 鸿福保险”“全家福”等险种。2000～2004 年又相继推出“英才少儿保险”“机动车驾驶员和车上乘务交通意外急救保险”。1996～2011 年金洞保险站，保费总收入近 136 万元。

金洞保险站坚持“主动、迅速、准确、合理”理赔原则，按照“出险通知、验证保单、现场查勘、赔款理算”的理赔程序，秉承“成己为人，成人达己”的核心理念，始终不渝地坚持“客户至上，诚信为本”的服务宗旨。实事求是地为保险客户办理各种理赔。据统计，1996～2011年，共赔付48万元左右。

第三章 商 贸

第一节 粮站建设

一、金洞粮站

该站坐落在金洞镇仙人岭脚下，系林区粮食供应站。新中国成立初期，有粮仓3栋，均设在金洞镇新屋院子。占用邓氏地主堂屋作仓库，1号仓库能积谷25万公斤，2号仓库能积谷20万公斤，3号仓库能积谷10万公斤。1954年6月，金洞划归祁阳管辖，1958年成立粮食管理科，设在区公所，下设三个粮点。1967年，设江口(野树山)粮点，建仓2栋，仓容545万公斤。1968年设晒北滩(黄狗垫窝)粮点，新建仓库2栋，仓容31.8万公斤。1970年设白果市(白果)粮点，分别于1970年、1978年建仓2栋，仓容81.1万公斤。

1968年，金洞发洪水，原仓库所在地由于地势较低，积储在新屋院子的粮食几乎全部被洪水冲走。1971年，老仓被拆除，在金洞镇仙人岭脚下建新仓库，新建仓库2栋，仓容97万公斤。同年设凤凰粮点，新建仓库2栋，仓容73.4万公斤。1975年设石鼓源(五房岭)粮点，新建仓库2栋，仓容71.1万公斤。到1979年止，全站共有仓库6栋，建筑面积1553平方米，仓容为241.5万公斤。

金洞粮站系林区粮食供应站，负责金洞林区4万林农和3000非农业人口及近1万水淹区移民的粮食供应。金洞林区的粮食不能自给，常年收购50万公斤，常年销售475万公斤。最高年份达585万公斤，不足部分主要是从黄泥塘、白水、观音滩、大忠桥调入。1953年前林区粮食供应林农要步行百十里到金洞购买谷米，来回“两头黑”，群众购粮十分不便，为解决林农购粮难题，政府带领林区人民群众加快道路建设，粮食部门增加供应网店，先后在林区设立6处(小金洞、晒北滩、小茗洞、石鼓源、凤凰、白果市)固定供应点。方便林农购粮，还在上司源、土坳、万宝山、内下大坝设立四处临时粮食供应点。为保证及时调运，1974年金洞粮站配置南京牌嘎斯车一台，负责将粮食运至网点销售，大大改变了林区人民的粮食供应状况。2004年金洞粮站置换身份重组为民用股份公司。

二、凤凰粮站

1950年，凤凰粮站建在隐塘村的大地主李才荣家大院里，每年统购粮、统销粮32万斤。

1955年,凤凰粮站迁到江洲祠堂。1975年粮站又在凤凰大队的何家园即现派出所北面新辟站址。靠公路(东面)建一排连接15间的砖木结构平房,建一座300平方米的储备大仓库,总面积5000平方米。1988年,粮站将南面的3间平房拆掉兴建了砖混结构的两层楼房为"粮油销售门市部"。1997年,国家将农业税交稻谷改为交现金,粮站初现萧条。自此,职工开始分流,房屋实施租赁。2009年,由祁阳县粮食局整体出让开发建房。

三、白果市粮站

白果市粮站于1953年建立,地点设在大坝头村李家祠堂,建筑面积300平方米,正屋设4个大仓,每个仓装粮2.5万公斤,总共可储粮10万公斤。1975年,白果市粮站建于团结村七组,包括库房、力公用房、职工住房、伙房及杂房、内操坪,共占地2000多个平方米,设有10个库房,可一次性储粮50万公斤,主要业务是收集当地农户的征购粮7.5万公斤,并从外地调入30至60万公斤粮食,发放统销粮。

1996年,粮食部门体制改革,先后由个体承包经营。至2002年,粮站所有职工都被安排一次性买断下岗,粮店整体出让。

四、石鼓源粮站

石鼓源粮站于1953年成立,地点设在石鼓源街上邓氏祠堂里。1974年,粮站从石鼓源大队迁至五房大队,占地面积约2000平方米,主粮库三大间,杂粮间,能储存100万公斤。1998年6月起,全面放开粮食收购市场,实行自行购销,价格随行就市。2003年6月,石鼓源粮站关闭营业,工作人员实行一次性补偿安置。

五、小金洞粮站

小金洞粮站始建于1962年,1971年在江口村街修建了一座1500平方米的粮点(其中包括仓库500平方米,办公住宿和配套生活区400平方米,坪地600平方米),2000年,祁阳粮食局把江口粮点宅基地拍卖,出让给当地居民建房。

第二节 供销社建设

1954年,金洞划为祁阳管辖后设区,同年组建金洞供销社,是祁阳县最后成立的基层供销社。金洞地处山区,交通极其不方便,一切物资全凭人力肩挑,直到修通祁阳至金洞、晒北滩、凤凰等乡的公路后,商品运输状况才好转。金洞供销社有晒北滩、白果市、凤凰、上司源、石鼓源、白泡回、江口(小金洞)、土坳8个供销分社,一个白水中转仓库及金洞区属门市部。干部职工118人,离退休人员26人,负责金洞林区八个乡镇,73个村,近6万人的生活、生产资料的组织供应。1971年,为搞活金洞山区的林业资源疏通,在祁阳县革委会的统一安排下,先后在万宝山、欧菜河(芦麻源)野猪源、菠萝源等地建起14个代购代销店,解决山区林农和少数民族群众买难卖难的问题。1987年，该供销社收购柑橘6400担、棕片220担、茶叶210担、木炭17700担、土纸320担、土箕36000担、箩筐6000担、各种皮张3200张、兔毛5担、锄头柄14600根、冬茅杆508吨、山苍子油800担、木制品4650件。祁阳县生产、生活木制品的70%由金洞供销社收购调拨供给，还销往外地。1987年，完成纯购进总额186.2万元，其中农副产品购进88.8万元，完成纯销售额588.2万元。20世纪60年代末到80年代，投放生产扶持资金272756元，帮助和支持山区队，组发展农林副业生产，建起规模较大的柑橘、茶叶、药材、棕片等专业场20个，集体和个人种植柑橘3630亩，茶叶2350亩，黄花25亩。2005年，供销社社改制，由1954年开始的集体所有制经济过渡到股份制经济。

一、区属门市部

1956年，先后在金洞镇进街处建立综合收购门市部，有营业房3000多平方米，职工20多人。计划经济时期，门市部凭计划供应金洞区属单位的生活物资，收购林区竹木制品、木炭、杉木条、梨底木、圆木、土纸，销售群众生产生活物资等，2005年改制转让。

二、小金洞供销分社

1973年，在小金洞江口村中段建立供销分社，有营业房870平方米，营业员9人，设有仓库、旅社、南杂、布匹、百货、生资、收购柜组。主要是收购区域内的农、林副产品，销售群众生产生活物资，2005年改制转让。

三、凤凰供销合作社

1953年，凤凰供销合作社创办。租赁凤凰中上街李贵轩的民房(土改前系地主邓同承的房产)为社址。1962年在凤凰街的特大火灾中所有商品付之一炬，无一幸免。1963年，在凤凰圩厂坪东北向的一棵大樟树东面建一座300平方米的两层青砖瓦房。1967年，建一座300平方米的两层砖木瓦房。1970年，在房后东、南、北三面建了三排砖瓦平房。1972年，又在东面(当时无公路)建一座550平方米的两层砖木结构的楼层，下年又在收购站北面建了一座屠宰场，面积80平方米。这时的供销社繁荣昌盛，欣欣向荣，有营业员12人，总面积4500平方米。改革开放以后，私营商店迅猛崛起，极大地冲击供销社的营业。2005年，祁阳县供销社将凤凰乡供销社所有房屋土地全部拍卖转让。

四、晒北滩供销分社

晒北滩供销分社建于1975年，社址在晒北滩乡政府旁边，建立晒北滩供销分社。分社设仓库、门市部、旅社营业房、面积1300平方米，营业员10人。供销社主要为山区群众收购林副产品，销售生产、生活资料。2005年，改制转让。

五、石鼓源供销分社

石鼓源供销分社成立于1953年8月，地点设在现石鼓源村街上。当时为了发展和壮大供销社，采取鼓励农户按户入股，每股 2 元，采取多入不限的原则，通过政策宣传和动员，全乡共筹集股金 2642 元。供销分社经营的范围也比较局限，下设南杂、百货、布类、生资、收购四个行业，为地经济发展起到了一定的作用。1970 年 5 月，分社从石鼓源街上迁至五房大队，占地面积约 1500 平方米，经营规模较齐全，另增加了食杂、五金、食品等柜台。1972 年又在全公社设立 11 个代办点，作为供销分社分支机构。在计划经济年代里，1972~1978 年期间最辉煌。1980 年后，随着改革开放和搞活市场经济流通领域的迈进，实行以市场经济为主体，供销系统开始滑坡，并逐步走进低谷。2005 年，供销系统实行改制，房屋拍卖，人员实行一次性补偿安置。

六、白果市供销分社

白果市地处祁阳、宁远、双牌三县交界，阳明山脚下，全是高山峻岭，交通极为不便，林业资源十分丰富。1953 年，创建供销合作社，社所是借用社员民房，主要是销售火柴、煤油、食盐、香烟、白酒和红白砂糖及饼干等南杂食品。1963 年，供销社在团结村南街口建起一栋 80 平方米的土砖结构平瓦房。1970 年，随着市场的不断繁荣和人们对物资生活需求购买力的提高，供销社拆除其土砖瓦房作为广场，兴建一栋两层 240 平方米的青砖楼房及配套的厨房、厕所、库房等，其时的营业范围分南杂、百货、布匹、生资等项目。1975 年，供销社又迁至团结街北街口新房，其房子更大，活动空地更宽，包括放置收购生资物资的框架房，其圈地 8 亩多，营业范围更广，以收购木制品为多。一年能收购木炭 1200 多担，杉木条犁底木、圆木、犁弯、木耙、水车、风车材料等万多件，还收购药材、皮张、土纸、山苍子油。分社每年十月以后，积极组织调集盐、煤油、棉花、肥皂、小百货等日常生活必需品，动员山区群众备足一个季度的消费数量，以防大雪封山。随着市场经济的建立，供销社逐渐转向滑坡，2005 年改制转让。

七、上司源供销分社

1973 年，在上司源乡政府旁，建上司源供销分社，营业房 680 多平方米，营业员 6 人，上司源为大山区，竹木资源多，分社每年可收购竹木农具、冬茅杆、药材、皮张、木炭、冬笋、山苍子油、干笋等林副产品，同时，为群众销售生产、生活资料 2005 年改制转让。

第三节　集贸市场建设

一、金洞集镇贸易

新中国成立前，金洞没有农产品流通贸易市场，人民所需生产生活用品，除当地自产的以外，一般要到黄家渡或白水去购买。新中国成立后，成立金洞区公所，又成立林业经营管理所，祁阳县的工商、税务、银行、商业、粮食等业务单位也相继在此建立机构。更由于大量木材在这里集散，往来人员日益增多。

1998年前，金洞农贸市场位于细桥冲金洞供销社前方，与沿河街相接，设有家禽、牲畜、鱼类、南杂、百货、蔬菜等交易区域，总建筑面积1150平方米。2001年，因城镇建设的需要，金洞农贸市场搬迁位于燕窝街、金林路、民康路的三路汇合处，四周为居民住宅区。2007年改造扩建的金洞农贸市场辟有五个单位的交易区，分别为：家禽交易区、鱼类交易区、猪肉交易区、南杂交易区、蔬菜交易区。每个交易区域为红砖墩柱结构，上有“金字架”的木质结构，顶端盖瓦，每个交易区面积约500平方米，整个农贸市场面积约为2500平方米。

二、凤凰农、工贸易市场

凤凰农、工贸易市场的前身是毛岭亭圩场。清光绪年间，秧田的贤达绅士在凤凰老街北面200米处的毛岭亭开辟圩场，规定逢农历每月的二、五、八日赶圩。当时亭子西面有几户人家居住，赶圩场地在亭子的周围，搭建3个低矮的稻草厂棚，供交易人员挡阳遮雨。亭北有一棵大樟树(现枯朽仅存一枝)，晴天在大樟树下交易，雨天就到亭子里和屋檐下交易。开始赶圩的人员不多，时间也较短，俗称“狗蚤圩”。没有摊位，生意人自己用箩筐、竹篓、畚箕、竹篮等器具自摆自卖。清代末年，毛岭亭圩场已初具规模，厂棚用杉树皮盖好，棚内有木板摊位，附近的住户还用门板架摊位，但要收取1%的落地费以备维修、添置、管理市场用。生意、买卖人来自四面八方，八宝、木梓圩、白水、肖家、大忠桥的人们肩挑大米、猪肉、鱼类、瓜果、蔬菜、鸡鸭、黄豆、蛋类、花生、茶油、沙糖、酒、豆腐等各种农副产品和自制农产品，还有加工产品：箩筐、竹篓、簸箕、米筛、竹篮等。也有从外地采购来的墨鱼、咸鱼、木耳、海带和日常生活用品、铁器等前来销售，然后采购一些山货回家倒卖或自用。白果市、黄沙两条水系的山民们肩扛杉木、楠竹、干柴、扁担、锄头柄、木炭、干笋等，还有季节性的蕙叶、蜂蜜、冬笋、小笋、野果子、野味——虎、麂、獐、野羊、野兔、竹鼠、石蛙、穿山甲等前来销售，并购回家中所需物品。

民国16年，在凤凰下街居住的邓茂栋欲将毛岭亭圩场迁来凤凰街上，于是就联合长吉山同姓的坦猛子、石疤子两个武功高强的人帮助，与秧田人展开了一场激烈的圩场争夺战。在武力压制下，顺利迁入到凤凰下街，这时下街就叫圩厂坪了。起初也是用稻草、木皮打厂棚，用旧木板、门板架摊位供售货人员使用。逢年过节摊位不够用，周围的居民就将门板取下来用凳子架设临时摊位，卖肉的有专用桌，又称屠桌。圩场可用面积1200平方米，逢年过节时市场可延伸到中街或上街。地理位置优越，收取的落地费很可观，日积月累，逐渐增多，除办公管理开支外，剩下的积蓄用于圩场厂棚、摊位、屠桌等的改善和维修，环境卫生有专人打扫。1950~1981年凤凰农贸市场由税务所收取交易费，并规定自产自销的物品不收费。厂棚的修缮、器具的添置也由税务部门承担，自此，有的厂棚开始盖瓦了。1962年，凤凰街上的特大火灾后，各机关单位都迁往花筵街办公，凤凰公社同时将农贸市场也迁到花筵武圣殿去，但生意人去的少，大多数仍到凤凰圩厂坪交易，机关单位复迁凤凰后，农贸市场恢复原状。“文化大革命”时期，凤凰市场由原来逢农历的每月二、五、八日赶圩改为逢公历的每月2、5、8日，一直沿用至今。改革开放后，凤凰农贸市场归祁阳县市场管理局直管，县市管局重新规划，把原有的杉树木皮厂棚全部拆除，用红砖砌礅柱盖瓦，用混凝土冻摊位、凳子。

征收了北面的民房扩大场地规模,小猪行、水产行都用水泥冻砌好。厂房三排,宽敞明亮,中间通行人,两边设摊位,市场可用面积扩大到 2000 平方米,交易费委托凤凰村的人员征收,县市管局付工资。1995 年,凤凰村在东南方新辟市场 1500 平方米,建厂棚四座,摊位、凳齐全,这时的凤凰市场将原市场定为农业贸易市场,新市场定为工业贸易市场。农业市场拥挤,横街和公路都成了摆摊设点的交易地。到 2011 年年底,市场建筑面积 6000 平方米,实际交易面积 9000 平方米,墩柱式厂棚六座,面积 1500 平方米。固定摊位 78 个,周围群众用木板、凳架的临时摊位 32 个。农贸市场的肉行、家禽行、水产行、农副产品行、蔬菜瓜果行、豆制加工行、南杂北货行一般每圩交易额 28000 元(含市场边的超市、商店),逢年过节每圩交易额 90000 元;工贸市场的服装行、鞋袜行、电器行等一般每圩交易额 8000 元(含市场边的店铺),逢年过节每圩交易额 20000 元。凤凰农、工贸易市场见购买力强,物产丰富,五光十色的产品摆满摊位地面,令人眼花缭乱,目不暇接。每逢赶圩的日子,一般买卖人有 1000~2000 人,逢年过节有 5000 至 6000 人,成群结队的买卖人熙熙攘攘,摩肩接踵,万头攒动,那是人的海洋。

三、石鼓源农贸市场

石鼓源农贸市场,位于五房村境内,2005 年开始筹办,2010 年 11 月竣工,占地面积 35 亩,呈三纵五横网格式布局,共有商铺 120 个,中心两个条形连体大棚为贸易市场,四周为商铺,均系 3 至 4 层楼房。石鼓源农贸市场建设,对完善乡村功能配套、规范集贸市场经营、繁荣当地经济、方便投资创业者经商、服务群众生活都将起到十分重要的作用,是新农村发展城镇化建设的标志性工程。

四、白果市农贸市场

1984 年,白果市乡在团结村街上征地 1.2 亩,建框架瓦面式大棚两座,摊位 32 个,牌坊招牌一个,建起本地第一个农贸综合市场。初期的确是商贾云集,摊位供不应求,连邻近乡镇的大小老板,各种销售店主都来上市;买的卖的,人来人往,热闹非凡,但因当时当地经济发展缓慢,老百姓的购买力不强,货不走俏,生意不顺,售主逐渐减少,摊位空空,不到一个月,只赶了几墟的市场就成了摆设。

第四节　食品站建设

一、金洞区肉食水产站

金洞区肉食水产站于 1979 年 9 月建立。建站前肉食水产由区供销社农副产品门市部经营,原址在供销社旅社后侧。1980 年 6 月,由县拨款 1.5 万元在人岭街口左侧新建一栋两层楼约 200 平方米的宿舍办公楼。同年 10 月,下设晒北滩、上司源、江口(属小金洞乡)、石鼓源、凤凰、白果市、金洞7个分站。由于业务开展不正常,1981年5月经县局批准,撤销晒北滩、江口、白果市、上司源4个分站。随着业务的开展,1985年1月重新恢复江口分站,区站辖凤凰、石鼓源、金洞、江口4个分站。1985年年底,共有干部、职工12人,其中集体职工5人,固定资产7.3万元,流动资金2万元。

1984年10月,中共十二届三中全会关于经济体制改革的决定公布后,增强企业的活力,普通推行经营承包责任制,对肉食水产站推行改革不改行,转体不转向。实行"国家所有,集体经营,照章纳税,自负盈亏",金洞区肉食水产站业绩开展正常稳定。随着商业系统改革的深化,食品站相继实行产权制度改革,取消生猪派购,实行合同定购、议购议销,业务量日趋减少,金洞肉食水产站于1989年撤销,其资产依法处置,职工全部进行"两个置换"。

二、凤凰食品站

1975年,生猪收购从供销社分离出来,创办凤凰食品站。同年,在供销社东北面(现乡政府大门过道北面)辟地1800平方米,建砖瓦平房800平方米。南面是办公室,北面是生猪收购站、屠宰场及生猪装车处,其余为空地和菜地。80年代,个体屠夫登台,自宰自售,90年代初食品站自然关闭。1992年由祁阳食品公司整体转让。

三、白果市食品站

白果市食品站于1972年建立,是白果市供销社的附属单位,也不经销别的食品,只是凭计划收购和宰杀本公社各生产队分派喂养的统购猪,然后再按公社领导划分到各机关单位的重量指标分别出售。到20世纪80年代,再无统购猪任务,该食品站也就撤销。

第十五篇　劳动　人事　社会保障

第一章　劳　动

第一节　劳动就业与培训

一、就业安置

（一）城镇待业青年安置

1972年4月，衡阳市知识青年345人，积极响应中国共产党和政府号召，上山下乡到金洞林场。金洞林场领导班子把安置待业人员作为一项重要工作来抓，严格按照政策，采取“统筹兼顾，全面安排”的方针进行安置。首先成立安置办公室，负责知识青年的接收与安置工作。具体分配单位是：金洞分场96人，小金洞分场66人，晒北滩分场55人，白果市乡分场29人，石鼓源分场38人，大江分场54人，场部机关7人。

从1973年起，衡阳市知青陆续返城，另有小部分在林场就地安置就业。1978年2月，中央决定知青返城后至1980年，全场对上山下乡知识青年共安排就业（或升学）160人，其中夫妻30对60人。

（二）城镇居民安置

建场初期，金洞林场只有工人3人。1959年，发展到69人。从1961年起，林场根据国家政策，广开了就业门路，积极稳妥地做好城镇居民和职工家属子女的就业安置工作。根据“统筹兼顾，全面安排”的原则，同年，将上山劳力及随同上山的家属，通过评级归队，1281人转为营林工。1962年8月，接收1800名上山在册劳力为工人。1974年，实行退休补员制度。1975年起实行自然增长，同年招收职工子女287人。20世纪80年代初期，城镇居民和职工子弟基本上得到妥善安置。1981年1月至1982年12月底，两年共安置待业人员291人，其中全民工50人，集体工106人，自然增长135人，主要安排在各分场的生产第一线，从而充实基层，加强职工队伍建设。

随着国有企业改革的深入和民营经济的兴起与发展，劳动用工制度也发生根本变革。1986年国务院出台《国营企业招用工人暂行规定》，改全民固定工人为全民合同制工人，林场以“国家宏观调控，企业自主用工，个人自主择业，市场调节供求，社会提供服务”为导向，逐步建立起新型劳动就业制度。至1988年12月底，共安置就业291人，其中全民合同工50人、技校毕业生55人。1996年，取消职工子弟自然增长。2003年12月，取消减员补员。

（三）复原退伍军人安置

采取接收与安置同步进行，自1970年1月至2012年12月，共接收安置复退转业军人49人。

（四）劳动服务公司

为适应改革开放的需要，1988年5月，经零陵地区劳动服务公司批准，林场成立劳动服务公司及其培训中心，各乡镇（分场工区）分别建立劳动服务站。自1988～1999年，公司共培训待业青年和林农1180余人，推荐安置城镇待业青年378人，输出城镇待业青年、分流职工、农村富余劳动力等劳务用工1156人，较好地缓解当时的就业压力。1999年3月，劳动服务公司注销，其业务和培训中心管理均转入林场劳动人事部门。

二、就业培训

就业是民生之本，培训乃就业之先。管理区（林场）一直以来高度重视职业培训工作。早在1958年，金洞林场创办油榨铺林业学校，招收初中班2个100人、高中班1个26人，分森工、育苗、营林3个专业，全部公费，半工半读，学制2年，毕业后全部分配到林场各单位。原金洞区石鼓源公社创办农械中学，招收初中班1个25人，自费半日制，学习一年，主训农机修理。1976年，金洞林场创办职工学校（时称五七大学），专门用于培训在职职工和新上岗人员，以林业技术为主，兼修基础教育，每年培训不少于1个班；1985年，学校升格为中等职业技术学校，学制两年；1995年，学校加挂“金洞林场农业广播电视学校、湖南省农业广播电视大学金洞林场分校”牌子。2010年，金洞林场（管理区）农业广播电视学校获市批准为职业培训定点机构，2012年，金洞管理区培训中心获市批准为农村劳动力和失业人员培训定点机构。按照“先培训，后就业”的原则，从1985年至2012年年底，28年来，管理区（林场）以职工学校、培训中心、农广校为阵地，相继开办10届两年制林业中专培训班，5届农业、法律等专业本科班、16届为期6～8个月的短期培训班、61期农村劳动力失业人员培训班和6期创业培训班。共培训在岗职工1100余人次、新上岗人员833人次、农村劳动力及失业人员6100余人次，创业培训600人次。

第二节 职工管理

一、职工管理

林场建场初期，只有少数管理人员及生活勤杂工，育苗、造林、抚育等大量工作全靠社会劳力。1956年，开始确定专人育苗。1958年，营林队伍由建场时的3人发展到103人，负责全场育苗、造林更新验收及山林管护等工作。森工采伐方面，1958年以前，没有专业队伍，集体部分由各乡组织劳力采伐，县木材收购站统一收购；国营部分由当地劳力承包采伐，林场按固定山价及定额工资加费用进行结算。1959年以后，适应"大跃进"形势需要，祁阳县森工局从上山劳力中招收一批工人，组成6个伐木场，其中5个分布在金洞林区，从事木材采伐、运输等工作。

1960年，林场体制及经营方针变动，由经营林业为主转为以粮为纲，祁阳县组织1281个劳力上山种粮，林场原有营林工也弃林种粮。1961年，上山劳力及随同上山的家眷，通过评级归队，均转为营林工(场党委宣布，未下文)。

1962年8月，祁阳县在金洞林区的5个伐木场，并入金洞林场各分场，承担国有林木的年度采伐任务。从名册上接收工人2000余人(实有1800人)。

由于面临国民经济暂时困难，林场经营也陷于困境，已入册职工中，有的农村基层骨干，被当地政府要了回去；有的因林区工作条件差、生活艰苦，擅自离岗；还有部分经动员后下放回家。其中第一批(已转为营林职工)下放73人，累计下放884人。加上成批次调出(1963年调江华80人，因修洪绥铁路调洪江省林业基建公司200人，1964年调省四公司100人)和亦工亦农，1964年年底，全场工人总数由1962年的1954人精简为617人，其中主要是森工工人。营林任务由于人员过少，除育苗、造抚验收及看管山林外，整地、造林、修山抚育等大量劳动主要依靠当地农村劳力解决。

20世纪70年代，随着林业生产多种经营的发展，通过培训和请进来、派出去，不但有一支经验技术好、工种相对稳定的营林、森工队伍，还陆续培养一批批加工(木材、副食品加工)、运输、建筑、教科文卫、林业、财会等专业工程技能人员。并健全职工档案制度，建立档案室。1989年，湖南省林业厅在金洞林场进行林业工人技师评聘工作试点，金洞林场首次开展技师评聘，共评聘技师16人，助理技师22人。1995年，根据中央、省、市(地)文件精神，林场首次开展工人技术等级考核评聘工作，参评对象1144人，工种49个，通过考试考核，评聘高级工107人，中级工437人，初级工611人。之后工人技术等级考评步入了正常化。

二、职工精减下放与分流

1962年8月，由于祁阳县森工局驻金洞林区的5个伐木场与金洞林场合并，从伐木场劳力名册中接收新工人1800人，金洞林场的工人总数达1954人。因当时国家经济暂时困难,林场经营困难,对在职人员采取精减下放政策。有的农村基层骨干,被当地政府要了回去;有的因林区工作、生活艰苦,擅自离岗;还有部分经动员后下放回家。第一批从营林工中动员下乡回家 73 人,之后又陆续精减下放 884 人,集体调动 380 人。至 1964 年年底,全场共精减职工 1358 人。

1993 年以来,随着改革开放不断深入和劳动用工制度的根本转变,加上面临新的经营困难,林场根据自身的实际,积极推行单位自主用工、个人自主择业的双向制劳动就业制度,在进行机构改革的同时,精减了工作人员,到 2002 年年末,全场共分流 751 人。

2005 年,根据金洞林场场发 8 号文件《关于深化林场三项制度改期的意见》,逐步安排下岗职工再上岗工作,具体安排是:金洞 35 人,小金洞 5 人,晒北滩 4 人,上司源 13 人,凤凰 6 人,石鼓源 4 人,万宝山 5 人,共计 72 人。2006 年,根据场发 30 号《关于分流职工上岗有关问题的通知》精神,对分流职工再就业进行督查。管理区成立后,区场更加重视分流人员的再就业,2008 年,安排零就业家庭 12 户,以后每年都专门安排 30 ~ 60 名左右的分流人员再上岗。2010 年,对仍然分流人员在外的职工,以男 45 岁、女 40 岁为界,按 300、350 元两种标准逐月发放分流职工生活费,此项支出每年需要 150 万元左右。

第三节　工资福利

一、工资制度

计时工资制　建场初期,金洞林场实行的是全国的统一工资制度,以计时为主,记件为辅,将工人工资定为八级工资制。

计件工资制　(1)营林工。1962 年以前,由林场财务部门按每人每月 22 元的标准统一拨付到各基层生产单位,再由各生产单位根据各人的劳动态度和完成的工作量来计发工资。(2)森工。1962 年以前,每人每月预发生活费,年底由公社统一来林场结算工资,以后又按实际采伐量拨付工资。(3)1984 年起建立多种形式的承包责任制,对一线森工工人采取了“五定一奖、超产分成”的办法,即定人员、定任务、定质量、定成本、定时间,超产二八分成等制度;商店、工厂实行大包干,核定投资和上交利润,超利润部分全部归已。

固定工资加奖励制　1963 年后,按照全国林业系统的统一工资标准,对职工分工种进行了定级,其中营林工一级每人每月 29.5 元,勤杂工一级每人每月 26 元,养路工一级每人每月 31.5 元,同级森工普遍高于营林工资。此外,还发给综合奖,每季度评一次。1966 年起,综合奖改为固定发放,每人每月 3 元(副科以上干部除外),1982 年取消综合奖,实行出勤补助,每人每天 0.2 元。1983 年,实行承包超产节支分成奖,即年终奖,林场机关与分场生产单位有差别,管理人员与生产人员有差别,一般不超过月平均工资的 3 倍。1984 年推行了工作(生产)岗位 1000 分责任制,即考绩 700 分,考纪 200 分,考勤 100 分,年终按每个劳动者的工作(生产)责任制考核得分兑现了奖金。

二、劳保

自建场至20世纪90年代，按照全国林业工人的劳保规定享受劳保待遇，森工工人每年享受工作服1套，工作鞋1双，水壶、胶鞋、雨衣、手套等按规定使用年限以旧换新，1983年以后，每人增发胶质安全帽1顶、活动钢丝床1张，铁桶1个、棕垫1床、棉背心1件；营林工人每两年1套工作服，每年1套工作鞋，水壶、雨衣按规定年限使用。

三、福利

职工死亡后，按照国家规定，除丧葬补助外，对其遗属发放生活困难补助，直系供养亲属实行一次性抚恤，其中1982年以后对其未成年子女发给抚养费至年满18周岁。1999年国家机关事业单位实行殡葬改革后，对死亡职工未实行火化的，取消一切补助与抚恤金。

此外，职工按规定享受防暑降温，防寒防冻，洗理书，刊等劳保福利待遇。

四、工资调整改革

1956年，按照国务院《关于工资改革的决定》，全场进行工资改革。经过改革调整、升级，人平月工资有所增长，基本上体现按劳取酬的原则，也初步解决行业、工种之间的差距。

1963年，林场试行全国林业系统的产业工人八级制，主要是对技术熟练工和劳动态度表现好的职工，进行工资级别的定级调整，调整面为40%。

1977、1979年，林场进行2次工资调整，1985年，按照国家工资政策，开展全面工资改革，具体改革前后的工资标准见下表。

金洞林场森工营林工工资标准对照

15-1-1　　单位：元

工种	级别/改革前后	1	2	3	4	5	6	7	8	9	10
森工	1985年前	30.80	36	40.60	46.30	53	59.60	68.90	–	–	–
	1985年后	86.50	80	80	68	62.50	56.50	50.50	45	–	–
营林	1985年前	26	31	34.64	38	43.94	50.18	57.20	–	–	–
	1985年后	110	102.50	94.50	86.50	80	74	68	62.50	56.50	50.50

1990年，根据国发〔89〕82号和湘政发〔90〕13号文件，进行了普调和解决突出问题；1993年，根据国发〔93〕79号文件精神又一次进行全面工资改革；并于1995年进行工资调整；受管理体制制约、计划经济向市场经济转型，经营机制束缚和经营方向失误，加上内部管理不严，林场自1995年以后逐渐步入困境，至1998年年底，欠发职工工资达6个月以上。为扭转困局，1999年开始，林场内部启动机构、人事和分配制度的改革。2000年初，以场发1号文件行文施行。这次内部改革，取消了原发的档案工资，实行岗位工资制，在职人员实行“竞争上岗、以岗定薪、异岗异薪”制。新的内部岗位工资制，按技术等级即技师对照副科长580元

/月，高级工550元/月，中级工480元/月，初级工410元/月，未转正定级的270元/月，另每工作一年给付一元生活津贴。

2000年金洞林场职工岗位工资档次标准

15-1-2

职 务	岗位工资（元）	工龄津贴	备注
书记、场长	880	每工作一年按一元发给	
正处级	780		
副书记、副场长、纪委书记、工会主席	760		
副处级	700		
科长	660		
正科级	600		
副科长	580		
副科级	540		
20年以上科员	500		
11~19年科员	450		
10年以下科员	400		
办事员	370		
高级工	550		
中级工	480		
初级工	410		
未转正定级	270		

2002年，全场实行人员聘用制，对事业职工（选举制除外）资格重新认可，以单位在岗职工总数按比例核定岗位职数。设定岗位经组织上认可后，由受聘人提出书面申请，单位组织考核评聘，签订聘用合同（下聘文），享受本职务待遇。对未聘用到本等级岗位的人员，可按低一级岗位聘用，初级岗位人员全聘。统一按新聘岗位兑现工资。

金洞管理区建立后，2007年，对全区(场)在职工作人员与离退休人员统一按公务员和机关工勤人员的工资标准进行了套改发放，即基础工资不变，绩效工资部分，管理人员和专业技术人员基本按照2000年的职称对应职务标准，发放津补贴，工勤技能人员对应机关工勤人员同职同类进行调资和发放津补贴。通过合计人数调整，在职818人，原月工资763610元。人平958.1元，调整后月工资1035395.6元，人均工资1265.7元，人平增资307.6元，执行时间从2006年7月1日起，并从2007年1月起，在职人员按年人均8000元（具体再按职级待遇适当拉开档次）发放津补贴，此项津补贴逐年增加，到2012年，年人均17600元。

2009年起，全区（场）开展事业单位绩效工资改革，其中2010年教育系统率先完成，实行了绩效工资制，2012年，卫生系统绩效工资改革完成，截至2011年，其他事业单位的绩效工资也进行改革。

第四节　劳动监察

金洞林场一直高度重视对劳动者的保护与维权。每年都要安排专门力量对各乡镇、分场工区进行劳动保障监察督查。2008年金洞管理区建立后，设立区劳动保障监察大队，归口区人事劳动局管理，由一名副局长兼任大队长，配备三名工作人员，负责全区各企事业单位的劳动保障监察工作。2008～2012年，每年开展各类专项监察执法行动4次以上，对查出的问题，予以督促整改到位；共调处劳动纠纷15件，为农民工讨回劳务工资18.8万元。

第二章　人　事

第一节　制度改革

1993年，根据中发〔1992〕2号文件精神，金洞林场在区(场)机关内部推行机构和干部人事制度改革。一是按照“小机关、大服务”的要求，把机关科室改为组、室，把经营管理部门改为经济实体，使机关科室由原来的27个合并为9个，减少18个，原有工作人员244人(其中干部164人，工人80人)，改革后调整为179人(其中干部132人，工人47人)，分流65人，占27%。这次改革，大幅度精简了机构，分流了人员，提高了行政效能。二是择优选聘优秀工人担任中层管理人员。本着“公开、竞争、择优”的原则，通过考试考核，使5名(一正四副)优秀工人走上了正、副科级管理岗位。同时，对11名不胜任管理岗位的干部安排到能够发挥其作用的生产一线或一般技术工作岗位。三是大胆提拔优秀中青年干部。同年提拔16人担任科级正职，14人担任科级副职。四是鼓励党政机关干部以辞职、停薪留职等形式到分场(工区)承包、租赁工商企业和领办各种经济实体。同年有30人停薪留职到分场(工区)和外地办经济实体，停薪留职自谋职业21人。五是允许男满55岁、女满50岁的干部离职离岗去从事个人有偿服务、经商或其他职业。六是允许机关、事业单位干部利用工作之余和节假日从事第二职业，搞有偿服务、经商等活动。

1994年，全区(场)以工代干达131人，其中以工代技71人(林业工程28人，卫生13人，会计11人，经济3人，教师16人)从事行政管理的有40人。

1995年，祁阳撤区并乡建镇中，林场代管的祁阳县六乡一镇全部保留。按照干部“四化”要求，不拘一格选拔23名优秀年轻干部进入乡镇和场直领导班子，其中担任乡镇党政“一把手"5 人,提拔妇女干部 3 人、非党干部 4 人。

《国家公务员暂行条例》颁布实施后,根据祁阳县的工作安排,推行国家公务员制度。1997 年 10 月,为代管的祁阳县 6 乡 1 镇机关第一批过渡公务员 65 人,参照公务员管理 38 人,暂未过渡的 6 人,于 2002 年进行第二批过渡登记。从 1998 年起,凡新进国家公务员队伍,一律实行省级统考,择优录用。

1999 年开始,林场为扭转困境,进一步深化改革,推行新一轮机构、人事和分配制度,2000 年初,以场发 1 号文件行文施行。这次内部改革,场部机关科室由 155 人减少到 100 人,各乡镇(分场、工区)的干部职工由 912 人减少到 409 人。全场 1067 名干部职工,共分流 558 人。有关改革内容见附表 1、2

2000 年金洞林场机关机构、人员编制方案

15–1–3

新定机构名称	人员定编		合并机构
	定编	其中:领导职数	
办公室	20	1 正 3 副	办公室、司法办
纪委监察室	4	2 副	
组织宣传部	8	1 正 2 副	组织部、宣传部、武装部、人大、团委、妇联
工会	4	2 副	工会、老龄
人事劳资科	7	1 正 2 副	劳资科、劳动服务公司、安全办
计财科	9	1 正 2 副	财政站
营林资源科	10	1 正 2 副	营林科、科技科、开发办
森工科	5	1 正 1 副	
经营发展科	3	1 正 1 副	企业科
农村工作委员会	9	1 正 3 副	农水科、卫计办、乡镇企业办、龙潜小区管委会
教育科	10	1 正 2 副	教育科,职校,幼儿园
国土科	5	1 正 1 副	
公安分局	22	2 正 3 副	
检察科	4	1 正 1 副	
法庭	4	1 正 1 副	
合计	124		

说明:

1.场部原有科室 22 个,调整后定 15 个,减少 7 个,减少 31.8%;原有工作人员 179 人,调整后定 124 人(含从祁阳县主管部门直接领取工资的 24 人),减少 55 人。

2.挂靠 7 人、电影电视 5 人自收自支。

3.金洞木材检查站定编 7 人,仙人岭水果场定编 1 人,刘家滩苗圃定编 1 人,广播站定编 1 人,社保站定编 2 人。

2000 年金洞林场乡镇、分场(工区)管理人员定编人数

14-1-4

单位	乡镇职工总人数	1999 年在职工总人数	新定编人数	新分流到生产第一线	备注
金洞镇	165	95	67	28	
小金洞乡	157	82	53	29	
上司源乡	102	76	54	22	
晒北滩乡	154	98	70	28	
石鼓源乡	72	60	41	19	
凤凰乡	100	71	47	24	
白果市乡	102	65	49	16	
万宝山工区	60	40	28	12	
合　计	912	587	409	178	

说明：

1.乡镇、分场(工区)1999 年在职职工 587 人，新定编 409 人(含财政 23 人，计生专干 8 人，经管 2 人，金洞了望台 1 人，派出所 30 人)，分流到生产一线 178 人，占 30.3%。

2.广播员定编 4 人(金洞、石鼓源、晒北滩、上司源各 1 人)。

2002 年，场党委、场行政根据林场的实际进行人事制度的改革。一是实行岗位退养制度。截至 2001 年年底，正副科级干部男满 55 周岁、女满 52 周岁以上者，其他干部男满 52 周岁、女满 50 周岁以上者；以及男满 50 周岁、女满 48 周岁的工人，均实行离岗退养，同年离岗退养共 27 人。二是实行竞争上岗和“双向”选择，场直机关中层干部一律实行竞争上岗，科员、办事员进行“双向”选择，择优上岗。全场共设 533 个岗位，未竞争上岗人员按场发〔2000〕1 号文件规定的条件“两减”或自谋职业。

2003 年 7～8 月，全场中小学全面实行聘任制，按照学校类别和规模设置内部机构，配备领导职数。坚持核定的编制总量、各类人员比例和职称结构比例，用标准课时设定各类岗位，实行岗位职责、任职条件、工资待遇同步。依据各校核定的学生人数，全场核定中小学教职工基本编制 290 名，附加编制 52 名；初中核编 105 名，其中非教学岗 9 名；小学核编 237 名，其中非教学岗 12 名。通过竞争聘任上岗，全林区中小学校长、中层管理人员、校级领导由原来的 70 名精简到 55 名，精简 21.4%；原有教职工 470 人(县教 417 人、场教 53 人)，精简为 390 人，共分流 80 人，其中离岗退养 65 人，提前退休 11 人，其他 4 人，占 17%。经过改革优化了教师队伍结构，加强了教师队伍建设。

自 2004 年，事业单位新进人员实行聘任制，用人单位与本人签订聘用合同，由区(场)人事劳资科(人事局)鉴证，当年经报市批准公开招聘 20 人。

管理区运作后，按照“本人申请、单位推荐、组织考察、场党委批准”的程序，先后从区(场)直机关干部和乡镇干部中挑选 2 名优秀中青年干部到外地挂职锻炼。

第二节 干部队伍管理

一、干部队伍

建场初期，全场只有少数国家干部和管理人员，以后随着林场事业的发展，干部队伍也不断地发展壮大。1997 年前，林场对党政机关干部和事业单位的管理人员、专业技术人员，均实行了不同的管理体制和工资制度。2010 年年末，区（场）机关事业单位国家管理人员 821 人，其中国家公务员 209 人，事业单位干部（管理人员）、专业技术人员 662 人（其中教学人员 316 人，卫生技术人员 63 人）。管理人员中有女干部 184 人，少数民族干部 22 人，共产党员 352 人；文化程度为研究生的有 2 人，本科 182 人，专科 360 人，中专 208 人，高中 69 人。大专以上学历占干部总数的 66.3%。平均年龄 35 岁以下，241 人；36～45 岁，274 人；46～54 岁，259 人；55 岁以上，47 人。干部文化程度明显提高，干部平均年龄也明显有所下降。

改革开放后，林场干部人数增长较快，1978～2011 年，全区（场）共新增干部 425 人，新增干部主要来源如下。

（一）招考录用与基层选拔

1978～1999 年，采用“自愿报名、组织审核，统一考试，择优录用”的办法。先后从场属优秀工人、以工代干、区乡机关非正式工作人员、城乡知青五大毕业生、社来社去人员和民办教师、农村招聘干部中招考国家干部 91 人。其中，1991 年按照（湘人计）48 号文件精神，采取“公开、公正、平等竞争，择优录用”的原则，公开招录 43 名森林公安干警。

（二）大专院校毕业分配和军队转业干部

1980～2011 年，全场共接收各类大中专毕业生 201 人，其中大学 35 人，大专 85 人，中专 81 人。2010 年 9 月，大学生村官 6 人（金洞 1 人、小金洞 1 人、上司源 1 人、凤凰 1 人、石鼓源 2 人）。1975～1995 年共接收安置军转干部 13 人，分别予以妥善安置，较好地发挥他们的聪明才智和作用。

（三）招聘

2004~2012 年，根据工作需要，全区（场）先后从大中专毕业生中采取“公开、公正、公平竞争，择优录取”的原则，公开招聘管理人员 79 人，教师 22 人，医务人员 11 人，计算机 1 人，财会 1 人。通过公开招聘充实和加强干部队伍建设。

二、干部管理

（一）任免

区（场）领导干部（正、副处级）由省厅地（市）委任免；科级以下干部按干部管理权限和审批程序任免。

管理区(场)工作机构中科局级干部由区组织部考察推荐提名，由区（场)党委任免。乡镇长由区组织考察，管理区党委管委会推荐提名，由乡镇人大选举产生，由区组织部、人事局具体办理任免手续。

从1997年起，按照中央关于《党政干部选拔任用工作暂行条例》和国家人事部《国家公务员职务任免暂行规定》的要求，属区（场)党委管理的区直机关、企事业单位和乡镇党委正副级干部由区（场)党委直接任免；乡镇人大、政府的正副职干部由区（场)党委管委会推荐提名，乡镇人大会议选举产生；属区党委（场)工作机构行政副职、科级企事业单位的行政正副级由区（场)党委组织部门推荐提名、区（场)党委管委会决定任免；乡镇武装部等科级干部任免由区党委（场)提名，按有关法律规定由归口单位决定任免；地方和部门双重管理单位的干部任免，由主管方征求协管方意见后办理；区（场)属各单位内股、所室负责人的任免，由单位党组织研究呈报，经主管部门同意后由区组织部决定任免。

改革开放后，按照《党政领导干部选拔任用工作条例》的规定，全区（场)实行领导干部(任免制度的改革，并推行)试用期，(从2002年7月起，规定凡提拔担任正副科局级、乡镇党委正副书记，)均实行一年的试用期，试用期满后由组织上进行考核，对其任胜者正式确定职务，办理正常手续，对不任胜者取消其任职资格。

(二)考核

1984年场乡联营后，为了调动干部工作的积极性，林场成立工作岗位责任制办公室，在全区（场)党政机关和事业单位中推行干部职工工作岗位责任制，按照德能勤绩的总要求，各单位或个人将自己的各项工作任务量化为工作指标，单位任务完成情况先由单位自查，再由区（场)岗位责任制办公室负责检查考核，个人任务完成情况先由个人自查再由单位考核，考核内容总分1000分制，即考绩700分、考纪200分、考勤100分，考核方法采取平时检查与半年、年终检查相结合，单位和个人都要交一定数量的押金作为完成任务好坏的奖罚金，年终评比，单位或个人均以考核结果为主要依据，进行奖罚兑现。1995年，撤销区（场)责任制考核办公室，各单位一年的主要工作，重点项目的实施情况，由区（场)督查室、办公室和人事劳资科等单位负责督查和考核评估。

1991年，随着职称改革，全场对各党政机关及事业单位工作人员推行了年度考核。每年年末，通过个人述职、群众评议、民主测评、考核定等程序，对每个人的德能勤绩，按照优秀、合格、基本合格、不合格4个档次进行评定，兑现奖惩。

1993年，国家公务员制度实施后，从1994年起，区（场)对公务员的德、能、勤、绩、廉实行考核，并将考核的结果同奖惩、工资、职务升降、辞退等环节挂钩，每年年末考核前，由区(场)行文，成立考核委员会，依据公务员考核奖惩有关规定，采取量化、硬化、细化的考核方法。按照个人述职、群众评议、民主测评、考核定等结果反馈等程序，评定优秀、称职、基本称职、不称职、不定等。优秀指标控制在参考人员10%左右，领导干部不得挤占一般干部的指标，管理人员不得挤占专业技术人员的指标，凡评为优秀和不称职的区（场)考核委员会都要逐个审定，对连续三年评为优秀的公务员提前晋升一级职务工资，对评为不称职的公务员按规定降低一级工资档次，并实行戒勉谈话。区（林场)按上述考核方法对林场事业单位工作人员进行了年度考核工作，据1995～2004年对全区(场)公务员和管理人员的考核统计，被评为优秀的361人次，称职的有3094人次，基本称职1人次，不称职的有2人次，未参加考核未定等的有2人次。

(三)培训

为了适应改革开放和现代建设事业的需要，着力培养一支高素质的干部队伍，一直以来，区(场)党委、管委都很重视对干部教育的培训，每年都有计划地输送部分干部到各级党校、行政学院、院校、管理干部学院和其他培训机构学习深造。据统计，1999～2008年共有1641人接受干部培训教育。其中，政治经济理论培训495人，初任培训128人，任职培训46人，学历培训66人，专门业务培训266人，更新知识培训294人，其他培训346人。区(场)党校对干部培训已形成制度化。2008～2012年，采用了轮训、短训、业务培训等形式，开办了入门培训、任职培训、普法培训、电脑培训、更新知识培训和学习"三个代表"重要思想，保先培训、科学发展观培训等各类培训班共27期，培训各类人员达1337人次。

(四)奖惩

金洞管理区(场)重视干部奖惩工作，在做好干部教育、管理的同时，把奖惩工作列入干部考核的重要内容。各机关、学校、企事业单位，每年分别要举行评比总结表彰大会，以鼓励先进，先后涌现一大批先进人物，1984年前因奖励资料不齐未做统计。1985～2012年，共表彰认真履行工作岗位责任制，勇于改革创新，在本职工作中做出突出贡献取得显著成绩的干部1600余人次。1993年实行国家公务员制度后，奖励工作更加规范，从表彰先进的指标分配到受奖人员的等次确定，都由区(场)领导集体研究确定，表彰指标的分配既考虑单位之间的平衡又注重先进性和代表性。1993～2012年，先后表彰认真履行工作责任制，与时俱进，开拓创新、努力实践"三个代表"重要思想，践行科学发展观，带领群众共同致富奔小康做出显著成绩的公务员210余人次，其中奖励200余人次，记功20余人次，另有3人获得国家级奖励，8人次获得省部级奖励。

对于干部的教育监督管理，除设立专门机构对违法乱纪、贪污腐化和玩忽职守，使国家和人民的利益受到严重损害、造成不良影响的干部给予相应的处罚外，还通过各个时期的政治活动，发动群众举报，对错误严重的做出认真处理。1983年前由于统计资料不齐，对受处分人员未行统计。1984～2012年，有60余人受到党纪政纪处分。

第三节　专业技术人员管理

一、职称评聘

1954年建场以来，林场实行专业技术人员职务任命制和聘任制的管理制度，把工作职责与职务联系起来，实行劳动报酬与工作职责相统一。1978年，林场建立专业技术人员职务评定制度，对当时评定工作起了一定的作用，但后来出现职称评聘与岗位和职务脱节，给工作带来负面影响，也没有体现按劳分配的原则。从 1983 年起，根据国务院有关文件的精神，林场停止职称的评定工作，加强对评聘职称的管理。

1987 年 6 月至 1989 年 10 月，根据国务院《关于实行专业技术职务聘任制度的规定》和中央职称改革领导小组的文件精神，林场成立以场长为组长的职称改革工作领导小组，下设办公室于组干科（1993 年后交场人事劳资科），负责职称改革的日常工作，同时还相继成立 9 个初级专业技术职务评审委员会，对职称指标分配和参评人员申报的学历、资历状况、职称外语、奖励证书等各类材料在申报时进行公示，公示无异议后再行上报参评。初级职称由区场主管科局或县有关系列初级职务评审委员会评审，区场或县职称改革领导小组审批；中级职称报市有关中级职务系列评审委员会评审，市职称改革领导小组审批；高级职称报省有关高级职务系列评审委员会评审，省职称改革领导小组审批；专业技术人员获得任职资格后，单位按设置的岗位聘任其职称并兑现其工资。首批职称改革全场参评单位 29 个，参评人数 493 人（其中工人 58 人），经过评审，获得了各类专业技术职称的有 472 人，占参评人数的 95.7%，其中高级 6 人，中级 108 人，助理级 233 人，技术员 125 人。到 2012 年年底，全区（场）有在职的各类专业技术人员 666 人，其中高级职称 12 人，中级职称 269 人，初级职称 290 人，员级 95 人。

二、职称考核

为了加强对专业技术人员的管理，1991 年起，金洞区（场）建立对专业技术人员的考核工作，并实行制度化。1995 年，将专业技术人员与国家公务员和事业单位管理人员的考核实行同步进行，考核分任职考核与年度考核两种:任职考核是对受聘担任专业技术职务的人员的专业水平，工作态度和实绩进行考核，考核工作按照干部管理的权限进行，以政治标准和履行岗位职责的工作实绩为主要内容，实行定性与定量考核相结合，领导与群众考核相结合的方法，在广泛听取意见的基础上，考核结果记入考核档案，作为专业技术人员续聘、晋升、奖惩和低聘、解聘的主要依据。年度考核是在注重政治标准的前提下，重点考核专业技术人员履行岗位职责的情况，考核采取公开述职，群众评议的办法进行。专业技术人员考核等次分为优秀、称职（合格）、基本称职（基本合格）、不称职（不合格），优秀评比指标控制在 10%左右，指标呈报后由市主管局林业局和人事局审批后。评为优秀的发给专业技术人员年度考核优秀证书，对考核特别优秀的给予表扬和奖励，并可破格晋升专业技术职务，对年度考核连续三年均为优秀的，可优先评聘高一级专业技术职务，对年度考核为称职以上，其中有两次优秀的，可按正常程序评聘其专业技术职务，对年度考核称职以上的可按正常程序调资升级。

从 1996 年起，全区（场）专业技术人员与管理人员的考核进行并轨，实行统一组织实施，分类验收，同时实行专业技术人员年度考核登记卡制度，市、区（场）职改办建立考核台账，做好考核登记。专业技术人员年度考核登记证由市职改办统一负责制定，专业技术人员人手一册，年度考核结果均报市职改办审核验证。使专业技术人员的考核步入正常化。同时，也加强专业技术人员的队伍建设。

第四节　工资与福利

一、工资

1954年建场后，干部实行1953年的国家行政机关行政人员的工资标准，定级为30级。

1956年实行工资改革，按照新的工资制度，进行升级和定级，调整工资，取消包干制。

1963年对18级以下的干部进行工资调整，调整面为40%。

1977、1979年，林场进行2次工资调整。

以上工资改革与调整，因资料不全，现无法查正。

1985年，按照国家政策，林场对所属党政机关、事业单位开展全面的以职务工资为主要内容的改革，即由基础工资、职务工资、工龄津贴、奖励工资四部分组成的结构工资制。全区（场）国家机关、事业单位工作人员共计1338人，人均月增资17.75元。

1993年，根据国发〔93〕79、85号文件精神，对机关事业单位进行又一次全面工资改革。具体内容是：（1）机关实行职级工资制，将工资分为职务工资、级别工资、基础工资和工龄工资四部分；（2）事业单位实行不同类型的工资制度，将工资构成分为固定和活动两部分；（3）机关、事业单位工人实行技术等级（职务）工资制，由技术等级（职务）工资和岗位津贴构成；（4）建立正常增资机制：一是正常晋升职务工资和级别工资。工作人员凡连续两年考核为“称职”以上的，可在本职务工资标准内晋升一个工资档次；机关公务员连续5年考核为“称职”以上的人员，从下年1月1日起晋升一级级别工资。二是晋升职务增加工资。工作人员职务（技术等级）晋升时，按照所晋升的职务（技术等级）相应增加工资。三是调整工资标准。1993年，全区（场）机关事业单位工作人员参加工资改革的1583人，月增加工资额203810.5元，人均增资128.7元；工资改革后月工资总额515506元，人均月工资325.6元。其中包括省、地方性补贴和奖金70.8元。

1993年到2009年，全区（场）进行多次工资调整与改革。

1995年，进行一次工资调整，全区（场）参加工资改革的1361人，月增加工资额38045元，改革后月工资635492.4元，人平工资466.9元，月增工资27.95元。

1997年7月1日起，机关行政人员的基础工资标准由每人每月90元提高到110元。事业单位工作人员的工资也做相应的调整，同时根据其职务、职称，每人每月适当补贴由145元调到185元。当时参加调整工资的共1689人，月增工资额42944元，人均月增资25.43元。由于区（场）财政暂时困难，适当补贴未完全执行，只按标准的60%发给；场财政负担60%的40%，其余由单位在包干经费中自行解决。

1999年7月1日起，机关行政人员的基础工资标准由每人每月110元提高到180元，级别工资标准由15级至1级每人每月55元至470元提高到85元至720元。由于林场财政困难，调资后只留作个人存档和从县财政拨款用，乡镇机关工作人员同林场事业干部享受同样的工资待遇。

2000年,根据场发1号文件进行机构人事及工资分配制度的改革,取消原发的档案工资,实行岗位工资制,在职人员实行了“竞争上岗、以岗定薪、异岗异薪”制。对全场职工按职务等级分成四等12级,即正处级880元/月至办事员370元/月,(未转正定职的270元/月),另每工作一年按一元的生活费津贴发给。全场职工上岗815人,调整为年工资总额5146568,人均月工资526.23元。

2001年1月1日起,机关行政人员基础工资标准由每人每月180元提高到230元,事业单位工作人员按国家规定的工资构成比例相应提高。全场参加调资的共1698人(其中在职干部行政101人,事业干部272人工人1325人,退休),增资后人均工资846.6元。

2001年10月1日起,公务员职务工资起点标准由50元至480元提高到100元至850元。事业单位工作人员的工资按国家规定的工资构成比例也相应进行提高。全区(场)参加调资的共1273人,月增工资额43170万元,人均月增33.92元。

2002年,全场实行人员聘用制,对全区(场)事业职工(选举制除外)资格重新认可,以单位在岗职工总数按比例核定岗位职数。设定岗位经组织上认可后,由受聘人提出书面申请,单位组织考核评聘,签订聘用合同(下聘文),享受本职务待遇。对未聘用到本等级岗位的人员,可按低一级岗位聘用,初级岗位人员全聘。统一按新聘岗位兑现工资。

2005年,区(场)对工作人员又进行了岗位工资的调整,全场上岗797人,原月工资额575615元,调整后月工资额629705元,人平月工资790元,人均增资45元。

2007年,金洞管理区建立后,对全区(场)在职干部统一实行了按公务员和机关工勤人员的职务等级进行了工资套改发放,即事业正处级、副处级、正科级、副科级、科员、办事员分别对应公务员正县职、副县职、乡科正职、乡科级副职、科员、办事员。职称按最后一次聘任时间为任职年限,高级、中级、助理级、技术员级职称,分别对应公务员副县职非领导职务、乡科级正职非领导职务、乡科级副级非领导职务和科员。并加发了适当津贴和生活津贴,通过工资调整上岗818人,原月工资额763610元,调整后月工资1035588元,人均工资1266元,人平增资308元,执行时间从2006年7月1日起,并从2007年1月1日起,在职干部按职级适当拉开档次,垂直压缩率(在职正处与办事员的职差比)为1.7∶1。

在做好在职人员工资调整的同时也做好了其他工资和津补贴调整。

(1)减薪待退:按本人比照公务员或机关工勤人员的工资,以正常退休人员的比例计算后,再按90%折算计发,加发适当补贴和津补贴,误餐费不发。2010年7月起,再次调整为按本人实际退休比例降低5%后计发;

(2)减薪离职、病休人员按本人比照公务员或机关工勤人员工资、适当补贴和津补贴的40%计发,误餐费不发。2010年7月起,再次调整为按本人在职工资总额的60%计发。

(3)警衔津贴按照政策全额发放,其余各线〔含瑶乡〕所有津补贴都不发。但从2009年开始,陆续有纪检监察、审计、公检法、信访、安监、广电差转台、密码等行业人员,得到上级批准享受相应的职业津贴。

2009年起,全区(场)开展事业单位绩效工资改革,2010年,教育系统率先完成,实行绩效工资制，2012 年，卫生系统绩效工资改革完成，其他事业单位的绩效工资改革也在进行。

改革开放以来是职工工资增长最快最多的时期，特别是管理区成立后，从 2006 年人均月工资 958 元到 2011 年人均月工资 2175 元。

二、福利

（一）困难补助

原金洞区、乡镇干部和机关工作人员的福利补助，由祁阳有关部门和单位管理。金洞林场干部职工困难补助在 20 世纪 80 年代以前，林场财政按机构人事编制，提取标准为工资总额的 2.5%，用于干部职工生活困难补助和办机关福利事业补助。按上述标准拨款给林场工会，工会统一掌握使用。由本人申请，单位职工民主评议，各单位分会审核签具意见，报林场工会审批发放到人。1993 年起，福利补助按工资总额的 3%提取，福利补助发放额逐年增多。此外，林场财政每年还划拨专项福利金，主要用于看望身患重病的干部职工和春节老年节慰问离休干部、特困干部职工。干部职工死亡后，其家属按规定享受生活困难补助。1982 年前，直系供养亲属实行一次性抚恤。1982 年后实行对遗孀子女抚养到 18 周岁，对遗属按月发给生活困难补助。

（二）防暑防寒费

1970 年以后，按规定数额，夏季发给防暑降温费 9 元，冬季发给防寒防冻费 9 元。从 1988 年起，防暑降温和防寒防冻费各增至 15 元。

（三）山区补助

按照省里和地区的规定，从 1985 年起发给干部（含离退休干部）每人每月 15 元的补助，以后又增加到 25 元。

（四）休假

1980 年以来，干部职工对实行每周 48 小时工作制，星期日休假。另有法定节日假、婚丧假、产假、病假、探亲假、事假。假期内工资照发，无故超假者，扣发工资；法定节假日需继续上班的干部职工，补助一定的劳务费。1995 年，改为每周 40 小时工作制，星期六、星期日作为双休日。

（五）公费医疗

1953 年，按照省政府有关规定，成立祁阳县公费医疗预防实施管理委员会，负责核定享受公费医疗预防待遇人员数额、等级，审查公费医疗预防的各项预算、决算，督导各项公费医疗预防费用的统筹统支和管理运用，督导、组织公费医疗预防机构开展公费医疗预防工作。下设办公室于县卫生科，负责具体管理工作。1953 年，实行实报实销。1955 年，将国家工作人员子女纳入公费医疗管理。1959 年，县直属单位由公费医疗管理委员会直接管理，其余下放所属公社统一掌握，按每人每月 1 元拨给公社，包干使用，超支不补，结余不缴。

1963 年，根据《湖南省公费医疗开支范围及有关财务管理的规定》，公费医疗仍统一归县管理。1966 年，全县对享受公费医疗的人员所需医药费，实行国家负担与个人负担相结合的办法。门诊和住疗养院医药费用，由个人负担 10%。住一般综合医院治疗的一切医药费用，由个人负担5%，如个人负担医药费确有困难时，可向本单位申请福利补助。对施行绝育手术(包括人工流产)、因公负伤的人员和二等乙级以上革命残废军人的一切医药费用(包括门诊和住院)，全部予以报销，此项规定后，公费医疗中的浪费现象有所减少。1966年全县公费医疗经费中由1965年每人年支22元降为19元。1967年后，根据湖南省抓革命促生产指挥部《停止执行公费医疗经费中个人负担部分医药费的规定的通知》精神，境内享受公费医疗人员的一切医药费由公费医疗经费中开支。从此，全县公费医疗经费支出一年比一年增加，超支一年比一年严重。1968年每人年支29元，比1966年19元增加0.53倍。

1976年，变更公费医疗管理办法，由县财政局直接拨款至享受单位，统一包干使用(行政单位归口县财政局，医务人员归口县卫生局，教职员工归口教育局，二等乙级以上残疾军人和退休人员归口县民政局)，结余自用，超支不补。

1980年8月，为加强公费医疗的领导和管理，成立公费医疗管理委员会(以下简称公疗会)，由县革委会副主任邓长发等9人组成，设立办公室，负责日常管理事务。1985年公疗会主任委员由副县长桂福元兼任，财政、卫生、人事等单位负责人为委员。1986年5月，公疗会办公室改设到县卫生局。

1984年7月，金洞实行“以场带乡、场乡联营”的管理体制，祁阳县金洞区及7个乡镇公职人员由金洞林场代管。从1985年开始，这部分人员的人头费(包括医药费在内)，由县财政局按照本年度祁阳县有关规定，在核定人数后，统一拨付金洞林场。林场再按统一的规定管理使用。

金洞林场职工公费医疗

1954年8月，“湖南省祁阳金洞森林管理局”成立。按照省编委的文件精神，金洞森管局属“事业单位，企业管理”的性质。森管局根据1952年6月27日，中央人民政府政务院发出《关于全国各级人民政府、党派、团体及所属事业单位的国家工作人员实行公费医疗预防的指示》精神。对本局的干部、职工实行公费医疗。公费医疗制度的建立，对保护干部职工的身体健康，促进社会主义经济建设起到积极作用。

金洞林场各个时期公费医疗管理办法　1954年8月，“湖南省祁阳县金洞林场管理局”成立。管理局按照政务院文件精神，对职工公费医疗实报实销。1955年，将工作人员子女纳入公费医疗管理。l984年，实行公费医疗经费包干制，即按照国家规定标准：1～5年工龄，每人每月可报药费1元，超过部分报销50%；6～10年工龄，每人每月可报药费1.5元，超过部分可报销60%；11～15年工龄，每人每月可报销药费2元，超支部分可报销70%；16～20年工龄，每人每月可报销药费2.5元，超过部分报销80%；21～25年工龄，每人每月可报药费3元，超过部分报销90%，26～30年工龄，每人每月可报药费3.5元，，超过部分报销95%；31年以上工龄，每人每月可报药费3.5元，超过部分报销100%。医药费包干到人后，按年计算，节余部分奖励50%给本人，其余部分留给单位调剂使用。对患有疑难病需赴外地医院检查诊断或就诊住院的，所超过的医药费，经主管财务的场领导审批后方可报销。对因工负伤，癌症患者、离休干部，二等乙级以上残废军人，其门诊住院医药费100%报销。

1987年，公费医疗管理进行改革，实行门诊药费包干，每月固定发放到人，不再报门诊药费,住院医疗费按比例报销。

1987~1999 年金洞林场职工医药费报销标准

15–1–5

工龄	门诊药费标准	住院医疗费报销比例	备注
5 年以下	2.00	50%	
6 ~ 10 年	2.50	60%	
11 ~ 15 年	3.00	65%	
16 ~ 20 年	3.50	70%	
21 ~ 25 年	4.00	75%	
26 ~ 30 年	4.50	85%	
31 年以上	5.00	95%	

对离休干部不实行门诊药费包干和住院医药费比例报销。门诊药费每月不发放到人,其医药费按规定的范围凭据报销。对癌症患者、二等乙级以上残废军人以及动大、中手术(一次手术医疗费在 1000 元以上)的职工,其住院费、医药费可按 95%比例凭据报销。

2000 年,金洞林场公费医疗实行"总量控制,分级负责,分块包干"的管理方法,即各经济实体由本单位负责(含招待所、医院等事业单位);林场直管单位年度三种全额包干形式:(一)林场机关各科室(含工会离退休人员)由计财科机关财务室统一包干。(二)林场教育系统由教育科统一包干。(三)六乡一镇及万宝山工区,由本单位统一包干。林场按每人全年 160 元的标准(注:门诊费 60 元,住院费 100 元),核拨各单位基本医疗经费。住院及住院费报销办法:住院费用由本人先垫付,各单位按规定报销,报销比例:①住院费累计总额在 3000 元以内的,其报销标准为 50%,职工自参加工作之日起,每增加一年工龄增报 1%;②年住院经费累计总额超过 3000 元的,其超过部分按 50%报销;③经地市级以上医院确认为癌症病人,累计治疗费在 2 万元,按实报销,超过部分按比例报销;原确认的癌症病人,报销医药费累计超过 2 万元的,不再享受此基数,超过部分按比例报销。

(六)其他福利

原按国家规定享受的粮食补贴、副食补贴、书报费、洗理费、节约奖和山区补助,均在 1993 年工资制度改革时并入个人基本工资内。

根据省人事厅《关于国家机关、事业单位因公(工)伤残人员医疗技术鉴定的通知》精神,全区(场)从 1995 年起开展对机关事业单位因公伤残人员进行医疗技术鉴定和评定伤残等级工作。对被评定伤残等级的按湘人发〔1997〕41 号文件和湘民优发〔1996〕20 号文件规定的标准发给伤残保健金。即特等每年 570 元;一等 440 元;二等甲级 350 元,二等乙级 280 元;三等甲级 200 元;三等乙级 160 元。由市人事局办理审批手续,经费由区(场)财政自理。

第五节 离退休干部管理

1978年以来,全区(场)干部离退休按国发〔1978〕104号文件执行,离退休时间即;男性为60周岁,女性为55周岁。其审批权限,科级干部由区(场)组织部审核报区(场)领导审定后,呈市人事局审批;一般干部由区人事局审核后呈市人事局审批。截至2004年年底,共办理干部退休563人,其中公务员41人、事业人员522人。从1979年开始,林场本着“基本政治待遇不变。生活待遇略为从优”的原则,为新中国成立前参加革命的老干部办理离休手续,2004年年底,全场健在的老干部(解放战争时期参加工作)2人,其中享受处级待遇1人,科级待遇1人。1982年前,干部离退休后可照顾按排一个符合招工条件的子女就业。1984年后,每年春节和“老龄节”,区(林场)领导都要到离退休干部家中进行了走访慰问,送去礼品和慰问金。乡、镇(分场)领导也走访慰问了本单位的退休干部职工,还定期组织离退休干部职工进行身体全面检查。离休干部医药费进行实报实销。对离休后回农村居住的落实每人1000元住房补助费。全区(场)召开党代会、年初三级干部会等重要会议,也请老同志代表出席。从1985年起,每年春节前夕都要召开一次离退休干部代表座谈会,并向老干部通报该年林区经济和社会发展情况及下年度的工作部署,认真听取、征求老干部的意见和要求。为了便于离退休干部参加政治学习和开展党的活动,区(场)在祁阳金吾大厦成立退休干部职工党支部一个,区(场)里还建立了老年活动室一个,居住在区机关的离退休人员可到场老年活动室活动。同时还先后多次组织离退休人员到革命老区、和辖区内改革开放重点现场进行参观学习和视察调研。

在落实好离退休干部政治生活待遇的同时,1984年,区(场)成立老龄办,老龄办成立后由老龄办组织离退休干部从事各种力所能及的体育健身活动。区(场)直单位先后在活动场所添置了图书室、电视收视室、门球、舞厅、乒乓球、棋牌等设施与设备,这样以来使许多离退休干部都成为了看书阅报、看电视、门球、棋类、牌类、以及迪斯科健身操、健美舞等项目的爱好者。场老年体协每年经常组织了门球等项目的竞赛活动,区(场)直单位老年人活动开展丰富多彩,通过这些活动锻炼既增强体质,又丰富老年人的业余文化生活。让他们老有所为,老有所乐,充分发挥余热。

第三章 社会保障

第一节 机 构

1998 年 3 月,金洞林场成立社会养老保险站,隶属金洞林场人事劳资科管理。人事劳资科副科长兼任社会养老保险站站长,并配备会计、出纳,工作人员 4 人。金洞管理区社会保障与社会救助中心是按永编办发〔2007〕30 号于 2009 年 3 月 20 日经金管办发〔2009〕45 号文件予以批准设立,负责金洞管理区机关事业、企业干部、职工的养老保险、城镇居民养老保险、干部职工医疗保险、城镇居民医疗保险、工伤保险、城乡居民养老保险等工作。机构内设机关事业养老保险中心、劳动社会养老保险中心、医疗保险中心、城乡居民养老保险中心、工伤保险站。

第二节 养老保险

一、金洞林场市直机关养老保险转型企业养老保险

金洞林场市直机关养老保险转入企业养老保险,是关系到林场将来是否可持续发展的一件大事,是落实党中央提出科学发展观的充分体现。

1997 年以前, 全场职工离退休后仍在原工作单位领取离退休生活养老金。1997 年 12 月场发(97)55 号文件,推行了职工养老保险制度的改革,试行了场内自筹职工养老保险制度。1998 年 3 月,林场建立社会养老保险站,隶属于林场人事劳资科管理,由人事劳资科副科长兼任社会养老保险站长(含医保站),并配备会计与出纳。同时还代管祁阳县驻金洞林区六乡一镇在职的 183 人和退休的 42 人的养老保险工作, 由社保站开展代管收缴养老保险金的业务,并定期与祁阳县社保机构进行业务结算。

随着形势的发展,职工群众强烈要求加入永州市市级统筹,场领导在听取职工群众的合理要求后,采纳了职工群众的呼声与建议,1999 年 9 月,林场成立职工养老保险入市统筹领导班子,并从油榨铺电站抽调了测算工作人员四人,协助场社保站进行了摸底测算。经过近半年的基础工作和与市主管人事、劳动部门的领导多次协调,由市人事局同意批准金洞林场加入永州市机关事业单位养老保险统筹,统筹时间从 1995 年 3 月算起。全民固定工从

1995年3月起补缴；全民合同制工人、营林工、集体工、计划内临时工按市里当时的规定要求从参加工作之日起补缴，得知这一情况后，社保站及时向场领导进行汇报，争取场领导的重视，后经多次请示协调之后同市劳动局、人事局达成协议，即1993年9月30日前参加工作的至1995年2月底以前的，以1993年9月30日工资总额的15%计算补缴单位部分养老金；1993年10月1日以后参加工作的，从参加工作之日起至1995年2月底，单位部分按1994年12月31日的工资总额的20%计算补缴单位部分养老金，1985年12月底以前参加工作的从1995年3月起补缴，1986年1月1日后参加工作的从参加工作之日补交。这样以来林场免缴了养老金301.85万元，使林场和绝大部分职工都得到实惠。

1999年，全场参保单位29个、参保人数2274人，缴费比例为：单位为上年度在职与离退休人员月工资总额的24%，个人为上年度月资工额的3%。结算方式实行林场与市机关事业社保机构进行差额结算。2000年年底移交市社保处参保人数2274人，其中：在职1601人，月工资额899441.80元，征收单位部分养老金13275685.46元，个人1167064.24元小计14442749.70元；离退休人员673人，月退休费385494.40元，征收单位部分为上年度月离退休费总额的24%，计4924421.73元，个人部分征收42682.94元，小计4967104.57元，合计征收养老金19409854.27元，同年上缴市社保处拔付离退休金基本持平。之后林场逐年受益资金均在40至50万元之间。1995～2006年，参保单位29个，参保人数在职的为年平1547人次，离退休年平629人次，(其中离休1人)，共征收养老金3974万元，其中单位养老金3410万元，个人养老金564万元。20世纪90年代中后期因林场经济严重滑坡、在职职工与离退休人员均未执行国家规定的档案工资，档案工资只限于存入个人的档案，到2000年职工的工资是按1998年的档案工资发放的，执行林场的改革工资。而职工入市区统筹的养老金则又是按国家规定的档案工资测算上缴的。

1999年，金中水泥厂原有员工306人，因林场资金短缺，厂里管理混乱，生产一直不景气，为了摆脱困境，经场领导与祁阳县领导和县经委多次协调达成兼并协议，之后该厂兼并到祁阳县水泥厂黎阳分厂，按照协议共移交257人，其中单位部分养老金752434元，个人养老金102946元(利息经协商按50%征收76000元)共移交养老金共931980元。

2003年根据场办发3号文件规定养老保险收缴比例又做了调整，单位部分由原来的24%调整为23%，个人部分由原来的3%，调整为5%。

2007年1月，区(场)离退休人员比较公务员或机关工勤人员同职同类退休人员(职称高级对应副处职，中级对应正科职，助工对应副科职)对应，足额发放了离退休金。同年8月，全区(场)首次开展了离退休职工养老金年检工作。同年12月，社保站改为社保中心。

金洞管理区体制运行后，对原代管的祁阳县6乡1镇和县属有关部门的工作人员的养老保险关系进行了协调划转。2008年12月26日，金洞管理区机关事业单位社保中心与祁阳县机关事业单位社保中心，根据湘劳社政字〔2004〕33号，湘编办〔2006〕200615号和永办发〔2007〕36、37号文件精神，即成建制转移的职工，只转个人账户关系，不转个人账户的养老金储蓄额，共转移在职职工621人，其中全额拨款196人，差额与自收自支125人；退休178人，其中全额拨款152人，差额与自收自支26人。共转移799人到金洞管理区机关事业社保中心管理。

2009年1月，区(场)社保中心改为金洞管理区社会保障与社会援助服务中心，不再隶属于人事劳动和社会保障局管理，而是独立运行的单位。

2010年1月，金洞林场事业职工原在市里参加的养老保险统筹，又成建制地划回了金洞管理区管理。共移交划转在职职工1372人，离退休627人，按政策规定只转移了养老保险关系，而未转个人账户的储存额。林区机关、事业、企业职工和城镇居民的社会养老保险工作，全部由社会保障与社会援助服务中心负责管理。

二、企业养老保险

2009年以前，管理区都是在祁阳和永州市参保和发放养老保险待遇。自金洞管理区社保局成立后，一是及时启动企业养老保险信息系统，按时足额发放退休人员养老金。二是创新思路，找准定位，实施养老保险转型战略，争取国家政策资金到位。养老保险按照属地管理原则，林场职工养老保险将由市机关养老保险转回金洞管理区自行管理。因管理区已成立，各项收支应自己承担，但由于金洞管理区财政底子溥，支付压力大，为了更好地争取国家政策资金，确保职工长远利益，保证退休养老金能够按时足额发放，解除全场职工的后顾之忧。经管理区党委、管委集体研究同意，2010年林场第七届职工代表大会表决同意通过，永州市人民政府批准同意林场参加市直机关养老保险人员1372人整体转入企业职工养老保险。通过社保局的努力争取和省、市的关心，到2012年年末，企业养老保险累计争取国家政策资金4150万元，平均每年都在1200万元以上，确保了管理区退休人员养老金的及时足额发放，维护了管理区社会的发展和稳定。为管理区今后的发展打下了扎实的基础。三是抓好基金管理，防止不良现象发生。各种保险基金是广大职工的养老钱，保命钱如何管理好养老基金的专款专用是社保工作的重点之重。要认真贯彻领会上级会议精神，围绕养老基金收支、管理运营的各个环节，深入查找问题，防止套保、挪用公款的现象发生。并解决了从1998年1月以来，区内应该享受的社保基金利息政策，到2009年才享有。四是企业养老保险基金情况：(1)企业养老保险于2009年7月运行；2009年参保人数1456人(于2010年1月从市机关养老保险转入)，退休639人；基金收入35.99万元，其中单位缴纳23.64万元，个人12.1万元，其他2249.15元，利息191.24元。总支出6298元，其中养老金支出6258元，其他40元；结余35.36万。(2)2010年参保职工1471人，其他参保17人，离退休627人。基金收入2139万，其中财政补贴1350万元(其中200万元是2009年年底拨入)，利息1万元，其他6万元，养老金收入782万元。总支出为826万元，其中养老金821万元，个人账户支出5万元，基金结余1313万元。(3)2011年职工参保1504人，其他参保29人，离退人员758人。基金收入2087万元，其中财政补贴1200万元，利息5万元，外省转移1万元，基本养老金收入881万元。总支出1568万元，其中养老金支出25万元，个人账户支出9万元，上缴省调剂金50万元，过渡性养老金16万元，退休金支出1458万元，丧葬抚恤金补助支出10万元。结余1832万元。

三、机关事业养老保险

2009年以前，金洞林场的公务员和事业编制人员都是在祁阳县参保机关事业养老保险和发放养老保险待遇。

干部职工执行退休养老制度，退休费由单位和国家统筹。1997年5月，新的养老保险正式运作，将机关事业单位纳入社会养老保险，参保范围为全区机关事业单位的合同制工人，设立养老保险基金，基金按工资总额的27%征收(财政或单位补贴24%，个人占3%，退休后，个人部分不再缴纳)，计入《养老保险手册》。养老保险基金由过去财政现收现付改为由机关单位社会保险站现收现发与滚动积累相结合的方式管理。

自金洞管理区社保局成立后，一是及时启动机关事业养老保险信息系统录入参保人员，按时足额发放退休人员养老金。二是基金情况：1. 机关养老保险，2009年基金收入303.486万元，其中单位270.05万元，个人33.2万元，利息236元。基金支出246.9万元，结余56.586万元。2.机关2010年，参保792人(在职571人，退休221人)，基金收入343.51万元，其中单位缴纳269.15万元，自收自支单位缴纳24.05万元，个人50.18万元，利息1303.05元。基金支出342.14万元，其中退休金341.03万元，在职死亡费11100元，结余1.37万元。3.机关2011年参保人数777人(在职549人，退休96人)。基金收入254.08万元，其中单位部分收入225.35万元，个人部分收入28.65万元，利息883.87元。基金支出234万元，其中退休金231.18万元，退在职死亡费个人养老金2.15万元；基金结余0.67万元。

四、城乡居民养老保险

社保局通过积极努力，到省、市争取，金洞管理区于2011年7月1日正式纳入全国新型农村养老保险县区之一，2011年就达到了参保率96%，60岁以上退休人员领取养老保险待遇6775人。基金具体情况如下：1.参保人数：①管理区参加新农保险采集32959人，年末实际缴费人数16757人，年末领取养老金人数6747人；②参加城镇居民养老保险44人，年末实际缴费人数6人，年末领取养老金人数28人，参保率为96%。2.基金收入支出：①新农保基金收入385.23万元，其中财政补贴203.7万元，农民缴费180.85万元，利息6775元。总支出219.78万元，其中养老金219.725万元，个人账户支出545.39元；②城居养老基金收入2.26万元，其中财政补贴2.1万元，个人缴费1600元，利息10.84元；支出1.08万元。3.基金结余：①新农保累计结余165.45万元，其中个人181.47万元，基础养老金–16.03万元；②城居累计结余1.18万元，其中个人1600元，基础养老金1.02万元。4.基金暂收款27.57万元。

第三节 医疗保险

一、干部职工医疗保险

1954年建场以来,全场机关和企业事业单位的干部、职工一直享受着公费医疗,每人每年可报销一定金额的门诊费,生病住院则根据其工龄的长短,按照比例大部分由公费报销,少部分由本人支付。2000年场发4号文件推行《工费医疗管理办法》,实行了国家,集体、个人三者共同负担的原则,从而扭转了医药费用年年超支的被动局面。2001年,场发45号文件,增加了离退休职工的年医药费包干,经费由原160元提高到200元一年。2002年祁阳县医保站成立至2004年以前,代管祁阳县六乡一镇工作人员在职142人,退休42人加入祁阳县的医疗保险,其医保工作的经办是由场社保站兼管代办的。2005年3月,林场成立职工基本医疗保险基金管理站,开展自行医疗保险,单位大部分在职干部职工与离退人员纳入医疗保险。基本医疗费用由用人单位按上年度职工工资总额的6%和职工个人按本人上年度工资总额的2%共同缴纳;参保单位和个人都必须同时参加职工大病医疗互助,大病互助金每人每年缴纳互助费60元。同时建立个人(含离退休人员)医疗账户,用于支付门诊医疗费和住院费中的个人自付部分,医保中心每年逐户拔付门诊费。参保人员的住院费用,600元以内由个人支付,超过600元部分则由医保站和个人按比例承担。2006年,全场参加医疗保险的人单位29个,参加医保1881人,其中:在职1248人,退休633人,征筹医保基金(含单位部分和个人部分)91.12万元,大病互助资10.3万元。当年拔付门诊费11.48万元,住院102人次住院费85万元,报账51.5万元,报账比率为60.5%。随着时间的推移,医保缴费单位和个人部分的比例维持不变,而大病互助金做了相应的调整,2008年由60元调整为90元,2011年由90元调整为110元。

2007年12月,医保站改为医保中心。2010年7月金洞管理区职工医保加入全市统筹。并相继为患有高血压、冠心病,癌症等慢性疾病的人办理了特殊门诊,2010年办理特殊门诊42人,支付特殊门诊费50000余元。

城镇职工基本医疗保险的做法:基本医疗保险实行个人账户与社会统筹相结合,费用实行用人单位与职工双方承担,即用人单位按上年度单位职工工资总额的6%缴费,个人按工资总额的2%由单位代扣代缴。统筹基金用来支付住院费用,个人账户用于门诊,急诊和定点零售药店的购药,住院和门诊特定项目费用中需个人负担的费用,也由个人账户支付,如果个人账户资金不足,则由个人自付。统筹基金支付当年参保职工住院医疗费的起付标准为上年度全区职工平均工资的10%(600元),最高支付限额为上年度全区平均工资的4倍。

2005年,金洞林场实施城镇职工基本医疗制度,设立基金管理中心,2010年7月,正式纳入市级统筹,参保人员参照市级模式享受参保待遇,但金洞管理区未被列入全市统收统支。2008 年下半年，管理区出台《金洞管理区城镇职工基本医疗保险制度实施细则》，在此之前，管理区是参照祁阳县实施细则办理。2005 年全场职工参保人数 1812 人，其中在职 1172 人，当年医保统筹基金预案 70 万元，实际拨付 7 万元，全年的住院总费用 12000 元，全年统筹待遇支出 5000 元，报账比例为 52%。个人账户支出为零。

2006 年，全场参保人数 1726 人(其中在职 1093 人，退休 633 人)，征缴个人账户基金 25 万元，单位划入 32 万元；大病互助金 10 万元；统筹基金 45 万元；经济实体单位缴纳 6%单位部分 3 万元；全场住院总费用 15 万元，统筹待遇支出 8 万元，全场报账比例为 53%。个人账户基金支出 10 万元。

2007 年，全场参保人数 1726 人(其中在职 1093 人，退休 633 人)，征缴个人账户基金 30 万元，单位划入 32 万元，大病互助金 15 万元。年预算统筹基金为 120 万元，实际拨付为零，(含 2005 年跨年拨付统筹基金 45 万元)，经济实体单位缴纳 6%单位部分 6 万元，全场住院总费用 11 万元，统筹待遇支出 6 万元，全场报账比例为 53%,个人账户基金支出 36 万元。

2008 年，全区参保人数 1940 人(其中在职 1311 人，退休 629 人)，征缴个人账户基金 103 万元，大病互助金收入 14 万元，当年单位划入 48 万元。年预算为 378 万，实际拨付 126 万元，全场住院总费用 116 万元，全场的报账比例为 62%，统筹待遇支出为 72 万元，个人账户支出 99 万元。

2009 年，全区参保人数为 2706 人(其中在职为 1907 人，退休 799 人)，征缴个人账户基金 50 万元，大病互助金 23 万元，单位划入 63 万元。年统筹基金预算 339 万元，区财政拨付统筹基金 110 万元。全场住院总费用 178 万元，统筹待遇支出 116 万元，全场的报账比例为 62.5%，个人账户基金支出 72 万元。

2010 年，全区参保人数为 2804 人(其中在职为 1971 人，退休为 833 人)，年统筹基金预算为 564 万元，当年区财政实际拨付 286 万元，征缴个人账户基金 55 万元，单位划入 74 万元，个人账户支出 91 万元。全年的待遇支出是 155 万元，全年的总费用是 252 万元，报账比例为 62%。

2011 年，全区参保人数为 2804 人(其中在职为 1971 人，退休为 833 人)，年统筹基金预算为 564 万元，当年财政实际拨付 200 万元，征缴个人账户基金 111 万，单位划入 25 万元，个人账户支出 112 万元。全年的待遇支出是 220 万元，全年的总费用是 275 万元，报账比例为 80%。

金洞管理区城镇职工基本医疗保险，经过几年的实施，有效地保障参保职工的基本医疗需求，减轻大病职工的费用负担。但也同时暴露出医疗体制改革落后，职工群众医疗消费水平过高，职工医保待遇偏低，基金职工个人负担仍然较重，加之财政困难等原因，医保基金积累不足，全区城镇职工医保收不抵支矛盾仍然存在。

二、城镇居民医疗保险

2009 年，全区城镇居民医疗保险工作正式实施，按照市医保办要求，区内自参保以来实行基金统筹管理，因区内城居人数较少参保人员有限，基金收入单薄，经市医保领导同意将全区基金支出纳入市本级兜底管理,收支差额不由区地方财政负担。

(一)参加城镇居民基本医疗保险范围

金洞管理区行政区域内不属于城镇职工基本医疗保险覆盖范围的下列人员可以参加城镇居民基本医疗保险:本辖区内的中小学校的学生,少年儿童(简称未成年人);城镇非从业居民;参加城镇职工基本医疗保险确有困难的从业人员,可以自愿选择参加城镇居民基本医疗保险。

永州市城镇居民基本医疗保险的缴费及补助标准

15–1–6　　单位:元

人员类别		个人缴费	财政补助
未成年人	一般人员	30	120
	低保、重残	20	130
非从业居民	一般人员	190	120
	重度残疾	60	250
	低保对象	110	200
老年居民	一般人员	190	120
	低保对象	110	200
	重度残疾	60	250
	低收入家庭	110	200
“三无”人员		0	全额补助

2009~2011年金洞区城镇居民基本医疗保险参保人数、缴费及基金使用情况

15–1–7

年度	参保人数及缴费		其中								基金使用
	(人)	(元)	未成年人		少年人		老年人		低保户		
			人	元	人	元	人	元	人	元	元
2009	462	24620	243	7290	203	38570	16	1760			3266
2010	4224	145260	3966	118980	125	23750	23	2530			56113
2011	3602	130750	3419	102570	115	21850	45	4950	23	1380	103891

2009年8月城镇居民医疗保险开始启动。2010~2012年,全面征缴任务,居民续保、参保热情较高,充分证明医疗保险在居民心中的重要性。基金情况:(1)城镇居民医保2009年参保462人,其中成年人203人,未成年人243人,老年人16人。基金收入4.76万元,支出3266.67元,结余4.44万元。(2)2010年参保人数4224人,其中成年人125人,未成年人3966人,老年人23人;基金收入14.55万元;基金支出5.6万元;基金累计结余13.37万元。(3)2011年参保人数3602人,其中成年人115人,未成年人3419人,老年人45人,低保户23人;基金收入18.72万元;支出1.03万元;累计结余21.7万元。

第四节 工伤保险

2011 年 7 月,金洞管理区工伤保险纳入市级统筹并于 2012 年正式运作。2012 年,全区征缴工伤保险费 58 万元,完成市局下达目标任务的 232%,工亡待遇支出 45 万元,结余基金 13 万元。根据金洞管理区工伤保险工作的具体特点，针对对供电所的野外架线高空作业,乡镇卫生院救护车在崎岖的山路上出诊,护林员在陡峭的山上巡逻踏山以及事业单位的不同岗位工作人员做了大量的工伤宣传工作，组织业务培训 2 次，印制工伤保险手册 2000 多份及台历 200 多册,起到预防和尽量减少工伤事故的作用,有效维护了工伤职工的合法权益。金洞管理区的工伤保险范围覆盖全区七乡一镇所有行政事业单位,实现全区不同经济形式用人单位工伤保险制度的全覆盖。“事故无情,工伤有情”,为维护社会稳定、构建和谐社会、保障职工和用工单位人员合法权益翻开新的一页。

第十六篇 民 政

随着市场经济不断发展和政府职能转变，民政工作领域不断拓宽，2009年1月，金洞管理区民政局从财政局析出单列，其职能与全市各县区同步，负责全区民政事业基层自治组织、救济扶贫、社会福利、社会事务、优抚安置、社会救助、救济、区名地划及残联工作。有干部职工9人，只有业务分工，未分具体股室，民政人员本着“上为国家分忧，下为民众解愁”的原则，开展各项工作。

第一章 基层自治组织

第一节 村民委员会

金洞管理区有村民委员会73个，其领导成员的产生1996年前系由乡镇任命。村民直接选举村委会成员始于1996年第三次换届选举。前六届的选举工作由祁阳县民政局所管，2007年管理区挂牌运作，第七届村委会换届选举由金洞管理区负责指导，在第七届村委会换届选举中全区选民登记37844人，参加投票的选民33557人，2011年在第八届村委会换届选举中，全区73个行政村（含3个居委会）562个村民小组，依照湖南省选举委员会选举规程，按时完成全区第八届村委会换届选举工作，直接选举村委会人员，在本届村委会换届选举时，全区登记选民总数36742人，参加投票的选民32580人，占选民总数的88.7%，比第七届降低3%，全区选出村委会人员212人，连选连任62人，占29%，新当选的150人，其中主任20人，原村委会成员落选的150人，委员平均年龄47岁，60岁以上的5人，初中以上文化的139人，大专学历的2名。村务公开是村民自治的基本形式，在选举前区民政局与乡镇人民政府共同严把候选人审核关，同时会同区农村工作局、纪委等有关部门全面对各乡镇村级财务进行清理，为选举工作顺利开展打下良好的基础。

第二节　社区建设

社区主要工作职责是发展和扩大城镇基层民主，促进社区就业，提高居民生活质量和文明程度，维护基层社会稳定，促进社区经济、政治、文化、环境协调发展。2010～2012 年，金洞管理区民政局向上级申报社区 6 个，其中农村社区 3 个，城镇社区 3 个。农村社区分别是小金洞乡江口村、石鼓源乡五房村、凤凰乡的凤凰村；城镇社区 3 个，分别是金洞镇一居委会公官门社区。二居委会公兴社区。三居委会和平社区；2011 年，争取农村社区建设资金 3 万元；2012 年，争取城镇社区建设资金 14 万元，共计 17 万元。社区组织机构，人员配备就是村、居委会干部，办公用房农村社区有村级活动中心，城镇社区无办公用房，工资待遇与全区各村主干一样。

第二章　救济扶贫

金洞位于永州的北面，受南北冷暖气流的影响，造成春多阴雨寒潮，夏多暴雨大风，秋天酷热干旱，冬季少雨干燥，加之防护措施的滞后，因此年年均有不同范围、不同程度的自然灾害发生。

第一节　自然灾害

一、农业损失

2008～2012 年，雪灾五年一遇，洪涝灾害五年三遇，干旱五年一遇，甚至亦涝亦旱。一是 2008 年雪灾全区农作物受灾面积 337 公顷，成灾面积 178 公顷，绝收面积 79 公顷，农作物损失大部分是蔬菜等其他经济作物，造成直接经济损失 500 万元。二是全区洪涝灾害面积 10%~20%的有 2009 年、2010 年、2012 年，全区遭受 6 次自然水灾，每次降水 100 至 150 毫米，3 年来全区农作物受灾面积 853 公顷，其中成灾面积 450 公顷，绝收面积 343 公顷，农作物损失大部分是中、晚稻、玉米、蔬菜，2009～2012 年全区稻田受洪灾面积 569 公顷，其中成灾面积 278 公顷，绝收面积 235 公顷；玉米受灾面积 156 公顷，成灾面积 98 公顷，绝收面积 58 公顷；蔬菜受灾面积 128 公顷，成灾面积 109 公顷，绝收面积 97 公顷，直接经济损失

1605万元。三是全区干旱受灾面积占耕地总数1/6的年份有2011年旱灾严重,全区各乡镇遭到不同程度旱灾损失,已种植作物损失最严重的是石鼓源乡、白果市乡、凤凰乡,其中石鼓源乡稻田受灾面积66.6公顷,成灾面积46.6公顷,绝收面积20公顷;白果市乡稻田受灾面积30公顷,成灾面积18公顷,绝收面积12公顷;凤凰乡稻田受灾面积21公顷,成灾面积13公顷,绝收面积8公顷,3个乡稻田受灾直接经济损失共计123万元。2011年,经济作物受灾最严重的是石鼓源乡因干旱药材受灾33.3公顷,直接经济损失750万元。其他各乡镇农作物也遭到不同程度的损失, 全区还有46.6公顷稻田因干旱缺水未得到种植损失达84万元。综合上述,雪灾、水灾、旱灾给全区农业生产共损失超4.8亿元。

二、林业损失

2008~2012年,由于冰冻和干旱全区林业受灾面积450公顷,损失材积达5.25万立方米,造成直接经济损失5250万元;苗木受灾7公顷,损失31.5万元;楠竹受灾20万株,损失80万元,综合上述五年林业损失5361.5万元。特别是在2008年雪灾林业损失特别严重,据统计林业经济一年损失超3000万元。

三、基础设施建设损失

2008年全区雪灾结冰厚度达10厘米,造成公路阻塞,一个月内金洞至晒北滩瑶族乡车辆不能行驶,基础设施建设受损,通信电力中断,老百姓倒房、损坏房屋严重,直接经济损失300万元;2009年、2010年、2012年,全区共发生6次水灾,一是造成金洞至小金洞乡、万宝山乡、晒北滩瑶族乡主干线公路塌方、交通阻塞,全区各乡镇村级公路冲毁严重,如万宝山乡的胜利村、金洞镇下古村、白泡廻村、上司源乡上司源村、鸭婆凼村、农胜村,直接经济损失60万元;二是白果市乡红旗山电站,发电水渠严重冲毁,直接经济损失100万元;三是2010年洪涝灾害造成小金洞乡江口村山体滑坡死亡1人;四是白果市乡和晒北滩瑶族乡通讯设施受损,造成直接经济损失10万元;四年来全区倒塌民房580间,杂房464间,受灾232户,受灾人口601人,直接经济损失696万元。

第二节　民用灾害

2008~2012年,全区共发生民用火灾21起,特别是2011年全区一年发生民用火灾8起(金洞镇2起烧毁3户,晒北滩瑶族乡1起烧毁17户,万宝山2起烧毁4户,小金洞乡2起烧毁2户,凤凰乡1起烧毁2户)共烧毁28户,烧毁住房65间,杂房60间,家里财产全部烧毁,直接经济损失180万余元。其中全区共发生重大民用火灾2起,一是2009年白果市乡一起烧毁9户,二是晒北滩瑶族乡2011年1起烧毁17户,火灾发生的主要原因是因农户烘烤竹笋、猪肉和农户家里旧电线短路所引起。

第三节　抗灾救灾

灾情出现时，市区级领导及时深入灾区，靠前指挥并指示区有关部门参与乡镇人民政府共同抗灾救灾，保护灾区人民的人身财产安全，5年来共接收国家救济资金606万元（2008年100万元，2009年184万元，2010年116万元，2011年87万元，2012年119万元）。接收被褥，衣服等救灾物资1000余件，全区发放救灾粮食4000公斤，共救济受灾群众12100人，解决了全区灾民吃穿的临时救助。

除接收国家救助资金外，管理区干部职工为本区和外地灾民赈灾募捐。其中2009年，白果市乡柏福村发生火灾支援，全区募捐37590元；2010年四川汶川玉树地震支援，全区募捐79313.5元；2011年晒北滩瑶族乡晒北滩村火灾支援。全区募捐14930元；2010～2012年慈善一日捐款13.271万元；全区募捐慈善款共264543.5元，捐款单位42个，捐款人数2100人，救助困难群众300多人，救助困难学生50多个。2010年、2011~2012年，接收市民政局慈善款6万元，救助大病患者120余人。

第四节　灾后重建与农村危房改造相结合

在抗灾救灾的同时，加强灾区重建工作，帮助灾民重建家园，把倒房重建与全区农村危房改造相结合，实施统一规划，选址安全，出台优惠政策，制定农村危房改造实施方案，管理区及乡镇都成立农村危房改造工作领导小组，强化项目、组织实施，加强建房质量监管，整合利用各方资源，落实危房改造户和倒房重建户的资金，形成政府主管、民政组织、部门配合、社会参与、乡村实施的格局，确保目标任务顺利完成。2008～2012年，全区共完成因灾倒房重建和农村危房改造户1525户，发放补助金1175万元。补助标准为五保户建房按1.5万元，低保户、重点优抚对象、残疾人、因灾倒房重建户按0.8～1万元，其他贫困户按0.4～0.7万元；房屋修缮户按0.3～0.4万元给予一定的补助资金。各项工作的实施并通过省市检查验收合格率100%，在危改项目分类中全区有分散和集体供养五保户86户，低保户402户，优抚对象23户，残疾人38户，其他贫困户765户，因灾倒房重建户211户。共安排居住五保老人25人，并把倒房重建和农村危房改造与移民帮迁及建设社会主义新农村相结合，把最贫困山区自然条件差的老百姓作为重点考虑，鼓励他们到乡镇集资建房和购套房，给予他们一定的补助资金，4年来移民外出乡镇建房和购套房20余户，发放补助资金16万元，结合新农村建设改水、改厨、改厕一并规划，对所有的危改户和灾后重建户，在基础设施建设方面做到了水通、路通、电通、方便群众生活。

第三章　社会福利

第一节　孤儿收养

中国共产党和政府历来关心孤儿的健康成长，随着社会的发展，管理区孤儿福利事业取得长足发展，孤儿生活状况得到明显改善，保障水平有待提高。2008～2012年，全区调查统计1～18岁的孤儿有80人。2011～2012年，按照国家政策全区共接收国家的孤儿生活补助72万元。救助孤儿80人，区民政局并对孤儿纳入低保救助，实施亲属抚养，签订监护协议，建立健全孤儿保障体系、维护孤儿基本权益。

第二节　福利彩票

全区有福利彩票投注站4个，分布在金洞镇、小金洞乡、白果市乡、凤凰乡。金洞镇和白果市乡投注站于2009年建站，小金洞乡和凤凰乡投注站于2010年建站。2009～2012年，共销售电脑彩票391万元，刮刮乐销售30万元，合计421万元，其中2009～2011年金洞管理区4个福彩投注站由祁阳县民政局所管，销售电脑彩票246万元，刮刮乐24万元；2012年，福彩投注站划归金洞管理区民政局所管，销售电脑彩票145万元，刮刮乐6万元，4年来上级拨付金洞管理区福彩公益金60万元，这些福彩公益金全部用于敬老院建设和五保供养生活补助。

第四章　社会事务

第一节　婚姻构成

婚姻登记 1988 年前由农村人民公社按照婚姻法,依法登记办理,具体由各公社秘书凭男女双方工作单位证明登记、发证,程序简单。1988 年 10 月改由乡镇主管民政工作的武装部长登记办理。2003 年 10 月 1 日后,婚姻登记工作全部归祁阳县民政局婚姻登记处统一办理,并成立婚姻登记机构,金洞林场所管辖范围内的人员,结婚登记都要去祁阳县民政局婚姻登记处办理结婚证。2006 年,成立金洞管理区,比较县级政府的行政执法权利,2009 年 1 月,成立金洞管理区民政局,5 月 8 日与祁阳县民政局签订金洞管理区设立婚姻登记点有关问题的协议,负责本行政管辖范围内的六乡一镇一工区居民的婚姻登记和管理,并且居住在祁阳县城金洞户籍群众的婚姻登记和管理也由金洞管理区婚姻登记点负责,并承担一切法律责任。2000 年第五次人口普查统计,全区总人口 53020 人,全区总户数为 14200 户,平均每户 3.1 人,集体户 1268 户 3841 人,平均每户 3.1 人,全区 20 岁及其以上人口为 15708 人,占总人口的 30%。其中未婚人口为 1859 人,占 20 岁及其以上人口的 11.8%,已婚人口为 36654 人,占总人口的 70%,丧偶的 857 人(其中男性 491 人、女性 366 人),占总人口的 1.64%,离婚的 46 人,离婚率为 0.13%(婚姻登记属祁阳县民政局所登记)。2010 年第六次人口普查统计,全区总户数为 14726 户,总人口 57869 人,平均每户 3.9 人。2009~2012 年,全区婚姻登记由金洞管理区民政局办理,4 年来共办理结婚登记 1260 对,离婚 121 对,补领结婚证 201 对,经检查,婚姻登记工作达到省市要求。

第二节　民间组织

民间组织包括社会团体和民办非企业单位两大类。2009 年 11 月祁阳县民政局移交 2 个社团组织给金洞管理区民政局,一是上司源茶叶种植协会,会长 1 人,副会长 1 人,会员 200 人(农民),于 2010 年 7 月 6 日重新进行变更登记;二是凤凰农业专业合作社,理事长 1 人,副理事 1 人,会员 200 人(农民),于 2009 年 9 月 30 日重新进行变更登记,为了壮大社会团体和民办非企业组织,按照市民政局民间组织科的工作要求,并根据社会组织登记管理条例,2010 以来对凤凰花卉苗木专业合作社、金洞管理区计生协会进行了登记,共有社团

4个。同时对凤凰乡花筵中心幼儿园、凤凰乡香风幼儿园、金洞镇金凤凰幼儿园、小金洞乡中心幼儿园、石鼓源乡中心幼儿园5个民办非企业单位进行了登记。这些社团和民办非企业组织,在农村经济和教育文化事业中发挥了重要作用。具体见16-4-2表。

金洞民间组织

16-4-1

组织名称	领导成员				会员人数	登记时间	组织类别	备注
	会长	副会长	园长	副园长				
凤凰绿色农业专业合作社	1	1			200	2009.9.28	社会团体	
上司源茶叶种植协会	1	1			200	2010.7.6	社会团体	
凤凰花卉苗木专业合作社	1	1			200	2012.11.18	社会团体	
金洞管理区计划生育协会	1	1			31	2012.6.18	社会团体	
凤凰乡花筵中心幼儿园			1	1	8	2012.2.14	民办非企业	
凤凰乡香风幼儿园			1	1	5	2012.5.22	民办非企业	
金洞镇金凤凰幼儿园			1	2	16	2012.8.10	民办非企业	
小金洞乡中心幼儿园			1	1	6	2012.8.10	民办非企业	
石鼓源乡中心幼儿园			1	1	7	2013.1.6	民办非企业	

第五章　优抚安置

第一节　优待抚恤

优抚工作是国家和社会对优抚对象实行的优待、抚恤及其它物质照顾和精神鼓励的一种特殊的社会保障。金洞管理区自2009年2月成立民政局以来，祁阳移交重点优抚对象1633人,其中带病回乡41人,在乡复员军人36人,残疾军人(均为七级以下人员)9人,参战人员35人,三属(因公牺牲军人家属)2人,60岁农村籍退役军人686人,双定33人,现役军人29人,退役军人762人。

金洞不断加大对各类优抚、优待抚恤的力度,扩大抚优面和提高优待标准。从2009年10月1日,起共4次对各类优抚对象提高抚恤补助标准,其中城镇烈属每年由7940元(农村4760元)提高到12050元(农村6930元),因公牺牲军人家属每年由7110元(农村4550元)提高到10340元(农村6620),病故军人遗属每年6690元(农村4350元)提高到9730元

(农村6340元)。在乡复员军人由每月350元提高到490元。其中孤老人员另加20元/月。在乡伤残军人伤残抚恤金年标准，七级因战致残人员由每年7870元提高到每年9960元，七级因公致残的人员由每年7040元提高到8900元。八级因战致残的人员由每年4970元提高到每年6290元,八级因公致残的人员由每年4550元提高到5760元。九级因战致残的人员由每年4140元提高到5230元，九级因公致残的人员由每年3310元提高到4190元。带病回乡退役军人、又属参战退役人员双重身份的对象,由每月220元提高到每月305元。

参战广西宁明战役和南海舰队的24个退役军人也被纳入重点优抚对象待遇。2010年至2012年，相继对12个退役军人发放义务兵家属优待金，标准为2011年农村1500元/年,城镇1600元/年提高到2012年农村6000元/年,城镇12000元/年。

金洞管理区共有优抚对象约2000人,约占总人口的3%。为做好优抚工作,从2009年开始,区武装部和民政局每年春节、“八一”期间,区民政局都安排12万余元资金走访慰问优抚对象,召开“双拥”座谈会,现场办公帮助解决实际问题。每年区直机关单位、学校、开展送温暖活动,全区共有拥军优属服务小组82个,经常为优抚对象排忧解难,做好事实事。

第二节　安　置

金洞管理区成立以来,共接收安置退役士兵72人,其中城镇10人、农村62人。对符合政策规定安排工作的退役士兵,直接分配到各相关单位,以确保退役士兵的第一次就业。确保对发放了安置卡的城镇退役军人全部安排到位。农村籍退役军人回乡后,有些担任村干部,有的成了民营企业家。金洞镇一居委会村支书黄飞自筹资金搞养殖、办超市,成为退役军人回乡创业的带头人。

第六章　社会救助

原由祁阳管理的社会救助对象于2009年全部移交由金洞管理区民政局管理。改革开放以来,国家逐步完善规范城乡的社会救助体系,充分发挥城乡低保、农村五保、医疗救助、临时救助等救助制度的社会功能,对于保障民生、改善民生,确保经济社会平稳运行意义重大。2009年以来多次组织各乡镇分管民政工作的领导及民政所长参加市委党校举办的社会救助工作及基层低保规范化管理业务培训班,对于原来社会救助工作这个概念一片空白的工作人员来说,无疑起了很大的效果。

为进一步推进全区社会保障制度建设,完善统一、高效的社会保障和社会救助体系,根据上级的有关规定，1998 年、2005 年，金洞管理区分别对城、乡居民实行最低生活保障制度。全区在乡镇综合设置社会救助和劳动保障机构中，按照“精简、统一、效能”的原则，统一社会救助机构名称，区级为社会救助局、乡镇（工区）为社会救助站、村级为社会救助服务中心，按万分之一的标准配备社会救助机构工作人员。同时将民政、劳动保障等部门在乡镇的社会救助、劳动保障等方面的经办和服务职能进行整合，其职能和人员编制整合归属管理区政府，按照中央提出“五年内乡镇人员编制只减不增”的原则，根据乡镇类别，站长在全区现有公务员中选拨任用，符合条件的可解决副科级，另工作人员按一、二类乡镇为 2 名，三、四类乡为 1 名的标准从现有全额拨款事业编制中连人带编调剂配备。2011 年元月，根据国务院颁布的各项政府文件，经过调查研究，金洞管理区党委、管委办公室印发《金洞管理区农村五保供养暂行办法》《金洞管理区城镇居民最低生活保障实施细则》《金洞管理区农村居民最低生活保障工作业务规范管理暂行办法》《金洞管理区城乡贫困家庭临时性生活困难救助暂行办法》《金洞管理区城乡医疗救助实施办法》《金洞管理区农村敬老院管理暂行办法》等各项文件，进一步规范社会救助各项工作的管理。

第一节　城乡低保制度的运作

一、城乡低保对象范围

1.城乡贫困居民中无劳动能力、无生活来源、无法定赡(扶、抚)养义务人的“三无人员”；

2.生活在城镇社区居委会并登记为非农业户口没有承包责任田地的，共同生活的家庭成员月人均收入（含：工资、奖金、津贴、补贴及其他劳动收入；离退休费及领取的各类保险金；下岗职工的基本生活费；从政府或者企事业单位获得的一次性收入；储蓄存款、国库券等有价证券及孳息；出租或者变卖家庭资产获得的收入；法定赡、扶、抚养人应当给付的赡、扶、抚养费；继承的遗产和接受的赠予；其他应当计入的收入）低于当地政府发布的城镇居民最低生活保障标准的；

3. 生活在农村村委会或农村社区居委会户口登记为农业户口并具有责任田土的家庭，其共同生活的家庭成员中无 18~60 岁劳动力的家庭。以下情况视为无劳动力家庭：

（1）无儿有女但女儿全部外嫁他乡且无赡养能力的 60 岁以上老年人家庭；

（2）因父亲死亡，母亲改嫁去向不明或无抚养能力，与祖父母或其他近亲属共同生活的未成年人；

4. 生活在农村村委会或农村社区居委会户口登记为农业户口并具有责任田土的家庭，其主要劳动力因病、残等原因基本丧失劳动能力或一家多病多残有以下情形之一的：

（1）主要劳动力中有 1 人为二级以上残疾的；

（2）主要劳动力中有 1 人患恶性肿瘤、白血病、尿毒症、肝硬化腹水、精神病、糖尿病肾病并发症、冠心病心肌梗塞或心衰、脑溢血或脑梗塞后遗症基本丧失劳动能力的；

（3）共同生活的家庭成员中有三分之二的成员具有 3 ~ 5 级残疾的；

(4)共同生活的家庭成员中有三分之二的成员患有本款第二项所列病种的。

二、城乡低保标准

为有效缓解物价上涨对城乡困难群众基本生活造成的影响,根据《中共湖南省实施意见的通知》文件精神,相应提高各项救助标准。区民政局会同财政、统计、物价部门按照参考市里标准,结合本地实际,区城镇低保月人均水平由 2009 年 145 元提高到 240 元 / 月;农村居民最低生活保障提高到 1500 元 / 年。保障对象类别和困难程度,以省、市为民办实事考核指标为基准线。全区农村低保月人均保障由 2009 年的 40 元提高到 106 元;

三、规范运作

全区在建立健全低保制度中,根据《永州市城市居民最低生活保障业务规范管理工作暂行办法》和《永州市农村居民最低生活保障业务规范管理工作暂行办法》的各项要求,逐步形成动态管理的机制。村委会每月一次入户调查,乡镇每季度一次核查,区民政部门每半年一次抽查,及时将符合低保条件的对象纳入,不符合条件的退出。每年的 5 ~ 6 月进行全面的动态管理。如:在申报审批程序上,建立健全低保公示制、民主评议制。公示制——一般三榜公示,即申请低保对象在村委会申请时,村委会将其家庭情况、收入就业现状进行每一榜公示;乡镇审核居委会上报的初审人员,对符合条件的对象通知居委会实行第二榜公示,乡镇将审查符合条件下的对象报区民政局审批,区民政局对审批后符合条件的低保对象通知村委会进行第三榜公示。低保民主评议制——在村委会建立由居民推选择代表参加的评议小组,实行分组调查,集体评议。并根据低保对象困难程度不同,一般分为 A、B、C、三类。在监督和管理方面,建立定期检查制度和监督举报制度,随时收集群众意见,接受社会和群众的监督。

金洞 2009 ~ 2012 年低保人数汇总

16-6-2　　单位:人

年份	城镇低保人数	农村低保人数
2009	149	2754
2010	516	3300
2011	501	3300
2012	502	4200

第二节　五保供养及敬老院建设

2009 年原由祁阳农村税费改革转移支付用于农村五保供养的资金和用于农村五保供养的其他各类资金,统一由区财政部门按照区民政局在接受祁阳县民政局移交核定的供养人数422人(分散供养人员377人,集中供养45人),于每年年初由区财政部门拨入区民政局账户,再由区民政局拨到乡镇财政所,由乡镇民政专干按时足额将资金送到五保户手中。农村五保供养水平在逐年提高,2011年分散供养对象由2009年的1000元/年提高到2000元/年/人。在乡镇敬老院集中供养的对象按城市低保标准上浮30%的规定安排供养金4370元/年/人。五保对象是农村最困难的群体。区党委和区管委十分重视农村五保供养工作。农村税费改革试点工作全面推开后,五保供养工作出现了一些新情况、新问题。省政府明确提出"完善农村'五保对象'生活保障制度,确保供养资金"的要求。为贯彻落实《湖南省实施农村五保供养工作条例办法》,切实做好农村五保供养工作,使农村五保对象的基本生活得到有效保障,管理区成立五保供养核查小组,由纪委、民政、财政等部门为成员,对全区的五保供养对象进行重新核定。使五保供养条例得到了较好的贯彻执行。

2009年后,全区逐年改扩建金洞镇敬老院、石古源乡敬老院、小金洞乡敬老院、凤凰乡敬老院,共供养人数115人。敬老院隶属所在乡镇管理,业务上接受区民政局指导,管理区财政给每所敬老院下拨3万元工作经费,保证敬老院的正常运转,敬老院的财务进行独立核算,并按要求做好建章建制工作。

第三节 医疗救助

医疗救助制度是对因患大病的符合救助条件的困难居民实行救助的制度,是新型社会救助体系的重要组成部分,体现党和政府对困难群众民生问题的关心,有效地缓解居民"因贫致病、因病致贫"的问题。2009年后,全区每年共筹集农村医疗救助专项资金43万元,其中全区累计救助困难群众5037人次,支出农村医疗资助金69.5万元,其中包含资助五保供养对象及优抚对象的参合参保、门诊救助、大病救助等各类对象。全区每年共筹集城镇医疗救助专项资金27万元,其中全区累计救助困难群众571人次,支出城镇医疗资助金25.475万元。到2012年年末,全区的医疗救助完成情况基本达到预期目标:项目全部纳入政府管理,实行专项核算;会计核算真实、完整、及时,用款程序规范,符合国家财务管理制度等相关规定。医疗救助项目实施以来,在一定程度上遏制"因病致贫、因病返贫"现象,缓解困难群众的"看不起病、看病难"问题,提高了城乡困难群众的生活质量。各乡镇医疗救助专项资金的筹集基本实行政府专项资金和社会筹集相结合,医疗救助所需资金纳入财政主渠道。

第四节 流浪乞讨人员救助

2009年以来,全区共遣送约36人次。使因灾、因生活困难流浪到金洞管理区范围内的乞讨者得到救助;使被拐卖的妇女、流浪儿童得到保护;管理区目前未设有流浪乞讨人员社会救助站，一般采取的方式是向祁阳县流浪乞讨人员社会救助站遣送。同时在努力提供优质服务，营造宽松环境的情况下，尽力做通对象的思想工作开导并遣送其回家。2012 年，一名常宁籍老太婆，因与家人走失，流浪到晒北滩乡并晕倒在路边，晒北滩乡社会救助站将老太婆送到乡卫生院免费医治，由民政局负责所有的医疗费，并将其遣送回家，其家人十分感谢。

第五节　残疾人福利

全区现有残疾人 3360 人，占全区总人口的 0.6%。其中办证的符合国家标准的七类残疾人有 850 人，占全区总人口的 0.15%。

一、办证

从 2011 年 10 月开始，区残联委托祁阳县人民医院，对残疾人进行等级鉴定，为 320 人共办理残疾证。

二、助残日活动

《中华人民共和国残疾人保障法》规定，每年 5 月的第三个星期日为“全国助残日”。每年的这一天，管理区残联要召开残疾人座谈会，走访慰问特困残疾人并帮助下肢重度残疾人解决一些实际困难，如捐赠衣物、轮椅车等。自 2011 年以来走访慰问特困残疾人 30 余人，捐赠轮椅车 5 台。

三、残疾人就业

金洞管理区残联于 2011 年 3 月成立后，为免费残疾人培训共投入资金 9 万多元，其中参加职业技能培训 6 人，实用技术培训 105 人，先后安排一批残疾人在江苏省、广东省、祁阳县工业园鞋厂、金洞管理区石古源乡的制衣厂和药材基地、上司源乡的浯峰茶叶基地就业，并支持残疾人开办个体经营店 10 多家，分别是摩托车修理店、理发店、南杂店、维修电视机店、种养殖业；帮扶残疾人就业 30 多人，使他们脱贫致富有了发展的路子。

四、康复工作

2009 年，围绕残疾人“人人享有康复服务”的总目标，以残疾儿童抢救性康复，辅助器具服务等工作为重点，深入开展残疾人康复工作，认真组织实施国家彩票公益金残疾人项目，残疾人康复取得一定的成果。共完成康复任务 8 例。其中：“0~6 岁脑瘫残疾儿童抢救性康复”项目任务 1 例，为听力残疾人免费佩戴助听器 1 例；为 6 名精神残疾患者发放住院补贴 2.4 万元。

五、残疾人扶贫工作

区残联 2011 年 3 月成立后，开展走访慰问工作，共为残疾人落实低保 70 多户。在开展贫困残疾人"危旧房改造项目""阳光家园工程""万村千乡工程"工作中，为农村贫困残疾人"危旧房改造项目"20 户，发放资金 9 万多元，"阳光家园工程"20 户，发放资金 1.2 万元。

六、残疾人信访维权

积极开展项目维权工作，区残联成立后，共投入资金 5.25 万元，为 15 户残疾人家庭进行无障碍改造，为残疾人生活提供方便。全区无一例赴省、市上访事件。

第十七篇　教育　科技

第一章　教　育

金洞属偏远山区,教育相对落后。中华人民共和国成立前,主要以私塾教育为主。中华人民共和国成立后各乡先后办起公办小学。1959 年,在晒北滩三叉岭开始办高级小学。1960 年,在晒北滩三叉岭高级小学内创办金洞附中。1969 年,响应当时形势的要求,各公社都办中学,同年还在金洞附中内办高中。

随着学校布局调整,金洞的学校所数已经减少,到 2011 年下学期,全区只有中学 2 所,中心小学 8 所,村小教学点 34 所,幼儿、学前班共 31 个。有教职工 454 人,中学生 1777 人,小学生 3948 人。

场乡合一以来,金洞教育形势喜人。据统计 2000~2011 年,全区共有 3036 人升入高中。2000 年前,初中考入中专的共有 428 人。

稳定敬业的教师队伍,安定舒适的教学环境,淳朴善良的民风民情形成金洞教育的特色。一是教育教学质量稳步提高。近 10 多年来,金洞的教育质量一直稳居祁阳县前列,特别是中学教育质量,中考综合评价整个金洞一直名列祁阳县前五名,林场中学在全县同类学校排名中一直稳居前三名。二是教改教研硕果累累。林场中学语文教研组从 1987 年开始着手课题研究,1995 年“作文引路激趣六步教学法”,在湖南省第四届基础教育教改教研成果评奖活动中获二等奖。这是永州市在本届评奖活动中获得的唯一高项奖。1998 年、2001 年又有两个课题获省教研成果三等奖。2010 年课题“农村初中语文自主探究和合作学习研究”获教育部教师发展基金会全国一等奖。三是文明礼仪教育独具特色。从 20 世纪 80 年代后期开始,在小学开展见到小车、客车行队礼活动。这一活动在社会上引起强烈反响,受到社会各界人士的好评。1982 年,陈邦柱省长到内下视察时见到这一情景,给予高度赞扬。四是办学条件得到极大的改善。为迎接“两基”全区共投入 441 万元,建校舍 10876 平方米。“两基”验收后,1997~2011 年,共投入 1950 万元,新建校舍 10300 平方米,运动场 6 个,篮球场 8 个,配备电脑 210 台,装备多媒体教室 8 个,添置图书 13000 册,配备教学仪器设备 92 万元。

第一节 学前教育

一、幼儿园

金洞镇金凤凰幼儿园 金凤凰幼儿园是原云云幼儿园、阳光幼儿园、金洞镇中学小学幼儿班合并，于2011年9月兴办的，属民办公助性质。现有7个班，幼儿210人，幼师14人，保育员4人，烹饪员2人，司机1人。

金洞机关幼儿园 金洞机关幼儿园创办于1984年，招收林场机关职工子弟，学生40人，于1989年停办，属公办。

小金洞乡江口村幼儿园 江口村幼儿园创办于1971年。办两个班，(四、五组各一班)十几个孩子。年龄大多为4~5岁。幼儿园设在江口小学内，挂靠江口小学，由小学负责管理。教师的工资由队里出，以队里记工分为准(一个教师相当于一个主要劳力)。基于各方面的原因，1972年停办。

贝贝幼儿园 贝贝幼儿园于2005年2月创办。园址座落在小金洞乡江口村新街中心处，有200平方米的砖混结构的校舍和50平方米的室外娱乐场。教室两间，一间30平方米的食堂，一间休息室。跷跷板玩具两个。配备了电视机、VCD、电子琴等。2005年下学期又购置了一台接送幼儿专车，添置了小朋友乐园的组合滑梯，以及儿童玩具轿车等。新辟室外娱乐场一处，教室一间，新增幼师、保育员兼厨师、司机各一名。分学前班和中班。幼儿园实施全日制封闭式管理，用车接送的幼儿在园就中餐。

晒北滩乡晒北滩直前幼儿园 于1958年开办，教室设在大队小学内，十几名学生，当时没有教材，老师只教一些舞蹈和儿歌。办了四年就停办了。

凤凰乡凤凰托儿所 凤凰托儿所是凤凰公社的第一所托儿所。1958年由凤凰大队创办。校舍在凤凰老街中一座座西朝东、土木结构，面积120平方米的公房里。接收本街和周围零星农户的3至6岁的幼儿入托，1960年停办。

凤凰乡中荣大队幼儿班 该班于1958年2月，由中荣大队在刘家大院(公房)里创办，接收本村3至6岁儿童入托，当时有教师1人，幼儿16人。1960年，农村办集体食堂，该园停办。1977年在小学附设，开办学前班接收全大队5至6岁的儿童入学。1984年，更名为“中荣村学前班”。2000年下期，中荣教学点并入秧田联办小学，幼儿园停办。

明星私立幼儿园 创办于2003年8月，前身是凤凰乡秧田村学前班，当时只招收本村儿童。建园初期，租用凤凰乡中学斜对面的一幢居民小楼。2006年2月，迁至凤凰新街自购民房内，办大、中、小班各1个，面向全乡招收3至6岁幼儿。入园幼儿有全托、半托之分，中午提供便饭，上、下午提供点心。使用省统编教材。推行快乐教学法。小班、中班、学前班幼儿70人。2011年9月并入香凤幼儿园。

凤凰私立幼儿园　该园于2000年开办，设在凤凰新街何某两层一壕的砖混结构的铺面房里。利用门前空地，搭建30平方米的晴雨活动室，2006年上学期，有幼儿58人，幼师3人。

花筵中心幼儿园　花筵中心幼儿园于2009年8月创办，它是由原长吉、隐塘、中荣村合办的一所幼儿园，园址在凤凰乡花筵村村委会，面积约900平方米，另在户外搭建一个晴雨活动室占地约60平方米。

香凤幼儿园　香凤幼儿园由原来的凤凰乡江洲村学前班改名而成，中途合并陶家村学前班（2009年9月）、明星私立幼儿园（2011年9月），现在园址设在凤凰新街，办有学前班、中班、小班共计146人。教学设施齐全，建筑面积500平方米。

石鼓源乡大岭下幼儿园　创办于1957年，设在本村第三组，主要招收5~6岁的幼儿，由大队指派幼师，每学期有40来个学生。办班两年就停办了。1972重办幼儿园，设在大岭下小学，每期只办一个班，50余名幼儿，办了6年停办。

乐山幼儿园　1957年秋，乐山村开办幼儿班。招收5~6岁幼儿，幼儿园在三房院子的堂屋里，一个班20多个学生。1960年停办。1975年开办了乐山大队幼儿园，大中小三个班，每年有50多个学生，幼师报酬由大队记工分，1978年停办。

石鼓源中心幼儿园　前身是石鼓源村学前班，始办于1982年，一个班有35名学生，设在石鼓源村小学内。幼师由村里委任，年终由大队记工分。1984~1988年，幼师工资由辅导区、村委会共同负担。2001年以后，幼师工资由学生学费负担。2003年9月由于石鼓源村小学撤并到三满房小学，经中心小学和村里同意，将学前班由石鼓源村迁至五房村的商贸街，并更名为石鼓源中心幼儿园。规模扩大到两个幼儿班和一个学前班，教师3人。学生增至90余人。教室3间，活动场地300平方米，并花了近8万余元购滑梯、蹦蹦床，新购一辆面的接送学生，并添置了全新的学生桌椅，2010年更名为“小博士幼儿园”。2012年9月小明星幼儿园合并到石鼓源中心幼儿园。合并后有幼儿210多人，办有7个教学班，活动场地1000余平方米，幼儿教师6名，保育员2名，司机2人，共花费60多万元置办了校内设施和两台校车。

借古岭小明星幼儿园　该学前班的前身是借古岭村学前班，始办于1998年9月。当时挂靠借古岭小学，一个班。2003年9月由于借古岭小学撤并到乡中心小学，学前班也随之迁到五房街，与石鼓源中心小学毗邻，更名为小明星幼儿园，有幼儿班2个，学前班1个，自聘幼师4人，学生增至108人，学生来源本地，还有一部分幼儿来自常宁、白鹤等地。

二、学前班

金洞镇马蹄口村学前班　马蹄口村学前班创办于1981年9月11日，2002年8月停办。

马蹄源村学前班　马蹄源村学前班创办于1991年9月，2006年8月停办。

二居委会学前班　二居委会学前班创办于1986年，2005年停办。

三居委会学前班　三居委会学前班创办于1988年，2002年停办。

楠木坳村学前班　楠木坳村学前班创办于1985年9月，属村办。

枣树坪村学前班 枣树坪村学前班创办于 1988 年,属村办。

下古村学前班 下古村学前班创办于 1986 年 9 月,属村办。

白泡廻村学前班 白泡廻村学前班创办于 1988 年,属村办。

小金洞乡小金洞村学前班 于 1981 年 9 月创办。设在小金洞村小学内。2006 年,由于村小学并入到中心小学和其他原因,小金洞村学前班停办。

白沙氹学前班 白沙氹村学前班于 1986 年 2 月创办。2001 年,辅导区和中心小学合并,学前班划归中心小学管理。2006 年下学期至 2007 年上学期,该学前班停办。

白沙源学前班 白沙源村学前班于 1986 年下学期创办,附设在白沙源小学,业务上归小金洞乡辅导区管理。办班初期,招收 4~5 岁的学龄前儿童 10 多人。学前班购置一些如皮球、积木、识字图片之类的教学用具。1987 年下学期,学前班教师工资由乡村两级负责。从 2000 年下学期开始,学前班教师的工资与村里脱钩,由教师在收集的学费中提取。2001 年,辅导区和中心小学合并,学前班划归中心小学管理。现在学龄前儿童有 15 人左右,校址设在白沙源小学内。

大同学前班 大同村学前班于 1986 年 3 月创办。学前班设在大同小学,教学时间与小学同步,业务上归本乡辅导区管理。办班初期,招收了学龄前儿童 10 来人。学前班教师工资由乡村两级负责。从 2000 年下学期开始,学前班教师的工资与村里脱钩,由教师在所收的学费中提取。2001 年,辅导区和中心小学合并,学前班划归中心小学管理。现有学生 13 人。

大竹源村学前班 大竹源学前班筹办于 1986 年 9 月,幼儿教师工资由乡村两级负责解决,业务上由小金洞辅导区管理。校舍设在大竹源小学内,当时有学龄前儿童十余人。

江口村学前班 江口村学前班的前身是江口村幼儿园,设在原江口小学内。1981 年,江口村幼儿园更名为江口村学前班,当时教师工资由乡村两级负责解决。2000 年下学期,因江口原村小校舍破旧,已不能再使用,学前班迁至(江口新街),由村办改为私办,村里只负责提供场地、课桌椅及维修事项,教师工资从学生的学费中提取,完全与村里脱钩。截至 2011 年,江口学前班只办一个班,有学生 20 人,年龄大都在 5 岁左右。

欧莱河学前班 欧莱河学前班于 1987 年 9 月创办。招收年满 5 岁的孩子,第一届有学生 20 多人,教室设在村小学,教学时间与小学同步。学前班教师经过统一考试从村里选拔,其工资由乡、村两级解决。2000 年下学期,因生源不足,学前班停办。学前儿童插入该村一年级跟读,待适龄后再读一年级。

土坳村学前班 土坳村学前班创办于 1987 年 3 月。教室设在土坳小学里,学前班业务上归小金洞乡辅导区管理,日常教学工作由该小学校长负责。幼师工资由乡、村两级解决。学前班初期只招收 4~5 岁的学龄前儿童 10 多人。陆续购置一些皮球、积木、识字图片之类的物品,添置了一台风琴。学前班的教学条件有了改变,教学质量也得到了稳步提高。20 世纪 90 年代末至 21 世纪初,因为生源不足,学前班曾停办过一段时期,2005 年下期重办,幼师工资从学生学费中解决。2006 年 9 月土坳村学前班停办,学龄前儿童插入该校一年级就读。

上司源乡高枧村学前班 高枧村学前班创办于 1984 年,设在高枧小学。原来是木板房,每期有学生 20 余人,为 5~6 岁学龄前儿童。2006 年,由于村里幼儿大量减少而停办。2009 年,高枧村学前班再办,兼教一年级,学生共 20 人。

蒋家冲村学前班 1984 年,蒋家冲村创办了学前班,负责接收全村幼儿。学前班附设在本村小学内,该学前班 2011 年有学生 20 人。

南冲源村学前班 1960 年南冲源村借用奉某民房,创办幼儿班,学生 20 多人。幼儿班停办。1984 年下半年,创办南冲源学前班,校址一直设在南冲源村委会内。生源来自于本村 10 个组和毗邻的常宁西塘水库库区内 5~6 岁的儿童,至今每期学生 20 人左右。

上司源村学前班 1980 年,上司源村在老湾里院子创办上司源学前班,学生有 16 人,学生年龄在 5~6 岁之间。1983 年,学前班迁至上司源村小学,每期学生有 20~30 余人。2006 年,学校校舍倒塌,学校随之迁往上司源村活动中心。每年学生均有 20 余人。

双河村学前班 1960 年双河村兴办了一所幼儿班,接收全村 9 岁前儿童。教学内容为识字、算术、绘画和唱歌等。教师和学生三餐均同村民一样在村里大食堂就餐。该班于 1961 年随着食堂的解散而停办。1984 年,双河村创办学前班,负责接收全村幼儿。学前班附设在双河村小学内,创办时有学生 20 多人,校舍于 2008 年迁至村活动中心。该学前班现有学生 16 人。

鸭婆凼村学前班 鸭婆凼村学前班于 1981 年 9 月在鸭婆凼村小学创办,接收本村 4 至 6 岁儿童,每期学生数在 15~20 人。随着生源的减少,2001 年该学前班停办。

晒北滩乡鲁草堂学前班 1985 年史家坪村办起第一所学前班,地址设在鲁草堂,取名鲁草堂学前班,1995 年学校停办。2006 年下期学校复办,更名为史家坪学前班至今。

神堂湾学前班 1985 年史家坪村办起了第二所学前班,地址设在神堂湾,故取名神堂湾学前班,1996 年停办。

晒北滩村学前班 创办于 1981 年 9 月至 2011 年。

枧下村学前班 创办于 1984 年 9 月,2000 年 9 月停办。

史家坪村学前班 2006 年 9 月创办至 2011 年。

野株源村学前班 2005 年 9 月创办至 2011 年。

小茗洞村学前班 1999 年 9 月创办至 2011 年。

万宝山乡胜利村学前班 胜利村学前班于 1984 年下学期创办。设在胜利村小学,有教师一名,学前儿童每学期有 10 余人,于 2009 年停办。

下司口学前班 下司口学前班创办于 1984 年下学期,附设在下司口小学,招收本村及邻村的学前儿童,幼师工资由本村发放。2001 年下学期改为私办,现有学龄前儿童 21 人。

油榨铺村学前班 油榨铺村学前班创办于 1986 年 7 月。办在油榨铺小学内,业务上由小金洞辅导区管理,日常工作由油榨铺小学管理。教师工资由乡、村两级负责解决,幼儿教师从本村女青年中择优选拔,由于学前儿童少。1999 年,学前班停办。

白果市乡 白果市乡人口少、居住分散、交通不便,很不利于办幼儿教育。因而在改革开放前没办过幼儿教育。直到 1982 年上学期才在团结、大坝头、长田方和波罗源几个人口相对集中的村办起了 4 个学前班。4 个学前班都附设在该村的小学内,幼师都是由村民从本村初、高中女毕业生中推荐，经教育行政主管部门考核后择优录用。学前班所需的教育、教学、儿童玩具等器材均由村集体添置购买。幼师的工资在2005年以前同民办教师一样，均由乡财政统筹并按时发放。

凤凰乡凤凰中心小学学前班 该班前身是凤凰大队学前班，1977年，由凤凰大队创办，设在凤凰大队小学。1980年迁入凤凰老街中街小河旁拱桥边的一座坐南朝北、土木结构的民房，面积70平方米。1984年更名为凤凰村学前班，迁入临近凤凰乡中心小学北面一座坐西朝东、土木结构的民房，面积60平方米，由凤凰乡辅导区统一管理，业教专干专管。1989年上期，又迁入凤凰村村委会会议室，该房砖木结构、坐东朝西，面积150平方米。1994年下学期，仍迁回凤凰乡中心小学，更名为凤凰乡中心小学附设学前班，实行村办、校管，接收凤凰村，秧田村一、二组、机关、单位及外来居住人员的5~6岁的幼儿入学。课堂运用直观教学，随时接受上级考查和学校统一管理，参与校内的一切大型庆典活动和仪式。1977~1982年，教师与本生产队的同等劳力的二等工记工分，大队每月另补生活费5元，津贴工资6元。1983年以后，基本上与民办教师同工同酬。1995年8月，凤凰乡政府规定，谁读书谁付钱，幼儿教师的工资由乡辅导区在学前儿童交费中提高标准，统筹工资，按岗位考核确定工资标准。2001年下期，乡辅导区撤销，学前班教师的工资实行自负盈亏，收费标准按上级规定的标准收取。2006年上期，该班有学前儿童32人，教师1人，共享乡中心小学教育教学资源。2009年下期迁到凤凰农贸市场旁王满香老师家中，一年后并入到明星幼儿园。

凤凰乡隐塘村学前班 1977年，隐塘大队学前班附设在隐塘大队小学，接收全大队5~6岁儿童入学。1982年，隐塘大队小学并入花筵江大队小学，该班也随之并入花筵大队学前班。1988年下期，花筵村小学并入秧田联办小学，该班迁入隐塘村一座坐南朝北、砖木结构，面积200平方米的民房（幼儿教师自家）教学，校舍前面空地搭建一个300平方米的晴雨活动场地，教学活动由教师自行管理。2006年上期，该班有儿童18人，教师1人。随着生源减少，2009年下期，合并到花筵村中心幼儿园。

凤凰乡秧田联办小学附设学前班 1977年，秧田大队学前班附设在秧田大队小学，接收全大队16个生产队的儿童入学。1984年，原秧田大队划分为秧田、大湾两个行政村，该班也随之分为秧田村学前班和大湾村学前班，仍附设在凤凰乡秧田联办小学。1986年，秧田村一、二组儿童进入凤凰村学前班就读，生源减少。2000年下期，两个村的学前班合并，更名为秧田联办小学附设学前班，两个幼儿教师按单、双年份轮流授课。2003年下学期，秧田村学前班教师周某在凤凰新街创办私立明星幼儿园，内设大班，将秧田村的学前儿童迁入该园。2011年9月，并入香凤幼儿园。大湾村学前班仍附设在秧田联办小学内。2006年上学期，该班有教师1人，学前儿童9人。2009年下学期并入明星幼儿园。

凤凰乡陶家村学前班 1977年，陶家大队学前班附设在陶家大队小学，接收全大队5~6岁儿童入学。1984年，更名为陶家村学前班。2000年下学期，陶家村小学并入凤凰乡中心小学后，该班由教师自行管理。2006年上学期，该班有学前儿童10人，教师1人。随着生源的减少，2009年并入香凤幼儿园。

凤凰乡江洲村学前班 1977年江洲大队学前班附设在江洲大队小学，接收全大队5~6

岁儿童入学。1984 年，更名为江洲村学前班。2001 年下期，江洲村小学并入凤凰乡中心小学后，该班由教师自行管理。2006 年上期，该班有学前儿童 10 人，教师 1 人。2011 年 9 月，学前班更名为香凤幼儿园，园址迁至凤凰新街。

凤凰乡花筵村学前班 1977 年，花筵大队学前班附设在花筵大队小学，接收全大队的 5~6 岁儿童入学。1982 年下学期，接纳隐塘大队学前班，1984 年更名为花筵村学前班，有教师 1 人，学前儿童 31 人。1999 年下学期，花筵村小学并入秧田联办小学，该班迁入隐塘村，并入隐塘村幼儿园。

凤凰乡长吉村学前班 1958 年 2 月，长吉托儿所由长吉大队创办。校舍在杉树院子一座坐南朝北、木板瓦房，面积 120 平方米的公共民房内。接收全村 3~6 岁幼儿入托。有教师 2 人，幼儿 32 人。1960 年，农村办集体食堂，该所停办。1977 年，长吉学前班附设在长吉大队小学，接收全大队 5~6 岁儿童入学。1984 年，更名为长吉村学前班。2005 年下学期，长吉村小学并入凤凰乡中心小学，该班由幼儿教师自行管理。2006 年上学期，该班有教师 1 人，学前儿童 12 人。2009 年下学期，合并入花筵中心幼儿园。

石鼓源乡三满房学前班 1984 年 9 月兴办 1 个班，49 个学生。设在三满房小学，由辅区直接管理。老师工资由辅导区、村委会共同负责，每学期办一个教学班有学生 50 余人。1994 年下学期由于生源减少，经辅导区决定，将源头村的学前班合并到三满房学前班，每学期仍办一个教学班，学生 40 余人，但幼师增加到 2 人。每个学期 2 人分科教学同时还兼任小学音乐、美术课程。此时村里取消对学前班的补贴，工资由辅导区统筹发放。2000 年后由于本学校四五年级学生都集中到中心小学就读，村小学生相对减少，幼师不再担任小学课程，只教学前班，普教与幼教完全分开，辅导区也不再支付幼师工资，幼师工资完全从学生学费中统筹。2005 年由于生源减少，每学期学生不足 20 人，两人同时任教，工次收入太低，于是经中心小学同意，两人轮流任教一年。工资仍由学生负担。

大岭下学前班 1984 年，全县大兴办学前班之风，村时通过考试，选拔奉金桂为幼师。设在大岭下小学，只办一个班，每学期 10～40 个学生不等。幼师的工资由辅导区、村委会共同负责。1990～2000 年，由辅导区统筹支付。2001 年以后，幼师工资由学生学费负担。

西岭坳学前班 创办于 1984 年上期，设在西岭坳小学校。至 2006 年，一直是办一个班，学生数一直在 15～20 人之间。学生来源于西岭坳村 4～6 岁幼儿。1984～1989 年，工资由辅导区、村委会共同负责。1990～2000 年，由辅导区统筹支付。2001～2006 年，幼师工资由学生学费负担。

五房村学前班 创办于 1976 年 9 月，设在五房村小学，由五房村管理。一直到 2002 年上期，每学期约有 40 个学生。2002 年下学期学前班搬到中心小学，直到 2010 年下学期，学前班合并到中心幼儿园。

乐山学前班 1988 年正月开办乐山学前班，1984～1989 年，教师工资由辅导区、村委会共同负责。1990～2000 年，由辅导区统筹支付。2001 年以后，幼师工资由学生学费负担。村里只提供一间教室。

第二节 基础教育

一、小学教育

（一）中华人民共和国成立之前办学情况

人和乡（金洞）文仁小学 创办于1914年2月，校址设蛇形地，当时有学生34人。

内下出频小学 创办于1914年2月，校址设内下，当时有学生25人。

石鼓源泉塘小学 创办于1914年4月，校址设石鼓源，当时有学生30人。

合群乡（凤凰）英萃小学 创办于1912年1月，校址设凤凰山斗岭，当时有学生41人。

旭日乡（白果市）集英小学 创办于1912年2月，校址设白果市旭日洞，当时有学生26人。

龙潜乡高级小学 该校1937年开办，当时属阳明特区区立高级小学，1939年改为龙潜高级小学。龙潜凼有学生128人，其中男111人，女17人。经费来源：有田70亩，屋2栋。学校情况：有大礼堂1座，教室5间，寝室4间，办公室、成绩室、储藏室、会客室、食堂各1间。

金洞镇私塾 分蒙馆和经馆，蒙馆主要就是教识字、挂数（简单数字）；经馆主要是学写诗词及地理知识，可考秀才、举人。

1945年前，在邓家祠堂办经馆，随后将该馆改为武术馆，在龙潜凼学校办国语学校，后逐渐办为小学、中学。

1945年，全镇办10处私塾书坊，每处教书坊的学生6个左右。如在枣树坪、石头源二处办私塾，每年6个学生，每个学生出谷一担。枣树坪私塾设在清元庵。

1954年后办洋学（又称新书）主要是从原来的文言文改读白话文，在金洞公馆门办洋学，除一个老师是本地的外，其余老师是从外面请来的。

小金洞乡包公殿蒙馆 包公殿蒙馆是大竹源小学的前身。该蒙馆创办于1943年，由宁远县龙潜乡公所第九保经办。包公殿是一栋青砖瓦房，座东南向西北，前临稻田，后背大河。房屋的墙壁上，四周刻着泼有金水的各种人物、飞禽走兽、花草树木。房子四周砌有围墙，围墙四周樟树掩映，环境优美，空气清鲜。只有一个老师，十来个学生。

大毛坪蒙馆 大同村的办学历史追溯到清末民国初。当时在该村老书房歧、院子里等处办有蒙馆，比较形成规模的是1920年左右，由该村邓玉林、夏桂林、张紫金及沙坪李西元等人发起，凑钱修建一座关公庙（现为民房），取名大毛坪关公庙，作为公房兼做办私学之地。

关公庙坐北朝南，处于该村中心，背后是成片的古树翠竹，前面是500平方米的操坪，视野开阔，四周绿树环绕，鸟语花香。关公庙为佛殿式建筑，长30米、宽10米，为四厢三间两层木板瓦房，两边还配有耳房。正堂立有木雕关羽、关平、周仓神像，右侧堂还有一尊泥塑关公像，雕工精巧，活灵活现。蒙馆就设在侧堂。

东安私塾 东安私塾由奉文患先生于1942年创办。创办之初有一间由树皮盖成的教室。当时，只收五六名学生，年龄大小不一，最小的七八岁，最大的十五六岁，学习的内容一样，开设幼学、三字经、百家姓等。先生平时的生活由学生轮流供养，待遇是向学生收取薪谷，学生在逢年过节时交谷给先生。家庭条件较好的多交，条件差的少交。但大部分学生的家庭条件较差，甚至交不起薪谷，只好拿鸡、鸭蛋等来抵数。

东江蒙馆 1945 年，何家坪的彭际儒在鄢家蓬庙山下办了东江第一所学堂——“蒙馆”，此为该村可以考证的办学之始。其后邓才行在下东江亦办一所蒙馆。蒙馆没有固定的地址，也没有固定的学生，学生最少时只有 2 人。蒙馆于 1950 年停办。

江口私塾 1946～1949 年，奉石平、奉文患、奉继承先后在江口村办过私塾，教授“四书”“五经”等。

照山庵经馆 照山庵经馆办学时间失考。据老人回忆，照山庵经馆每年都有十来个学生，一个老师，雇用一个伙夫，老师的工钱和生活都是按学生的家庭情况和学生的学习成绩分摊。据说凡是在照山庵经馆读过书的学生大多数能当保长、甲长或是秀才。

梨树下私塾 白沙凼村梨树下私塾于 1938 年由村中人捐资创办。学校坐东北向西南，为二层木板房，四厢三间，另建有厨房 1 间，前面有一个约 60 平方米的小操场。请有塾师 2 人，学生有 10 多人。

内下蒙馆 邓启言曾于 1945 年在内下村办有蒙馆，学生三五人不等，教师的给养由学生轮流提供的。蒙馆至 1947 年停办。

小金洞学馆 小金洞村的办学史可以溯及清末民初，其时开办的都是私学——蒙馆。蒙馆没有固定地址，学生也不多，才三五人、七八人不等。到 20 世纪 40 年代该村私学逐渐形成规模，遂成立义学会，建立了学馆——“教子丘”。学馆分两层，占地约 100 平方米，为四厢三间土砖瓦房，配有厨房、茅厕，楼上、地面均铺有木板。其时学生一般为本保内学生，主要是本村人，教师薪金由义学会出一部分，学生自己出一部分。学馆最多时有两个教师，办有二到三个班，学生达到二三十人。1946 年后改办新学。

修隐山庵蒙馆 修隐山庵蒙馆是欧菜河小学的前身。修隐山庵蒙馆的馆舍一正一横，正屋座东向西，横屋座北向南。正屋是四垛三间的青砖瓦房，横屋是四厢三间木板房。修隐山蒙馆的办学时间约在民国初期，当时只有十来个学生。老师的给养是由学生家长轮回提供的，后来张作堂、张善堂、奉文溪也先后在修隐山蒙馆教过书。

1943～1946 年，蒙馆搬迁到土厂里，彭继儒老师任教。1946～1948 年，又搬迁到正江源，教师柏玉山。1948 年以后该蒙馆停办。

上司源乡蒋家冲私塾 1929～1939 年，蒋家冲村每年都办了蒙馆和经馆，蒙馆设在蒋家冲大院子，学生 10 人左右，教学内容以《三字经》《增广贤文》、六言七言杂诗等为主。经馆办在蒋家冲的卢家冲庵子里，每期学生约七八人。1939 年到解放初蒋家冲村创办了国民小学，蒙馆、经馆随之停办。

南冲源蒙馆 南冲源村蒙馆于 1946 年创办。校舍在奉文满堂屋。学生有五六人，一年以后停办。

1947 年，该村又有五六户人家为了小孩就读，从石鼓源请邓礼和先生来该村蒙馆执教。

蒙馆设在本村奉昌亿堂屋，学生六七人。

南冲源私塾学堂 20 世纪 30 年代末，双河、南冲源村办有一所私塾学堂，学堂办在双河村杨家包公庙内，总面积 100 平方米左右。每期有学生 10 多人，常宁鹅院马王塘杨玉清、常宁东山吴先生先后在该校执教多年。因生源的增多，在南冲源井边借用民房又办了一所私塾学堂。每期有学生十多人。石鼓源乡邓礼和先生在此执教。

农胜私塾 1936 年奉祥玉老师在长江源奉锦明家创办一所私塾。1939 年，该校迁至土冲源张昌才家继续办学，由张洪春老师任教。1941 年，该校又迁至唐家湾唐先源家，由张其一老师任教。学生 10 人左右。

上司源经馆 上司源经馆创办于 1933 年，地点在庵子岭，由奉养吴老师任教，学生 10 人左右。1947 年，该经馆迁至奉文榜家，由刘子经老师任教。

上司源私塾 上司源私塾于 1943 年在老湾里创办，由柏玉山老师任教。1947 年，该校迁至罗家冲张家，由奉明松老师任教。同年，又迁至奉起寿家，任教老师姓刘(全名不详)。该校每期学生 10 人左右。

石山源私塾 1948 年，奉明福在自家屋里创办了一所私塾，共有学生 5 人。1951 年该私塾停办。

双河私塾 双河私塾创办于 1947 年，创办人是邓炳吾，教师是鹅院马王塘的杨玉清，有学员 10 余人，学生交谷作为教师报酬。学校开始设在双河大田凹，此后没有固定地点，多是借用民宅厅屋进行教学，教学内容以识字、算数为主。20 世纪 40 年代末，又搬到大院子，50 年代初合并到杨家学校。

五峰山私塾 五峰山私塾由奉继和、李定成创办于 1935 年，地点在鸭婆凼村五峰山生产队庵子里。校舍为一间木板房，当时有 5 名学生，该私塾于 1939 年停办。

晒北滩乡晒北滩私熟 该私塾学校，始建于 1937 年，当时只有 5 个学生，校长和老师都是同一个人，名叫邓知儿，教了两年停办。到 1940 年又恢复了，老师是本地的秀才唐正清，也是私人办的，开设的课程有语文、算术 3 个班，有学生十多人，他一直教到解放前夕。

枧下私熟 1941~1949 年，聘请常宁栋木湾刘清林和本村邓隆开两位先生。分两个班进行教学，学生一般在 20~30 人。校舍就在枧下村西边梎屋下，用木板夹成的教室、教师住房及厨房。下面是一个操坪，供学生活动，当时使用蒙学教材。教师的薪水由两个方面组成。第一是村里的公山、公田出一部分；第二部分是由学生交大洋或谷物。

小茗洞私熟 该私熟创办于 1947 年，办至 1949 年，学生 20 ~ 30 人。

磨石源私塾 创办于 1942 年，直至 1953 年才停办，创办人奉傅生。

万宝山乡万缘庵私塾 胜利村万缘庵私塾蒙馆创办于 1945 年。这个私塾原来是一座庵子，庵里住着一位和尚。此和尚经常外出化缘，村民就租用庵子做作教室，以旧时启蒙教材为教学内容，解放后该校成了妇女识字班，1959 年更名为万宝山小学。

下司口蒙馆 下司口蒙馆创办于 1945 年。当时村民租用老屋院组一栋公房办学，在此求学的有 40 余人。解放后更名为下司口小学。

白果市乡 白果市乡坐落于祁阳、宁远、双牌三县交界之处，平均海拔一千多米。新中国成立前，交通闭塞、经济贫困，文化教育事业特别落后。即使到了民国中、后期，全乡也仅相继出现过7所私塾。

神庙学馆　“神庙学馆”由团结村人民于1932年初开办。馆址位于螺蛳岭下达庙里。土砖瓦房两间，总面积50平方米。由邓振南执教。其时有学生9人。民国25年春，邓纯安接任执教，学生增至13人。同年秋天学馆因大庙破危而迁往营棚里。这是一座两层木板房，建筑面积有250平方米。由先生郑政执教，直至1949年年底全国解放才停馆。

旭日学馆　1939年2月，大坝头村的龚和清在本村李氏祠堂开办了“旭日学馆”。有学生10人，一直到解放该馆才停办。

回龙学馆　1947年初到1950年冬，唐清和先生在大源岭回龙庙开办过“回龙学馆”。有学生8人。

新兴学馆　1934年初到1936年冬，凤凰的邓鼎生在波罗源的吕宫洞开办过名为“新兴学堂”的学馆。学生头年7人，后两年9人。

启新学堂　1945年春至1949年冬，波罗源张寿昌于波罗源的五峰庵办过名为“启新学堂”的学馆。头三年有学生14人，后两年增至20人。

春风学馆　1943年正月至1949年年底，邓科纯在黄泥源开办名曰“春风堂”的学馆。每年学生6人。

冷水源国立小学　1946年正月至1950年六月，冷水源人民办过一所名为“宁远县第三保冷水源国立小学”，每期学生为11~13人。

凤凰乡秧田经馆　光绪二十年，在秧田邓氏宗祠内开办经馆，招收家境较好的儿童入学。族上出一笔资助费，学生一年出一箩谷。该祠堂座西朝东，双开厚木板大门，南北两边是厢房，正中是大堂，大堂两边有耳房各四间，还有天池，中间是300多平方米的露天大操场。办学环境优越，最少的有两个班两位先生，最多的有四个班五位先生。还有专门的伙夫，伙夫亦可进教室听课读书。这里的师生均在校食宿，半年一馆。每天都要拜孔子像，教学内容以识字读书为主。该经馆一直办到民国初期。

水源冲经馆　民国26年，在水源冲办经馆（创办人不详）。一个班，一个先生，该经馆民国29年迁到长吉村的落雨山庙继续办学，这时有两个先生，两个班，二十多个学生。民国31年，该校又迁至陶家村的千年庵，两个班，两个先生，一个伙夫。伙夫一般由年龄稍长的青少年担任，做完厨房工作后可进课堂听课，工资抵交学费，该经馆于民国34年停办。

江洲蒙馆　民国22年，邓鹏甲在江洲祠堂内（中华人民共和国成立后为凤凰粮点仓库）创办蒙馆。一个教师，十多个学生。民国35年，宁远县凤凰乡在这里开办江洲国立初级小学，招收江洲、凤凰等七、八个自然村的学龄儿童入学。由邓达甲等二位教师任教，共有两个班，三十多名学生。次年迁入茶亭边的书房院子（1975年拆除）。该书房东面是一排连连四间的厢房，中间是宽敞的露天操场，西面正堂是大礼堂，中间悬挂孙中山半身像，两边各一大间为教室。新中国成立后该校更名为凤凰乡江洲初级小学。

花筵蒙馆　该村清朝时期就在“学贤院”办过私塾，停停办办，考究难寻。民国23年周学孝再次在此办蒙馆（俗称私塾），一个班十多个学生。该院是土砖瓦房，连连三间，约60平方米，次年迁到对面的土砖瓦房（民房），约40多平方米。该私塾于民国27年初停办。

陶家蒙馆 该村经馆停办后，先后办了两处蒙馆。民国35年在陶家湾书房里，一个班十来个学生，在一幢约40平方米的木板房内教学，由于生源少（大部分到长吉国立小学就读），民国36年秋停办。

民国36年，毛栗山的邓天德等三人牵头在该院子里的油亭堂屋里办蒙馆，于民国37年冬停办。

经馆和蒙馆上课时间为农历三月初开学到十一月末散馆，无暑假，只在农忙时节放几天假。

国立小学 中华民国宁远县秧田乡在民国8年于邓氏宗祠内开办国立小学，由政府派遣教师并发工资。招收本乡内的8～14岁的儿童入学。由开始的两个班两名教师发展到四个班五位教师。教学国文，数学，音乐，美术，体育。民国21年，更名为宁远县第十一区秧田乡秧田国民小学。教材也常有变动，国文改国语，其余科目相同。民国25年，祁阳县秧田乡第七保在花筵“武圣殿”（即关市庙，20世纪末为佛教协会地）办短训国立小学。该殿为青砖瓦房，东面是戏台，西面是正堂，左右后有厢房，耳间七八间，中间是300多平方米的露天操场，小河从南面潺潺流过，环境优雅闲静。政府派教员，发工资，初办时从外地调来姓肖，姓何两名教师，两个班，40多个学生，开设国语、数学、音、体、美等课程。学生免交学杂费，民国31年该校更名为花筵国民小学。

石鼓源乡源头私塾 创办于民国25年（1936年），位于香公祠（又名虎形庙，现已拆除），时办1个班，10余名学生。

三满房私塾 创办于清朝末年，校址在三满房宅公祠，1932~1949年该校改名为“保学”。

永兴庵蒙馆 1937年创办“永兴庵蒙馆”，地点设在西岭坳永兴庵，1948年停办。

大岭下私塾 始办于民国初期，（具体年月失考），当初由奉重文（中共地下党员，黄埔第三期军官）领头成立学工会，以奉佳文为先生，在本村新屋院子办起了私塾，并先后在清凉庵、奉家公屋办学，中后期主要是由奉作新、奉文湘（中共地下党员）为先生。直到新中国成立后。

五房保学 1937～1940年，奉氏族人在五房大院子办学堂，学校名称为“保学”，有教师奉明成一人，办一个教学班。1941～1949年，办一个教学班，奉焕昌为老师。

乐山私塾 创办于1935年春，校址陆公祠（桂林庵子），当时有学生20多人，由当地绅士奉效舟任校长，教师有奉明和。

金洞镇私立龙潜高级小学 龙潜高级小学，位于金洞知子干山麓，龙潜凼河岸。民国29年创办，设在邓胜庵（原宁远县龙凤乡公所所地）。开办时招高级小学生50人，校舍是新建的一座两层砖木结构洋楼房。有教室和住房各四间。建房开支和办学经费，纯属奉保民当团总征收白金洞水运木排税捐收入。课程设置有公民、国文、算术、历史、地理、自然和音、体、图九种。地处偏远山区，全是寄宿生，大多是富家子弟。该校在宁、祁交界山区，颇有盛名。至1954年上学期，共办27个班，毕业生有800多人，为国家培养了一批实用人才。

1954年下学期，原宁远县金洞区划归祁阳管辖，该校改名“祁阳县第十二区龙潜完全小学”。由范和接收。继有张权声、于作廷、李厚相。同年有五、六年级各两个班。初小(1~4 年级)两个班,全校学生 240 多人(其中五年级招收瑶族学生 9 人),1958 年下学期金洞区水东乡与黄市乡合并，成立五星人民公社该校所有洋楼校舍全部拆毁运到黄家渡附中建新校舍。1961 年该校搬迁到龙桥公社山背里院内,改名“田心完全小学”。1969 年春,改名“龙桥公社中学”。

(二)中华人民共和国成立之后办学情况

金洞镇中心小学　金洞镇中心小学位于金洞镇人岭街,是一所全日制公办小学,该校的前身为公新小学,建于 70 年代,原址在金洞镇沿河街 9 号。1987 年更名金洞镇中心小学,全镇五年级集中于此。1988 年秋,金洞林场子弟小学并入,办有一至五年级 9 个班,学生 300 多人。教师 16 人。

1990 年，金洞镇政府投资近 30 万元，将原校舍扩建成面积 1400 平方米的三层楼房。1994 年,镇政府投入 5 万多元,修建围墙和校门,硬化了操场。1997 年,新建 400 平方米的三层实验楼。

2005 年,金洞镇政府投资 200 余万元,学校整体搬迁至金洞镇人岭街 5 号新址,占地 15 亩,建筑面积 4150 平方米。其中,教学区面积 2650 平方米。活动区面积 1000 余平方米,有一条 250 米的环形跑道,篮球场 1 个,乒乓球台 10 张,各类运动设施齐全。生活区面积 2400 余平方米。有 20 多米长的文化长廊,30 余米长的防雨过道。教师住房和学生住宿楼同为三层,学生宿舍,能居住 300 名学生。学校有电教室 1 间,电脑室 1 间,远程教室 1 间,实验室 1 间,仪器室 1 间,各种仪器价值 42000 余元。图书室 1 间,藏书 9600 册。

2008 年春,金洞镇投入 30 多万元,设计三层,建一层能容纳 400 多名学生的食堂兼礼堂。新建锅炉房,改进了厨房的配套设施。同年申办合格学校。为办好合格学校,学校多方筹措资金 200 多万。将教学楼、学生宿舍楼顶层安装琉璃瓦。将教室、学生宿舍、教师住房重新粉刷一新。添置了许多体育设备和实验室、美术室器材。2010 年夏,学校投入 3 万多元,完善校园文化建设。让墙壁会“说话”,更好地丰富学生的文化视野,使学生不知不觉地受到感染,提高素质。现办一至六年级 12 个班,学生 802 余名,教职工 33 人。

学校先后十多次获得金洞林场“先进单位”“祁阳县先进单位”等荣誉称号。2008 年经省验收,成为金洞管理区第一所合格的中心小学。

白泡廻小学　白泡廻小学创办于 1952 年,租用民房 2 间办学,学生 15 人。1953 年迁至白泡廻一组,校舍为新建木板房 3 间,占地面积 180 平方米,一至四年级齐全,学生 40 余人,教师 2 人。1958 年扩建教室 2 间,一至五年级齐全。1970 年 3 月,在原校址旁边租房 2 间,增办初中班 1 个,另接收金洞区中学的金洞公社的初二年级学生组成一个班,共两个初中班,学生 100 余人(1971 年初中部合并到金洞区中学)。1971 年校址迁到白泡廻二组至 2011 年。学校有三栋青砖平房,建筑面积为 400 平方米,校园面积为 900 平方米一至五年级 5 个班，5 个教师。

1991 年农户村小学并入该校,有教师 6 人。1997 年,保留一至三年级,四至六年级并入金洞镇中心小学。

2005年,村活动中心与村小合并,村里投入30多万元,新建校舍,建筑面积300多平方米。此后有一、二年级30多个学生,2名教师,3年级停办。

公新小学 金洞公新小学坐落于金洞镇沿河街9号,前身叫金洞公馆,创办于1944年春。1951年,搬迁到水口庵(铁工厂所在地)。1958年,因修公路学校又搬迁到孙家洲民房,1963年下学期迁至邓家祠堂,与金洞附中合办。1969年,中学与小学分开后学校仍在中学所在地办学。1971年建公新小学,有5间教室,3间教师住房,1间杂房,1间厨房,建筑面积450平方米,校园面积3000平方米。办有一至五年级各1个班,学生120余名。1986年,镇政府投资10万元,另建教学楼一栋,三层6间教室,6间教师住房,建筑面积760平方米。1987年8月,改办金洞镇中心小学。

和平小学 和平小学创办于1968年,位于邓家祠堂内,办有一至三年级3个班。1971年兴建校舍,有6间教室,5间教师住房,1间厨房,1个运动场,澡堂厕所一应俱全,建筑面积500平方米,校园面积达2500平方米。1972年,扩大为一至五年级5个班。1983年后四至五年级撤并到镇中心小学。2003年上学期,学校有3个教师,一至三年级学生30多人。同年8月,并入金洞镇中心小学。

马蹄口小学 马蹄口小学创办于1955年春,位于银子园,租用民房办学。1972年,搬迁到马蹄口村六组的山脚下,校舍为简易木房。1975年,重建一栋砖瓦结构校舍,有6间教室,4间教师住房,厨房、澡堂、厕所一应俱全,建筑面积600平方米。办有一至三年级3个班,2个教师,80年代初首创小学生上学放学向过往小车、客车行队礼,其先进事迹曾在永州日报、湖南教育报刊登,并受到原湖南省长陈邦柱的高度赞扬。2009年,学校整体搬迁,与村活动中心合并,耗资20多万元,新建校舍近300平方米。因生源少,2012年秋停办。

马蹄源小学 马蹄源小学的前身是福音庵私塾,1943年由邓高汉先生开办,有学生12人,建筑面积300平方米。

1950年该校迁至槽山新庵子,一正一横共6间土砖瓦房,学校面积200平方米,黄海山任教,学生20多人。1956年,搬迁到陶家组路家冲借民房办学2年。1958年,在瓦屋里用土冲墙修建3间教室,面积120平方米,同年迁入新学校。1968年,在唐湾里修建两层3间、建筑面积130平方米的土砖瓦房。1969年,迁入新学校,学生40人。1985年,村委会重建一栋3间教室、1间住房、1间厨房占地面积500平方米、建筑面积200平方米的红砖瓦房。现有教学班1个,学前班1个,共有学生18人,教师2人。

楠木坳小学 楠木坳小学办于1955年春,位于李家湾公屋学堂。当时办一至五年级1个班,20来名学生。1958年,迁到绿叶亭庵子内。1962年,搬迁到楠木坳。校舍为一栋土木砖瓦平房,5间教室,3间教师住房,还有1个准篮球场,校园面积近5亩,建筑面积约600平方米。

1976年9月,有一至五年级5个班,1983年9月,四年级学生并入白泡回小学,五年级并入金洞中心小学。1999年,校舍确定为D级危房被拆除,逐迁入村办公楼。当时有一至三年级3个班,3名教师,学生24名。2005年,村里投入30多万元,将村活动中心与村小合建,建筑面积300多平方米,现在办有一二年级,一个教师,为复式班。

农户村小学　农户村小学又名金洞分场小学，创办于1972年9月。当时利用金洞分场机关的2间办公室房作教室，3个教师，一至四年级30多个学生。1988年，另建一栋教学用房，2间教室，2间教师住房，建筑面积200平方米。1992年秋，该校并入白泡廻小学。

下古村小学　下古村小学创办于1950年，租借4组村民邓茂铁家2间民房办学。当时，办一至三年级，1个复式班，学生10余人。1953年，校址搬迁到本村半边街。村里新修木板房一栋为校舍，共有教室、住房各4间，面积为250平方米。1968年，再次搬迁到现在的快乐庵，重建砖瓦结构的教学楼一栋，面积为500平方米，有教室4间，住房4间，办一至四年级1个复式班。2004年，改建为砖混结构的新教学楼，校园面积800平方米，建筑面积435平方米。有教室4间，办公房和住房8间，厨房1间，厕所1处，操场415平方米，现有学生30人，教师1人。

友胜小学　友胜小学创办于1955年，位于友胜村马知坳组，租借2间民房办学。1961年下半年，村里兴建一栋简易木板房为学校，有房子5间，面积为150平方米，有一至三年级，学生12~13人。1970年学生增至20多人，一至五年级合为复式教学。1992年在原址上建一栋两层砖瓦结构教学楼，有教室和住房8间，建筑面积为250平方米，校园面积600平方米。有一至三年级20多人。2000年秋，并入白泡廻小学。

枣树坪小学　枣树坪小学1952年创办于青源庵，学生30人。1972年，大队在原址重修学校，全部是土砖瓦房，建筑面积500多平方米。1996年9月，该校与陈家湾教学点合并，借用金洞分场枣树坪营林队职工宿舍楼办学。2004年12月，建一栋两层混泥土结构红砖教学楼，建筑面积330多平方米。现有教学班2个，学前班1个，有学生30多人，教师2人。

陈家湾教学点　陈家湾教学点于1963年开办，用木皮搭建教室1间、住房1间，有学生20人。1972年，在原校址重建土砖瓦房一栋，教室2间，厨房1间，建筑面积150平方米。1996年9月，并入枣树坪小学。

唐知头教学点　唐知头教学点创办于1972年8月，位于友胜村唐知头组的院子中间（租借民房），2个年级，8~9个学生。1982年在原地用木板建一栋教学用房，面积50平方米。1992年7月并入友胜村小。

小金洞乡中心小学　小金洞乡中心小学位于祁阳县小金洞乡江口村瓦渣坪，是一所全日制公办小学。

该校创办于1984年7月，校舍是金洞区原区级医院。三排平房，用石块砌成，四合院形式。院内正中有小山包。当时，校舍总面积约600平方米有两个年级：六年级一个班，五年级两个班，来自全乡11个村。3个班共有150多名学生，学校有教师6人。1985年乡政府组织全乡劳力修通了校外公路。同年上学期建第一幢教学楼，下学期办两个年级四个班（3个五年级班，1个四年级班）共200多人。1986年上学期建第二幢教学楼以及厨房、厕所和澡堂。下学期江口村小学并入，1~5年级齐全，共有7个班200多名学生，9个教师。1986年下学期建第三幢教学楼。1990年，建教师办公楼和校门、围墙等配套设施。2005年，兴建一幢电教楼，近30年来共兴建楼房8幢，总面积达4000多平方米，总投入400多万元。该校于1991年被省教育厅验收成为祁阳县第一批合格中心小学。1995年，“普及图书”验收合格。1997

年(基本实施九年义务权和基本排除青壮年文初)验收合格。先后十多次获得金洞林场“先进单位”、祁阳县“先进单位”等荣誉称号。

现在学校可容纳学生 400 多人,除 8 个班的教室外,还有学生实验室、仪器室、图书室、阅览室、电教室、礼堂、教师会议室、男女生寝室等。配备了实验仪器 1000 多件、图书 3000 多册。现在全校 19 名教师中有 10 人是中共党员;本科学历 1 人,专科学历 7 人,中师学历 8 人;中级职称 13 人,初级职称 6 人。

白沙凼小学 白沙凼小学的前身是梨树下小学。1950 年,在梨树下私塾的原址上创办白沙凼村第一所公办小学,校名“梨树下小学”。招收一至五年级学生。从 1953 年起,办学规模逐渐扩大,每年有学生 150 多人,教师增至 5 人。1958 年附近东江、东安、白沙源等村的四、五年级学生撤并到该校。校舍遂搬迁至包公殿,校名更为“白沙凼联校”。联校办有 10 多个班,教师有 10 多人,学生有 300 多人。联校办了 3 年,于 1961 年撤销,校舍再次搬回到梨树下。“文化大革命”期间,学校以劳动为主,以教学为辅,有时请来贫下中农,上忆苦思甜课。1964~1966 年,村里办有耕读学校。1975 年,小金洞乡人民公社在白沙凼村小学基础上创办“五七中学”。中学部办有 2 个年级,有教师 5 人,学生 100 多人,生源来自土坳、大同、东江、东安、白沙源、白沙凼 6 个村。加上小学部的 120 多人,共有师生 200 多人。“五七中学”办了四年,为当地培养了人才,1979 年,“五七中学”被撤销,只办小学,校名更为“白沙凼小学”。1984 年,小金洞乡在江口村创办中心小学。全乡四、五年级先后集中到中心小学就读,2006 年下学期三年级也并入到中心小学。

2006 年 9 月,村里筹资 40 余万元,在原址拆除四房重建新校舍,新校坐西北向东南,建筑面积 500 平方米,占地面积 1200 平方米。新校于 2007 年 9 月交付使用后,极大地改善了学校的办学条件。截至 2011 年,白沙凼小学只有两个年级。

白沙源小学 白沙源小学始建于 1956 年,最先办在包公殿公房。办学初期,只有一名教师,七八个学生。1959 年,学生增至 28 人,教师 2 人,学校遂搬迁到上泥塘新学校。至 1961 年学校扩大到五个年级,共有学生 50 多人。1964~1966 年,村里办有一所耕读小学。

1983 年,该村五年级学生撤至大同小学(时为联校)就读,次年,小金洞乡创办中心小学,全乡五年级均集中到中心小学就读。1988 年,全乡四年级亦并入中心小学。2006 年下期,全乡三年级并入中心小学。自此,白沙源小学只剩下一、二年级。

大同小学 大同村小学的前身是大毛坪小学。创办于 1950 年,学校设在关公庙里,创办时只有一至三年级 3 个班,学生 18 人左右,只有 1 个老师。

1979 年,该村在老书房歧山脚新建一栋总面积 900 多平方米新校舍,校名更为“大同小学”。

1983 年下学期,小金洞乡在该村办联校(校名不变),将附近土坳、白沙凼、东江、东安、白沙源 5 个村的五年级集中在此。全校学生达到 140 人。1984 年下学期,小金洞乡创办中心小学,全乡五年级遂并入该校,次年四年级亦迁往中心小学。2006 年村里筹资近 40 万,在书房歧左腰靠公路里边的半坡上另建新校舍。新建教学楼分两层,建筑总面积达 400 平方米,校园四周砌有围墙,校园面积约 800 平方米。教室宽敞明亮,学校环境幽静,大大改善了该村的办学条件。2006 年下学期，全乡三年级集中到中心小学就读。2011 年该校只有一个年级 14 个学生，教师是 1 人。

大竹源小学　大竹源小学的前身是包公殿蒙馆。1950 年，政府将包公殿蒙馆正式命名为“大竹源小学”。

1965 年，由于生源不断增多，因此由大队拆除包公殿，在旧址照原来走向重建一栋土砖平房作为校舍，当时学校有 4 个老师，8 个班近 160 名学生。

1982 年，因房子部分倒塌，学校全部拆除用青砖照原来方位重建，正房为两层楼房，两边厢房为一层平房，共有五间教室，四间教师住房，一间厨房。此期间学生数始终维持在 50~80 个之间。

1992 年，修油榨铺电站，水淹该校。学校不得不租用民房作为校舍，直到 1998 年由大竹源村筹资 20 余万元重新建新校。校舍位于大竹源村新屋院樟树园，占地面积约 2000 平方米。

东安小学　新中国成立初期，东安村先后与东江、白沙源、白沙凼、合拼成一个大队，没有自己的学校，孩子们都在白沙凼小学读书。学生从家里到学校每天来回要走 20 多里的山路。

1961 年，东安单独成为一个大队，随即建成东安小学，校址在老爷蓬的山脚下，占地约 60 多平方米。房子全由杉树和树皮搭成，设有两间教室，一间教师用房，没有可供学生活动的场地。学校开始招 3 个班 3 个年级，10 多名学生。一、二年级为复式教学，三年级单独在一个教室，由教师轮流给学生上课。后来因学生增多，1974 年东安小学进行了第一次扩建。在旧校址的正前方建成占地约 100 多平方米的木板房，有教室 3 间，教师用房 2 间。1984 年乡中心小学成立后，四五年级学生先后集中到中心小学读书。东安小学保持 3 个年级，1986 年由村民集资出义务工，东安小学再次搬迁到老叶蓬。东安村公路修成后，大部分村民都迁出老爷蓬，搬到了离金晒公路较近的观音岩，东安小学也于 2000 年再次搬迁到观音岩。因为该村人口较少，生源也时有时无，该校也时停时办。

东江小学　东江小学于 1950 年创办，地点在鄢家蓬胡家皂的一所木皮房。其时办有一至三年级，40 多个学生。1954 年，学校迁到鄢家蓬炉房里。 1957 年，东江村与外地管山的老板合作，共同建设一栋二层木板房作为小学校舍。1989 年，因校舍破旧不堪。由村民自愿集资，出义务工，在旧校正前方 500 米处新辟校址。新校坐东向西，占地 200 多平方米。教学楼分上下两层,共设有教室三间、会议室一间、办公室两间、师生厨房一间。现在东江小学只有一个年级。

江口小学　江口小学于 1950 年创办。小学创办时该村在奉氏宗祠旁边搭建木皮房办学，招收一至三年级学生。

1958 年，乡政府迁到小金洞村，该校遂停办，学生到小金洞村就读。

1962 年在要求队队办学校的形势下，该村租用民房恢复办学。因当时江口村已改名叫双河村，故校名“双河小学”。当时招收 2 个班，有学生 30 多人。

至 1971 年，该村新辟校址办学。校名因村名恢复为江口村而更名为“江口小学”。新校位于现江口新街靠弯50米处(原江口粮店后面),面积约400平方米。教学楼为砖木结构,共两层,有三间教室,一个礼堂,四间教师住房,厨房、厕所等配套设施一应齐全。当时办5个年级,有100多名学生。

1983年,为了整合教育资源、提高教学质量,附近欧菜河、东升、大竹源、油榨铺四个村的五年级学生被撤并到江口村小就读。此时学校达到150多名学生。1986年下学期,江口村小学并入小金洞乡中心小学。

欧菜河小学 欧菜河小学的前身是修隐山庵蒙馆。1961年由生产队办学,校舍仍然在修隐山庵,取校名为“光明小学”。当时只有十五六个学生,5个年级。1968年拆除庵子在原址按正房方位修建一座三间土砖瓦房作为校舍。1973年搬迁到马基坳新校舍,新校舍为二层三间的木板房,座东向西。此时学校规模扩大,设有三个班级,约五十多名学生。1981年学校又搬迁到修隐山土砖房里,1982年又迁回到马基坳木板房里。改“光明小学”为“欧菜河小学”。1984年拆除木板按原方位修建一栋二层的红砖瓦房。校舍长30米,宽7.5米,每层设有三间教室,两间教师住房。(建校期间,在水竹冲租用民房作为教室)1985年新校落成,该村自2003年以后,因为出生人口减少,学校生源基本保持在10人左右。

土坳小学 土坳小学创办于1957年。原址位于黄司河漂流终点上岸处,为四厢三间两层木板房。初建时,办有一至三年级,全校学生15人左右,只有一名教师。

1977年,因为筹建内下电站,要在原校舍处建高压水泵房,遂将学校整体拆迁至老土坳田边。1982年村里在内下电站的帮助下,在老土坳山脊上挖出一块平地建新学校。新学校占地约700平方米,其中教学楼占地约450平方米,外操场约250平方米。教学楼为两层红砖瓦房,楼面为木板。此时,该校的办学规模处于建校以来的巅峰。内下电站的职工子弟、晒北滩乡高笋塘村和白果市乡桐子山村的部分学生都在该校就读,办有学前班、一至五年级齐全(有复式班),学生人数60多人,教师5人(含幼师)。2009年,由于原校变为危房,村里遂筹资30多万,在原校址拆除重建一栋二层楼房,并建好校门砌好了围墙。新的教学楼占地约180平方米,第一层为教室及教师用房,第二层为村活动室。随后由于生源逐渐减少,学校实行隔年招生。目前该校只有一个年级10个学生。

小金洞小学 1949年,小金洞村在原学馆——教子丘设公办小学,校名“小金洞小学”。1958年乡政府设在教子丘,学校遂迁往老院子民房,更名为“小金洞公社完全小学”。此时学校已具相当规模,有上下两栋坐东朝西主房,左右两栋坐南朝北、坐北朝南各一栋厢房,中间有天井,房子之间有过亭,为四合院布局。校园总面积达到700多平方米,其中校舍面积占400多平方米,外操场占300多平方米。

1966年,完全小学改为村级小学,校名更为“东升小学”。

1977年,东升小学更名为小金洞小学。因原校舍已破败不堪,该村在教子丘旁边新建了一栋长30米、宽8米,坐东朝西的两层青砖瓦房,第一层有三间教室、三间教师住房,第二层为村大礼堂,左侧有100多平方米的外操场。

至1988年,学校只办有一至三年级。至2002年上期,因生源太少,小金洞村小学并入小金洞乡中心小学而停办。

上司源乡中心小学　上司源乡中心小学的前身为上司源乡中学附小。1984 年下学期，上司源乡与上司源分场合二为一，校址从乡政府旁迁至上司源村庵子岭半山腰，校园地处偏僻，群山环抱，风景优美。教室、学生宿舍、办公楼、食堂均沿用原分场青砖瓦房。当时只办四、五年级 4 个教学班，学生 200 余人，教师 15 人。

1990 年，乡政府筹集资金新建一栋三层楼房的教学楼，面积约为 400 平方米，硬化一个篮球场，添置一些教学设施，学校初具规模。学校总面积近 3000 平方米，其中建筑面积 2000 平方米。学校有图书 2000 余册，还有乒乓球台 5 个，电脑 1 台，电视机 2 台及电教仪器等。1994 年乡政府划拨一块 2000 余平方米林地作为学校学农基地，学校固定资产达 200 万元。后来学校教学楼多处开裂，2008 年经有关部门鉴定为 D 级危房。同时办公楼、食堂、澡堂等因雪灾而倒塌，图书也被毁坏。2010 年，上司源乡政府决定将学校整体搬迁至上司源村庙山源口，投资 700 万元建成一座集运动、教学、生活三区分开的花园式校园，校园总面积 30 亩，2013 年 5 月交付使用。

2010 年，由于办学条件改善，学校生源逐年增加，现有教学班 7 个，学生 220 多人，教职员工 18 人，大专学历 8 人，中级职称 8 人。

高枧小学　高枧小学建于 1953 年，校址建在高枧村四组河岸的一个斜坡上。校舍为长 40 米，宽 15 米的二层木板房。1978 年，在学校右侧搭建一间用树皮做的教室和一间厨房。1992 年，村里在原址建成一座两层新楼，占地面积 110 平方米学校，现办有一年级和学前班两个班级。

蒋家冲小学　蒋家冲小学的前身是宁远县龙凤乡第五保短期小学，创建于 1938 年，位于蒋家冲大院子右侧面。当时开设 1 个班级，有 20 多个学生。1950 年下学期，更名为宁远县 12 区石鼓源乡蒋家冲小学。1951 年，该校迁至双河口，新建木板房校舍，共 6 间房子，一位老师，20 名学生。1958 年，开设一至四年级 4 个班，学生 70 人，教师 4 人。1972 年，学生增至 100 多人，该校迁至新屋场。其教学楼是青砖木板结构，二层楼房。楼上有 3 间教室，1 间教师办公室，楼下有 2 间教室，3 间小住房，教学楼南面是大礼堂。1975 年下学期开办一至五年级，学生 70 多人。同年在学校开办蒋家冲“五七”中学，1979 年停办。1988 年以后，四、五年级转入上司源乡中心小学就读。2004 年，教学楼成了危房，逐迁入民房办学，一至三年级共 31 名学生。2005 年，村里集资 20 多万元，拆原校建新校。新校面积 500 多平方米，有 4 间教室，4 间住房，配有厨房、卫生间。2006 年上学期学校迁入新校舍。

南冲源小学　南冲源小学创办于 20 世纪 50 年代初，有学生近 20 人。1960 年该村小学撤销合并到南冲源与双河两村合办的杨家学校。随着学生的增多，1971 年，创办南冲源大队小学，学校办在大队部内，房子是土砖瓦房，有 5 间教室和 2 间教师办公室。1975 年南冲源大队小学迁到高码头坳上，更名为南冲源小学。办有一至五年级 5 个班，有学生 110 多人，教师 5 人。1980 年，四、五年级并入双河村小学。1984 年南冲源、双河两村合办了杨家联校，南冲源小学并入杨家联校。

牛塘源教学点　牛塘源教学点于 1962 年创办，原来为 22 平方米一间土砖房。1976 年，在牛塘源邓家院子前面的一块稻田里，建成一座 3 间面积 86 平方米的土砖房。当时办有一至三年级 2 个班,学生 28 人。1998 年并入高枧小学教学点停办。

农胜村小学 农胜村小学的前身是农胜私塾,1950 年 6 月转为公办小学。1958 年,学校命名为农胜大队初级小学。校舍借用民房, 1964 年建起了砖木板结构校舍。1982 年在该大队中心位置的马金坳建一栋两层 420 平方米的砖木结构的教学楼。1984 年,学校更名为农胜村小学。2011 年,因电失火将房子烧毁。现已集资 50 万元准备重新改建成一栋两层的砖混结构房子,学校现有面积 600 平方米。

20 世纪 70~80 年代时,学生多,办有五个年级,2~3 个班,采用复式教学。90 年代后,生源逐渐减少,每学期只有一个班,学生 10 人左右,教师 1 人。

上司源村小学 上司源村小学创办于 1950 年,原名上司源初级小学。先后借用上司源村村民的房子等作为校舍,1954 年开始在上司源乡政府办学。1963 年,学校迁往新弯组子禾皂口。1971 年,学校迁往六、七组田垄上,更名为上司源大队小学。建房 2 栋,有 7 间教室,5 间教师宿舍,1 个大礼堂,校园总面积约 600 平方米。办有一至五年级 5 个教学班,每期学生人数在 80 ~ 120 人之间。1984 年下学期更名为上司源村小学,设一至四年级 4 个班。1992 年并入上司源中心小学。

双河村小学 20 世纪 60 年代初,利用杨家坳的包公庙作为校舍创办了双河大队小学。有 5 个班,学生 70 多人。1980 年,改建砖木结构校舍,南冲源村小的四、五年级学生也并入该校,学校更名为杨家小学。1971 年,大队在双河组建一幢六间教室、四间住房、一个大礼堂的砖木结构的学校,校园面积约 400 平方米。办有一、二年级两个班,有教师 2 人,学生 30 人左右。1977 年,利用该校创办“五七”中学, 1979 年“五七”中学撤销停办。1983 年双河大队小学改名为双河村小学。1984 年该校撤并到杨家联校。

五峰山教学点 五峰山教学点创办于 1971 年,地点在鸭婆凼村五峰山生产队庵子里,校舍为五间木板房。初办时办有一至三年级 3 个班,学生共 50 人,为全日制学校。1980 年停办。

鸭婆凼小学 1938 年,鸭婆凼村在周家湾院子的两河交汇处的包公殿内创办了一所国民小学。1956 年,鸭婆凼大队拆除包公殿在原址上建起东西相对的两座土夯房,办起了鸭婆凼小学,校舍共 8 间,校园总面积约 300 平方米。1978 年,鸭婆凼大队又将东厢房拆除,新建一栋二层红砖墙、木板楼、小青瓦的楼房。1966 年,更名鸭婆凼初级小学。1966 年后,更名为鸭婆凼初级小学。1983 年,后定名为鸭婆凼小学。2005 年,为了改善办学条件,村委会多方筹措资金, 集资 60 余万元, 拆除旧学校建立一栋砖混结构的三层楼房, 校园占地面积约 1500 平方,学校有厨房,食堂和漂亮的标准篮球场,校园有围墙、校门。学校现有 1 个班,学生 20 余人,教师 1 人。

杨家联校 杨家联校位于双河村杨家组, 解放前是一栋大约 100 平方米的三间木板瓦房,里面置放了一尊包公塑像,故称包公庙。位处南冲源、双河两村中心地点,曾多年作为私塾学堂使用。

解放后,双河大队利用该房创办了大队小学。1960 年,双河、南冲源两村集中到此处办学,对原房屋进行了修缮并新建了两间教室和住房,房子建成为四合院土木结构,平瓦房,学校面积约有200平方米。1984年上司源乡办起了中心小学,四五年级学生均到中心小学就读,两村将一、二、三年级合并到杨家学校,该校正式命名为“杨家联校”。随着形势的发展,2000年两村集资20多万元,将学校改建成了四间教室、四套住房的砖混结构房子,2011年又硬化了篮球场。学校现有一、二年级两个班,学生60人左右,教师两人,校园场地宽敞,道路平坦,环境舒适,宜居宜读。

洋石源教学点 洋石源教学点创办于1970年,借用洋石源生产队李家堡3间土坯房为校舍,有一至二年级两个班,学生共30人。1980年,并入鸭婆凼小学。

猪婆冲教学点 猪婆冲教学点创办于1960年。借用李金生家的堂屋为教室,横屋为教师住房,始为猪婆冲小学,1970年,更名为猪婆冲教学点。1974年上学期,罗家冲和猪婆冲两个组在猪婆冲组兴建一幢三间的土砖房子作学校,1976年下学期,该教学点并入上司源村小学。

晒北滩民族小学 1952年,晒北滩公社三叉岭大队一个瑶族生产队有几户人家孩子无法上学,在公社支持下于上马里源建一栋三间两层的教室、一个厨房,请来老师开始办学,起名为民族小学。每年秋季收一批学生,开办一至四年级复试班,1956年,此校整体迁址于三叉岭大队庙山坪,更名为民族小学。1956~1958年只办了一至四年级,五、六年级学生到金洞龙潜凼读书,从1959年开始开办五六年级。学生增至100多人,1966年,开始办初中,到1968年办了一年高中,1969年高中被撤销了,1971年初中部撤迁到晒北滩黄金皂。只留下小学部,此时该校更名为晒北滩公社三叉岭小学。2007年,晒北滩乡学校布局调整,三叉岭小学合并至晒北滩中心小学。

晒北滩瑶族乡中心小学 该校的前身是晒北滩民族小学,创办于1952年,校址在三叉岭。1966年开办初中,1971年上学期初中部搬迁至晒北滩乡直前村黄金皂。1982年下学期撤初中办中心小学。1988年,金洞民族中学从本乡的小茗洞村搬到该校,乡党委又重建了一栋三层的教学楼和篮球场,中学与小学合办,更名为晒北滩瑶族乡联校。该校位于晒北滩乡直前村的黄金皂,三面环青山,绿树成荫。学校后向左方向有劳动基地约5亩,供学校师生用于课外实践活动和观察动植物。1999年下学期,教育部门撤销了“辅导区”,中学部被合并到小金洞乡中学,该校正式更名为晒北滩瑶族乡中心小学。2006年,晒北滩乡直前村开始整体移民,乡人民政府投资300多万元,在棉花坳对面的山上,推平山体、重建了新中心小学,占地面积为8556平方米。2008年5月,该校从黄金皂搬迁至新址,建筑面积达3906.7平方米,校舍安全舒适,现有小学一至六年级6个教学班,学生200多名,在职教职工15名。

晒北滩乡晒北滩村小 该校于1953年创办,当时定名直前小学。有学生二十多人,班级一至五年级,校舍地址是直前塘背岭,房子是解放时没收地主邓才权家的木板房,直到2007年下期合并到晒北滩乡中心小学。

直前村三江河教学点 该教学点创办于1964年,1987年三江河教学点合并直前小学。

晒北滩乡大沅里村大沅里村小 大沅里村小,于1955年1月25日创办,2002年停办。

晒北滩乡大沅里村耐头沅教学点 耐头沅教学点于1972年9月创办,2003年停办。

晒北滩乡大沅里村三湾脚教学点 三湾脚教学点于1972年9月创办,学员20到35

人，1976年停办。

枧下村小学 1950年创办，2007年秋季并入晒北滩瑶族乡中心小学。

小茗洞村小学 该校创办于1950年，校址在当时的邓家老祠堂，有学生30多人。1976年创办民族中学后，该村小附设在民族中学内，1989年下期民族中学搬迁至晒北滩中心小学，该村小继续办一至五年级教学班，1992年下期五年级撤至内下中心小学，2007年下期三、四年级撤至内下中心小学，现在，该村小只办一、二年级。

晒北滩乡碧江口村小 碧江口村小创办于1956年，2006年合并到晒北滩中心小学。

晒北滩瑶族乡野株源村小 该校创办于1950年，学生人数近60名，1954年至1962年该校创办了两个班，共有学生50人，2010年下期该校合并到晒北滩乡中心小学。

烟竹山小学 该校始建于1953年，最初没有校舍，在村中的一座寺庙里上课。1959年新建木板房。学校烧毁后，又搬到古庙上课，1969~1970年重建青砖瓦房。于1974年村里又另建一栋两层青砖瓦房的教学楼，面积达300平方米，共有2名老师。

沙坪教学点 于1958年创办沙坪教学点，该教学点于2001年停办。

高笋塘村小学 该校始建于1951年，最初没有学校校舍，借用民房作教室，位于长皂组，1977年迁至茶盘口。2009年9月停办。

三叉岭高小 1951年创办，全乡学生在此就读高小，五个班近200名学生，1971年停办。

磨石源小学 1971年，三叉岭高小停办，磨石源创办村小，借用民房作为教室，1972新建校舍于磨石源2组，于2009年停办。

史家坪村小学 解放前有个私塾性质的学校，解放后，建公办小学，1956年学校停办，直至1970年复办，同年更名为史家坪村小学。2009年合并于中心小学。

万宝山乡中心小学 万宝山中心小学于2011年下学期创立。其前身是下司口小学。

1950年，下司口蒙馆更名下司口小学，借用滕家院子的堂屋和空闲房作教室和教师住房、厨房。当时办有1个教学班，有学生30余名，教师1人。1953年，时属鸭婆凼乡的下司口初级社在腾家院傍左空地处建造一座4间木质结构房作校舍，有一至五年级2个复式班，有教师3人。

1978年下半年，下司口工区将原校舍翻修成砖木结构，占地面积480平方米。该校舍于1979年上学期投入使用。自2003年起，办成一至四年级4个教学班的规模。2004年上学期，下司口村选址塘边组和祖背里组交界的金家山处，投资30多万元，修建新校。2005年下学期学校搬迁。新校校园面积3000多平方米，建有一栋钢筋混凝土结构的三层教学楼。120余套课桌、凳，厨房面积约120平方米，学生活动场地面积160平方米，设有乒乓球台2个，羽毛球场1个，篮球场1个，沙坑1个。学校配有风琴、收录机各1台。现有学生100余人，教师9人。

万宝山工区中心小学 万宝山工区中心小学原名万缘山学校，位于万缘山庵，前身为私塾。1953年，开办一个业余妇女识字班，利用中午时间为妇女进行扫盲教育。1959年，学校更名为万宝山小学。1982年下学期，定名为万宝山工区中心小学，办有一至五年级共5个班，有 8 个教师和 1 个工友。1984 年，工区筹资 20 余万元，在原址建新校。改建后的学校呈“凹”形，占地面积为 2300 多平方米，2004 年下学期，五六年级撤并到金洞镇中心小学。2005 年下学期该校停办，中心小学设在下司口小学内。

电兰坪教学点　电兰坪教学点创办于 1973 年下学期，当时有五六个学生。2001 年下学期，有学生 3 人。2003 年下学期该教学点停办。

光明教学点　万宝山工区光明教学点创办于 1964 年。有一栋 3 间大房、1 间厢房的木板房，占地 130 多平方米，既作学校又作公房用，几套学生课桌椅、1 张教师办公桌和 1 块黑板。2001 年，该教学点停办。

冷水源小学　冷水源小学创于 1949 年，当时有学生 16 人。1975 年，新建教室 2 间，住房 2 间，厨房 1 间，办有一至五年级 2 个复式班，2003 年该校停办。

棉花坳教学点　棉花坳教学点创办于 1958 年秋。学校长创办时用杉槁、杉树皮建成 1 间教室、1 间教师住房的教学用房，面积约 40 平方米。办有一至二年级 1 个复式班，有 1 名教师。1972 年，因原校舍成危房，便将锦花坳队土木结构的三间队屋作为校舍，面积约 80 平方米。1980 年，下司口工区集资，在庙山源建成 2 间教室、1 间教师用房的土木结构房，面积约 100 平方米。教学点迁到这里，办有一、二两个年级，改复式班为单式教学班。创办以来，每年学生人数均在 20 人左右。1993 年下学期该教学点停办。

木源小学　万宝山工区木源小学创办于 1959 年，位于王爷庙，创办学校时有 1 间教室，1 间教师住房兼伙房，占地面积约 70 平方米。

1979 年下学期，万宝山工区筹资 8 万多元，在原址上建一栋以片石为主体的砖木结构平房，占地面积 750 平方米。有 5 间教室、1 间厨房、1 间食堂，一个不规则的操坪。1979 年万宝山小学正在改建，全工区四至五年级学生均来此校就读，共有学生 70 多人，教师及工友 9 人。1984 年下学期，四至五年级学生迁往万宝山中心小学就读，该校只办一至三年级 3 个班，有 3 个老师。2002 年，该校停办。

三公垒教学点　万宝山工区三公垒教学点位于三公垒组，1967 年创办。教学点创办村民自筹资金 3000 多元，建一座 3 间木板房，既作公房用，又作学校用，占地面积 120 多平方米。仅有几个学生，一名教师。2001 年，该教学点停办。

上游教学点　万宝山工区上游教学点位于上游组，1980 年创办。教学点创办群众自筹资金 2000 多元，建成一座既作公房，又作学校的 3 间木板房。占地面积约 100 平方米。2005 年该教学点停办。

油榨铺小学　油榨铺小学位于油榨铺村陈家湾，始办于 1952 年，租用私人堂屋办学。有 3 个年级，1 名教师，10 余个学生。1964 年新建校舍，建筑面积 240 平方米。1970～1980 年，有 5 个年级，3 个教师，每学期有 60 多个学生。1984 年，五年级撤并到中心小学。1986 年拆除学校原有的土砖房和木板房，改建为两层红砖瓦面楼，建筑面积 400 平方米。2001 年在原址新建一幢红砖水泥结构的两层楼房，面积 150 平方米。原校舍拆除后拓宽为操场，校园面积约 500 平方米。

中棚小学　万宝山中棚小学校创办于 1953 年，是一所初级民族小学。1956 年中棚村筹集资金 3000 多元，将原来的木皮屋改建成上下二层的木板房，占地面积近 200 平方米。从 1991 年起，四至五年级学生撤并到中心小学就读。1998 年，投资 2 万多元新建一栋木板房，有教室 2 间，办公室兼教师住房 1 间，占地面积为 120 平方米。

白果市中心小学 该校前身是团结小学，于 1984 年创办。1985 年上学期，定名白果市中心小学，1986 年，建篮球场、运动场和一排红砖瓦房，建筑面积共 380 平方米。将原来团结大队建的一栋块石结构平房改建成楼房。1993 年，建成 1500 平方米的教学楼。现该校有教室 8 间，有 80 平方米宽图书室 1 间，阅览室 1 间，仪器室 1 间，实验室 1 间，远程教育室 1 间，男女学生寝室 4 间，学生食堂 150 平方米，教工食堂 36 平方米，教工宿舍 18 套。篮球场 1 个，有 250 米环形跑道。建筑面积为 2020 平方米，总占地面积已超出 4000 平方米。该校现有 7 个班，学生 175 人，教职工 15 人。

营棚里小学 该校于 1950 年春创办，位于团结村营棚里，故名营棚里小学，是团结小学前身。校舍是用木条和树皮搭成的厂棚。厂棚分前后两排，4 个教室和 4 间住房。开办一至四年级 4 个班，4 个老师，每个班有学生 15 ~ 22 人，1984 年更名团结小学。

朱家坪完小 该校创办于 1958 年，位于团结、大坝头、长田方三村中心处。校舍为青砖平房，建筑面积 950 余平方米。生源来自 3 个大队，开办一至四年级，学生 200 人。1968 年，该校办作公社中学，3 个大队各自办小学。团结大队先后在汇河口庵子、火灰厂办班 1 个，1969 年办班 2 个。后来，5 个大队合建混凝结构学校，4 间教室、4 间住房、1 间伙房，建筑面积 400 平方米，占地 1600 平方米。1972 年搬迁新校至今。

波罗源小学 该校原名大园山小学，创办于 1949 年春，位于大园山庵子，1966 年下期，迁至中宫洞左侧的书房漕。1972 年下期，改建成红砖房，建筑面积有 340 个平方米，占地 650 平方米。2003 年下学期，四年级到中心小学就读，该校办一至三年级，2 个教学班。

波罗源村的黄泥园教学点始办于 1966 年下学期，教室为木质结构房子，学生 9 人。2003 年下学期，因 2 个学生而停办。

长茅漕教学点 于 1976 年下期开始办，有木质结构的专门校舍，1994 年下学期停办。

山青小学 该校创办于 1953 年，位于山青大队老棚岭街口大队公屋，原名老棚岭小学，2005 年下学期停办。

山青的小满园教学点 创办于 1970 年下学期，2003 年停办。

大坝头小学 1949 年春，乡人民政府创办大坝头小学，位于旧学堂的小庙里。1973 年下学期，新建校舍落成，学校占地约 750 平方米。1990 年下学期，四年级并入中心小学，该校办 1~3 年级教学班。

右水源教学点 创办于 1952 年 2 月，校舍是木板结构，共三间，2005 年上学期停办。

麻拐皂教学点 创办于 1996 年下学期，木板房子，约 60 平方米，现停办。

长田方小学 该校创办于 1971 年。建筑面积约 250 平方米，教室门前是个 1000 平方米的操坪。始办时学生 47 人，1991 年减至 31 人，2001 年并入大坝头小学。

野鸡尾教学点 于 1961 年下学期创办，现该教学点停办。

柏福小学 该校创办于 1951 年春季，位于本村魁仕园，又故名魁仕园小学。校舍是木板房子,占地面积不足 75 平方米。1978 年,大队在张家岭新建一栋有 5 间教室的大木板房,占地面积 1200 余平方米。1980 年,在原址新建一栋 150 平方的混泥土结构砖瓦房。1995 年后,四、五年级集中到中心小学,所剩三个年级紧缩为 2 个班,1996 年下期,只办 1 个班。

大江背小学　该校创办于 1951 年秋季,原校舍是老屋场的古庙。1997 年,新建一栋 230 平方的红砖房屋,还有篮球架和乒乓球台,现在校学生只有 9 人,教师 1 人。

拐子塘教学点　1964 年下学期创办,学生最多不过 20 人。2000 年下期停办。

小务源教学点　1979 年下学期开办,学生 5 人,2000 年停办。

冷水源小学　该校创于 1949 年,学生 16 人。1975 年,大队新建教室 2 间,住房 2 间,伙房 1 间,办 1～5 年级,2 个复式班,2003 年停办。

电兰坪教学点　电兰坪教学点创办于 1973 年下期,五六个学生。2003 年下期停办。

凤凰乡中心小学　该校始办于 1963 年下期,前身为凤凰公社凤凰耕读小学,校址在凤凰村 8 组的李家坝,当时只有一个年级一个班,一位教师 18 个学生。

1966 年下学期更名为凤凰公社凤凰大队小学,搬迁到凤凰庵子西边山坡下的小村落——胡家湾。有 4 个年级 3 个班,3 位民办教师 80 多个学生。

1969 年上学期又迁到凤凰五组的陶家屋内,同年 3 月,凤凰大队在肖白公路 20 号碑柱前面的象鼻头征地六亩,辟建新校舍,1970 年下学期,学校整体搬至新校园。

1977 年初,凤凰大队在南面兴建了砖木结构的校门,两间教室,八间住房,厨房餐厅各一间,面积 600 平方米,下学期,附设初中班两个,招收凤凰、江洲两个大队的学生入学,(1979 年下期撤并到凤凰公社中学。

1984 年秋,学校更名为凤凰乡中心小学,当时有毕业班 4 个,学生 202 人,并首创寄宿制之先河。

2009 年 7 月,乡中学撤并。8 月,中心小学整体搬迁到凤凰中学。

秧田联办小学　该校前身是 1932 年创办的宁远县第十一区秧田乡秧田国民小学,校址在秧田邓氏宗祠。1950 年转为公办,1954 年更名秧田初级小学,1958 年更名凤凰公社秧田小学,1961 年更名凤凰公社高级小学。时办一至六年级 5 个班,学生 160 人,教工 8 人。

1969 年 3 月,更名为凤凰公社秧田大队小学,迁至老院子(现秧田七组),5 个年级,3 个班,3 位教师,90 多个学生。1974 年秧田大队在爷爷山新辟校址,兴建教室 8 间,1 间厨房,1 个厕所。校园面积 3000 平方米,建筑面积 1100 平方米。共有 5 个班级,5 位教师,140 名学生。1976 年办初中附设班,借用秧田大队礼堂作教室,在校学生 350 人,9 个民办教师。1985 年更名为凤凰乡秧田联办小学。1987 年毕业班并于凤凰乡中心小学,学校只办一至四年级。1999 年下学期,2000 年下学期,花筵、中荣两所村小并入该校。2006 年上学期办一至四年级 4 个班 6 位教师,150 名学生。2011 年下学期该校撤并到中心小学。

江洲村小学　该校前身是邓氏学院,由邓鹏甲于民国 22 年(1933)在江洲邓氏宗祠创办。

1950 年,更为凤凰乡江洲村初级小学。1958 年,更名为凤凰公社江洲村初级小学,1969 年,更名为凤凰公社江洲大队小学。1973 年,江洲大队在“邓氏宗祠”南面 100 米处新建,教室2间,办一至五年级5个班,140个学生,5个教师。1984年,更名为凤凰乡江洲村小学。次年,该校三至五年级学生并入凤凰乡中心小学。1991年江洲村在邓氏宗祠南北两边建4间教室,正堂改为大礼堂,是年迁入。办一、二年级2个班,2位教师,30个学生。2001年,撤并入凤凰乡中心小学。

中荣村小学 该校创办于1950年,名为凤凰公社中荣初级小学,1名教师,1个班,隔年招生,20多个学生。1958年更名为凤凰公社中荣大队小学,5个年级3个班,3名教师,80个学生。是年,中荣大队在张家台新辟校址,建成南北两排土木结构平房,4间教室,1个大礼堂,1个操场,建筑面积800平方米,占地面积1500平方米。1984年更名为凤凰乡中荣村小学 ,次年,三至五年级并入凤凰秧田联办小学。1996年,该校更名为凤凰乡中荣教学点,办一至二年级1个复式班,30个学生。2002年下学期停办。

隐塘大队小学 1969年,大队在新屋院子创办该校。时办一至四年级2个班,2位民办教师,30个学生。同年,隐塘大队在脸谱园新辟校址,建土木结构两层楼房,上下教室共4间,占地面积250平方米。1976年,在南面建一栋土木房,占地面积400平方米。一至五年级4个班,4位教师,学生96人。1982年下期,该校停办。

陶家村小学 1961年凤凰公社在沈家坪亭子西面的土砖房内开办,教师1人,复式班一个。1969年,更名为凤凰乡陶家大队小学。1971年,陶家大队在粪箕窝新建校舍,6间教室,1个大礼堂,建筑面积1200平方米,占地2500平方米。1976年下学期,开办附设初中班,教工10人,7个班,260个学生。1984年,更为凤凰乡陶家村小学,次年,三至五年级学生并入凤凰乡秧田联办小学,1999年下期停办。

长吉村小学 1950年,创办凤凰乡长吉初级小学。1958年,更名为凤凰公社初级小学。共4个年级2个班,2位教师,60个学生。1967年下期,凤凰公社农业中学在此寄办。1969年,更名为凤凰公社长吉大队小学,5个年级5个班,3位教师,120个学生。1974年,长吉大队建2间砖木结构的教室。1984年,更名为凤凰乡长吉村小学。下年,该校三至五年级学生并入凤凰乡中心小学,办一至二年级2个班,学生30人,教师2人。2005年停办。

花筵村小学 该校创办于1950年转为公办,命名太平乡花筵初级小学。办1~2年级1个班,学生18人,教师1人。1962年,改为凤凰公社耕读小学,1名教师,32名学生。1969年,更名为凤凰公社花筵大队小学。1970年,建2间教室,1个大礼堂,面积1500平方米。1982年, 凤凰公社隐塘大队小学并入该校, 时有5个年级,5个班,5个教师,160个学生。1984年,更名为凤凰乡花筵村小学。次年,三至五年级学生并入凤凰乡秧田联办小学,1999年下期停办。

石鼓源乡中心小学 石鼓源中心小学前身为石鼓源公社重点小学(校址在借古岭村),1984年由重点小学更名为石鼓源乡中心小学。是年有学生200余人,教师12人。1986年,乡政府耗资20余万元,新建一栋800平方米的二层教学楼,有8间教室,10间教师住房。下年,迁回寄办于五房村小学的2个五年级班,此时学校共有在校学生400余人,1992年,改建旧房200平方米,新建一栋240平方米的生活用房,因学生急速增长,又借用借古岭村大礼堂两头的房子做低年级教室,新建了180平方米的学生澡堂、厨房、食堂。由于学生数增长很快，1994 年下期，辅导区决定在当时的东风村举办一个五年级班，减轻中心小学教室不足的压力。1996 年，乡政府多次研究，决定在五房村六组征地 14 亩，修建了二栋建筑面积为 3000 平方米的教学楼和一栋 500 平方米的配套生活用房。1998 年下学期，全乡四、五年级集于该校办学，同时撤并五房村小学，恢复借古岭小学，进入新校址时，办一 ~ 五年级共 13 个班，学生 610 人。

2010 年上学期，乡政府为学校申请省合格义务教育学校验收，乡政府、教育局共投入 146 万元，征收土地 18 亩建成一个标准的 250 米环形跑道，新建一栋综合楼，以及合格义务教育学校所要求的硬件建设，此时学校校园面积已达到 42 亩，在校学生 531 人，教职工 31 人，当年 11 月通过省合格学校验收。

源头小学　1951 年创办，1957 年下期并入三满房完小。1964 年创办耕读小学，1966 年耕读小学停办。

1969 年下期，每个大队都兴办学校，源头村又重新办起小学，举办一至五年级，1976 年源头村拆掉香公祠在金盆倒水新建村小学，办一至五年级 3 个班(其中有个复式班)，70 余名学生，教师 3 人。1975 年春公社在此办“五七”高中 1 个班，同年下年迁入石鼓源大队。1987 年下期源头小学并入三满房小学。

三满房小学　1949 ~ 1954 年学校名为“石鼓源中心校”，共有十来个老师，办有一至六年级。

1955 年，学校更名为“石鼓源完小”。

1969 年在此开办初级中学，但仍分为中、小学两部分，石鼓源完小撤销，学校更名为“三满房小学”，学校办有一至五年级。

1976 年将学校更名为“东风小学”。

1987 年源头小学并入此校，学校规模为 5 个年级，7 个教学班，每学期都有九位老师。1998 ~ 2001 年开办 1 ~ 5 个年级，6 位教师。

2001 ~ 2003 年，四、五年级中心小学集中办，学校只招收一至三年级，学校再次更名为“三满房小学”。

石鼓源小学　石鼓源小学校创办于 1950 年春，位于石鼓源朝阳寺。时办一个班，10 多个学生，1952 年迁入泉塘院内，办两个班，学生 30 多人。1958 年并入石鼓源公社完小。1969 年石鼓源所有小学下放，由大队办。选址石鼓源老街上大公祠，办 1 至 5 年级 5 个班，学生 80 多人，1970 年石鼓源大队在石鼓源老街后面新建小学，有教室 4 间，篮球场一个。同年冬迁入。学校一至五年级齐全，学生 150 余人。1975 年春，石鼓源公社五七高中由源头迁入与石鼓源小学同办(高中两个班)。1976 年，春高中迁入何家坪中学。石鼓源小学仍招收小学一至五年级，公社并将此设为石鼓源公社重点小学。1980 年，公社重点小学改设借古岭小学，石鼓源大队小学转为普通小学。1997 年夏，迁址到本村富家坪新建学校，新建设后的小学校有教室六间，并配有教师住房和食堂，有篮球场和运动场，总占地面积达两千多平方米，办一至五年级 5 个班，1982 年秋季 4 至 5 年级学生合并到三满房小学。1983~2003 年上期办一至三年级，2003 年秋该校并入三满房小学，校舍由村里转卖。

西岭坳小学 1950年，西岭坳小学成立，时办两个教学班，有学生20来人，教师2人，1969年，在此办小学一至五年级五个年级，5个班。现开办一至三年级，3个班，3个教师。

大岭下小学 1952年建大岭下小学，校址设在原老私塾所在地——新屋院子。

1956年，将校址迁于奉家院子隔壁公屋，办学规模是一至四年级4个教学班，有学生120余人。

1968年，大队将学校迁于新屋院子，此时金洞区将半工半读农业中学设于此地。

1972年，新建砖木结构的平房两栋共有教室4间，教师住房2间，大礼堂1个，建筑总面积达800余平方米。学校规模为一至五年级，5个教学班，有学生150余人。

1982年公社开始办重点学校，该校五年级并入借古岭小学（当时的公社重点小学），学校保留一至四年级，学校有学生100余人。

1997年，村集资14万余元，拆掉老平房，新建一栋两层，6间教室，4间教师住房，面积320平方米的砖混结构教学楼及一个面积达600多平方米的操场。

2009年该校三年级并至中心小学。学校办一至二年级，两个教学班。学校有学生40余人。

五房村小学 该校创办于1950年，当时开办两个班。1976～1978年，学校更名为“五星小学”。1987年下期学校仍更名为“五房小学”。1998年五房小学并入乡中心小学。

借古岭小学 1950年创办借古岭小学，有3个教师，40余名学生。1970～1975年该校迁至借古岭中心地带峦山附近，办一至五年级有学生100余人，教师4人。1982年，该校被设为公社重点小学，五房村、大岭下村的五年级学生并入就读，办有6个教学班，有教职工8人。1984年下期，乡政府在此办中心小学。1998年，中心小学，迁到五房街，恢复借古岭小学，办一至三年级。

桂林小学 该校创办于1952年，1953年该校房屋倒塌，于1954年春迁到桂林庵子，并更名为桂林小学，一个老师，两个年级，学生约25人。

1970年后，办有5个年级，有在校学生90余人。

1982年，将学校的四五年级学生分散到借古岭小学和芳塘小学就读，学校只办一至三年级。1986年下学期，全部并入到借古岭小学和芳塘小学，学校停办。

芳塘小学 该校创办于1950年，当时有学生30余人，有老师2人。1960～1968年迁至牛形地，1968年芳塘大队在芳塘冲与李子冲交界地建土砖校舍一栋。1976年大队扩建红砖瓦房一栋，教室两间，3间教师住房。办一至五年级5个教学班，55个学生。1979～1984年办一至四年级，4个教学班，学生70余人。1985～1989年上学期，乐山小学五年级并入芳塘小学，办一至五年级，5个教学班，学生130余人，教师7人。1989～1991年上学期，五年级并入中心小学，办一至四年级，4个教学班，有学生80余人。2004年下学期学校停办，学生并入乡中心小学和乐山小学。

乐山小学 1952年创办，同时由陆公祠迁至乐山奉氏宗祠内，当时有4个年级，80多名学生，4个老师。1967年祠堂被毁，乐山大队在原址新建一所小学，1969年办一至五年级，1975年办五七学校，小学一至五年级，初中一至二年级（当时初中就是两年制），在校学生

200 余人，老师 11 人，1979 年撤销五七学校，只办一至五年级，1984 年，四五年级到中心小学就读，只办三个班。2001 年，全村群众集资 11 万余元，对村小学进行改造。

金洞林场子弟小学

金洞林场子弟小学创办于 1972 年 2 月，为解决本场职工子女就学问题而兴办。办一至五年级，采用复式教学，在校学生 30 多人，以后学生不断增多，最多达 80 多人。1987 年 7 月，合并到金洞公新小学。

二、初中教育

金洞民族中学　该校于 1975 年创办，位于晒北滩瑶族乡境内的小茗洞村，学校坐南向北顺山势而建，居高临下，视野比较开阔。

民族中学于 1975 年秋季开始招收初中一个班。1977 年，即恢复高考的第二年，为解决少数民族地区学生读高中难的实际问题。经请示衡阳地区教育局批准，决定在这里办一所民族高中。1977 年秋季招收首届高中班高一班，有学生 50 人。“民族中学”也就是在这时批复挂牌的。当时正处在边办学边建校的特定时期，条件十分艰苦，学生自带米（或薯、小米等），自备咸酸菜。首届高中班的生源比较广泛，主要以晒北滩辖区内的学生为主。还有宁远猛江口、瓦窑、金洞区内的白果市公社、上司源公社、小金洞公社等地的学生。

该校共办 12 年，招收两届高中班，12 个初中班，毕业学生约 700 余人。1981 年，由于生源不足，地区偏僻，交通不便，该校高中部停办。学校只办初中一、二年级，小学一至五年级。1988 年生源更少，初中部搬迁到晒北滩中心小学内，更名为晒北滩瑶族乡联校。

金洞林场子弟中学　该校于 1975 年上学期创办，地点在金洞的新开滩。当时招一个高中班，一个初中班，共 80 多个学生。1976 年上学期，林场在金洞粮站隔壁新建子弟中学，一栋教学楼有 4 间教室、有学生宿舍 2 间、大厨房一个，教师住房 8 间，校舍面积近 600 平方米。1976 年下期，学校搬进新学校，当时有高中班 2 个，初中班 2 个，学生约 120 人。子弟中学的高中班于 1980 年停止招生，初中班于 1984 年下期全部合并到原金洞区中学。

金洞附中　金洞附中是金洞区中学的前身。1960 年，金洞区创办三叉岭附中，附设在金洞区晒北滩公社三叉岭大队庙公坪的三叉岭完全小学。校园总面积（含小学）1000 平方米左右。学校面向金洞区招生，招 1 个初中班，三年制，学生 50 多人，教师 3 人，由于当时生活条件很艰苦（学生带的是红薯、咸菜等），交通极为不便（通往山外的是一条藏在深山老林中的小路），学生流失相当严重，1961 年暑期，学校迁至位于小金洞公社东升大队第二生产队的小金洞公社完全小学，利用旧民房（青砖瓦房）办学，更名“小金洞附中”，仍办 1 个初中班，1962 年暑期，学校与小金洞完全小学分开，迁到小金洞公社江口大队何家源的原社办联合工厂内，利用工厂的简易木板树皮房办学。

1963 年暑期，学校迁至金洞公社和平大队（即现在的金洞镇第三居委会），利用邓家祠堂（原金洞区公所所在地，为一个占地约 2000 平方米的旧四合院，砖瓦结构），与金洞公社完全小学一起办学，改名“金洞附中”。每届仍面向金洞区招收 1 个初中班。1964 年 7 月，初中二班毕业，毕业学生 14 人，为首届毕业生。1965 年，在四合院南面建一栋面积 275 平方米的(土)砖瓦结构平房,作教室用(两间),还增建澡堂等附属设施,学生可享受4元钱、8斤大米的政府生活补贴。1968年,受“文化大革命”的影响,没有招生。1969年,根据上级“区办区中学,公社办公社中学,大队办小学”的指示精神,学校更名为“金洞区中学”,附中的历史到此划上了句号。

▲1963年,金洞附中校舍(四合院)

▲1961年,小金洞附中校舍

金洞林场中学 1984年,金洞撤区,金洞林场代管原金洞区各乡,金洞区中学与金洞林场子弟中学合并,改名“金洞林场中学”,校址仍在原区中学,当年招收两个初中新生班,共有6个教学班,学生400余人,教职员工26人。1988年下学期,学校代管金洞镇初中学生,设金洞镇中班,校舍设在学校旁边的金洞镇和平小学。1994年下学期,镇中班撤销,该校接收金洞镇全部初中学生。1999~2009年,该校依次接收了晒北滩瑶族乡、白果市乡、万宝山工区全部初中学生。其中白果市乡中学初中三年级提前于2000年撤并。2009年该校接收凤凰乡、石鼓源乡全部初中学生。2011年下学期,学校18个教学班,学生1443人,教职员工95人。

金洞林场中学素以教风、学风严谨著称,坚持“面向全体学生、面向学生的各个方面”的办学方向,狠抓学生思想品德和日常行为规范教育,努力改进教学方法,积极开辟第二课堂,多年来,教育教学质量和教改教研成绩一直名列祁阳县初级中学前茅。长期以来,学校一直将教研工作摆在突出的位置,坚持以教带研,以研促教,教研结合,向教学改革和教学研究要质量,现已初步形成自己的特色。“导引、行文、批改、讲评、后记、复批”6个步骤的“作文引路激趣六步教学法”,1995年在湖南省第四届基础教育教改教研成果评奖活动中获得二等奖。这是永州市在本届评奖活动中获得的唯一的高项奖。

▲1995年林杨中学学生
在中学电教室讨论作学习

由作文教学改革扩大到单元教学改革,将语文单元教学分为“自学、讨论、欣赏、写作、

▲金洞林场中学教学主楼(1986 年建)

评改、自测”六个环节，叫“单元六环节教学模式”。1998 年，获得省教改教研成果三等奖。

1997 年语文组开始将课题研究深入到活动教学，进行第三个课题——“语文六课型活动教学研究”实验。2001 年，语文活动教学研究课题顺利结题，次年获得省教研教改成果三等奖。

2003 年，学校开始新课程改革，把研究重点放在语文自主、合作、探究学习方式的落实上，2008 年该课题正式命名为“农村初中语文自主探究和合作学习研究”，并被批准为永州市教育科学“十一五”规划立项课题。该项研究以语文单元教学为对象，充分利用单元整体优势，将单元教学分为自学、阅读、活动、作文 4 个阶段，形成“单元四阶段教学法”操作模式，较好地落实了新课程的理念。2010 年，该课题获得教育部教师发展基金会全国一等奖。

语文课题研究成果引起了社会的广泛关注。《湖南日报》《湖南教育》《湖南教育报》、《永州日报》《祁阳报》等均报道了学校教改情况、成果或教师的教改事迹，祁阳电视台和祁阳教育电视台还录制了专题片进行播放。自 1995 年以来，祁阳县内各学区或初级中学纷纷来学校观摩，并给予了高度的评价。

自 1984 年起，金洞林场中学 35 次被祁阳县委、县政府或金洞管理区(林场)授予教育先进单位称号，2002 年被永州市委、市政府授予“文明单位”称号。21 世纪，金洞林场中学与时俱进，开拓创新，把“创新教育”作为学校工作的核心，以“勤奋、守纪、求实、创新”为校训，确定“以教学为中心、以科研为先导、以质量求生存、以改革谋发展”为办学思路，狠抓新课程改革，育名生、出名师、办名校，逐渐形成“管理科学、队伍精良、科研突出、素质全面”的办学特色。

▲金洞林场中学校门(2002 年建)

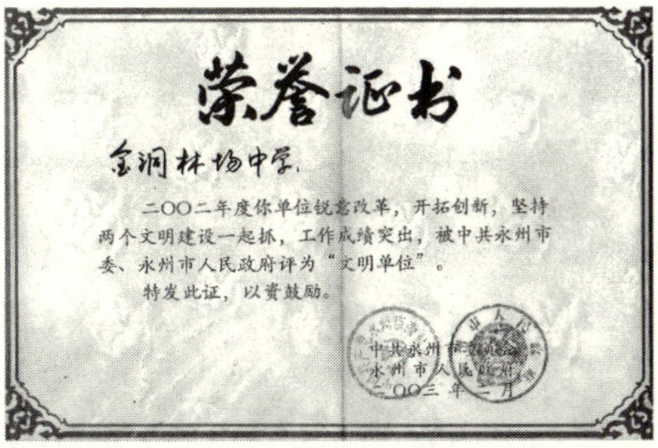

荣誉证书

金洞林场中学

二〇〇二年度你单位锐意改革，开拓创新，坚持两个文明建设一起抓，工作成绩突出，被中共永州市委、永州市人民政府评为“文明单位”。

特发此证，以资鼓励。

中共永州市委 永州市人民政府

二〇〇三年一月

▲金洞林场中学获市文明单位称号证书

小金洞中学　该校是一所全日制初级中学，原名小金洞公社中学，始建于 1969 年 3 月，设在小金洞乡江口村老街一民宅内。当时有教师 5 人，中一班学生 86 人。

1970年上半年，学校搬迁至现在校址。建成一层只是砖木结构的楼房用作教学，生活区仍在老街，1971年，建成一幢简易楼房用作学生、教师食堂，生活区也搬到了新校区。1973年，学校走“五七”道路，勤工俭学，开辟了小河里水源冲三丘稻田、张家院二丘稻田，成为勤工俭学先进单位。1979年下学期，小金洞红星五七中学并入小金洞公社中学，学校规模扩大，共有3个教学班。1983年，上司源公社中学并入小金洞公社中学。1984年，小金洞公社中学更名为小金洞乡中学。

1999年下半年，由于晒北滩民族中学撤校，原晒北滩民族中学大部分教师调入小金洞乡中学，教师达到27人，7个教学班，学生突破420人，达到学校创建以来办学规模鼎盛时期。当时学生来源极为广泛，上司源、小金洞、晒北滩、内下林场、万宝山工区的大部分和金洞镇的少数学生都来校求学。学校的办学经费由小金洞乡、上司源乡、内下林场、万宝山工区统筹。

自1997年以来，学校加快了发展速度，学校先后投资110多万元，新建可容纳12个班的教学楼，扩建了大礼堂和厨房，改建了校门、围墙、宿舍、澡堂、图书楼，修建一个标准篮球场和四个乒乓球台，学校地面90%进行了硬化，学校现在占地面积7821平方米，建筑面积5295平方米，学校现有在校学生300余人，共设6个教学班。

2009年8月，学校布局开始调整，金洞林区只保留金洞林场中学和小金洞乡中学，小金洞乡中学升格为副科级单位，配备专职党支部书记，校长、支书职别定为副科级干部，学校行政机构开始健全，学校管理科学正规化。

凤凰中学 凤凰乡中学的前身是凤凰公社中学，设在凤凰乡秧田村石山肢的邓氏宗祠内。清朝时期这里设私塾，民国时期设国立小学，招全乡学生。新中国成立后设初级小学。1961年，设凤凰公社高级小学。1969年初，秧田大队小学从这里迁出，时年3月设立凤凰公社中学。邓氏宗姓祠堂为青砖墙，盖小青瓦，呈四合院式样，座西朝东，含“紫气东来”意。

学校首届面向全公社招收两个班，两年制，近80名学生。1976年，因初中下放到村办，凤凰公社中学只招收花筵、隐塘、中荣三个村的学生。1978年下学期，整体搬迁到新校址——凤凰乡凤凰村毛岭亭。此时，学校初步定型，办有六个班，其中初中部5个班，另有一个小学5年级附小班。此后学校保持在6个班、300多学生、20多个教职员工的规模上。1997年乘“普九”东风，凤凰举全乡之力兴建一座近1400平方米设有12间教室、12间教师配套房的三层教学大楼，办学设施有了大的改观。2009年下学期，金洞进行教育改革，调整初中部，撤并到金洞林场中学。

石鼓源中学 1969年3月26日石鼓源中学创办，校址就在原石鼓源完小的校址同时招收初一班学生45人，当时是春季招生，学制两年。

1975年石鼓源公社将石鼓源中学迁入何家坪茶山中。公社改乡后“石鼓源中学”更名为“石鼓源乡中学”。

1994年，乡政府用“教育附加费”，投资25万元在中学内新建一栋教学楼。有建筑面积2326平方米（含新建教学楼），占地12975平方米。2005年，引资10万余元修建围墙。可供9个教学班全封闭式学习和生活。

2009年下学期，金洞管理区为整合教育资源，将石鼓源中学撤销并到金洞林场中学，石鼓源中学校址出让给石鼓源乡政府。

白果市中学　1968年，根据教育发展需要，上级指示每个公社都要开办一所中学。为此，公社领导决定将朱家坪完小改办为中学。翌年上学期，原在本校小学毕业的学生就地升入初中，在外地借读初中的学生也全部返回该校就读。自1986年下学期起，生源减少、上级对全场学校布局的调整，该校的初三年级被撤并于凤凰和林场中学。2002年下半年，该校初中部撤并于林场中学。

金洞公社中学　金洞公社中学创办于1970年2月，设在白泡廻小学内。厨房、教师用房都是用树皮搭成的。校园面积为250平方米，总面积约1500平方米。当年办有两个教学班，一年级为当年招生，二年级为金洞区中学二年级分流出来的本公社学生。1971年2月，学校合并到金洞区中学。1976年7月金洞公社重办中学，为"金洞公社五七中学"，校址在楠木坳小学旁，用树皮搭建两栋教学用房，建筑总面积约180平方米（校园面积近2600平方米）。每届招收1个班，每班30余人。1978年下学期，恢复校名"金洞公社中学"。1979年9月学校整体搬迁到百子坳。建有一栋两层四间教室、教师用房，总面积达560平方米，厨房、澡堂、厕所全部配套，还有一个标准篮球场，校园总面积达6亩。1982年下学期该校停办，学生分流到小金洞公社中学和金洞区中学。

晒北滩公社中学　该校位于晒北滩公社直前大队境内，1969年创办于现三叉岭小学内，1971年上学期迁往黄金皂。新的中学于1968年冬开始施工建设，1971年春投入使用。当时初中只读两年，学校招收初中一、二年级各1个班。1976年，建一幢建筑面积为310平方米的二层砖混结构楼房，初中一年级设两个班，有学生80人，二年级一个班有学生45人，共有学生125人。该校创办13年，共招收16个班，培养学生840人，1983年下期，由于师资短缺，根据当时的情况及办学需要，上级教育主管部门批准，撤销中学，办中心小学。

上司源公社中学　上司源中学创办于1969年。建校初期办有2个教学班，每个班学生30多人。1972年，当时为两年制，学校每年招收一个班，30人左右。1983年下学期并到小金洞中学。撤并后，校舍供中心小学使用，并更名为"上司源乡中心小学"。

万宝山工区中学　该校办于原工区"五·七"厂内，地处胜利村的石山头。有三间教室、5间住房、一间厨房，全部是杉篙树皮房，建筑面积250平方米。该校于1969年开始创办，该校地处偏僻，办学条件差，教学设施设备简陋，每间教室仅有二十几张课桌和一块黑板。1979年由于种种原因而停办，未毕业的学生转入林场职工子弟中学就读。

红星"五七"中学　该校设在小金洞乡白沙凼村，因白沙凼村曾名为红星生产大队，故名红星"五七"中学。1975年小金洞公社根据上级指示创办该校，校舍建在现白沙凼村小学校园内。1979年，为了整合教学资源，该校与小金洞公社中学合并，红星"五七"中学停办。

石鼓源"五七"中学　该校办于1973年9月，校址在乐山街上的老祠堂内，同年招收一个班，后来每届招收二个班，学生最多时有200余人。该校于1979年9月撤销。

蒋家冲"五七"中学　蒋家冲"五七"中学创办于1975年，学校附设在蒋家冲小学内，学生来自农胜村、高枧村、蒋家冲村，创办时有学生100多人。1979年停办，撤并到上司源中学。

双河“五七”中学 双河村“五七”中学于1977年创办。学校附设在双河村小学内，负责接收双河、南冲源两村的学生。“五七”中学为一、二年级两个班，每个班级有学生20多人，1979年该校撤并到上司源中学。

三、高中教育

金洞区高级中学 金洞区高级中学前身是金洞附中，1969年，金洞附中增办高中，更名为金洞区中学，招收两个高中班。1982年，高中停招，1983年6月最后一届高中学生毕业。

该校高中学生主要来自金洞林区，也有金洞区周边的少数学生。其间共招生24个班，班额均为55人。共1320名学生。

1969年高中初办时，从县属一、二、三中下放来一批有名的教师，如祁阳一中校长刘长吉、祁阳二中教导主任桂多荪等10多名年轻有为的教师，年龄大部分是30多岁。1977年以后，下放该校的教师陆续回原单位工作。

1969年高中初办时，学校教学工作不规范。学校“复课闹革命”，学生搞劳动，写大字报，学唱革命歌曲和样板戏，读毛主席语录，文化课教学也充满政治色彩。1977年恢复高考制度时，学校高考升学率为零。1977年以后，该校工作重点开始转移到教学中来，此后几年高考，该校每年都能考起几个大中专生。1981年、1982年学校均被祁阳县教育局授予“教育先进单位”称号。

四、“五七”高中

石鼓源公社“五七”高中 1975年，该校创办。学校设在源头村奉家湾一座集体瓦房内。1976年2月学校迁到石鼓源街上。学校先后招收有两个高中班，100余名学生。该校1979年9月停办。

凤凰公社林业高中 1976年9月，凤凰公社开办林业高中，招收高中新生一个班，学生42人。学校在凤凰村东面、秧田村桔子树南侧的小山沟里——隐子皂，借用林办林场用房作教室，用杉木、树皮搭建临时宿舍。尔后，学校整体搬迁至凤凰公社中学(秧田村的石山脚老祠堂)，招收第二届学生56人。1978年第一届学生毕业。1978年下学期，林业高中撤销。该校高二班学生全部转为初中二年级学生，并入凤凰公社中学。

第三节 成人教育 职工教育

一、成人教育

(一)各乡村办扫盲教育

金洞镇扫盲教育 1980~1990年，全镇8个村，3个居委会都开办了扫盲班，共12个班。

班址都设在村小学内，教学工作全部由小学教师兼任，轮流上课，每周星期三、五晚上课，每晚2节，每节课45分钟，采用县统编的专用教材，人手一册。参加学习对象为15～45周岁不识字或识字不多的男、女青年，学习内容主要是识字、阅读、计算、常用应用文。辅导区统一制定了群师守则、学员守则、出勤制度、奖励制度，每期对扫盲班教师的备课，学员的作业进行检查两次。通过学习，参加扫盲的453人，全面摘除了文盲帽子。

小金洞乡扫盲班　为了减少文盲与半文盲，1964～1990年，小金洞乡10个村先后举办扫盲班，班址都设在大队小学内。由该村民办教师担任上课教师，无报酬。上课教材绝大多数是教师自己编写的常用字、常见应用文，只有少数村用的是上级统一配备的教材。据统计，全乡有1300人参加了扫盲班的学习，他们中的绝大多数人成功脱盲，领取了脱盲证。其中：江口村扫盲夜校，1973～1975年，江口村开办扫盲夜校。扫盲夜校设在江口村小学内，占有一间教室。上课时间是每周星期五晚上，每晚两节，学习内容为1800个常用字，参学对象是15～30岁不识字或识字不多的男女青年，学员有村里统一发放的作业本和笔。欧菜河村扫盲班，欧菜河村的扫盲教育是全乡最早的，始于1964年。1977～1978年，小金洞村创办了扫盲班，地址设在小金洞村小学的中间教室。扫盲班教材由教师编写的,内容有认识常用字,学写常见应用文等。白沙源村扫盲班，1983年，白沙源村创办了扫盲班，班址设在白沙源小学里，校长是村负责人，教学工作由民办教师兼任，教材是教师自己编写的常用字以及常见应用文。

晒北滩乡大沅里村大沅里生产队扫盲班　大沅里生产队扫盲班创办于1972年7月，1975年8月停办。

晒北滩乡大沅里村三湾脚扫盲班　三湾脚扫盲班于1972年7月创办，1975年8月停办。

万宝山乡扫盲教育　中华人民共和国成立初期，万宝山工区文盲较多。为扫除文盲，队队办起了夜课班。各队请有文化的青年当教师，组织农民夜读，闲时白天也读。学习内容主要是看图识字，配有农民识字课本。

1966年后，工区各村、队开办夜校，开展扫盲工作，称“业余教育”，还学习农业技术知识、科学知识等，定期考试、抽查、验收。

1985年2月至1985年12月，万宝山工区在下司口小学办了一个扫盲班，学员20余人，周二和周四每晚上两节课。

1986年2月到1986年6月，工区在下司口小学办有一个农民技术班，周二和周四每晚上两节课。学习农科、农技、农药、农械等知识，扫除文盲302人。

胜利村识字班　1953年万宝山工区在原胜利村万山缘蒙馆办了一个妇女识字班，1959年停办，共脱盲妇女120余人。

白果市乡的扫盲教育　从60年代就已开始，80年代逐步推广实施。凡是有村小和教学点的村组均办扫盲班一个。教室就设在小学里，教师由小学的任课老师担任。以提高识字能力为宗旨。上课时间大多为晚上。通过老师辛勤地教，学员刻苦地学，一批批文盲、半文盲都陆续达到脱盲的程度。经1997年普九验收全乡已经实现扫除青壮年中的文盲、半文盲的目标。

凤凰乡扫盲班 1978年，凤凰公社各大队开办扫盲班，班址都设在大队小学内。教学工作全部由小学教师兼任，大队补助3~5元/月，轮流上课，每周五晚，每晚两节，采用县统编的专用扫盲班教材，人手一册。参加学习的对象是14~28岁不识字或识字不多的男女青年，生产队给每位学员记2~3分工。学员有专用作业本，学习包，当能写会认三千字以上的常用汉字，即由学校发给结业证书。

1981年后，小学教师的教学任务繁重，难以承受扫盲班的教学，便由各大队选派政治思想好的回乡知识青年担任扫盲班"群师"。工作要求同小学兼任教师一样，误工按同等劳力第一等的四分之一的比例记分。1983年以后，每月发工资10~15元。扫盲班办得非常正规，教师有备课、作业批改、组织考试等制度；学员有学习制度，如按时到校，按时完成作业，自觉接受口头、文化考试等；否则，由生产队按情节扣工分。

1987年秋，上级领导来乡验收，经全面考核、考查、考试，完全合格，凤凰乡脱掉文盲、半文盲的帽子，成为"无盲乡"。

凤凰红专学校 1959年，凤凰公社创办20个红专学校。教室均设在各大队小学或大队宽敞的公房里，接收未上学的十二、三岁的少年和六十岁以下的老人上学，免费。公社规定，凡参加者，每个晚上按一个早工记工分。教师除全乡小学教师兼任外，还选聘一些有高小文化程度的青壮年担任，报酬同学员一样记早工。每周五晚，每晚两节课，使用县统编的《扫盲读本》。因书少，有时2人或几人共一本书。

红专学校的设施非常简陋，除班办在学校里的外，一般没有课桌，学生用膝盖当课桌，自带凳子和桐油灯、煤油灯照明。秧田大队添置煤气灯供学员照明上课。全公社红专学校有专、兼职教师20人，学员500多人，扫除文盲近300人。

长吉大队扫盲班是当时办得很有成效的扫盲班。参加学习的60多名学员中，有近50人能看书、读报、写家信。1960年，该扫盲班停办。

石鼓源乡农民扫盲及技术教育 新中国成立后，党和政府为了加快社会主义建设，号召全国人民积极参加扫除文盲工作，男女村民积极参加脱盲学习。石鼓源乡政府，积极响应，开办了各种各样的识字班，以提高农民的文化，利用春冬两闲组织群众学文化，各种识字班应运而生，并且方式灵活。

如安排在午间的叫午学，放在晚上的叫夜校，在人数不多，不能成立夜校的地方，成立识字班或识字小组。对年龄较大，识字有困难的，就组织他们听读报，以了解政治形势和党的政策。石鼓源乡农民扫盲教育，开始主要是动员全乡的各个学校的全体老师下村串户教农民识字学文化，并在各院子的墙头画出各种各样的食物、生活用品写上汉字来帮助农民识字，后来为了进一步扩大识字范围，又以同音字的方法在墙壁上绘出以一字识多字的圆圈识字法开展扫除文盲工作。

石鼓源乡开展对农民的识字教育

1950年，识字班18处，女生300余人。

1952年，冬学改为常年民校，并开始推行速成识字法。全乡共办速成识字夜校13处，妇女识字班 15 处,听报组 12 个,参加学习的近 1000 人。

1956 年,午校 12 处,452 人;夜校 13 处,386 人。

1958 年,夜校 26 处,785 人。

1964 年,冬学 17 处,802 人。

此后,政治运动迭起,扫盲工作一度停止。

1975 年恢复扫盲教育,但仍以夜校形式成立,全公社各大队都相继成立农民扫盲班,夜校的所有工作均由全乡各学校教师承担。当时全乡又办 12 个政治夜校,参加学员 600 余人。

借古岭村扫盲夜校 于 1975 年创办,地点设在村 5 组下堂屋,有学员 40 余人。使用的是自编教材,该夜校办得有声有色,1976 年秋,金洞区各公社的宣委来此参观学习。

西岭坳扫盲夜校 1955 ~ 1957 年,在柏家新屋开办扫盲夜校班,由西岭坳小学老师轮流上课,所教课程是“算术简单计算”和“日常用文字”当时扫盲班累计有 100 余人,通过扫盲班学习,1992 年成立石鼓源乡农民技术学校,校址就设在石鼓源乡乡政府院内,直到 1997 全乡通过国家扫盲验收达标,使相当部分的青壮年都能认识常用的汉字,并能进行简单的计算,还会记工分。

小金洞乡政治夜校 1956 年,白沙源、东安、东江率先开办政治夜校。由大队支书任校长,大队民办教师为教师。学习用的教材是《农民文化课本》和《农民政治课本》,识字教学与政治学习相结合,每村都有 40 余人参加学习。

“文化大革命”期间,小金洞公社的每个大队都办起了“政治夜校”,负责人为村革命委员会主任,大队会计任教师。学员在各大队的公房里学习,自带凳子,每晚学习一小时。学习内容主要有毛主席著作“老三篇”(《为人民服务》《纪念白求恩》《愚公移山》)和毛主席语录一百条。参加学习的成员由大队安排。各村男女老少共 250 余人。

到 1978 年止,全乡共有政治夜校 69 所,教师 69 人,学员 2500 余人。

江口大队政治夜校 1968 年,小金洞公社江口大队 8 个生产队同时成立政治夜校。各生产队政治夜校的辅导员由本生产队的会计兼任,每生产队有 30 人。他们白天出工,晚上学习一小时,雷打不动。学习内容有“老三篇”(《为人民服务》《纪念白求恩》《愚公移山》)和毛主席语录一百条、时事政治,还学习先进典型、学唱革命样板戏等。学习完毕后,再记工分。

1974 年,该大队夜校停办。

上司源乡蒋家冲村政治夜校 蒋家冲村在 20 世纪 70 年代初期办了夜校和扫盲班,学员有 20 人以上,且妇女居多。主要以识字扫盲为主。班、校办在大队部,由本村小学教师上课,1975 年停办。

南冲源村政治夜校 南冲源村在 20 世纪 70 年代初期,间断性地办了“农民夜校”和“扫盲班”,夜校办在学校内。每期均有学员 20 多人,大多为青壮年,由本村教师兼职轮流上课,学员所学内容以生产生活、物品名称中常用的汉字为主,还兼学一些条据方面的简单知识。“政治夜校”一般教读毛主席语录。

农胜村政治夜校 农胜村在 20 世纪 70 年代初兴办“扫盲班”和“政治夜校”,班、校办在大队部,由本村教师上课。1975年停办。

上司源村政治夜校 上司源村于20世纪70年代初期,在小学内办起"政治夜校""扫盲班",由村小学教师兼任教师,1978年停办。1985年该村又办起了"农民技术班",1990年停办。该班办在上司源村小学内,由村小学老师负责上课,辅导区业教专干任校长。

双河村政治夜校 双河村在20世纪70年代创办过"政治夜校"和"扫盲班",地点是本村小学,有学员20多人,大多为青壮年。由本村教师兼职轮流上课。学员所学内容以生产生活、物品名称中常用的汉字为主,还兼学一些条据方面的简单知识。"政治夜校"一般教读毛主席语录。

鸭婆凼村政治夜校 鸭婆凼村于1978年创办了政治夜校。校舍设在本村小学内。教师有由本村小学老师兼任,每学期办一个班,有学生30人。两年后停办。

晒北滩乡大沅里村大沅里夜校 大沅里夜校办于1960年,学员35人,1969年停办。

晒北滩乡大沅里村耐头沅夜校 耐头沅夜校创办于1960年,学员38人,1968年停办。

晒北滩乡大沅里村三湾脚夜校 三湾脚夜校创办于1960年创办，学员30人,1969年停办。

史家坪农民夜校班 史家坪农民夜校班创办于1976年,地址鲁草堂,于1989年停办。

凤凰政治夜校 1963年,在凤凰大队第九生产队的公房里首办"政治夜校"。至1964年初,全公社共办政治夜校72所,学员1600人。公社、大队干部及部分生产队干部兼任教师,逢双日学习。1965年,政治夜校流于形式,学习日成了记工日。"文化大革命"期间,凤凰公社各生产队政治夜校陆续恢复。教员由造反派成员兼任,读、背毛主席语录,贯彻"最新指示"。夜校门口上方大都用红油漆书写"某某生产队政治夜校",下书一个大"忠"或"公"字的校牌,参加学习的成员是自觉加强迫,无补助,而不到校上课的人则扣一个早工。到1973年,政治夜校也从单纯的政治学习转向识字学文化，所有夜校全部由生产队会计担任教师。1975年,全乡政治夜校共有73所,教师73人,学员2000余人。

(二)农民技术班

金洞镇农民文化技术学校 金洞镇农民文化技术学校创办于1990年3月,校址附设在金洞分场办公楼二楼会议室,面积大约60~70平方米,有教师住房。镇长任校长,辅导区主任任副校长,农技员任教导主任。培训对象是各村干部及农技员、林业员。办有林果班、法制班、计划生育班、水稻栽培班、家禽家畜饲养及防治班、食用菌栽培班、苗木种植班。教师根据学员特点,采取直观教学法,以实际操作为主,1994年年底停办。

小金洞乡农民技术学校 1995~2000年,小金洞乡政府开办了农民技术学校,校址设在原五七厂(现为小金洞乡敬老院)。有课桌、凳子、黑板,学员有笔记本。招收全乡急需技术培训的中青年男女,逢周五上课。培训内容有:林业方面的柑桔培植、各种苗的培植(特别是杉树苗);养殖方面主要培训养猪、养鱼、养鸡、养兔等的技术。每年都有五十来人参加培训。

石鼓源乡农民技术学校 1988~1997年,村里每年都开办了农民技术学校,主要教农民学习农业技术,包括种植和养殖等实用技术。

万宝山下司口农民技术班 1986年2月到1986年6月，工区在下司口小学办有一个农民技术班，周二和周四每晚上两节课。学习培训农科、农技、农药、农械等知识，参加人员302人。

(三)各乡农科教中心

金洞镇农科教中心 金洞镇农科教中心创办于1995年，校址在金洞镇办公楼4楼会议室，有课桌50套。镇长任校长，辅导区主任任副校长。配有专职教师一人，兼职教师8人，学农基地50亩。1996年搬迁到林场职工学校内，开办了长、中、短班，三年共培训1200人。1997年，省"两基"评估验收合格后停办。

小金洞乡农科教中心 小金洞乡农科教中心创办于1995年，校址设在原五七厂(现为小金洞乡敬老院)。该中心教学房是一座坐东朝西，混土结构的平房，共有4间教室，有阅览室、实验室各一间。还有厨房等配套设施，总面积1500平方米。

培训内容主要有水稻水果蔬菜的栽培、病虫防治等。学员是各村的优秀人才和村里的技术骨干，考试考核合格者由乡农科教中心发给结业证书。

该中心历时3年6个学期，共培训学员150多人，于1998年停办。

凤凰乡农科教中心 1992年，凤凰乡在政府大院东南面100米处，即乡养猪场前面的南边辟建"农科教中心"，创建"农民技术学校"。房屋占地面积330平方米，座北朝南，为砖混结构的三层楼房。共有教室、教师办公室各6间。整栋楼房墙净窗明，光鲜亮丽，是当时全乡建筑中的最高档次。车辆可直达房屋前面的空地。乡政府又将猪场、长毛兔场和北面的蜜桔园全部划归农科教中心做实验、实习基地用，总面积15亩。农民技术学校有图书馆，内有藏书9600册，阅朗室、仪器室和实验室齐备。共有全新课桌椅120套及讲台、黑板、办公桌、文柜、床、洗脸架等。厨房、卫生间利用原猪场设施。

1993年，农科教中心——农民技术学校正式开学。校长由乡长担任，中学校长任专职常务副校长，班子配备齐全。教员来自三方面：一是请农、林、牧、渔的专家、学者来讲座；二是本乡技术工作人员；三是各村在种植、养殖等方面颇有经验的人士。招收全乡各村立志在家乡创业的有文化而少技术或粗通技术的青年男女入学培训，逢公历的2、5、8日上课，每天6节，上午学理论，以做笔记、做作业为主要形式，下午到基地去学、看或动手实践。初级技术班为少技术人员，学习一年，合格后可升为高级技术班继续学习，也可发给"初级合格证书"，不合格的留级。继续学习一年，毕业时考试合格发给"高级技术合格证"。该校共办5年，为全乡共培训高级技术人员130人，初级技术人员300多人。于1997年停办。

二、职工教育

金洞林场职工学校 于1982年下期开办，校址始设林场种子园，1983年上期迁至子弟中学。1984年金洞实行场乡联营的体制后，林场职工子弟中学合并到金洞区中学，组建成金洞林场中学。该年下期，林场职工学校接管子弟中学校舍办学。学校由林场工会主管，配备专职行政管理人员和语文、数学、理化专职文化课教师。

1982～1986年，根据林场自然增长和顶职补员招收的新工人文化素质较低的情况，连续办7期文化补习班。每期招收学员30多人，由各分场、工区推荐青工入学，脱产学习五个月左右。采用地区职教办统编的教材，开设政治常识、语文、数学、理化等课。每期都举行结业考试，成绩及格者由地区职教办签发结业证，已结业226人。

1987～1990年，连续办两期中级林业技术培训班和一期高级森工技术培训班。每期招收学员30人左右，由各分场、工区推荐入学，其中很多是1982~1986年文化补习结业后的青工，每期脱产学习一年。文化课开设法律知识和高中语文、数学、理化课，由职校专职教师担任教学。技术课，采用广西林业学校所编的教材，聘请机关科室工程技术人员讲授。每门课除讲授理论知识外，还到生产现场实践操作，使学到的知识能知会用。每科都要结业考试，全部课程考试成绩合格的，由地(市)职教办颁发中等技术结业证。三期培训班，结业108人，均回原单位工作，有的成为林场的中层管理人员，1992年上期前，职校还先后举办四期新工人上岗前培训班，共164人，主要进行职业道德，劳动纪律和基本的生产技能教育，使之适应新的工作。

1992年下学期，承办永州市林业系统职工子弟就业前培训，学制一年。受培训的学员43人，除本场职工子弟28人外，还为祁阳、东安、宁远、江永、江华、新田等县培训职工子弟15人。教材和课程安排，与中级技术培训班相同。每科学完后都进行考试，全部课程结业由市职教办颁发结业证，培训结束后，凭结业成绩，由劳动部门办理招工手续，为林业系统输送后备力量。1993年下学期，职工学校停办，其工作转向农业广播电视学校的教学活动。

第四节 教育机构

一、金洞区教育机构

1950年区政府设文教助理1人，负责全区教育工作。文教助理驻区公所，属行政编制。

1958年下期，建立文教支部委员会，设支部书记1人，委员3人。

1960年以后，由区宣委负责文教工作，文教支部在区委和县文教科领导下负责管理教育工作。

1972年，成立区文教办，设主任1人，业教、财会专干各1人。1978年增设业务专干1人。

1981年，建立学区，设主任1人，业务、人事、财会专干各1人。

1984年，下期场乡合一后，学区在林场宣教科领导下开展工作。

1998年，教育科单列，教育科与学区是一个机构、两块牌子。

2002年，学区改为中心校。中心校与教育科仍是一个机构、两块牌子。

2007年，管理区成立，教育科改为教育局，2008年教育行政与祁阳县分离，教学业务上仍与祁阳县教育局有着联系。

二、各乡镇的教育机构

1950年，各乡由中心学校校长协助区文教助理管理小学事宜。

1951年上期，乡人民政府设文教委员，负责筹集教育经费、教育行政工作。中心小学校长负责教师的政治、业务学习等具体工作。

1958年下期成立人民公社，公社设文教委员，主管公社教育工作。

1962年公社成立学区委员会，设正副主任各1人，委员5~7人。

“文化大革命”初期，小学全部由贫宣队管理。

1970年，各公社中学建立革委会，设正副主任各1人，主任由公社分管教育的领导兼任，副主任由教师担任，主持全公社的教育工作。

1972年，公社中学革委会，增设副主任1人，专抓全公社教育工作，另一名副主任主持中学内部全盘工作。

1981年下期，各公社成立辅导区，设主任1人，管理全公社教育教学工作。

1984年，各辅导区增设业教专干1人，兼任财会工作。

2002年，随着学区的撤销，辅导区亦被撤销，各乡镇由中心小学校长负责全盘工作。这种模式一直延续至今。

三、学校管理

小学　1949年~1957年，小学实行以县为主的管理体制，所有小学，不论公立、民立或私立，均由县教育行政部门统一管理。日常事务则由各区文教助理负责。1958年，实现人民公社化，教育管理权力下放，公办小学的大部分管理职权交人民公社行使。公社设文教委员（助理），负责小学的教学业务、行政工作。1968年各大队都办起了小学，校舍修建、校具添置、民办教师工分、口粮等均由大队负责。文化大革命期间，区、社都成立教育革命办公室，配教育专干1人，具体负责小学的行政工作和教学工作。“文化大革命”后，一方面加强了县对小学的统一领导和有关人事、教育教学等重大事项的统一管理；另一方面从1984年起，特别是1995年撤区并乡建镇以后，将大部分管理职权交乡镇人民政府行使，开始形成农村小学县镇共管以乡镇管为主的新体制。

中学　金洞在1960年以前没有中学，1960年创办三叉岭附中，此校属当时的金洞区办学校，由祁阳县教育行政部门和金洞区管理。1969年2月，金洞办起了区中学，各公社办起了公社中学。区中学是高中，直接由区里和县教育行政部门管理，具体工作由各区的教育专干组织实施。公社中学接受县教育行政部门和公社的管理，具体工作由各公社的教育专干组织实施。1981年成立学区后，学校的管理工作主要由学区承担。1984年场乡合一后，原区中学更名为金洞林场中学，各乡镇保留的中学有小金洞中学、凤凰中学、石鼓源中学、晒北滩民族中学、白果市中学。林场中学由林场直接负责管理，成立管理区后，由管理区直接管理，学校教学业务等具体工作由学区、教育科、教育局管理。

第五节 教师队伍

金洞教师队伍来源有以下几种形式。

一、新中国成立初期接收原有教师。

二、是招收社会知识青年 1952年、1971～1992年，祁阳县人民政府和祁阳县革委会，根据当时教师缺乏的现状，分别从社会上招收知识青年，经过六个月和一年的培训后，充实到中小学教师队伍，被安排到金洞的有一定数量。

三、退休教师子女补员 根据上级指示精神，从1979～1981年，这段时间内退休的教师子女可以补员，以这种方式进入教师队伍的，其中有少数因文化程度所限而充任工友。

四、民办转公办 “文化大革命”中的1969年，由于大队办小学、公社办初中、新吸收了一大批民办教师，当时使用民办教师的标准是家庭出身好，政治可靠，胜任教学。1979年以后开始对民办教师进行整顿。直到1986年，金洞的民办教师仍是教师队伍中的一支生力军。随着国家形势的发展，农村实行联产承包责任制，民办教师的工分难以统筹，又因民办教师待遇偏低、比例过大，加重农民负担，国家决定在调整民办教师队伍的基础上分期分批通过两条途径将民办转为公办，一条是从普通师范学校普通班招生计划中划出指标招收民办教师，招生办法主要通过招生考试，在政审、体检、业务能力考核合格的前提下，以面试和考试成绩为依据，择优录取，学习期限二年，第一年在校学习，第二年回原地小学实习，合格后，发给普通师范毕业证书。另一条途径是通过考试直接将民办教师转公办，从1983年开始，由祁阳县教育局统一组织考试转了部分民办教师，其余民办教师后来直接录用为公办教师，到20世纪末，全区所有民办教师全部转为公办，以后不再新招收民办教师。金洞仅1995～1999年通过上述途径转为公办的民办教师达120人，其中1995年民师毕业8人，直接录用12人；1996年民师毕业9人，直接录用17人；1997年民师毕业19人，直接录用24人；1998年民师毕业21人，直接录用12人。(以上含内下12人)。

五、大中专院校毕业生 新中国成立后，全区中小学教师主要来源于师范院校毕业生，祁阳县从接收的师范院校毕业生中优先照顾偏远地区，据统计，20世纪80~90年代，每年都分配近10人到金洞，最多的1999年有23人(其中大专4人，中师19人)。从1980~2000年，分配到金洞的师范院校毕业生近200人，其间，有的相互调动，有的转行从政。这部分毕业生中有相当一部分是支教到金洞，终生扎根山区教育，把毕生才智献给山区教育事业。

六、林场财政教师转入 原金洞林场以场带乡的管理模式中存在着林场教师，2008年成立金洞管理区后，金洞教师队伍中的“场教”和“县教”再也不能适应教育现状和教育发展的需要，因此，管理区领导和区教育局下大力气，想尽一切办法将原场教38人，其中大中专毕业21人，以工代教17人，通过市编办和市人社局审批转为区财政教师。现还有14名林场工人在各中小学校从事师生服务工作。

七、招聘　2000年以前，对师范院校毕业生包分配。2000年以后，通过考试招聘教师。2008年金洞管理区成立前，祁阳县招聘的教师分配了部分到金洞（其中2002年4人，2004年2人，2005年4人），2009年至2011年，管理区领导十分重视教育，自主招聘中小学教师24人。

八、定向培养农村小学教师　根据教育部、省教育厅有关文件精神，按照缺编补编的原则，建立教师正常补充机制。各县区申报计划，经省教育厅审批并下达计划指标，由省教育厅列支，从2007年开始从应届初中毕业生中定向培养农村小学教师，并与省厅、培养学校、家长、学生及用人单位签订了协议，毕业后回原县区薄弱农村小学工作（大专毕业生5年，本科毕业生8年）。全区首届毕业生3人，以后每届都有8人左右。

第六节　经费设施

一、经费来源

新中国成立至金洞管理区建立之前，金洞教育由祁阳县管理，金洞教育经费主要由祁阳县人民政府拨款，管理区建立以后，教育经费主要由区财政拨款，教育经费来源有以下几项。

（一）财政拨款

财政拨款是教育经费的主要渠道。其资金投向分为人员经费、公用经费和改善办学条件三项支出。人员经费包括工资、津贴、社会保障缴费和各种政策性补助；公用经费主要是办公经费、设备添置、修缮费、旅差费、福利费、会议费等；改善办学条件支出主要是基础建设投资、学校建设、改造危房等。

（二）人员工资

新中国成立初期为体制转轨期，国家和地方财政刚建立，新的货币尚未使用，教职工工资由政府发给实物，每月大米75～200公斤。1952年新版人民币发行后，即以人民币发放工资。1956年7月实行第一次工资改革，教师实行级别工资制，工资相对提高，提高面达91%，小学教师月薪由27.07元增至36.4元，中学教师由45.3元增至55.8元。

1976～1991年的15年间，教师工资提高了10次，其中按40%的升级面提高工资2次，工资微调3次，套改1次，大面积升级3次。

1979年开始发放班主任津贴：

中学班额　35人以下每月5元；36～50人每月6元；50人以上每月7元。

小学班额　35人以下每月4元；36～50人每月5元；50人以上每月6元。

班主任津贴先后提高2次，至2006年工资套改后班主任津贴取消。

1985年开始对教师发放教龄津贴，教龄按5年、10年、15年、20年以上四个档次，津贴月标准为3元、5元、7元、10元。教龄工资至2006年工资套改后仍然保留。

1988 年元月开始，财政对国家干部、教师发放山区补贴，每月 15 元，1989 年增至 25 元；2006 年工资套改后，山区补贴取消。

2006 年工资改革后，教师工资每年晋级一次，同时，教师绩效工资逐年提高，2011 年全区教师绩效工资年人均为 17600 元。

（三）民办教师工资

民办教师一直采取集体统筹，财政补贴的办法。

1956 年时，民办教师工资由各办学单位自筹。1958 年因公办学校不能满足入学之需，小学、中学、农中、耕读学校吸收了大量的民办教师，其待遇按大队分摊到各生产队的公用劳动力对待，基本上按民办教师所在生产队年终五个劳动力最高工分的年均数计算，约 4000 分左右，参加生产队年终分配，根据现金和口粮的不同情况，收入不相同。按一般生产队每个劳动日 0.3 元计算，大约每年能得到现金 120 元左右，口粮稻谷 300~400 公斤左右。1969 年，小学民办教师是财政每人每月补助 5 元，中学民办教师每人每月补助 10 元。1971 年，财政对小学民办教师每人每月补贴 10 元，中学民办教师每月补贴 15 元，其余由公社、大队统筹。

1981 年实行家庭联产承运责任制，其工资逐步与公办教师同工同酬，经费仍由财政适当补贴，其余由各区和公社统筹。至 1999 年凡符合条件的通过招考培训全部转为公办教师。工资改由财政统发。

（四）离退休人员工资及养老保险金

教育战线的离、退休人员的工资按人事部规定执行。对于新中国成立前参加革命工作的视为老干，按规定年龄予以离休，工资 100%享受。其他教职工按退休前的工龄分别对待，工龄满 35 年的教职工按 100%享受，不满 35 年的工龄退休人员予以递减，其离退休人员工资全额列入财政支付。

1999 年元月实行养老保险制度以来，离退休人员的工资由机关事业保险中心支付。

（五）公费医疗保险费、住房公积金

2002 年前，教育战线正式员工享受国家公费医疗。离休干部医药费全额报销。其他人员根据工龄长短按 60%～95%报销。2002 年后实行医疗保险制度，医疗保险按工资的 8%统筹，其中财政负担 3%，单位负担 3%，参保人员负担 2%。离退休人员不再负担自负部分。

（六）公用经费支出与学校建设支出

新中国成立以后至 2007 年义务教育保障机制实施以前，谁读书谁出钱，中小学生上学缴费一直至 2007 年，学生的书籍课本费也由学生缴纳。学生缴纳的学费、杂费用于学校的公用开支，长期以来，全区的学校建设分区、乡、村三级负责，金洞林场中学由林场（管理区）负责建设，乡中学由乡镇负责建设，各村小由村筹资建设，县财政给以适当补贴。

2007 年随着农村义务教育经费保障机制的顺利推进，“两免一补”政策逐步落实，学校办学经费日益充足。2011 年，学校公用经费按初中生 700 元 / 生年，小学生 500 元 / 生年标准拨付到各中小学学校，保证了学校的正常公用支出。学校建设资金也大幅度增加。2011 年，全区中小学校安工程、农村薄弱学校改造工程、三年学前教育建设等项目资金为 1130

万元,很大地改善全区的办学条件。

二、经费管理

新中国成立后,教育经费一段较长的时间是垂直管理。每年由省教育厅和省财政厅会商,根据经费安排情况和各地的学生数拨款到市教育局,再由市教育局拨款到县教育局。县教育局根据各校的学生数拨款到学校或学区。1981 年金洞学区成立,设财务专干 1 人(2002 年改为中心校)负责学区的财务管理工作。同年,各乡镇也成立了辅导区,设成教专干 1 人,负责本乡教育经费管理。1997 年成立金洞教育科,一个机构、两块牌子。2005 年设立金洞管理区教育局,配备专职会计、出纳,专管教育经费的收支。下属学校也相应地设立了财务室,明确了财务人员职责,维护财务纪律。

新中国成立初期, 金洞校园校舍建设基本上是从 2 个渠道来解决校舍紧张的困难,一是利用祠堂、庵堂改为校舍,如金洞邓氏祠堂,石鼓源乡乐山奉氏祠堂。乐山祠堂到 2009 年才完全拆除,建成新的乐山小学。二是利用没收地主的一些房产作为学校用房,如晒北滩乡枧下村用地主邓草堂的房屋作为学校,办学四五十年。“文化大革命”时期,由于学生数增加,基本上每个公社都办有一所中学、每个大队都办有小学、校舍由公社、大队安排占用公社、大队的公房,校址因地制因,学生就近入学。70 年代初至 80 年代,尽管受“文化大革命”干扰,教育质量严重下降,但学校建设发展很快,金洞范围内办有金洞区高中,金洞民族中学高中二所(民族中学校址在晒北滩乡小茗洞村),各乡办了初中,各村办有小学。

1994 年,祁阳县人民政府向省人民政府承诺,1997 年提前三年达到国家“两基”验收标准,1994 ~ 1997 年县财政拨入各种教育经费 16798 万元, 其中学校建设经费 2555 万元,依法收取教育事业附加费 3689.7 万元,群众集资 966.4 万元,银行代款 2300 万元用于学校建设,金洞林场中学,于 1995 年建成三层砖混结构教学楼,各乡中心小学于 1997 年全部通过国家“两基”验收。

2007 年随着农村义务教育经费保障机制工作的顺利推进,金洞林场中学、金洞镇中心小学、石鼓源中心小学、凤凰乡中心小学顺利通过合格验收,上司源中心小学整体搬迁工程完成。

第二章 科 技

第一节 机构与队伍

一、机构

(一)金洞林场管理机构

1954年建场以来,尚未有专门的科研机构,科技方面的工作由一名副职领导兼抓这一方面的工作。1964年设立金洞林业科研所,1984年更名为金洞林场科技科，有工作人员4名,设主任1名,副主任2名。1993年2月,金洞林场机构改革,新设机构9个,科研机构位列其中。1997年设立金洞林场科技领导小组,组成人员7名。2008年设立管理区科技局,内设两股一室,即科技计划股、农村股、办公室,实行合署办公,设局长1名,工作人员2名。

(二)乡镇科技管理机构

1980~1985年,原金洞区乡镇科技工作均由分管农业的副区乡(镇)长兼管。1984年,金洞原6乡1镇交金洞林场代管,实行"以场带乡,场乡联营"的管理体制后,乡镇设立科委机构,工作人员2至3名,林场科技科指导业务工作,负责乡镇一级科技计划、科研项目的组织实施和科普工作。1995年,乡镇科技委被撤销,乡镇科技工作仍确定一名副职分管,委员2至3名兼任。2008年乡镇配备科技副乡(镇)长和科技专干。

(三)科研机构

金洞林场于1997年成立科技领导小组。2008年,设立科技局,配科研人员3名,每个分场配备林业技术干部1至2名。原金洞区于1969年组建农技站,有技术人员5名,随即各乡镇配备农业技术员,专门研究农业技术方面的科研项目。1970年,设立畜牧站,配有技术人员2至3名。每个乡镇配备一名兽医,负责各乡镇的家牧家禽的防病治病和阉割。1959年,金洞区各人民公社成立中医药研究小组,开展中医药科学研究及普及针灸疗法。1965年,区医院副院长负责医学科研工作。2007年,乡镇卫生院设立医学科研小组,管理院内医学科研工作。

(四)科研群团组织

1980年,金洞林场成立科技科和林学会,有林学会员126人。其中,参加地区的会员35人,参加中国林学会的会员16人。1985年以后,先后成立农学会、畜牧水产学会、水电学会、医学会,共有会员79人。1988年成立农经学会、会计学会、基础理论学会、青少年科辅协会,电教研究会和中医学会,有会员 158 人。1989 年,各乡镇成立计划生育协会,随即成立农技协会、卫生学会、教育学会、财会学会。2000 年,成立老年科技工作者协会。2009 年,管理区成立科学技术协会,配备主席 1 人,副主席 1 人,工作人员 3 人,内设普及部和学会部。其职责是:开展学术交流,活跃学术思想,促进科学发展,推动自主创新,弘扬科学精神,普及科学知识,传播科学思想和科学方法,捍卫科学尊严,推广先进技术,开展青少年科学技术教育活动,提高全民科学素质,反映科学技术工作者的建议、意见和诉求,维护科学技术工作者的合法权益。随即相继成立防疫学会、妇幼保健协会、国土资源学会、凤凰花木协会,至此,管理区共有专业学会、协会、研究会 18 个,会员 960 余人。

二、科技队伍

1980～1983 年,先后两次晋升一批工程师 28 人,助理工程师 106 人,技术员 44 人,助理农艺师 3 人,农技员 9 人。20 世纪 90 年代后,科技队伍不断壮大,金洞林场积极引进和培养各类科技人员,大力接收各科的大中专毕业生,同时创造条件,对自学取得学历的,予以报销学费。到 2009 年,金洞管理区有科技人员 754 人,获得技术职称的 744 人,占总人数的 98.6%。其中按行业分:工程技术人员 9 人,农业技术人员 31 人,卫生技术人员 59 人,教育 316 人,会计统计 44 人,电力 21 人,政工 95 人,经济方面 20 人,林业方面的 152 人,档案 3 人,其他 4 人。按职称分:有高级 15 人,中级 310 人,初级 317 人,员级 112 人。

第二节　科技普及

新中国成立后,政府将发展科学技术置于重要位置,科技教育被列入林场领导工作日程。根据工农生产和社会发展的需要,有计划、有组织地开展科技教育活动,其内容涵盖社会发展的各个方面。至“文化大革命”结束前,由于政治运动不断,科技教育时起时落,但总体上保持发展趋势。

中共十一届三中全会后,特别是全国科学大会以后,金洞林场科技教育迅猛发展。随着科技管理体系和教育体系的不断完善,科技培训、普及教育和各种专题科技教育活动日趋经常化、规范化、科技创新能力和科技普及程度迅速提升,有力地推进全区科学技术发展。

一、科普宣传

科技电影 1975 年组建电影队,有 16 毫米电影放映机和幻灯机各一部。各乡镇(分场)均有 8.75 毫米放影机,有 13 个放影队。至 1984 年共放映科技片 1460 余部,幻灯片 1570 多组,观众约 60.6 万人次。

科技讲座 1976~1985 年,金洞林场、原金洞区各乡镇组织林业、农业、畜牧水产、卫生等科技现场讲座 81 次,利用有线广播讲座 163 次,听众 18.36 万人次。

科技巡回展览 1978年5月在祁阳县科学技术部门的指导下，在区委的领导下，收集全县各地有关良种选育、水肥建设、植物保护、田间管理和多种经营等方面的科技成果，编绘78幅科普挂图，在全区流动展览。

巡回讲课 1988年4月组织4名科技骨干下到各乡镇巡回授课，参加人员有林业站人员、林业员、各社队负责人、技术骨干等。讲四课：森林与人类的关系，杉木速生丰产林栽培，油茶林综合改造技术和楠竹高产培育。

科技下乡 1985年从林业、畜牧、农机、农技、植保、防疫等单位抽调8名科技人员组成科技宣传队，下到各乡镇（分场）进行巡回科普宣传，内容主要有《普及科学知识，破除迷信展览》等资料。1990年，结合普法工作，全区138名科技人员送科技下乡，发送科技资料5800余份，科技咨询9800余人次，举办科技成果交流会5次，发布科技信息12800余条。1998年赠送科技图书8000余册，给农民现场咨询1.3万余人次。2002年，区科技、文化、卫生“三下乡”活动启动。

科技知识竞赛 1990年，全区290名干部职工参加《中华人民共和国专利法》和《中华人民共和国技术合同法》考试。2002年，为深入批判邪教“法轮功”歪理邪说，组织全区20多个单位近800余人参加科普知识大赛活动。

农家书屋 2000年起，办农家书屋68个，有科普书刊1.98万册，阅读2.8万人次。

广播讲座 1973年，金洞林场建立广播站，播放上级广播节目和自办节目。1969年，祁阳至金洞广播专线52公里架通，随即金洞区和全区各级人民公社广播站先后建立，不但及时传播中央、省台和祁阳县广播节目，还可以自办节目。根据农时季节各广播站在早、中、晚开展科技讲座和临时性的技术指导节目。全区9个广播站自办科技节目540期，听众达4万人次。

二、科技培训

1958年8月，由国营金洞林场创办金洞林业专科学校，有学员126人。分森工、育苗、营林三个专业，公费读书，学制两年。实行半工半读的半日制教学方式。毕业107人，全部分配在林业部门工作。1976年创办林场职工学校，每年两期，对职工进行进修培训或聘请专家来金洞授课，同时组织林业部门“走出去”，到各县市、省林业厅学习960人次。“请进来”：请专家来场讲座31次，听讲3600人次，不断提高知识水平和工作技能。1980～2000年，对技术人员进行培训，共办培训班28期，学习人员6700人。培训的主要内容：一是林业专业知识与操作技术培训，如：森林经营、林政管理、森林防火、野生动植物保护、森林病虫害防治等。主要操作技术有：伐木操作、集材技术、林地清理技术、整地技术、苗木造林栽植技术、采种与种子处理技术、育苗技术、野生动物救护等专业。二是生态环境影响与保护，主要是森林与可持续发展的发展的关系，森林经营活动对环境造成的影响，森林经营活动中减少环境影响的技术措施，等等。三是劳动安全对林业经营活动中可能造成安全事故的工序（工种），如采伐、集材、搬运、造林、扑火等作业时，要提高安全意识，避免可能发生危险的不规范操作。

1979年3月，金洞区农机站在石古源公社乐山大队开办机滚船手培训班，参加人员16

人,学习时间5天,教学内容:机滚船基本构造原理,操作使用维修保养技术及田间作业实习。

农民技术学校。1988~2000年,全区各乡镇办农民技术学校7所,学校有固定的教室和专用的教学器材。乡镇长任校长,辅导主任兼任副校长,各乡镇农技员任教导主任,配有专职和兼职任课老师。培训对象是各村干部、农技员、林业员、知识青年和种养加工大户。教学内容:种植业、养殖业、加工业等使用技术。每年两期,办两个班,每个班100来人,共培训15600人次。

从1995年起,全区组织举办"农函大"技术培训班,成立金洞分校,确定专人负责。乡镇设立农函大教学辅导站,乡镇分管党群的副书记兼任辅导站站长,各村支部书记任联络员,形成县、乡、镇、村农函大教学网络。农函大开设养猪、水果、牛、羊、水产、蔬菜6个专业,学制一年,采取函授和自学相结合,以自学为主的方式进行教学。专业课程学完后,进行考试、考核,合格者由省农函大发给结业证书。1995年至2001年,共办班22个,培训学员1760人,80%以上的学员掌握一门至两门实用技术。

2003年12月15~22日,在祁阳县林业局举办"十五"森林资源清查培训班,时间八天,金洞林场16人参加培训,学习《湖南省森林资源规划设计调查技术规定》和森林资源调查基础理论、技术标准和操作程序等,现场操作和理论考试,确定49名技术人员为主调查队员。

农科教中心。1992年,全区办农科教中心4所,办班32个,参学4776人次。各乡镇长任学校负责人,各乡镇中学校长兼任常务副校长,配有兼职教师。另外请三个方面的教师:一是请农、林、牧、渔的专家到校授课;二是本乡镇的技术干部;三是本乡镇的种养、加工等专业户有丰富经验的人士。学校有固定的教学区、生活区、活动区,有图书室、阅览室、仪器室和实验室,有学农基地、养殖场。招收对象是一部分村干部、知识青年和想创业又缺技术的人员。学期分初级班为一年,中级班为二年。通过考试、考核合格者发给合格证,不合格者续学一年。1992年凤凰乡在政府大院南面100米处,建砖混结构三层楼房,设计教室和教师办公室各6间,建筑面积330平方米,有养猪场、养兔场、蜜桔园、挂毯厂,实验基地15亩,有图书9600册。每年招收4个长班,按农时每年办2个短班,长班每逢二、五、八上课,每天6节。该校办学五年,1997年经省两基评估验收合格的高级技术人员500人,初级技术人员1570人。金洞镇农科教中心于1995~1997年开办长短班,三年共培训1200余人。

1987年8月至2003年,创办中央农业广播电视学校金洞林场分校,教学地点设在林场职工学校内,有专职教师,设立林业专业,专业课程学完后,进行考试,合格者发给结业证书。学员对象是金洞林场职工。共培训463人。

四级农科网建设中的科技培训。1972年,全县建立区、公社、大队、生产队四级农科网,除县农技站外,每个公社配1~2名农民技术员(称农技员),大队配植保员,生产队配治虫员、管水员、肥料员、种子员。全区从农技站到公社农技员,大队、生产队共培训1142人。农民科学种田水平不断提高;农业机械化受到重视,拖拉机、抽水机和农产品加工机械不断增加。1977年,全面推广杂交水稻,开创了粮食生产新局面。1975年以农业局为主对农技员进行理论、技术培训，培训的重点是公社农民技术员。方法是：农令时节现场培训，时间20天，学习内容：昆虫知识、害虫天敌、水稻病虫、病虫测报、田间调查方法、综合防治概念和生物防治、农业防治及合理使用农药、水稻育种、常规育种、杂交育种、早稻栽培、晚稻栽培、旱粮生产、土壤肥料。期末考试：农作学科成绩优秀的（80分以上）金洞占4人，70～79分的3人，受到农校领导的好评。农技员培训延续近20年。

科技示范户、专业户、种养大户的培训。1982年，全县农村普遍实行联产承包，农业实用技术培训由过去培训各级干部和农技员为主改为农村科技示范户、专业户、种养大户为主。共培训“三户”1616户。“三户”在全区农业生产中，起到示范、推动作用，为发展经济树立榜样。

赤脚医生培训。1968年冬，境内推行合作医疗制度，至1970年，各级医疗卫生单位分期分批培训赤脚医生80人，卫生员521人。20世纪70年代初，金洞区派送到祁阳县参加赤脚医生、卫生员“三防”（防原子弹、防化学武器、防细菌战）和战场救护训练班，11期420人受训。70年代后期，境内实施分级分工培训办法，金洞区医院和7个公社卫生院负责赤脚医生、卫生员培训。1977～1980年，以公社为单位开办赤脚医生提高班8期80人受训，卫生员培训班10期，参加学习1900多人次。

岗位练兵。金洞林场根据各个时期林业生产特点举办各类培训班，传授林业知识。1980年以来共培训33次，参加培训的1914人次，培养了一大批队伍。1985年12月15日，举办林学会会员培训班，参加人员65人，学习内容有造林技术规程、速生丰产林栽培、育苗规程、病虫害防治，发放资料300份。2001年9月22～23日，举办退耕还林培训班，参加人员：各乡镇管林业的副乡镇长、林业站站长和技术员、有关科室的技术员，计86人。培训内容：学习退耕还林政策和补助标准、作业设计要求和国外松等树种育苗及造林使用技术。

三、科技示范

（一）科技示范户

1981年起，区科技部门和各乡镇政府和科技组织，在全区农村普遍培养科技示范户。科技示范户以种养、加工为主，在科技致富方面发挥示范带头作用。1986年，发展科技示范户183户，其中养殖示范户71户，种植示范户62户，加工业23户，服务业27户。科技示范户不断发展。1995年全区科技示范户320户，2000年科技示范户发展到518户，至2010年，全区有科技示范户670户，其中，国家级科技示范户2户，省级科技示范户5户，市级科技示范户14户。

省级科技示范户凤凰乡中荣村刘联春，2005年成立花木协会，发展会员500余人，其中有专业技术人员60人，具有园艺师职称的有2人。2006来，该社有苗木种植面积650亩，另育苗220亩，带动周边村育苗350亩，每年可提供各类造林苗木7400万株，苗木品种达35种。10年来，由于他的创业精神，于2007年获得“全国绿色小康户”称号，2008年被评为永州市“科技示范户”和“十好家庭”，2009年被授予湖南省科技示范户称号，其创业先进事迹在永州市电视台播放。

市级科技示范　石鼓源乡西岭坳村奉国平发展“猪—沼—鱼、猪—沼—果、猪—沼—稻”生态立体农业。1995年承包15亩稻田，在当地率先试种巴西陆稻，当年获得丰收。1999年采取“瓜—稻”模式种西瓜。发明“体温催芽”法，并用先进的“地膜覆盖”栽培，不但提高了单产，而且提前一个月上市。2002年承包10亩水塘和50亩水面的小型水库，在放养时，按比例投放各种鱼苗4万多尾。同时建年出栏300头的养猪场，紧接着建沼气池。2002年下半年又承包50亩荒山和12亩荒芜茶山，全部种纽荷脐橙、金秋梨、布朗李和大雪枣等果树。现有果园62亩，水面养鱼60多亩，西瓜基地20多亩，养猪场年出栏250头。在他示范下，全村发展具有规模的养殖户17户，种植户14户。

（二）科技示范乡镇（分场）

80年代，区科技部门以凤凰、石鼓源、小金洞、金洞镇四个乡镇为重点，开展创建科普示范乡镇活动，以优质稻米、优质水果、药材为主导产业，林业速生丰产等集约经营，调整产业结构作出示范。经过努力，实践证明，优质效益占农业生产总体效益的比重85%以上。金洞林场先后获“全国林业整顿先进单位”、“全国国营林场先进单位”“全国示范林场”“全国100佳国有林场”“科技兴林示范林场”称号。1990年以来，各级投入资金300多万元用于科技宣传、科技培训、科技推广及表彰科技示范户，建示范基地106个。2003年，管理区把金洞、石鼓源、小金洞作为科普示范创建乡镇，凤凰乡是市级科普示范乡，科普文明示范村11个。

（三）科普示范基地

1965～1980年，林场科技部门对150个申请创建科普示范基地的单位进行重点指导，派科技人员与乡镇（分场）党委、政府和基层科技人员共同开展科技下乡，深入生产第一线，为农民开展面对面服务，扎根科普基地，安营扎寨，与人民群众同吃同住同学习，手把手地传授科技知识。1968~1986年，先后创建种植水果基地7个、2.5万亩，水稻杂交种子繁殖基地4个900亩，在石鼓源、凤凰两个乡种植优质稻基地3个5000亩，名优茶叶基地5个3000亩，名优药材基地3个8000亩。为发展林业，创办林木苗圃基地11个4800亩。1983年，在国家林业部、省林业厅和市林业局的支持下，上级林业部门给资金和技术扶持，发展杉木速生丰产林和名优树种基地7个10.5万亩。1996年以后，以市场为导向，以服务为核心，科技人员下到基层，服务农村经济，先后创建花卉苗木基地4个4200亩。特种养殖基地99个，如：猪、牛、羊、马、鸡、竹鼠、豪猪、野猪、蛇、鳝鱼、泥鳅，等等。对这些养殖基地，科技人员对其进行技术承包，签订承包合同21个，进村入户进行产前、产中、产后技术服务，为农民致富。基地示范的创建，不但促进社会经济的发展，更重要的是加快了科学技术的推广和交流。以上基地有7个属省部级，有11个属市级，19个属于县级。

第三节 科研与引进

一、科研项目

1975～1976年，由衡阳地区林业局、祁阳林业局、金洞林场组成调查队对祁阳县开展“四五”森林资源二类调查编制工作。1980年10月，开展农业区划工作。

1985年至2005年，管理区共承担省级科研项目8个，市级科研项目10个，区级科研项目51个。被列入省级和市级科研项目有：杉木优良无性系扦插育苗造林研究，林区森林病虫害及天敌昆虫的普查，林科资源普查，树种资源普查，森林资源普查，编制林区杉木一元材积表及出材率表，各类土地普查和数据分析，杉木、马尾松、楠竹等立地条件划分，油茶、油桐、竹类主要经济林资源清查及分布调查。农业方面的：杂交早稻新组合高产示范及制种技术研究，中低产稻田粮食增产增收综合技术研究，杂交早稻新组合选育研究，塑料软盘育秧、抛秧栽培技术推广，百草堂名优药材开发，早稻旱土耐寒育秧研究，浯峰贡茶开发研究，低产油茶林改造技术推广。

二、科研引进

（一）林业技术推广与应用

用实生苗代替萌芽条更新 1964年开始，规范育苗操作细则和次生林改造，用实生苗代替萌芽条更新。金洞林区是一个多代萌芽更新的老林区，建场以前，已经经营8至9代，均是萌芽林（回蔸杉），造成树蔸老化，再生力弱，加之树蔸瘠落，肥力不足，林木后期生长缓慢，木质低劣，抗病虫力弱。20世纪60年代后，全部推行实生苗更新，既能保证每亩生长株数，同时木质良好，病虫害少，生长健壮，打破了林区不按科学，凭老习惯更新的落后面貌。

培育良种建立种子园 实行自采、自育、自造。实生苗用的种子如何使用良种，这又是一场改革。建场后的一段时期，育苗要去外地调种。1973年因缺种，从山西太原国家种子仓库调入，不论种子优良度，有种就育苗，有苗就造林。为彻底改变这一状况，实行良种育苗，壮苗造林，1973年建立初级种子园100亩，1976年扩展到435亩，用无性系繁殖，利用本地优树及省内外优树的接穗进行切扦嫁接。一共3000个无性系，第四、五年后开始结果，然后用种子园的种子育苗，分无性系插造林，进行子代鉴定，确定优树，作第二代种子园的钻木接穗，属高级种子园。建立采穗圃15亩，推广杉木优良无性179处。种子园建立几年后，在正常丰产年，每年可采400公斤左右的优良种子，供应育苗，不足部分在全场范围内通过调整后建立母树林16块，有意识培育母树。除此以外，1984年开始实行以苗繁苗的办法（又叫无性系育苗），以近代遗传学基因本原理为依据，结合林业树种的生物学特性而发展的，它将成为林木育种的重要途径之一。此方法简便，投资少，见效快，效益高。实践证明利用萌芽苗扦插育苗，比培育实生苗方法简便，病虫害少，成活率高，苗木质好，侧根发达等多方面优越性。20世纪80年代开始，省科委与林场签订成果推广合同，为以苗繁苗将作出新贡献。这项目属“六五”至“七五”国家科技攻关课题，杉类无性系造育内容之一。1987年，金洞林场与永州市林科所合作，共同承担中南林学院杉木优良无性系造育研究的试验课题，参试无性系506个，试验面积192亩，到1989年共选育优良杉木无性系13个，用优良无性系造林500亩。1990年获省林业科技进步三等奖。

杉木优良无性系速生林 杉木林一直是金洞林场的主要生产经营项目和经济来源。在抓好现有杉木培育保护的同时，新造杉木林80%以上都采用优良无性系造林，不断增强市场竞争力。无节良材是指通过人工整形修剪消除木材的死节，减少活节，增加木材的无节部分，获得通直圆满的树干的优良大径材。金洞林场与湖南环境生物学院共同研究，全面了解杉木超级无性系在中龄林分阶段各种生长特征，特别是遗传力方面的性状进行分析研究。该试验153亩，本课题参加研究无性系234个，除年度重复外，实际参加研究的无性系165个，计算研究标本26425组。该项目1998年获省林业科技进步二等奖、省科技进步三等奖。

育苗历史上的“四改革” 1979年冬，刘家滩河滩上围墙筑坝，填土作圃，造一个大面积的固定性苗圃。为培育壮苗，1983年开始实行“四改”育苗。一改春播为冬播。苗期生长快，避免了春季雷雨季节的立枯病，根系发达，造林成活率高；二改护阴为全光育苗。能节约育苗成本开支，促使苗木根系发达，木质化早，抗病虫害强；三改旱土育苗为稻苗轮作。用稻田育苗，实行轮作，既能改良土壤，又能减少苗木病害；四改常规育苗为切根培育。当苗木生长到一定高度和粗度时，使用特制切根铲将主根切断，促使须根发达，造林易于成活，生长迅速。1984年，经试验，效果良好。这一项目于1985年中国林业杂志推广。1991年3月，金洞林场被评为全国绿化先进单位。

实行集约经营，达到林木速生丰产 为达到缩短轮伐期，提高单位面积产量，靠粗放经营和一般化造林是达不到目的的。首先，在整地方式上，造林方法，规格密度，树种的配置以及抚育施肥等多方面进行改革和试验，取得了显著成效。如整地，为避免造成水土流失，不搞全垦整地。规定坡度20度以上不全垦，采用带状垦复打大穴，在缓坡矮山丘，可全垦或撩壕整地。一般要求穴大，表土入穴。整好地后再施放底肥，施过磷钙，每穴250克左右，与表土拌匀。对苗木要分级（一般要30厘米高，地径粗0.4厘米以上的无病虫害健壮苗木）。在造林密度上，公路、河流两岸造林密度大（4X5尺，每亩200株，或5×5尺，每亩240株），便于提前郁闭和间伐小材小料加工。一般造林每亩167~240株（6×6，5×5）。在树种搭配上，为使森态平衡和充分利用土壤肥力，在营造杉木为主的前提下，做到深根、浅根树种的配置，阳性、阴性树种的搭配。1984年，衡阳地区林科所在小金洞分场进行一块多树种的混交林试验，有行状混交、块状混交、带状混交、单株混交等方式，长势很好，值得借鉴。1991年开始，林场在原10万亩杉木速生丰产林的基础上研究杉木大径材的培育措施。主要采取科学间伐、埋青施肥的方式，并取得成功。2000年，利用杉木丰产林培育大径材技术研究获得省林业科技进步二等奖、省科技进步三等奖。

“优材更替”培育技术 将以杉木为主的生态公益林逐步替换为树木材质优良、树种结构合理、生态和景观功能良好的优质树种。建设以发展珍贵稀有树种和优良乡土树种为重点，通过定向改培，提高林分质量和林木的经济价值，促进林场优质森林资源培育。定向抚育选择在公益林区坡度平缓、土层深厚适宜培育珍贵优良树种的林分，调整树种结构、提高林分质量、促进目的树种生长。定向改培采取小块状，小面积(集中采伐1面积以下)皆伐的方式伐除杉木成过熟林后补植目的树种，调整树种结构，实施定向改培，提高林木的经济价值。

植物固碳技术 在"低碳经济"建设中，推广应用成功的森林植物固碳技术，加大速生林建设力度，保护森林资源，实现年固碳总量40万吨，年净固碳量12万吨以上(按森林每生长1立方米木材固碳0.256吨计算)，为地区和全国节能减排和"低碳经济"建设做出贡献。森林是陆地生态系统的主体，具有显著的固碳功能，在减缓全球气候变化中具有不可替代的作用。有三种较成熟的植物固碳技术：一是基于生态系统管理的森林固碳技术，二是基于选种育种和种植技术的固碳技术，三是基于基因技术培育新品种的固碳技术。它们为实现植物固碳提供了技术保障。

森林资源档案系统(GIS) 搞好资源数据更新能及时准确掌握森林资源现状及变化动态，为检查森林经营成果，评价森林经营措施，制定林业方针、政策，提供可靠依据。林场安排必要的工作经费，明确一名技术人员负责森林资源档案管理、数据库维护和数据更新工作。

计算机信息化建设 各分场实现与林业厅政务网络对接，对场内网络系统实施改造，实现资源林政、营造林的信息化管理。管理区林业局、林调队、木材检查站、乡镇(分场)林业站、森林公安分局全面实行电子化办公。健全了林业信息化管理，在现有的信息化平台上实现对资源管理、森林火灾和有害生物预测预报的信息化管理，增加了决策的可行性，提高决策效率。

推广油锯技术 在森工方面推广油锯采伐。1975年，购置2台0.15型柳锯，在金洞分场试用，经过一年实践，效果良好，深受工人欢迎。1976年，新购5台，推广到晒北滩分场。1977年，购9台051型柳锯6台，新旧合计22台，在全林区6个伐木场、11个森工队全面推广使用。油锯伐木的劳力组合是：由3人组成一个台班(1个人扯钩，1个人开斧，1个人使用油锯)，工作时，3人可随时轮换作业，日采伐台班工效35立方米至40立方米，人平12立方米左右，比斧砍工效高一倍以上。油锯采伐的主要优点：一是工效比斧砍高；二是减轻劳动强度。一台泰锯9.5公斤重，启动后用双手提起按力，便可将树锯倒，同时3人可轮换作业。而斧砍跪地挥动5斤重的斧子，一刀一刀地使出全身的力气，坚持几个小时的作业，劳动强度大；三是降低伐根，提高出材率。油锯采伐伐根均在3厘米以下，断面锯口窄，比林业部门规定伐根降低2厘米，比斧砍降低2~8厘米。每油采100株立木(约5立方米)据测可提高出材率0.047立方米。一年油采1万立方米计算，可提高出材率94立方米。为全面推广油锯采伐，充分发挥机械效力，林场每年举办油锯手学习班，培训技术骨干，壮大技术队伍，逐年添置油锯设备及配件。共培训油锯手386人次，添置各类型号油锯124台。1977年~1986年，油采林木11万立方米，占10年来林场总材积341.8万立方米的30%，另外，运材、装车，根据地形，用龙门吊车及高空起坡缆吊，代替了繁重的体力劳动，又节省了时间。同时还推广捆材器，节省木材、铁丝等大量材料，节约成本确保木材运输的安全。

发展经济林 1989～1995 年期间，林场组织杜仲、黄柏引种栽培试验，引进了木本油料树种、光皮树试验、柑橘保鲜研究、、无核桃栽培试验、楠竹培育技术管理研究、杉木速生高产大径材培育研究。

(二)农业科技的推广与应用

农业科学技术日益受到普及和重视。20 世纪 50 年代，推广化肥、合理密植技术；60 年代，推广矮杆水稻品种；70 年代，推广杂交水稻制种及栽培技术；80 年代的农业区划和工业普查 2011 年实施测土配方技术等这些都为全社会经济发展和农业现代化起到极大的推动作用。

(1)1989 年吨粮田开发技术研究，旱土套种技术研究。

(2)1993 年，对立体农业栽培研究，稀土丰产素生根粉增产推广应用等研究。

(3)1978 年，引进马铃薯栽培技术。

(4)20 世纪 80 年代，引进猕猴桃栽培技术研究，日本巨峰葡萄引种栽培试验。

(5)20 世纪 60 年代推广新品种、新技术。推广杂交水稻、测土配方施肥、病虫害综合防治、地膜覆盖栽培。在新制度上：主要推广"玉米—稻""稻—玉米""稻稻油"耕作制度。

(6)20 世纪 70 年代以来，境区内转化农业科技成果主要有：推广水稻均匀密植；水稻高杆改矮杆、单季改双季、常规改杂交；柑橘嫁接育苗；杂交水稻制种；早稻盖膜、温室育秧；抗红薯瘟病；猪饲料熟食改生食；猪牛品种改良技术；牛瘟、猪瘟免化疫苗；稻田养萍；生猪人工授精试验和推广。

(7)1979～1980 年，金洞区农技站分别在各乡镇搞水稻高产试验，重点在石鼓源、凤凰两个农业乡，搞水稻基地各 5000 亩，选育良种。晚稻品种 T 优 207、金优 207 的产量不高，常年种植导致品种退货，选择优势品种才适合种植。土肥试验：在凤凰、石鼓源两乡进行中稻测土配方施肥"3415"试验和校正试验各 2 个，进行 N/P 试验各 1 个，结果是以上可使农户节本增收。杂交中稻"3415"结果：灰泥田中高施肥量产生的效益较好，最经济产量施肥量为：N12.54KG,P2O5：7.9KG,K2O:7.49KG，最高产量施肥量为：N13.36KG,P2O5：9.72KG,K2O:9.36KG，配方施肥比农民习惯施肥量每亩增加 45 工具，则增产 8.3%。肥料投入比 1：12.42，增产效果十分明显。青隔黄沙泥田早稻基肥追肥试验：在总肥量不变的情况下增加基肥比例有利于促进早稻提早分蘖，提高成穗率，易形成多穗大穗形态结构。基肥：追肥比例为 7：3 的处理获得的产量和收益最高。黄泥田早稻氮肥不同用量试验：增施氮肥能促进早稻分蘖和幼穗分化，形成多穗大穗结构，同时延长早稻的生育期，并以施氮肥每亩 12 公斤获得的产量和收益最高。河沙泥田在总肥量不变的情况下，增加基肥比例有利于促进早稻分蘖，提高成穗率，易形成多穗大穗形态结构。不同基肥比例对千粒重量影响较少，并以基肥：追肥比例 7:3 和 5:5 的处理获得的产量和收益较高。

测土配方技术 推广测土配方技术。建设高效农林业，减少因施肥而引起的环境污染。对金洞管理区的 8 个乡镇实行肥力、酸碱性、微生物等情况进行定性或定量分析，最终总结出该地区地块，适宜种植哪些农作物品种，或者对所种植的农作物所需的各种肥料、需要的用量,以及对肥料进行微谱配方分析、并做含量勾兑的一种科学定论的方法。是提高土地利用效率,科学种田的有效手段。该技术从2011年开始实施。

(三)农机技术推广与应用

主要推广耕整机1984年4台,1986年发展到65台。1979年3月,金洞区农机站组织在石鼓源公社乐山大队开办机滚船手培训班,参加学习人员16人,学习时间5天,主持人及教师唐宜盛。教学内容:机滚船基本构造原理、操作使用维修保养技术及田间作业实习。

第四节 科技管理

一、计划管理

20世纪80年代以来,金洞林场领导班子成员认识到科学技术是第一生产力,建设现代化林业离不开科技支撑。加强与省、市科技部门的技术合作,以湖南省林业厅、永州市林业局为工作中心,以省林业勘查设计院,湖南林学院,中南林业科技大学为技术指导,同时培养、引进高端人才,推广和应用新技术,提高科技含量,实现森林可持续发展。先后制定"七五""八五""九五""十五""十一五"科技发展规划。林场科技部门逐年编制年度科技计划,下达后由有关单位组织实施。1986年开始,科技计划实行指令性计划与指导性计划相结合的管理原则,增强计划管理的灵活性。科技计划项目先向有关单位申报,经可行性论证后正式立项下达。对立项计划实行合同制管理,即计划项目须由承担单位签订计划项目任务后,明确任务目标和主要完成人员。项目实施中适时检查,完成后由科技部门组织专家进行鉴定或验收。至2010年来,全区共实施省、市(地)、县科技计划项目199个,其中农业项目66个,畜牧业项目11个,林业项目78个,工业项目6个,医疗卫生项目24个,其他项目14个。

二、经费管理

金洞林场于1954年成立后,科研经费均按实际所需,从各级财政列支。1984年,金洞林场设立科技科后,按照"统筹兼顾、全面安排、保证重点、照顾一般、量大面广、提高效益、滚动实施、层次管理、依法理财、专款专用"原则选题立项,安排科技经费。1974年至1984年林场财政投入科研经费27.5万元。1974~1982年省、地共拨科技三项经费3万元,科技事业费4万元。2000~2010年,管理区财政共拨科技三项经费34.67万元,科技事业费12.78万元,省市下拨补助科技经费9.6万元。

第十八篇　文化　体育

第一章　文　化

第一节　文化市场管理

一、管理机构

金洞管理区文体局为全区文化体育行政管理部门，管理全区文化体育事业。

2007年前，由于金洞林场属企事业单位，文化工作归口祁阳县管理。1979年，乡镇建成乡镇文化站。到1981年，全区共有7个乡镇文化站，有文化专干7人，文化站职员都是由乡镇聘任。2007年，金洞管理区成立，相应成立了金洞管理区文体局，即管理区社会事业发展局的一个内设局，为政府职能部门，现有工作人员4人。

二、文化市场

中共十一届三中全会后，改革开放不断深入，林区经济社会事业不断发展壮大，演出市场、娱乐市场、音像市场、网吧行业不断兴起。

（一）演出市场

1978年，湖南省文化厅艺术处部署省内各专业地方戏剧团开展巡回演出。1990年轻音乐歌舞开始盛行。1978～2011年到金洞演出的地方剧团有潇湘艺术团、祁阳祁剧团、湖南省歌舞剧团等，演出节目10余场。到金洞演出的外地团队有轻音乐、歌舞、马戏、杂技等20余个，演出50余场。

（二）录像放映

录像放映始于20世纪80年代末，由祁阳县广播局审批，当时金洞林场有录像放映室1个，放映文艺、政教、科普、外国及港澳台片200余场，观众达10000余人次。20世纪90年代，林场工会组织录像放映队走村串户深入田间地头偏远山寨放映，深受广大群众欢迎。2000年，音像放映普遍进入家庭，录像放映停办。

(三)娱乐市场

1.电子游戏厅。始于2007年4月办证营业的荣发电游室，共有游戏机28台，而后有2010年发证营业的江口电子游戏厅。2001年,电脑、互联网进入林区消费市场,电子游戏逐渐被淘汰。

2.歌舞厅。1990年6月,金洞林场出现第一家舞厅,接着各乡镇也建立职工歌舞厅。2000年后林区舞厅逐步递减,乡镇基本停办,仅存金洞林场职工舞厅一家。

3.网吧。2007年,网吧进入林区文化市场,而且发展比较迅速。2007年办证营业的2家,2008年,办证营业的有2家。2009~2011年,文化局考虑到网吧会对青少年学生身心健康造成一定影响,再加上金洞林区人口相对较少的实际情况,对网吧办证营业给予限制。到2011年,全区共有网吧4家,电脑120台。

4.桌球室。营业性桌球始于1988年,全林区达20余家,有球台22张。主要分布在金洞、凤凰、小金洞、石古源等乡镇,至2000年由于其他娱乐活动的兴起,特别是麻将、朴克、字牌的盛行,桌球也相继停办。

三、清理整顿

游戏网吧业促进全区文化事业的发展,同时也对青少年儿童的健康造成一定的负面影响,为使游戏网吧业向健康方向发展,区文体局,从2010年开始每年对全区4个网吧进行定期和不定期检查,并对违规网吧进行处罚。同时,每年由文体局牵头配合公安、电视台开展两次“扫黄打非”活动,使黄、赌、毒无处藏身,文化市场得到净化,逐步形成健康发展、规范管理的局面。

第二节　群众文化

一、文化活动

(一)活动场所

金洞影剧院建于1962年,建地面积1800平方米,建筑面积1200平方米,1981年经过一场大火烧毁后重建。五十余年来,金洞影剧院为开展各类文化活动,丰富金洞林区文化生活做出了巨大贡献。此外,管理区投资5.24万元对原林场招待所食堂进行改建,成立职工俱乐部,外间改建成舞厅,添置了跑步机、乒乓球桌、健身器等设施,改建的工人俱乐部面积达200平方米。2003年,兴建老年人活动中心共200平方米,门球场一个,共投资15万元,为职工群众提供文娱、文化体育活动场所。

2008年开始各乡镇文化站和70个村农家书屋陆续建成投入使用，购买各类图书达2万余册。

（二）辅导活动

1980年后，金洞各乡镇文化站相继建立，并通过公开招考的形式配备了一批文化站辅导员，辅导农村文化活动。乡镇文化站为金洞林场的重要庆祝活动提供节目发挥了一定作用。1992～2005年，文化站建设与发展相对处于低潮时期。到2006年后，管理区的成立和区领导的高度重视，各乡镇文化站开始发展壮大。2009～2010年，全区建成石鼓源乡综合文化站和凤凰乡综合文化站，建设规模300平方米，投资24万元，文化站内设活动中心、阅览室、信息共享服务室、训练室、管理室等并配置文化设施，有电脑图书、摄影机和举行一般的文艺演出所需的乐器，实行免费开放。各乡镇都配备兼职文化管理员，为全区的文化辅导活动打下了一定的基础。

（三）文艺表演

改革开放以来，全区群众文艺表演非常活跃，特别是1984年以场带乡后，每逢重大节日和庆典期间，都举办不同形式的演出活动，还经常组织代表队参加县、市文艺会演或调演。

1.区内文艺演出

改革开放30多年间，规模较大的演出活动达60余场，演员达5000人次，观众达5万多人次，重要的演出活动有：建场50周年庆典，“金洞之歌”大型文艺演出。各乡镇、各机关团体、企事业单位、学校等都准备了节目，还请来了永州市潇湘艺术团演员和湖南科技大学的大学生表演了丰富多彩的文艺节目，场面相当热闹。国家林业部和省市有关领导观看了演出。还有2009年国庆60周年，2011年中国共产党建党90周年庆典，管理区举办了红歌会，大大地丰富了群众文化生活。

2.参加市、县级文艺会演

1959年10月1日，金洞区组织一个代表队在县城参加国庆10周年文艺会演。

1964年，金洞区代表队参加县农村俱乐部会演。

1969年，金洞区代表队参加祁阳县白水片农村文艺会演。

1970年，金洞区代表队参加祁阳县首届样榜戏文艺会演。

1972年，金洞区代表队参加祁阳县农村文艺会演。

1974年8月，金洞区代表队参加祁阳县举办农村业余文艺调演。

1975年，金洞代表队参加祁阳县农村文艺会演。

1976年4月，金洞中学代表队参加祁阳县中学生文艺会演。

1977年，金洞中学生代表队参加祁阳县中学生文艺会演（红军帽自编节目歌剧）获三等奖和优秀创作奖。

1989年，金洞代表队参加祁阳县庆祝国庆40周年文艺会演。

1997年，金洞中学参加永州市人大组织的文艺会演获中学生二等奖。

2000年，金洞中学参加祁阳第五届中小学艺术节获舞蹈比赛二等奖。

2011年8月，参加市纪委组织的红歌会大赛。

二、文艺创作

(一)诗词

1997年6月5日,浯溪诗社举行盛夏采风。伍锡学创作的《金洞即景二首》、邓荣贵创作的《金洞行》、欧阳友徽创作的《白果市舞厅》《白果市山泉》《小楼》三首均被入编《永州诗词》一书。

2003年7月,祁阳县志总编、浯溪诗社社长黄承先,县志副总编陈昌文等人到金洞采风,创作一批诗词。

伍锡学创作的《金洞河漂流三首》、陈昌文、黄承先创作的《金洞河漂流》、冯国喜创作的《漂金洞河》、陈朝晖创作的《漂流即景二首》和由文新民创作的《水调歌头 金洞河漂流》分别入编《永州诗词》一书。

陈元生创作的《春景》入编天籁之音第九届天籁杯中华诗词大赛优秀作品集获金奖;《七律·金洞赞》发表于浯溪诗词第八期《党旗颂》。

雷绪文创作的《赋金洞林区》(三首)、奉晶凤创作的《金洞赞》发表于祁阳县浯溪诗社主编的《中兴颂》一书。

2006年,李长文的诗歌散文集《财富宝典》由团结出版社出版发行1000余册。

(二)书法楹联绘画

1.书法

1996年10月,永州市农口系统老年人书画协会年会在金洞林场召开,以此为契机,金洞林场成立老年书画协会,确定工会主席兼任会长,有会员7人,2000年成为永州市老年书画协会团体单位。

为适应新时期文化生活的需要,2006年3月,撤销原金洞林场老年书画协会,重新成立了"金洞管理区书画诗联协会",在原来的基础上删去"老年"二字,增添了"诗联"二字。这样一来活动对象和范围扩大,活动内容增加。新成立的协会由党委书记、管委会主任兼任名誉会长,一名副区级领导任会长,一名副区级领导和一名退休有专长的老同志任副会长,全区各乡镇分场和机关各科局分会主席任理事,现有会员61人。

新成立的协会开展活动正常,除每两年举办一次全区性的赛事外,还积极参加国家级、省、市级举办的书画诗联征集活动。陈元生擅长楹联、诗词。先后获得"全国联坛百俊"荣誉称号,全国第九届《天籁杯》诗词大赛金奖以及多种优秀奖等。陈元生先后加入中国楹联学会、中华当代文学学会会员,先后被中华对联文化研究院、北京华夏诗联书画院聘为研究员,其作品入编《中国对联作品集》《当代艺术家诗词楹联作品精选集》《中国楹联年鉴》《中华名人格言录》《中国冠军嵌名联大全》《新时期中国共产党人优秀格言选集》等10余家国家级刊物。

1996年,祁阳县首届中小学生书法比赛,金洞镇中心小学学生郭兰琼获优秀奖,金洞学区获组织奖。这次中学组、小学组共评出获奖者47名,组织奖5名。

陈久如擅长行书,其作品入编《永州老年优秀书画作品集锦潇湘风采》。

2.楹联

陈元生从2002年起到2011年的十年间发表对联作品每年达10幅以上，如:“纷繁世事从容待，坎坷人生旷达行”获2002年“言我心志”全国大征联“联坛百俊”称号。“为人只有数万天，休分昼夜，当思世上存美誉；处事不知几多件，勿论公私，莫在人间留骂名。”发表在2008年《全国廉政楹联大赛作品选粹》。

陈元生《题金洞龙潜凼牌坊》入编《中国对联作品集》2012年卷一书。

3.绘画

王瑞莲擅长山水画、其作品《云瀑》。2011年入编《潇湘风采》一书，刘满保擅长花鸟画，其作品“凌霄花开”“三千年结实之桃”2011年入编《潇湘风采》一书。

(三)舞蹈

1.民间舞蹈

清末以来，每当新正，舞龙耍狮、遍布全区各地，配以锣鼓、唢呐、热闹非凡。旧时谚语有“灯节、灯节，老少欢悦，龙灯狮子舞个不歇”。充分渲染节日的欢乐气氛。

新中国成立后，春节玩灯又有一种杂技表演，叫踩高脚，表演者双足绑在五尺长的木腿上，或金鸡独立，或屈身探海，或前打飞脚或腰向后曲，或单腿跪地，或扫腿打提，或劈头大跳……妇女姑娘们还跳键子舞。

此外，金洞瑶族有一种长鼓舞，每当盘王节时，瑶胞们击拍打长鼓，吹起铜唢呐，敲响子锣，跳起长鼓舞。长鼓用桐子树做成，长约1米，两头大中间小，蒙以羊皮，拍打时发出“嘭、嘭”响声，表演时，一般由四对男女出场，也有一对、三对、五对的，但必须成双成对，各执一个长鼓，随着曲调、和着拍节，一面击鼓，一面欢快地跳跃，场面生动活泼，舞姿柔美轻快。

2.校园舞蹈

区教育战线每两年举办一届中小学生艺术节，各学校排练一批“歌伴舞”式的优秀节目，参加区、县、市级舞蹈比赛，并多次获奖。金洞林场中学有15%的学生来自瑶族同胞，1997年该校编排的《长鼓舞》，代表金洞林场参加永州市人大民族华侨外事委员会组织的文艺会演，获二等奖。2000年，《长鼓舞》经过舞蹈老师的加工改编，取名为《鼓颂》参加祁阳县第五届中小学艺术节获中学组二等奖。

3.群众舞蹈会演

管理区每年都要组织一到两次大型的文艺演出活动，其中舞蹈节目都是各乡镇(分场)学校，企事业单位自编自导自演的，每次活动都要评出优秀的舞蹈节目，并发给奖状奖金，促进舞蹈事业的发展。自2003年金洞漂流旅游项目兴起以来，管理区旅游局、漂流公司每年都要从外地请来少数民族舞蹈演员跳舞、唱歌表演文艺节目。

(四)歌谣谚语

1.歌谣

歌谣是千百年来林区人民在生产劳动和社会交往中为了表达自己的思想感情和愿望，往往通过歌谣的形式唱出来的口头文学。

放排人、放排人，风里雨里过一生；
河风刮起人易老，有钱难买少年人。

妹在河边洗手巾，眼泪汪汪水样情。
别人问我哭什么，丈夫年老我年轻。

找郎要找有情哥，不嫌家贫房屋破。
只要夫妻恩爱好，缺吃少穿心也乐。

叫声哥哥你放心，妹妹眼睛亮晶晶。
金银财宝都不要，只要情哥一颗心。

要恋要恋就要恋，要恋恋他六十年。
若是哪个先死了，奈何桥上等三年。

山歌精来山歌精，不唱山歌好伤心。
五月六月冒饭吃，唱起山歌打点心。

隔河望见妹穿针，好比隔河冒竹林；
河水相阻两边分，竹棍相连一条心。

雾露层层不见天，河水茫茫不见船；
好久没和妹玩耍，好久没和妹唱歌。

唱歌还要两个人，个人唱起不好听；
点灯还要双灯草，一根灯草光不明。

天上起云云追云，地上狮子追麒麟；
海里鳌鱼追白鹤，十八姑娘追年青。

高山大岭好瞟天，瞟到娘家出乌烟。
何得娘家来接我，冷水凉饭也清甜。
石头出来晒高楼，晒得情哥汗流流；
妹在家中烧宝箱，何得乌云掩白头。
这些歌谣，内容丰富，思想健康，感情真挚，语言质朴而形象。

2.民间谚语摘录

国正天心顺,官清民自安。

树长天高,叶落归根。

无钱话臭,有钱屁香。

人是一口气,火是一包烟。

爱叫的猫捉不到耗子,爱吹的人成不了正气。

不能正己,焉能禁人。

山高自有路,水深自有渡。

实话驳不倒,谎话怕追考。

亲身下河知深浅,亲口偿梨知酸甜。

有好大的脚,穿好大的鞋。

人好有人讲,路好有人行。

酒是人喝的,糟是猪吃的。

不怕暂时失利,就怕灰心丧气。

行得正,坐得正,和尚师公共得凳。

狗婆不翘尾巴,狗公不敢上背。

得罪一人容易,相好一人难得。

星多天空亮,人多智慧广。

交人要交心,浇树要浇根。

吃饭吃米,讲话讲理。

不怕事情难办,就怕懦夫懒汉。

三月四月不满塘,五月六月闹惶惶。

娘肚子里有十个崽,崽肚子里冇一个娘。

(五)小曲调、文学评论及其他

1.凤凰小曲调

中华人民共和国成立前,林区文化生活贫乏,高兴快乐、酒后茶余想吟唱几句都没有现成的音乐,只好胡编乱唱。曲调中掺杂着其他地方的音乐成分。开始吟唱时想到什么、看到什么就伊呀伊呀地乱哼,当上口了就常唱。你唱我学,不断修改,就形成了地方小曲调。

(1)《七月花》曲调平缓,简单易记,七十年前大都会吟唱。

5 6 5 3| 2·3 5 6| 5 3 2 | 5 3 2|5 3 2|1·2

正月 花儿 开呀正月 花儿 开,正 月 龙灯 要 起

二月 花儿 开呀 二月 花儿 开 二 月 蝴蝶 飞 过

三月 花儿 开呀 三月 花儿 开 三 月 姑娘 把 米

四月 花儿 开呀 四月 花儿 开 四 月 姑娘 打 骨

五月 花儿 开呀 五月 花儿 开 五 月 龙船 划 起

六月 花儿 开呀 六月 花儿 开 六 月 公公 担 水

七月 花儿 开呀 七月 花儿 开 七 月 姑娘 送 花
3 1 2|5 0|5 0|5 1 2 2| 2 1 6 5|3 2 1 2 3 2
来。 要 要 要起 来呀,我的 乖乖,小妹子乖乖
来。 飞 飞 飞来 了呀,我的 乖乖,小妹子乖乖
筛。 筛 筛 筛得 好呀,我的 乖乖,小妹子乖乖
牌。 碰 碰 碰起 来呀,我的 乖乖,小妹子乖乖
来。 划 划 划起 来呀,我的 乖乖,小妹子乖乖
来。 担 担 担来 了呀,我的 乖乖,小妹子乖乖
来。 送 送 送来 了呀,我的 乖乖,小妹子乖乖
|5 1 2 2|2 1 6 5 ‖
要起 来呀,我的 乖乖。
飞来 了呀,我的 乖乖。
筛得 好呀,我的 乖乖。
碰起 来呀,我的 乖乖。
划起 来呀,我的 乖乖。
担来 了呀,我的 乖乖。
送来 了呀,我的 乖乖。

(2)《九杯酒》是情妹劝情郎的小曲,表达女性对大男子主义时代的依恋、忠告和无奈。歌词浅显易懂,曲调平滑上口,便于吟唱和记忆。

1 1 1 2 1 2 3|5 6 5 3 2—|5 5 3 2 1 2
一杯子 酒 来想 情 人,忽听得才郎哥
二杯子 酒 来劝劝我情 人,在家好 又
三杯子 酒 来泪 满 腮,家中的 事
四杯子 酒 来劝劝我情 人,我和你 本
五杯子 酒 来泪 如 梭,好比牛郎 织
六杯子 酒 来劝劝 我情 人,双 脚 跪
七杯子 酒 来泪 汪 汪,鸦 片 莫
八杯子 酒 来劝劝我情 人,爹爹妈妈 逼
九杯子 酒 来泪 双 流,和别人露 水夫
3| 2 1 6 5 6—|6 5 6 1 2 1 2 3|2 1 6 5
哥 走进 绣房门,双 手 扯 郎 怀 中
好 何必 出远门,堂 前 双亲 多 自
情 早早 要安排,你 要 出 外 将 回
是 鸳鸯 夫 妻,那 年 那 月 我 相交
女 隔 天 河,牛 郎 织 女 也 相
拜 天 地 河,当 众 发 下 山盟海

吃酒　莫 尝,鸦 片 吃 了　精神大
我 把　客 留,不　留住 客 来　肉身难
妻 不　长 久,我　在　烟花楼中等　待
6—|6 2 1 6 2 16|2 1 61 5—‖
坐,连叫 得　几　声 心腹 上的 人。
奉,出门 的　苦　楚 令我 好伤心。
还,你　不　回　还 怎么 丢得 开。
你,哪　时　哪　刻 不在 妹心 里。
会,不　知　哪　点 得罪 我情 哥。
誓,你在 外　不讨 亲 我就 不嫁 人。
败,热　酒　伤　肺 冷酒 伤肝 肠。
受,竹片 子　哗　哗 纷纷 身上 抽。
你,等到 情郎 哥　哥 好　从 良。

(3)《十大劝》是刚解放前后青年参军入伍前的牵挂和嘱托,表达恋家、卫国的复杂的思想感情,评议朴实,曲谱简便。

5·653 2·3|56 53 2|2 2 3 531 ‖
一劝 我的 妈,听我 把话 拉,我 去　当兵
二劝 我的 爹,听我 把话 说,我 去　当兵
三劝 我的 哥,听我 把话 学,我 去　当兵
四劝 我的 嫂,听我 把话 表,我 去　当兵
五劝 我的 妹,听我 把话 回,我 去　当兵
六劝 我的 弟,听我 把话 题,我 去　当兵
七劝 我村 长,听我 把话 讲,我 去　当兵
八劝 我四 邻,听我 把话 云,我 去　当兵
九劝 民兵 队,勇敢 莫贪 睡,防 备　坏蛋
十劝 我自 己,心中 有主 意,参 加　革命
2 2 32 1|4—6|2 2 3 2 1
妈妈 您当 家。嗨 哟,当兵 为中 华。
在家 漠沾 心。嗨 哟,吵闹 不安 定。
在家 要合 作。嗨 哟,千万 别懒 惰。
在家 要和 好。嗨 哟,免得 生烦 恼。
伴同 嫂嫂 睡。嗨 哟,千万 莫伤 悲。
年少 莫淘 气。嗨 哟,读书 要专 心。
在家 多帮 忙。嗨 哟,有事 请原 谅。
你们 多费 心。嗨 哟,回来 再报 恩。
狗　土　匪。嗨 哟,免得 咱吃 亏。

千　到　底。嗨 哟,英雄 把名 题。

2.评论

唐升《一尊圣洁的女性雕像》获祁阳县(1979~1984)首届作品评论奖。

3.刊物发表

金洞中学《一片茶叶一片心》获1977年祁阳工农兵文艺创刊入编作品。

邓金鉴《小金洞东江村一年集资七万元建校》获祁阳县1992年"尊师重教活动年"有奖征文三等奖。

邓观生《金洞林海更葱茏》分别在《湖南林业》《潇湘通讯》等刊物发表,《神奇的金洞》在永州日报(2005年8月27日)发表。

奉晶凤《土坳村依托资源闯市场》在《湖南林业》1999年第一期发表。

唐昇的民间故事《半壶水的故事》在浯溪杂志1981年刊物发表。

4.凤凰、小金洞乡分别成立农民军鼓队 有成员50余人,为各类喜庆活动和商业广告宣传发挥了重要作用。

5.皮影队:20世纪50、60年代,石鼓源皮影队,有演员5人左右,他们用皮纸刻制在各种人物形象或各种动物,晚上通过光源将新制成的形象制成的人物或动物,边唱边表演,用京胡、二胡、唢呐以及打击乐器等伴奏,唱腔采用祁剧唱腔,70年代停办。

第三节　影视、广播

一、电影

(一)金洞林场电影队

1961年建立,电影队担负金洞林场各分场、工区、基层林业工作站的放映工作。1975年,建立电影院,购置5502型松花江座机。1993年5月,金洞林场与县电影公司签订《电影发行放映协议书》成立"金洞发行放映管理站",负责金洞林区乡镇、分场(工区)的影片发行与放映管理业务。1994年,管理站撤销。

(二)农村电影放映队

20世纪60年代中期,祁阳县第九放映队负责金洞区农村放映工作,队长汪根生。1965年下半年,湖南电影公司经理赵汉泉陪同珠江电影制片厂编剧江涛,导演刘仁涛到金洞,深入白果市、晒北滩等偏远少数民族地区体验生活,写出"放映员之歌"的电影剧本,1972年《战斗在瑶岭山寨的祁阳电影九队》通讯稿,在中央人民广播电台播出,产生了积极影响。

1971年秋,湖南省电影公司免费赠给全县第一台8.75毫米放映机给少数民族晒北滩公社,配有脚踏发电机一部。该机具有"体积小、重量轻、携带方便、成本低"的特点,在没有电的地方用脚踏机发电最适合山区放映。之后金洞、小金洞、上司源、石鼓源、凤凰、白果市等乡都配了8.75毫米放映机。1989年,8.75毫米放映机全部被更换16毫米放映机。1999年后，由于各种文化事业蓬勃发展，电影受电视、录像、音乐舞蹈、电脑等大文化市场的冲击，已丧失多年来在文化市场的优势，电影放映逐渐衰落，暂停放。

2011年，国家开始实施农村电影放映工程，金洞管理区成立了农村电影放映队2个，购买放映机2台。每年放映950场次，观众达20000人次。

电影纪录片《金洞林海更葱笼》，由潇湘电影制片厂于1978年4月拍摄，摄制组的全体同志先后到各个乡镇(分场)、(工区)，下营林队、森工点，护林站、深入崇山峻岭，偏远山寨，伐区现场，将林区干部、职工、林农大干社会主义热闹场面和精神风貌以及风土人情，秀美景色展现在镜头中，放映后深受林区广大干部群众的好评。

2001年12月，林场组织拍摄了反映林场改革发展取得显著成效和充分利用林区资源，发展林区经济的场情教育片《展翅翱翔的金洞林场》、播放后在林区干部群众中产生了极大的反响。

1975年春，衡阳地区教育局与祁阳县委宣传部县教育局以李水英的先进事迹为题材联合拍摄电影纪录片《山村瑶族女教师》。

二、电视

1975年，金洞出现第一台黑白电视。1974年元月，金洞林场大门口竖立50米的天线杆，信号仍然不好。

小功率电视差转台 1981年瞭望台差转台建立。并转播电视节目。

有线电视 1993年金洞有线台投资30万元，建成开播。2010年，金洞管理区和永州电视台合作，总投入90多万元，于9月开始进行有线电视数字改造，至2011年3月，数字电视改造完成，共有有线用户1200多户。

村村通工程 2010年开始实施村村通工程以来，金洞每年发放卫星接收机1000套，现已普及473个自然村，5652户，21995人。

各乡镇有线电视 小金洞、石鼓源、凤凰、白果市等乡机关驻地于20世纪90年代后期先后投资5~10万元建成有线电视差转台并转播节目。

《神奇美丽的金洞》电视纪录片 2004年6月由永州电视台拍摄将金洞秀美景观，风土人情进行了宣传推介。

三、广播

机构 1969年9月，祁阳县城至金洞建成一条52公里长广播专线，并成立金洞区广播站，工作人员2人，各乡1971年陆续成立广播站有广播人员7人。1973年，金洞林场建成广播站，由组宣部管理。2006年管理区成立后，成立广播电视局，有干部职工6人。

节目 主要是转播中央电台和湖南电台的节目。以新闻为主。同时电视台每天制作金洞管理区电视新闻播放各种影碟片电视剧。

第四节 新闻宣传

金洞管理区十分重视新闻宣传工作，党委宣传部牵头，各有关局、办、委和新闻工作者每年向《湖南日报》《永州日报》《祁阳报》以及《湖南经济报》《湖南林业》《永州新报》上稿达50余篇，宣传推介金洞改革发展成就、经济成果、人文景观和风土人情。

金洞2001～2011年宣传部门投稿情况

18-1-1 单位：篇

报刊名称 年份	湖南日报	永州日报	祁阳报	永州新报	湖南林业	其他刊物	备注
2001	1	17	43				
2002	1	21	46			1	
2003		20	39				
2004	3	25					
2005		22			1	1	
2006	4	50				1	
2007		39				24	
2008	2	29					
2009	1	37			1	1	
2010	1	50		23	1	2	
2011	1	53			1	2	

第五节 文 物

金洞管理区内文物主要有古建筑，名胜古迹，新民主主义革命时期文物等。2011年，全区有永州市文物保护单位1处，即“白果市红军就义处”“阳明山苏维埃政权旧址”。还有馆藏国家三级珍贵文物“红军灯”一件。

一、古建筑

（一）奉母黄太夫人节孝坊

位于石古源乡乐山村奉氏宗祠左侧乐山村老街口，建于1925年10月，为旌表大庸暑资兴等县司法长官、长沙地方检察官奉咽冰之母而立。

奉母黄太夫人宁远庠生奉公作舟之妻。贞静贤淑、仪表端庄、慷慨尚义，扶危济贫，曾支持丈夫创办义学会未果。丈夫临终时，黄老夫人年仅二十六岁，生有二子，长子奉咽冰当时只有五岁，次子奉瑞宾才三岁。

黄老夫人节哀忍沮，育子养亲、教子成名。捐田兴学，御匪治兵、洁身自重，终身鹄守，远近闻知，老幼钦仰，为赞颂老夫人的美德妇节，奉咽冰在职期间，呈请上级为母建立牌坊以表褒扬，牌坊落成之日湖南政务厅长兼代理省长冯天柱作赞词，并亲笔题词"奉母黄氏节孝坊"。湖南都督程潜题"冰清"。陆军总司令谭国凯题"玉洁"。湖南陆军第四师师长兼代省长唐生智、湖南都督兼省长赵恒惕等官员亲笔题词作序。

牌坊落成时黄老夫人年已 66 岁。"文化大革命"初期，牌坊被捣毁。

附：奉母黄太夫人节孝坊褒状

大总统黎元洪，内阁总理段琪瑞、内务总长汤化龙褒扬令：日案据湖南都督谭延闿呈称，宁远县奉母黄氏系邑庠生作舟之妻年 26 岁夫故守节，今六十年余矣，赋性柔嘉虔恭中馈，既承欢以馨馐。又勖学以鸣机，薄采藻芹，玉楼遽台，偎寒衾枕，璇闺长悲，奈稚子之呱啼，痛老亲之衰病，节哀忍涕，育子养親，兴义学而捐田，聿承夫志，办乡团，以御匪，保卫里闾，麟趾克家，妇兼师道，鸿哀施济仁及众人，信巾帼之须眉，作笄珈之圭臬，柏舟矢志，金石堪铭，宣阁长春褒扬，特赐，仰该都督迅令宁远县为该氏建立节孝牌坊，用示国家旌表，潜德之盛意。

此令，宁远知事萧雪涛监造

奉壁玺遵建

中华民国十五年丙寅孟冬月刊

（二）惜字塔

白果市大坝头惜字塔。始建于清乾隆年间，座落在大坝头老街出口百米处公路边。该塔古朴端庄，花岗石材料砌成，塔高 9 米，底层直径 2 米，主体为上中下三层，每层高 2.5 米。层与层之间，有凹边卷条石相隔，最上石是圆球形连着的中间下凹四角上翘的石料封顶。八角角垂直如线，石石平整如镜。塔内上层为满心，且用平板石铺成。中上层是空腹，中间一层可容二人并排而坐。中层南石居中与底层石板平行处开有一个小小的拱形门洞，门洞上方的横条石刻有"惜字塔"三字，正面一层有一幅对联，为"字灰堪眨白，炉火自纯青"，其字书写潇洒，苍劲有力。

建此塔是因为古人十分尊重孔夫子，要求任何有文字的书和纸都不乱扔，更不允许用脚踩踏，否则就是对孔夫子不敬。修塔后，凡废书或书写有文字的纸张都必须置于塔内焚毁，且派有专人定期清扫，至 2011 年，虽久经沧桑，仍完好如初，无任何破损的现象。

（三）古凉亭

古时，金洞境内古凉亭很多，境内官乡各道五里十里便有凉亭，有些凉亭还设有茶水桶，为方便行人小息解渴，有些凉亭门边刻有楹联。因年深日久，拆毁殆尽，至 2011 年仅存丫头岭古凉亭。小金洞凉亭是 20 世纪 30 年代修建，木质结构建筑面积 60 平方米，座落在小金洞村正河西岸，是旧时通往宁远县城的交通要塞，凉亭上方雕龙画凤，并在木梁上刻有雄狮一对。20 世纪 60 年代因山洪暴发，河水猛涨，亭子被冲毁，于 1965 年重建，20 世纪 80 年代又因大队建瓦厂被拆除。2012 年，奉继新捐资 3.5 万元再次精心设置，以园林式风格重建，面积 25 平方米。并题有楹联，上联是“继往开来筒车湾后浪推前浪”。下联是“承前启后小金洞新人赶旧人”。知子干过路亭，建于清光绪年间，毁于 1958 年。亭内置有关云长画像，亭子石柱上刻有三副对联，为关云长画像题联为：“时局本如棋，古往今来，休叹劳人草草；浮生真若梦，名成利就，竟为世界花花。”亭子中后两边的题联是：“暂息谈心，但看丹凤山头白云往返；偷闲少坐，且听乌龟石畔绿水潺湲。”“回头望故土，洞川绿绿；放眼看未来，世界花花。”

（四）寺观

金洞素有“三里一庵，五里一寺”的说法，据这次编志统计，金洞民国时期有寺庵 50 余所。新中国成立后迅速减少，文化大革命时几乎毁尽。2011 年仅存的 2 所，即金洞镇友胜村台盘观庵和油榨铺村的永镇庵。台盘观庵始建于清末，占地面积 3 亩，建筑面积 300 平方米，砖木结构，殿内有大小菩萨 13 尊相传有 1 魏姓小孩在此庵修道成仙，人们称之“奶己菩萨”，又名“仔仔和尚”。现供奉观音、罗汉等木雕塑像。住持杨端生，香火旺盛。永镇庵已损毁破旧，尚未修复，属于危房。

（五）祠堂庙宇

1.祠堂

昔日境内祠堂甚多，大多是氏族修建，祀奉祖先。新中国成立后，祠堂废弃，拆毁或改作他用，现仅存有凤凰乡长吉村邓氏宗祠。

长吉邓氏宗祠始建于清乾隆 32 年（1762 年），座南朝北，大门为凉亭式建筑，用青石方料构筑门框，两扇又宽又大又厚实的木板大门上用厚扁铁固定，两边建有木质结构小配房，东西两角分别栽了一棵针叶柏树。两边为厢房，亦用木质建成，窗户上雕花刻木，栩栩如生。正堂连连三间 150 平方米，两边各有两间耳房，靠正堂墙中是天池，总面积 1400 平方米，建筑面积 800 平方米，中间是用小砖铺成的操坪。整座祠堂用大青砖砌成，正堂屋脊中间安装圆瓷罐塔顶，下大上小再到尖，形如避雷针，两头和飞檐卷瓦叠加，弯曲翘起，檐口用封边琉璃彩瓦。外墙均为“风火墙”，上短下长，依次排列，墙头盖瓦，瓦下面粉白色带边，画有各种古式花边和图案。族中大小事务都在这里举行。堂内设有囚笼、铁铐、沉水杠篓刑具，专门对付族中不守妇道、不孝父母之子孙。长吉“邓氏宗祠”建成后一直开办蒙馆。民国 32 年办祁阳县太平乡长吉国民小学。1950 年，办祁阳县第三区花筵乡长吉初级小学。1967 年，凤凰公社农业中学在这里寄办，小学一直办至 2005 年。自 20 世纪 70 年代开始，祠堂内经多次改建装修，已难寻觅昔日踪迹。如今，大门两边建成了砖混结构的平房作教室。2001 年，长吉邓氏五修族谱，将祠堂作了简单改动，“邓氏宗祠”的红漆牌匾挂在正堂屋檐下。东西两角的 200 多年的古柏树无人照管，今枝凋叶颓，不显雄姿，现属危房。

2.武圣殿 又名武圣庙，建于清末民初，地址在花筵正中街西面，大源里小溪挨南墙流过，座西朝东，青砖木质瓦房，长 70 米，宽 15 米。青石方料砌大门框，厚实的木板大门两扇。进门是一个古式建筑的木质戏台，宽 7 米，深 5 米，台前为弧形，台顶用木板钉成弧形状。整个戏台的外观为凉亭式设计，叠瓦屋脊、斗拱角檐，屋檐四周盖琉璃花瓦，封檐板上画着飞禽走兽、花鸟虫鱼，美丽华贵，雄姿舒展，很是气派。台前是空旷的操坪，中间铺一条青石板路，直通正殿，其余用小砖有规则地铺成。正殿三大间，面积 180 平方米，正中恭敬地摆放着关夫子金塑神像，有周仓、关平小佛像伴随身前，还有庙王尊神、普庵祖师等菩萨。整个大殿庄严肃穆，青烟缭绕。房顶盖瓦如鱼鳞，边墙砌“风火墙”，上短下长三层，屋脊正中为葫芦宝塔，两边竖瓦堆迭。殿后两边是厢房、天池，对称设计。最后是一排连连四间的土木瓦房。大小议事、餐饮安歇都在这后院进行。保安团、自卫队交替在这时驻扎，红帮入红退红都在戏台上举行。邓茂蒲曾与王首道、雷晋乾、石义堂、张九术在这里秘密商议农民运动问题。自民国 25 年起，国立短训小学、国民小学、初级小学、耕读小学、大队小学在这里开办一直到 1970 年。1960 年 7 月，凤凰街特大火灾后，公社党政机关和农贸市场迁入这里办公营业。1968 年 6 月，月月塘水库堤坝决口冲掉了戏台、围墙和大殿、后院一部分，此后作了维修。2005 年，花筵佛教小组将武圣殿拆除重建，往昔的古建筑风貌荡然无存。现在，大门右边上书“武圣庙”三个金色大字，墙顶盖肝红琉璃瓦，围墙右壁上嵌了几块大石块，镌刻着捐资建庙等情况。正殿内金身塑像大小菩萨 12 尊，高大的关云长全身塑像居首。大红漆柱上挂着黑底金字楹联。祭祀器皿齐全。后院显得陈旧萧条，亟待修缮。

（六）古桥梁

20 世纪中叶前，桥梁遍布金洞江河溪间之上，以石梁平桥、石墩拱桥居多，次为石墩风雨桥、木质风雨桥。极少数桥上曾盖有桥亭，以利行人小息，解渴避风雨。这次修志统计，金洞有大小石桥、木桥、钢索桥 50 余座，到 2011 年昔时古桥大部分被现代钢筋混泥土桥所代替，也有一部分古桥被毁坏垮塌废弃。

（七）碑刻

金洞林场消灭荒山第一场碑刻：此碑高 3 米，宽 1.5 米，正面为隶书“湖南省零陵地区消灭荒山第一场”，背面为行书碑刻全文“金洞消灭荒山记”。其碑文如下：

金洞乃全国示范林场之一，林地近百万亩，盛产香杉，享誉大江南北。然往昔既有毁林开荒种粮之误，又有滥砍滥伐劣风盛行，致使部分山岭日秃，水土流失。鉴往察今，林场党政领导深知绿化祖国、优化环境，决非权宜之计，实属基本国策，林业不发展经济难振兴。于是，从 1984 年起与林业部联营，六年之内营造杉木速生丰产林 10 万亩。1989 年又决定，苦战两年，消灭荒山决策既定，行动随之。统筹规划，分步实施，层层立责任状，乡乡树样榜山。采育结合，封造并举，既义务植树，又承包造林。干群同心，经两年栉风沐雨，惨淡经营，宜林荒山全部绿化，获“零陵地区消灭荒山第一场”之殊荣。群众欢腾，展示有望，山山绿树迎风，岭岭浓荫覆地，生态平衡，物阜民康，事业垂千古，德泽润万世，功不可泯，立碑为记。

（八）龙潜凼牌楼

2008 年金洞管理区拨款 50 余万元，按园林风格设计建筑，该牌楼座落在金洞管理区北大门龙潜凼公路界址处，是一座典雅端装、古色古香的标志性建筑，楼高 12 米，幅宽 12 米，四座钢筋水泥墩柱坐落在公路两侧、墩柱直径达 1 米左右，墩柱上方大园木、厚板方斗榫镶嵌结构，上层木质结构部分彩绘雕龙画凤，山水祥云，水鸟翱翔，顶部盖琉璃瓦，两头弯曲翘起、斗拱角檐，牌楼正面上方书写楷书“金洞”二字，背面隶书“情留山水”、楹联，整座牌楼线条流畅柔和，色彩鲜明亮丽，气势恢宏。

凤凰毛栗山牌楼 2011年，陶家村的毛栗山在院子北面建了一座雄伟壮丽的大牌楼，高8.8米，宽6.8米，前面是用混凝土冻成的600平方米的池塘。此牌楼上层呈屋脊形，盖琉璃肝红波瓦，安装瓷制“双龙戏珠”。下层四周阔于上层，盖波瓦，中间白底金字，上书“毛栗山”三个金字。两层的四角安装瓷制飞檐，斗拱卷曲高翘，集古今建筑于一体。两个大墩柱贴着浅兰色瓷片。墩前摆放着一对精工细琢的石狮子，正面嵌着一副对联。整个牌楼高大亮丽，气势恢宏。

二、革命文物

(一)红六军团司令部驻扎处

1934年7月，中国工农红军第六军团在中央代表任弼时、军团长肖克、政委王震的带领下，退出湘赣根据地，作为红一方面军长征的先遣队，向湘南挺进。8月23日直抵零陵县湘江东岸，准备从蔡家铺至略江口一带强度湘江，挥师西进，由于江水陡涨，敌军阻拦，又改变原计划折转向东南方向的阳明山区前进。8月25日，从零陵庙门口出发，绕过新亭子，入阳明山。26日凌晨，继续东进，进入歇马庵，经过白果市乡的麂子胯，越过界碑石，绕道拐契塘背后，直驱黄珠田守防队哨所，跨进接龙桥，翻过马迹坳，早饭时到达白果市。在白果市就地休息到下午5时左右，又急转直下，经过大坝头，到新屋岗，穿罐子洞(长田方村)登大步岭，过海家凉亭，出野鸡尾，向南进入宁远县境，继续前进，在白果市时，军团司令部，政委王震驻扎在邓甲告家。

(二)红军烈士墓

1934年8月，中国工农红军一方面军先遣部队第六军团，突围西征，26日抵白果市，留下11名掉队红军伤员。部队撤离不久，在牛栏岭有10名红军战士被国民党兵丁抓住，其中9名红军战士被敌人用梭标杀害于晨光村磨把湾，次晨埋于磨把湾下滚凼里。另外，一名红军被枪杀在打园岭对门山上。还有一名红军战士张义保病倒在路上，被山民邓其月救护到家，挖药医治。8月29日，被国民党兵丁发现捉去，惨杀在桐梓皂。

此墓地为永州市文物保护单位，2009年，永州市特拨专款数十万元，白果市乡政府对红军烈士墓进行了整修，自那以后常年有人看护，每年清明节有人扫墓，该乡还经常组织青少年和中小学生前去瞻仰祭拜。

(三)红军灯

1985年文物普查时，在白果市乡发现此灯。灯身为方形六面体，上有一缕空五角星，顶部有三圆形钮，并系有铜链条，底板中部有一大圆孔，四面装明玻璃，器物完整，是红六军团长征时经过金洞的珍贵遗物。1993年10月18日，经省文物鉴定委员会专家高玉喜鉴定为三级珍贵文物，收藏于祁阳浯溪管理处。

(四)阳明山苏维埃政权旧址

1916年，祁阳白果市乡山青村人周文在阳明山举行起义，得到了周边各县农民群众的拥护和支持，队伍逐渐壮大。北伐战争时期，周文受共产党的影响，带领队伍参加打击土豪劣绅的斗争。随着李用之等共产党员和工农骨干分子的加入，1927 年，周文采纳共产党员的建议，改部队番号为“中国共产党湘南区永属农民自卫军”，周文任总司令，部队有 3000 余人，同时，成立“中国共产党阳明山执行委员会”。农军以阳明山为中心、四望山为犄角，建立阳明山地区苏维埃政府，周文为苏维埃政府主席。在中共阳明山执行委员会的配合下，周文农军与井冈山革命根据地遥相呼应，互相支持配合，震惊了湖南省军政当局，下令对周文农军进行多次“清剿”。1931 年 3 月，在国民党当局的残酷镇压下，阳明山革命根据地斗争归于失败。阳明山的革命斗争坚持长达 4 年之久，有力地支持和策应了井冈山红军反“围剿”斗争，对中国革命做出了重大贡献。2009 年，管理区出资在旧址基础上对阳明山苏维埃政权旧址进行了简单维修，现阳明山苏维埃政权旧址位于白果市乡团结街中心处的农商银行左侧。

第六节　档案、图书、史志

一、档案

（一）机构

金洞林场档案室建立于 1954 年，归属林场办公室管理。1984 年以前，金洞林场档案室与金洞区公所档案室并列存在，互相没有业务往来。实行“以场管乡、场乡联营”的管理体制后，两个档案室合并组成金洞林场综合档案室，归金洞林场党政办管理。1989 年，金洞林场综合档案室档案管理主要分成综合室、财务室、人事室 3 个部分，其他种类专业档案归属于各主管单位或业务单位自主管理。2007 年，金洞管理区组建后，在金洞管理区党政办下加挂金洞管理区档案局牌子。

（二）馆藏

1954 ~ 1984 年，金洞林场综合室保管各种门类载体档案 3597 卷（册）。1984 年场乡合一，接收祁阳县金洞区公所移交文书档案 469 卷（册）。截至 2010 年，综合室库藏档案 11895 卷（件），其中文书档案 2843 卷（件），会计档案 6983 卷，科技档案 175 卷，专业档案 994 卷，实物档案 900 卷。各乡镇档案室管理工作，由管理区档案局统一管理，各类档案存放在 8 个乡镇档案室，档案员一般由秘书兼任，既负责统一保管管理区、乡镇党委、政府的全部档案，又负责指导乡镇范围内的档案工作。

各部门的专业档案业务性强，数量大，基本上保存在各机关档案室。如地籍档案在国土资源局，预审档案在公安分局，干部档案在区组织部，工人档案在人事局。国家工作人员去世若干年后，其档案移交到综合档案室。

（三）保管

档案存放 20 世纪 50 年代，装订档案的卷皮采用单面白板纸和 120 克牛皮纸制作，案卷平放。80 年代开始改用白板纸作底，牛皮纸裱制而成的立式档案盒,90 年代的档案全部更换上新规格的档案盒。

保护设施 林场综合室从 90 年代初添置现代管理设备。至 2010 年，共添置 1 台去湿机,2 台电脑,4 台空调,1 台声像档案柜。

管理制度 综合档案室从 80 年代开始，陆续建立健全各项规章制度。档案室有档案库房管理、档案资料管理、档案资料查阅与利用、档案开放、保密等制度。建有档案人员岗位责任制、文书档案归档、会计档案管理等制度。

(四)利用

检索工具 综合室编制各种简便适用的检索工具,包括案卷目录、人名索引。

社会服务 1983 年前,林场档案室资料只为机关内部查阅利用。1984 年,建立金洞林场综合档案室后,部分档案资料开始开放查阅。截至 2010 年 12 月 31 日,到档案室查阅利用资料的人数达到 6000 人次,主要查阅林业方面的专业档案、知青管理、土地权属等方面的档案资料。

二、图书收藏与借阅

(一)林场工会图书与借阅

金洞林场工会于 1976 年建立了职工图书室,当时有图书 5000 余册,确定由申国珍专门负责图书借阅工作。发展到现在,职工图书室一共收藏各类图书 20000 余册。多年来林场工会以林场职工图书室为平台,除了开展图书阅览活动外,还围绕两个文明建设以开展“五讲四美”为主要内容举办讲座,开辟宣传橱窗,组织图书评估,引导广大职工学习科学文化知识,培养高尚的道德情操,极大丰富了广大干部群众的业余生活。

(二)各类图书室

随着社会的进步,经济的繁荣,区内各类型的图书室不断建立起来,学校、公司、厂矿、农村村居委会都有图书室和农家书屋。为各级各类人员提供各类书本读物和精神食粮。

1997～1998 年金洞区学校图书室统计

18–1–2　　单位:册

学校名称	建立时间	收藏图书(册)	开放时间
金洞中学	1997 年	23600	正常开放
小金洞中学	1998 年	7365	正常开放
金洞镇中心小学	1999 年	8197	正常开放
小金洞乡	1999 年	5200	正常开放
晒北滩瑶族乡	1999 年	5000	正常开放
上司源乡	1999 年	3548	正常开放
白果市乡	1998 年	2193	正常开放
凤凰乡	1999 年	5046	正常开放
石鼓源乡	1998 年	8954	正常开放

各学校在建立图书室以后，还每年购买增添图书读物，至2011年金洞中学及各类中心校图书藏书分别达10000~30000册。

（三）农家书屋和私人藏书

2008～2012年，成立农家书屋70个，少则有图书1000册，多则达到10000册。私人藏书也逐渐增多，区域一些"书香之家"藏书达1000~3000册。

各乡镇分场（工区）、厂矿、公司都分别建有机关阅览室，有藏书达10000余册。

三、史志

（一）《金洞林场场史》

1986年，在林场党委的重视和直接领导下，编写《金洞林场场史》，成立场史办公室，抽调一定力量，历时2年，在地县史志办的具体指导下，通过调查访问、查阅档案、召开座谈会，广泛收集资料，编写出一部20章、63节、10万余字的林场场史，并于1988年印刷成书。

（二）《金洞管理区志》

为全面、系统、客观反映金洞林区的发展变迁，填补金洞史志上的志书空白，2012年金洞管理区成立《金洞管理区志》编纂委员会，由管理区党委书记与管委会主任担任名誉主任，管理区党委副书记担任主任，管委会副主任及副处以上干部为编委会委员。同时，还成立《金洞管理区志》总编室，区副调研员邓观生任总编，奉付成、周中心、陈元生为副总编，奉晶凤、奉明端、段国和、雷绪文、李露青、周致等人为编辑。编委会下设办公室，陈元生同志兼任办公室主任，张金萍、罗中伟为成员，办公地点设工会办公楼二楼。通过两年来的工作，共征集资料1000多万字，刷卡100余张，修改达10余次，基层和区志办总编室完成资料汇编和志稿共500余万字。

（三）关于党史、文史资料

1954~2006年金洞管理区成立之前，林场属事业单位企业管理并代管祁阳县六乡一镇的特殊管理体制，文史工作是个薄弱环节，既没有安排专人，又未成立机构，有关业务由林场办公室代管代抓。随着管理区的成立和《金洞管理区志》编纂办公室的正常开展工作，金洞史志工作迈上新的台阶，取得较好的成绩。

（四）谱牒

谱牒始于周朝，历代不衰。这种记载一姓世系和重要人物等的谱籍，古代提倡30年一修。改革开放后，随着环境的宽松，20世纪90年代初，金洞开始有人修谱。2000年，中央领导对族谱文化做出肯定后，民间编修家谱形成高潮。

金洞的族谱大多于清初进行初修，各族族谱记述的始祖年代不一，相当一部分以明初从江西迁来定居的男丁为始迁祖，上溯到三代。为修族谱，每族首先由几十名热心人组成的理事会并成立编纂委员会，推选1～2名有学向有威望的人为主修，经费来源是按人谱红丁集资。各族自定标准，每人8～10元不等，或是向族中富裕户，有职务有职称的人募捐，多者超过10000元，谱书大都印得精致豪华。修纂成功后，还举行族谱庆典活动。

2011年统计金洞有姓氏220个，人数多的姓氏大多修了谱，达50余部，各部册数不等，有的一册，有的几十册。首卷一般有理事人员、编纂人员、贤达人士照片；公祠照片，始祖画像；序言、氏族源流考，氏族分布图；历代名贤传，现代英才志，荣人录；历代文史资料，古今散文、诗词、对联；班规、族规、民约、家训家诫等。其他各卷按辈排到族人的生日期，葬处及婚礼，子嗣简况。各谱收录人数不等，少的上千人，多的上万人。有的谱牒只收录区域内族人，有的谱牒收录外县外省的族人，《邓氏新修族谱》《陈氏七修族谱》《刘氏八修族谱》《奉氏新修族谱》等谱牒还在祁阳、宁远县内收藏机构收藏。

第二章 体 育

改革开放后，金洞体育事业蓬勃发展，体育设施不断增多，群众体育活动全面展开，人民身体素质日益增强。

第一节 体育设施

2006 年，管理区投资 10 万余元改造原林场招待所食堂，面积 400 平方米，成立了职工俱乐部，装饰了舞厅，添置了跑步机、乒乓球桌、健力器等设施。同年 8 月在老年活动中心旁边建成了一个标准化的门球场。2010 年，建成两个职工室外健身场。2011 年管理区投资 20 余万元，对林场机关原篮球场全面改建装饰，建成一个高标准的灯光球场。

学校体育设施场地也逐年增多，全区中学、乡镇中心小学都设有操场，有篮球场 8 个，排球场 2 个，金洞中学还建有标准化田径场。

乡、镇、机关、场站也大都建有篮球场，共有篮球场 19 个。

上司源乡鸭婆凼村东冲村民小组奉起星三兄弟投资 15 万元。在本村民小组建成了一个较标准化灯光篮球场，成为金洞村民小组建有篮球场的典范。

第二节 群众体育

金洞管理区群众体育活动历年由场行政领导，群众自发组织，工会、文体局牵头每年都举办几次大型的群众体育活动。“三八”“五一”“国庆”“元旦”期间举办职工拔河、中老年扑克、羽毛球、乒乓球、男子篮球等体育活动赛事。教育部门经常组织中小学生开展体育竞赛活动，改革开放以来，随着人们生活水平的提高，参加锻炼的人员越来越多。到2011年，区内有健身网点15个，参加体育锻炼的人员达总人口的1/3。

一、职工体育

20世纪80～90年代，职工体育普及面扩大，活动开展活跃。80年代除推行第六套广播体操外，还在职工中有组织地开展"三操（健美操、体操、眼保健操）一跑步"活动，职工自由选择的锻炼活动有球类、田径、体操、武术、气功、健美操和棋牌类等体育项目，1984年以场带乡后，各乡镇分场（工区），机关、厂矿、学校大都组建了篮球队，每年"十一"都举办全场职工篮球赛，小金洞队，晒北滩队，公安分局队，场部机关队，林场中学队、凤凰队都取得较好的名次。20世纪90年代，林场职工男子篮球代表队还多次参加永州市和市农委举行市职工运动会，并取得了较好成绩。

2011年国庆职工篮球赛有8支队伍参加。平时，一些机关团体，经常开展小型的篮球、排球、乒乓球、象棋、扑克等项目的体育运动。1993年端午节金洞镇还组织了第一届"龙舟赛"，参赛单位有金洞林场机关队、金洞镇有关代表队，大大地活跃了农村的体育生活。

二、学校体育

学校体育的重点是"两课"（体育课、课外体育运动）、"三操"（早操、课间操、眼保健操）和全民体育健身活动。体育教学一直列入课时计划，每周都上2节体育课。对学生有考试，对老师有考核。各中学设有专职体育教师。1975年国家体委新颁《青少年体育锻炼标准》不能达标的学生不能升学。通过锻炼，全区学生体育达标率逐年提高，青少年的身体素质逐年好转。为提高中、小学生的体育技能，中学每年还举办球类、田径运动会。小学也开展各类体育游戏和田径比赛，金洞中学曾多次在祁阳县教育战线举办的体育赛事中取得了较好的成绩。

1998年，金洞组织的中学生运动竞赛在祁阳县第五届初级中学生运动会上首次进入前8名，取得团体名次。2004年金洞在祁阳县第四届中学生篮球运动会上获得男子组第一名。2010年在祁阳第七届中学生篮球运动会上获得女子组第一名。2012年，在祁阳县第19届中学生体育运动会上，区中学代表队分别获得男子田径、乒乓球、跳绳团体总分第一名，女团第二名；男篮、女篮双双夺得全县第一名。

三、老年人体育

老年人体育活动活跃，以门球为主，还有乒乓球、象棋、桥牌等项活动。自1985年至1994年底，凡是全国、省、市、县组织的有关老年人赛事活动，区老年体协都会组队参赛。10年间，参加各级组织的赛事共61次，其中取得名次的有55次，有32次获得第一名。1995～2011年间，参加省、市组织的门球、桥牌比赛达20次，也相继取得了较好的成绩。如1999年林场工会和老龄办组织的老年人门球队代表永州市代表队参加全国林业系统在沈阳市举办的老年人门球赛，并获得第五名。

四、专项体育

舞龙耍狮 新中国成立后，舞龙耍狮被当作体育活动得到继承和发展。每年正月初一到十五日期间，都有农民自发在当地或进城舞龙耍狮。旧时谚语有“灯节、灯节，老少欢悦，龙灯狮子舞个不歇”。

全民健身 1997 年推行《全民健身计划纲要》，金洞管理区机关建立 4 个健身网点，推广健身项目有广播体操、秧歌、健身操、扇子舞参加者达 500 余人次。近些年来，城乡街道，院落广泛兴起街舞和广场舞。中老年人晚饭后，架起音响，挥动扇子，跟着音乐节拍，跳起街舞和广场舞。既活跃文化生活，又增强身体素质。

第十九篇　卫　生

第一章　爱国卫生

金洞管理区成立以前，爱国卫生（以下简称爱卫）工作属祁阳县管理，在祁阳县爱卫会的领导下开展各项爱国卫生活动。1984 年实行以场带乡、场乡联营管理体制以后，1986年初，林场设置“卫生计划生育办公室”。根据祁阳爱卫会的安排部署，林场卫计办对林区的爱卫工作开展创建活动。

对场部机关所在地金洞镇要求每半年组织相关部门对街道、居住户进行卫生大检查，按“清洁、较清洁和不清洁”评定等级，将检查结果张贴到门上。同时，还对沿河居住户的厕所进行规范，要求净化，作无害化处理，每年还组织各乡镇开展春秋两季灭鼠除害工作。

金洞管理区机关的卫生、绿化工作常抓不懈，在机关内划定责任区，实行“三包”，即包卫生、绿化、保护。规定每年传统节日或重大活动时，开展卫生突击活动；平时坚持每天一小扫，每周一大扫，每月一次检查，半年和年终大检查，进行总结评比。

2007 年管理区成立后，把环境卫生整治工作列入重要的议事日程，在卫生局内成立爱卫办，明确专人负责。管理区成立环卫所，安排清洁工 7 人专门从事清扫工作，购置垃圾车 6 台，洒水车 1 台。2009 年，为整治金洞镇街道脏、乱、差，金洞管理区卫生局会同金洞镇、公安分局、农村工作局、工商所、环卫所等部门，开展三次大的整治活动，取缔各类违章摊点搭棚 40 余处，拆除擅自悬挂横幅、条幅 50 多条（幅），查处和纠正违章乱停乱摆车辆 80 余起，并划定车辆停放站点。通过整治，城区各街道变得宽敞、整洁、卫生，居民的文明卫生意识大大增强。

2011 年 4 月，自参加株洲全省城乡环境卫生整洁行动现场会以后，召开环境卫生整治动员大会，安排专项经费，制定全区环境卫生整治活动方案和考核细则，层层签订责任状，全区爱国卫生工作向着规范有序的方向发展。各乡镇都建立垃圾处理站，购置垃圾装运车，安排专人负责环境卫生整治工作，农村环境卫生大大改观。

2014 年是金洞林场建场 60 周年庆典，管理区党委、管委会以 60 周年大庆为契机，大力开展“创建文明卫生城区活动”。全区成立以管理区主要领导为组长的“创卫”领导小组，先后召开“创卫”动员大会和工作进度分析会议，安排专项经费，购置路面清洗车、垃圾车，出动宣传车，调派铲车挖机清理金晒河道，确定周一下午为卫生清扫日，通过“创卫”活动，城区基础设施得到加强，面貌焕然一新，实现了河水清、街面净、环境靓、场地绿的目标。

第一节　卫生创建

金洞镇小城镇建设，随着街道形成，居民增多，城区内的垃圾日渐增多，垃圾等污物的处理被列入议事日程。1998 年 9 月，金洞环卫所应运而生，当时人员编制 5 人，日清理垃圾 5 吨，保洁面积 15000 平方米。

2007 年，金洞镇环卫所划归管理区管理，升格为副科单位，职工由原先的 5 人增加到 7 人，日清理垃圾达 10 吨之多。2010 年管理区投资 5368 万元，建造一个面积达 75 亩无害化垃圾处理场。2011 年，环卫所职工增加到 16 人，管理区又投入大量资金购置环卫车辆。至此，环卫所有车辆 6 台，增设果皮垃圾箱 30 个、环卫专用垃圾箱 26 个；保洁街道增加到 9 条，保洁面积约 10 万平方米，日清垃圾达 20 吨。

2010 年 10 月，管理区出台《金洞管理区城乡环境卫生整洁行动考核评估方案》。方案提出具体目标、任务、要求和考评办法。为把这项工作落到实处，管理区成立城乡环境卫生整洁行动领导小组，下设办公室，办公地点在卫生局。各乡（镇）村组认真组织，干部带队，全民参与，经过一年的努力，全区环境卫生整洁行动取得可喜的成效。2011 年 8 月中旬，区考评领导小组对乡镇、村组及各部门环卫区的整洁进行全面考核。考评结果：金洞镇、石鼓源乡被评为管理区卫生文明单位。通过这一行动，全区共建中小型垃圾池 471 座，大型垃圾场 4 个。这些场所的建立，极大地改善金洞城乡环境卫生。

第二节　农村改水与改厕

一、农村改水

林区群众饮水大部分是用山溪水和井水，这些水都没有经过净化处理。20 世纪 90 年代初，场改水办从楠冲源、双河两个村开始进行试点示范。由于试点示范效果好，具备条件的乡村都要求改建简易自来水。从 1992 年起，场卫计办先后对上司源乡的上司源、鸭婆凼、蒋家冲、农胜、高枧村；小金洞乡的白沙源、江口、大竹源村；金洞镇的一居委会、枣树坪、白泡廻、马蹄口村；石鼓源乡的借古岭、东田、五房、源头村；凤凰乡的秧田村；白果市乡的团结、波罗源村，以及万宝山工区的柏家岭组、同心组等，都先后改建简易自来水。有的改水工程大到以村为单位集中供水，小的工程以一家一户供水。

除了改建简易自来水，各乡（镇）村组把打井取水也作为一项安全饮用水工程来抓。从 20

世纪 80 年代中后期到 2011 年年底，全区农村共打地下水取水井 1355 眼，年取水量 95 万立方米，其中：规模以上机电井 1 眼，年取水量 21 万立方米；规模以下机电井 476 眼，年取水量 66 万立方米；人力井 878 眼，年取水量 8 万立方米。

2011 年金洞管理区地下水取水井主要指标汇总

19–1–1　　单位：眼、万立方米

行政区划	地下水取水井		规模以上机电井		规模以下机电井		人力井	
	井数	2011 年取水量	井数	2011 年取水量	井数	2011 年取水量	井数	2011 年取水量
	眼	万立方米	眼	万立方米	眼	万立方米	眼	万立方米
金洞镇	371	33.1	20.5	10.6	1.96	1	187	183
小金洞乡	92	2.70	–	2.1	0.59	–	12	80
晒北滩瑶族乡	42	0.30	–	–	0.30	–	–	42
凤凰乡	229	18.78	–	17.8	0.98	–	79	150
白果市乡	60	2.99	–	2.7	0.28	–	16	44
石鼓源乡	466	31.59	–	28.8	2.79	–	161	305
上司源乡	95	5.04	–	4.38	0.66	–	21	74
合计	1355	95.00	21	66	8.00	1	476	878

二、农村改厕

2009 年，全区争取中央财政补助农村改厕（三格无害化卫生厕所）200 座，每座厕所中央财政补助 400 元，管理区财政补贴 100 元。开始，群众并不愿接受农村改厕这项工作，工作难度较大，区爱卫办采取办点示范把这 200 座改厕指标安排在石鼓源乡三满房村，事后通过宣传，现场观摩（示范户三格式无害化卫生厕所），群众受到启发，逐步接受了这一新事物。经过 4 个多月改建，首批 200 座改厕于同年 9 月底全部完工。

2010 年上半年，全区争取到 800 座改厕指标，区爱卫办把这批指标分配在凤凰乡长吉、陶家和江洲 3 个村。下半年，又把争取到 2000 座指标分配在小金洞乡的小金洞、大竹源、江口、白沙函、欧菜河村；金洞镇的楠木坳、马蹄口、农户、白泡迴村；白果市乡的波罗源村等 3 乡 10 个村。

2011 年，争取改厕 3000 座指标，（注：每座厕所中央财政补助由原 400 元提高到 500 元），区爱卫办把这批指标安排在石鼓源乡的石鼓源、西岭坳 、借古岭、五房村；白果市乡的团结、大坝头村；万宝山乡的下司口、油榨铺村；凤凰乡的隐塘、花筵、秧田村；上司源乡的上司源、蒋家冲村；金洞镇的枣树坪、马蹄源村等 6 乡 15 个村。

3 年来，全区共争取到中央财政补助农村三格式无害化厕所 6000 座，落实到 7 个乡镇的 29 个村。2011 年，全区农村拥有卫生所厕 1.1 余万户，卫生厕所普及率 65%。

第二章 疾病防治

第一节 疫情报告与处理

1958年4月,金洞林场建立医务室。1960年4月,林场医务室改为“金洞林场职工医院”。医院的建立,不仅要为职工提供优质的医疗服务,满足职工的医疗需求,还要承担国家规定的传染病报告义务。医院在医疗中发现相关传染病,应在规定的时间内,向所在地政府卫生防疫部门报告。金洞林场职工医院从建院以来,承担这方面的义务。

1984年6月以前,金洞区农村地区的医疗单位在医疗中发现传染病,则直接向县卫生防疫站报告。

1984年7月,“以场带乡,场乡联营”以后,场、区医疗机构合并,建立“金洞林区人民医院”,并代管7个乡镇卫生院。这些医疗机构在医疗中发现传染病则按规定向县卫生防疫部门报告。

2003年3月,按照卫生部的要求,实行网上报告疫情。祁阳县卫生防疫站从3月开始执行卫生部这一规定。各镇(场)防保站(包括金洞林场)从2006年1月开始执行。从此,疫情能及时直接报至卫生部和国家疾病防治控制中心。

2008年4月,为规范疫情报告和管理,金洞管理区疾控中心和各乡镇防疫专干参加祁阳卫生局举办的业务培训班学习。金洞管理区各乡镇每月对本辖区疫情进行网络直报,并接受祁阳县疾病防治控制中心督查和审核。

一、金洞区域内大的疫情

1983年秋,凤凰乡中学、隐塘、花筵两个村钩体病流行,发病61例,死亡3例。

1985年春,上司源乡双河、楠冲源两村流脑流行,发病23例,死亡1例。

1988年夏,晒北滩瑶族乡小茗洞村1组甲型肝炎流行,发病17例。

1993年夏,石鼓源乡大岭下村,伤寒食物型暴发流行,发病37例,死亡1例。

1995年,万宝山工区,发现1例输入性霍乱,疫情得到及时控制,防止了二代病例发生。

2002年,凤凰乡发生1例输入性霍乱,疫情得到及时控制,未出现二代病例。

2003年春,全国部分地区传染性非典型肺炎(以下简称非典)流行。该病由SARS病毒所致,以发热为首发症状,来势凶猛,传染性强,病死率高为特点的呼吸系统疾病。根据党中央、国务院指示精神及上级的安排部署,4月25日,金洞林场成立“非典”预防与控制工作领导小组,层层制定防控“非典”工作方案,建立专业防控、交通防控、群防群控、医疗救治等4

大防控体系。场、乡两级及各部门共召开“非典”防控会议达180余场(次),发放资料6106份,张贴标语189条,悬挂永久性横幅27条,出动车辆27台次。全场设置“非典”防治服务检查站5个,抽调工作人员83人,累计监测、登记、消毒入境的外地车辆956台,以及从广东等地返乡人员2394人,就地留观1140人,隔离留观18人,排查可疑病人3人,基本上做到无一人漏登,无一人漏查。林场为场乡医疗机构紧急添置防“非典”救治设备29台(件)以及药物、防护衣服等,价值60余万元。实现林场提出的“三不二无”,即:不传入、不扩散、不死亡和无二代病例、无死亡病例的目标。在抗击“非典”工作中,全场有13个单位,42人先后受到省、市、县的表彰。

2008年10月29日,金洞中学发现2例疑是麻疹病人,接到预警后,祁阳县疾控中心立即通知金洞卫生局疾控中心派员核实,并于10月30日派出计划免疫专业人员赴林场中学进行流行病学调查和采样,截至11月8日上午11时,共采样疑是麻疹样本25例,检验结果13例为阳性。这次突发公共卫生事件,引起有关部门和管理区领导的高度重视,针对流行因素采取了一系列综合预防措施,有效地控制了疫情扩散蔓延。

2008年,全区发生2例手足口病

2009年,全区发生2例手足口病。

2010年,共报告手足口病18例。

2011年4月至11月,全区共报告手足口病37例,波及到7个乡镇,其中:金洞镇9例,小金洞乡1例,晒北滩乡8例,上司源乡9例,石鼓源乡5例,凤凰乡4例,白果市乡1例。病情多发生在3~9岁的儿童。金洞管理区根据疫情,立即启动《突发公共卫生事件处理预案》,采取有效措施,到6月下旬,疫情得到有效控制,境内没有爆发流行和死亡病例。

二、疫情处理

主要从传染源、传播途经、易感人群3个环节入手进行处理。一是控制传染源。对传染病人进行隔离治疗。二是切断传播途径。针对不同类型的传染病采取不同的方法。三是保护易感人群。流感、流脑流行时,要求群众用盐水漱口,吃生萝卜,生大蒜,用金银花、大青叶、管仲煎水服;可在车站、码头、影剧院设立消毒站,对过往人群用药物喷喉滴鼻;同时对某些传染病采取应急接种和预防服药措施。

第二节　接种免疫

1973年,祁阳县卫生防疫站首次在金洞区各乡镇接种钩端螺旋体病疫苗8200人份,开创金洞预防接种史上的先例。

1987年,祁阳被纳入湖南省第三条冷链建设装备县,金洞林场各乡镇的计划免疫受县计免中心的指导和管理。县财政拨款6万元进行冷链装备(金洞林场防保站及7个乡镇卫生院的冷链设备在装备之列)。同年11月20日,县计划免疫中心首次成功开展计划免疫冷链运转,境内靠利用自然条件开展突击预防接种的历史结束。

1993年12月5~6日至1994年1月5~6日,按照国务院规定,在全区首次开展“消灭脊髓灰质强化免疫日”活动。林场成立消灭脊髓灰质强化免疫指挥部,分管卫生的副场长任指挥长,层层召开会议,要求宣传、新闻媒体大力开展宣传,林场卫计办全面出动,乡村干部和乡镇卫生院的医务人员齐上阵,对0~47月龄儿童进行了脊髓灰质糖丸强化免疫。

1996年1月27日,湖南计划免疫第三个85%达标考核组对祁阳进行现场考核,金洞林区各乡镇以乡为单位第三个85%的各项指标达标验收搭上了这趟合格的班车。

2000年10月,开展甲肝疫苗接种保险服务。

2003年,根据省卫生厅文件精神,将乙肝疫苗纳入基础免疫范畴。

2007年,始种精制乙型脑膜炎疫苗,流脑A+C疫苗。

2009年8月11日,金洞管理区办公室下发《关于切实加强甲型H1N1流感防控工作的紧急通知》。11月,管理区疾控中心将上级第一批分发的甲型H1N1疫苗,对公安司法干警、交通、电网人员、一线医务人员、公共管理人员进行接种,接种960人;第二批又对第一批应接种而没有接种的人员进行接种,接种800人份;第三批对管理区所有教师及学校工友、金洞林场中学毕业班学生、金洞镇中心小学学生、小金洞中学全校学生进行了接种。三批次共接种4360人份。

2009年9月,对全区中小学生开展季节性流感疫苗接种,接种4215人,接种率93%。

2009年11月至2010年5月,全区开展乙肝查漏补种的工作。区疾控中心和各乡镇卫生院接种门诊,按照0、1、6、免疫程序,对4565人进行了接种,接种率达98.8%。接种率达到省、市要求。

2010年,全区对8月龄至4周岁的儿童进行麻疹强化免疫,应种儿童2992名,实种2767名,接种率达97.98%,高出上级下达的指标2.98点。

2010年,区疾控中心开展“4·25”计划免疫宣传周活动,在金洞宾馆门口设立3个咨询点,受咨询群众达500余人,每晚在区电视台进行专题讲座,出动宣传车在全区巡回宣传,印发宣传资料10000份,悬挂宣传横幅20条。5月15~21日,区疾控中心派员到各乡镇卫生院指导儿童预防接种信息管理系统的安装和相关资料的录入,为年内开通该项目做好准备。5月,市卫生局在全市开展一类疫苗接种率抽查,其中全区卡介苗、糖丸、百白破、麻疹、乙肝、流脑、乙脑疫苗基础免疫接种率分别达到99.42%、99.89%、98.99%、98.54%、99.81%、69.32%、51.46%;加强免疫(卡介苗除外)分别为97.91%、97.27%、95.81%、92.97%、82.75%、50.87%。

2010年12月5~6日至2011年1月5~6日为脊灰强化免疫日,区内防保人员为全区2007年1月1日后出生的儿童补服糖丸2580人。达到省、市的要求。

2011年,对全区所有8个月至6岁的儿童均免费进行行麻疹查漏补种,本次麻疹疫苗强化免疫应种儿童876名,实种850名,接种率97.98%,比上级下达的指标高2.98%。

同年,根据市疾控中心的要求,为了预防流脑和伤寒流行,管理区疾控中心联合祁阳县疾控中心,在全区进行两种二类疫苗接种:纯ACYW流脑疫苗,接种数为2623人;伤寒疫苗接种人数 3775 人，接种率均超过了 50%，对全区流脑、伤寒病筑起一道保护屏障。

第三节　传染病防治

一、急性病

病毒性肝炎（简称肝炎） 1958 年，境内开始报告肝炎疫情，因当时对肝炎病的血清学析测尚未开展，主要是根据临床诊断来报告疫情。

1976 年，金洞报告肝炎 36 例。1988 年夏，晒北滩瑶族乡小茗洞村 1 组甲肝流行。报告 17 例。

伤寒和副伤寒 是境内一种古老传染疾病。疫情分布全区各地，其中：凤凰、石鼓源乡尤为突出。

脊髓灰质炎 脊髓灰质炎，又名“小儿麻痹症”。是由脊髓灰质炎病毒引起的一种急性肠道传染病。1972 年，金洞报告 4 例，病人临床表现：发热、食欲不振，上呼吸道卡他症状。于两三天自然痊愈。限于当时的条件，对这部分轻度或隐性感染者未予开展病毒学和血清学检查确诊。境内 20 年来无脊髓灰质炎报告。

感染性腹泻 2005 年 9 月，金洞林场中学发生感染性腹泻 48 人，经服用中草药和补充生理盐水，维持水电解质和酸碱平衡，2~3 日内痊愈。

麻疹 麻疹，是由麻疹病毒引起的一种急性呼吸道传染病。该病在金洞流行已久。民间流传“痘麻关，铁门槛”“出麻不死脱层皮”“出了痘麻才算人”的歌谣。

狂犬病 2000 年区内报告 1 例，死亡 1 例；2006 年，报告 3 例，死亡 3 例。

钩端螺旋体 经流行病学调查，金洞钩体病流行的主要传染源为猪、鼠。临床常见的为流感伤寒型和黄疸出血型。

流行性乙型脑炎 2000 年，全区小金洞乡东江村报告 1 例乙脑病例。

二、地方病、慢性病防治

结核病（肺结核） 1993~2001 年，金洞区内发现和登记活动性肺结核病人 909 人。

地方病 碘缺乏病（又称地甲病），是以缺碘致甲状腺代偿性肿大的地方性疾病。区内的白果市、凤凰、金洞、小金洞、上司源、晒北滩、万宝山等地，轻度碘缺乏病地区。

1978 年 10 月，在境内白果市公社的团结、大众、光明 3 个大队开展碘缺乏病普查，共普查 2008 人，查出患者 563 人，患病率 28.04%，甲状腺肿大 211 人，肿大率 33.55%。查后，对 398 名患者注射碘油进行治疗，一年后治愈 27 人，治愈率 6.8%；有效 92 人，有效率 23.11%。

1982 年，新型防治甲状腺肿药物“碘油胶丸”问世。祁阳县卫生防疫站和原祁阳县金洞区、原衡阳地区金洞林场一起，从全县范围内抽调骨干医生，组织一支 17 人的地甲病普查普治工作队，采取边查边治的方法，先是在金洞公社及林场机关、区机关集中普查，然后分成7个小组，进驻小金洞、晒北滩、白果市、凤凰、石鼓源、上司源等6个公社和万宝山工区，历时30天，共检查42331人，查出患者2306人，患病率5.4%，生理性肿大4736人，肿大率11.1%。除石鼓源公社外，其他区域的患病率都高出3%。对所有患者和生理性肿大人员，当场采用碘油胶丸口服法进行治疗。

1985年，根据1982年普查普治结果，祁阳县卫生防疫站和金洞林场再次组织医疗队，对金洞6个患病率高于3%的乡镇进行了地甲病复查复治。

1986年，祁阳县卫生防疫站和金洞林场改全面查治为重点查治。即对1985年经检查在生理性肿大以上的人员和全体中小学生进行查治。

1987年及以后，全场（区）推行了以全民普及食用加碘盐和对中小学生重点查治相结合的综合性地甲病防治措施。

1988～1989年. 继续坚持开展病情监测和碘盐监测，并对1985年以来查出的病人和甲状腺肿大的中小学生进行复查和补碘治疗。

经过多年的查治和食盐加碘防治，金洞的地甲病逐渐得到控制，并分别于1987、2000年通过省市验收达到了基本控制和消除标准。

1991年4月，防疫专干奉新国获省卫生厅、轻工业厅“防治地甲病先进个人”称号。

头癣病 中华人民共和国成立前，此病在全区长期流行。由于缺医少药，一旦患病常年不愈，造成头皮组织连片糜烂坏死形成斑秃，给患者带来严重的身心摧残。解放后，党和政府非常关心重视此病，开展多次的普查普治工作。至1970年代，全区有头癣病人37例。卫生部门每年都要组织专门医疗队进村入户，采取口服灰黄霉素、外用硫磺软膏涂擦的方法，为头癣病人免费查治。至1980年代中期，该病在全区得到消灭。

艾滋病 2004年6月，小金洞乡某村出现1名不明原因发热、进行性衰弱病例，经省疾控中心确诊为艾滋病，后不治身亡，此为金洞地区首例艾滋病。

2004～2011年，金洞共报告17例艾滋病，死亡3例。

第三章 保 健

中华人民共和国成立前，金洞的文化、卫生、科学事业落后，在这个偏僻的山区谈不上妇幼保健。21世纪初，全面开展卫IX项目、艾滋病综合防治项目、妇女疾病普查普治健康扶贫工程（032项目）。至2011年，全区三级妇幼保健网络健全，有妇幼保健人员7人，住院分娩率为100%，新法接生率为100%，产妇死亡率为零，新生儿破伤风发生率为零，住院分娩率、新法接生率和新生儿破伤风发生率均达到卫生部的标准；对儿童普遍实行计划免疫，预防传染病。区、乡（镇）普遍实行孕产妇系统管理、根治妇女病，妇女身体素质得到普遍提高。

第一节　妇女保健

一、危害妇女的陋习

旧俗恶习中危害最大的是缠足和束胸。金洞妇女缠足始于何时,无可考证。金洞妇女放足始于清光绪年间,国内一批留日学生接受先进文化,开风气之先河,首先解放自己的女儿。到宣统年间,城市出现第一批天足,随之影响四隅乡里。到大革命时期,缠足终于禁绝。

金洞妇女束胸以民国初年为盛,处于青春发育期的女子,穿上紧身内衣,胸部受压,乳房发育不良,常致生育后乳汁不足,影响婴儿营养。束胸妇女,由于呼吸不畅,易患呼吸道疾病,后经宣传,此习渐止。

二、婚前保健

婚前咨询　金洞自20世纪80年代开始普及优生优育科学知识,开展优生咨询活动,为申请结婚男女青年提供咨询服务。

婚前技术指导　2008年,全区开始对境内结婚青年男女进行婚前检查(免费),检查在金洞管理区人民医院内进行。医生在开展婚前医学检查的同时,对申请结婚的男女双方进行婚前技术指导。

婚前医学检查　1985年4月,祁阳县人民政府办公室下发《关于开展婚前检查的通知》,规定:凡符合婚龄的男女双方,在结婚前必须先到县妇幼保健站进行健康检查,领取健康合格证后,方能办理结婚手续,否则,不得办理。2008年以前,金洞居民需要申请结婚者必须去祁阳县幼保健院进行婚前健康检查。2008年,金洞成立妇幼保健院,院内设立婚前医学检查机构,当年,婚前检查540人,查出各种疾病5人(其中传染病1人、遗传病2人、生殖系统疾病1人、内科疾病1人)。对患有生殖系统疾病的人,建议去祁阳妇幼保健院复检。

2009年,对全区340对男女青年进行婚前健康检查,未查出有关的疾病。

2010年,对区内320对男女青年进行婚前健康检查,查出各种疾病3人,患病率为0.94%。

2011年,实际婚检人数为380对,未查出相关疾病。

2008~2011年,婚前医学健康检查1310对,检出各种疾病8人,检出率0.61%

三、产前筛查和遗传病诊断

产前筛查　金洞因受制于条件,区内所有孕妇都是去祁阳县妇幼保健院进行产前筛查。

遗传病诊断　截至2011年,金洞还不具备这方面的医疗条件,区内需要做这项检查者还得去祁阳县妇幼保健院,所有参检者未发现异常。

四、孕产妇系统管理

2008年以前,金洞孕产妇管理都是配合祁阳进行的,孕产妇系统管理的相关资料也是祁阳方面建立的。2008年金洞管理区妇幼保健院成立,对孕产妇系统管理工作也随之展开,对孕妇进行登记建卡,并对高危孕妇进行重点管理。同年,全区孕产妇475人,产前检查1197人次,人均检查2.52次,系统管理建卡414人,建卡率87.15%;管理高危产妇14人,并实行监护,安全分娩14人。

2009年,全区孕产妇555人,系统管理建卡520人,建卡管理率93.69%;产前检查2352人次,人平检查4.24次;产后访视520人,产后访视率93.69%;管理高危产妇8人,并实行监护,均安全分娩。

2010年,全区孕产妇585人,系统管理建卡557人,建卡管理率95.21%;产前检查2522人次,人平检查4.3次;产后访视557人,产后访视率95.21%;管理高危产妇5人,并实行监护,均安全分娩。

2011年,全区孕产妇841人,系统管理建卡825人,建卡管理率98.1%;产前检查3710人次,人平检查4.4次;产后访视825人,产后访视率98.1%;管理高危孕产妇17人,均安全分娩。

2008～2011年,在全区2456名产妇中,产前检查建卡2316人,建卡率94.3%;产前检查人均3.98次,产后访视2316人,产后访视率94.3%;无孕产妇死亡。从系统管理的多项数据来看,管理水平一年比一年有所进步和提高。

五、新法接生

在中华人民共和国成立前乃至成立初期,金洞乡村产妇普遍请“接生婆”接生,或由婆母、妯娌、母亲、邻居接生,个别自生自接。产妇大多蹲着或坐着生育。“接生婆”和其他接生人员不懂人体生理结构和消毒方法,不作产前检查,接生时常致产妇流血过多、创伤、感染、产褥热,以及会阴、子宫、尿道撕裂,新生儿感患破伤风、丹毒、脓漏眼等病发生率高。遇上难产,“接生婆”无科学抢救方法,认为是鬼怪作祟,或请巫婆符咒,画催生水,或烧香化纸,重设祈许,有的还用脚踩产妇腹部,导致母、婴死亡的不计其数。因此,民间素将妇女分娩喻为“坐纸船过河”,并有“只见娘怀胎,不见儿行路”的歌谣。

1980年,衡阳地区装备金洞农村接生员接生箱和产包。并给每个接生员配备手术衣、工作箱、口罩、消毒胶皮手套等接生用具。

20世纪80年代后,随着新法接生质量普遍提高,林区新法接生率95.42%,新生儿破伤风发生率1.27‰,孕产妇死亡率为4.71/10000,新法接生率和新生儿破伤风发生率基本达到卫生部制定的标准。

科学接生 1982年,在普及新法接生基础上,提出科学接生的要求和标准。

1981～1986年,科学接生率从95.42%增加到99.3%。1987～2011年,全区科学接生率达到100%。

住院分娩　20世纪80年代后,提倡住院分娩。

2008~2011年,全区分娩人数2456人,活产数2459人(注:有3个双胎),其中住院分娩2445人,住院分娩率99.55%。2007年2月,将住院分娩纳入新型农村合作医疗医疗费用补偿范围。

2008年,共补助农村孕产妇住院分娩473人,补助金额为34.81万元,其中新农合补助为20.62元,政府财政补贴14.19万元。

2009年,共补助农村孕产妇住院分娩550人,补助金额为40.48万元,其中新农合补助为23.98万元,政府财政补贴16.5万元。

2010年,共补助农村孕产妇住院分娩582人,补助金额为42.84万元,其中新农合补助为25.38元,政府财政补贴17.46万元。

2011年,共补助农村孕产妇住院分娩840人,补助金额为61.82万元,其中新农合补助为36.59元,政府财政补贴25.23万元。另外,补助高危产妇及贫困孕产妇以及农村妇女两癌住院共46人,补助金额3.923万元。

六、妇女病查治

在医疗卫生落后的年代,金洞妇女病流行很广,尤以白果市、晒北滩等山区居多。许多患者因得不到有效治疗而丧失劳动力,甚至死亡。

2008年,管理区对年龄在20~55岁的2543名已婚妇女进行妇科病普查普治,查出妇女病987例,检出率38.8%。其中宫颈糜烂305例,占妇女病总数30.9%;霉菌性阴道炎193例,占19.55%;宫颈炎(Ⅱ、Ⅲ度肥大)129例,占13%;还有附件炎、卵巢囊肿等。经过治疗,治愈率达35%,好转率58.7%。

2008~2011年,在开展妇女病普查中,发现一些妇科病逐年增多,宫颈糜烂由305例上升为860例。同时,查出宫颈癌3例,乳腺癌5例,均建议患者去上级医院确诊治疗,在日后的随访中,这些患者有的术后愈合良好,有的病情好转。

七、妇女劳动保护

新中国成立后,妇女获得男子同等的社会地位与权力,参加社会工作和工农业生产者日趋增多,妇女劳动保护随之兴起。

厂矿企业女工劳动保护　2002年9月,根据国务院《女职工劳动保护规定》,对全区女职工卫生费标准进行调整,由原来的每人每月3~4元提高到每人每月15元。2008年,金洞管理区女工委员会,为了让女职工无后顾之忧,为每个女职工买了“女职工防癌保险”,保险金为每年每人10元,主要是保乳腺癌和妇科癌,保额为10000元,入保348人,受益1人。2009年增加了意外身故的保险,保险金为20元,保额为20000元,入保350人。2010年和2011年又为女职工入了平安女性安康保险,保险金为20元,保额为40000元,入保人数分别为250人和358人,2011年受益一人。2010年,区女工委员会和工会还对单亲贫困女职工给予了生活救助及大病救助共8人,金额为9800元;2011年共救助12

人,金额12000元。

农村妇女劳动保护 20世纪50年代,随着农业合作化的发展,境内大批妇女参加农业集体生产劳动。1958年,全区农村开始实行妇女“四期”(经期、孕期、产期、哺孕期)劳动保护制度。推行“三调三不调”劳动保护措施(对妇女的劳动安排:经期调干不调湿、孕期调轻不调重、哺孕期调近不调远)。产后给假休息。每个公社还确定妇女主任兼管妇女劳动保护,大队妇女主任兼抓,生产队女副队长专抓,有的生产队还建立登记簿,防止错调和遗漏。对子宫脱垂患者,由大队举办福利工厂,安排可以坐着做的较轻劳动,对距离较远的生产基地,有的还搭上临时厕所,防止妇女尿酸中毒。但农村妇女劳动保护措施在“大跃进”中落实不一,一些强迫命令风较为严重的地方,经、孕期妇女照样下冷水、干重活致使月经病、流产发生率增高。

20世纪90年代后,随着卫生部门和新闻媒体宣传妇女劳动保护知识不断深入,加之农村生活水平普遍提高,妇女自我保护意识日益增强,妇女病大幅度下降。但从整体上来说,农村妇女劳动保护与厂矿企业女职工相比,还存在较大差距。

第二节　儿童保健

2011年年底,全区有托儿所、幼儿园23所,幼儿教师45人,保育员30人,入托入园儿童1678人,农村幼儿入托率85%,乡镇所在地的幼儿入托率95%。儿童持证率达95%以上。

一、托幼儿童保健

由于受自然条件限制,加上经济文化卫生落后等历史原因,金洞区内儿童保健滞后,20世纪90年代;区内幼儿早期教育、卫生保健工作才真正引起各级政府及卫生部门的足够重视,并将这一工作纳入议事日程。

二、儿童健康检查

2008年,金洞管理区成立,下半年就组建“金洞妇幼保健院”,随之开展新生儿和婴儿系统管理。儿童保健系统管理,以农村为重点。

2009年始,在全区开展新生儿(出生28天内)和婴幼儿(3岁内)系统管理,管理期内定期进行健康检查和基础免疫接种。同时,重点检查城乡7岁以下儿童300人,其结果如下。

2009年金洞300名七岁以下儿童发育情况

19-3-1

单位:人,个

年龄		0月	6月	1岁	1.5岁	2岁	3岁	4岁	5岁	6岁	小计
体重	上等	0	3	5	2	3	2	2	0	1	18
	中上等	1	15	10	3	7	5	7	5	3	56
	中高等	7	5	5	11	8	22	9	22	21	110
	中低等	3	6	5	10	5	5	11	18	15	78
	中下等	2	4	2	2	3	3	2	6	14	38
	下等	0	0	0	0	0	0	0	0	0	0
	小计	12	33	27	28	26	37	31	51	54	300
身长	上等	2	3	3	1	1	3	2	2	2	19
	中上等	2	14	11	1	2	8	5	14	12	69
	中高等	3	5	6	5	10	12	15	13	20	89
	中低等	2	6	3	14	8	9	6	15	17	80
	中下等	3	5	4	5	4	5	3	7	2	38
	下等	1	0	0	2	1	0	0	0	1	5
	小计	13	33	27	28	26	37	31	51	54	300

2009年金洞三至七岁儿童疾病分布情况

19-3-2

单位:人,个

	城镇										农村									
年龄	3岁		4岁		5岁		6岁		合计		3岁		4岁		5岁		6岁		合计	
性别	男	女	男	女	男	女	男	女	男	女	男	女	男	女	男	女	男	女	男	女
反复发作气管炎	0	0	0	1	0	0	1	0	1	1	0	0	0	0	1	0	0	1	1	1
中耳炎	0	0	0	0	0	0	0	0	0	0	0	0	0	0	0	0	0	0	0	0
龋齿	4	3	6	14	15	4	12	10	37	31	3	5	12	11	16	9	18	8	49	33
冠心病	0	0	0	0	1	0	0	0	1	0	0	0	0	0	0	0	0	0	0	0
结膜炎	0	0	0	0	0	0	0	0	0	0	0	0	0	0	0	0	0	0	0	0
其他	1	2	1	1	1	2	2	1	5	6	2	1	2	3	2	0	2	1	8	6
总计	5	5	7	16	17	6	15	11	44	38	5	7	14	14	19	9	20	10	58	40

2009 年三岁以下儿童主要疾病分布情况

19-3-3　　单位:人,个

			城镇			农村		
			0 岁	1 岁	2 岁	0 岁	1 岁	2 岁
佝偻病	活动期	Ⅰ	0	0		0	0	–
		Ⅱ	–	0	0	–	0	–
		共计	0	0	0	0	0	–
	恢复期	Ⅰ	–	0	0	0	0	0
		Ⅱ	–	0	0	–	0	0
		共计	–	0	0	0	0	0
	患病率(%)		0	0	0	0	0	0
营养不良	Ⅰ		–	1	1	2	3	1
	Ⅱ		–	–	–	0	–	–
	共计		–	1	1	2	3	1
	发病率(%)		–	5	3.33	6.67	10	3.33
反复发作性气管炎			–	–	1	–	1	0
畸形			–	–	0	–	–	–
其他			0	1	0	0	1	1
实查人数			20	20	30	30	30	30

三、发放出生医学证明

1998 年,祁阳县卫生局、祁阳县公安局联合下发《关于规范〈出生医学证明〉管理与发放的通知》,此后,金洞非农业人口出生的婴儿,由祁阳妇幼保健院发放《出生医学证明》。2003 年 3 月,金洞林场规定,凡在境内出生的婴儿由乡镇卫生院及林区人民医院发放《出生医学证明》,凡在境外出生的婴儿由接生医院发放出生医学证明,并作为办理户口登记的依据。2003~2011 年,共发放出生医学证明 2806 份,其中 2003 年 20 份、2004 年 45 份、2005 年 88 份、2006 年 112 份、2007 年 287 份、2008 年 396 份、2009 年 583 份、2010 年 622 份、2011 年 653 份。2008 年 10 月始,免收工本费。

第三节　初级卫生保健

1992 年始,金洞林场初级卫生保健工作逐步开展。1995 年 10 月、1998 年 11 月,通过省初级卫生保健检查组验收审评和复评,均达合格目标。2001 年起,在境内实施第二轮初级卫生保健。2006 年 9 月,市卫生局会同祁阳县卫生局组织相关人员按照省初级卫生保健考核标准,对全区初级卫生保健实施情况进行中期评估,各项指标(除财政投入和农村合作医疗外)均达省规定指标。

一、组织机构

1992年,“零陵地区金洞林场初级卫生保健委员会”成立,下设初级卫生保健办公室(在卫计办内)。主要负责全区初级卫生保健工作规划和年度实施计划的制定;全区初级卫生保健工作的组织管理和业务技术指导;各部门、各乡镇间的工作协调;全区初级卫生保健实施情况的督促检查与考核评估。同时,承担全区卫生防疫和妇幼保健等农村卫生业务工作管理。

林场要求各乡镇、工区均应成立初级卫生保健管理委员会,政府一把手或主管卫生工作的领导为委员会主任,下设办公室,由乡镇卫生院院长兼办公室主任。负责本区域内的初级卫生保健工作的实施。

二、规划目标

1991年4月,零陵地委、行署根据区内的经济水平,决定全区初级卫生保健工作要按照《规划》中温饱经济型地区指标来实施。根据地委、行署的要求,结合金洞的实际,金洞林场制订关于实施“2000年人人享有卫生保健”规则目标,其中十三项指标是:1.把初级卫生保健纳入场、乡(镇)、工区政府工作目标和当地社会经济发展规则100%;2.场、乡(镇)、工区政府年度卫生事业拨款占两级财政支出的比例8%;3.健康教育普及率65%;4.行政村卫生室覆盖率95%,甲级村卫生室占村卫生室比例50%;5.集资医疗保健覆盖率50%;6.“安全卫生水”普及率70%;7.“卫生厕所”普及率45%;8.食品卫生合格率80%;9.婴儿死亡每5年递降15%;10.孕产妇死亡率每5年递降25%;11.儿童“四苗(卡介疫苗、麻疹疫苗、乙肝疫苗、百日破疫苗)”单苗接种率85%;12.法定报告传染病发病率每5年递降15%;13.地方病患病率每5年递降10%。

《规划》明确全场实施初级卫生保健分三步进行;第一步(1992年)为规划试点阶段。建立领导机构,开展宣传教育,完成组织和思想上的准备工作;办好示范试点,积累初级卫生保健实施经验。第二步(1993~1996年)为全面推广达标阶段。评价前期工作,调整策略措施、全面实施规划,力争1996年达到和超过国家及省颁布最低限标准。第三步(1997~2000年)为巩固发展阶段。巩固成果,完善机制,加快推进初级卫生保健进程,使人们充分享有更丰富内涵和更高标准的卫生保健服务。

第四章 医 疗

第一节 中 医

中医中药,在金洞源远流长。中医是民间医生的主流。清朝宣统年间,全区民间共有中医8人。其中内科5人,外科1人,专业瑶医2人。1949年,全区民间中医共22人,其中内科16人,外科4人,专业瑶医2人。金洞的中医均以内儿科为主,兼治外科(古称疡医,主治疡疖痈肿)、眼科、喉科、伤科(古称正骨科)、妇科等。此外,还有针灸、按摩、气功等。新中国成立前,金洞中医把针灸、按摩、气功作为辅助疗法,无专业人员,一些民间人士、小商贩、接生婆,略知几个穴位,用以应急救治。他们把针灸叫作"放痧""炮痧""烧艾火";把按摩叫作"刮痧""捏痧""退火"。新中国成立后,党和政府对祖国医学相当重视,对中医的针灸、按摩、气功进行弘扬和发掘,尤其在20世纪60~70年代,赤脚医生都学习针灸,政府还免费发给银针,公社卫生院的医生还把它应用于临床治病。

除中医外,还有草药郎中、瑶医、巫医和牙医。

在金洞山区,有瑶族三、四千人,他们居住在崇山峻岭,中医罕至,医治伤风感冒、痈肿、伤损、蛇伤等全靠本族瑶医自寻草药。清宣统年间,有著名瑶医赵正虎、赵天清等。中华人民共和国成立初期,有赵承佑、冯满妹等。瑶医使用瑶药,皆中草药鲜品,但名称各有叫法,其中以风湿类药占多。

新中国成立后,全区中医事业得到恢复和发展。20世纪50年代,区内各乡(社)筹办了中医联合诊所,一批中医从业人员到各地联合诊所工作。人民公社成立后,各地的联合诊所改称人民公社卫生院,一大批中医学徒,充实到卫生院,全区的中医事业得到快速发展。20世纪80年代中期,祁阳县卫生局根据中医人才年龄老化、后继乏人的现状,在祁阳卫校创办了85级、86级中医士班,中医士毕业后均回到金洞,充实到各乡镇卫生院;还有光明中医函大的部分毕业生等也回到金洞。他们学以致用,对金洞的中医药事业做出积极贡献。

第二节　西　医

一、中西医结合发展概况

清朝末期,随着基督教、天主教的传入,西方医学传入境内。1958 年,境内医疗机构建立时,多为中医联合诊所,后经引进和培养西医药人才,并不断与中医融合,加之中医从业者不断学习西医,故逐渐形成中西医结合。20 世纪 60 年代,管理区农村地区医院和卫生院的中医及中医学徒参加祁阳县举办的中医学西医的培训班,学习一些西医基础知识。同时,对国家分配来院的西医师(士),要求学习中医理论,并在临床上结合应用,这种相互学习,取长补短,真正形成了中西医结合,长期共存。1973 年,全区各级医院都建立中西医结合科研小组,在临床上广泛开展使用中草药,中西医结合形成高潮。全区各级医院的门诊、住院病人,大部分使用中西医结合治疗。尤其在治疗乙脑、肝炎、胆道疾病,泌尿道结石,痢疾、小儿腹泻、腹部手术并发症,风湿性关节炎、湿疹、肺结核咯血、烧伤等,部分患者获得满意效果。

20 世纪 80~90 年代末,区内一大批学子参加祁阳卫校的中西结合医士班学习,回到家乡后,相继被招聘到乡镇卫生院工作,区内的中西医结合得到进一步发展。1980 年 3 月,国家卫生部制定中医、西医、中西医结合三支力量都要发展、长期并存的方针。根据这一方针,全区把中西医结合作为医疗的重点,大部分中医医务人员,掌握了一些西医的基本知识,学会了用现代医疗仪器设备检查结论的分析、判断,结合到临床运用中西医治疗中。西医医务人员能运用现代诊断手段结合中医的望、闻、问、切,辩证施治,掌握了一些中医理论、常用方剂,在临床上加以运用,收到较好的疗效。

二、中西医结合临床

中西医结合,用于临床主要体现在三个方面:第一是对病情的诊断,在中医的望、闻、问、切的基础上使用听诊器、体温表、血压计以及其它各种化验检测等医疗仪器,准确地判断病情,以便对症下药。第二是用药方面,中药与西药相结合,而结合的方式又有两种:一种是临床采用中药与西药配合治疗某些病症。二种是选用中药与西药共同配伍制成新的药物进行治疗。第三是在诊疗方法上将针灸与西医手术及现代科学相结合进行治疗。管理区人民医院及乡镇卫生院,在临床治疗方面,大都以内、儿科为主;对一些慢性病及疑难杂病,能运用中西医结合进行治疗,收到一定疗效。

第三节　护　理

西方医学传入金洞前,金洞境内传统医学无医、药、护之分,民国时期,但无专职护理人员。1972 年，金洞农村地区医院成立，医院采取自培、国家分配护理人员，才有了护理专业队伍。

中共十一届三中全会后，特别是金洞农村地区医院与金洞林场职工医院合并后，院内相继推行分级护理、责任制护理，整体护理、护理体制逐步完善。1994 年，金洞林区人民医院参与“医院分级管理”达标活动，经过全院医护人员齐心努力，年底经市卫生局评估验收，获得国家卫生部颁发的“一级甲等医院”的称号，这其中，护理工作是一项重要内容。金洞管理区成立后，管理区人民医院的护理工作常抓不懈，继续向规范化迈进。随着医疗体制改革的深入，全区乡镇卫生院配备一至二名专(兼)业护理人员；在护理模式上，推行“以人为本，以病人为中心”，由传统护理向“系统化、科学化、人性化”的现代护理模式转变。

第四节 采供血

金洞没有血站和血库，林区人民医院手术用血，都是从外县血库调进的，采供血难以开展。

2008 年，尝试开展全民无偿献血活动，通过系列的措施和办法，经过几年实践，金洞管理区的采供血，从无到有、从小到大，从散乱到规范。2008 ~ 2011 年，796 人参与无偿献血，总献血量 234000 毫升。

第五章 卫生管理

第一节 卫生机构

一、管理机构

1954 年 5 月，宁远县的第十一区 21 个乡(即原来的金洞区)划归祁阳县管理。卫生行政机构也随之划归，由祁阳县卫生局管理。金洞区农村地区的卫生医疗工作，具体由金洞区卫生所及金洞农村地区医院管理；属于衡阳地区金洞林场的职工及万宝山、下司口两个农户工区及金洞农户队的医疗卫生，由林场政治处(后改由宣教科)及林场职工医院管理。

1984 年 7 月，实行“以场带乡，场乡联营”的体制，祁阳县金洞区所辖 7 个乡镇交由金洞林场代管。随之，金洞区、金洞林场的卫生机构合并，其中金洞区医院与金洞林场职工医院合并，成立金洞林区人民医院。金洞区卫生所的工作职责并入林场宣教科，一名副科长分管卫生工作，卫生所的人员不变。1986 年 2 月，金洞林场所属的卫生、计划生育工作从宣教科分出，成立“金洞林场卫生计划生育办公室”，并配备防疫、妇幼、人事、医政、卫生协会、计生、内勤等专职工作人员。2000 年 1 月，金洞林场机构改革，将卫生、计划生育归口“农村工作委员会”管理，内设“金洞林场卫生办公室”，负责全场卫生工作。2007 年 9 月，设立金洞管理区后，成立“祁阳金洞管理区卫生局”，设局长 1 人，防疫专干、妇幼专干、医药政专干、司机各 1 人，合作医疗管理员 2 人。之后，随着职责的增加以及工作的细化，增设“新型农村合作医疗管理办公室”“区乡镇卫生院管理中心”，人员编制也随之增加。

二、医疗机构

（一）金洞林场职工医院、金洞管理区人民医院

1958 年 4 月，林场利用两间约 30 平方米的办公用房，建立“金洞林场医务室”，接纳从部队转业的 1 名军医、1 名医生，担负全场 150 多名职工的医疗工作。

1960 年 4 月成立“金洞林场职工医院”，设病床 20 张，共有职工 14 人，其中医师 5 人（其中本科毕业生 3 人），护士 4 人，管理后勤人员 5 人。1966 年冬医院工棚发生火灾，职工医院搬迁至小金洞分场。1971 年 5 月，职工医院又迁到林场机关院内，当时建有三合院式砖木结构平房 20 间，面积 350 平方米，设病床 20 张，配备医务工作人员 17 人。1977 年秋，为方便附近群众就医，医院搬至林场原大门口沿河路，有三栋砖瓦房，面积 400 平方米，职工 21 人。

1984 年 7 月，金洞林场职工医院与金洞农村地区医院合并，组建“金洞林区人民医院”，共有医务人员 38 人，其中医师 18 人，医护士 12 人；设病床 30 张，购置 30 毫安、10 毫安 X 光机各一台，日本进口心电图机、B 超机、显微镜、简易手术床、妇产科简易检查器械以及下腹部手术器械。初设内科、外科、妇产科、儿科、中医科、中、西药房、门诊部、住院部。

1991 年秋，医院搬入新建的三层大楼，建筑面积 3400 平方米，设病床 40 张，拥有 400 毫安 X 光机、50 毫安床边移动 X 光机、海鹰 B 超机、脑血流图机、国产心电图机、万能手术床、牵引床、红外线治疗仪、阴道镜、冷光仪、乳腺仪、12 孔无影灯等医疗设备。增设五官科、理疗科、骨伤科。医院为科级单位，隶属林场直管，业务由卫计办指导。

2006 年 8 月，医院与金洞镇中心小学（校址沿河街）换址后，金洞林场投资 285 万元，新建一栋四层诊疗大楼，面积 5600 平方米，于 2007 年 10 月 1 日开院接诊。设门诊部、住院部、传染科、手术室、设病床 60 张。门诊部设急症科、放射科、检验科、理疗科、B 超、心电图室等。共有职工 58 人，其中：中级技术职称 14 人，初级技术职称 25 人，管理后勤人员 19 人。拥有集中供氧及传呼系统、闭路电视和心电监护仪 2 台，心电图机 2 台，数字显示一体化 500 毫安电视 X 光机 1 台、透视机 2 台、B 超机 2 台以及血液分析机、生化机、生化培养箱等现代化医疗设备。同时，先后还装配救护车 2 台。能进行阑尾切除、腹外疝修补、胃切除、肠修补、胆囊摘除、胆囊取石、开放性骨折复位等手术。能处理妇科、难产等疑难杂症。2007 年 7 月，医院更为“金洞管理区人民医院”。2010 年下半年，国家投资 1200 万元，启动管理区人

民医院改扩建工程，工程建设面积 8000 平方米。这一工程完工后，将极大改善医院办医条件和林区人民群众就医环境。

（二）镇（乡）卫生院

1.金洞镇卫生院

镇卫生院坐落在金洞镇金林街，其前身为联合诊所，成立于 1952 年春，当时由 4 名个体医务人员自愿组成，属集体所有制。所址设金洞公馆门（即现管理区人民医院所在地），有房屋 4 间，面积约 110 平方米，以传统中医药为主接诊。1956 年撤区并乡，金洞乡成立，联合诊所改称为“金洞乡农村医院”。1959 年初，改乡为公社，改称为“金洞公社卫生院”，院址于 1974 年随公社搬迁至柏子坳。1984 年 4 月至 1985 年 1 月，金洞公社先后被改为金洞乡、金洞镇，卫生院的称谓相应更名“金洞镇卫生院”，沿用至今。1958 年 1 月，金洞镇搬迁至镇区中心老区公所，柏子坳的人口聚集量急剧减少，加上林区人民医院合并整顿后业务能力增强，覆盖金洞镇区，卫生院的经营与发展逐渐困难。2006 年，检修柏子坳院房，改为独立门诊部，另在金洞镇沿河街租赁一栋三层约 300 平方米的民房，作为卫生院主要执业场所，5 名职工（其中医师 1 人，医生 3 人）重新组合，集中经营，设病床 7 张，组建内科、儿科、外科、妇产科、防保门诊等科室，并配备相应的诊疗手术器械设备，还添置 200 毫安高频 X 光机、心电图机、B 超机、半自动生化分析仪、尿液分析仪等较先进的医疗设备。2007 年，全镇推行新型农村合作医疗，群众得到实惠，卫生院得到发展。2009 年，金洞镇卫生院合并到金洞管理区人民医院。

2.小金洞卫生院

1952 年 5 月，小金洞 6 名个体医务人员为响应政府号召，自愿组建联合诊所，所址设在小金洞村奉文循私宅内，有房屋 3 间，面积约 80 平方米，以中医、中药为主。1956 年撤区并乡，改称为“小金洞乡联合诊所”，有工作人员 4 人。1958 年 8 月，乡政府由小金洞村迁往江口，乡联合诊所随乡政府同时迁至江口刘军生私宅内，房屋面积约 200 平方米，联合诊所改称为“农村医院”。1956 年初，改称为“公社卫生院”。1968 年，公社卫生院搬至原江口粮店，配备职工 6 人。

1984 年初，改公社为乡，卫生院即称“小金洞乡卫生院”。

1984~2006 年，卫生院在原有基础上先后进行 4 次大的改扩建，总建筑面积达到 1000 多平方米，装备 B 超机，半自动生化分析仪、消毒器、心电图机、尿液分析、全电脑控制冰箱、新式产床、200 毫安 X 光机、抢救床、制氧机等现代化医疗设备器械。2010 年下半年，装配救护车 1 台。现有医务人员 8 人，其中医师 1 人，医士 3 人，护士 1 人，中医 2 人。有病床 15 张，设内科、儿科、妇产科、还建立妇产绿色通道。卫生院已具备防治型综合性医院的条件。

3.晒北滩瑶族乡卫生院

1956 年 6 月，祁阳县卫生科调三名医务人员到晒北滩瑶族乡组建乡联合诊所，租借陈朝奉房屋两间，约 50 平方米，一方面接诊、出诊，另一方面配合乡政府开展卫生防疫工作。1958 年，联合诊所改称农村医院，医务人员增至 13 人，同年 8 月，政府投资建医院，面积约 200 平方米，分设门诊部、住院部。10 月，撤乡改社，乡农村医院先后改称“火箭公社卫生院”

"晒北滩公社卫生院"。1962年3月，精简下放7名医务人员，卫生院又改称联合诊所，至1969年初，联合诊所复称卫生院。

1984年4月撤社改乡，同年7月成立晒北滩瑶族乡，公社卫生院随即改称晒北滩瑶族乡卫生院。1991年将原有的木板房拆除，在原址建成一栋480平方米的两层砖石混合结构院房。后因修建水电站、蓄水淹没。2005年，争取利用国债建设项目资金，异地新建一栋670平方米集门诊、住院、防保于一体的三层新式标准医疗大楼。同时装备200毫安X光机、心电图机、洗胃机、B超机、半自动化生化分析仪、尿液分析仪及新式产床等现代医疗器械。卫生院有职工6人，其中医师1人，医士3人，护士1人。

4.石鼓源乡卫生院

石鼓源乡卫生院始建于1952年，当时由三名个体医务人员组成，称联合诊所，所址设石鼓源村老街，主要以中草药等传统医药为主。1956年，基本建立乡村两级医疗保健网。1958年6月，联合诊所改称农村医院。1959年初，农村医院改称为公社卫生院。1969年，实行合作医疗，部分赤脚医生充实到卫生院工作。1979年，卫生院由石鼓源老街搬至五房村。1984年，石鼓源公社卫生院改称石鼓源乡卫生院。1986乡卫生院由县卫生局主管改为乡政府主管，其原来的集体所有制和"独立核算，自负盈亏，民主管理，按劳分配"的管理原则以及职工的劳保待遇，户粮关系不变。

石鼓源乡卫生院，原有一栋约600平方米的门诊大楼和250平方米的业务用房。2007年纳入国债建设项目，新建一栋500平方米的住院大楼。2011年，将原门诊楼拆除，投资119万元重新修建了一栋1100平方米的门诊大楼。卫生院先后添置了一台200毫安高频X光机，以及心电图、B超、半自动生化分析仪，尿液分析仪等先进设备，设置床位20张。2011年下半年，装配救护车1台。卫生院现有医务人员11人，其中医师2人，医生6人，护士3人，中医师1人。

5.上司源乡卫生院

1954年，2名个体医务人员组成联合诊所，所址设在鸭婆凼村周家湾。1957年7月，搬迁到上司源村，院房用泥土夯实为墙，屋面盖杉树皮，面积约200平方米，有医务人员4人。1958年，全县联合诊所统一改称农村医院，上司源联合诊所属石鼓源农村医院下设的分院。1961年成立上司源公社，联合诊所改称为公社卫生院。1974年卫生院进行改建，将原土坯房改为木板房，建筑面积约300平方米，有5名医务人员。为方便山区群众就医，卫生院分别在蒋家冲、鸭婆凼、南冲源等地各设一个医疗点，有医生坐诊。1977年，将木板房改建成红砖瓦房，面积约600平方米。

2004年后，卫生院先后装备B超机、洗胃机、半自动生化分析仪、心电图机、尿液分析仪、制氧机、全电脑控制冰箱、200毫安X光机等现代医疗器械，人员增至6人，设病床7张。

6.凤凰乡卫生院

凤凰乡卫生院坐落在凤凰街中心，其前身联合诊所成立于1956年3月，所址设在凤凰山庵子里，有房屋3间，约150平方米，医务人员3人。1957年联合诊所搬迁到凤凰街上刘友生的私宅内，面积约110平方米。1958~1961年，凤凰乡与大江乡合并，统称卫星人民公社，两家联合诊所亦合并，称卫星人民公社卫生院，院址设九泥邓家，有职工23人。1961年秋，凤凰与大江分离，两家卫生院亦分开。1962年卫生院复称联合诊所。同年7月，凤凰发生火灾，殃及到诊所，8月诊所随公社一起搬迁到花筵大队。1956年秋，在凤凰街旁建土砖瓦房4垛3间两层楼房一栋，面积约300平方米。1991年，国家拨款在卫生院临凤白公路一侧新建一栋占地300平方米的两层红砖瓦房。

自2006年起，陆续装备心电图机、B超机、200毫安X光机、制氧机、尿液分析仪、半自动生化分析仪等医疗器械。2009年，新建一栋公共卫生办公大楼和一栋住院大楼，当年11月中旬卫生院整体搬迁到新址营业。2011年下半年装配救护车1台。有职工11人，其中医师4人，助理医师4人，护士2人，中医士1人。有病床15张，设内科、外科、儿科、妇产科、门诊部，医疗能量不断提高。至此，现卫生院有固定资产280万元，流动资金15.5万元，房屋面积1800多平方米，成为一所防治型综合医院。

7.白果市乡卫生院

1956年6月，祁阳县卫生科调4名医务人员到白果市乡组建联合诊所，所址设白果市街上。1958年年底，联合诊所改称公社卫生院。1976年，国家投资在团结村街后的大祖山修建一栋砖瓦房，建筑面积220平方米，作为医疗和职工用房，当时有职工10人，卫生院一度效益较好。

20世纪80年代以后，由于政府投入少，职工人数虽经大幅调减至5人，卫生院的业务仍不景气。1993年以后，部分职工离院自谋职业。2004年，通过整顿，撤并几个分散的医疗点，5名医务人员连同药品器械，都整合到卫生院集中执业，并开设内儿科、外科、妇产科和防保门诊。

2005年以后，陆续装备200毫安X光机、制氧机、高压消毒机、尿液分析仪、心电图机、B超机等先进医疗设备。

2007年，随着新型农村合作医疗的推行，卫生院的业务工作量日益增加。2008年卫生院争取利用国家建设项目资金30万元，新建了一栋500平方米的医疗大楼，设病床7张，极大地改善了医疗和职工住房条件。截至2011年，职工增至5人，其中医生3人。

第二节　卫生队伍

从1958年4月组建金洞林场医务室，到1960年4月“金洞林场职工医院”成立，有职工14人，其中医师5人，护士4人，管理后勤人员5人。1977年，职工医院医务人员增至21人，所增医务人员基本上都是国家分配来的医学院校大中专毕业生。

1984年7月，“金洞林场职工医院”与“金洞农村地区医院”合并，组建成“金洞林区人民医院”，医院有医务人员38人，其中医师18人，医、护士12人，管理及工勤人员8人。38名职工中，林场职工医院职工17人，金洞农村地区医院医技人员21人(含中药加工厂3人，集体工)。

1984年7月，同时还接收代管7个乡镇集体医务人员22人，在这22人中，西医师9人，医、护士2人；中医师4人，中医士7人。

1984年7月，金洞林区有医务人员57人，其中医师(士)40人，护士12人，管理工勤人员5人，中医师2人。

随着金洞林区人民医院规模扩大、科室的增设，医院的职工人数也随着增加，到2006年底有职工58人，其中：中级技术职称14人，初级技术职称25人，管理后勤人员19人。

2007年，随着新型农村合作医疗的实施，各乡镇卫生院的业务工作量大幅增加，对医务人员的数量、素质也提出新的要求。由于乡镇卫生院一批批老医务工作者退休，新人又没有进入，致使乡镇卫生院医技人才严重老化缺员。为确保林区卫生事业后继有人，金洞管理区于2009年，将原已招聘在院在岗的、而且大多是经过医学院校专业就读毕业的、有一定临床经验的13名医疗骨干医务人员，报请上级劳动人事部门批准，录用为正式职工。这部分人充实到乡镇卫生院后，缓解了基层卫生院后继乏人、医技力量短缺的问题。

2011年金洞管理区医疗机构、医务人员基本情况

19-5-1 单位：张、人

医疗单位名称	床位数	职工人数									村卫生室(个)	乡村医生(人)
		医护管理人员						中级	初级	合计		
		医疗	护理	医技	其他		合计					
					管理	工勤						
管理区人民医院	120	15	8	2	3	5	33	5	20	25	–	–
金洞镇卫生院	7	3	2	–	–	1	6	–	4	4	9	9
小金洞乡卫生院	15	7	1	–	–	–	8	–	5	5	8	8
晒北滩乡卫生院	7	4	2	–	–	–	6	–	4	4	6	6
上司源乡卫生院	7	2	1	–	–	–	3	–	2	2	9	9
石鼓源乡卫院	15	8	3	–	–	–	11	–	8	8	13	13
凤凰乡卫生院	15	6	2	–	–	–	8	–	7	7	8	8
白果市乡卫生院	7	3	2	–	–	–	5	–	3	3	5	5
合计	193	48	21	2	3	6	80	5	53	58	58	58

注：万宝山乡有3个村卫生室、3名乡村医生统计在金洞镇卫生院一栏内。

第三节　医政管理

一、医院建设管理

金洞管理区人民医院，是金洞管理区唯一一所综合性医疗机构。

1960年4月，“金洞林场职工医院”成立之初，院长是由林场任命的，院内行政、业务、后勤等，均由院长决策统管。院内未设科室，医疗质量由院长负责。医院采购药品的流动资金由林场计财科根据需要划拨给医院，年终医院与与林场计财科结算；医院职工的工资奖金也由林场统一发放。医生只负责看病。这一状况一直持续到20世纪80年代末。

随着形势发展，20世纪90年代，林场对医院的管理进行改革，如在经费上实行固定补贴，不足部分由医院自己想办法弥补，从而解决吃大锅饭的问题。同时，医院内设机构也着手进行，分设门诊部、住院部。住院部设内科、儿科、五官科、手术室。门诊部设急诊科、放射科、检验科、B超、心电图等科室。为加强管理，医院建立一整套符合自身特点的查房、会诊、病案管理、危重病人抢救、病历书写、中药煎熬、中西药管理、交接班、业务学习以及手术操作规程等一系列规章制度。各科室按各自职能开展工作。

1994年，林区人民医院积极参与医院分级管理活动，按照“一级甲等医院”标准要求，进一步加强医院基础建设，强化医院管理，提高医疗质量，强化队伍素质，优化医疗服务。经过一年的努力工作，1994年年底，经市卫生局评估验收，金洞林区人民医院成为“一级甲等医院”。

1995年7月，林场组织人事部门决定对医院负责人改任命制为民主选举产生。民选院长，有聘任副院长、各科室负责人的权力，各科室主任有组阁的权力。医院建立了党支部，院长兼任支部书记。医院的管理实行“院长负责制和科主任对院长负责的两级负责制”。即院长对全院业务、行政、财务、后勤负总责，科主任对院长负责。对临床科室和医技科室，实行“四定一奖”的管理办法，即定人定编制、定质量考核指标、定经济任务、定材料消耗和超收分成奖励。对职能管理科室定岗位责任制。通过这些全新的管理办法，医院的面貌焕然一新，当年门诊13320人次，住院1117人次，治愈率86.7%，业务收入93.13万元。

2001年，实行医疗机构分类管理，将林场医院、乡镇卫生院和学校医务室、村卫生室全部按非营利性医疗机构进行管理。

二、医疗质量管理

20世纪50年代后期，“林场医务室”成立时，因规模小，医疗质量管理及相关规章制度不够健全。

1960年，“林场职工医院”成立，门诊制度、住院制度、医生职责、护理制度、注射制度、消毒灭菌制度、药品管理制度、医院卫生制度等相继建立。医疗工作有章可循。

1988年，林区人民医院及乡（镇）卫生院参照祁阳县医疗质量管理的要求，推行“首院、首科和首诊医生负责制”，处方病历书写质量有提高，病历优良率达80%，病人治愈率和好转率达90%，危重病人抢救成功率达80%。

1994年，林区人民医院参与医院分级管理达标活动，年底经市卫生局评估验收，获得“一级甲等医院”的称号。

1999年，林区各医疗卫生机构参照祁阳县的做法推行医疗质量与医疗安全管理责任制，严格院长、科室主任两级负责和医务人员岗位职责，实行三级责任追究和“一票否决制”。

2001～2004年，开展医疗监督、质量控制和质量评审，加强重点病人，重点科室，重点制度的监督管理。

2011年，区医院成立医疗质量管理小组，业务院长责任组长，护士长、医疗干事为副组长，对全院医务人员进行业务培训；实行以病历质量为单元的全面医疗质量管理。

三、医疗事故管理

林场建立医务室，到1960年4月，改“医务室”为“金洞林场职工医院”及各乡镇卫生院，一般局限在小病上（如感冒之类的病），大病都是往外转诊，很少有医疗纠纷和医疗事故的发生。

1984年实行以场带乡、场乡联营体制后，金洞林场代管金洞农村卫生工作，金洞农村医疗事故仍由祁阳县卫生局管理，建立和健全各项医疗规章制度，遵守技术操作规程，医疗差错事故较少。

2007年，金洞管理区卫生局成立后，为有效预防和处理医疗纠纷和医疗事故，保持医患双方的合法权益，维护医疗秩序，成立金洞管理区医疗纠纷和医疗事故处理小组。处理小组由区卫生局主要负责人、区乡镇卫生院管理中心、区人民医院医疗骨干、护士等人参加，负责处理区内医疗事故和纠纷。随着人民群众法律意识的增强，医疗争议事件逐年增多。医疗争议主要通过医、患双方协商和行政调解的方式处理。如果本级处理不了的，则申请永州市医学会医疗事故技术鉴定后按《医疗事故处理条例》等有关规定进行处理。截至2011年，全区医疗单位尚未发生医疗事故。

第四节　医疗保健制度

一、公费医疗

（一）原祁阳县金洞区社公职人员公费医疗管理

从1953～1984年，金洞区公社公职人员公费医疗管理统归祁阳县公费医疗管理委员会管理，具体事务由祁阳县卫生局公费办管理。1984年7月，金洞实行“以场带乡、场乡联营”的管理体制，祁阳县金洞区及7个乡镇公职人员由金洞林场代管。从1985年开始，这部分人员的人头费（包括医药费在内），由县财政局按照本年度祁阳县有关规定，在核定人数后，统一拨付金洞林场。林场再按统一的规定管理使用。

（二）金洞林场职工公费医疗管理

金洞林场各个时期公费医疗管理办法如下。

1954年8月，“湖南省祁阳县金洞林场管理局”成立。管理局按照政务院文件精神，对职工公费医疗实报实销。1955年，将工作人员子女纳入公费医疗管理。

1984年，实行公费医疗经费包干制，即按照国家规定标准：1～5年工龄，每人每月可报药费1元，超过部分报销50%；6～10年工龄，每人每月可报药费1.5元，超过部分可报销60%；11～15年工龄，每人每月可报销药费2元，超支部分报销70%；16～20年工龄，每人每月可报销药费2.5元，超过部分报销80%；21～25年工龄，每人每月可报药费3元同，超过部分报销90%；26～30年工龄，每人每月可报药费3.5元，超过部分报销95%；31年以上工龄，每人每月可报药费3.5元，超过部分报销100%。医药费包干到人后，按年计算，节余部分奖励50%给本人，其余部分留给单位调剂使用。对患有疑难病需赴外地医院检查诊断或就诊住院的，所超过的医药费，经主管财务的场领导审批后方可报销。对因工负伤，癌症患者、离休干部，二等乙级以上残废军人，其门诊住院医药费100%报销。

1987年，公费医疗管理进行改革，实行门诊药费包干，每月固定发放到人，不再报门诊药费，住院医疗费按比例报销，其标准见表19-5-2：

1987年金洞公费医疗报销比例

19-5-2　　单位：元、%

工龄	门诊药费标准	住院医疗费报销比例	备注
5年以下	2.00	50%	
6～10年	2.50	60%	
11～15年	3.00	65%	
16～20年	3.50	70%	
21～25年	4.00	75%	
26～30年	4.50	85%	
31年以上	5.00	95%	

对离休干部不实行门诊药费包干和住院医药费比例报销。门诊药费每月不发放到人，其医药费按规定的范围凭据报销。对癌症患者、二等乙级以上残废军人以及动大、中手术（一次手术医疗费在1000元以上）的职工，其住院费、医药费可按95%比例凭据报销。

2000年，金洞林场公费医疗实行“总量控制，分级负责，分块包干”的管理办法，即各经济实体由本单位负责（含招待所、医院等事业单位），林场直管单位年度三种全额包干形式：（一）林场教育系统由教育科统一包干；（二）林场机关各科室（含工会离退休人员）由计财科机关财务室统一包干；(三)六乡一镇及万宝山工区，由本单位统一包干。林场按每人全年160元的标准(注：门诊费60元，住院费100元)，核拨各单位基本医疗经费。住院及住院费报销办法：住院费用由本人先垫付，各单位按规定报销，报销比例：①年住院费累计总额在3000元以内的，其报销标准为50%，职工自参加工作之日起，每增加一年工龄增报1%；②年住院经费累计总额超过3000元的，其超过部分按50%报销；③经地市级以上医院确认为癌症病人，累计治疗费在2万元，按实报销，超过部分按比例报销；原确认的癌症病人，报销医药费累计超过2万元的，不再享受此基数，超过部分按比例报销。

2005年，金洞林场开始实施城镇职工基本医疗保险制度。

二、合作医疗

1955年，境内各联合诊所与境内农业生产合作社签订医疗保健合同，看病实行记账制，联合诊所每月或季与农业合作社结账，医药费从农业合作社公益金报销。

1958年，人民公社化后，社员看病只付5分钱挂号费，医药费免收，由当地人民公社支付。1959年，由于人民公社无力支付巨额医药费用，此项制度停止推行。

1968年冬，中国人民解放军广字103部队“6·26”医疗队在肖家村区黄市公社举办治疗聋哑病培训班，同时在该社创办合作医疗试点(社员每人每年交1～1.5元医疗费，其中生产队负担50%)，并在全区推广。年底，全区8个公社，85个大队60271人(除“地、富、反、坏、右”分子)，应入合作医疗59726人，实入54940人，参入率91.99%，其中社办全管6个公社，社队联办和队办队管的各1个公社。1969年1月，县革委会在黄市公社召开推广合作医疗现场会，各区、社分管卫生工作的领导、县直医疗卫生单位和各区医院院长120余人参加会议。同年，合作医疗在全县推广。

1979年，随着农村联产承包责任制的普遍推行，全县不少地方的合作医疗纷纷解体。金洞区的合作医疗也在解体之例。

1998年，小金洞乡推行住院合医合药的合作医疗，每人平均集资5～6元，共筹资2.1万元。但因各种原因，这种合医合药的合作医疗没坚持多久就停办了。

2007年，新型农村合作医疗在金洞全面推广(详见卫生改革部分述)。

三、妇女儿童预防保健保偿制

1986年，为进一步加强妇女、儿童保健，祁阳县首先在茅竹乡试点推行妇女儿童预防保健保偿制(简称妇儿健保制)。20世纪90年代前期，金洞林场参照祁阳县作法，开展了妇女儿童预防保健保偿制。

1999年，此项制度由于受“搭车收费”、“增加农民不合理负担”等因素的影响，加之部门协作配合不力，妇儿保偿基金管理不善，妇女、儿童预防保健服务不到位等诸多原因导致这一有利于妇女、儿童保健制度在推行多年后而自行终止。

第五节　卫生改革

一、城镇职工基本医疗保险

2005年,金洞林场实施城镇职工基本医疗制度,设立了基金管理中心。2010年7月,被正式纳入市级统筹,参保人员参照市级模式享受参保待遇,但金洞管理区未被列入全市统收统支。2008年下半年,管理区出台了《金洞管理区城镇职工基本医疗保险制度实施细则》,在此之前,管理区是参照祁阳县实施细则办理。2005年全场职工参保人数1812人,其中在职1172人,同年医保统筹基金预案70万元,实际拨付7万元,全年的住院总费用12000元,全年统筹待遇支出5000元,报账比例为52%。个人账户支出为零。

2006年,全场参保人数1726人(其中在职1093人,退休633人),征缴个人账户基金25万,单位划入32万元;大病互助金10万元;统筹基金45万元;经济实体单位缴纳6%单位部分3万元;全场住院总费用15万元,统筹待遇支出8万元,全场报账比例为53%。个人账户基金支出10万元。

2007年,全场参保人数1726人(其中在职1093人,退休633人),征缴个人账户基金30万元,单位划入32万元,大病互助金15万元。年预算统筹基金为120万元,实际拨付为零,(含2005年跨年拨付统筹基金45万元),经济实体单位缴纳6%单位部分6万元,全场住院总费用11万元,统筹待遇支出6万元,全场报账比例为53%。个人账户基金支出36万元。

2008年,全区参保人数1940人(其中在职1311人,退休629人),征缴个人账户基金103万元,大病互助金收入14万元,同年单位划入48万元。年预算为378万元,实际拨付126万元,全场住院总费用116万元,全场的报账比例为62%,统筹待遇支出为72万元,个人账户支出99万元。

2009年,全区参保人数为2706人(其中在职为1907人,退休799人),征缴个人账户基金50万元,大病互助金23万元,单位划入63万元。年统筹基金预算339万元,区财政拨付统筹基金110万元。全场住院总费用178万元,统筹待遇支出116万元,全场的报账比例为62.5%,个人账户基金支出72万元。

2010年,全区参保人数为2804人(其中在职为1971人,退休为833人),年统筹基金预算为564万元,同年区财政实际拨付286万元,征缴个人账户基金55万元,单位划入74万元,个人账户支出91万元.全年的待遇支出是155万元,全年的总费用是252万元,报账比例为62%。

2011年,全区参保人数为2804人(其中在职为1971人,退休为833人),年统筹基金预算为564万元,同年财政实际拨付200万元,征缴个人账户基金111万元,单位划入25万元,个人账户支出112万元。全年的待遇支出是220万元,全年的总费用是275万元,报账比例为 80%。

金洞管理区城镇职工基本医疗保险，经过几年的实施，有效地保障参保职工的基本医疗需求，减轻大病职工的费用负担。但也同时暴露出医疗体制改革落后，职工群众医疗消费水平过高，职工医保待遇偏低，基金职工个人负担仍然较重，加之财政困难等原因，医保基金积累不足，全区城镇职工医保收不抵支矛盾仍然存在。

二、新型农村合作医疗

2007 年，祁阳被列为全省第五批新型农村合作医疗试点县。当时全区新农合由祁阳县统一实施管理。同年 2 月 7 日，县委、县政府下发《关于建立和实施新型农村合作医疗的决定》《祁阳县新型农村合作医疗管理办法（试行）》和《祁阳县新型农村合作医疗管理办法实施细则（试行）》。

2007 年，推行新型农村合作医疗至 2008 年年底，金洞管理区农村人口参加合作医疗是直接由祁阳县合管办管理的。

2008 年 12 月，金洞管理区新型农村合作医疗管理办公室成立，属区卫生局下设机构，编制 4 人。新农合工作开始独立运作，其原则是：挂靠祁阳，独立运作；分开核算，收支平衡。按照这一原则，管理区管理委员会办公室印发《金洞管理区新农村合作医疗管理办公室管理办法实施细则（试行）》。

2009 年～2011 年金洞管理区参合人数、资金筹集及基金使用情况

19–5–3

年度	参合人次（人）	参合率（%）	筹集资金（万元）	使用资金（万元）
2009	42511	91.6	425	405
2010	46437	100	650	652
2011	50556	100	1162	1105

三、城镇居民基本医疗保险

2009 年，全区城镇居民医疗保险工作正式实施，按照市医保办要求，全区自参保以来实行基金统筹管理，因区内城居人数较少参保人员有限，基金收入单薄，经市医保领导同意将全区基金支出纳入市本级兜底管理，收支差额不由管理区地方财政负担。

（一）参加城镇居民基本医疗保险范围

金洞管理区行政区域内不属于城镇职工基本医疗保险覆盖范围的下列人员可以参加城镇居民基本医疗保险：本辖区内的中小学校的学生，少年儿童(称未成年人)；城镇非从业居民；参加城镇职工基本医疗保险确有困难的从业人员，可以自愿选择参加城镇居民基本医疗保险。

（二）永州市城镇居民基本医疗保险的缴费及补助标准

19-5-4

单位:人、万元

人员类别		个人缴费	财政补助
未成年人	一般人员	30	120
	低保、重残	20	130
非从业居民	一般人员	190	120
	重度残疾	60	250
	低保对象	110	200
老年居民	一般人员	190	120
	低保对象	110	200
	重度残疾	60	250
	低收入家庭	110	200
“三无”人员		0	全额补助

(三)2009～2011 年金洞管理区城镇居民基本医疗保险参保人数、缴费及基金使用情况

19-5-5

单位:人、万元

年度	参保人数及缴费		其中								基金使用
	(人)	(元)	未成年人		少年人		老年人		低保户		
			人	元	人	元	人	元	人	元	元
2009	462	24620	243	7290	203	38570	16	1760	–	–	3266
2010	4224	145260	3966	118980	125	23750	23	2530	–	–	56113
2011	3602	130750	3419	102570	115	21850	45	4950	23	1380	103891

第二十篇　社会　生活

第一章　姓氏　习俗

第一节　姓　氏

金洞管理区现有居民共220姓，基本上是聚族而居。其中人口在1000人以上的姓有王、唐、陈、周、赵、黄、张、刘、李、奉、邓，人数最多的是邓姓，共16822人，奉姓居第二，8844人，人数最少的姓，只有1人。

一、金洞姓氏排列按笔划分序如下：

二画：丁

三画：习、万、于、马

四画：车、尤、牛、韦、毛、文、尹、王、邓、方

五画：古、史、兰、乐、丘、冉、艾、叶、占、白、宁、田、皮、卢、左、付、申、甘、石、包、龙、冯、孙、邝

六画：毕、关、华、米、危、庄、阮、邢、安、农、汤、任、向、成、许、杜、齐、宋、全、吕、朱、伍、江、刘、李、纪、匡、阳

七画：谷、冷、时、旷、况、劳、应、岑、佐、严、邱、余、陆、苏、沈、汪、邹、邵、吴、肖、何、杨、陈、张

八画：单、练、尚、岳、卓、明、庞、武、施、屈、金、范、易、房、郑、欧、罗、奉、周、林、孟

九画：娄、倪、敖、封、柯、饶、洪、骆、姚、祝、费、侯、姜、柳、郝、段、钟、贺、夏、胡、柏、郭、赵

十画：海、宾、崔、钱、游、席、秦、莫、桂、高、聂、殷、翁、袁、徐、唐、彭、陶、梁、铁、涂、鄢、晏、卿、党、符、候、贾、凌

十一画：眭、龚、黄、盘、蒋、曹、屠、谌、楚、隆、麻、戚

十二画：舒、程、温、韩、曾、雷、谢、储、傅、鲁、粟、童、覃、焦、喻、湛

十三画:赖、腾、鲍、蒙、窦、漆、翟、靳、詹
十四画:滕、熊、黎、廖、蔡、满、谭、管、缪
十五画:颜、樊、潘
十六画:薛
十七画:戴、魏、蹇

二、主要姓氏溯源

金洞居民在历史上有两次大迁徙。一是南宋灭亡时,元军攻陷祁阳,进行残暴镇压,人口骤减;以后邻近省县居民相继进入。二是元末朱元璋与以两湖为根据地的陈友谅争雄,陈失败战死。为了防止两湖农民起义军继续反抗,朱元璋除了血腥镇压外,实行"扯湖南填川贵,扯江西填湖南"。祁阳居民大部分迁走,而由外省居民填充,金洞现有居民约220姓。其先祖都由外省外县迁来,主要是江西迁来的,现将人口较多的邓、奉二姓氏溯源选录。

邓姓,一支始祖邓天翁,明洪武二年由江西泰和迁祁之砖塘(今属祁东)。后嗣分居岩门前、白泥塘、烟后甸、石板铺、四角丘、文明铺一带。

一支始祖邓慕春,原籍江西新喻县,元至正年间(1341~1368年)为衡阳司,见世多扰攘,挂冠弃任,偕四子二侄隐居衡阳长乐里。明洪武四年,长子仕先定居祁阳之永昌崇林桥,次子遵先定居祁阳石鼓源,四子庆先定居祁阳之归阳,长侄美先定居祁阳之矮岭(今属祁东),次侄大先定居祁阳城山头。仕先子世荣移居下马渡之团山。金洞邓姓材七公由江西迁新田,二传兴八公江武五年(1373年)春延迁宁邑之溪洞象村河上江鲁塘。

奉姓,据奉氏族谱记载:该族始祖天门,字太衙,出生于南宋宁宗嘉定十五年七月二十四日即时。系平原江西省袁州府萍乡县白竹积善里人。谆祐元年,职任本州嗣府,讨河南草寇,镇安南黎贼,平乱有功,葵亥年诏封督统大元帅,遵循祖志,易平原为桂林,乙丑年见时势艰难,权臣乱政,民不聊生,趁机南巡,举家西迁衡阳凌溪,继迁常宁石子坳,三迁桂阳县白水洞,五代后裔共4人约于1376年迁金洞晒北滩猛江河,隐居不仕,拓荒陇亩,日出而作,日落而息,闲时上山采药,治病济人,乡人感其恩德,立祠以祀,佳传至今。

天门配鲁氏,生子七人,六人失传,仅满子高爵(字里仁),为该族继世祖。福妣谢氏生九九郎。三传九九郎配易氏闺号正九娘生辛一、辛二。四传辛一郎,字洪儒配李氏生千一、千二,千二郎字洪雅配廖氏生千三、千四。五传千一郎字文述,配张氏生万二、万三、万五;千二郎字文达,元配李氏生万一,继配肖氏生万七、万九;千三郎字文道,配邓氏生万四、万六;千四郎字文通,配许氏生万八、万十。六传万一郎字德明,配周氏,子女失考。万二、万三未婚,于猛江河迁梨树下。万四郎字虎五,配李氏,而立之年,因战殉难,子女失考;万五郎字福生,配蒋氏生志璋、志珪。由猛江河迁零陵县石城(现属永州市零陵区)。万六郎字虎晚号禄生,元配曾氏,继配胡氏生志通,其后裔迁广西泉州灌阳县,三配柏氏生志迈,现居金洞石鼓源乡,上司源乡、鸭婆凼等处系禄生嫡系后裔,世称乐山房。万七朗配盛氏生志官、志马,现居金洞晒北滩瑶族乡三叉岭下马里源,世代垦荒育林。

第二节　习　俗

金洞历史悠久，民风淳朴，礼仪恭谦，忠信仁爱，文明善良，热情好客，有诸多的优良传统和民族美德。

一、生产习俗

金洞人们充分利用二十四节气安排农事，指导种植。特别注重耕牛，有"牛是农家宝，种田不可少"的俗话。"牛过惊蛰马过夏"，即惊蛰一过耕牛就下地种田了。讲究"深耕三四寸，黄土变成金"的古训，始终做到田深耕，土深挖。积极引进铁器农具：铁犁、铁耙、三齿、四齿筑耙、月耙、大头条形锄头等。凤凰乡木工装的铁犁精巧、省力，有深浅适中、耕牛不要蛮等特点，闻名祁阳、祁东。下秧谷的口头禅是：穷人莫听富人哄，桐子花开下谷种；二月清明莫在前，三月清明莫在后。20 世纪 90 年代以前，种田的要素是：冬田一犁两耙，二干田两犁两耙，山边田三犁三耙；还要扯淤氹，扯田脚，搭田基，以保肥保水；整田要用齿耙挖田角，水泥船拖田，拖淤氹，田垅三面光等。施肥的要领是"瘦田谷子肥田禾"。九十年代以后，耕牛逐渐退出田园舞台，代替它们的是犁田机、耕整机等现代农业机械。农事也删繁就简，劳务减轻了大半。还有采茶有"谷雨茶叶胜参药"。每当谷雨节前后三天，是人们都去采摘。"禾怕苞里旱"，即禾灌浆放深水。"处暑荞麦白露菜"，告诉人们种秋季作物的时节。"寒露桐子霜降茶"，这个时节采摘油茶油桐的油脂多、质量好。"霜后红薯入窖烂"，即进窖的红薯要在降霜之前采挖入窖才不会腐烂。森工采伐运输的俗话："夏剥皮，秋砍倒，冬陆运，春流送"，采伐进山前先摆集合酒，用"三牲"敬山神，然后再进山采伐等，如此这些生产风俗习惯还有很多，但随着科学技术的发展而不断更替、变换。

二、生活习俗

金洞人民无论是对待亲戚朋友，还是面不相识的生人，只要你进入家中，就会泡热茶、摆糖果热忱招待。20 世纪 80 年代以前，全部用小碟子，一般四个，一碟摆一样，如瓜子、豆子、花生、糕点或砂糖。20 世纪 80 年代以后，全部改用大圆盘装糖果了。闲暇时节，街坊邻居隔三差五就互相请喝茶，除糖果外，另加一碟新鲜咸菜，礼尚往来，很是热闹。

开办酒宴必须排席位，以尊辈长上。一排酒桌称一条龙，上席、陪席各 2 个；二排酒桌称两条龙，上席、陪席各四个。如果长辈多、席位少，就摆"南北席"，以增加席位。坐上席者论资排辈，一、二席讲究"男家族、女外家"，其余席位选择家中各辈女方的长辈，有官员的优先考虑首席，曰"四门亲戚"。陪席由主人选定，无辈分之分。出第一碗菜时放鞭炮，主陪打招呼，上席回礼；出第五碗东坡肉时，大放爆竹，陪席邀请上席祝福、致词；出第九碗鱼时，上席起身辞谢用饭，陪席劝酒。现今酒宴礼仪也在不断改革。

三、年节习俗

大年初一 天亮必起床打开大门放开门炮仗，再祭天地神灵，然后发面条用早餐，叫“吃发”。饭后，男女老幼都穿着新服饰走家串户给父老乡亲作揖拜年，说吉庆话。各家都会放鞭炮迎接，敬烟敬茶，整个上午到处是欢声笑语，喜气洋洋，鞭炮声、喜悦声不绝于耳。而且屋内垃圾再多，也不能扫出门外，俗称不能出财。20 世纪 70 年代以前拜年礼品为猪肉 0.6 公斤、砂糖 6 块，到岳父家为猪蹄子 1.5 公斤、糖一包。20 世纪 70 年代以后改为猪肉 0.75 公斤、白糖一包，20 世纪 90 年代以后全部改用红包，不拿礼品。初一中餐由长辈办备，请嫡亲晚辈吃拜年饭。凡拜年饭为十道菜，俗称“十大碗”。第一道菜吃完后上第二道菜，收回第一个碗，如此往复，直到第十道。给亲戚拜年讲究“初一崽，初二郎，初三初四随便行”的规矩，八十年代前，主人都要打发拜年人自制的米花麻糖两把，用红纸包挂钱给小孩，以示吉兆不空手，九十年代以后只发小孩红包了。“二月青草发，还是拜年客”，初六以后到二月，邻居、街坊、朋友都要相互请拜年客，亲邻朋友全家人都要一个不落地请吃到，即便是一两个客人也要出十大碗，否则，为不礼貌。新女婿请外家亲戚的拜年饭要到元宵节以后进行，叫“新亲酒”或“春酒”，三年后就是老亲了。自初二起各氏族和街道都要组织耍龙灯、舞狮子去拜年，俗称“耍元宵”。一行数十人打着灯笼，举着牌灯，敲锣打鼓挨家挨户、满街满院，甚至几十里外去庆祝新年，主人要放鞭炮迎接，还要打发两把米花麻糖一个红包。如果去家族处舞龙狮，要先送“拜帖”，对方设宴款待，上下席往往出题为难对方，叫“嚼局”。舞狮的分为“打狮子”和“毛狮子”两种，“打狮子”先由赤膊男士打套拳，耍凳、棍、耙，然后打狮人与舞狮人上场共舞：跳桌角(高桌子)、上桌面、钻桌下，再上桌面凳、双桌、双桌凳等，滚四面、拜八方。“毛狮子”由人戴着各种傩面，在人群中边舞边喊，窜来窜去，以驱除瘟疫，“打狮子”和“毛狮子”进入各家各户拜年都是舞完四方即离去。耍龙灯的分为黄龙和滚龙两种。“黄龙”白天舞，龙被由布料制作；“滚龙”晚上舞，用竹篾织成，外粘白纸，内置蜡烛。两种龙都是一家一户地左进右出，见有宽敞平地了就大舞一场。耍龙的规则是舞上水龙，必回龙。如舞下水龙和不回龙就会发生争吵，甚至打架。元宵节一到，就举行龙灯狮子收藏上殿的仪式了，将头、尾放在正堂的牌匾上方，待腊月再取下演练。“十五夜里的灯”，实际上是指元宵灯会。元宵佳节的晚餐必须做到糯米汤粑吃，以示年成圆满。民国时期，元宵灯会，街上挂着各种形状、各种颜色、各种图案的灯数十盏，上面有谜语、歌、诗、词等。青年男女们在街上来回“划彩龙船”。观灯者来自四面八方，摩肩接踵，熙熙攘攘，热闹非凡。

二月长治节 长治节的主要内容为“一鸟二虫，三水四鼠”。正月三十日傍晚就用糯米做粑粘在干树枝上插到田、地里，俗称“粘鸟嘴”，这样，鸟就不会偷吃五谷了。初一这一天不准动刀，以免把鸟头剁下，不慈悲。初二这天不准进入园土里，以免萤虫跟进吃瓜秧、菜苗。初三不准到井、塘、河里取水，以免动了水会天旱。初四不准生火弄吃的，只吃冷饭干粮，老鼠无食会减少鼠患。有的人治 7 天，也有的治 4 天。20 世纪 80 年代以后已无人沿袭了，但惊蛰节为防冬眠动物苏醒入户，头天晚上在房屋周围撒石灰一直沿用至今。

“挂亲”(清明节扫墓) 林区祭扫坟墓叫“挂亲”，新坟祭扫为“春社”之日，叫“挂社亲”，连续三年。老坟祭扫时间为清明节的前三天或后四天。开派祖公的后裔男性上坟祭扫，女性在家办酒宴，俗称“清明会”。扫墓一般从高祖墓开始，上溯不限。大户人家凉伞旗号，大小轿子，敲锣打鼓，铳炮齐鸣，祭品为猪肉、鱼、鸡，俗称“三牲”。一般人家先修墓草，再在坟顶加三锄土，然后砍一米长树枝，上别两张纸钱，插在坟顶作标志，80年代后改用塑料纸花，且花样年年换新。供品为“牲脑”(鱼肉)一块，净酒三杯，燃香烧纸放鞭炮。无人祭扫的墓称“野坟”，有“祭扫三年如自生”的说法，也有人去祭扫。扫坟完毕后再到本房神堂祭拜祖人，举行祭天地祖宗等仪式。

端午、尝新节　端午节的头天晚上就煮好粽粑了，当天早晨在门头上插艾叶、菖蒲以辟邪气，置备丰盛的中餐。有“洗了端午澡，不怕蚊子咬；洗了端午水，不怕溺水鬼”的俗话，所以这一天人人都要洗澡沐浴。订婚的男方要请媳妇到家吃中饭。新结婚的岳丈要请女儿女婿上门过节。

尝新节　农历六月的第一个“辛”日为尝新节。每到这一天，人们就到田野里割摘黄熟的稻穗，不管到何田摘谷穗别人都不会怪罪，到园里采摘新熟的瓜果到庵堂或自家神堂祭祀，然后用新谷磨粉做粑，烹煮新鲜瓜果请长辈围坐过节。50年代以后此节逐渐淡化，至今已无。

中元节　农历七月十五日为中元祭祖节。意即祖宗魂魄回归故里，老天爷要为之洗路开道，必下雨。农历七月十二日早晨举行接祖魂仪式：大开中门，焚香烧纸放鞭炮，全家老幼肃立阶台，垂直揖叩，长辈念叨祖宗名号，然后入堂供早餐。每天三饭两茶直至十五日晚(有的是十四日晚)。凡摆祭设供的人要衣着洁净，先洗手整衣，再摆列。燃香烛烧纸钱，放鞭炮，虔诚礼拜，口诵奉词，先酒后饭，并将筷子在各茶中粘一下。饭茶毕后看碗底下的热气(小水珠)多少，水汽多的祖宗没吃完，无水汽的饭茶少了要加量。十五日这一天要书写扉纸，捆扎纸钱，折金银锭。晚上按祖宗姓氏分类，各集于一堆焚化，周围用石灰划圈。另在围外化少量钱纸作“挑夫钱”，另外一堆给孤魂野鬼，以保祖宗钱财不被抢劫。恭送祖宗的这天晚上需设供香案，全体后裔齐集焚化纸钱堆前三叩首，各自祷告。

中秋　农历八月十四日，家家包粽煮粑，十五日户户杀鸭子。置办丰盛的晚餐，外出的家人回来团聚。饭后，在晒场上喝茶、吃饼、赏月，道家常到深夜才睡。

重阳节　农历九月初九重阳这一天，家家蒸糯米酒，俗话说“重阳米酒经得喝”。待一、二个月后倒入火酒密封(俗称压酒)过年饮用，那时味美香醇，甜润沁心。饮了倒火酒，可反复三四次甜味也就一次比一次差了。还有是户户煮糯米饭冲糍粑。粑坑用石头凿成，粑棒用坚韧的木材，制成中间细两头大光滑而细腻的冲锤。糍粑冲好后，相互请亲朋好友前来品尝过节，没来的就送去一大碗。吃粑前，要磨好黄豆粉与芝麻、花生、细糖拌匀，将粑置入其中翻滚再吃，真是香脆甜粘，口感极佳，令人回味。60年代以后，冲糍粑过重阳节的习俗逐渐减少，近年来蒸糯米压酒的也减少了。

小年、除夕　一到腊月，所有物价涨三分。小年、除夕夜家家必倒便桶，晚上人人要洗澡，年饭前用大肉、鸡、鱼设香案于门前祭奠天地神灵，放鞭炮后才吃团圆饭。小年的当天必打扫好楼顶、墙壁的灰尘、蛛网，晚上送灶公灶婆上天，恳请他们“好事奏于天罡，恶事瞒于地支”。自此，进入年关，有顺口溜云：“二十三洗衣衫；二十四过小年；二十五做豆腐；二十六砍猪肉；二十七杀阉鸡；二十八杀大鸭；二十九样样有；三十夜吃大餐。”除夕下午，家家贴对联，无对联的在外门头上贴三条红纸，内门头上贴一条红纸，以示喜庆。饭后，全家人或围坐火炉旁烤火，或在灶边炒瓜子、花生，很晚才睡，称“坐岁”，大火熊熊，所以说“三十晚上的火”，实际上是等待家人外出收账结算归来。晚九时后，还要举行接灶公婆回来的仪式。当晚，掌家人需发放“压岁钱”，不论老幼，每人一份。洗完澡后都要换新衣服，迎接新一年的到来。因为新年初一不能往外扫丢东西，除夕夜打扫好卫生。时至2011年，这些习俗已逐渐更改，以看春节联欢晚会为主要形式了。

四、婚嫁习俗

清代，金洞同其他地方一样，实行妇女缠足制。女孩不到三岁，就用又宽又长的黑布将脚掌紧紧地裹住，足长不过三寸，超过的称为“大脚婆，嫁不脱”，极大地伤害了妇女的身心健康，影响了劳动能力。“丈夫大于天，妻子小半边”，夫亡妻守寡，不准再嫁。离婚只需男子一纸休书即可，妇人无权提出离婚，被休妇人再嫁，非贫穷男人不敢娶，再婚的称为“山里亲”。青年男女结婚不得见面，只凭父母之命，媒妁之言，直到入洞房了方知对方人品才貌，这种包办婚姻害得少数青年男女拒婚、抗婚、逃婚的人大有人在。民国时期，妇女不再缠足，男人也不需留长辫。但封建的婚嫁习俗大体相同，只是男女青年可以先见面，再定亲。因此，就出现了兄代弟相亲，亲代戚相亲的现象。清代、民国时期首先是出庚，即双方父母同意儿女婚事后，将生辰八字用红纸写好交予对方，找算命先生合配八字后将“庚帖”押入神堂内。第二是定亲，男方送彩礼到女方家，正式确定婚姻关系。第三是报日，男方携带猪蹄、活鱼等礼品去女方家告知举行婚礼的日期，洽谈作法、礼金数额、嫁妆数量等，双方父母不对面谈，全凭媒婆代传。大户人家嫁妆有：布料几箱、家具全套、被褥十数床，还有银钱、田土、山林等。一般人家为：被褥二至四套，少量布料和家具。贫困人家为：男出荷叶我出肉，出得你门进我屋。并且严格按照三茶六礼办婚事。“茶”即用红纸包成80厘米方的长方体，内置糕点、麻糖、花生、粽子等，由对方散发给街坊邻居，每人一份。“礼”即为红包，用红纸包成长方形，内置铜银币或纸币，赠给相关人士。男方三茶为：定亲茶、出亲茶、上门茶；六礼为：敬神礼、开脑礼、起马礼、拌亲礼、接娘礼、押轿礼。女方三茶为：订亲茶、报日茶、回门茶；六礼为：敬神礼、剪脑礼、肩脚礼、洗抹礼、付郎礼、铺床礼。大户人家出亲用大红花轿，四个轿夫，双人抬盒上罩红绸布，凉伞彩旗，铳炮喧天，鼓乐齐鸣，新郎留家，迎亲队伍浩浩荡荡。一般人家用二人轿，两个轿夫，没有抬盒的用箩筐、竹篮，三茶六礼也从简。凡举行婚庆的男女双方，家中张灯结彩贴对联，用红纸写请柬盛邀所有亲朋好友。新娘出嫁的前三天，母亲开始哭嫁，教育女儿到婆家后怎样侍奉公婆哥嫂，怎样对待叔妹子侄和邻居，传授行房知识和注意事项。上轿前，拌亲娘先带新娘到神堂举行告别祖先的仪式，再由兄弟或堂兄弟背着，四人扯块大青布遮住新娘不见天日，入轿后，盖上红盖头，背新娘的人将手中的一把筷子撒向轿后娘家门前。押轿的为三个男孩，轿内一人，轿两边各一人随轿前行。轿到新郎家后入正堂，双方手系红绳举行交拜仪式，然后摘下红盖头，洗净手脸入神堂拜祭祖宗，最后送入洞房。

晚上，本村的男性都要进行吵闹洞房的活动，他们放几挂鞭炮，进入堂内，新郎家就要置酒茶烟菜招待。他们请出新娘，吟诗作对，嬉戏打趣，所以有专门吵房用的简书。新郎新娘答不上的要接受各种形式的处罚，在民国时，文明吵房的较少，大多是粗言秽语，动手动脚，不堪入目。新娘极其厌恶，她们愤恨地说："要你莫来偏要来，没有好话口乱开，不如坐到桌边去，睁大眼睛等茶来。"第二天，新娘新郎带礼品回门，娘家置办酒席，请送亲客陪伴，新郎坐席首。临别时，娘家退礼，叫"君子不接上门礼"，还要打发一宗茶。一个月后，新娘回娘家，叫看娘，新郎不去接，新娘不回转。

20世纪50年代以后，婚嫁从简，新娘告别了花轿，女方先到男方看人家，男奉礼金、布票定亲，双方接触一年半载叫"恋爱"，再到政府部门领结婚证。男方为女方做两套衣服后确定日期举行婚礼，即请亲朋来家，饮酒庆贺。无论出亲或送亲都是步行，没有繁文缛节，更没有三茶六礼。新娘一出门就用一把青布伞遮住，逢院子放鞭炮，直到新郎家。90年代以后，男女婚姻极少有媒人，逐步实行以车代步，迎亲车队装扮一新，新娘实行化妆制，伴娘伴郎均请年轻男女充当，不再选"八字好"的长辈了。花车在前，长长的迎亲车队随后，有的还邀请婚庆公司来家举办典礼，完全删去"上门""看娘""撒茶"等陋习。

五、丧葬习俗

金洞人们历来讲究"百事孝为先"的古训，对逝者非常尊重。有"生前很臭，死后喷香""死者为大"的俗话。重病期间，所有亲戚、好友闻讯都要携带病者最爱吃的食物前去探望、问候，不管事务多么繁忙，家中都要留人昼夜轮流服侍。人一咽气，即化"倒地纸"，用一大瓦缸(现用铁锅)堆满纸钱焚烧，并将写有出生日期的纸条贴在小棍子上让死者握住。再由孝子提桶、勺去井里或河里"买水"，边走边撒纸钱。水到后由家人"抹妆"，并穿戴上衣、裤、帽、鞋袜等"寿衣"，又叫"袄子衣"。内为男白女红，外为青黑色。接着"定水"，将尸体背到堂屋中间，扶坐高椅上，脚踩碗底，请道士俗称"师公"为之"开灵"，写灵牌、招魂旗和"七单"，然后入血棺。父母在的，逝者要头披麻，身围草绳，脚穿草鞋后入棺。棺木摆放按堂屋座向男左女右。并将死者生前的床草、被、席、衣服、用品等全部搬至十字路口或较阔处烧掉。蚊帐取下斜挂在血棺上。棺下用桐油点"跑灯"，又叫"长明灯"照耀黄泉路。还要查询是否为"冷退日、冷退时"，若是则要讨一百灶的土木灰置于棺内，方保孝家平安(现取百人吃饭的工矿、学校灶里一碗灰即可)。自咽气后，孝子"见狗都要作个揖"，逢人下跪，请求恕罪。儿、媳、女要穿麻衣、披麻托、围草绳、穿草鞋，谓之"戴孝"。其余家人和前来吊唁的亲友披白纱、头托，谓之"孝衫"，订婚男女去对方吊唁的在孝衫外斜披一条红绸布。请帐房管钱物、采购，请"写手"出讣文，贴挽联；请纸马扎牌楼、柩罩，忙得不可开交。傍晚，孝子高举火把，旁人带"牲脑、净酒"，打着大锣去所属庙堂"送烟包"，一直到登山。晚上请夜歌郎唱到天明，整晚要举行立寨、起歌、朝魂、烧香等活动。登山前一晚的朝魂要唱十座门，门门打卦，有时一门唱歌、打卦达半个多钟头才出现预定卦象；还要增加晒粮、扯粮、炒粮、散粮和上粮的活动，孝家各人要给钱。歌郎还要主持"殡殓"，即将棺内用衣服、纸钱扎实，用线"分针"，再盖寿被，男单女双，家被贴身，继而外家、女儿、亲戚，最后盖棺钉实。避免漏尸水也由歌郎负责"下冰刹"(如今用冰尸柜)。

俗话说:“人死饭门开。”本门族众全家熄火前来帮忙。次日,由带礼人陪长子去各处报丧,若次子或他人去报丧视为不敬。又要请“白鹤仙人”俗叫“地仙”来选址安坟。搬出氏族地外居的男性逝世,家门来吊唁或女性逝世,外家来吊唁要舞“孝龙”,挑篮子,举祭帐(原来为六尺布,80年代后为毯子,90年代后为踏花被),请乐队,敲锣打鼓放鞭炮前来,孝家要外出半里跪接,到灵堂前杀猪侍龙,将猪血洒入孝龙口中。旧时,一般人家丧期为三天两晚,丧事从简,富庶人家丧事为七天、半月不等,不但请僧道数人来家做亡司道场,超度亡灵,还要请文人礼生十数人来家“喊祭”,祭文分家祭、客祭两种,有些还要请剧团、渔鼓来家演唱,等等。如今丧期大都为四天三晚了,增加了灵堂前点歌点剧的新形式。登山的头晚为“先席”,十碗套餐。黎明前移灵柩于十字路口或宽阔处,登山发靷的早餐为“正席”,排设席位,出第五碗东坡肉后,实行“跪酒制”,孝子、孝孙戴三角两角叉,曾孙一角叉,由司礼人手持“哀”字屈前,三上三下后跪定,听从上席训导。首席对不肖子孙要讲“二十四孝”的故事,以延长跪酒时间,言毕,司礼人手持“谢”字,孝子桌桌跪礼退出。接着是侄、婿一干人等上前高揖谢礼。最后是妇孺们头顶用麻布制成的相连的“斗篷”(俗称“粽子角”)上前桌桌跪礼,散席后,匆忙作登山的各种准备。捧灵牌的规则是“头孙满崽”(现增加了遗像),前为丢买路纸钱的,放鞭炮的,举祭帐的(现增加了花圈),接着是锣鼓队、孝子孝孙们,再后是抬灵柩的16个男壮劳力,路远的为两班倒(旧时未满60岁的算“少年亡”,八人抬灵柩),紧接着是鼓乐队,放鞭炮、鸟铳者,帮忙人,妇孺“粽子角”和“孝龙”等等。送葬队伍浩荡,声乐锣鼓齐响,炮竹鸟铳轰鸣,哭声哀嚎遍野。而家中只留两三人扯去白帷素纸,迎接灵牌回堂。到坟地后,孝龙绕棺坑三圈,拆回布幔连同祭帐带回。孝子跪谢送葬人后捧灵牌顺原路返家安放于神堂边,只留举重人葬坟,为缓解孝家的辛劳和缺钱少米之苦,定下了“三天不出财”的规矩,亲友旁人回归家园,债主不得前去收账。然后是“首七”,请师公开阴口供饭。自此,每日三餐,祭至七七四十九日。“五七”由女婿家设席操办,请师公乐队念经超度解罪。周七化灵屋,丧事结束。整过丧葬过程耗资巨大的是烟和鞭炮,其次是各类教门师傅的工资、小礼。80年代以后,葬礼越办越隆重,越来越风光,车辆奔丧、送葬,“少年亡者”也由16人举重,必须扎牌楼、柩罩、花圈,亡故外地者亦可入堂(旧时不准进院门,在院外设灵堂)等,耗资巨大,难以负担。

六、建造习俗

金洞人建房子选址有“明坟山,暗屋场”之说法。旧时大部分建木质结构房屋。重大工序必请风水先生择吉日吉时,如动土、扯墙扇、上梁、合大门、入宅归火等。每项工序或开始或结束,房主人都要放鞭炮,办十碗套餐款待师傅和帮忙人。扯墙扇时,房四角的柱石下压盐、茶、米一包。梁树要偷,不管是谁家的山林,只要选中就趁无人时砍下抬回家,在树兜上放一红包。木工将梁树制好后,将公鸡的血淋洒在上面,中部用红绸布包裹,内置盐、茶、米各一包。安装梁树时,房主大放鞭炮,散糕点于堂前地上,让小孩们哄抢捡拾。梁上梁下的师傅们吟诵吉庆诗句叫“打令”,每吟一令主人发红包一个。亲朋好友都手捧鞭炮前来庆贺。入宅进火为子时后黎明前的吉时。长辈手举火把前行,边走边放炮竹。事先选夫妻双全,有儿有女的亲友一至两对于新宅中居住、接火。双火入灶后，吟诵吉庆诗句，然后煮面条叫“吃发”。如今不用火把而用煤炉或其他燃火器具了。

七、其他习俗

身上、头上落鸟屎者，则要讨百家米做“鸟屎饭”请别人来吃，就会避免牢狱之灾。

看到双蛇交配者，要脱下裤衩顶在头上回家，或用手指树木、花草等，并说：“我没看见，是你看见的。”就能免除死亡之祸。

认干父母的，用篮子挑礼品去干父母的神堂上焚香烧纸祭拜，干父母面对祖宗牌位给干儿干女署名。返家后，干父母要打发一个“讨米绣花袋”，衣服鞋帽一套，茶一宗，内置三角芝麻片、麻糖、花生、糕点、粽子等撒给干儿干女的街坊邻居分享。

男到女家落户，俗称“招郎”，男方即先到自家的神堂前举行告别仪式，再到女方家神堂前改姓氏、辈分，还要立誓言。如今，上述陋习已在不断改革或剔除。

第二章　民族宗教

第一节　民　族

金洞管理区主要居住汉族和瑶族，瑶族为境内土著少数民族，还有其他少数民族，这部分少数民族多系新中国建立前后零散迁入或婚嫁而居。椐 2010 年人口普查统计，全区 58361 人，其中汉族 55127 人，少数民族 3234 人，占全区总人口的 5.6%，少数民族 19 个。即瑶族、壮族、土家族、佤族、回族、侗族、苗族、景颇族、布朗族、藏族、彝族、仡佬族、哈尼族、傣族、黎族、傈僳族、布依族、白族、拉祜族。

1979 年以后，原金洞区设立民族工作办公室，配备 1 名专职干部做民族统战工作，贯彻党的民族政策，尊重少数民族习俗，实行民族平等，消除民族隔阂，培养少数民族干部，发展少数民族经济。1984 年场乡联营后，民族统战办公室设林场组织部，配备 1 名副科级领导抓民族统战工作，由政府和林场拨款和动员单位出资，帮助少数民族发展农、林、畜牧业、开办企业。1984 ~ 2011 年，在少数民族地区修公路 16 条，建成小水电站 5 处，装机容量共 3000 千瓦，开办企业 35 个，从业人员 505 人。创办民族中学 1 所，民族小学 12 所，培养小学生 1000 余人，初中生 800 人(75 年建民族中学)。1988 年，与小金洞乡中学合并，先后培养选拔少数民族干部 30 多人，其中处级 7 人，科级 12 人。遴选少数民族担任省人大代表 7 人次，市人大代表 4 人次，市政协委员 4 人次，县人大代表 16 人次，县人大常委 2 人次，县政协委员18人次,政协常委1人次。表彰少数民族干部15人次,处理民族地区边界山林权属纠纷20余起。先后派出农、林、水、机、医、教、科技人员200余人次,进入少数地区乡、村、组搞设计,送良种,传技术,教书,治病,使少数民族走上致富之路。

瑶族介绍:

一、历史分布 瑶族是一个古老的民族,是金洞土著民族。其先民早在秦汉时期以北方尤人进入湖广一带,当时被称为“零陵蛮夷”,三国时被称为“蛮瑶”,晋被称为“湘州蛮”,南北朝至隋唐被称为“莫瑶”,宋以后一直都被称为“傜人”。元明清及民国时期,统治者歧视瑶族,将“傜”字改成侮辱性的“犬”旁,称“蛮猺”“抚猺”“猺古老”等。中华人民共和国成立后,改猺为瑶,统称瑶族。

据《千家峒古本书》记载,金洞瑶族是南宋年间从江西迁入的,自称“勉”,同时因瑶族妇女头上衬有顶板,又称“顶板瑶”,主要分布在晒北滩瑶族乡、白果市乡、万宝山乡。瑶族一般依山而居,多居住在深山密林之中。

新中国成立后,随着党的民族平等政策的深入贯彻,瑶族人民得以安居乐业,瑶族人口不断增加。1984年经省批准建立晒北滩瑶族乡,该乡现有人口6206人,其中瑶族人口1878人,占乡总人口的30%,散居在白果市乡、万宝山乡的瑶族1037人,全区瑶族人口2915人,占全区总人口的5.24%。

二、社会政治 隋以前的瑶族先民,长期辗转迁徙,在崇山峻岭中求生存,过着“焚山而耕,所处粟豆而已;食不足,则猎野兽及烧龟蛇以啖之”和“睡不以床,冬不覆被”,用“三叉木支阔板,旁燃炎炙背以暖”的原始生活。到了隋唐初期,瑶民生活才相对稳定。瑶族社会的政治组织是“瑶老制”。瑶老是一地瑶族首领,经当地瑶民集会选举产生,由德高望重的瑶民担任,不世袭,可连选连任。“瑶老制”是维持瑶族内部组织秩序、管理生产生活、带有原始民主性质的社会政治组织。封建社会后期,“瑶老制”逐步被官府利用,瑶民常被官府赶杀,被迫越丘陵、入溪谷、进深山,辗转流离,过着居无定所的游耕生活。新中国成立以后,政府废除民族歧视政策,实行民族平等,瑶族政治上翻了身,当家作主人。少数民族地区经济和文化等事业都有大的发展。1984年,晒北滩乡改成晒北滩瑶族乡。1992年,被省人民政府授予“民族团结进步先进集体”称号。2002年,晒北滩瑶族乡磨石源村被列为“永州市民族团结进步示范村”。

三、文化体育 在漫长的历史长河中,瑶族同胞用自己的聪明才智创造出丰富多彩的独具特色的民族文化、体育,尤以能歌善舞居称。瑶族男女在节日喜庆和劳动之余常常开展各种文体活动。

(一)口头文学、歌谣。

人们称瑶族是歌的海洋,唱歌不拘形式,家里、山间、田头地边、圩场闹市,溪水河边都唱。歌谣内容丰富,种类主要有祭祀歌、抒情歌、迁徙歌、风俗歌、劳动歌、情歌、出嫁歌、时政歌、反抗歌、信歌、儿歌、谜歌、酒歌、滑稽歌等。

祭祀歌 一般在民间宗教祭祀中唱。如《盘王大歌》的歌词是(节录):

开天盘古是一个，青山玉岭盘王坐。
有子不知腊月寒，哪知现在有人间。
神坛面前奉盘王，保我人间永平安。
盘王叫我行天下，真心实意为人间。
帝王将相个个晓，见我来了恶就跑。
人间丑恶他不怕，请了盘王到我家。

迁徙歌 如《十二姓瑶人游天下》的歌词是：
当初瑶人十二姓，十二瑶姓人难逢。
天底瑶人共祖爷，游落分散天底游。
景定元年四月八，姊妹齐齐到海边。
齐家商量出海游，姊妹众齐广山深。
大船海里难拢边，月起月落四九天。
众人齐船许王愿，定下那时船到边。
船头许下盘王愿，许了良愿保人丁。
盘王圣帝开大恩，定下愿时船到边。

劳动歌 瑶民在劳动中自编自唱的歌谣，以劳动对象和场地不同，歌词也不同。如：
瑶山砍柴岭又高，没有好柴不下刀。
烧柴要知砍柴苦，又难砍来又难挑。
四山岭头放猎狗，瑶寨岭上起横枪。
起枪未了羊来到，狗叫三声羊看枪。

生活歌 是瑶族人民对长期受到封建压迫而造成贫苦生活的倾诉。如：
瑶山苦来瑶山苦，苦菜蕨根来填肚。
瑶民日子似黄连，受苦受罪向谁诉。
寒冬腊月盖蓑衣，瑶民苦情哪天完。
世上瑶家苦最多，千山万岭都住过。
小米高粱做馍馍，白了头发没个窝。
天下穷人最可怜，单衣薄被过寒冬。
瑶家苦情说不尽，没米过了好多年。

时令歌 用于记忆时令节气，各地有不同的唱词。如：
正月立春雨水天，云漫山间花未开。
二月惊蛰桃花开，请出亡魂仙重来。
三月桐木花正开，清明时节芽出来。
四月立夏小满天，金斗花开影在前。
五月芒种楠花开，龙舟下水接秀才。
六月芙蓉花正开，大暑过后秋将来。
七月莲花满塘开，七夕相会不分开。

八月白露荷花开，五谷早收归内来。

九月藤花霜降开，家家备耕迎来年。

十月立冬日渐冷，阳春寒中送暖来。

十一月大雪迎冬至，子孙备办白银钱。

十二月寒过又是年，梅花几朵送春来。

情歌 瑶族男女青年在谈情说爱时的歌谣，有初识、请问、赞慕、初恋、相思、热恋、结婚、思别等情节，内容广泛丰富，形式活泼多样。流传在晒北滩一带谣民的情歌有：

高山高岭种高粱，高粱酿酒桂花香；

妹妹想我高粱酒，我想妹妹满姑娘。

这山望到那山高，看见妹妹砍柴烧；

若是妹妹嫁给我，柴不砍来水不挑。

阿妹相貌长得乖，当面牙齿一路排；

没有唱歌先笑起，阿哥哪有不心开。

阿哥生得嫩悠悠，白纱衬衣穿里头；

白衣扎在蓝裤里，又想妹来又怕羞。

瑶山砌屋亮堂堂，红漆桌子摆中央；

两边摆起漆桌子，随你阿哥坐哪张。

妹说舍得郎不舍，妹说要离郎不离；

不舍不离藤缠树，藤枯树死不分离。

出嫁歌 婚娶过程中唱的歌。如"拜堂歌"

一对油烛亮堂堂，新郎新娘来拜堂；

左手点烛生贵子，右手点烛状元郎。

堂屋站立新郎和新娘，好似鸾凤鸳鸯正一双。

左手明烛夫妻百年偕老，右手明烛儿孙万代久长。

谜歌 瑶族常以唱歌的形式打谜给对方猜，如：

生在青山一排排，带回家中人人爱，

投身铁海去洗澡，一半荤来一半斋。

生在青山算我乖，爱我的人爬山来，

我的名字叫香菇，爱吃荤来半身斋。

三百六十一个缸，随你分做几层装，

不许那层少一个，不许哪层多一双。

三百六十一个缸，我把十九层来装，

层层装起十九个，那层都没少一缸。

（二）民族舞蹈

民族舞蹈有长鼓舞、盘古长鼓舞、芦笙长鼓舞、羊角长鼓舞、伞舞、瑶狮舞等。

（三）传统体育

传统体育有木棒球、射弩、抢花炮、人龙、高脚马等。

(四)语言文字

语言文字瑶族有三种不同的语言,即勉语、平地瑶语、梧州话。金洞的瑶族内部语言为勉语,但没有文字。对外则使用汉语言和汉文字。

三、风情、礼仪、习俗

在瑶汉杂居地区,瑶民的生活习俗、风情、礼仪逐渐被汉族同化。但在瑶民聚居地区,仍保持其原有风情、礼仪、习俗。

(一)生产习俗

居住在山区的瑶民除结束游耕习俗外,其烧垦、妇女播种、防兽、狩猪等习俗,至今依然。

(二)生活习俗

瑶族喜食腊味,喜饮酒,喜喝浓茶。在服饰上喜用宝蓝、靛青布做衣服。男人素以镶红边的青布包头;上衣无领,对襟布扣,口袋无盖,外套花边背褡,束青布腰带,胸部袒露;下穿齐膝宽筒裤,裹绑腿,花边布袜,"双梁鸡公"式布鞋。妇女内穿对襟无领长衫,袖口用红、白、蓝各色布料镶边,衣襟用彩色线绣成各式图案,外套多层绣花背褡,腹部挂一块各种颜色拼缝的棱形围裙,再系一条绣花腰带;下穿大筒齐膝布裤,裹绑腿,穿花边筒袜,红蓝钩"鸡公"式布鞋;胸前佩戴各色银牌银器,耳戴大银环,颈佩银项链,两手戴银镯、银戒指;头部装饰有已婚未婚之别,未婚戴有披挂镶边绣花巾和绿条的帽形顶板;婚后拆去顶板。瑶族妇女喜爱佩戴银首饰上街赶集,走亲访友。20世纪70年代后,中青年大部改穿时装。

(三)婚嫁

瑶族婚姻为一夫一妻制。缔结形式主要是青年男女通过节日喜庆、集会、走亲等场合结识交往,对歌传情,自由恋爱。其次是托媒说亲。定亲信物一般有布鞋、花带、手帕、围巾、雨伞等。婚姻形式有两种。一种是"招郎入赘婚",分三种形式:一为"高山流水,永不归宗",即男到女家后随女方换姓名,与男方家庭脱离联系;二为上门女婿,即男方不改名换姓,生男育女,单序随母姓,双序随父姓;三为"两不避宗",即男到女方落户,是女方家庭成员,但双方父母同样照顾,财产同样继承。另一种是嫁娶婚,即女到男家。

嫁娶婚礼程序有求婚、会亲家、订婚、耍嫁、坐歌堂、迎亲等。每道程序都有规矩,需依规矩而行。求婚时,不论晴天雨天,介绍人(媒人)必须带雨伞一把,到了女方家,将伞放置在大门外,不能带进屋内。经过商谈,女方若将伞拿进堂屋则表示同意,否则不同意。求婚成功后,男女双方父母要会面,议定亲事。订婚时,男方必须备礼金、礼物送给女方,女方邀请亲朋参加订婚宴席,证明其女已许婚,不久将出嫁。出嫁前有"耍嫁"习俗,时间1~3个月不等。这段时间待嫁女停止各项劳作,凡是女方的亲朋好友都要去拜访,话情道别,并请嫁女吃"嫁前饭"。出嫁先天晚上"坐歌堂"。陪嫁姑娘及姑嫂姊妹等陪新娘步入张灯结彩、桌上摆满香茶糖果的"歌堂",互相对歌。对歌分说郎、道情、盘歌三部分。由婶婶、嫂嫂等提问,新娘对答或陪嫁未婚姑娘代答。提问歌词歌调风趣、幽默、诙谐,以逗引新娘把新郎的人品、外貌和双方恋情经过都唱出来。如“说郎”歌唱“一条扁担四个钉，两个肩膀压百斤，左挑右挑三五载，阿妹挑中那个人?”新娘唱：“挑柴不怕山路远，挑水不怕水井深。小女长到二十多，一根扁担挑到今。”伴嫁姑娘接唱：“一根扁担挑到今，挑柴挑水又挑人。远近百里挑一个，挑个瑶家好后生。”“道情”是对歌的中心，对歌双方共忆相处岁月，表示惜别之情。父母兄嫂要把如何待人接物、尊老爱幼、勤俭持家等嘱咐，用歌的形式唱出来。娘唱：“十指连心心连肉，小女随娘二十秋。明日过门到婆家，敬老爱幼记心头。”女儿应唱：“婆家门前一条沟，连着娘家水长流。出门不忘娘教导，点点滴滴怀里兜。”嫂嫂接唱：“妹是门前一棵柳，根深不怕泥土瘦。吃用穿戴哪里来，成家全凭一双手。”陪嫁姑娘和唱：“好牛不用鞭子抽，好马不用铁笼头。劳动致富谢哥嫂，成家立业盖新楼。”“盘歌”是歌堂最后一道程序，对歌双方互相祝颂或出题引新娘发笑。一开始由已出嫁的姐妹唱：“唱个歌子逗一逗，看妹抬头不抬头。马不抬头吃僵草，妹不抬头不风流。”伴嫁姑娘唱：“什么生根最像娘，连弓带箭土里藏。哪是弓来哪是箭?千弓万箭射何方?”婶婶、嫂嫂插唱：“阿妹生来要离娘，连弓带箭心里藏。情弓搭起相思箭，射穿山崖九重山。”新娘答唱：“竹子生根最像娘，连弓带箭土里藏。竹鞭似弓笋似箭，三月笋箭满竹山。”最后对新娘进行祝颂，合唱：“开弓没有回头箭，扬帆没有倒行船。阿妹明天成双对，一爱就是百多年。”“阿妹明天做新娘，洗衣挑水有人帮。恩爱洒满塘和井，日头落地洒不干。”坐歌堂一直唱到男方迎亲到来。

婚日，男方请乐队到约会地点等候迎亲。新娘离家时由亲舅或亲哥哥背出门，一直背到看不见家门时才让新娘步行，由陪嫁姑娘送到迎亲队伍的约定地点，迎亲乐队边吹边舞绕新娘三圈，表示“龙吟凤舞”。接着迎亲者伴新娘朝前走，送亲者随后行，沿途唢呐锣鼓吹打不停。当新娘到达新郎家门时，不得抢先进屋，要让乐队进屋吹打一阵，表示喜气满堂，这时新郎家端出热水一盆，给新娘洗脚，换上新的“鸡公鞋”方能进门，意味新娘进门前一身干干净净。新娘进屋后，送亲客则暂留大门前洗脸、喝茶、喝迎亲酒，然后由新娘将他们接入大堂屋里休息。晚上举行婚礼，先由司仪唱请新郎、新娘和父母亲戚就位，司仪唱一词，唢呐乐器吹打一次。新郎、新娘拜过天地和父母，随后进入洞房。送迎客人则通宵达旦喝茶、喝酒。

随着社会进步，瑶族婚嫁习俗有些改变。但瑶族内部的婚嫁仍在很大程度上保持原来习俗。

第二节　宗　教

金洞的宗教历史大多沿袭祁阳的渊源，中华人民共和国成立前，宗教活动比较活跃。有寺、庵、观、教堂 51 处，教职人员 60 余人。新中国成立以后至 20 世纪 60 年代，宗教活动场所和信教群众逐年减少。“文化大革命”期间，大部分宗教活动场所遭到破坏，宗教活动基本停止。1980 年以后，落实党的宗教政策，宗教场所虽尚未修复开放，宗教活动逐步恢复正常。到 2011 年，全区有佛教、道教、基督教、天主教 4 个教派，信教群众 1500 余人，80%信奉佛教和道教。基督教、天主教活动规律跟随祁阳教派组织的安排而开展。

一、佛教

中华人民共和国成立前金洞有寺庵50余所，僧尼60余人。土改时寺庵财产被分，僧尼大部还俗。“文化大革命”期间，寺庵被破坏、拆毁，佛教活动停止。2011年，寺庵仍旧没有被得到修复，而佛事活动比较活跃。信教徒1000余人。

主要佛事活动如下：

一是烧拜香。通常在农历七、八、九月间，佛教小组根据信教群众要求，组织到双牌县的阳明山万寿寺、八宝的青莲寺烧拜香，每年烧香祭佛的群众达100余人。

二是吃斋还愿。农历每月初一、十五及佛祖、菩萨生日，信佛的都要吃斋，并到寺庵烧香拜佛。不少信教人士常年吃素不沾荤。人们去寺院烧香拜佛时还要许愿，或求子、或治病、或为赚钱发财等，许愿后达到心愿的就要还愿，有送茶油的，有给菩萨贴金的，有为寺庵献款的。

三是观音菩萨三节日。每年农历二月十九、六月十九、九月十九分别为观音菩萨的圣诞、成道和出家三纪念日。每到这三天，信教群众到寺院烧香，每天烧香拜佛、许愿、还愿的多达100余人。

2011年以前金洞佛教场所被毁情况登记

20-1-1　　单位：平方米、个

坐落地点	场所名称	面积（平方米）		建筑时间			供奉菩萨
		占地	建筑	始建	被毁	重建	
金洞友胜村	台盘观庵		300	清		存	大小13尊观音、罗汉木雕
枣树坪	清元庵		1000	不详	文革		大小10尊观音、罗汉像
金洞	峻脚庵		不详	不详	文革		
下古	甑脚庵		不详	不详	已毁		
小金洞大竹源	照山庵	3000	2000	1863	已毁		
欧菜河	修隐山庵		不详	1879	已毁		
东安村	观音庵		不详	1876	文革		
晒北滩野株源	煞口源庵		不详	1876	毁		
	发龙山庵		不详	1876	毁		
上司源蒋家冲	李子源庵		–	不详	毁		
	烂泥冲庵		–	不详	毁		
	马鹿源庵		–	不详	毁		
	安隐寺		–	不详	毁		
高枧	竹林庵		–	不详	毁		
	报恩寺		–	不详	毁		
鸭婆凼	五峰山庵		–	不详	毁		
	杨家源庵		–	不详	毁		
瓦泥皂	南隐寺		–	不详	毁		
双河口	善集庵		–	不详	毁		

续表 20-1-1

坐落地点	场所名称	面积(平方米)		建筑时间			供奉菩萨
		占地	建筑	始建	被毁	重建	
石鼓源西岭坳	西荣庵		–	不详	毁		
大岭下	清凉庵		–	不详	毁		
乐山	神仙庵		–	不详	毁		
	脚子庵		–	不详	毁		
	观音庵		–	不详	毁		
三满房	嶷山庵		–	不详	毁		
	聚贤庵		–	不详	毁		
	万善庵		–	不详	毁		
南冲源	玉莲庵		–	不详	毁		
	永镇庵		–	不详	毁		
	云峰山庵		–	不详	毁		
	开元山庵		–	不详	毁		
西岭坳	永兴庵		–	不详	毁		
	古佛寺		–	不详	毁		
桂林	桂林寺		150	1944	文革		观音、龙王、关帝
凤凰陶家	千年庵		150	清道光	1958		四殿阎罗、阿弥陀佛、五谷大神
长吉	观音山庵		120	清同治	解放前		
隐塘	望仙庵		220	清顺治	民国 30 年		
大湾	青云庵		150	清同治	1950		
隐塘	圆通庵		200	清雍正	1970		
长吉	水源冲庵		160	清咸丰	解放前		
凤凰	凤凰山庵		210	清嘉庆	1980		
江州	蔽市庵		–	不详	毁		
白果市波罗源	大源庵		–	不详	毁		
大源岭	志君庵		150	–	毁		
	金莲庵		250	–	68 年毁		罗汉、西关古佛、九子娘娘
团结	螺狮岭庵		120	–	不详	毁	
波罗源	五峰庵		100	–	不详	毁	曾有和尚 3 人
万宝山胜利	万缘庵		250	1935	1975		
油榨铺	永镇庵		400	光绪	–	存	
	发龙庵		300	光绪	1970		
桐子山	羊角山庵		–	–	不详	毁	
合计	寺庵 51 座		–	–	–		

二、道教

金洞原有道教观、阁、殿 14 处，到“文化大革命”期间都被拆毁，道士多还俗。

金洞的道教活动有：打醮；祭天祭祖；庆神；看风水；求签。

三、基督教

光绪六年(1880年)传入祁阳。当时英籍牧师浩克思受基督教伦敦差会派遣，率布道团到祁阳传教，建"祁阳基督教伦敦会福音堂"，吸收教徒40多人。

"文化大革命"时期，教堂被砸，教会停止活动。1979年后，宗教政策逐步落实，基督教活动逐步恢复。1984年，金洞镇、凤凰乡、白果市乡等地有学友参加基督教活动，当时由白水退休教师陈宏义传入，雷海生负责组织学习和做礼拜，李月鉴常年担任圣经讲解员，每周星期日集中一次，主要是做礼拜和上圣经辅导课。至2011年全林区有信徒100余人。

由祁阳宗教协会投资，凤凰村陶件生于2007年将基督教堂建在观凤岭陶家屋东面山坡上。教堂座东朝西，砖混结构，面积300平方米，墙外全面亮化，室内粉刷一新，地面硬化。正墙上贴着耶稣画像，房顶矗立2米高十字架，室内放置桌椅和小凳子数十条，每个星期天上午教徒前去做礼拜。

四、天主教

清宣统二年(1910年)传入祁阳。20世纪90年代，金洞管理区有天主教徒10余人，参加祁阳县天主教的有关教义活动。

天主教主要圣事有洗礼、坚振、告解、圣体、终傅、神品及婚配。主要节日有圣诞节、复活节、圣灵降临节、圣母升天节、诸圣瞻礼节等。

五、宗教事务管理

"文化大革命"时期，区内宗教活动被禁止，宗教场地被占用毁坏。1979年后，逐步恢复宗教和信仰自由，相继恢复和开放一些宗教活动场所。1980年恢复中共祁阳县委统战部，宗教事务管理职能从宣传部划归统战部。金洞宗教事务由组织部下设的民族统战专干负责管理，管理区成立后，按照国务院《宗教活动场所管理条例》精神，对开放的宗教活动场所进行登记和年检，宗教事务管理进一步规范。

第三章 人民生活

第一节 新风旧习

一、时尚新风

1.衣着。中华人民共和国成立后，人们的衣着大变样。长袍马褂基本绝迹，男的穿唐式便装的逐渐减少，中山装、列宁装、解放装迅速普及。20世纪60、70年代，人们受经济条件的制约，衣着颜色比较单调，基本上黑、白、灰、蓝、黄几色，许多人还穿着打补丁的衣服。农村“双抢”时节，光着膀子做事的农民随处可见。进入80年代，实行联产承包责任制，农民收入逐年增加，工薪阶层几次大幅度提薪增资，人们生活改善，衣着也发生了显著变化。男人以往的中山装、军便装逐渐被西服、夹克、外套、T恤衫、迷彩服、皮衣所代替；女人穿着的变化更大，喇叭裤、牛仔服、紧身服、宽筒裤、长裙、超短裙，配紧身长统丝袜、长外套、高跟鞋，显现女人追求时尚、凸现个性的特点；儿童服装讲究艳丽新奇，学生一般穿校服；老年人则以休闲服、羽绒服为主；老年女性打破了仅穿老色调服装的传统，也喜欢穿着艳丽的服装外出。在衣服的设计上，色彩四季分明，男女风格各异；纯色的衣服逐渐少见，讲究以一种色调为主，多种色调搭配。

2.饮食。20世纪70、80年代以前，人民的饮食追求温饱，主食以大米、小麦、红薯为主。在农村特别是山区，红薯往往充当农民的半年主粮。副食则以蔬菜为主，即使是工薪阶层或富裕人家，也很难经常吃到大鱼大肉，一般只是在逢年过节或来客时，才能吃上荤菜。80年代后期，人们的饮食逐渐从追求温饱过渡到追求营养和保健。随着交通的快捷和反季节蔬菜的出现，市场物资丰富，给了人们更多的选择。新鲜、稀奇、珍肴、卫生、保健、无公害食品，成为人们的首选；玉米、红薯这些曾一度主要用作饲料的杂粮反而受到青睐；南瓜藤、南瓜花、蕨菜、竹笋、马齿苋、红薯叶、油麻菜、苦菜公等无公害土野绿色蔬菜，成了城里人的抢手货。过去那种“吆三喝六、大鱼大肉”的饮食习俗已逐渐改变。

3. 居住。20世纪70年代末期，金洞农民住的基本上是土砖瓦房，晒北滩瑶族乡、白果市乡等乡大部分农民住着砂土夯实的土墙木皮房、木板房，只有极个别的农民建成极简单的两层红砖房。城镇居民住房也以土砖瓦房和木板房居多，只有部分公房是红砖房，人平住房面积只有5～10平方米左右，特困家庭甚至几代同房。20世纪80年代后期，农民建红砖房的逐渐增多，20世纪90年代形成热潮，且部分农民开始注重对红砖房的装修，如墙壁刮胶、磁砖饰面、贴地板砖等，居住条件大大改善。90 年代至 2011 年，人们追求住房宽敞舒适、通气通光、典雅大方。住房装修也逐渐由普通型向豪华型发展，楼顶吊顶，地板和墙壁使用大理石饰面，门窗使用高档铝合金或不锈钢。有少数农村和乡镇开始出现别墅，不少农民亦进城购房、建房，基本上是现浇结构，形式多种多样，有下店上宅式、前店后厂上宅式和套间式。到 2011 年年底，金洞镇及各乡居住地人均居住面积达到 30 平方米。

4.出行。20 世纪 70 年代以前，金洞只有 3 台客车，维系金洞至祁阳的客运交通，农村公路少且差，农民出行一般步行，极少数农民有自行车，视为稀奇。20 世纪 80 年代，拥有自行车的人逐渐增多，城市个别富裕家庭开始拥有摩托车，人们在小范围内活动，主要还是以步行为主。20 世纪 90 年代至 2011 年，摩托车、小轿车逐渐进入寻常百姓家。农民外出一般以车代步，没有车的农民就乘坐乡村间的短途客车或出租摩托车，极为方便。2011 年年底，金洞干部职工、农民、个体业主拥有小车、小轿车、面的、四轮车、摩托车达 1000 余辆，人们出行，一般乘坐私家车、公共汽车，还有人包车或租车。

5.生育观念转变。由于中国几千年“不孝有三，无后为大”思想的影响，人们把有无男孩继承香火作为是否对得住祖宗的一大标准，女儿再多不算数，生个男孩才甘心。所以许多人宁愿挨重罚，也要想方设法生个儿子。但 20 世纪 90 年代以后，人们的生育观念逐渐改变。“生男生女都一样，女儿也是传后人”的新思想逐渐被人们所接受。夫妻不再为有女无儿而抬不起头，公婆也不再对儿媳生的是女孩而歧视。“独生子女光荣”的观念深入人心，90%的家庭在生育一胎后，能主动领取“独生子女证”，不再生育。

6.婚姻观念嬗变。由于计划生育，独生子女越来越多。20 世纪 90 年代，婚姻已不局限于男娶女嫁一种形式，而是根据双方实际情况，多种形式并存。大多数是男娶女嫁，也有男到女家落户的，还有夫妻双方同时兼顾两个家庭的，更有“合二为一”，即把双方父母接来与自己一起生活的。此外，婚礼由铺张浪费型向简单节约型转变，举办集体婚礼、旅游婚礼、工作婚礼，等等。异族通婚者也逐年增多，瑶族姑娘嫁汉族小伙，汉族姑娘嫁给瑶族青年，还有瑶族小伙到汉族家入赘的，等等。

7.老年人生活观念改变。改革开放前，老年人紧守家门无所事事。20 世纪 90 年代后，老年人走出家门找乐趣。每天早晚，都有许多老年人在管理区机关马路、体育健身场地、老年人门球场、舞厅等场所搞健身活动，主要有跑步、做回春医疗保健操、跳舞、打门球等。有些老年人还自编自导文艺节目，穿红衣、打腰鼓、扭秧歌，经常被邀请为一些企事业单位和个人喜庆活动表演助兴。金洞林场老年人门球队每年都参加市林业局、市总工会或市农委主办的老年门球邀请赛，并取得较好名次。

管理区工会、老年书画协会、老年体育协会经常开展文体活动、书画比赛，丰富晚年生活。此外，金洞镇、石鼓源乡还办了两所敬老院、老年公寓，来这里的老人已不再是无人赡养的孤寡老人，也有一些有儿有女者，他们认为老年人在一起有共同语言和共同兴趣，可以互相照顾，不用儿女操心，他们很开心幸福。

8.社会募捐。2005～2011 年，管理区组织赈灾募捐达 10 余次，现金 264543.5 元，粮食 4 吨、衣被 1 万余件。无论是地震、洪灾、雪灾、火灾，还是人的疾病灾害，全区所有的国家干部、企事业工人每年都要捐一定款项用于抢险救灾，抢救危重病人生命和急于需要帮助的人。学校、机关、企事业单位每年还要向残疾人、五保老人及特困人群送去温暖。在车站、商店等公共场所，向残疾人和特困人群小额赞助的事例更是随处可见。

2009 年，白果市乡柏福村发生火灾，全区募捐 37950 元；2008 年、2010 年汶川、玉树地震灾害，全区募捐 79313.5 元。2011 年，晒北滩瑶族乡、晒北滩村火灾募捐 14930 元；2010 年、2012 年慈善一日捐款 13.271 万元。捐款单位 42 个，捐款人数 2100 人。

9.义务献血。2008 年以前金洞管理区的医疗用血都是从境外调取的，一般每 100 毫升 150 元人民币。2008 年，管理区领导根据市政府的安排和要求，号召干部、职工、群众、学生无偿献血。区红十字会办公室负责具体工作落实。

一般一人一次 200 毫升至 400 毫升，发给无偿献血证明，并承诺献血者在以后需要医疗用血时优先优价供应。管理区还建立了激励机制，对无偿献血完成任务好的单位和个人给予精神和物质奖励。自 2008 年全区共义务献血 796 人次，献血 23400 毫升。

二、社会积弊

金洞社会风气在新中国诞生后，经过法规政策宣传教育，辅以改造措施，曾大大减少，以至禁绝灭迹。改革开放以后，门户洞开，曾一度被禁绝的恶习诸如赌博、嫖娼卖淫、吸毒贩毒、封建迷信等又死灰复燃，滋生蔓延，影响社会文明安定和改革开放的顺利进行。

1.赌博。一些人以玩扑克、象棋、字牌、麻将、游戏机、电脑等形式进行赌博的活动复苏于 20 世纪 90 年代初期，始则娱乐，继则赌博，且人数越来越多，赌资越来越大。

2.嫖娼卖淫。嫖娼卖淫于 20 世纪 80 年代末沉渣泛起。妓娼主要是以暗娼的形式，在一些发廊、酒楼、美容美发厅、洗脚店等服务游乐场所出现。政府虽对嫖娼卖淫进行打击和清理整顿，但屡禁不止。

3.吸毒贩毒。吸毒贩毒作为一种严重危害社会和人们身体健康的罪恶现象，在新中国成立之初曾一度被禁绝。20 世纪 90 年代到 21 世纪，重新发现吸毒贩毒，以青少年居多，范围越来越广，发展越来越快。不少人吸得倾家荡产、骨瘦如柴乃至丧命。有些人为筹集毒资，铤而走险，走向贩毒、盗偷、抢劫、拐骗、卖淫的犯罪道路。有些“瘾君子”共用注射器，造成交叉感染和疾病迅速传播，严重危害他人和自己的身体健康。

4.请客送礼。中国历来是礼仪之邦，金洞的老百姓也注重礼尚往来。逢年过节、生日喜庆，亲朋好友坐在一起，既热闹气氛，又融洽感情，本无可厚非。

20 世纪 90 年代起，请客送礼逐渐沾染了铜臭气和市侩气。一是请客的名目繁多。有三朝酒、满月酒、乔迁酒、结婚酒、嫁女酒、升学酒、升官酒、丧事酒等，不一而足。二是请柬到处分发。一般在办酒前几天甚至半个月就作准备，定名单，一人一份请柬，或送或打电话。接到请柬乐意的要去，不太乐意的一怕拂了主人面子，二怕得罪人，日后不好相见，也只好堆上几掬笑容硬着头皮去。三是礼金互相攀比。日增月长，礼金逐年提高，90 年代初一般礼金 50 元左右，进入 21 世纪一般要 100～200 元，2007 年以后一般 200～400 元。频繁的请客送礼使许多人不堪重负，只得打肿脸充胖子，寅吃卯粮，甚至借债送礼。更有甚者，一些有权有势者借请客之机聚敛钱财,接礼受贿,人们多有微词。

5.封建迷信及其他。由于几千年来传统习俗的影响和部分人文化科学知识的贫乏,迷信活动在祁阳基本上没有停止过。20世纪80年代以后,迷信活动大有抬头之势。建房、垒坟要看风水,下屋脚、上梁、嫁娶、搬迁要选日子,开业庆典要查时辰。一些人乘机搞迷信活动抠钱。主要方式有看八字、看相、算命、测字、求签、做道场、唱夜歌、问仙、拜忏等。

此外,每年"七月半"鬼节,几乎家家户户烧纸钱,放鞭炮,搞得乌烟瘴气。在农村,办丧事仍要唱夜歌、做道场,一般摆酒几桌几十桌,耗资几千上万元,且大多土葬。

20世纪80年代以来,金洞也出现街痞、市霸。20世纪90年代以后尤甚,且与区外一些人组成黑恶势力,横行霸道,聚众斗殴,"了难""摆平"。通过打击处理,全区社会风气有了根本性地改变。2008年以来,治安平稳,人心安定。

第二节　方言俗语

一、方言

金洞方言属祁阳方言区,祁阳方言分为东南西北中五大区,金洞属南区,西部接近零陵,南部接近新田、宁远,东部接近常宁。本节所述系祁阳县志所记述的中心区方言。

所收方言词语不考求本字,有音无字的,写方言同音字,在字的右上角加小等号"〃";无同字的,用方框"□"代替。白读字,在字的下面加上波浪线"~~~~"

天文时间

杠〃 虹

龙打水 闪电

结构〃子 结冰

天光 天亮

哼〃雷 打雷

践〃眼 现在

洞〃门〃前 从前

习〃撞〃母 有时候

莫交 等一下

动植物

蚁线〃 蚯蚓

蚤蚂 蝗虫

头牲 鸡

波〃丝 蜘蛛

禾线〃 稻穗

晚禾 晚稻

农工商

弹匠 弹棉花的人

剃脑匠 理发师

广货铺 百货铺

果子铺 南杂店

整田 犁田

莳田 插秧

亲属

嗲嗲 祖父

亲爷 岳父

嫔驰 祖母　　亲娘 岳母

牙牙 父亲　　郎 女婿

勒〃勒〃 母亲

俫〃仉〃 青少年 儿子

妹〃仉〃 女儿 姑娘

房屋器具衣服

毫〃屋 住房　　夹衣 棉衣　　厅屋 厅堂

饮食

火酒 烧酒,白酒　劳〃巴 锅巴

姜〃菜 瘦猪肉

身体疾病

鼻筒 鼻子、鼻涕

膝头骨 膝盖　　胁角拉〃 肋窝

脊〃干 指甲　　打摆子 疟疾

近〃七〃眼 近视眼　　出喜事 天花,麻疹

交往

莫拘礼 不要讲礼

难为你 感谢别人帮助

刮〃不得 与别人不相容　　厚烦 多谢

司〃礼 不肯多吃　　借由头 借故托辞

动作

七〃一眼 看一下

贡 钻:“从下面～进去”

吐气 休息一下　　抠 搔痒

笨〃 靠,依:“他～在椅子上”

催眼闭 打瞌睡

灭〃开 掰开　　谢〃过去 跨过去

斗坝 故意作弄人　　生孽(吵事) 恶作剧

短住他 拦住他　　谈驳 挑剔,指责

走水 走漏消息　　惯惜 溺爱,纵容

性状 颜色 数量

寡瘦 很瘦　　减〃白 (脸色)惨白

篌嫩 很嫩　　核〃多 很多

炮〃 十斤:“一～油”

副词连词代词

越更 更加　　白〃倒 总是,动不动

凑家 常常
翁〃个(高)、什么
撞马〃 有时
下 都
己(其)咯　他
宁格东西 什么东西
果〃边 这边
洪〃声〃 怎么
即干〃 尽管(副、连词)
洪宁〃声〃 怎么样
我倪 我们

二、俗语

茄子不打虚花,细家则(仔)不讲假话
有好大个脚,穿好大个鞋。
不怕鬼吓人,就怕人吓人。
看人说话,看菩萨填颜色。
三斑(鸠)一鸽,当不得麻雀一脚。
哪有穷人穷到底,哪有富贵栽了根。
煮酒熬糖,称不得老行。
行得正,坐得正,和尚、尼姑共得凳。
雪狮子见不得太阳。
鼓打千锤,当不得雷哼一声。
外头充壳子,屋里盖帐子。
起心弄心,弄到自身。
土地菩萨上不得神堂。
乌龟莫笑鳖,同在泥里歇。
打壁无土,扫地无灰。
癞皮蛤蟆充老蹦。
茅厕里的石头,又臭又硬。
新开茅厕三天香,新开铺子三天光。
不想劳〃巴(锅巴)吃,不得锅门前企〃(站)。
牛栏盖瓦畜生高〃(的)命。
东虹日头西虹雨。
端阳无雨三伏热,重阳无雨一冬晴。
八月刮南风,郎中(医生)赶郎中。
月光带箍,草都晒枯。
团鱼挂壁头——四脚无靠。
胡得彪卖膏药——自卖自夸。
伙铺里臭虫——吃客。
牛吃包衣——吃自家高〃。
孔夫子挑皮箩——一担都是书〃(输)。
一桶满水不淌,半桶水乱淌。
冒听见老虎叫,也听见老虎吼。
一次遭蛇咬,十年怕草绳。
女好还要郎好,崽好还要媳妇好。
懒人屎尿多,冒得也要屙。
吃不穷,穿不穷,不会打算一世穷。
草鞋冒样,边打边像。
姐姐做鞋,妹妹看样。
县太爷门前放不得伞。
气力用不尽,井水挑不干。
颈额涂猪血,假充剁脑鬼。
吃了桐油呕生漆。
冬瓜奈不何,寻到葫芦出气。
雷打脑眉心,还吃得三杯热酒。
马屎面上光,里头一包糠。
得了便宜喊肚痛.
拿到黄牛当马骑。
錾糖裹芝麻,越裹越多。
瞎子跌(丢)根棍。
冬暖晴,夏暖雨。
久晴东风雨,久雨东风晴。
冬雷哼一声,盐米贵于金。
月光带毛,大雨漕漕。
大雪小雪,煮饭不歇。
蚂蚁子打哈欠——好大口气。
八十岁学石匠——不容易。
和尚捡把梳子——冒用。
米汤淘饭——两当复原。
茅厕捡块布——亏你揩(开)得口。

第二十一篇 人 物

一、人物传略

周 文

周文(1895~1934),又名学滔,人称周桶匠,周老跳。1895年生,金洞白果市乡山青村人。

民国初期,湘南屡遭军阀蹂躏,周文等顺应历史潮流,纷纷立堂馆于阳明山中,提出“劫富济贫”的革命口号,得到农民群众的拥护。

中国共产党成立后,马克思主义在湘南广为传播,农民进一步觉醒,周文组织的队伍日益壮大。由于斗争日益尖锐,原来的堂馆已不适应斗争形势,各堂馆最后统一在周文的堂馆领导下。1926年,队伍发展到2000多人。北伐战争开始后,周文率领农军参加了反对土豪劣绅的斗争。1926年秋,周文部被国民革命军第16军收编为独立旅,周任旅长,仍驻阳明山,配合阳明山地区的农民运动。

马日事变后,被缉捕的农会负责人和农民自卫军战士纷纷投奔起义军,周文部队更加壮大,8月中旬,周文部联合各路农民军攻下宁远县城,打开牢房放出了被关押的共产党员和农民战士及其他囚犯,枪毙老县长,委派新县长。接着,又连克新田、零陵等六县,声威大震。

1927年10月,为镇压阳明山农民起义军,省政府批准成立阳明县。对阳明山的进剿加剧。在日益艰苦的斗争中,一些人经受不起斗争的考验,向敌人投降了,最后只剩下阳明山周文和宁远南岭山的陈光保两支队伍,力量大大削弱。

1928年1月,湘南暴动爆发,遭到了国民党军队的疯狂镇压,湘南起义力量除跟朱德上井冈山外,另一些人就近上了阳明山。1928年6月,中共祁阳县委遭敌破坏,县委组织委员李用之也上了阳明山。李用之联合先后上山的共产党员向周文建议,以阳明山为据点,四明山为犄角进行武装割据。改部队番号为“中国共产党湘南区永属农民自卫军”,周文为司令,下编八团,对部队加强军事训练,整顿军纪,还自办兵工厂。以白果市、黄江源为基点,逐步建立发展农会组织,设立苏维埃政府,周文任主席。此举立即得到共产国际的赞同和援助。因此,周文部力量大大加强,兵力发展到3000人,拥有机枪迫击炮。与陈光保部有分有合,袭击官兵,被国民党省政府称为“湘南心腹之患”。

1928年10月，何键率五个团以上兵力，疯狂进攻阳明山，遭到周文农民军的有力还击，何键部溃不成军，周文农军也遭到了重大损失。

1929年元月，欧冠上任清乡督查员兼宁远县挨户团副主任。他杀气腾腾，大举清乡，屠杀共产党员和革命人士。这时，朱德派人来阳明山劝说周文与井冈山汇合，但周文没有依计而行，错过了机会。这年冬天，周文部又发展到2000多人。

1930年初，欧冠任阳明县长兼阳明山周围八县团防指挥官，全力围剿周文。周文带领部队，积聚力量，伺机出击。1931年元月，欧冠率八县团防兵和国民党张其雄师、许克祥师各一部共计两万多人，对阳明山进行空前残酷的围剿，他们修碉堡，锁隘口，层层推进，完全切断了周文部与外界的联系。周文临危不乱，亲临前线，打退了官兵一次又一次的轮番攻击。官兵无法前进，使出卑鄙的招抚伎俩，张贴诱降标语。周文农军不为所动，坚持伺机跟官兵拼杀。冰天雪地，农军给养断绝，饿死冻死者不少。这年3月，农军率部突围。农军被俘的800多人被集体枪杀，饿死冻死加阵亡者共2000多人。

周文冲出重围，携妻女经祁阳、湘潭，辗转到广西恭城打桶为生，后改姓李。1934年4月，周文被宁远一商人告发，何键将周文从广西捕回宁远杀害，时年39岁。

王　林

王林（1906～1993），祁阳县石鼓源乡人。8岁时乞讨到水口山铅锌矿当童工。十几岁时成为中共地下交通员，开始从事革命活动。1931年加入中国共产主义青年团。1932年与参加暴动的水口山工人上井冈山参加工农红军，被红军部队留下，登记时临时取名王林，在红一军团政治部做宣传、青年工作。历任通讯员、班长、警卫排长、教育大队排长、侦察科员、“锄奸”科员、“锄奸”特派员。1934年参加中国共产党，同年10月参加长征，在抢渡大渡河、泸定桥等战役中，多次负伤，造成双手、左腿终生残疾。抗日战争和解放战争时期，他先后在延安党校、抗大、军队干部培训班、华中党校、苏北教大学习和工作。期间又历任支队作战参谋、县总队作战参谋、营长、股长、教导队长、苏北军区教导团教育长等职。1946年在淮安，经张爱萍、曾山介绍，与安徽省嘉山县新四军战士阚如波结为终身伴侣。1950年1月后，王林任华东空军司令部党委办公室主任兼作战参谋。1958年转业，任西赣中钢铁厂供销科长。1961年6月退休。1969年被打成“现行反革命”，还被诬陷是叛徒、特务。被关进江西宜春监狱，后来安徽省军区到中央军委查案件，见有毛泽东对王林问题的批示“留空军休养，等待另行安排”，于是马上将已被囚禁10个月的王林释放平反。1971年王林携家眷回到祁阳，在县城定居。1979年11月改为离休。1983年4月经中共湖南省委批准享受师级待遇。

王林回祁阳后，不顾病残的身躯，仍以大局为重，积极支持县委、县政府的工作，协助解决群众的具体问题。他一身正气，不谋私利，敢于同腐败行为和歪风邪气作斗争，积极从事社会活动。他兼任县里一些群团组织的名誉主席、顾问，对关心下一代工作尤为关切，多次深入机关、工厂、学校进行革命传统教育。

1993年7月7日，王林因病逝世。

刘冬元

刘冬元(1953～1992),凤凰乡凤凰村人,1953年11月出生。1969年参加工作,先后任凤凰公社话务员,广播员,上司源乡中学副校长,白果市乡中学校长、辅导区主任。金洞学区业务专干,百里乡党委纪检员。1984年2月,调入祁阳县纪委任纪检干事,后任县教委纪检组纪检干事、县纪委办公室副主任、副科级纪检员。1991年10月被抽调到内下水库大坝工程指挥部任副指挥长,投入到艰巨的内下大坝工程建设中。他身体力行,夜以继日地工作。为解决朽木滩新老砂场第二次移民问题,数十次挨家挨户逐人做工作,直到除夕的鞭炮鸣响后才踏上回家的路途。1992年7月4日深夜,金洞山区因连降暴雨,特大洪水冲向内下水库,危及大坝安全和群众生命财产。刘冬元闻讯立即带领指挥部人员投入抢险。他奋战一个多钟头,用手拉开大坝的泄洪闸,又冒着生命危险打捞木材。手脚被石头划破,鲜血直流,仍坚持工作。次日凌晨3时,因便桥突然塌陷,他被恶浪卷走,献出年轻的生命。同年9月,湖南省人民政府追认刘冬元同志为革命烈士。县委、县政府为其在水库大坝左边山坡上立碑纪念。

邓国扬

邓国扬(1958～2003),凤凰乡人,南华大学副校长。1976年7月参加工作,1983年7月加入中国共产党,1989年8月获博士学位,曾任教授、博士生导师,享受政府特殊津贴的专家,湖南省物理协会常务理事,衡阳市城北区第十一届人民代表大会代表。

邓国扬从小树立远大志向,立志成为一名对祖国、对人民有用的人,从一个普通的农家孩子成为一名博士、教授、高校领导。1996年9月,远离祖国,远离亲人,只身赴丹麦求学。1997年他婉然谢绝了丹麦一大公司的高薪聘请,按期回到祖国,回到了学校。

他长期从事的激光物理和电力电子技术方面的研究,取得丰硕的成果,在国内外各种学术期刊上发表论文34篇,其中在《中国激光》《光学学报》和《中国照明电器》上发表的多篇论文被国内外同行多次引用,数篇论文被SCI收录,先后发表教研论文10篇,主持完成或即将完成省部级科研课题12项,获得部级科技进步二、三等奖各1项,获国家新型专利2项,开发国家级新产品1项,出版专著多部,国家级科研课题四项,是南华大学激光物理和电力电子技术学科带头人,被推选为湖南省物理协会常务理事,享受政府特殊津贴的专家。1989年"中国科学院安徽光学精密机械研究所"博士学位。1991年获衡阳市优秀教师和中共衡阳工学院优秀共产党员称号,1993年选为衡阳市城北区第十一届人民代表大会代表,1994年被评为衡阳学科后备带头人,1998年获湖南省物理学会优秀论文一等奖。1996年获中国核工业总公司部级科技进步三等奖,1997年被四川省科学院编入《中国当代发明家大辞典》。2001年被评为湖南省教育系统优秀留学回国人员,获教育成果一等奖,被省教育厅聘请为2002年省学教系列高级专业技术职务资格评审委员会学科评议组专家。2003年获

"实用新型专利证书"。

他对党的教育事业无限忠诚,治学严谨,为人师表,勤奋求实,勤勤恳恳为党的教育事业贡献了自己毕生精力。2003年北京时间4月8日(美国时间4月7日),湖南高校学术考察团一行十三人在美国宾夕法尼亚州中部地区发生车祸,不幸遇难。

二、人物表

1951～1994年金洞籍阵亡人员

21-2-1

姓名	性别	出生年月	籍贯	所在单位	牺牲时间	牺牲地点
邓光煦	男	1927年	石鼓源乡	39军117师350团	51年	广西剿匪
奉许文	男	1925年	石鼓源乡	志愿军68军204师612团	52年	朝鲜作战
奉继雪	男	1932年	上司源乡	志愿军警卫3团	53年	朝鲜作战
奉贵文	男	1925年	石鼓源乡	0140部队	1954年	沈阳因病殉职
李良富	男	1944年	凤凰乡	0608部队	1970年	海南牺牲
奉继录	男	1976年	小金洞乡	青岛部队	1994年	因公死亡

清朝及民国时期金洞籍政府军政人员

21-2-2

姓名	性别	出生年月	籍贯	所在单位	军衔、职务	备注
奉鹏举	男	1910年	小金洞乡	陆军司令部第三署	中将、署长	
邓甲运	男	1908年6月	白果市乡	17集团军4军18师	副师长、中将	黄埔4期(台)
李大清	男	1909年2月	白果市乡	南京卫戍队	少将	黄埔5期
奉篪	男	1902年1月	石鼓源乡	常德警备司	参谋长	黄埔6期
邓瑛	男		凤凰乡	炮兵独立连长	上校	黄埔17期
邓权	男		凤凰乡	某团团长	上校	黄埔8期
邓洪范	男		凤凰乡	广东清远府	知府	
邓永波	男	1757年9月	石鼓源乡		六品教谕	乾隆22年
雷正化	男	1731年1月	白果市乡	郴州兵部道	官员	乾隆16年
雷绍清	男	1826年8月	白果市乡		秉义郎六品	道光30年

注:奉篪(又名奉仲文),1902年1月出生,金洞管理区石鼓源乡大岭下村人。《祁阳教育志》记载,奉仲文,中共地下党员,民国初期,由奉仲文先生领头成立学工会,由奉佳文先生在大岭下新屋院子办私塾,并先后在清凉庵奉家公屋办学。后来投笔从戎,黄埔军校第6期学员,历任某部骑兵二连连长,常德警备司令参谋长。1946年,奉母亲六十岁生日,湖南省原省长程潜,常德警备司令欧冠亲临赠匾"同仰心恒"。民国二十一年(1932年),著名画家关山月作山水画一副送与奉仲文。1948年奉篪病逝,享年46岁。

1980～2012年金洞获省部级先进个人荣誉称号人员名单

21-2-3

姓名	性别	工作单位	荣誉称号	授予单位	时间
邓联好	男	白果市乡中心小学	林业系统教育先进个人	林业部	1980年
李朝国	男	金洞林场木材总公司	劳动模范	省政府	1982年5月
冯国宝	男	金洞林场小金洞分场	劳动模范	省政府	1995年5月
谢冬阳	男	金洞中学	全国林业系统优秀教师	林业部	1995年9月
陈国强	男	上司源乡高枧村7组	全国优秀乡村护林员	林业部	1999年6月
周国平	男	金洞财政站	全国财政系统先进个人	财政部人事部	2002年
赵顺秀	女	白果市乡	全国妇联三八红旗手	全国妇联	1983年
黄易生	男	金洞林场	国务院人口普查先进个人	人口普查领导小组	1990年
邓秋生	男	金洞林场中学	国家教委劳模	国家教委	1978年
莫长春	男	金洞林场	全国农林科技成果先进工作者	国家科委、经委、水利部	1984年
李朝国	男	金洞林场	湖南省劳动模范	省人民政府	1964年
邓茂源	男	金洞林场	湖南省劳动模范	省人民政府	1961年
张国堆	男	金洞林场	全国绿化先进工作者	全国绿化委	1986年
邓光余	男	金洞林场	全国绿化先进工作者	全国绿化委	1986年
邓先华	男	金洞林场	全国模范教师	教育部	2009年
王振兴	男	金洞林场	全国计生协会先进会员	全国计生委	2011年
邓科	男	金洞林场	省创先争优优秀共产党员	中共湖南省委	2012年

金洞籍副处级及享受副处级以上人员名录

21-2-4

姓名	性别	籍贯	文化程度	现(原)工作单位	职别
邓佑满	男	上司源乡	大学	广州开发区管委会	正厅
邓茂松	男	白果市乡	中学	广西公安厅	副厅
邓景方	男	石鼓源乡	大学	国防部	正师
郭峻山	男	万宝山乡	大专	海口市人大教科文委	副厅
邓检牛	男	石鼓源乡	大学	武警126师	副师
柏连阳	男	石鼓源乡	大学	湖南人文科技学院	正厅
奉祥明	男	石鼓源乡	大专	湖南工商职业学院	正厅
冯祥英	男	白果市乡	大学	广西玉林市	副厅
邓太春	男	小金洞乡	大学	部队	副师
赵开成	男	晒北滩瑶族乡	大学	金洞管理区	正处
邓化春	男	上司源乡	大专	金洞管理区	正处
冯祥文	男	白果市乡	大学	祁阳县政府	正处
李秧田	男	凤凰乡	大专	祁阳县政府	正处
邓彪	男	金洞镇	大专	金洞管理区	副处
邓观生	男	凤凰乡	大专	金洞管理区	副处
邓腊生	男	凤凰乡	大专	金洞管理区	副处
肖申华	男	金洞镇	大专	金洞管理区	副处

续表 21-2-4

姓名	性别	籍贯	文化程度	现(原)工作单位	职别
李天明	男	凤凰乡	大专	祁阳县	副处
邓晓阳	男	凤凰乡	大专	祁阳县	副处
龙向阳	男	凤凰乡	大专	市旅游局	正处
李良刚	男	凤凰乡	大专	市公安局	副处
张新华	男	上司源乡	大学	南华大学	正处
邓冬发	男	晒北滩瑶族乡	大学	市林业局	副处
柏正松	男	石鼓源乡	–	市林业局	副处
黄金荣	男	金洞镇	大专	部队	正团
唐福兴	男	上司源乡	高中	部队	正团
奉永成	男	上司源乡	大学	三湘都市报	副处
奉起富	男	晒北滩瑶族乡	大专	市公路局	正处
雷远柏	男	白果市乡	高中	衡阳市卫生局	正处
奉辉	男	石鼓源乡	中学	市农业局	正处
罗桂生	男	金洞镇	高中	县武装部	正团
郭祥菊	男	上司源乡	高中	衡阳市计委	正处
李顺生	男	白果市乡	高中	海口市安检局	正处
雷远胜	男	白果市乡	中专	祁阳县委	副处
邓三茸	男	金洞镇	大学	原零陵卫校校长	副处
曾文正	男	白果市乡	大学	安徽省尼龙厂	正处

金洞管理区副高级以上职称人员名单

21-2-5

姓名	性别	出生年月	学历	职称	单位
刘金林	男	1962. 12	大学	高级林业工程师	金洞管理区机关
邱响明	男	1962. 12	大学	高级林业工程师	金洞管理区机关
奉向阳	男	1969. 12	大学	高级林业工程师	金洞管理区机关
肖铁山	男	1958. 10	大学	高级林业工程师	金洞管理区机关
黄守成	男	1967. 07	大学	高级林业工程师	金洞管理区机关
汪桂林	女	1967. 09	大学	高级林业工程师	金洞管理区机关
陈友森	男	1954. 04	大学	高级林业工程师	金洞管理区机关
李墨平	男	1948. 07	大学	高级林业工程师	金洞管理区机关已退休
邱祁生	男	1938. 08	中专	高级林业工程师	金洞管理区机关已退休
文学斌	男	1932. 05	中专	高级林业工程师	金洞管理区机关已退休
周先施	男	1935. 04	中专	高级林业工程师	金洞管理区机关已退休
张福生	男	1970. 10	大学	中学高级教师	金洞管理区教育局
刘友元	男	1957. 05	大学	中学高级教师	金洞管理区教育局
邓先华	男	1963. 08	大学	中学高级教师	金洞中学
邓素晖	男	1957. 02	大学	中学高级教师	金洞中学

续表 21-2-5

姓名	性别	出生年月	学历	职称	单位
邓 力	男	1963. 06	大学	中学高级教师	金洞中学
蒋 警	男	1957. 07	大学	中学高级教师	金洞中学

金洞在外工作正高级以上职称人员名单

21-2-6

姓名	性别	籍贯	出生年月	工作单位	职称
陈三喜	男	上司源乡		武汉建筑设计院	高级工程师
奉国强	男	小金洞乡	1955 年 3 月	林业部研究所	研究员
张青卫	男	凤凰乡	1972 年 6 月	国防科技大学	教授、人文系主任
邓先琼	男	凤凰乡	1952 年 2 月	湖南环境生物学院	教授(副院长)
邓耳愚	男	万宝山乡	1952 年	衡阳艺术学院	高级讲师
唐贤明	男	白果市乡	1966 年	北京师范大学	教授
李贵生	男	白果市乡	1964 年	居美华侨	教授
雷奇峰	男	白果市乡	1966 年 9 月	国防科工委	高级工程师
龚继愈	男	白果市乡	1937 年	零陵电大	教授

附　录

一、文献选录

关于金洞林区实行以场带乡后有关具体问题处理的批复

（零地发〔1984〕13号）

祁阳县人民政府、金洞林场：

地委、行署同意你们"关于金洞林区实行以场带乡后有关具体问题处理的协议"。希望你们加强团结，相互配合，密切协作，主动地处理好具体问题和工作中新出现的矛盾，共同把金洞林区建设好。

中共零陵地委
零陵行政公署
一九八四年五月二十六日

关于金洞林区实行以场带乡后有关具体问题处理的协议

根据地委零地发〔1984〕2号文件精神，祁阳县金洞区七个乡划归林场代管，实行以场带乡，场乡联营。随着这一关系的变化，祁阳县与金洞林场有些具体问题需要明确和解决。为此，地委派出工作组，会同祁阳人民政府和金洞林场负责人多次听取了有关部门的意见，反复进行了协商研究，现就有关问题达成协议如下，

一、关于工作关系问题。林场实行以场带乡，金洞林区的工作全部由林场领导，对下高度集中统一，县委和县政府对金洞区、乡的工作部署安排，主要是通过林场去落实，以便使林场根据林区的特点和实际情况安排自己的工作。县委和县政府召开的重要会议，例如传达上级重要精神，大的工作部署，计划安排和物资分配等，应通知林场负责同志参加，其他

部门会议一般由林场派人参加。涉及到乡、村干部是否参加县里会议的问题,由林场与县有关部门商定。有关业务情况、报表,由林场按规定及时反映和上报。区乡干部(包括行政干部与事业管理干部),由林场统管。其中,乡长的调整、任免,经乡人民代表大会选举产生,由林场报县人民政府任免。其他干部的调整. 使用、提拔由林场党委办理。为了便于干部管理,县委组织、人事部门将干部人事档案移交林场,乡、村党团组织关系由林场统一管理,县委组织部门应将这一关系转交林场。原区、社固定资产,通过清理、造册登记,交付林场统一管理使用。

二、关于经费与物资供应渠道问题。原金洞区、社的各种行政事业经费,包括区、社干部职工人头费、文化、教育、卫生、计划生育、社会救济、公共福利、民族事业、农田水利、基本建设、交通、农机、农技等经费,仍由县财政和有关部门以一九八三年为基数,分年度将指标落实到场,逐季或逐月拨款。以后,全县上述资金增加了,祁阳县有关部门按比例给林场增加拨款。临时性拨款也要按比例安排到金洞林区,不得少给。金洞林区的生产、生活资料和原材料的供应,仍维持原渠道不变。凡祁阳县调拨的物资,属于政策性亏损,由县财政和有关部门负担。以上问题,祁阳县一再表示要做好有关部门的工作,不能因金洞林区以场带乡的变化而任意少拨或中断资金和物资。金洞林场表示今后要主动与县有关部门加强联系,协商办事,共同把金洞林区建设好。

三、关于祁阳县林业局。木材公司设在金洞林区的机构、设施、固定资产和人员移交给金洞林场问题。祁阳县林业局 设在金洞林区的林业站 5 人,区、社集体林业员 9 人,由金洞林场接收。县木材公司设在金洞的木竹收购站 17 人,凤凰站 9 人,白果市至凤凰公路养护班 8 人,金洞竹木检查站 3 人,木梓圩检查站 1 人,合计 38 人。上述各站的人员,固定资产和生产、生活设施,一并由金洞林场接收。为了照顾县木材公司的实际困难,经协商,林场再从该公司接收 27 名生产工人和管理人员(不含退休人员)。双方应在六月底以前办理好交接手续,以利生产和木材流通。木梓圩竹木检查站由地区设立,祁阳县和金洞林场都不得在此设站。

四、关于金洞集体林区育林基金的征收和使用问题。金洞林区未实行以场带乡前,育林基金由祁阳县林业局征收和分配使用。从一九八四年七月一日起,金洞林区集体育林基金改由金洞林场征收,按照政策,原则上应大部分用于林区。考虑到祁阳县林业局育林基金的主要来源在金洞林区,为使该县有一定资金调剂余地,经协商:由金洞林场每年从集体育林基金中拨给祁阳县林业局 2.5 万元。

祁阳县其他乡在金洞林区的插花山。采伐木材时,由山林权所属单位按计划提出申请,经山地所有乡实地查看后签署意见,报县林业局批准,发给采伐证并由该局征收育林基金。

五、关于金洞林区木材经营问题。根据地委、行署 1984 年 2 号 文件精神,金洞林场实行以场带乡后,“林业生产由金洞林场实行统一规划设计,统一造林育林,统一保护管理,统一采伐销售”。祁阳县木材公司不再到金洞林区设点收购木竹。祁阳县的用材,按照地区计委分配的用材计划由地区木材公司进行调拨,交祁阳县木材公司经营。金洞林场每年从社队及其他用材指标中按地销价调 2000 立方米给祁阳县。祁阳县木材公司原在金洞收购的木材包括去年予交84年的木竹。凡已运至白水或已付款现有林区木材站的木竹，应抵林场八四年内调县木材公司的任务，凡已收购未付款的木竹，就地交林场。

六、关于确定金洞林场（包括乡、村）统、定销粮的基数问题。祁阳县近四年实际销给金洞林场的社队的统定销粮2725万斤，其中一九八〇年1033万斤，一九八一年924万斤，一九八二年907万斤，一九八三年861万斤，平均每年931万斤。鉴于金洞林区的社员目前用粮水平较低，随着速生丰产林建设的不断发展，必须取销粮林间作，实行退耕还林和一耕土造林，社员自产粮就会相应减少。为了使社员口粮水平保持相对稳定，经协商：以近四年实际统销金洞区的年平均数为基数，即祁阳县粮食局从一九八四年开始，每年要按931万斤的标准，向金洞林区供应粮食，鉴于粮食一定五年期限即到，以后如有新的规定，则按新规定实事求是地核定。

七、关于祁阳县金洞农机木器厂划归金洞林场管理问题。该厂是一九七〇年在原六个手工业社的基础上合并而成的集体厂，经济上实行独立核算，自负盈亏，由县轻工业局主管。为了有利于林区统一领导，经协商：该厂划归金洞林场管理，即人、财、物等从一九八四年七月一日起，全部移交给金洞林场。林场管理后，该厂仍属手工业联社集体性质，经济上独立核算，自负盈亏。对于一九七二年借县轻工业局买柴油机的经费和欠交的管理费，一律不再偿还，用于扩大再生产。一九八四年度该厂生产任务已经由县下达，因此，所需的生产原料和物质，仍由祁阳县安排供应，计划下达的产品由县调拨。

八、关于金洞林区公检法机构问题。为了使金洞林区公检法具有行使独立办案的能力。做到依法治林，林场和区里的两家派出所、法庭予以合并。成立祁阳县公安局金洞分局，祁阳县人民法院金洞法庭和祁阳县人民检察院金洞检察组。公安分局局长、法庭庭长、检察组组长分别由县公安局副局长、法院副院长、检察院副检察长兼任。人员配备由林场会同县主管部门商定。公安分局下设三个派出所，由林场拿出意见，报县批准。公检法机构经费原属林场的由林场负担，原属祁阳县的干部及经费，由县划拨给林场，新增人员的经费由林场负担。

九、关于祁阳县设在金洞林区的企事业单位问题，除内下、人民电站外，其余供销社、营业所、税务所、工商所、邮电支局、粮站、食品站、农技站、医院、学校等企事业单位，人员由林场管理，由林场负责行政领导，业务仍归口县有关部门，原区中学、医院与林场中学、医院合并，两块牌子一套人马，其他单位可从实际出发，该改革的可进行改革，其经费来源维持原渠道不变。

十、关于护林问题。虽然金洞林区实行以场带乡，但林区边界线长，与农区唇齿相依，外乡还有一部分插花山，因此，原设立的护林联防指挥部要进一步健全和加强。指挥部应在县政府和林场的统一领导下，积极担负起护林工作，帮助基层建立健全护林联防组织和乡规民约，及时总结护林经验和解决存在的问题，其护林经费由林场负责开支。

以上各条，双方共同遵守，严格执行。

地委工作组代表 孔宪访
祁阳县人民政府代表 桂福元
地区国营金洞林场代表 郑纯发
一九八四年五月二十日

永州市金洞林场办公室 关于印发

《永州市金洞林场林业生产管理办法》的通知

（场办发〔2002〕22号）

各乡镇、工区，场属有关科室：

《永州市金洞林场林业生产管理办法》已经场领导集体研究同意，现印发给你们。希你们认真组织学习，并贯彻落实。

特此通知。

永州市金洞林场办公室
二00二年十一月七日

永州市金洞林场林业生产管理办法

一、总则

第一条：为加大对林业生产的集约经营、科学管理力度，努力培育和发展"三高"林业，依法保护森林资源，依照林业法律法规和有关技术规定，特制订本林业生产管理办法。

第二条：林场的林业经营方针：以森林经营方案和林业分类经营方案为指针，以营林为基础，以市场为导向，以科技为动力，大力培育良种壮苗，发展速生丰产高效林业为目的，大力调整林种、树种结构，努力建设以马尾松为主的多树种工业原料林基地；依法保护森林资源，保护生态环境，积极推行经营机制改革，兴办家庭林场和股份合作林场，从根本上改变林区单一杉木林结构和单一的国有林业经济现状，发挥多林种多树种的综合效能，提高适应市场经济的能力，建立比较完备的林业生态体系和比较发达的林业产业体系。

第三条：全场竹林、经济林和部分边界护林难度大的林木林地必须承包经营，组建股份制小林场和家庭林场。依法进行的林木林地流转必须签订流转合同，依照法律和合同管理林木林地。

第四条：林区森林实行区域规模经营。依照立地条件、社会经济状况和市场需求将林区森林区划为工业原料林、杉木用材林、经济林和生态公益林。

(一)工业原料林经营区,海拔800米以下,立地条件I—III类,除区划营造杉木速生丰产林经济林以外的林地以松类为主。

国外松:凤凰、石古源、上司源,海拔400米以下。

马尾松:全场

楠竹:白果市、晒北滩为主

木荷、楠竹、梓树、酸枣、枫香、桤木等阔叶林:营造在金晒,牛内公路两旁作为风景林培育和与松类混交。混交比为3:7,即30%的阔叶林。

(二)杉木用材林经营区,海拔500以下,立地条件Ⅰ—Ⅱ类,营造杉木速生丰产林。

(三)经济林经营区:海拔400米以下,立地条件I类,交通方便的集体山林和现有的经济林。

优质水果:凤凰、石鼓源

板栗:金洞、小金洞、上司源

茶叶:上司源、小金洞

(四)生态公益林经营区:已区划界定的生态公益林。

第五条:林种树种结构调整。根据市场需求和林区实 际,林区今后造林的林种结构比例确定7:3较为合理,即70%的工业原料林;30%的杉木用材林,具体按二十万亩工业原料林的总体规划实施。

林场的主要造林树种:用材林为杉木,工业原料林以松、竹为主,松林混交木荷、楠木、酸枣、枫香、桤木、樟树等阔叶林。

二、造林抚育及苗木管理

第六条:苗木培育

(一)造林必须实行良种壮苗,为保证林场造林对良种壮苗的需要,根据次年的造林规划,由营林资源科到省、市或指定的良种基地购买良种,统一安排育苗计划和苗木调运计划,任何单位和个人不得擅自向外调苗,不得打破林场的苗木调运计划。

(二)林场计划育苗单位和育苗户必须服从营林资源科的育苗技术指导(包括间苗要求、技术革新措施)和苗木调运计划。

(三)控制苗木产量,提高苗木质量。苗木实行以质论价,苗木分一、二级,且苗木产量不能超过各树种规定的产量。产量、质量标准、单价详见附表一:

(四)苗木的调用,必须严格依照技术规定,起苗必须用锄头挖,不准用手扯,同时做到起苗分级,分级苗内挟杂有5%以上的非规格苗,用苗单位不准调用。苗木质量用油标卡尺和直尺卡量;苗木数量以随机抽样加权平均计算;调运苗木必须做到随起随运,未接到调苗单位的通知,育苗单位或个人不得起苗,擅自起苗的,用苗单位不准调用。

(五)营林资源科负责育苗的技术指导和质量监督,所育苗木必须经营林资源科验收发放苗木质量合格证后方可调用。

第七条:整地造林。

(一)造林规划设计。由营林资源科根据林场的总体规划下达的年度造林计划,组织垂直管理人员按照“因地制宜,适地适树”的原则依照森林区划逐经营小班进行造林作业规划设计,应同时设计劳务单价,规划设计必须在头年的11月份前完成。

(二)造林地的整理。按照设计要求出乡(镇)、分场(工区)组织施工,造林地清理采用火烧清理的方式,在清理后的造林地上进行整地;挖尽造林地上的茅蔸、杂草,为防止水土流失,坡度25度以上的禁止全垦整地,实行块状或带状整地;无论是全垦整地还是局部整地都必须按设计密度打穴,对已达到天然更新等级或坡度在46度以上的林地或46度以下土壤脊薄、岩石裸露人工造林难已成林的林地禁止人工更新造林。

(三)植苗造林。在已整地打穴的林地上植苗造林,造林树种中必须是设计的树种、不能擅自改变树种和混交方式,不按设计树种造林,林场不承认其更新造林面积,不核拨造林经费。造林季节,裸根苗造林选在12月至翌年3月12日前。造林苗木必须是营林资源科发放了苗木合格证的优质苗木,严禁一、二级苗木混栽。

(四)对不完成更新造林任务的村、组,不安排次年森林限额采伐指标。未经设计批准进行萌芽更新视为没有完成造林更新任务。加大全民绿化力度,每个法定公民每年完成义务植树3-5株,或完成相应劳动量的绿化任务,未完成的每人收取绿化费5元。

第八条:中幼林抚育和补植

(一)中幼林抚育计划由营林资源科编制下达,乡镇、分场(工区)根据林场计划落实到山头并负责组织施工。

(二)新植幼林造林后第1、2年每年锄抚2次,第三年刀抚1次,第4年刀抚1次,中林抚育根据实际需要安排,一年2次抚育的第一次在5月下旬到6月下旬进行,第二次抚育在8月到9月下旬进行,一年一次抚育的在7月下旬到8月下旬进行。

(三)抚育方式同整地方式相同,坡度在25度以下的实行全面锄抚,坡度在25度以上的以种植点为中心在1米见方内锄抚,一米见方以外用刀抚。茅蔸要挖尽、山苍子和萌芽按照设计该除尽的要除尽。

(四)对造林成活率低于90%或虽达到90%以上,但分布不均匀的造林地段均应于造林当年或次年春选用容器苗或一级苗进行补植。

第九条:管护

(一)对新造林地要实行封禁保护,严禁在幼林地放牧、挖树蔸等非林业生产活动。

(二)按照造林总体设计要求营造防火林带、兴修防火线和护林防火设施。

(三)一般造林的新植幼林原则上不准实行粮林间种以耕代抚,在不影响幼树生长的前提下在坡度25度以下的幼林地可适当种植花生,黄豆等豆科植物,但种植点必须离树蔸50厘米,严禁种植红薯等藤本作物。长防林、退耕还林地及金晒、牛内河沿河两岸所有新植幼林严禁粮林间种和以耕代抚。

第十条:营林生产成本核查,造林抚育结束后由营林资源科和计财科逐块踏查核实造林抚育成本,其成本标准见附表二。

第十一条:奖惩。为奖励在营林工作中作出突出贡献和处罚那些生产效果相当差的单

位和个人,对造林成活率和幼林生长量设定上限指标和下限指标,以小班为单位进行奖罚,具体办法是:

新植幼林第二年的保存率指标和高生长指标都达到了上限指标奖1.5元亩，都未达到下限指标罚1. 5元亩。所得奖金40%用于分场行政管理人员和施工人员,60%作承包者的奖励,赔款的40%由分场行政管理人员和施工人员负责,60%从承包者劳务工资中扣除。

三、林木采伐

第十二条:森林采伐包括主伐、抚育采伐、林分改造和更新采伐,凡采伐胸径5厘米以上,长度2米以上的活立木和楠竹都要纳入年度森林采伐限额。

第十三条:采伐原则

(一)坚持计划管理,分项计划不串用、不突破;森林火灾. 森林病虫害、林农烧材消耗的森林资源列抵当年的森林采伐限额。

(二)采伐林木必须按照《森林法》及其相关林业法律法规的要求办理林木许可证。

(三)申领采伐许可证应该按照《湖南省林木采伐伐区调查设计技术规定(试行)》的要求,提交伐区设计文件。

第十四条:主伐

主伐分皆伐、择伐和渐伐:伐区设计时应根据实际情况选择合理的主伐方式。

第十五条:抚育采伐

(一)中幼林抚育间伐任务必须完成,设计要科学合理,抚育间伐的林龄应在8—15年,以培育大径材为目的的林分,间伐年龄还可适当放宽,间伐木由林业站按照“三间三留”的原则确定去留,并打斧印。

(二) 间伐材必须经营林资源部门组织鉴定验收后由 所在单位按林场的有关规定销售。

第十六条:林分改造

林分改造的对象为:

(一)郁闭度低于0.3的疏林。

(二)违背适地适树原则或经营管理不善生长极差的 低效林。

(三)遭受自然灾害或人为破坏形成的无培育前途的残林。

第十七条:更新采伐

更新采伐适用于国家重点防护林和特用林,以及主沿河两岸第一层山脊以内的林分。

第十八条:楠竹采伐

(一)楠竹采伐以择伐方式进行。

(二)楠竹间伐同样坚持伐区作业设计,采伐楠竹必 须做到“存三去四不留六”,清理病、虫、弱竹。

(三)严禁采伐当年长出的新竹,有计划地挖掘春、冬笋。

第十九条:下列森林原则上禁止采伐

(一)区伐为国家重点防护林和特用林的森林。因特 殊情况确需采伐的,只能实行更新采伐,同时必须报上级林业主管部门审批同意。

(二)主河两岸的森林,因特殊情况确需要采伐的,必须报场领导研究同意。

第二十条:林木采伐期间,乡(镇)林业站对伐区进行检查监督,对不按规定采伐的要立即制止和纠正,对不听劝告的单位或个人,应收缴林木代伐许可证,终止其采伐并依法惩处。

第二十一条:对依法转让的活立木(以培育、经营为目的的林木折价转让)或承包经营的林木,采伐时必须纳入林场采伐计划,实行统一管理,分别由转让方或发包方申领林木采伐许可证和收取税、费;原则上不转让林木采伐权,因特殊情况必须转让的由木材生产单位提出申请,报场领导研究决定。

第二十二条:切实加强生态阔叶林资源管理,不准采伐生态阔叶林资源和以生态阔叶林烧制木炭。

第二十三条:搞好伐区清理,对采伐迹地内直径5厘米长度,2米以上的采伐木必须运出山场利用。

林木采伐后要统一归堆,做到先入库后销售,逐小班建立《林木采伐管理台帐》。

四、林地管理

第二十四条:

(一)林地属国家和集体所有,林地所有者和使用者的合法权益受法律保护,任何单位和个人不得侵占、买卖或者以其他形式非法转让林地。

(二)依法享有林地使用权的单位和个人对林地上的林木及林副产品享有占有、使用、收益的处理权利。

(三)实行科学合理经营管理林地,防止地力衰退和水土流失。禁止在25度以上陡坡林地上开垦种植农作物,已开垦的限期退耕还林;禁止毁林开荒和擅自毁林采石、采矿、挖砂、取土、修坟、建房以及其他毁坏林地资源的行为。

(四)因生产和建设需要征占用林地及农村村民建房需征占用林地按林场关于征占用的管理规定执行。

(五)经依法批准征用、占用林地的单位和个人,向被征用林地的单位和个人支付林地、林木补偿费,向林业主管部门支付森林植被恢复费。

五、野生动植物资源保护

第二十五条:野生动植物资源属国家所有,受法律、法规保护。1、禁止采伐一、二级保护植物和古木大树(树龄100年以上或胸径1米以上)。2、禁止猎杀一、二级野生动物,三级野生动物实行限量猎捕,并规定禁猎期。凡从事狩猎的人员必须办理狩猎证。3、加工、销售野生动植物须办理加工、销售许可证并交纳保护费。

六、国有营林生产资金和集体林木及其费用的管理

第二十六条:林场应该保证营林生产投入,对集体育林金和国有营林生产资金实行专项管理,专款专用。

第二十七条:销售集体木材所收的一金两费由乡镇财务管理办公室代收,代收的一金两费必须及时上交林场计财科，用于林业生产。

第二十八条：营林资源科应在成本核查结束后编制下达全场造林抚育计划和资金计划（国有和集体），计财科根据这一计划下拨国有营林生产资金和返回集体一金两费，林场下拨的国有营林生产资金和返回的集体一金两费乡镇必做到按林场营林资源科编制下达的造林抚育计划和资金计划用于林业生产，做到专款专用。营林生产支出必须经营林乡镇长签字，主管财政的乡镇主要领导才能批字使用，出纳才能付款，会计才能做账。

七、责任追究

第二十九条：在实施本管理办法时违规违纪造成经济损失或质量达不到规定标准，对责任人员和单位领导给予责任追究。其追究的范围包括造林、抚育、间伐、林木采伐等涉及到生产环节的每一道工序，追究的对象包括乡镇林业站及主管领导和主要领导。

第三十条：对林业员和资源管理员的责任追究

（一）在责任范围内有下列情形之一的当年风险抵押金不予返回：

1、炼山整地造林质量不符合要求，"一锄法"造林达到10%以上；对调回的苗木不进行分级处理导致三级苗上山造林比例达到15%以上的。

2、因工作和技术不到位导致造林成活率低于85%的面积在50亩以上。

3、幼林抚育任务完成占计划90%以下的或抚育质量合格率在90%以下的，或应抚二次而抚育一次面积达10%以上的，或抚育及时率达不到85%的。

4、抚育间伐任务完成率达不到90%的或不按设计要求进行抚育间伐的。

5、虚开验收票证或错划错指权属界线造成经济损失在500—1000元的。

6、伐区设计精度超过±10%的(以分场工区为单位)，因工作不细将中、幼林、灌木林设计采伐的。

7、不遵守林场的苗木调运秩序，参与或擅自调苗破坏林场的苗木调运计划一次以上的。

（二）在责任范围内有下列情形之一的除当年风险抵押金不予返回外并给予经济处罚：

1、"一锄法"造林面积高于20%，处"一锄法"造林面积每亩5元的罚款，对调回的苗木不进行分级处理，导致三级苗上山造林达到20%以上，处每亩5元的罚款。

2、因工作和技术不到位导致造林成活率低于40%且面积在50亩以下的，处每亩15元的罚款。

3、幼林抚育任务完成占计划80%以下的或抚育质量合格率在80%以下的，或应抚二次而抚育一次面积达10%以上的，或抚育及时率达不到70%以上的，并处未合格面积或完成面积每亩1元的处罚。

4、抚育间伐任务完成率达不到80%的或不按设计要求进行抚育间伐的，并处每亩2元的处罚。

5、虚开验收票证或错划错指权属界线造成经济损失在1001—1500元的，并赔偿所有造成的损失。

6、对调回的苗木管理不好，造成浪费，苗木损失在100—500元，并处苗木价值一倍的罚款。

(三)责任范围内有下列情形之一的给予转岗分流：

1、"一锄法"造林面积达到30%以上的，对调回的苗木不进行分级处理导致三级苗上山造林达到30%。

2、因工作和技术不到位导致造林成活率低于40%的面积达到50亩以上。

3、幼林抚育完成率或抚育质量合格率低于50%和抚育及时率低于60%的。

4、虚开验收票证或或错划错指权属界线造成经济损失在1500元以上的。

5、抚育间伐任务完成率达不到70%的。

6、对调回的苗木管理不好，造成浪费，苗木损失在501元以上的。

第三十一条：对技术干部、主管领导、主要领导的责任追究。营林生产任务不能按时完成，或完成质量不高，除了林业员和资源管理员的责任以外，技术干部、主管领导、主要领导应负连带责任，应实行连带追究，具体办法如下：

有下列情形之一的，技术干部风险抵押金不返回，主管领导当年不能评先评优，主要领导通报批评。

(一)年内对林业员(资源管理员)给予"风险抵押金不返回"的处理在2人次。

(二)年内对林业员(资源管理员)给予"风险抵押金不返回并处经济处罚"的处理在1人次。

(三)因不按林场的苗木调运计划调苗和不按苗木质量标准验收苗木，造成三级苗上山造林的比例达到15%以上的。

有下列情形之一的，技术干部风险抵押金不返回，并处风险抵押金1倍的经济处罚，主管领导风险抵押金不返回，主要领导当年不能评先评优。

(一)年内对林业员(资源管理员)给予"风险抵押金不返回"的处理在3人次以上4人次以下(含4人次)。

(二)年内对林业员(资源管理员)给予"风险抵押金不返回并处经济处罚"的处理在2人次以上，3人次以下(含3人次)。

(三)年内对林业员(资源管理员)给予"风险抵押金不返回"的处理在2人次以上3人次以下(含3人次)，给予"风险抵押金不返回并处经济处罚"的处理在1人次以上2人次以下(含2人次)。

(四)年内对林业员(资源管理员)给予"转岗分流"的处理在1人次。

(五)因不按林场的苗木调运计划调苗和不按苗木质量标准验收苗木，造成三级苗上山造林的比例达到20%以上的。

第三十二条：各乡(镇)、分场(工区)应加强对营林生产资金专款专用的管理(国有和集体)，造林抚育任务完成后当年内支付清劳务费和苗木费。否则，主要领导和主管领导当年不能评先评优，单位在年终责任制考核时给予扣10分的处罚。

八、附则

第三十三条：本管理办法由乡镇、分场(工区)组织实施，林场营林资源科负责监督，组织最后验收。

第三十四条:生产单位对营林生产各环节都要明确施工人员,确定责任人(单位)领导,施工人员负责技术指导和生产环节的检查验收。

第三十五条:本管理办法的解释权属营林资源科。技术标准未列部分按省标执行。

第三十六条:本办法自二〇〇三年一月起试行

永州市金洞林场

2002 年 8 月 28 日

关于永州市金洞管理区机构编制有关问题的批复

(湘编办〔2006〕15 号)

永州市机构编制委员会办公室:

你市编委《关于改革和完善金洞林场管理体制设立金洞管理区有关机构级别人员编制等事宜的请示》(永编〔2005〕3 号悉。根据省委、省政府《关于国有大中型农场体制改革的意见》(湘发〔2000〕4 号)精神,经省委、省政府领导同意,现就有关问题批复如下:

一、根据省委、省政府湘发〔2000〕4 号文件的规定,参照国有大中型农场体制改革的做法,设立金洞管理区,保留金洞林场的牌子。金洞管理区管理委员会为永州市人民政府的派出机构,行政级别为正县级,“比照县级政府赋予职能职权,全面负责管理区域内的经济社会事务”。

金洞管理区党委与管理委员会实行合署办公。党委设工作机构 3 个,管理委员会设工作部门 6 个,行政级别均为正科级。

实行省以下垂直管理的工商、地税、质量技术监督、食品药品监管以及检察、法院、公安等部门的派出机构的设置与人员编制的配备,按有关规定,由主管部门提出具体意见,省编委办公室另行规定。

二、金洞管理区区直党政群机关核定行政编制 130 名。所辖 6 乡 1 镇的 78 名行政编制暂维持现状。

机关后勤服务人员事业编制,根据当地经济状况,管理区区直机关和乡镇可分别按照机关行政编制总数的 8~10%和 5~6%的比例控制配备。

三、金洞管理区党委、管理委员会党政领导职数及工作机构领导职数比照县级行政区从严从紧配备。管理区党委由 9 名委员组成,其中书记 1 名,副书记 2 名(1 名兼任管理委员会主任)。管理委员会设 1 正 4 副,由党委委员交叉任职。

按照机构编制管理规定,金洞管理区的机构编制方案由你市予以批复。金洞管理区及所辖乡镇的机构编制统一纳入市县机构编制的管理范围。

此复

二〇〇六年五月三十一日

二、重要史实

红六军团西征过金洞

1934年7月23日，中共中央书记处、中央军委发布《关于红六军团转移到湖南创造新苏区问题给六军团及湘赣军区的训令》。《训令》说“中央书记处及军委决定六军团离开现在的湘赣苏区，转移到湘南中部去发展广大游击战争及创立新的苏区。同时除了六军团外，湘赣军区所属独立部队及游击队，应无例外的留在现有苏区及其周围进行广大的游击战争，捍卫苏区。”《训令》对红六军团西征作了如下部署：第一步，“到达湘南桂东地域，迅速发展游击战争和推广游击区域”、“在桂东不应久留”。第二步，“应转移到新田、祁阳、零陵地域去发展游击战争和创立苏区的根据地。”第三步，横渡湘江，向新化、溆浦两县间的山地发展，并由该地域向北与贺龙、关向应领导的红二军团取得联络。8月7日，在中央代表任弼时，军团长肖克、政治委员王震的领导下，红六军团9700余人，离开湘赣根据地，从横石、新江地区开发，连续突破敌人的封锁线，抵达桂东地域。鉴于敌情，红六军团决定放弃在湘东南推广游击区域的第一步计划，拟提前执行中央军委规定的第二步计划，穿越郑宜公路，线过桂阳县域，进军零陵区域。

8月23日凌晨，红六军团沿先头部队的行军路线抵达铲子坪，与先头部队会师，旋即分兵两路直插湘江东岸；右路8000余人跨越分水岭，经接履桥，深夜抵达蔡家铺、略江口一带；左路1000余人翻过鸭脊岭，经菱角塘到零陵城外七里店一带，于当日深夜在窗子塘俘虏守城铲共义勇军80余人，处决了其头目郑正仁，其余敌军经教育后释放。与此同时，红军在虎子岭、五里牌一带烧起数处火堆，虚张攻城声势。然后向老埠头、略江口疾驰与右路军汇合，筹备渡江。

此时，湘敌已调重兵把守湘江西岸，占领有利地形，劫持所有船只，沿江构筑无数碉堡、浅水区安装了密密麻麻的铁丝网。敌15师、16师紧紧尾追；32旅由邵阳向东安、零陵方向逼近。桂敌廖磊部第七军19师、24师分别经龙虎关、全州向零陵方向扑来，企图配合湘军围歼红军于湘江东岸。加之湘水陡涨，不利红军强渡。于是，红六军团果断决定放弃渡江计划，迅速回师东向敌人设防薄弱的阳明山。

8月25日，红六军团由零陵的庙门口出发，绕过新亭子的敌军，经歇马庵，于26日凌晨进入金洞白果市鸡子胯，越过界牌石，绕道拐子塘背后，直驱国民党黄珠田守望队哨所，跨越接龙桥、翻过马迹坳，早饭时候进入白果市，攻占了国民党阳明山特别区公所和旭日乡公所，缴获敌人13条枪，活捉了才上任三天的特别区区长奉明托（又名奉其材），并将这个血债累累，民愤极大的区长处以死刑。

当日，政委王震住在白果市街上邓甲告家。下午5时左右，红军出其不意，急转南下，由白果市出发，经大坝头、新屋岗、罐子洞、大步岭、海家凉亭、野鸡尾进入宁远县境（此时敌人错误判断红军仍继续东进，重返湘赣根据地，故重兵于高亭司设阻）。尾追之敌于27日5时左右,才仓促赶到白果市,但红军早已远走高飞。

红六军团从入境到离开,历时一天,行程48华里,沿途开展宣传工作和打土豪等活动,他们传讯了土豪全鹤龄、邓明甫、邓信甫等人的老婆,要他们交出粮食和钱财,并派人到土豪劣绅罗士英、罗化仁、全九龄、全松龄、奉汉家没收钱财以充军需。红军纪律严明,秋毫无犯,不打人、不骂人、说话和气、买卖公平。在罗守忠家买了一斗三升米,按市价付了一块钱;在邓发科家拿了点柴火烧,也给了几个铜元。白果市的人民群众对部队也给予有力的支援。有4个贫农为红军带路,有1个冒着生命危险救护过掉队伤员,还有1个光荣地参加了红军。

红六军团撤离白果市后的第二天晚上,旭日乡乡长罗化仁纠集几十个爪牙,在牛栏岭将10名伤病掉队的红军战士抓住(他们分别是排长黄平贵,战士:李石生、赵远志、张二有、张爱才、赵有华、黄大顺、陈小生、李大荣、还有一名战士姓名不详),用梭标将他们杀害于白果市仁光磨把湾下滚凼里。另一名叫张义保的红军战士,因重病被贫农邓其明救护在家服草药治病,三天后亦被发现捉去,惨杀在桐梓皂。

三、领导批示

一、胡耀邦批示:

1986年3月10日,中共中央总书记胡耀邦在林业部政策研究室李昌鉴的《一条富民兴林的路子—对国营金洞林场与当地农民联营发展林业的调查》报告中作重要批示如下:

"看过了。中国林区、林场情况各地很不一样。几十年积累下来的问题很多,不可能在一个短的时间用一两个模式解决得好。但只要认真下功夫搞调查研究,并且一个地方一个地方同当地干部、职工和农民耐心商量,我相信任何地方都可以找到大家满意的办法出来。"

二、毛致用的批示:

1986年3月20日,中共湖南省委书记毛致用看过了林业部办公厅编印的《林业快讯》十八期上刊登了胡耀邦的批示后,对省林业厅厅长成瑞湘作了重要批示如下:

瑞湘:请遵照耀邦同志重要批示,认真调查研究,把不同地区采取的大家满意的好办法认真总结一下。推动我省林业的发展。

三、熊清泉的批示

1986年3月22日,湖南省省长熊清泉看了胡耀邦、毛致用的重要批示后,作重要批示如下:

"金洞林场与当地农民联合造林的经验是成功的。浏阳封山育林的经验也是成功的,请林业厅再细心寻找别地方的一些别的经验多总结几个模式,在全省加以推广,把林业生产提高到一个新的水平。"

四、林业轶事

(一)林业大事

1. 金洞林场10万亩速生丰产林合同

中华人民共和国林业部、湖南省人民政府1983年6月17日批准《联合建设湖南省金洞杉木速生丰产林试点协议书》,湖南省国营林场管理站(甲方)与金洞林场、祁阳县人民政

府(乙方),协商确定联合建设以金洞林场为中心,培育杉木为主的速生丰产林试点。并签订如下协议:

试点规模、投资和产材标准试点面积:共 10 万亩。其中国营部分 7 万亩,插花在林场境内的集体部分 3 万亩。每亩投资:国营部分 110.2 元,甲方投资 90 元,乙方投资 20.2 元;集体部分 60 元,全部由甲方提供。产材标准:以 20 年为一个轮伐期,每亩蓄积量达到 15m³,生产规格材 10.5 m³ 建设年限:1983 年进行调查设计,培育苗木,炼山整地,购置肥料等准备工作,1984 年开始造林,连续 7 年到 1990 年完成造林阶段,以后全部转入管护阶段,2004 年开始主伐,2010 年结束本试点。

双方承担责任:

甲方负责

①依据投资标准,对国营部分每年按批准的年度计划和作业设计拨给投资者;对集体部分按造林计划和作业设计以造林前一年投资 30%,造林当年及造林后一年各投资 20%,造林后二、三、四年各投资 10%,前后共六年每亩投定 60 元,两项投资按施工进度及时转拨给林场;集体部分的由场按计划下拨到集体单位。

②审批作业设计,总结年度计划完成和林木生长等情况,及时上报林业部造林经营司。

③督促检查试点林场,保证完成速生丰产林的营造、管护任务。

④定期检查试点场丰产林木的生长情况,发现林木生长达不到规定的指标时,督促采取措施,直至终止投资,并由乙方承担经济责任。

乙方负责

①在祁阳县人民政府的主持上,金洞林场与商定的集体单位签订辅充协议,以便林场和集体单位共同执行。

②保证甲方投资用于调查设计,炼山整地、育苗、造林、改良土壤、抚育管理(包括护林房、林道),施肥压青,防治病虫害、机械设备、科学实验等项目,并单独建立账目,专款专用。

③营造速生丰产林,须按基本建设程序办事,上报计划任务书,造林总体设计,年度计划,作业设计,预决算和年度工作总结。

④集体部分的造林设计、年度计划、作业设计、造林验收和预决算由金洞林场组织实施,零陵行署和祁阳县人民政府督促检查。林场汇总,一并报湖南省林业厅。金洞林场负责工程质量检查和技术指导,如质量不符合要求,林场有权令其采取措施或拒付投资。

集体部分的速生丰产林营造应根据适地适树的原则,安排在林场营造的速生丰产林周围,使用成片,便于管理。

⑤林场和集体营造的速生丰产林地不准间种其他作物。都应建立小班卡片;按不同立地条件类型设置标准地,专人定期观测记载,建立技术档案,以便总结和备查。

⑥在每亩投资 110.2 元中,国家投资 90 元由甲方根据林业部下达的年度计划如数下拨给乙方;地方投资每亩 20.2 元,由国营金洞林场自筹解决,即从林场每年上交的国有林育林基金和更新改造资金中按年度计划提取配足,列入自筹计划专款专用。

收益分配

① 主伐时每亩生生产的 10.5m³ 规格材，林业部分 1m³ 规格材由林场和集体负责运到木材收购点。余下 9.5m³ 由国家调销，30%留地方。其中：国营金洞林场 30%（木材指标），按省 20%、场 60%的比例分成；集体部分的 30%（木材指标），按省 10%、地 10%、县 20%、集体 60%比例分成。

②林场或集体的每亩超产规格材归林场或集体，如达不到每亩生产规格材的指标在分成材中补足。

③抚育间伐材及非规格材均归林场或集体。

组织领导

由甲、乙双方同地、县、区组成金洞林区速生丰产林试点领导小组。由金洞林场担任组长、地、县任副组长。林场负责具体工作，领导小组要定期召开会议(一年不能少于一次)，解决有关问题，并报甲、乙双方及有关单位备案。遇有重大事项可由组长、副组长召开临时会议。

本协议有效期限为一个轮伐期。即从 1985 年至 2010 年，如延长或终止协议须经双方同意。

本协议由零陵行署，省林业厅批准生效，联合的双方均有同样的法律责任。任何一方不得单独废除协议或不执行协议中有关规定，否则应承担经济责任。

7.本协议正本叁份，协议双方各执壹份，具有同等效力，副本分别送省林业厅、零陵行署、零陵地区林业局、金洞区公所存查。

2.关于国家示范林场批文

湖南省林业厅文件

湘林场〔86〕07 号

转发林业部《关于建立示范林场的通知》

零陵地区林业局：

现将林业部林造〔1986〕39 号《关于建立示范林场的通知》转发给你们。林业部决定将金洞林场列为全国四个示范林场之一。是我省林业建设上一项光荣而又艰巨的任务。请各级领导与有关单位予以重视和支持。示范林场的调查规划设计工作，林业部已委托中南林业调查规划大队承担。金洞林场要积极做好资料、人力、物力等方面的准备，以利尽快编制计划任务书报林业部。

1986 年 3 月 21 日

3. 金洞国家森林公园

金洞国家森林公园成立于 2005 年 12 月，总面积 2500 公顷，其中国有部分 1980 公顷，集体部分 520 公顷。范围包括晒北滩分场、小金洞分场、白果市分场、万宝山工区和金洞分场的部分林地。公园内风光旖旎，气候宜人，森林茂密，树木葱茏，森林覆盖率达到 86%；动植物资源繁多，有木本植物 91 科 568 种，野生珍稀动物 30 多种，生物多样性十分丰富，森林植被以杉木人工林为主，目前森林公园范围逐步升格为自然保护区。

金洞国家森林公园内自然、人文景观等旅游资源丰富，根据《金洞生态旅游发展总体规划》和国家旅游局2003年颁布的《旅游资源调查分类与评价标准》，分为8个主类、13个亚类、20个基本类型，51处旅游资源单体，其中四级2处、三级19处、二级23处、一级7处，境内主河流小黄沙河目前已成功开发出金洞漂流项目，园内水、电、路、讯等基础设施已在逐步建设完善，是亲近大自然、体验漂流、精气疗养、休闲度假、科普考察的理想场所。

附：金洞林场森林生态旅游

金洞林场生态旅游起步于2001年，以金洞河漂流项目的开发为标志。经过8年的建设，累计投资3亿多元，旅游设施和旅游项目的建设开发已初具规模，于2005年建立金洞国家森林公园，2007年成功开发新“金洞漂流”、金沙滩娱乐园等重点的生态旅游项目，打造“金洞漂流”的品牌。形成集吃、住、玩、乐于一体，具有金洞林区特色的生态旅游胜地。从2008年开始，每年接待游客20余万人次，年均门票收入800万元，实现旅游收入700万元/年。

4.2008年雪灾

2008年1月中旬至2月上旬，金洞遭受50年一遇的特大冰冻灾害，冰冻强度之大，持续时间之长，受灾范围之广，损失之大，历史罕见。从1月11日开始，管理区（场）就出现了持续低温雨雪和冰冻天气，气温最低达到-7℃，最厚冰冻为20厘米，给管理区（场）造成历史罕见的特大冰冻灾害。全区（场）6乡1镇、6个分场2个工区、73个行政村都不同程度受灾，受灾人口近5万人，直接经济损失达6.4亿元，其中林业方面的直接经济损失达4.80亿元。全区（场）林业受灾面积达78万亩，占有林地面积的100%，林木资源因雪压、冰冻遭到严重破坏，马尾松和国外松5.3万亩、桤木1.7万亩、楠竹4.16万亩，几乎全部被雪压垮折断，遭到毁灭性打击；杉木中、成过熟林46万亩，有40%以上断梢，有30%以上被压断或压倒，幼林也大部分压断、压倒或断梢，有相当一部分幼林断梢率达85%以上；四旁植树死亡1.57万株。据统计，活立木蓄积的损失为33.5万立方米。油茶、柑桔等经济林基本上被压垮或冻死。林业基础设施破坏严重，其中损坏电线线路142公里，倒塌电杆1383根，损坏变压器21台，冻坏林区公路135公里；护林哨所，护林站房等大部分被压倒；全区（场）因雪压垮房屋2174间，其中倒塌林场职工住房85间。

（二）林区趣事

金洞得名的传说

相传元末明初，有一仙人从阳明山云游至此，被那峰岫争奇，万术争艳的独特景色所陶醉，欣然隐居“燕窝岭”（现金洞中学所在地）。一日游“龙潜凼”，又被那山水相映，声色相融的风光所迷，连日都在“龙潜凼”对河山腰一块大石板上坐观景色，并从“燕窝岭”上带去一杯黄土（或碎石块），放到石板上暴晒，傍晚随身带回“燕窝岭”所晒之土金光闪耀。偶被牧童发现，相传村外，众人纷纷要求牧童陪同前去观看，于一日，牧童带领左邻右舍，男女老幼，来“龙潜凼”看仙人晒金。说也奇怪，那天晴空万里，太阳早已从那碧波万顷的林海里探出头来，金光灿灿，可是忽然间，狂风怒卷，彤云密布，大雨滂沱。众人尚未进人“知子干”个个被雨淋得睁不开眼睛，什么都没有看见，扫兴回至村里，无不埋怨牧童。牧童自愧地再也不带他人前去看了,而他自己还是天天到“龙潜凼”放牧,后不但见到仙人晒金,而且还得到仙人赠送的黄金,说他是一个忠实勤劳的孩子,你可进入金洞乐业,享受人间幸福。说后就飘然而去,无影无踪了。牧童呆呆地望着,再也不见仙人,唯河边一位毛发斑白的老人在垂钓(至今流传:太公钓鱼“龙潜凼”,乌龟爬在孙家滩,鲤鱼跳在金洞里,鸡婆带崽上牛栏)。牧童从此进入金洞成家立业,过着幸福美满的生活。金洞就这样得名。

红豆杉古树好坏分明

相传380年前,一棵生长在金洞管理区晒北滩瑶族乡野株源村后山上的南方红豆杉,至今胸径1.5米,树高21米,冠幅15.5米,是南方地区较大的“红豆杉王”。树干通直,绿叶、红果,全树都是“宝”。曾在1988年就有人标价十万元,想　用飞机直接吊走。最近又有人出价200万元,都被当地人拒绝。二十年前,一个小伙子从部队回来没有工作,但总想做好事。一天有位商人来到野株源村愿出价十万元购买红豆杉树,当时该村没有一个万元户,听说有十万元,个个都想发财,唯独这小伙子大胆向支书建议:“我们村里人杰地灵,几百年来都是这棵古树赐的福啊!人家的钱再多,我不同意卖祖山树”。说完后,他背着锄头一股劲地把该树蔸边的灌木和杂草清除得干干净净,让树生长得更好。村支书被这小伙子感动了,主动做群众工作,并作出要保护好古树红豆杉的决定。事后,村支书觉得这小伙子长得帅,人品好,能办事,把大女儿嫁给了他,他从此好运连连,当上了村团支书、民兵营长、村党支部书记,乡干部,现在三世同堂,生活美满幸福。相反,在十年前的一天,有一男性中年外地人,患上癌症,听说古红豆杉的根茎叶皮可以提取的紫杉醇具有防癌治癌的作用,为了治癌便偷偷地去挖红豆杉树根,当树根被挖断后,流出的汁血一样红,这人见树流血了,心里害怕,手慌脚乱,拼命往前跑,脚被藤搂,身往后倒,被树枝弹出几米远的山坡下,这人因病,心急,加上摔伤不久后就不行了。这棵红豆杉古树是野株源村的风景树,它为人们春暖花开、夏送清凉、秋结红果、冬挡北风,村民称此为“菩萨树”,有了它,村里的老人长寿,有了它,全村的帅男、美女云云;有了它,少年壮志长成才,这个村日新月异,村民幸福美满。

将军岩的来历

金洞管理区奇山异石众多,主要有将军岐、将军岩、五雷击鼓、石英岩洞、南天门等。神态各异、惟妙惟肖、栩栩如生,令人无不惊叹大自然的神奇和巧夺天工,而这其中关于将军岩的来历更是传颂千古。相传,宋末元初南宋一位将军不肯接受元朝皇帝的高官厚禄,被元朝皇帝派兵追杀至人迹罕至的小黄司河,双方在这里鏖战了几个昼夜,仍然难分胜负将军沿河而上,觅小道而行,见前方有一幽深岩洞,洞内石英晶莹剔透,闪闪发光,将军命名为“石英岩洞”,继而前行,经“南天门”行至山顶,小黄司河方圆数百里尽收眼底,于是将军天天登临此处观天象,识周易,直至坐化,形成了今天的将军岩。

后 记

编纂《永州市金洞管理区志》是一项难度颇大的文化工程。金洞历史漫长曲折，内涵丰厚。政区体制几经变革，溯源文字资料非常匮乏，可供志史几乎是一张白纸。迈步，一切都得从头越。难度大，的确大；责任重，确实重。不少修志人员担心好梦难圆。然而，金洞有史以来的第一部志书竟然在短短的26个月时间里如期付梓了。这是金洞人民的一件大事，也是一件喜事。这部志书是金洞人民的梦想，更是集体智慧的结晶。除有赖时代的机遇外，主要原因有三点：

一是领导者宽阔的胸怀，放飞的目光。早在2007年管理区成立初期，管理区(林场)党委主要领导就萌动了编纂《永州市金洞管理区志》的念想，由于多种原因未果。2012年7月，以党委书记盘贵元为领导的班子成员顺应时代大势，毅然决定投入一定财力物力人力，组织班子集各方学者于一室，修志工作正式启动。之后，管理区(林场)各级领导对修志工作都十分重视，为《永州市金洞管理区志》的修编工作给予了大力支持和关怀。区副调研员、总编邓观生亲自编写了修编大纲，指导具体编撰工作，初稿形成后，认真全面地进行了审阅，并多次作了适量的删改。2014年9月，新任管理区党委书记王小波，区党委副书记、管委会主任邓扬中对志书的编撰定稿及评审工作进行了认真的安排，亲自参加了评审工作会议，听取意见，安排成稿的各项事宜。各乡镇党委、政府、机关各单位领导竭力支持修志工作，都安排了专人搜集本单位(战线)有关资料，并提供相关的文字稿件。管理区上下形成一股强大的亲合力，使得这一天方夜谭的神话形成了厚厚实实的一卷大书。

二是编辑人员的辛勤劳作。几位编辑人员都是不待扬鞭自奋蹄的“老牛”，对编撰这部志书只有四个字，那就是“虔诚敬业”。按照“实事求是，详今略古”的修志原则，他们兢兢业业，全身心投入，不顾年老体弱多病，跑邻县，查资料，下乡村，搞座谈，翻族谱，阅档案，遍访耄耋之年的知情者，戴上老花镜伏案撰稿、改稿，把守着这部志书的每一个关口，孜孜不倦奉献余热。(本书凡例、概述、大事记、第一篇、第二篇、第十五篇由陈元生编撰；第三篇至第八篇、后记由奉晶凤编撰；第十篇至十四篇、第十六篇由奉明端编撰；第九篇、第十七篇至第二十一篇由段国和编撰。)他们共查阅近200本(套)有关书籍，复印、抄录、撰写近400万字的文字资料，五易其稿，才形成近100万字的初稿。

三要特别值得一提的是，省市方志部门的领导和专家对本志书的编撰和出版非常关心，悉心指导。湖南省地方志编纂委员会市县志工作指导处的同志，永州市委副秘书长、市史志办主任赖中霖、副主任桑亚平、高波，调研员王建平，副调研员高爱国，科长王劲梅、冯祥定，副科长王晶等对本志书的形成定稿进行了认真地审阅，并提出了指导性意见，在此，对所有关心指导本书编纂的领导和同志们表示衷心的感谢和敬意！

尽管如此，由于水平所限，经验缺乏，时间短促，资料严重不足，给编纂这部志书带来一定难度。又众人撰稿，且都是未曾接触志书文本，因此书中难免有许多疏漏和错误之处，恐有负各位领导、同仁、读者的支持与厚爱，殷切期望大家批评指正。

《金洞管理区志》编纂委员会

2015 年元月